Anne Dietrich, Deutschsein in Istanbul

Schriftenreihe
des Zentrums für Türkeistudien
Band 13

Anne Dietrich

Deutschsein in Istanbul

Nationalisierung und Orientierung
in der deutschsprachigen Community
von 1843 bis 1956

Leske + Budrich, Opladen 1998

Meinen Eltern

Die Untersuchung wurde 1996 an der Universität Tübingen, Fakultät für Sozial- und Verhaltenswissenschaften, als Dissertation angenommen.

Gedruckt auf säurefreiem und altersbeständigem Papier.

Die Deutsche Bibliothek – CIP-Einheitsaufnahme
Dietrich, Anne: Deutschsein in Istanbul : Nationalisierung und Orientierung
in der deutschsprachigen Community von 1843 bis 1956 / Anne Dietrich . – Opladen :
Leske und Budrich, 1998

(Schriftenreihe des Zentrums für Türkeistudien ; Bd. 13)
ISBN 3-8100-2188-1

© 1998 Leske + Budrich, Opladen

Druck und Verarbeitung: DruckPartner Rübelmann, Hemsbach
Printed in Germany

Inhalt

Vorwort

Als ich mit der vorliegenden Arbeit begann, ahnte ich nicht, wieviel Geduld und Ausdauer, welch kriminalistischer Spürsinn und emotionale Beteiligung mir abverlangt würden. Ich hatte eine relativ klare Vorstellung von meinem Untersuchungsgebiet und einen gut strukturierten Zeitplan, der durch ein Stipendium der Friedrich-Ebert-Stiftung gesichert war.

Als Empirische Kulturwissenschaftlerin, die sich bereits mit historischen Themen auseinandergesetzt hatte, und als Ethnologin mit einem Türkei-Schwerpunkt war ich überzeugt, *das* geeignete Thema gefunden zu haben. Ein Artikel in der deutsch-türkischen Zeitung „Bizim Almanca – Unser Deutsch" hatte mich in das Deutsche Altenheim in Istanbul geführt und damit in Kontakt mit einigen Emigrantinnen aus dem nationalsozialistischen Deutschland. Ihre Spuren wollte ich nun zurückverfolgen, nach Mitemigrantinnen suchen und schließlich die Geschichte der NS-Emigrantinnen in Istanbul schreiben. Sie wurden bislang kaum wahrgenommen, standen im Schatten der emigrierten Wissenschaftler und Politiker wie Fritz Neumark, Alexander Rüstow, Gerhard Kessler oder Ernst Reuter. Gestützt auf wissenschaftliche und autobiographische Publikationen begann ich meine Forschung.

Durch die ersten Gespräche mit Zeitzeuginnen gelangte ich zu der Überzeugung, daß es für ein Verständnis früherer Lebenssituationen und Entwicklungsprozesse nicht genügt, 'nur' die Gruppe der NS-Emigrantinnen zu befragen. Ihr Istanbuler Leben wurde von anderen Deutschen und der bereits existierenden deutschsprachigen Infrastruktur beeinflußt. Die Community-Strukturen gaben eben auch für sie individuelle Entwicklungsmöglichkeiten vor oder prägten sie zumindest. So rückte das zunächst als Ergänzung gedachte Forschungsumfeld – die Community – immer mehr ins Zentrum der Betrachtung. Die Erkundung dieser Community wurde zur besonderen Herausforderung.

Schon der Einstieg in 'das Feld' war schwierig, denn die Deutschen im heutigen Istanbul wollten sich nicht so genau an die

Dreißiger und Vierziger Jahre erinnern. Sie berichteten wohl von der geläufigen Version der Emigrationsgeschichte; und die Namen der berühmt gewordenen deutschen Wissenschaftler waren präsent und wurden mit Stolz aufgezählt. Sie gehören zur gemeinsamen Istanbuler Geschichte, bilden eine kollektive Identifikationsgröße und werden ebenso als Beweis für die Großzügigkeit der Türkei angeführt wie für die Liberalität der sogenannten Deutschen Kolonie, die mit dem Nationalsozialismus 'Hitler-Deutschlands' nichts zu tun gehabt habe. Wer erinnert (sich) schon an den Gauleiter Alfred Guckes oder an den Mediziner Clara, der nach 1945 einen Ruf in die Türkei erhielt, nachdem er zuvor mit Menschenversuchen in Buchenwald Karriere gemacht hatte?

Die früheren nationalsozialistischen Strukturen in der deutschsprachigen Community Istanbul werden heute weitgehend tabuisiert. Interessanterweise zeigten sich ehemalige EmigrantInnen, die dem nazistischen Deutschland entkommen waren und noch heute in Istanbul leben, genauso wenig auskunftsfreudig wie die Nachfahren der früheren ArbeitsmigrantInnen der gleichen Generation. „Hier war nix" war ein vielgehörter Satz der ersten Zeit auf die Frage nach dem nationalsozialistischen Einfluß innerhalb der Community. Aber es war doch etwas und sogar eine ganze Menge.

Dieses 'Etwas' erschloß sich mir allmählich, Schritt für Schritt, Akte für Akte und Gespräch für Gespräch. Um die damalige Situation zu verstehen, war das Studium unterschiedlicher Quellen notwendig; und je mehr ich wußte, um so mehr wurde mir berichtet. Statt der erwarteten kleinen Welt des Exils erschloß sich mehr und mehr das Netzwerk der deutschsprachigen Community, in der zwar alle einen Platz hatten, aber nicht nur einen. Was auf den ersten Blick wie ein einfaches Muster aussah, erwies sich im Verlauf der Forschungsarbeit als vielschichtiges und widersprüchliches System. Mehr und mehr gewann dieses von Individuen geschaffene und getragene System, aber auch seine Entstehung, Entwicklung und Komplexität an Transparenz und Bedeutung.

Die Geschichte der Emigration – als Fluchtbewegung aus dem nazistischen Deutschland in die Türkei – ist nur zu verstehen bei gleichzeitiger Betrachtung der generellen Migrationsgeschichte der Deutschen. Migration bedeutet Wanderung und ist in der Regel gleichbedeutend mit einem Übergang in eine neue soziale und kulturelle Lebenswelt. Das impliziert auch ein Heraustreten aus alten

Lebensweisen, einen Verlust kultureller Selbstverständlichkeiten und eine Infragestellung normativer Handlungsmuster.

Die deutschsprachige Community in Istanbul entstand als Folge von Arbeitsmigration und blickte, als die NS-Flüchtlinge kamen, auf eine fast 100jährige Institutionalisierungsbewegung zurück. Sie bot und bietet ihren Angehörigen einen Rückgriff auf Vertrautes, ein Stück Heimat, Verständnis für Glaubensbedürfnisse oder Atheismus. Sie hält einen Fundus an vertrauten und teilbaren Texten, Bildern und Riten bereit, ermöglicht ein kollektiv geteiltes Wissen, Erinnern und Konstruieren, ein kollektives Gedächtnis. Sie umschließt ein Stück machtvoller Eigenheit in dem Bewußtsein der Zugehörigkeit zur Minderheit, macht Angebote verschiedener Organisationsformen und erlaubt vor allem, sich in der eigenen Sprache auszudrücken. Sie bietet das allen, die partizipieren möchten; zu zeigen ist, ob sie allen das gleiche bietet.

Als EmigrantInnen werden in der vorliegenden Arbeit – etwas vereinfachend – die während der NS-Zeit aus Deutschland Vertriebenen, Geflohenen oder die 'nur' aus politischer Überzeugung emigrierten Deutschsprachigen bezeichnet. MigrantInnen, der eigentliche Oberbegriff für alle (E-)Migrierten, steht hier für die zuvor, während oder später eingereisten Deutschsprachigen, deren Migrationsmotivation nicht in der Unvereinbarkeit mit der NS-Ideologie fußt. Diese Vereinfachung dient allein der Möglichkeit, erste Klassifizierungen vornehmen zu können, um sie bei Bedarf analytisch in Frage zu stellen. Die vorliegenden Untersuchungsergebnisse sollen dazu beitragen, die Geschichte der deutschsprachigen Migration und Emigration nach Istanbul kritisch zu betrachten, den Blick zu schärfen für die vielfältigen und verflochtenen Beziehungen innerhalb einer Community und für die Notwendigkeit der Berücksichtigung von Geschlecht, politischer oder kultureller Herkunft und sozialer Schichtenzugehörigkeit.

Es zeigte sich, daß es wenige Möglichkeiten der klaren Einteilung bzw. Kategorienbildung gibt; nicht alle deutschen ArbeitsmigrantInnen wurden zu Nazis, und nicht alle EmigrantInnen, die Deutschland während des Nazismus verlassen mußten, waren Anti-Nazis. Genauso wenig waren manche der besonders nationalen Deutschen deutsch im rechtlichen Sinne. Sie sind es real nie gewesen, oder sie hatten ihre Staatsbürgerschaft im Laufe ihrer Migrationsgeschichte gewechselt – nicht aber ihre deutsch-nationale Orientierung. Ich mußte akzeptieren, daß sich mein Forschungsfeld vor allem durch

11

Uneindeutigkeit auszeichnete. In dieser Uneindeutigkeit erwies sich das Deutschsein als herausragende Orientierungsgröße.

Da bislang wenig über den Beginn und Aufbau der deutschsprachigen Community Istanbul bekannt ist, deren Entwicklung jedoch für das (Selbst-)Verständnis der dort Lebenden von Bedeutung ist, habe ich mich entschlossen, auch diesen Bereich zu thematisieren. Bewußt wurde die Community aus 'deutscher Sicht' rekonstruiert, wurden vor allem historische und aktuelle deutsch(sprachig)e Quellen genutzt. Und so mag dem einen oder der anderen – mit einer gewissen Berechtigung – die Geschichte und Politik des ausgehenden Osmanischen Reiches und der Türkischen Republik ebenso wie die 'Außensicht' zu kurz kommen. Die Spiegelung der vorliegenden Rekonstruktion aus 'türkischer Sicht' mit osmanischen und türkischen Quellen bzw. durch Interviews mit türkischen ZeitzeugInnen wäre eine verdienstvolle Aufgabe für eine weitere Forschungsarbeit, hätte den Rahmen der vorliegenden Studie jedoch gesprengt. Auch die Nutzung des umfangreich vorhandenen Interviewmaterials mußte im Interesse einer komplexen Darstellung eingeschränkt werden. Da ich mir jedoch der Einmaligkeit der Quellen bewußt bin – viele der InterviewpartnerInnen sind bereits gestorben –, habe ich vor, einige von ihnen als Fallgeschichten nochmals zu bearbeiten.

Ausgehend von der Konstituierungsphase der Community folgt die Darstellung deshalb – vorwiegend in chronologischer Abfolge – rekonstruierend der Ereignisgeschichte innerhalb der Community in Istanbul über den Zeitraum eines Jahrhunderts bis zur scheinbar erzwungenen Infragestellung nationalistischer und nationaler Orientierung nach dem Zweiten Weltkrieg. Der zeitliche und inhaltliche Schwerpunkt liegt auf der Zeit des deutschen Nationalsozialismus.

In dem Einführungskapitel werden die unterschiedlichen Quellen als Basis der vorliegenden Rekonstruktion in ihrer Divergenz ebenso thematisiert wie die Besonderheiten des methodischen Vorgehens. Da ein wichtiger Teil dieser Quellen aus transkribierten Berichten von ZeitzeugInnen besteht, werden Stärken und Schwächen der Oral History erläutert und ein Stück Forschungsalltag transparent gemacht.

Im zweiten Kapitel wird auf erste dokumentierte deutsch-türkische bzw. deutsch-osmanische Begegnungen und auf die zunächst rudimentäre Stellung der Deutschen im osmanisch-internationalen Beziehungsgeflecht hingewiesen. Deutsch-türkische militärische und wirtschaftliche Abkommen veränderten den Status der in Istanbul lebenden Deutschsprachigen und förderten deren

12

Bedürfnis nach einer eigenen Infrastruktur. Während es zunächst Einzelpersonen waren, die sich hilfsbedürftiger deutschsprachiger MigrantInnen angenommen hatten, schlossen sich 1843/44 evangelische Deutsche, Schweizer und Österreicher zu einem ersten Hilfsverein zusammen. Der Aufbau verschiedener Institutionen – Krankenhaus, Schule, Kirche, Vereine – förderte nicht nur das Zusammengehörigkeitsgefühl der Deutschsprachigen, sondern führte schnell zu ersten Interessenkonflikten zwischen evangelischen Kirchenvertretern und nichtkonfessionell bzw. national orientierten Gruppen.

Der Beginn deutscher Kulturpolitik im Ausland leitete die Konsolidierung der Community ein und führte zu Nationalisierungsstrategien, innerhalb derer einzelne Personen zentrale Rollen einnahmen. Die 'Hoch-Zeit' deutsch-türkischer Beziehungen und deutschnationalen Community-Lebens vor und während des Ersten Weltkrieges leitet jedoch deren vorläufiges Ende ein. Nach der gemeinsamen Niederlage der deutschen und türkischen 'Waffenbrüder' veranlaßten die Sieger die Ausweisung der Deutschen aus dem ehemaligen Osmanischen Reich.

Das dritte Kapitel thematisiert den Wiederaufbau der Community im Kontext veränderter deutsch-türkischer Beziehungen nach dem gemeinsam verlorenen Ersten Weltkrieg und der inzwischen erfolgten kemalistischen Revolution. Die Darstellung der Grundgedanken des Kemalismus und seiner Auswirkungen auf die wirtschaftlichen und sozialen Möglichkeiten der Community-Angehörigen sowie die Veränderungen der deutschen Außenpolitik durch die Machtübernahme durch die NSDAP werden dargestellt und liefern notwendiges Rahmenwissen zum Verständnis individueller und kollektiver Entwicklungen innerhalb der Community. Konflikte zwischen dem deutschen diplomatischen Korps und den ersten – bereits in den 20er Jahren immigrierten – Istanbuler Nazigrößen leiten über zur Rekonstruktion der 'Nazionalisierung' großer Teile der Community im vierten Kapitel. Dort wird der Istanbuler Variante des deutschen Nazismus nachgespürt und es werden verschiedene Institutionen und ihre nazistische Verstrickung dargestellt. Besondere Beachtung findet die Einbindung der Kinder und Jugendlichen in das nazistische Regelwerk.

Das fünfte Kapitel widmet sich der Geschichte der deutschsprachigen Emigration in die Türkei, der Bildung spezieller Emigrationszirkel und der individuellen Verstrickung bzw. kollektiven

Einbindung in vorgefundene Community-Strukturen. Es werden spezielle Überlebensstrategien und unterschiedliche Organisationsformen von EmigrantInnen dargestellt.

Im sechsten Kapitel folgen Einblicke in Arrangements des Zusammenlebens, die aus heutiger Sicht teilweise überraschen. Es zeigen sich Vereinnahmungen und Abgrenzungen ebenso wie zwangsläufige Kollektivität, die durch das nichtdeutsche Umfeld bedingt wurde.

Mit einer neuerlichen Zäsur in den deutsch-türkischen Beziehungen befaßt sich das siebte Kapitel. Der Zusammenbruch des 'Dritten Reiches' bedeutete die Ausweisung bzw. Internierung von Deutschen und ÖsterreicherInnen und zog entscheidende Veränderungen innerhalb und außerhalb der Rest-Community nach sich. Das Kapitel zeigt den Aufbau von Community-Strukturen innerhalb der unterschiedlichen Internierungsorte und endet mit einem Blick auf den 'Neuanfang' der Istanbuler Community nach der Wiederaufnahme deutsch-türkischer Beziehungen. Abschließend wird die Frage nach neuen Orientierungen gestellt.

Für die notwendige Unterstützung bei der Beantwortung dieser letzten und aller vorher aufgeworfenen Fragen möchte ich mich nun bei all denen ganz herzlich bedanken, die mir diese Arbeit erst ermöglichten. Es waren jeweils ganz spezielle Menschen, die zu verschiedenen Zeiten Anteil nahmen, die mir halfen, Kontakte zu knüpfen, die sich mir und meinem Anliegen öffneten, die mir vertrauten und mich bestärkten, weiterzumachen, die mich nach anstrengenden und entmutigenden Tagen oder Wochen wieder aufbauten und die mit ihrem Interesse meine eigene Begeisterung für das Thema wachhielten. In erster Linie danke ich meinen vielen Interview- und GesprächspartnerInnen in Istanbul, Ankara und den verschiedenen Teilen Deutschlands, denen es nicht immer leicht gefallen ist, den Blick zurück zu wagen und mit mir, (ihre) Geschichte zu rekonstruieren. Einige von ihnen haben die Fertigstellung dieser Arbeit nicht mehr erlebt; und Abschiednehmen wurde für den Arbeitsprozeß ebenso bedeutsam wie das Kennenlernen. Unterschiedliche Beziehungen entwickelten und veränderten sich. Der Wert einer Freundschaft oder familiärer Beziehungen zeigte sich oft in schwierigen Situationen, aber eben auch bei der Bewältigung des Alltags und an der richtigen Mischung aus Forder- und Förderung. Für letztere danke ich meiner Tübinger Doktor(and)innen-Gruppe, Dr. Claudia Schöning-Kalender, Prof. Dr. Utz Jeggle und PD Dr. Klaus F. Geiger.

I.   Einleitung

1.   Annäherung an das Thema

Die vorliegende Studie ist eine historische Arbeit, die institutionelle und soziale Rekonstruktion anstrebt und sich auf Anregungen und Erkenntnisse der soziologischen Migrations- und Exilforschung stützt. (E-)Migration wird als Wanderung von Individuen und Gruppen definiert, die – ob grenzüberschreitend oder nicht – einschneidende Veränderungen für die sozialen Beziehungen der Migrierten mit sich bringt.[1] Diese sind sowohl Subjekte als auch Objekte ihrer Migrationsgeschichte, erfahren gesellschaftliche Bedingtheit und treffen individuelle Entscheidungen. Darüber hinaus bedingen (E-)MigrantInnen sozialen Wandel im Einwanderungs- bzw. 'Zufluchtsland'.

Die deutschen Auswanderungen – ob Arbeits-, Vertreibungs- oder Fluchtwanderungen – nehmen bislang in der deutschen Forschung noch wenig Raum ein. Dabei emigrierten im 19. Jahrhundert Hunderttausende von Deutschen nach Ost- und Südosteuropa und über fünf Millionen in die 'neue Welt' nach Amerika; Deutschland war damals ein klassisches Auswanderungsland.[2] Auch die Emigrationen der 30er und 40er Jahre aus dem nationalsozialistischen Deutschland, die Nachkriegsemigration und die vom Kulturpessimismus geprägten

---

1   Unterschiedlich werden interne und externe Migration bewertet, mal ist der Wechsel der Gesellschaft das Zentrale, mal der Grund für oder die Dauer der Migration.

2   Es gibt jedoch einige Regionalstudien und auch übergreifende Forschungsprojekte. Vgl. Agnes Bretting: Soziale Probleme deutscher Einwanderer in New York City. 1800-1860. Wiesbaden 1981, Klaus J. Bade (Hg.): Deutsche im Ausland – Fremde in Deutschland: Migration in Geschichte und Gegenwart. München 1992. Genannt werden soll auch das Labor Migration Projekt der Universität Bremen. Monika Blaschke und Christiane Harzig sind die Herausgeberinnen eines Tagungs-Readers: Frauen wandern aus: Deutsche Migrantinnen im 19. und 20. Jahrhundert. Bremen 1990.

15

Auswanderungen der 70er und 80er Jahre finden erst vereinzelt das Interesse der deutschen Wissenschaft.[3]

Weltweit gibt es Zusammenschlüsse deutschsprachiger Gruppen, ob in Australien, wo migrierte Württemberger der fünften Generation ihre Reben züchten, oder eben auch in Istanbul.

Über die Situation (e)migrierter Frauen in diesen Zusammenschlüssen war lange wenig bekannt. Doch Wissenschaftlerinnen verschiedener Fachrichtungen legten in den letzten Jahren Wert auf die Erforschung der Erfahrungen von Migrantinnen.[4] In der umfangreichen Exilliteratur erschienen Frauen zumeist als Ehefrauen, Assistentinnen, Töchter von, Geliebte, selbstlose Helferinnen oder als sonstige Attribute männlichen Seins. Helmut F. Pfanner stellte zwar in seinen Untersuchungen über New York fest, daß viele der intellektuellen Emigranten dort nur dadurch einen angemessenen Neubeginn schafften, weil ihre Ehefrauen die Familien mit schlecht bezahlten Haushaltshilfejobs oder mit Fabrikarbeiten über Wasser hielten, während sich die Ehemänner sprachlich und intellektuell auf die neuen Möglichkeiten einstellten[5], doch nach ihren Exilerfahrungen wurde vorerst kaum gefragt.[6] Inzwischen gibt es jedoch

---

3   Vgl. Dorle Weyers: Fremdgängerinnen. Akkulturation am Beispiel bundesdeutscher Frauen in Südspanien. Pfaffenweiler 1993.

4   Als Beispiel sei das Symposium 'Zur gesellschaftlichen Lage der Frauen in der Türkei der achtziger Jahre und in der Migration' in Hofgeismar genannt, dem die Veröffentlichung einer Reihe von Aufsätzen türkischer Frauenforscherinnen in der Bundesrepublik folgte: Ayla Neusel/Şirin Tekeli/Meral Akkent (Hg.): Aufstand im Haus der Frauen. Berlin 1991, oder die daran anknüpfende Arbeitstagung: 'Migrantinnenforschung in der Bundesrepublik Deutschland: Begrifflichkeit, Methode und politische Bedeutung' in Würzburg 1990, die von der Friedrich-Ebert-Stiftung und der IAG-Frauenforschung, Gesamthochschule Kassel, veranstaltet wurde. Zunehmend wird das Thema 'Migration und Dominanzkultur' virulent. Vgl. Beiträge zur feministischen Theorie und Praxis Nr.42: Ent-fremdung. Migration und Dominanzgesellschaft. Köln 1996.

5   Vgl. Helmut F. Pfanner: Die Rolle der Frau im Exil: im Spiegel der deutschsprachigen Literatur in New York. In: Analecta Helvetia et Germania. Eine Festschrift zu Ehren von Hermann Boeschenstein. Hrsg. von A. Arnold u.a., Bonn 1979, S. 342-354. Ders.: Eine spröde Geliebte. New York aus der Sicht deutscher und österreichischer Exilanten. In: Exilforschung. Ein internationales Jahrbuch. Band 5. Hrsg. im Auftrag der Gesellschaft für Exilforschung. München 1987, S. 40-54.

6   Schriftstellerische Arbeiten – hingewiesen sei auf die von Erika Mann, Anna Seghers, Irmgard Keun, Adrienne Thomas oder Nelly Sachs – zeigen, daß Emigrantinnen eigene Erfahrungen zu verarbeiten haben. Vgl. auch Renate Wall: Lexikon deutschsprachiger Schriftstellerinnen im Exil 1933-1945. Freiburg 1995.

16

verschiedene Untersuchungen, die sich speziell mit Frauen im Exil befassen.[7]

Der Prozeß der Migration fordert von Männern, Frauen und Kindern neue Orientierungen, bietet jedoch gleichzeitig auch neue Möglichkeiten. Dabei macht es einen wesentlichen Unterschied, ob die Migration sich in die Länder des sogenannten Zentrums oder in die sogenannte Peripherie – die in der deutschen Migrationsforschung bislang generell wenig Aufmerksamkeit erfuhr[8] – richtet. Während die Forderung nach Integration – und damit zumeist implizierter Assimilation – der türkischen MigrantInnen in die bundesrepublikanischen Verhältnisse nahezu 'selbstverständlich' ist, wäre es der Mehrzahl der deutschen Türkei-MigrantInnen des frühen 20. Jahrhunderts absurd vorgekommen, sich assimilieren zu sollen, und die Angehörigen der Aufnahmegesellschaft dachten ebenso.[9]

Da ein Schwerpunkt der vorliegenden Untersuchung auf der Zeit des Nationalsozialismus liegt, und die deutschsprachige Community Istanbul während der 30er und 40er Jahre wesentlich durch EmigrantInnen mitgeprägt wurde, war die Beschäftigung mit Exilforschung relevant. Zwar wurde über die Tatsache der 'wissenschaftlichen

---

7   Vgl. Heike Klapdor: Heldinnen. Die Gestaltung der Frauen im Drama deutscher Exilautoren (1933-1945). Ergebnisse der Frauenforschung, Band 3. Hrsg. an der Freien Universität Berlin 1983. Gabriele Kreis: Frauen im Exil. Dichtung und Wirklichkeit. Darmstadt 1988. Christine Backhaus-Lautenschläger: ...Und standen ihre Frau: Das Schicksal deutschsprachiger Emigrantinnen in den USA nach 1933. Pfaffenweiler 1991. Sibylle Quack: Zuflucht Amerika. Zur Sozialgeschichte der Emigration deutsch-jüdischer Frauen in die USA. 1933-1945. Bonn 1995. Claudia Schoppmann (Hg.): Im Fluchtgepäck die Sprache. Deutschsprachige Schriftstellerinnen im Exil. Frankfurt a.M. 1995.

8   Auffällig sind in der bundesrepublikanischen Forschung die 'Problemorientierung' und die Diskussion um Integration und Assimilation. Schon früh Georg Elwert: Probleme der Ausländerintegration. Gesellschaftliche Integration durch Binnenintegration? In: Kölner Zeitschrift für Soziologie und Sozialpsychologie 34, 1982, S. 717-731. Hartmut Esser: Ethnische Kolonien: 'Binnenintegration' oder gesellschaftliche Isolation? In: J.H.P. Hoffmeyer-Zlotnik (Hg.): Segregation und Integration: Die Situation von Arbeitsmigranten im Aufnahmeland. Mannheim 1986, S. 106-117. Krankmachende Aspekte der Migration werden verstärkt untersucht und Besonderheiten psychologischer Entwicklungen beobachtet. Eckhardt Koch, Metin Özek und Wolfgang Pfeiffer (Hg.): Psychologie und Pathologie der Migration. Deutsch-türkische Perspektive. Freiburg 1995.

9   Eine so verstandene Integration blieb einzelnen Frauen vorbehalten, die sie in den Familien der türkischen Ehemänner mehr oder weniger zwangsläufig vollzogen.

Emigration' nach Istanbul und Ankara geforscht[10] und berichtet[11], jedoch stehen die Thematisierung anderer Emigrationsgruppen, die Analyse der Exilsituation und nicht zuletzt die Betrachtung von geschlechtsspezifischen Erfahrungen im Berufs- und Alltagsleben noch aus.

Was Arbeitsmigrations- und was Fluchtbewegung ist, ist nicht immer eindeutig benennbar. Ist es 'push' oder 'pull', wenn sich die junge arbeitslose Küchenhilfe aus Wien Ende 1937 in die Türkei verpflichtet, getrieben von der Arbeitslosigkeit, der Nazifizierung ihres Lebenskreises und der persönlichen Enttäuschung, gezogen von der Möglichkeit eines guten Einkommens, der Faszination des 'Orients' und der Chance, ein neues Leben zu beginnen? Ist der jüdische Lehrer, der vom deutschen Staat an die Deutsche Schule in Istanbul gesandt und einige Jahre später aufgrund des sogenannten Berufsbeamtengesetzes entlassen wurde und nicht nach Deutschland zurück konnte, Arbeitsmigrant oder Exilant? Wie – und für wen – wichtig ist die Unterscheidung?

ArbeitsmigrantInnen und Flüchtlinge erleben trotz aller Unterschiede in vielfacher Hinsicht gleiche Brüche und Konfrontationen. Das bisherige Orientierungssystem muß den neuen Gegebenheiten angepaßt werden. Dabei ist die Möglichkeit der Ein- bzw. Angliederung in oder an eine Subkultur-Gruppe oder eine zwangsweise isolierte Lebenssituation bestimmend für den Beginn des neuen Lebensabschnitts. *„Die Konfrontation mit einer fremden Gesellschaft, deren Normen, Werte, Verhaltensweisen von den eigenen abweichen, die andersartige menschliche Beziehungen, ungeschriebene Gesetze und Symbole, eine andere Sprache, einen anderen Arbeitsrhythmus, ein anderes Verständnis der Zeit und eine andere Wahrnehmung*

---

10 Vgl. Kurt R. Großmann: Emigration. Die Geschichte der Hitler-Flüchtlinge 1933-1945. Frankfurt a.M. 1969. Horst Widmann: Exil und Bildungshilfe. Die deutschsprachige akademische Emigration in die Türkei nach 1933. Mit einer Bio-Bibliographie der emigrierten Hochschullehrer. Bern und Frankfurt a.M. 1973.

11 Vgl. Paul Pulewka: Wissenschaft und Bildung in der modernen Türkei. In: Rudi Paret: Die Welt des Islam und die Gegenwart. Stuttgart 1960, S. 84-96. Lieselotte Dieckmann: Akademische Emigranten in der Türkei. In: Schwartz, E. und Wegner, M. (Hg.): Verbannung. Aufzeichnungen deutscher Schriftsteller im Exil. Hamburg 1964, S. 122-126. Rudolf Nissen: Helle Blätter – dunkle Blätter. Erinnerungen eines Chirurgen. Stuttgart 1969. Fritz Neumark: Zuflucht am Bosporus. Deutsche Gelehrte, Politiker und Künstler in der Emigration 1933-1953. Frankfurt a.M.1980. Ernst E. Hirsch: Aus des Kaisers Zeiten durch die Weimarer Republik in das Land Atatürks. München 1982.

menschlicher und gesellschaftlicher Räume aufweist, ist ein heftiger Angriff auf die kulturelle Identität des Emigranten"[12], schreiben Castelnuovo und Risso. Daß diese Konfrontation aber nicht zwangsläufig identitätsschwächende Folgen nach sich ziehen muß, wird am Beispiel der deutschsprachigen Community in Istanbul zu zeigen sein. Die Re-Konstruktion dieser Community in verschiedenen zeitlichen Phasen folgt einer historisch-systematischen Annäherung, die Bedeutungen historisch-genetisch, aus ihrem Entstehungszusammenhang heraus, erschließt. Das Darstellungsgerüst wird von 'harten Daten' – beispielsweise Fakten über Institutionen und Organisationen – gebildet und durch 'weiche Daten', die u.a. durch den methodischen Zugang der Oral History gewonnen wurden, ergänzt. Die Subjektivität erzählter Geschichte zeigt sich bei der Rekonstruktion des Alltagslebens, bei der Sichtung persönlicher Dokumente ebenso wie in den Erinnerungen der ZeitzeugInnen. Die historische Entwicklung nationalistischer und rassistischer Denkstrukturen in der Istanbuler Community und die Veränderungen, denen diese Strukturen bei veränderten politischen Bedingungen unterliegen, sind von besonderem Interesse.

Die vorliegende Studie entwickelte sich so im Laufe des Forschungsprozesses zu einer soziologisch-kulturanthropologischen Untersuchung von Etablierungsformen deutscher (E-)MigrantInnen in einem geschichtlich und räumlich interessanten Gebiet – Istanbul.

Migration und Emigration, 'Kolonie-Denken' und Community-Strukturen[13], individuelle und gesellschaftliche Prozesse werden beleuchtet. Gefragt wurde nach Erfahrungen mit 'Fremde(n)' und nach Konstruktion von 'Heimat', nach Überlebensstrategien und Selbstverortung. Die Vorstellung von der Zugehörigkeit zum deutschen Volk – oder besser: das Deutschsein – spielt in diesem

---

12   F. Castelnuovo und M. Risso: Emigration und Nostalgia. Frankfurt a.M. 1986, S. 121.

13   „Community" wurde als analytischer Begriff gewählt und markiert u.a. den Unterschied zwischen wissenschaftlichem Zugriff und Selbstbenennung. Denn bei den Deutschsprachigen in Istanbul wurde seit der Mitte des letzten Jahrhunderts und wird noch heute von der „Deutschen Kolonie" gesprochen; sie ist einem relativ unbestimmten „Wir" vorbehalten, einer nicht explizit definierten Gruppe der „dazugehörenden Deutschen". Community wird als der umfassendere Begriff genutzt, zu ihr gehören auch die aus dem inneren Zirkel der sogenannten Kolonie ausgestoßenen oder nicht (mehr) zugelassenen Deutschsprachigen. Community ist gesellschaftliches Konstrukt und Identifikationsraum der sie bildenden Individuen.

Zusammenhang eine wichtige Rolle. Lutz Hoffmann stellt für damals und heute gültig fest: *„Die Einzelnen bringen sich durch diese Vorstellung in Verbindung mit einer bestimmten Menge anderer Menschen und vertrauen darauf, daß diese ihrerseits dasselbe tun. Diese Vorstellung greift daher zweifach über die Individuen hinaus. Einerseits meint sie andere Menschen, und andererseits wiederholt sie sich in anderen Menschen. Und in beiden Fällen handelt es sich um denselben Kreis von Menschen, auf den sie sich erstreckt.* "[14] Individuen suchen die gleiche identitätsstiftende Vorstellung bei anderen, um auf einer gemeinsamen Basis ruhen und agieren zu können. Sie machen jedoch auch die Erfahrung, daß diese Basis unsicher ist, weil sich die eigenen Vorstellungen oder die der anderen verändern.

Die Community

„Community" wurde für die Erforschung deutschsprachiger Strukturen und deutsch-nationaler Entwicklung in Istanbul zum zentralen Begriff. Community steht hier nicht für die „ethnische Nachbarschaft" oder „das Dorf in der Stadt"[15], das städtische Einwanderungsviertel meint und – als 'ethnisch-homogener' und räumlich eingegrenzter Raum gedacht – zum Paradigma der amerikanischen Stadtforschung

---

14   Lutz Hoffmann: Das deutsche Volk und seine Feinde. Die völkische Droge. Köln 1994, S. 9f.

15   Robert E. Park, Mitarbeiter der frühen Chicago School of Sociology, sah die amerikanischen Städte von ethnischen 'Dörfern' kolonisiert. Vgl. Robert E. Park: Community Organisation and the Romantic Temper. In: Robert Park/Ernest W. Burgness/Roderick D. McKenzie: The City, Chicago 1967 (1925), S. 113-122, hier S. 119. Es waren die SoziologInnen der Chicago-Schule, die Anfang der 20er Jahre zuerst die sozialen Institutionen der 'Einwandererkolonien', die Lebensbedingungen und Verhaltensweisen der EinwanderInnen als Minoritätengruppen in der Großstadt erforschten. Sie fertigten noch heute relevante Detailuntersuchungen zu den Themen Wohnsituation oder Communities, im Sinne von Nachbarschaften, an und entwickelten vor allem Modelle, nach denen die Eingewanderten sich zunächst im Schutzraum ihrer 'ethnischen Community' assimilierten, sich allmählich über deren Ränder hinweg orientierten, um letztlich im amerikanischen Ganzen (melting-pot) aufzugehen. Siehe auch John Daniels: America Via the Neighborhood. New York 1929.

erhoben wurde.[16] Community muß hier weiter gefaßt werden. Sie wird als ein sich je nach Stärke des äußeren und inneren Einflusses in unterschiedlicher Geschwindigkeit ständig wandelndes Gebilde verstanden, ein im Laufe der Zeit verändertes und sich weiter veränderndes Netzwerk sozialer Beziehungen und Beziehungs-möglichkeiten, das örtliche und bauliche Bezugspunkte aufweist, doch weder einseitig durch räumliche Segregation noch durch eine enge kulturelle oder ethnische Festlegung definiert wird. Das Verhältnis von Gesellschaft und Individuum in dieser Community wird als wechselseitiges wahrgenommen. Formen von Selbstorgani-sation und politischer Partizipation sind Ausdrucksform von indivi-dueller und gesellschaftlicher Identität, wobei sich die Entwicklung kultureller Muster und Identitäten als anhaltender Prozeß erweist. Die Community ist hier das Dach, unter dem verschiedene Untergruppen (Sub-Communities) mit- und gegeneinander agieren.

In dieser Arbeit wird weniger die Absicht verfolgt, klare Ab- und Ausgrenzungen bzw. Zuordnungen zu treffen, sie möchte vielmehr auf Widersprüchlichkeiten des Systems und im Verhalten seiner AkteurInnen hinweisen.

Die Darstellung der deutschsprachigen Community in Istanbul wird sich vordergründig in zwei größere historische Teile gliedern. Zunächst werden erste Vernetzungen Deutschsprachiger und der Aufbau 'deutscher Institutionen' im letzten Jahrhundert anhand historischer Quellen – Literatur und Akten – rekonstruiert und erste Nationalisierungstendenzen und Großmachtphantasien in ihrer Entwicklung bis zum Ende des Ersten Weltkrieges thematisiert. Der zweite Teil beginnt – nach 'der Zeit der Vertreibung durch die Entente' – mit dem Wiederaufbau der Community ab 1924 und endet mit der erneuten Ausweisung bzw. Internierung der Deutschen in der Türkei. Ein Blick auf die Nachkriegsgeschichte spürt erhaltene Traditionslinien auf und fragt nach kollektivem und individuellem Umgang mit Geschichte.

Der inhaltliche Schwerpunkt der Darstellung liegt auf der Zeit des deutschen Nationalsozialismus. In der deutschsprachigen Community der 30er Jahre sammelten sich Frauen und Männer, die sich aus unterschiedlichen Gründen zur Emigration gezwungen sahen, solche,

---

16   Vgl. Gisela Welz: Street life: Alltag in einem New Yorker Slum. Frankfurt a.M. 1991, hier besonders S. 268-277. Vgl. auch Waltraut Kokot und Bettina C. Bommer (Hg.): Ethnologische Stadtforschung. Berlin 1991.

die aus politischer oder moralischer Überzeugung in die Türkei kamen und diejenigen, die sich bereits dort aufhielten und nicht zurück wollten oder konnten. Die Anderen vertraten 'das neue Deutschland' oder richteten sich mit ihm ein.

Zur sogenannten Deutschen Kolonie Istanbul zählten (sich), neben den seit mehreren Generationen ansässigen Deutschen – die umgangssprachliche Bezeichnung 'Bosporusgermanen' scheint mir zur Formulierung ihres relikthaften Status geeignet – die Lehrenden der Deutschen Schule und der sogenannten Militärmission, sowie die Ingenieure und Fachleute – ArbeitsmigrantInnen – verschiedenster Art und Profession, die mit Zeitverträgen und Familien kamen. Dazu gehörten Botschafts- und Konsulatsangehörige ebenso wie die deutschen Krankenschwestern, Kindermädchen oder Köchinnen, die hier ihr Glück versuchten. Dazu gehörten auch diejenigen deutscher Herkunft, die auf der oft mehrjährigen Wanderung oder erst in der Türkei eine neue Staatsbürgerschaft angenommen hatten, sich aber dennoch als Deutsche betrachteten. Diese 'Kolonie' bildet nur einen Teil der (Groß-)Community.

Der Community-Begriff hat den Vorteil, daß er – im Gegensatz zu 'Ghetto' oder 'Ethnische Kolonie' – in der bundesrepublikanischen Forschung noch wenig konnotiert und eingegrenzt ist. In der untersuchten Community trafen sich verschiedene Nationalitäten, Religionen und politische Strömungen. Die deutschsprachige Infrastruktur wurde von den deutschen und österreichischen EmigrantInnen ebenso genutzt wie von früheren Angehörigen der sogenannten Donaumonarchie[17], die aus dem Balkanraum nach Istanbul gekommen waren.

Die Istanbuler Community war Anfang der 30er Jahre die einzig bedeutende deutschsprachige in der Türkei. Neben den Exilsuchenden, die sie nach 1933 erreichten, kamen auch die MigrantInnen, deren wichtigstes Gepäck und Arbeitsmittel die NS-Ideologie war, dazu 'normale' Arbeitsuchende und Heiratsmigrantinnen.[18] In dieser

---

17 Der Begriff Donaumonarchie taucht in unterschiedlichen Zeitdokumenten auf und meint das frühere Kaisertum Österreich und Österreich-Ungarn.

18 Unter Heiratsmigrantinnen werden deutsche oder österreichische Frauen verstanden, die eine Ehe mit türkischen Männern eingingen, sei es zur Realisierung eines Fluchtvorhabens, wegen einer 'Liebesheirat' oder aus anderen Gründen. Diese zahlenmäßig nicht unerhebliche Gruppe wird in der Regel nicht wahrgenommen. Die Frauen verloren durch die Heirat ihre deutsche (österreichische) Staatsangehörigkeit und wurden 'Türkinnen'. Weder die offiziellen Vertreter des 'Reiches' noch die VertreterInnen der sog.

Zeit wurde der Höhepunkt deutscher Nationalisierungsbemühungen und -erfolge innerhalb der Community erreicht. Das durch die politischen Vorgänge in Deutschland massiv beeinflußte Community-Netzwerk zeigte sich im Laufe der Forschungsarbeit immer mehr als vielschichtiges und widersprüchliches System.

Einen wichtigen Ansatzpunkt zur Betrachtung der Einwanderungs-Community lieferte der Soziologe Friedrich Heckmann. Er brachte den Begriff „Minderheiten" als Zusammenfassung der Qualität kultureller Systembeziehungen in die bundesdeutsche Diskussion ein und betonte die Relevanz der eigenen „ethnischen Gruppe" und der „kulturellen Referenzsysteme" für die einzelnen MigrantInnen. Für die „Einheit eines sich entwickelnden kulturellen und sozialen Systems von Einwandererminoritäten", deren kollektive Identitäten er durch eine Vorstellung von der gemeinsamen Herkunft und von eigenen und fremden Zuschreibungen geprägt sah, wählte er den Begriff „Ethnische Kolonie".[19] Der aktive Prozeß des Siedelns und der Aufbau einer sozio-kulturellen Eigenorganisation, die stabilisierend wirken soll und kann, vermittelt als tendenziell geschlossenes Konstrukt einen Eindruck von Homogenität, die Territorialität jedoch – in Abgrenzung zum Ghetto-Begriff – nur bedingt benötigt. Heckmann betrachtet die „Einwanderungsgesellschaft" als eine Art Kulturbrücke zwischen Herkunfts- und Aufnahmegesellschaft, als ein notwendiges Durchgangsstadium und als Indiz für das Vorliegen eines echten Einwanderungsprozesses. Sie erlaubt zum einen Erhalt und Rekonstruktion sozialer und kultureller 'Eigenheiten', bietet zum anderen jedoch gleichzeitig Raum zur kollektiven Bearbeitung neuer Lebensbedingungen und Bedürfnisse. Hermann Bausinger weist unter Berufung auf Heckmann darauf hin, daß sie darüber hinaus „den

---

Deutschen Kolonie zeigten Interesse an ihnen. Und dennoch waren sie durch vielfältige Beziehungen in das Communitynetz verwoben.

19   Friedrich Heckmann: Die Bundesrepublik: Ein Einwanderungsland? Zur Soziologie der Gastarbeiterbevölkerung als Einwanderungsminorität. Stuttgart 1981, S. 209. Vgl. ders.: Theoretische Positionen der Forschung über Arbeitsmigration in der Bundesrepublik. Von der Gastarbeiterforschung zur Migrations- und Minoritätensoziologie? In: Deutsches Jugendinstitut (Hg.): Ausländerarbeit und Integrationsforschung. Bilanz und Perspektiven. München 1987, S. 43-62. Heckmann findet nicht nur den Anschluß an die internationale Minoritäten- und Einwanderungsforschung, sondern bricht auch mit der bis dato gültigen Konvention, die Bundesrepublik als 'Nicht-Einwanderungsland' zu betrachten.

Fortbestand der sozialen Kontrolle" garantiere, ein nicht unerheblicher Faktor für die Identitätssicherung.[20]

Heckmanns Konzept läßt sich teilweise auf die vorgefundenen Strukturen in Istanbul übertragen. Wie in der von ihm beschriebenen 'Kolonie' wird auch von den Mitgliedern der hier untersuchten Community ein Anspruch auf kulturelle – zunächst noch nicht ethnische oder nationale – Eigen-Art formuliert, die eine aktive Erhaltung von alter Identität beinhaltet; gleichzeitig wird ein Schutzraum zur Bearbeitung von Fremdheitserfahrung geschaffen.

Ein „echter Einwanderungsprozeß" kann für die Deutschen in Istanbul nur sehr bedingt festgestellt werden. Faktisch gibt es Migrationsfamilien, deren Vorfahren zwar bereits im letzten Jahrhundert einwanderten, die jedoch noch heute an ihrer „deutschen Identität" und Nationalität festhalten. Sie pflegen im Bezug auf die Mehrheitsgesellschaft keine „Selbstabwertungstendenzen", wie sie Heckmann beschreibt und orientieren sich weiterhin vor allem an der Herkunfts- und Einwanderergesellschaft.

'Heimat' als Ort des unhinterfragten Dazugehörens ist als Identitätsfaktor für alle Migrationsgenerationen von Bedeutung. Der Literaturwissenschaftler Wolfgang Müller-Funk identifiziert Heimat und Fremde als notwendige „Kategorien der Orientierung".[21] Und der Ethnopsychoanalytiker Mario Erdheim nimmt diese Metaphern auf und ergänzt: „*Das psychische, das innere Bild der Heimat, das wir in uns herumtragen, ermöglicht eine Orientierung, weil es Identität und Geborgenheit vermittelt.*" Für ihn sind Heimat und Fremde „*notwendige Erfahrungsräume. Die Enge der Heimat treibt in die Fremde und erzwingt den Wandel; die Gefahr in der Fremde sowie die Angst vor dem Fremden wecken das Heimweh und die Sehnsucht nach Heimat und Tradition.*"[22] Je ferner die Heimat, desto höher die Bewertung des Verlustes. Mit ihren Institutionen schufen sich die Deutschen in Istanbul 'ein Stück Heimat in der Fremde'. Hier fanden sie ein Angebot kollektiver und individueller Identifikations- und Verweigerungsmöglichkeiten.

---

20   Hermann Bausinger: Assimilation oder Segregation? In: Landeszentrale für politische Bildung Baden Württemberg (Hg.): Der Bürger im Staat, Heft 3. Die Türkei und die Türken in Deutschland, S. 201-205, hier S. 202.

21   Wolfgang Müller-Funk (Hg.): Einleitung. In: Neue Heimaten. Neue Fremden. Wien 1992, S. 9-18, hier S. 9.

22   Mario Erdheim: Heimat, Geborgenheit und Unbewußtheit. In: Ebd. S. 39-52, hier S. 39.

Die Entwicklung von Einwanderungs-Communities läßt sich nicht ohne Beachtung der politischen und gesellschaftlichen Entwicklung der Emigrations- und Immigrationsländer und nicht ohne Beachtung der intergesellschaftlichen Beziehungen und der daraus resultierenden politischen und kulturellen allgemeinen und individuellen Identifikationswünsche und -zuschreibungen interpretieren.

In der Istanbuler deutschsprachigen Community bestand (und besteht) eine große Heterogenität in bezug auf die geographische Herkunft, die Migrationsmotivation und das politische und religiöse Selbstverständnis. Als gemeinsamer Nenner relevant ist die Deutschsprachigkeit.

Nicht enge ethnische oder nationale Grenzen bestimmen also das Community-Selbstverständnis der Zugereisten, sondern die Sprache[23] und das, was sie in Abgrenzung zur neuen Umwelt als ihre 'deutsche', 'europäische' oder 'abendländische Kultur' betrachten. Community meint hier also nur bedingt eine selbständige Einheit. Der Begriff umfaßt vielmehr ein relativ offenes Ensemble mit einigen konzentrierten und weniger konzentrierten, sich überschneidenden, überlagernden oder abgrenzenden gesellschaftlichen Gruppierungen und Institutionen. Es bildet einen Raum für das Zusammentreffen von unterschiedlichen – historisch geprägten – ökonomischen, kulturellen, nationalen und sozialen Interessen.[24]

---

23 Sozialisierung erfolgt durch sprachliche und zwischenmenschliche Erfahrung. Sprache ist als System zu verstehen; innerhalb eines weltanschaulichen Rahmens steht sie für Handeln, Denken und Fühlen. Durch Sprache werden Kultur, Geschichte, Moral, Glaube oder Aberglaube ausgedrückt und weitertransportiert – auch sie kein statisches Konstrukt. Cécile Huber thematisierte die besondere Bedeutung von Sprache in ihrem Vortrag „Compound identity; compound ethnicity" auf der Frauen-Volkskunde-Tagung in Graz 1992. Vgl. Cécile Huber: Compound Ethnicity, Compound Identity. In: Wissenschaftlerinnen in der Europäischen Ethnologie – Widee – (Hg.): Fremde Nähe. Frauen forschen zu Ethnos, Kultur, Geschlecht. Reihe Frauenforschung Band 24, Wien 1993, S. 103-121, hier S. 108f.

24 Die zunächst für die 30er und 40er Jahre angenommene Existenz zweier von einander weitgehend unabhängiger deutschsprachiger Community-Gruppen (Kolonie und EmigrantInnen) in Istanbul hat sich nicht bestätigt. Tatsächlich konnten eine ganze Reihe von Untergruppen herauskristallisiert werden, die jedoch alle auf die eine oder andere Art in das größere Beziehungsnetz – die Community – involviert waren. Der Communtity-Begriff läßt Bewegungsfreiheit zu – in mentaler und räumlicher Hinsicht.

2.   Quellen und methodisches Vorgehen

Community-Studien erfordern ebenso wie Gemeindestudien einen Pluralismus der Quellen und Methoden. Deshalb werden hier historische und kulturanthropologische Arbeitsweisen vereint. Der Forschungsansatz ist qualitativ und am Individuum orientiert – auch da, wo mit schriftlichen Zeugnissen in gedruckter Form gearbeitet wird. Die mit 'interpretativer Methode' ausgewerteten historischen Quellen geben ebenso Einblicke in vergangene Lebensrealität wie die Erzählungen von ZeitzeugInnen. Forschungsgegenstand und Fragestellung 'entwickelten' sich während der Auseinandersetzung mit dem empirischen Material. Da vor allem im Bereich der biographischen Forschungsanteile die Subjektivität der am Forschungsprozeß Beteiligten im Vordergrund stand, mußte das Verhältnis von *„Identifikation, Gleichheit, Solidarität vs. Fremdheit, Differenz, Distanz"* beachtet werden.[25]

Generelle Probleme der teilnehmenden Beobachtung traten auf. So barg der Doppelcharakter der Befragten als InformantInnen und als 'Gegenstand' der Untersuchung, sie waren ja Teile der Community, einige Schwierigkeiten – ebenso der ambivalente Status der Forscherin als zeitweise Angehörige der Community und als Beobachterin und Fragende. Die Interpretation des empirischen Materials wurde als Prozeß der Rekonstruktion begriffen. Zum Nutzen einer realitätsnahen Rekonstruktion wurde Wert darauf gelegt, mündliche Erzählungen und persönliche Dokumente mit Akten, Berichten, sogenannten objektiven Daten – z.B. Volkszählungsergebnisse – zu konfrontieren.

Ein Problem, das sich bei der Darstellung der Forschungsergebnisse schnell stellte, war der vermeintliche oder tatsächliche Widerspruch zwischen Erkenntnisinteresse der Forscherin und dem Schutz des befragten oder durch die Befragung sichtbar werdenden

---

25   Bettina Dausien: Biographieforschung als 'Königinnenweg'? Überlegungen zur Relevanz biographischer Ansätze in der Frauenforschung. In: Angelika Diezinger u.a. (Hg.): Erfahrung mit Methode. Wege sozialwissenschaftlicher Frauenforschung. Forum Frauenforschung Band 8, Schriftenreihe der Sektion Frauenforschung in der Deutschen Gesellschaft für Soziologie. München 1994. S. 129-153, hier S. 135. Vgl. auch Gabriele Sturm: Wie forschen Frauen? Überlegungen zur Entscheidung für qualitatives oder quantifizierendes Vorgehen. Ebd. S. 85-104.

Individuums. Diesem Problem mußte sich die Forscherin stellen, wodurch ihr besonders im Schreibprozeß ständige Entscheidungen abverlangt wurden.

Eine Zeitzeugin schrieb:

„Es gibt Dinge im Leben, die durch Veröffentlichung nicht Nutzen sondern Schaden anrichten, es genügt, daß <u>wir</u> es noch wissen."[26]

In der Tat mußte ich mich immer wieder damit auseinandersetzen, ob das, was ich im vertraulichen Gespräch, in Momenten der besonderen Offenheit oder Unachtsamkeit meiner GesprächspartnerInnen, in denen sie 'zuviel' preisgaben, oder das, was ich durch Kombination von Erkenntnissen aus verschiedenen Gesprächen und Akteneinsichten erfahren habe, veröffentlicht werden sollte.

Die Bekanntgabe einiger Fakten könnte für einzelne Personen in der Türkei tatsächlich negative Rückwirkungen auf ihr jetziges Leben und ihre gesellschaftliche Position haben. Sie könnte das 'Ansehen' bestimmter Personen posthum zerstören. Manchmal werden die veröffentlichten Daten 'nur' schmerzliche Erinnerungen wachrufen. Dabei geht es nicht nur um die Aufdeckung von nazistischer Verstrickung. Zwei Beispiele sollen das Dilemma verdeutlichen. Die Verfolgung Homosexueller im nationalsozialistischen Deutschland war Grund für manche Emigration – auch in die Türkei. Homosexualität war dort jedoch in den 30er Jahren gesellschaftlich genau so wenig akzeptiert wie heute. Die nachträgliche Offenlegung dieser Lebensform bei bekannten Persönlichkeiten könnte für noch lebende Personen oder auch für das Andenken inzwischen Verstorbener noch immer unangenehme Folgen haben. Wem oder wozu nützt also die Veröffentlichung solcher Fakten?

Manchmal z.B. erklärt sie widersprüchliches menschliches Verhalten und ermöglicht ein Verständnis der Situation Homosexueller in intoleranter Umgebung, die diese so erpreßbar macht. Es ist ein durchaus beachtenswerter Unterschied, ob jemand aus politischer Überzeugung emigriert ist oder weil seine Homosexualität bei den Nazis publik war – wobei das eine das andere nicht ausschließen muß.

Ein weiteres Beispiel für das angesprochene Dilemma ist die frühere Arbeit in einer kommunistischen Gruppe. In der Türkei

---

26 Schriftliche Feststellung einer Gesprächspartnerin, die nicht das Offenlegen von nationalsozialistischen Vorgängen im allgemeinen meint, sondern auf eine persönliche schmerzliche Erfahrung in ihrem Bekanntenkreis anspielt.

herrscht noch heute ein starker staatlicher und gesellschaftlicher Antikommunismus. Eine ehemalige deutsche Kommunistin, die seit Jahren ein bürgerliches Leben in Istanbul führt, bat mich um Stillschweigen über diesen Teil ihrer Vergangenheit, da sie Angst um ihre gesellschaftliche Position habe, wenn ihre aktive Arbeit bekannt würde – selbst wenn diese schon mehrere Jahrzehnte zurückliegt.

Daß diese Angst vor Konsequenzen nicht nur für die Türkei gilt, mußte ich in einer deutschen Großstadt erfahren. Ein ehemaliger politischer Emigrant, der nach 1945 in Deutschland eine wissenschaftliche Karriere machte, bat mich ebenfalls, seinen Namen nicht im Zusammenhang mit seiner Parteiarbeit zu nennen. Ein Bekenntnis zum Kommunismus scheint auch hier nicht opportun zu sein.

Die Konstruktion und Rekonstruktion der Istanbuler deutschsprachigen Community folgt einer disparaten und sehr ergiebigen Quellenlage. Daten wurden durch literarische Quellen – historische Reiseliteratur und landeskundliche Studien –, archivalische Quellen – getippte und handschriftliche Notizen aus öffentlichem und privatem Besitz –, aus Zeitungen, Nachrufen, autobiographischen Texten[27], Briefen, Tagebüchern und aus Gesprächen gewonnen. Weitere genutzte Dokumente waren Fotos aus Bibliotheken und Privatbesitz.[28]

Ein Glücksfall war das Auffinden eines maschinengeschriebenen Exemplars über „Die Geschichte der deutschen evangelischen Gemeinde in Konstantinopel – Istanbul von 1843 bis 1932"[29] im evangelischen Pfarrhaus Istanbul. Es liefert auf 308 Seiten längst

---

27 Damit sind eigens für diese Arbeit angefertigte (hand-) schriftliche Überlegungen, aber auch z.T. im Privatdruck erschienene schriftliche 'Erinnerungen' gemeint.

28 Diese in Papier transformierten Überlieferungen augenblicklicher Vergangenheit werden in der Darstellung in zweifacher Hinsicht genutzt: als analysier- und interpretierbares Material und zur Illustration. Während der Forschung hatten sie noch andere Funktionen; für die ZeitzeugInnen dienten sie als Belege für Erzähltes und sie setzten Erinnerungsarbeit in Gang. In einem Fall wurden sie als stetige Mahnung funktionalisiert, als eine Art Selbstbestrafung: Eine Interviewpartnerin hatte vergrößerte Fotos ihrer früheren Familie, für deren Tod sie sich verantwortlich fühlte, auf dem Regal über ihrem Bett stehen. Anmerkungen zu Fotografie und Lebensgeschichte vermittelt der Aufsatz von Joachim Kallinich: »Fotos sind schön und schwer zugleich«. In der Festschrift zum 60. Geburtstag von Hermann Bausinger: Utz Jeggle u.a.: Tübinger Beiträge zur Volkskultur, 69. Band, Tübingen 1986, S. 285-300.

29 Martin Kriebel: Die Geschichte der deutschen evangelischen Gemeinde in Konstantinopel – Istanbul von 1843 bis 1932 (unveröffentlichtes Manuskript). Kopie bei der Autorin.

vergessenes Hintergrundwissen zur Entstehungsgeschichte einer deutschsprachigen Infrastruktur und ihrer Organisationen. Informativ sind auch die Tauf-, Heirats- und Sterberegister der Evangelischen Gemeinde, die Mitte des letzten Jahrhunderts beginnen.[30]

Istanbuler Archivmaterial unterschiedlichster Provenienz, von den Jahresheften oder Sitzungsprotokollen des evangelischen Gemeindekirchenrates[31] über die Jahresberichte der Deutschen Schule (1924-1943)[32] bis hin zu den Restbeständen der Teutonia-Nachrichten[33], konnten eingesehen werden. Schriftliche Berichte von NS-Funktionären, Briefwechsel zwischen dem Deutschen Konsulat Istanbul und dem Auswärtigen Amt Berlin, Personalgutachten etc. standen in deutschen Archiven zur Verfügung.

Eine weitere wichtige Quelle ist die „Türkische Post", die deutschsprachige Istanbuler Tageszeitung (1926-1944), die zum Großteil in der Bibliothek der Istanbul Üniversitesi eingesehen werden konnte.[34]

---

30 Eine deutsche katholische Gemeinde wurde erst in den 50er Jahren in Istanbul gegründet.

31 Der Zugang zu diesen Materialien war nicht ganz so einfach. Der ehemalige Pfarrer Hahn war zunächst wenig erbaut, als ich Einblick in das Pfarrarchiv begehrte. Da ich mir vor meinem zweiten Forschungsaufenthalt die Unterstützung des Leiters des Istanbuler FES-Büros sicherte, der quasi offiziell um Akteneinsicht für mich bat, öffnete sich mir dann doch die Kirchen(-Archiv-) Tür. Nach diesen Anfangsschwierigkeiten war die Arbeit dort sehr erfolg- und erkenntnisreich.

32 In der Deutschen Schule stieß ich mit meiner Arbeit auf das Interesse und die Hilfsbereitschaft des Ehepaares Lippold, er – inzwischen pensionierter – Schulleiter und aktiv in den unterschiedlichsten Bereichen der Community. Christa Lippold entpuppte sich als Hobby-Forscherin, die sich besonders für die Geschichte der Deutschen Schule in Istanbul interessiert und inzwischen weitgehend Ordnung in die lange Zeit vernachlässigten, auf dem Schuldachboden oder im Keller gefundenen, Akten und Fotos gebracht hat.

33 Hierzu verhalfen mir der ehemalige Vorsitzende des Vereins Teutonia, Carsten Meyer-Schlichtmann, und die Gastfreundschaft des DAI.

34 Hier half die Unterstützung von Prof. Dr. Jale Baysal, die noch mit dem Emigranten Walter Gottschalk gearbeitet hat. In Istanbul nicht vorhandene Zeitungsexemplare waren in der Münchner Staatsbibliothek zu finden, andere im Stuttgarter Institut für Auslandsbeziehungen. Die Forschung stieß auch auf das Interesse türkischer WissenschaftlerInnen, die besonders die Tatsache begrüßten, daß eine deutsche Forscherin sich mit der Geschichte der deutschen MigrantInnen in der Türkei beschäftigte. Außer Jale Baysal boten Prof. Dr. Nermin Abadan-Unat, Dr. Sema Köksal und Prof. Dr. Necla Arat ihre Unterstützung in Istanbul an.

Mehrere veröffentlichte Autobiographien von EmigrantInnen und NS-Politikern erleichterten nicht nur den Einstieg in den Untersuchungszeitraum der 30er und 40er Jahre, sie zeugen auch von der jeweiligen Intention der Schreibenden – ob Widerstandsautobiographie[35] oder Rechtfertigungs- und Verteidigungsschrift[36].

Die während der drei mehrmonatigen Forschungsaufenthalte geführten zwanglosen Gespräche innerhalb der Community trugen zum Verständnis der deutschsprachigen Istanbuler Vergangenheit bei. Dazu kamen die themenzentrierten Interviews, die einen Beitrag zur Oral History liefern. 27 Gespräche von unterschiedlicher Länge und Intensität wurden auf Band aufgezeichnet. In der Regel erfolgte dieses 'narrative Interview'[37] erst bei der zweiten oder dritten Begegnung meist in den Wohnbereichen der ZeitzeugInnen. Angestrebt waren das freie Erzählen und die 'Aufnahme' von Assoziationen der ZeitzeugInnen. Die Gründe und der Zeitpunkt der (E-)Migration, Berufstätigkeit, familiäre und freundschaftliche Beziehungen, Lebensgestaltung, eigene Reflexion des Lebens in der Türkei – besonders zur Zeit des Nationalsozialismus – wurden durch sparsam eingesetztes Nachfragen thematisiert, wenn sie nicht von selbst zur Sprache kamen. Klaus Geiger verweist auf ein Grundproblem des thematisch zentrierten Interviews: *„auf seinen Zwittercharakter. Einerseits nähert sich der Kommunikationsstil dem der alltäglichen Kommunikation an, um beim Befragten die Bereitschaft und Fähigkeit zur Selbstdarstellung zu fördern, andererseits wird eine Person ausgeforscht, werden die Basisregeln der Reziprozität und des Verbots des Aushorchens verletzt."[38]* Ziele und Spielregeln des Interview-

---

35   Z.B. Margarete Schütte-Lihotzky: Erinnerungen aus dem Widerstand 1938-1945. Hrsg. von Chup Friemert. Hamburg 1985. Das Buch wurde neu herausgegeben von Irene Nierhaus: Erinnerungen aus dem Widerstand. Das kämpferische Leben einer Architektin von 1938-1945. Wien 1994.

36   Z.B. Franz von Papen: Der Wahrheit eine Gasse. München 1952.

37   Nicht das grundsätzlich wertvolle umfangreiche methodische Instrumentarium des narrativen Interviews, wie es etwa Fritz Schütze entwickelte, stand im Vordergrund der Forschung, sondern dessen immanenter Anspruch, den ErzählerInnen das Sprech- und Gestaltmonopol der Erzählsituation zu überlassen. Vgl. Fritz Schütze: Biographieforschung und narratives Interview. In: Neue Praxis, Heft 3, 1983, S. 283-293. Ders.: Kognitive Figuren des autobiographischen Stegreiferzählens. In: Martin Kohli und Günther Robert: Biographie und soziale Wirklichkeit. Neue Beiträge und Forschungsperspektiven. Stuttgart 1984, S. 78-117.

38   Geiger, Klaus F.: Intensivinterviews: Hilfen zur Selbstexploration des Lesers. Ein Werkstattbericht. In: Vandenhoeck – LiLi Beih. 12, S. 195-209.

gesprächs sollten deshalb offengelegt werden; eine freiwillige Koope-
ration ist zu sichern, die für beide – die Interviewerin und die jeweils
Befragten – teilweise Interessen befriedigt. Die Forscherin erhält neue
Daten, die Interviewten können sich mitteilen und sich selbst ein
Stück ihrer Lebensgeschichte versichern.

Nach Möglichkeit wurden frühere InterviewpartnerInnen später
wieder aufgesucht. So konnten nach der ersten Auswertung auf-
tauchende Fragen oder Widersprüche in den meisten Fällen geklärt –
zumindest jedoch angesprochen – werden. Dem direkten Kontakt mit
ZeitzeugInnen, zu denen unterschiedlich enge Beziehungen entstanden, sind besondere 'Einblicke' zu verdanken. Mir wurden Briefe
zugänglich gemacht, nachträglich angefertigte Berichte über das
Leben in der Community oder in der Internierung (1944-1945)
übergeben und Tagebücher aus Privatbesitz zur Verfügung gestellt.
Einer der besonderen 'Funde' ist auch das »Berichtsbuch der
Istanbuler Jungmädel (1935-1938)«, das sich ebenfalls in Privatbesitz
befindet.

ZeitzeugInnen der unterschiedlichen eruierten Status- und Emigrationsgruppen haben an der Rekonstruktion des Lebens in der deutschsprachigen Community Istanbul Anteil. Neben der Wissenschaftlerin
wurden die Köchin (Arbeitsemigrantin), die Hausfrau, die mit ihrem
deutschen Mann kam (Mit-Emigrantin) oder die, die zufällig (Heiratsmigrantin) oder aber als Überlebensstrategie einen türkischen Ehemann wählte (Lebensstrategie-Ehefrau), der jüdische Auslandsschul-
lehrer, der es vorzog zu bleiben, die Jüdin, die vor der Scheidung ihre
zweite Eheschließung organisierte, um den Aufenthaltsstatus zu
sichern (Rassistisch-Verfolgte), die in politischen Gruppen gegen
NS-Deutschland Aktiven (Politische EmigrantInnen), aber auch die
für NS-Deutschland Aktiven (NS-IdeologInnen) oder die Sympathi-
sierende (Bosporusgermanin) interviewt. Außerdem gaben Menschen
Auskunft, die freiwillig oder gezwungenermaßen randständige Positionen in der Community einnahmen, wie der russische Schüler am
österreichischen St. Georgskolleg, die deutschsprachige 'Levan-
tinerin' oder die Schweizerin, die zur Deutschen Schule ging und die
vor allem deutsche Freundinnen hatte.[39] Soweit das möglich war,

---

39 Da das bisherige Geschichtswissen über Deutsche in der Türkei vor allem durch
    den 'männlichen Blick' registriert und dokumentiert ist, legte ich besonderen
    Wert darauf, Geschichte von Frauen und Geschichte aus Frauensicht zu
    erfahren. Dieses Kriterium hatte Konsequenzen für die Auswahl der Interview-
    partnerInnen. Einschränkend muß angemerkt werden, daß diese Auswahl an

wurden unterschiedliche Altersgruppen (damals Erwachsene und Kinder) berücksichtigt. Ein Teil der InterviewpartnerInnen lebt noch in Istanbul, einige sind dort inzwischen gestorben, andere sind vor Jahrzehnten remigriert.[40]

Während der Feldforschung war mein uneindeutiger Status als zeitweise 'integrierte Community-Angehörige', die einen Platz im Beziehungsgeflecht einnahm, und als 'neugierig-neutrale Wissenschaftlerin', die mit der Methode der 'teilnehmenden Beobachtung' arbeitete, für mich und mein Umfeld – zumindest zeitweise – belastend. Probleme von (implizierter und nicht implizierter) Nähe und (für die Forschung notwendiger) Distanz traten auf. Es kam zu wechselseitigen Vereinahmungen und komplizierten Beziehungen. Die Rolle der historisch Forschenden ist mindestens dreifach determiniert – als Anlaß (die Fragende), Katalysator (die Reaktionen Auslösende) und Medium (die Vermittelnde und Interpretierende) für Erinnertes. Darüber hinaus mußte ich mich der Erwartung stellen, bei der Verarbeitung der oft überwältigenden Erinnerungen zu helfen.

Nicht zu allen ZeitzeugInnen konnten Kontakte geknüpft werden und nicht alle waren gesprächsbereit. Manchmal wurden Gespräche ohne Erklärung verweigert oder umgangen, bereits ausgemachte Termine verschoben oder abgesagt. Mal wurde Krankheit für die Absage verantwortlich gemacht, mal eine plötzliche Reise oder ein Besuch. Warnungen machten innerhalb der Community die Runde. *„Die ist hinter alten Geschichten her", „Sie schadet dem Ansehen der Deutschen", „Die arbeitet für den türkischen Geheimdienst"* und *„Sie ist eine Spionin"* wurde kolportiert. Menschen, die zunächst Interesse an einem Gespräch über die *„Vergangenheit der Deutschen Kolonie"* bekundet hatten, zogen sich plötzlich zurück.

---

sich beschränkt war, da das erste Kriterium die (bewußte) Anwesenheit in Istanbul in den 30er und 40er Jahren war, also die 60-Jahre-Grenze der InterviewpartnerInnen bereits überschritten sein mußte. Auch bei den Deutschen in Istanbul ist die Lebenserwartung der Frauen höher als die der Männer. Außerdem muß davon ausgegangen werden, daß der weibliche Anteil der Deutschen seit Anfang dieses Jahrhunderts – vor allem durch die Zunahme von weiblicher Heiratsmigration – höher ist als der männliche.

40   In Istanbul bekam ich auch Adressen von Alt-IstanbulerInnen in Deutschland, der Schweiz, Schweden und den USA. In Hamburg, Kassel, Frankfurt, Darmstadt und Tübingen führte ich weitere Gespräche, drei davon zeichnete ich ebenfalls auf Band auf. Leider konnte ich bei weitem nicht allen vielversprechenden Spuren folgen.

Allerdings gab es auch Interviews, deren Durchführung mir selbst aus emotionalen Gründen schwerfiel, etwa das Gespräch mit einem 'großdeutschen Nazi', der eine gewichtige Stellung innerhalb der Community innehatte.[41]
Geschichtsforschung ist Teil des aktuellen politischen und kulturellen Lebens, und aktive Erinnerungsarbeit[42] soll nicht nur Gewordenes verstehbar machen, sie muß vor allem gegen das Vergessen und Verdrängen von Vergangenheit ankämpfen. Die Subjektivität jeglicher Geschichtsarbeit wird hier also nicht verschleiert, sondern als natürliche Begrenztheit wahrgenommen und akzeptiert. Der Spagat zwischen *„Memorie und Historie"* ist keine sehr bequeme Haltung, kann jedoch deren Relationen verdeutlichen.[43]

2.1. Feldforschung

Ein Großteil der hier bearbeiteten schriftlichen und mündlichen Quellen wurde in der Türkei zusammengetragen. Die Hauptphasen

---

41 Monatelang schob ich dieses Interview, das bereits vorbesprochen war, hinaus. Das Wissen um die politischen Anschauungen erschwerte ein Einlassen auf die Intimität einer Interviewbeziehung. Die Annahme und gleichzeitige Abneigung, mich verstellen zu müssen, um den Gesprächspartner 'zum Reden zu bringen', traf in situ nicht zu. Nachdem ich mich selbst – mit dem sich auf schicksalhafte Weise bestätigenden Motto: jetzt oder nie – unter Zeitdruck gesetzt hatte, führte ich ein Interview, bei dem ich mehr als üblich insistierte und meine Meinung artikulierte. Wenn ich damit auch gegen einige meiner eigenen Interviewregeln verstieß, war der Informationsgehalt dieses Gespräches beträchtlich. Einige Tage nach dieser Begegnung und meiner Abreise erreichte mich die Mitteilung, daß mein Gesprächspartner verstorben sei – Kismet.

42 'Erinnerungsarbeit' ist ein von Frigga Haug und ihren Mitarbeiterinnen geprägter Begriff, der als methodischer Zugang für das Studium weiblicher Sozialisation genutzt wird. Mit ihm werden „Mechanismen individueller Vergesellschaftung und Formierung" aufgespürt und danach gefragt, „wie weibliche Menschen Persönlichkeiten, Identität ausbilden." Frigga Haug: Erinnerungsarbeit. Hamburg 1990, S. 199. Identität ist Ergebnis eines Erinnerungsprozesses.

43 Vgl. Utz Jeggle: Memorie und Historie – Zur Arbeit des Erinnerns. In: Christian Giordano/Werner Schiffauer u.a.: Kultur anthropologisch. Eine Festschrift für Ina-Maria Greverus. Frankfurt a.M. 1989, S. 343-360.

der Feldforschung fanden April-Juni/Oktober-Dezember 1991 und April-Mai/September-Oktober 1992 statt. Dabei standen *Teilneh-mende Beobachtung*, die klassische Methode der ethnologischen Sozialforschung, und *Oral History* im Zentrum der Erhebung. Kenntnisse über geschichtliche, ökonomische und kulturelle Eckdaten des Untersuchungsfeldes waren zuvor durch Sekundärliteratur gewonnen worden.

Kennzeichnend für die vorliegende Arbeit ist zunächst einmal die Tatsache, daß sie sich mit den vorgefundenen Gegebenheiten und der durch die Anwesenheit der Forscherin entstandenen Forschungs-realität auseinandersetzt und das methodische Vorgehen weniger von methodologischen Vorüberlegungen bestimmt war als von den Fragen, die 'das Feld'[44] stellte.

Utz Jeggle formulierte bereits 1984 im Vorwort des von ihm herausgegebenen Feldforschungsbandes, der für viele Empirische KulturwissenschaftlerInnen richtungsweisend werden sollte: „Das Material wird nicht mehr 'gesammelt', sondern es entsteht in der Situation der Begegnung, deren Analyse deshalb ein viel größeres Interesse als bisher verdient."[45]

Im Forschungsprozeß soll, wie Maya Nadig fordert, „*das For-schungsfeld als lebendiges soziales Gefüge wahrgenommen werden, in welchem Subjekte Beziehungen miteinander eingehen.*"[46]

Die Forschung war tatsächlich von einer intensiven Interaktion zwischen Forscherin und 'zu Erforschenden' geprägt. Gegenseitige Ängste und Verunsicherungen, aufkommende Projektionen, aber auch Zuneigungen und Vereinnahmungen wurden als den Forschungsalltag prägende Faktoren wahrgenommen. Ohne vorzugeben, Ethnopsycho-analyse zu betreiben[47], soll hier nochmals Maya Nadig zitiert werden, die mit anderen fordert, die Subjektivität der Forscherin als Mittel zur Erkenntnis zu nutzen: „*Die selbstbeobachtende Begleitung soll*

---

44   Der Ort und die Beziehungen in diesem Ort werden erst durch die Forscherin, ihre Aktivitäten und Wahrnehmungen zum Feld.

45   Utz Jeggle: Vorwort. In: ders.: Feldforschung. Qualitative Methoden der Kulturanalyse. Tübingen 1984, S. 9.

46   Maya Nadig: Ethnopsychoanalyse und Feminismus – Grenzen und Möglich-keiten. In: Feministische Studien. 4.Jg. Nr.2, Weinheim 1985, S. 105-118, hier S. 105.

47   Da ich keine psychoanalytische Ausbildung habe, kann und will ich nicht behaupten, Ethnospsychoanalyse zu betreiben. Die Literatur der Ethnopsycho-analytikerInnen und der Besuch mehrerer Seminare von Maya Nadig und Mario Erdheim gaben jedoch einige Anregungen für meine Forschung.

34

Hindernisse, die aus idiosynkratischen, persönlichen Reaktionen (Ängsten, Konflikten, Sexualität, Anziehung), institutionelle Identifikationen und deren Abwehr (Projektion, Idealisierung, Verleugnung etc.), die zwischen der Forscherin und dem Gegenstand aufgebaut werden, bewußtseinsfähig und damit handhabbar machen. "[48]

Als geeignete Technik empfiehlt sie das Forschungstagebuch, in dem spontane Reaktionen 'verschriftlicht' und damit bearbeitbar werden. Dieser Anregung folgte ich.[49]

Feldforschen heißt zunächst, sich mit 'Fremdem' und 'Fremden', und 'Fremde' mit sich zu konfrontieren. Das Fremdsein ist durch Ambivalenzen gekennzeichnet. Obwohl mir Istanbul mit der Zeit sehr vertraut wurde und ich inzwischen nach längerer Abwesenheit sogar ein Gefühl von Nachhausekommen empfinde, wenn ich den Atatürk-Airport erreiche, werde ich immer wieder auf mein 'Fremd- oder Anderssein' zurückgeworfen und das in doppelter Weise. Auf den türkischen Straßen falle ich – bedingt durch mein Äußeres (Haar- und Augenfarbe) und meine Art mich zu bewegen – als 'Fremde' auf, in bestimmten Stadtteilen weniger als in anderen. Ich gewöhnte mich einerseits weitgehend an die dadurch ausgelösten Reaktionen, übte jedoch andererseits auch neue Verhaltensweisen[50] ein, um mich vor Belästigungen zu schützen.

---

48   Maya Nadig: Die verborgene Kultur der Frau. Ethnopsychoanalytische Gespräche mit Bäuerinnen in Mexiko. Frankfurt a.M. 1986, S. 40.

49   In der Zeit vom 05.04. bis 28.06.1991 zeichnete ich tägliche Berichte über die Feldsituation im Forschungstagebuch auf. In der übrigen Zeit wurden lediglich besondere Vorfälle und gedankliche Auseinandersetzungen darin festgehalten. Das Tagebuch wurde für Gesprächsprotokolle ungeplanter Begegnungen genutzt, vor allem jedoch zum Festhalten von Eindrücken der Gesprächssituation und der Gesprächsablaufs, der eigenen Befindlichkeit, für Überlegungen und Erkenntnisse. Alltagsgestaltung wurde ebenso thematisiert wie Peinlichkeiten oder Spaßiges, Ärgernisse, Lust und Frust.

50   Tatsächlich durchlief ich eine neue 'Teilsozialisation'. Um nicht ständig mit meiner Einordnung als Fremde konfrontiert zu werden, was im Fall der westlichen Touristin scheinbar a priori 'sexuelle Verfügbarkeit' bedeutet, paßte ich mich (bewußt und unbewußt) den türkischen Verhaltensweisen mehr und mehr an. Dabei orientierte ich mich an den modischen Istanbulerinnen, deren 'arrogantes' Verhalten mich zunächst abgestoßen hatte. Sie bewegen sich scheinbar überaus selbstbewußt auf der Straße. Verbale Belästigung gleitet an ihnen ab. In der Tat nehme ich 'Anmache' inzwischen selbst kaum mehr zur Kenntnis; und sie hat entschieden abgenommen. Ich setze mich automatisch in den hinteren Teil des Taxis, sonst könnte der Taxifahrer die gewählte Nähe mißdeuten. Wenn ich eine Auskunft möchte, wende ich mich an eine amtliche Person, ein Paar oder an einen alten Mann usw. Vor ein paar Jahren hätte ich

35

Mein 'Fremdsein' wurde mir allmählich vertraut, ich kann es inzwischen auch als Chance zum Hinterfragen eingeübter Normen akzeptieren oder als strategisches Prinzip[51] nutzen.

Als Fremde kam ich in die deutschsprachige Community, fand jedoch schnell Kontakte, lernte Leute 'kennen' und schloß auch einige wenige Freundschaften. Doch vergaß ich nicht, daß ich nur für eine begrenzte Zeit hier leben würde. Ich gehörte als Deutsche dazu, bemühte mich als Wissenschaftlerin jedoch um Abstand und um eine ständige Reflexion dieser Situation.

Nicht unerheblich für bestimmte Forschungssituationen war die wechselseitige Erkenntnis, daß eine Reihe meiner Interviewpartne-rInnen gleiche oder ähnliche Erfahrungen als zunächst 'Fremde' in der Community und dauernd 'Fremde' in dem die Community umgebenden sozialen und kulturellen Raum machten. Diejenigen, die zunächst keine Gelegenheit hatten, sich dieser Community anzu-schließen, haben das als besonders belastend in Erinnerung. Güzun Ersöz, die ihren türkischen Ehemann in Deutschland während seines Studiums kennengelernt hatte und 1933 mit ihm in die Türkei ging, lebte zunächst in Eskişehir. Sie litt unter ihrer damaligen Isolation:

G: „Das war ein kleines Nest damals. Jetzt ist es eine große Stadt geworden. (hm) Und ich war so ungefähr die einzige ... die einzige Deutsche dort. Es waren einige Monteure da aus Deutschland, aber mit denen hatte ich auch keinen Kontakt. (...) Ich war immer die Fremde, weißt Du. Ich hab wohl gemerkt, wie sehr sie untereinander, zueinander, gut und gutmütig waren, aber ich war immer die Fremde, weil ich allein war (hm) in den kleinen Orten."[52]

Fremdsein, sich fremd fühlen, ausgegrenzt sein oder sich nach außen abgrenzen sind Zustände, die in den meisten Gesprächen thematisiert

---

mir nicht vorstellen können, mich bei einem Istanbuler Spaziergang zu entspannen. Jetzt kann ich es.

51 Bei meinen Interviews wies ich immer darauf hin, daß ich in Istanbul noch fremd und für das Verstehen der Strukturen auf Unterstützung der Alteingesessenen angewiesen sei. Manchmal gab ich mich tatsächlich hilfloser als ich war. Mit Recht weist Schöning-Kalender darauf hin, daß es der Vorteil der Fremden sei, „sich des Fremdseins bewußt zu sein". Schöning-Kalender: Mobilität und Mobiliar. Zur Wohnweise von Binnenmigranten in Zeyrek/Istanbul 1985, S. 17f.

52 Interview mit Güzun Ersöz am 21.06.1991 in Maltepe (Vorort von Istanbul). Eine anderes Interviewpartnerin, Bedia Bağda, hatte das Gespräch vermittelt und war teilweise anwesend. Sie ist die mit „Du" Angesprochene. Beide Frauen sind übrigens zum Islam übergetreten und haben deshalb türkische Vornamen angenommen.

werden. Gleiche Erfahrungen – als Fremde oder als Frau – entschärfen die Hierarchie, die in jedem Interview angelegt und kaum ganz zu vermeiden ist. Die Erfahrung der einen können dabei ganz neu sein, die der anderen Jahrzehnte zurückliegen. Im Gespräch mit Bedia Bağda, die 15jährig mit ihren Eltern in die Türkei kam, zeigt sich das recht deutlich. Sie hatte gerade erzählt, wie es ihr früher dort ergangen war und kam auf das Thema Anmache, sie nennt es „Anpöbeln".

B: „Man wurde auch als junges Mädchen furchtbar viel angepöbelt. (A: verständiges: hm) Jetzt ist das nicht mehr so, daß ... Wenn ich denke, was für Touristen kommen. (Sie merkt an meiner Mimik, daß ich den letzten Satz nicht bestätigen kann und fragt nach:) Wird man immer noch angepöbelt? (A: bestätigendes: hm) Auch ... greifen sie einen auch immer noch an? Ist das immer noch so? (bestätigendes: hm) Ich dachte, das gibt es nicht mehr. (Und kurz darauf nochmals nahezu fassungslos:) Wird man immer noch angepöbelt?"

A: „In den Bussen z.B., angetatscht oder so."

B: „Ja, ich dachte, das ist nicht mehr. Das hängt mit meinem Alter zusammen, natürlich. Ich hab mal einem auf der Straße eine Ohrfeige gegeben."

A: „Ja gut. Ich ärgere mich immer, wenn ich nicht schnell genug bin."

Ein derartiger Austausch von Frauenerfahrung schafft Nähe und bereitet eine vertrauensvolle Atmosphäre, in der private und intime Offenbarungen möglich werden.[53]

Im Prozeß der Selbstverortung innerhalb der Community legte ich Wert darauf, eine 'Istanbuler Adresse' zu haben, eine Postanschrift, die mich von den Touristinnen abhob, aber auch gesellschaftliches Leben mit Einladungen etc. und, was mir sehr wichtig war, Rückzug erlaubte.

Mit Hilfe der bereits aufgenommenen Kontakte zur „Brücke", einem Verein, in dem sich deutsche mit türkischen Partnern zusammenlebende Frauen organisieren, fand ich meine erste vollständig eingerichtete Wohnung in zentralster Istanbuler Lage, in Ayazpaşa, einem früher beliebten Wohngebiet für Deutsche, die zur sogenannten Kolonie gehörten. Einige Häuser weiter befinden sich das Deutsche Konsulat und das Deutsche Archäologische Institut (DAI), nicht weit

---

53 Hier sei auf Susanne Sackstetters Aufsatz verwiesen: „Wir sind doch alles Weiber". Gespräche unter Frauen und weibliche Lebensbedingungen. In: Utz Jeggle: Feldforschung. Qualitative Methoden der Kulturanalyse. Tübingen 1984, S. 159-176. Die „komplizinnenhafte Verständigung" prägte meine Forschung ebenso wie die Erfahrung, daß in den Gesprächen mit Frauen 'weibliche Familienkonstellationen' wirksam wurden – etwa Großmutter/Enkelinähnliche Verhältnisse.

auch der Taksim-Platz, Hauptverkehrsknotenpunkt des innerstädtischen Bussystems und geschichtsträchtiger Ort von Demonstration und Rebellion[54] – für Neu-IstanbulerInnen eine ideale Ausgangslage zur Stadterkundung, für die historisch Forschende die ideale Adresse, um Erinnerungsarbeit in Gang zu setzen.[55]

Die zweite Wohnung, die ich – vermittelt durch private Kontakte – für die restlichen Feldforschungsphasen nutzen konnte, hatte ebenfalls ihre Vorzüge. Sie lag in Moda auf der asiatischen Seite Istanbuls, einer bevorzugten Wohnlage türkischer Mittelstandsfamilien, nicht weit von der Fährstation Kadıköy entfernt. Hier hatten sich in den 30er Jahren einige deutsche EmigrantInnen niedergelassen. Eine meiner InterviewpartnerInnen lebt noch in der Nachbarschaft, zu ihr und ihrer Tochter entwickelte sich ein freundschaftliches Verhältnis.

Mit der 'eigenen Wohnung' begann mein bewußtes Einrichten in der deutschsprachigen Community. Dem lag die Intention zugrunde, durch „teilnehmende Beobachtung" bestehende und – im Rahmen einer historischen Arbeit – gewesene Strukturen verstehend zu begreifen. Mein Auftauchen dort, die schnelle Anbindung an einzelne Personen und Organisationen ist ein typischer Vorgang innerhalb der untersuchten Community, die sich traditionell durch hohe Fluktuation auszeichnet. Ein Großteil ihrer Mitglieder kam schon immer mit Zeitvertrag oder ließ sich auf der Durchreise für einige Zeit dort nieder. Oberflächlicher Kontakt ist schnell zu bekommen. Die Neuen bringen bis heute Abwechslung ins Community-Leben und bieten

---

54 Am Taksim-Platz fanden in den 30er und 40er Jahren türkische Truppenparaden, aber auch große Sportveranstaltungen statt. Die Deutsche Schule hielt hier unter großer Publikumsbeteiligung ihre Schulsportfeste ab. Und hier kam es am 1.Mai 1977 zum tödlichen Überfall auf gewerkschaftliche linke Gruppen. Noch heute werden jegliche 1.Mai-Demonstrationen durch ein starkes militärisches Aufgebot um den Taksim-Platz verhindert. Dagegen finden regelmäßig Aufmärsche zum 'Kindertag' oder zu nationalen Gedenktagen statt.

55 Ayazpaşa ist allen Deutschen bekannt. Nicht nur, weil das Konsulat (im früheren Botschaftsgebäude) hier angesiedelt ist und über Paßfragen etc. entscheidet, sondern weil die deutschsprachigen Institutionen nahezu alle in dieser Gegend angesiedelt waren und sind – neben den oben genannten: das Deutsche Krankenhaus, das Deutsche Orient-Institut, der Deutsch-Türkische Kulturverein (Goethe-Institut) und die Deutsche Schule, um die Ecke die frühere Grand Rue de Pera, die heutige İstiklal Caddesi, ehemaliges 'europäisches' Einkaufs- und Vergnügungszentrum.

Gesprächsstoff.[56] Es fiel mir nicht schwer, einen Platz in der Community einzunehmen.

Wege zu den Quellen

An dieser Stelle soll auch erwähnt werden, daß die Wege 'zum Material' manchmal recht beschwerlich, d.h. mit körperlichen und mentalen Strapazen gepflastert, waren. Istanbul ist heute eine pulsierende Großstadt mit offiziell elf, inoffiziell vierzehn, Mio. BewohnerInnen. Dazu kommen die TouristInnen und die aus anderen Gründen anwesenden AusländerInnen aus aller Welt, EmigrantInnen, HändlerInnen und – unübersehbar – die seit der Öffnung des Ostblocks einreisenden Frauen aus Rumänien, Bulgarien oder der ehemaligen Sowjetunion, die hier für einige Wochen Straßenhandel treiben oder als Prostituierte arbeiten, ehe sie zurückgehen oder ausgewiesen werden. Natürlich hat auch deren Anwesenheit Einfluß auf meinen eigenen Status auf der Straße.[57]

Vor meinem ersten Forschungsaufenthalt hatte ich die Stadt bereits einige Male besucht, zwei Sprachkurse absolviert und im Vorfeld der Forschung erste Kontakte zu ZeitzeugInnen und zu den offiziellen deutschen Stellen aufgenommen – zum Deutschen Konsulat, dem Deutschen Altenheim, der Evangelischen und Katholischen Kirche, dem Goethe-Institut und zur Brücke. Nun knüpfte ich

---

56   Auch ich machte immer wieder die Erfahrung, daß mein Name bereits bekannt war. Als sich eine mir bislang unbekannte junge Wissenschaftlerin in der »Deutschen Buchhandlung« nach mir erkundigte, erfuhr sie dort, daß ich seit ca. einer Woche wieder anwesend sei, obwohl ich selbst die Buchhandlung in dieser Zeit noch nicht aufgesucht hatte. Daß Istanbul in gewisser Hinsicht 'ein Dorf' ist, habe ich bereits bei meinem ersten längeren Aufenthalt dort gelernt. Damals hatte ich mit anderen eine Wohnung in Aksaray. Eine Besucherin, die unsere Adresse vergessen hatte, erkundigte sich im Stadtteil. Der erste türkische Mann, den sie nach uns fragte, führte sie zu unserer Wohnung und zeigte ihr die richtige Klingel.

57   In den türkischen Tageszeitungen werden die westlichen Touristinnen als von der Liebesfähigkeit der deutschen, englischen oder französischen Männer frustriert und auf der Suche nach befriedigenden sexuellen Beziehungen dargestellt. Gleichzeitig sind Unverheiratete als Eintrittskarte in ein Arbeitsmigrationsland begehrt. Mir wurden mehrere tausend Mark für eine Eheschließung geboten. Ich mußte mich aber auch damit auseinandersetzen, daß die übliche Anmache nun in bestimmten Stadtteilen eine neue Dimension annimmt, da man(n) dort mit meiner 'Käuflichkeit' rechnet.

auch Beziehungen zum Deutschen Archäologischen Institut, dem Deutschen Krankenhaus, der Niederlassung der Friedrich-Ebert-Stiftung und natürlich zu weiteren ZeitzeugInnen. Bald hatte ich eine Namens- und Adressenliste von über 60 deutschsprachigen Istan-bulerInnen, die das 60. Lebensjahr überschritten hatten. Allerdings mußte ich noch herausfinden, wer von ihnen bereits in den 30er und/oder 40er Jahren in Istanbul gelebt hatte. Dazu kam eine Reihe von Namen und Telefonnummern potentieller KontaktvermittlerInnen oder PositionsinhaberInnen der Community.

Bereits die Kontaktaufnahme gestaltete sich meist schwierig, und mehr als ein Termin pro Tag war kaum zu erledigen. Es gibt nicht das – bei der Selbstbezeichnung 'Kolonie' vorstellbare – räumlich abge-schlossene Territorium, überschaubar und eng vernetzt. Die Community hat sich heute – noch mehr als früher – über die ganze Stadt verteilt. Wer es sich leisten kann (oder früh genug nach außerhalb zog), lebt in den Vororten. Die Anreise mit den unter-schiedlichen Verkehrsmitteln, Bus, Minibus, Dolmuş[58], 'Taksi', Zug, Schiff oder einer Kombination aus all dem, braucht Zeit und Organisationstalent. Ein eigenes Auto würde die Situation nur unwesentlich verbessern.

Ein Auszug aus meinem Feldforschungstagebuch vom 02.05.91 kann ein wenig von den organisatorischen und psychischen Anfangs-schwierigkeiten vermitteln.

An diesem Tag hatte ich mich nach einem vormittäglichen Treffen und einer halbstündigen Mittagspause auf den Weg zum zweiten Termin begeben. Eine Stunde Fahrzeit war eingeplant.

„Zunächst mit dem Bus. Da stand »Rumeli Hisarı« dran, was ja in der Nähe liegt, wie der Stadtplan zeigt. Nach einiger Fahrzeit, bei der ich die Orientierung verlor, weil der Bus die Bosporusstraße verließ, hab ich vorsichtshalber nachgefragt. »Sarıyer« hieß die Richtung, in die ich fahren sollte. »Wrong bus«! Ein Wichtigtuer[59], der mir auf Englisch erklärte, daß Istanbul groß ist, wollte mir den Weg weisen und schickte mich vom Bus in den Minibus. Mit dem fuhr ich kilometerweit – unbekannte Gegenden, dörfliche Strecken – die Stunde war bald um. Langsam wurde es mir unheimlich. Wieder fragte ich mit meinem Stadtplan in der Hand. So weit kann das doch gar nicht sein. Stimmt! Denn ich war schon

---

58 Das Dolmuş ist ein Sammeltaxi, das losfährt, wenn alle Plätze belegt sind.
59 Diese Bezeichnung muß als Reaktion auf die Überanstrengung des Tages gewertet werden. Gleichzeitig stand dieser Mann für alle Männer, deren Belästigungen meine Arbeit erschwerten. An ihm reagierte ich ein Stück Ärger ab.

40

viel, viel weiter als ich wollte. Also wieder aussteigen und mit dem Bus zurück. Ich fragte ein junges Pärchen. Sie sprachen Englisch. Hier erfuhr ich so ungefähr, wo ich war. Der Bus, wann kommt er? Oh, kann man nicht sagen. Mittlerweile war es 10 vor 5, um halb war ich verabredet. Nach der 'beruhigenden Auskunft, daß das Paar für den Hinweg eine Stunde auf den Bus wartete, schaltete ich endlich auf Taxi um, aber auch das kam nicht gleich. (...) Nun ich kam an, mit einstündiger Verspätung. Bus, Minibus, Taxi.

Dann irrte ich erst mal in einem Haus ohne Namensschilder herum, in dem kein Mensch zu leben schien. Nachdem ich alle Klingeln abgedrückt hatte, machte F. vorwurfsvoll die Tür auf und raunzte mich wegen der Verspätung an. Ich erklärte die Sachlage und langsam beruhigte er sich. Später wurde mir klar, daß er sehr enttäuscht gewesen ist, weil der angekündigte Besuch zunächst nicht erschien. Er hatte in Bebek, in »der besten Bäckerei« Kuchenteile gekauft und bereits den Tisch gedeckt. (...) Er setzte Kaffeewasser auf, für Nes(café), und fragte eher demotivierend, was es denn über die Emigration noch zu schreiben geben soll. Er war ungnädig mit mir..."[60]

Natürlich wäre zu diesem Ausschnitt vieles zu sagen. Ich will es hier jedoch im wesentlichen bei der Darstellung des Weges und bei einer Überlegung über den Aspekt 'des Zuspätkommens' belassen. Trotz des falschen Busses hätte die Zeit gereicht, wenn ich gleich in ein Taxi umgestiegen wäre. Im nachhinein vermute ich, daß mir dieser zweite Besuch des Tages von Anfang an zu viel war. Das erste Gespräch war bereits anstrengend gewesen und die ½ Stunde Mittag offensichtlich zu kurz zum Abschalten. Es kann natürlich sein, daß ich aus unterschiedlichen Gründen an diesem Tag einfach wenig entscheidungsfreudig war und so die ursprüngliche Absicht, die Adresse mit Bus und Stadtplan zu erreichen, zunächst einhielt. Vielleicht wollte ich jedoch (unbewußt) zu spät kommen und ein wenig gegen mein eigenes umfangreiches Programm und die von Außen an mich herangetragenen Erwartungen rebellieren. Nicht unerheblich mag jedoch auch die 'Angst der Forscherin vor dem Feld' gewesen sein.[61]

Es sollte nicht das letzte Mal sein, daß ich mein Ziel auf Umwegen erreichte. Eine meiner GesprächspartnerInnen lebt auf einem Gehöft unweit von Izmit, drei leb(t)en in Ankara, die anderen in den verschiedensten Stadtteilen Istanbuls. So lernte ich Istanbul bei

---

60   Nach diesem schwierigen Anfang lernte ich F. (Traugott Fuchs) gut kennen. Er gehört zu denjenigen, zu denen ich in Istanbul regelmäßigen Kontakt hatte. Leider ist auch er 1997 verstorben.

61   Vgl. Rolf Lindner: Die Angst des Forschers vor dem Feld. In: Zeitschrift für Volkskunde 1981, S. 51-66.

meiner Recherche recht gut kennen und kam bald mit den unterschiedlichen Verkehrsmitteln zurecht.[62]

Mehr Schwierigkeiten bereitete der Kampf mit dem Telefon. Im Feldforschungstagebuch ist am 10.04.91 recht frustriert vermerkt:

„Ein Telefon würde vieles erleichtern. Dieses Telefonieren mit überlaufenen, selten funktionierenden und aus unerfindlichen Gründen mitten im Gespräch verstummenden öffentlichen Geräten ist einfach schrecklich."

Jedes Telefonat ein anstrengendes und angestrengtes Unternehmen.[63] Der Weg zum Telefon bei Regen, unter stechender Sonne, am Abend. Wie oft nahm der Apparat die angebotenen Telefonmünzen nicht an oder das Gespräch brach schon während der Vorstellung oder bei der Terminfindung ab und war nicht gleich wieder aufzunehmen, so auch am 24.04.91. Im Forschungstagebuch ist vermerkt:

„Heute Nachmittag habe ich nicht viel mehr gemacht, als mit mäßigem Erfolg zu telefonieren. (...) Als ich nach längeren Mühen Frau E. am Telefon hatte, waren wir gerade mitten in der Vorstellung, als das Gespräch unterbrochen wurde. Trotz mehrmaliger Versuche ist mir kein neuer Kontakt gelungen."

Als ich mich nach einiger Zeit in der Community eingerichtet hatte, tätigte ich meine telefonischen Erkundungen und Verabredungen von den Privattelefonen meines wachsenden Bekanntenkreises – auch eine Frage der Organisation, die immer ausgefeiltere Formen annahm. Es gab zentrale Punkte, die ich mehr oder weniger häufig ansteuerte. Dort konnten Nachrichten hinterlegt werden. Als ich auf der asiatischen Seite wohnte, zunächst auch ohne Telefon, empfing u.a. das Faxgerät eines Reisebüros Informationen für mich und leitete sie weiter. Schließlich genoß ich doch noch den Luxus eines 'eigenen Telefons', eine kaum vorstellbare Erleichterung.

Um mit den Strukturen der heutigen Community vertraut zu werden, besuchte ich mehr oder weniger regelmäßig Veranstaltungen, die für die Deutschsprachigen in Istanbul angeboten werden. Dort knüpfte ich vielfach den ersten Kontakt mit späteren GesprächspartnerInnen, wurde vorgestellt oder stellte mich selbst vor, tauschte

---

62   Tatsächlich lernte ich die Stadt so gut kennen, daß ich das Angebot annahm, einen Reiseführer für Frauen zu schreiben. Anne Dietrich: Reiseführer für Frauen. Istanbul. Baden-Baden 1993.

63   Hier hat sich in den letzten Jahren jedoch einiges verändert. TürkInnen sind offensichtlich leidenschaftliche TelefoniererInnen und das Handy ist inzwischen äußerst verbreitet.

Visitenkarten[64], erzählte von meiner Arbeit und bat um Unterstützung. Dem ersten Kontakt folgte in der Regel ein Telefongespräch, in dem ein Gesprächstermin vereinbart wurde. In einigen Fällen, in denen ich nur Namen und Adresse hatte, klingelte ich ohne Vorankündigung und stellte mich und mein Vorhaben vor. Nach Möglichkeit suchte ich jedoch Vermittlung für die erste Begegnung durch eine vertrauenswürdige Kontaktperson.

Da meine ZeitzeugInnen naturgemäß nicht mehr die jüngsten sein konnten, waren die Veranstaltungen, die für ältere Menschen angeboten wurden, bedeutsam. Jeden ersten Mittwoch im Monat findet im Deutschen Altenheim ein offener Altenheimnachmittag statt, zu dem BesucherInnen aus Istanbul und Umgebung kommen. Hier treffen sich alte Bekannte und Jüngere (meist Frauen) zeigen ihr soziales Engagement; sie bringen selbstgemachte oder gekaufte Kuchen und Torten und fragen nach dem Wohlbefinden der HeimbewohnerInnen. Ich selbst war und bin dort gerngesehene Besucherin; während meiner Istanbulzeit richtete ich mich auf ein bis zwei Besuche wöchentlich ein. Zunächst unbemerkt waren die Besuche zur Verpflichtung geworden.[65]

Im Sommer lädt der deutsche Konsul/die Konsulin traditionell zu einem Altennachmittag in den Botschaftsgarten nach Tharapia ein, einer der Höhepunkte gesellschaftlichen Lebens für die Deutschen, die dieser Einladung gerne folgen. Auch ich konnte teilnehmen und so einige ZeitzeugInnen kennenlernen bzw. wiedertreffen. Zum deutschtürkischen Frauenklub[66], den die beiden Mitarbeiterinnen der evangelischen und katholischen Pfarrer organisieren, ging ich ebenso wie

---

64 Visitenkarten sind in der Türkei sehr verbreitet. Wer etwas auf sich hält, teilt sie freigiebig aus, wenn auch nur das geringste Interesse am Gegenüber besteht. Ich paßte mich dieser Gepflogenheit sehr schnell an.

65 Es blieb nicht bei dieser einen sozialen Verpflichtung. Die Gesprächssituationen schafften Nähe und wühlten Erinnerungen auf, die sehr schmerzlich sein konnten. Ich bemühte mich, bei deren Verarbeitung zu helfen. Andere Verpflichtungen waren eher lästig. Ich fragte mich oft, was die türkischen Zöllner wohl zu meinem Schweinewurst- und Schinkenvorrat sagen würden, den ich regelmäßig als besonders geschätzte (und teilweise eingeforderte) Mitbringsel einführte, und bemühte mich, den typischen Duft durch 'Verschweißen' zu verhindern. Schwarzbrot, Ostereier und Pralinen gehörten ebenfalls zu meinem üblichen Einreisegepäck.

66 Hier treffen sich regelmäßig deutsche und ehemals deutsche – mit türkischen Männern verheirate oder zusammenlebende – Frauen der unterschiedlichen Altersgruppen zum Erfahrungsaustausch.

zum coffee-morning: Mal laden gutsituierte Frauen der Community dazu ein, ein anderes Mal bringen alle etwas für die Kaffeetafel mit. All diese Veranstaltungen zeichnen sich durch die Bereitstellung 'heimatlichen Essens' aus. Von der Schweinewurst, die hier selten, deshalb teuer ist, über das Schwarzbrot, das es nur bei einem Bäcker in einem Vorort Istanbuls gibt, bis zur Sahnetorte, auch sie eher unüblich, wird sich so der gemeinsamen Herkunft versichert.[67]

Neben den Veranstaltungen mit privatem oder halbprivatem Charakter besuchte ich verschiedene Institutionen, ging zur Theatervorstellung in die Teutonia[68], zu Vorträgen mit anschließendem Umtrunk im Deutschen Archäologischen Institut oder dem Orientinstitut, außerdem zu Veranstaltungen oder Empfängen im deutschen und österreichischen Konsulat. Der Status einer deutschen Wissenschaftlerin mit vielfältigen 'guten Beziehungen' machte mich gesellschaftsfähig. Diese Veranstaltungen boten die Gelegenheit, mich einer bestimmten – für die Community tonangebenden – Gesellschaftsgruppe zu nähern, dabei auf potentielle InformantInnen und VermittlerInnen zu stoßen und mit den örtlichen Gegebenheiten vertraut zu werden.[69] So 'erlebte' ich einiges von den gesellschaftlichen Strukturen und der Involviertheit von Individuen in diese Strukturen.

Dadurch, daß ich mich selbst in der Community einrichtete, eine Position einnahm und das Istanbuler deutsche und deutsch-türkische gesellschaftliche Leben 'mitführte' – also teilnehmend beobachtete –, nahm ich natürlich mehr wahr, als mir die Antworten und Erzählungen meiner GesprächspartnerInnen oder die bloße Auswertung von Dokumenten vermitteln können.

Hin und wieder nahm die Suche nach den Bausteinen des Gesamtgebäudes der Community oder die Verfolgung einzelner Hinweise detektivische Formen an, manchmal signalisierte ein 'Gefühl'[70] die

---

67 Auch ich bin gegen diese (genußvermittelte) heimatliche Rückversicherung nicht immun. Obwohl ich die türkische Küche und Backstube sehr schätze, habe ich selten so häufig Schwarzwälder Kirschtorte gegessen wie in meiner Istanbuler Zeit.

68 Die Teutonia ist der traditionsreichste deutsche Verein in Istanbul. Zeitweise galt er als Mittelpunkt des Communitylebens.

69 Diese Treffen waren nicht nur 'Pflichtveranstaltungen'. In gewisser Weise genoß ich diese Zusammenkünfte, bei denen ich auch immer alte neue Bekannte traf.

70 Zum Beispiel das Gefühl, daß Gesagtes nicht zur Situation paßte, eine Verteidigung anklang, ohne daß eine Anklage erfolgt war, oder daß ein plötzlicher Stimmungswechsel zunächst nicht nachvollziehbar war. Nach Maya Nadig

ersten Fragen oder Widersprüche, stachelte zur Suche nach 'Wahrheit' auf. Identifikationen mit den AkteurInnen der Geschichte blieben nicht aus, ebensowenig Enttäuschungen, wenn sich 'die Geschichte der Widerständlerin' durch zusätzliche Akten oder Aussagen relativierte und das Gesamtbild veränderte. Der zunächst unbewußte Wunsch, 'Heldinnen' zu finden und bekanntzumachen, beeinflußte die Forschung ebenso wie die ständig erzwungene und selbst auferlegte Auseinandersetzung mit der eigenen Rolle als Forscherin und Frau, die sich in einer offensichtlich männerdominierten Welt zurechtfinden mußte.

Oral History

Im Rahmen der Oral History *„wird nach der Subjektivität derer gefragt, die wir als Objekte der Geschichte zu sehen gelernt haben, nach ihren Erfahrungen, ihren Wünschen, ihrer Widerstandskraft, ihrem schöpferischen Vermögen, ihrem Leiden."*[71] Und es wird in der vorliegenden Arbeit besonders nach der Subjektivität derer gefragt, die wir – selbst als Objekte der Geschichte – nicht zu sehen gelernt haben: Oral History fragt hier (nach) Frauen.

Eindeutige Anweisungen und Techniken für Oral-History-Befragungen gibt es nicht. Doch Empathie spielt bei dieser Methode eine wesentliche Rolle. Nur wenn es dem Forscher oder der Forscherin gelingt, neben der Bereitschaft der Befragten zu antworten, auch deren Lust am Erinnern und Erzählen zu wecken, kann deren Vergangenheit für die Forschung bearbeitbar werden.[72]

---

kann diese »freischwebende Aufmerksamkeit« und die Arbeit mit dem eigenen Unbewußten für die hermeneutische Kulturanalyse fruchtbar sein. Vgl. Maya Nadig: Ethnopsychoanalyse und Feminismus – Grenzen und Möglichkeiten. In: Feministische Studien 4.Jg. Nr. 2, Nov.1985, S. 105-118, hier S. 115.

71 Lutz Niethammer: Einführung. In: ders. (Hg.): Lebenserfahrung und kollektives Gedächtnis. Die Praxis der »Oral History«, Frankfurt a.M. 1980, S. 7-26, hier S. 10.

72 Vgl. Rolf Wilhelm Brednich: Zur Anwendung der biographischen Methode in der volkskundlichen Feldforschung. In: Jahrbuch für ostdeutsche Volkskunde 22. 1979, S. 279-329; Klaus Geiger: Probleme des biographischen Interviews. In: Rolf Brednich u.a. (Hg.): Lebenslauf und Lebenszusammenhang. Autobiographische Materialien in der volkskundlichen Forschung. Freiburg 1981, S. 154-181; Martin Kohli (Hg.): Soziologie des Lebenslaufs. Darmstadt/Neuwied 1978; Christel Hopf und Elmar Weingarten (Hg.): Qualitative Sozialforschung. Stuttgart 1979; Margarete Dörr: Kriegserfahrung

Lutz Niethammer hat die „erinnerte und erzählte Geschichte" in der Bundesrepublik Deutschland 'wissenschaftsfähig' gemacht. Anstöße zu diesem Weg der Geschichtsforschung kamen von der History Workshop – Bewegung in England, der People's History in den Vereinigten Staaten und dem Forum-Histoire in Frankreich.[73] Die Frauenforscherinnen dieser Länder und ebenso die bundesdeutsche Frauenforschung erkannten in der Oral History einen adäquaten Zugang zu Frauengeschichte(n).[74] Gisela Bock formulierte auf dem Berliner Historikerinnentreffen 1983 einen Weg zur historischen Frauenforschung. Es solle selbstverständlich werden, *„daß die Begriffe und Beziehungen von Geschlecht, Rasse, Klasse jeweils historisch konkret und vielleicht neu und unerwartet bestimmt werden."*[75] Diese Forderung ist (noch) nicht umgesetzt.

Historische Annäherung über Oral History ist immer problematisch und sie war es auch in der vorliegenden Arbeit – aus mehreren Gründen. Lebensgeschichtliches Erzählen erfolgt retrospektiv und (ver-)führt aus unterschiedlichen Gründen zur 'Geschichtsverfälschung'. Die Erinnerungen der ZeitzeugInnen sind oft verblaßt,

---

von Frauen – Eine Annäherung durch Oral History. In: Susanne Jenisch (Hg.): Standpunkte. Ergebnisse und Perspektiven der Frauengeschichtsforschung in Baden-Württemberg. Reihe Frauenstudien Baden-Württemberg Band 1, Tübingen und Stuttgart 1993, S. 163-178.

73   Vgl. Hannes Heer und Volker Ullrich (Hg.): Geschichte entdecken. Erfahrungen und Projekte der neuen Geschichtsbewegung. Reinbek bei Hamburg 1985. Cilly Kugelmann weist darauf hin, daß sich direkt nach der Befreiung von Juden und Jüdinnen in den Konzentrationslagern, den jüdischen DP-Lagern (DP für Displaced Person) eine frühe Oral-History-Bewegung bildete, da eines der Hauptziele der DP-Selbstverwaltung „die Rekonstruktion der Geschichte der Massenvernichtung" war. Cilly Kugelmann: Jüdische Überlebende in Deutschland 1945-1950. In: Mechthild U. Jansen und Ingeborg Nordmann (Hg.): Lektüren und Brüche. Jüdische Frauen in Kultur, Politik und Wissenschaft. Dokumentation einer Vortragsreihe. Wiesbaden 1993, S. 215-233, hier S. 223.

74   Auf den Historikerinnentreffen der 80er Jahre waren biographischer Zugang und Oral History hervorragende Themen. Der Beitrag von Christl Wickert über SPD-Frauen sei hier beispielhaft genannt: Christl Wickert: Biographische Methode und »Oral History« in der Frauengeschichte am Beispiel einer Untersuchung über die führenden SPD-Frauen der Weimarer Republik. In: Beiträge zur feministischen Theorie und Praxis 5. Dokumentation des 3. Historikerinnentreffens in Bielefeld, April 1981. München 1981, S. 50-60. Dieser Trend dauert in den 90ern an. Vgl. Diezinger u.a. 1994.

75   Gisela Bock: Historische Frauenforschung: Fragestellungen und Perspektiven. In: Karin Hausen (Hg.): Frauen suchen ihre Geschichte. (2.Aufl.) München 1987, S. 24-62, hier S. 52.

46

verformt, im zeitlichen Ablauf verschoben; sie haben im Laufe der Zeit vielfältige Korrekturen und Bewertungsverlagerungen erfahren. Entschuldigungen, Verdrängungen und auch Lügen sind im Prozeß der Selbstwahrnehmung und -darstellung üblich. Es geht jedoch nur bedingt darum, Aussagen als 'falsch' oder 'wahr' zu klassifizieren, sie müssen vor allem als „Wiedergabe subjektiv erlebter und verarbeiteter Ereignisse und Prozesse" wahrgenommen werden.[76]

Das Alter erinnert sich nicht geradlinig an die Jugend. Alterserfahrung und die inzwischen andere Einstellung zum Leben prägt nachträglich die Jugenderinnerung. Das Gedächtnis arbeitet selektiv, so daß nur Bruchstücke des früher Erfahrenen erinnert werden. Dennoch ist dieses Wenige mehr als in einem Großteil der traditionellen Geschichtsforschung transparent werden kann, da die üblichen Quellen in der Regel zu Erfahrungen und Befindlichkeiten schweigen.[77]

Verdrängungen finden im Prozeß der Erinnerung sowohl beim Individuum als auch im Kollektiv statt.[78] In der Istanbuler deutschsprachigen Community ist so z.B. das Thema Nationalsozialismus weitgehend tabuisiert. Eine stillschweigende Übereinkunft scheint getroffen worden zu sein – von den ehemaligen TäterInnen und Opfern gleichermaßen. Daß diese Übereinkunft brüchig ist, zeigt sich an verschiedenen Entwicklungen und Vorkommnissen, die durch mein Interesse an der Vergangenheit ausgelöst wurden.

Zu Beginn der Untersuchung bekam ich auf entsprechende Fragen zumeist die stereotype Antwort, daß es in Istanbul keinen nennens-

---

76 Lutz Niethammer: Postskript. Über Forschungstrends unter Verwendung diachroner Interviews in der Bundesrepublik. In: ders. (Hg.): Lebenserfahrung und kollektives Gedächtnis. Die Praxis der »Oral History«, Frankfurt a.M. 1980, S. 471-477, hier S. 474.

77 Eine Ausnahme bilden Tagebücher und Briefe. Wenn sie auch manchmal bereits im Hinblick auf eine spätere zeitgeschichtliche Rezeption verfaßt wurden, geben sie dennoch Einblick in die Gegenwartssicht der Schreibenden. Die dort festgehaltenen Gedanken und Darstellungen sind also nicht frei von Verfälschungen, doch wenn sie verändert wurden, dann aus dem damaligen Selbstverständnis der InformantInnen.

78 Vgl. Daniel Bertaux und Isabelle Bertaux-Wiame: Autobiographische Erinnerung und kollektives Gedächtnis. In: Lutz Niethammer (Hg.): Lebenserfahrung und kollektives Gedächtnis. Die Praxis der „Oral History". Frankfurt a.M. 1980, S. 108-122; Ulfert Herlyn: Lebensgeschichte und Stadtentwicklung. Zur Analyse lokaler Bedingungen individueller Verläufe. In: Joachim Mathes (Hg.): Lebenswelt und soziale Probleme. Frankfurt a.M./New York 1981, S. 480-491.

werten deutschen Nationalsozialismus gegeben hätte, höchstens bei ein paar „ganz Spinnerten". Der Aussage wurde regelmäßig die Begründung beigefügt, „das hätte die Türkei nicht geduldet". Ich wußte zwar von Anfang an, daß das so nicht stimmt – die Publikationen der in die Türkei Emigrierten und der Scurla-Bericht[79] waren eindeutig – war aber doch überrascht, als sich mir mehr und mehr erschloß, wie sehr nazistische Ideologie Eingang in das Denken der meisten ansässigen ('Reichs- und Volks-')Deutschen und in deren Alltagsleben gefunden hat und wie gut die kollektive Verdrängung auch in Istanbul funktioniert. Ich lernte, daß besondere Skepsis gegenüber allgemeinen Aussagen wie „Hier war nichts weiter" oder, nachdem offensichtlich war, daß da doch etwas war, „Man konnte ja nichts tun" angebracht ist.[80] Die spürbare emotionale Abwehr gegen das Erinnern und gegen die Aufforderung, Erinnertes zu erzählen, mußte zunächst durchbrochen werden. Utz Jeggle zeigt Verständnis für derartige Abwehr, denn „Erzählen heißt Erinnern und Erinnern heißt Wiederbeleben und Wiederbeleben heißt Wiedererleben, und damit fangen wir besser gar nicht an."[81] Um dennoch damit anzufangen, muß nach konkreten Erfahrungsberichten gefragt werden, denn Einstellungen zeigen sich vor allem in Handlungen.

Mit der Zeit und mit wachsendem Faktenwissen gewöhnte ich mir an, etwas von meinem Vorwissen in die Eingangsgespräche einfließen zu lassen – etwa die Tatsache, daß es in Istanbul alle möglichen NS-Organisationen gegeben hat, die HJ aktiv war und der allseits bekannte und in der Nachkriegszeit wieder sehr angesehene ehemalige Lehrer Dr. Stern 1936 von der Deutschen Schule entlassen

---

79 Dieser Bericht handelt von einer Dienstreise, die Dr. Herbert Scurla 1939 im Auftrag des Reichsministeriums für Wissenschaft, Erziehung und Volksbildung unternommen hat und der u.a. veröffentlichter Beleg für NS-Strukturen in der Türkei ist. Klaus-Detlev Grothusen (Hg.): Der Scurla-Bericht. Die Tätigkeit deutscher Hochschullehrer in der Türkei 1933-1939. Frankfurt a.M. 1987.

80 Für die Nachkriegsgeneration ist es sehr schwer, sich das Leben im Nationalsozialismus vorzustellen. Wenn dieses Leben in einem fremden Land stattfand, wird es noch schwieriger. Ich mußte mir das individuelle und kollektive Leben in der Community, deren Verhältnisse und das ihrer einzelnen Mitglieder zur Türkei vorstellen, die sich selbst noch immer im Prozeß der Ablösung von osmanischen Strukturen und des Aufbaus eines Nationalstaates befand. Um einen Zugang zum Verstehen früherer Strukturen und individueller Möglichkeiten zu bekommen, müssen Historie und Memorie auf den unterschiedlichen Ebenen gesucht werden.

81 Utz Jeggle: Das Initial. In Tübinger Korrespondenzblatt Nr.38, Tübingen 1991, S. 32-36, hier S. 33f.

48

wurde, weil er Jude war. Das offensivere Vorgehen zeigte schnell Erfolge, ersparte es doch meinen GesprächspartnerInnen das 'Abklopfen' meiner Person auf vorhandenes Vorwissen.

Die ZeitzeugInnen, die nicht mehr in Istanbul leben, scheinen mit der räumlichen auch eine emotionale Distanz zur Community bekommen zu haben. Sie sprachen meist freier über die Zeit des Nationalsozialismus, selbst wenn sie in die nazistischen Vorgänge involviert waren. Gerade von dieser Seite wurden mir aber Warnungen wie „Sie stechen in ein Wespennest" zu Teil. Wenn noch Beziehungen zur Istanbuler Community bestehen, schlägt sich das in den Erzählungen oder Berichten nieder. Eine ehemals Schweizer Istanbulerin, die heute in Schweden lebt, antwortete auf meine schriftliche Bitte um Unterstützung meines Arbeitsvorhabens:

„Beim Lesen Ihres verblüffenden Schreibens vom 24.2. mußte ich an Anja Rosmus denken,»das schreckliche Mädchen« aus Passau (...) Einerseits ist es schmeichelhaft, daß Sie bei Ihrer Arbeit an meine Hilfe appellieren, aber andererseits bin ich skeptisch und zaudere, mit Namen Personen preiszugeben, mit denen oder deren 'Kindern' ich heute noch in Verbindung stehe."[82]

Oral History eignet sich als methodischer Zugang für die Analyse und Darstellung des Werdens und Seins von individuellen Entwicklungen – etwa zu NS-Opfern und NS-KarrieristInnen. Sie eignet sich auch zur Erkundung struktureller Gegebenheiten. Daß dabei andauernde Strukturen in unserem heutigen Alltag sichtbar werden, die 'Basis für Verstehen' sein können und 'Annäherung' ermöglichen, zeigte sich auch in meinem Forschungsalltag. Doch das Verstehen muß hinterfragt werden. Die Reaktionen meiner GesprächspartnerInnen zeigten mir hin und wieder, daß ich Fragen stellte, die von einem falschen Verständnis der Situation ausgingen. Vieles in der damaligen Türkei war möglich oder normal, was heute nicht mehr so denkbar wäre.[83] Es war eine Zeit der Neuorientierung, eine Zeit des Ausprobierens neuer Konzepte für den Staat und damit für alle Teile der Bevölkerung.

Die nationalen und nationalsozialistischen Entwicklungen der sogenannten Deutschen Kolonie können auf der Grundlage der

---

82   Brief von Gisela Freibergs, Västra Frölunda 23.April 1992. Sie nannte zwar keine Namen, beschrieb die Situation in den 30er und 40er Jahren aber sehr anschaulich. Wir lernten uns bei einem späteren Treffen in Istanbul im Mai 1993 auch persönlich kennen.

83   Das zeigte sich beispielsweise bei meinen Fragen nach dem (in den 30er Jahren sehr freizügigen) Freizeitverhalten und den -möglichkeiten der Mädchen und Frauen in der Community.

Selbstdefinition einer Minderheitengruppe in einer unsicheren (da in Bewegung befindlichen) Umwelt erklärt und verstanden werden. Und die Begeisterung des jungen Mädchens, das vom durchschnittlichen, wenig beachteten Kind zur angesehenen BDM-Führerin wird, ist durchaus verstehbar. Doch *„Verstehen heißt nicht aus der Schuld entlassen"*[84].

Durch Oral History kann uns heute erinnerte Erfahrung transparent werden. Individuelle Begeisterungen, aber auch Leiden oder Ängste sind in ihrer Subjektivität wahrzunehmen, sie können so vorstellbar, gar 'spürbar' werden.

In meinem Feldtagebuch habe ich am Abend des 31.05.91 ein Gespräch nachgetragen, das ich nachmittags im Altenheim führte.

„E. erzählte, sie habe mit einer großen blonden Dame, die mit einem türkischen Offizier verheiratet gewesen sei, Bridge gespielt. Eines Tages sei ein türkischer Polizist zu ihr gekommen und habe ihr geraten, nicht mehr mit dieser Dame zu verkehren. Ihr Sohn sei der größte Nazi-Jugendführer. Die hätten schon Backöfen vorbereitet an zwei Stellen außerhalb von Istanbul – zur Judenvergasung. Ihr Mann hätte gute Verbindungen gehabt, der sei über alles informiert worden."

Ich bezweifle, daß sich das Erzählte genau so zugetragen hat. Wenn jedoch eine jüdische Emigrantin heute diese Geschichte erzählt, ist diese vor allem als Indiz für die Erinnerung an erlittene Ängste relevant. Gleichzeitig zeigt sie die Bedeutung der bürgerlichen Selbstverortung.

Daß E. in Istanbul von der Verfolgung und Ermordung der Juden und Jüdinnen wußte, ist wahrscheinlich. Bei anderer Gelegenheit hatte sie mir bereits erzählt, daß sie sich damals vor allem in amerikanischen Kreisen bewegte. Außerdem hatte sie in Istanbul Zugang zu internationalen Zeitungen und Zeitschriften. Und die ankommenden jüdischen EmigrantInnen erzählten aus eigener Erfahrung oder berichteten Gehörtes. Die Betonung der Stellung des Ehemannes, der gute Verbindungen hatte, gilt einerseits als Beleg für die Glaubwürdigkeit der Erzählung, andererseits aber auch für das Ansehen, das ihr über ihn zukam. Weshalb sonst sollte sie persönlich gewarnt werden?

Die gesellschaftliche Einordnung wird vorgegeben: E. spielte Bridge mit einer Offiziersgattin. Diese wiederum ist eine große blonde Dame, die klassische weibliche Symbolfigur der Nazizeit. Deren

---

84   Utz Jeggle: Volkskunde im 20. Jahrhundert. In: Rolf W. Brednich: Grundriß der Volkskunde. Einführung in die Forschungsfelder der Europäischen Ethnologie. Berlin 1988, S. 51-71., hier S. 65.

Sohn war nicht nur in der HJ – nein, er soll der größte Nazi-Führer gewesen sein. Seine (negative) Größe erhöht auch E.'s gesellschaftliche Bedeutung. Die Öfen, Mordinstrumente und Sinnbilder des Holocaust, wurden (zumindest in der Vorstellung) außerhalb Istanbuls errichtet, also in erreichbarer Nähe. Die tatsächliche Gefährdung hat durch die so verringerte Distanz zum nazistischen Morden an Bedeutung gewonnen. Daß die „Backöfen" an zwei Stellen errichtet wurden, 'demonstriert' zuverlässiges Erinnerungsvermögen, es wurden eben nicht nur Öfen errichtet, sondern genau zwei.

In diesem interpretativen Zusammenhang ist es nicht unerheblich zu erwähnen, daß das Gespräch im Deutschen Altenheim stattfand. Die Menschen, die dort leben, überwiegend Frauen, haben zumeist keine andere Wahl. Sie können oder wollen nicht bei Verwandten wohnen, um dort Versorgung und/oder Pflege zu erhalten, wie es im türkischen Umfeld noch die Regel ist. Und ihre finanziellen Mittel reichen nicht (mehr) für die Mieten der Istanbuler Wohnungen und schon gar nicht für die Versorgung durch Hauspersonal. Tatsächlich haben einige der BewohnerInnen 'bessere Tage' gesehen und schämen sich ihrer heutigen Situation. Die Darstellung ihres früheren Lebens, der Hinweis auf die damalige gesellschaftliche Bedeutung hat daher sicher auch kompensatorischen Charakter.

Eine mögliche Funktion des Erzählens ist die Aufarbeitung von Vergangenheit im Prozeß des Erinnerns und Mitteilens. Diese Aufarbeitung kann bewußt und unbewußt geschehen. Eine Interviewpartnerin, die von 1933 bis 1939 als 10- bis 16jährige in Istanbul gelebt hat, machte mir gleich zu Beginn unserer Bekanntschaft klar, daß es ihr sehr schwer falle, über diese Zeit zu reden. Sie wolle es dennoch tun, weil sie es wichtig finde zu erklären, wie sie 'nationalsozialistisch' wurde.

In unserem Gespräch ging es auch darum, daß viele Menschen eben nicht zu diesem Teil ihrer Vergangenheit stehen können oder wollen. B. kritisierte diese Haltung:

B: „Das sollte man nicht tun. Es gehört zu unserem Leben dazu, und man kann's nicht verleugnen."
A: „Ja."
B: „Ich meine, wenn jemand mich nicht fragt, dann brauche ich's ja auch nicht zu erzählen."
A: „Natürlich nicht. Ja."
B: „Aber, wenn man selber sich nicht zutraut, daß man etwas falsch gemacht hätte, dann ist es natürlich schlecht. Wenn man selber weiß, das war völlig

falsch und das.. (A: aufmunterndes hm) Es ist natürlich ein Problem ein ganzes Leben lang, wenn man in solcher Familie groß geworden ist."

Diese kurze Interviewpassage weist durchaus Widersprüchlichkeiten auf. Auf der einen Seite wird die Notwendigkeit und Bereitschaft zur kritischen Beschäftigung mit der eigenen Geschichte akzeptiert und betont, auf der andere Seite zeigen sich Versuche, die Verantwortung für diese Geschichte anderen zuzuweisen, z.B. der Familie: *„Es ist natürlich ein Problem ein ganzes Leben lang, wenn man in solcher Familie groß geworden ist."*

Die Konfrontation mit der eigenen Vergangenheit kann schwierig sein, wenn sie das aktuelle Selbstbild bedroht. Sie kann jedoch ein Weg zur Erlangung einer selbstbewußten Identität sein, die 'blinde Flecke' nur bedingt benötigt. Utz Jeggle formuliert:

„Erinnern bedeutet eben kein Festklammern an der Vergangenheit, sondern die Möglichkeit, sich von ihr frei zu machen und einen neuen Weg, der sich bewußt vom alten unterscheidet, einzuschlagen."[85]

Die meisten meiner GesprächspartnerInnen stehen zu 'ihrer Geschichte', die durch eigene Erinnerungen und gemeinsame Rekonstruktionen Gestalt annahm. Nur wenige haben um vollständige oder teilweise Anonymisierung gebeten. Andere, von denen ich durch schriftliche Quellen oder durch die Aussagen Dritter gehört habe, leben nicht mehr oder waren bislang nicht auffindbar.

Ich habe mich entschieden, Namen nur zu verändern, wenn GesprächspartnerInnen explizit darum gebeten haben[86] oder wenn die Relevanz dieser Bekanntgabe in keinem Verhältnis zu den möglichen Folgen für die Genannten steht. Die Namen der VertreterInnen und VerbreiterInnen der NS-Ideologie, die in der damaligen Zeit durch die Artikel in der Türkischen Post und anderen Publikationsorganen bekannt waren, übernehme ich unverändert. Bedeutsam erscheinende Fakten werden auf jeden Fall dargestellt, wenn sie zum Teil auch aus Gründen der Anonymisierung leicht verändert werden. Im Interesse einer Vervollständigung oder einer notwendigen Korrektur der deutsch-türkischen Geschichtsschreibung und im Interesse der beabsichtigten Sichtbarmachung von Strukturen muß ich in Kauf

---

85 Utz Jeggle: Memorie und Historie – Zur Arbeit des Erinnerns. In: Christian Giordano, Werner Schiffauer u.a. (Hg.): Kultur anthropologisch. Eine Festschrift für Ina-Maria Greverus. Frankfurt a.M. 1989, S. 343-360.

86 Zur Vorbereitung des ausführlichen Gesprächs gehörte die Frage nach der Zustimmung zur Namensnennung.

nehmen, Bilder und Selbstbilder einzelner Personen (und Institutionen) in Frage zu stellen. Mir ist, begleitet von einem gewissen Unbehagen, bewußt, daß ich damit die Position einer moralischen Instanz einnehme, die ihre momentane Definitionsmacht nutzt.

Einblicke: Forschungs-Spaziergang im Park

An einem Beispiel möchte ich abschließend zeigen, auf welch beeindruckende Weise sich manchmal Geschichte und früheres Alltagsleben vermittelt haben.

Im Mai 1993 wurde das 125jährige Bestehen der Deutschen Schule Istanbul gefeiert. Ich nahm an einigen Veranstaltungen der Ehemaligen teil und in der Festschrift erschien ein Artikel, mit dem ich erste Ergebnisse meiner Arbeit vor- und zur Diskussion stellte.[87]

In Gesprächen mit den ZeitzeugInnen, die zu dieser Feier aus aller Welt angereist kamen und die ich zum Teil durch frühere Gespräche oder Briefe kannte, erhielt ich Rückmeldungen und Anmerkungen. Die direkten Rückmeldungen waren durchweg positiv, was jedoch sicher nicht bedeutet, daß alle mit dem Geschriebenen einverstanden waren.

Ich hatte zunächst geplant, dieses 'historische Treffen' für ein Gruppengespräch zu nutzen. Dazu sollte eine Gesprächsrunde gebildet werden, zusammengesetzt aus VertreterInnen der unterschiedlichen bislang eruierten Gruppierungen der früheren Community. Ich wollte dann Ergebnisse meiner Forschung in kompakter Form vorstellen und so eine Diskussion anregen, die aufgezeichnet und später ausgewertet werden sollte.

Es stellte sich jedoch schnell heraus, daß das eine unrealistische Vorstellung war. Schon der Zeitfaktor sprach dagegen. Das Programm derjenigen, die nur für ein bis zwei Wochen angereist waren, war randvoll und die Terminfindung von vornherein aussichtslos. Außerdem wäre eine derartige Veranstaltung ohne Supervision ein gewagtes Unternehmen. Ich gab diesen Plan also auf und versuchte andere Formen der Begegnung mit Vergangenheit zu inszenieren bzw. zu nutzen.

---

87 Anne Dietrich: Die Deutsche Schule im Nationalsozialismus. In: 125 Jahre Deutsche Schule Istanbul. Festschrift. Istanbul 1993, S. 118-132.

Der gemeinsame „ungezwungene Spaziergang durch den Botschaftsgarten", ein offizieller Programmpunkt, an dem ca. vierzig ehemalige SchülerInnen teilnahmen, schien dagegen ein recht geeigneter Rahmen für abwechselnde Begegnungen. Im Anschluß an den Spaziergang war ein gemeinsames Mittagessen in einem Bosporus-Lokal eingeplant – so war ein mehrstündiges Zusammensein vorprogrammiert. Das Bewundern der gepflegten Blumenbeete war ein unverfänglicher Anfang, um über die Geschichte des Botschaftsgartens ins Gespräch zu kommen, in dem in den 30er und 40er Jahren regelmäßig NS- und HJ-Veranstaltungen stattgefunden hatten. Tatsächlich bekam ich an diesem Tag noch einige Hinweise und Erläuterungen zu bekannten Fakten – und gelangte zu neuen Erkenntnissen.

Meine Bemühungen um GesprächspartnerInnen waren auch hier nicht immer erfolgreich. Eine Frau, die ich schon länger versucht hatte kennenzulernen, ging mir wieder aus dem Weg. Eine andere Zeitzeugin, die ich bisher vergebens angeschrieben hatte, war nun jedoch gesprächsbereit. Die parkähnliche Anlage gestattete Intimität und Öffentlichkeit, Kleingruppen- oder Einzelgespräche und einen zwanglosen Wechsel der Themen und GesprächspartnerInnen.

Am beeindruckendsten für mich waren an diesem Tag jedoch zwei Gespräche über eine Auseinandersetzung, die bereits am Vormittag stattgefunden hatte. Beide Kontrahentinnen berichteten mir zu unterschiedlichen Zeiten aus ihrer Sicht von dem Vorfall.

R. wirkte an diesem Tag sehr frustriert. Ich brachte das mit dem anstrengenden Programm in Verbindung. Auf meine Frage nach ihrem Befinden sagte sie mir, daß es ihr nicht gut gehe. Sie sei angegriffen worden für das, *„was man als junges Mädchen für richtig hielt."* Sie sagte nicht, wer sie *„angegriffen"* hatte. Aber sie versicherte: *„Ich habe nie jemanden denunziert."*

R. schien erschüttert und ich versuchte zu helfen, indem ich ihren Umgang mit der Vergangenheit positiv hervorhob. Sie selbst hatte mir in einem früheren Gespräch von ihrer jugendlichen Verstrickung und dem Versuch der Aufarbeitung dieses Zeitabschnittes berichtet.

Später bedankte sich meine frühere jüdische Gesprächspartnerin E. bei mir, weil ich in dem Festschrift-Aufsatz die Vergangenheit so gut geschildert hätte. Sie wirkte im Gegensatz zu früheren Gesprächen offen, irgendwie erleichtert und selbstzufrieden. Wie sie mir bald erzählte, hatte sie es endlich geschafft, sich von jahrzehntelangen

Frustrationen und unverarbeiteten Demütigungen zu befreien. Mir wurde bald klar, daß sie die 'Angreiferin' war.

An diesem Tag hatte ich Spannungen in R.'s Verhalten verschiedenen Personen gegenüber gespürt und tippte zunächst auf die falsche Kontrahentin. Die Spannungen waren dennoch real.

Ich interpretiere sie folgendermaßen: R. hatte früher und hat auch heute einen herausragenden Status innerhalb der Ehemaligengruppe. Früher war sie Jungmädelführerin und heute ist R.'s Mann einer der Hauptorganisatoren der Ehemaligentreffen, die im kleineren Rahmen nahezu jährlich stattfinden. Die morgendliche Auseinandersetzung wurde, wie ich später erfuhr, nicht unter 'vier Augen' geführt; ZeugInnen waren diejenigen, zu denen ich R.'s Animosität spürte. Von ihnen fühlte sie sich im Stich gelassen, mußte allein die Aggression der ehemals Ausgegrenzten E. aushalten.

Nachdem ich mir einige Zeit später die früheren verschriftlichten Interviews nochmals angesehen hatte, bekam ich eine Vorstellung von den Gründen, die zu den Vorgängen, die mir im Botschaftsgarten vermittelt wurden, geführt haben können.

In dem mehrstündigen Interview/Gespräch mit E., das ein Jahr zuvor aufgezeichnet wurde, scheint ein Prozeß, der hier seinen vorläufigen Höhepunkt fand, bereits wahrnehmbar.

Im Gespräch ging es u.a. um die 'Nazionalisierung' der Deutschen in Istanbul:

„E: Sie waren mehr König als der König selber. Also ja so ein Idiom. In Deutschland hat man auch die Schattenseiten der Nazizeit gesehen, aber hier hat man nur die Siege gesehen. Und natürlich waren sie alle begeisterte Nazis. Alle! (...) Und dann als der Krieg aus war und er (der Nazi-Buchhändler Kalis, d.A.) nach vielen Jahren hierher mal zurückkam und sagt: Oh ich, ich war ja nie Nazi. Nicht. Und also das haben die meisten dann so gemacht. Die haben alle nichts mehr davon gewußt."

Ihre Aussagen erschienen mir damals eher resigniert als anklagend, und ich fragte dazwischen:

A: „Haben Sie da nicht manchmal einen Haß drauf, daß die das nicht mehr wissen wollen?"

E: „Ach (zögernd:) die Menschen sind so. Ich hab n ... ich bin eigentlich tolerant gegen Menschen, denn ich weiß, daß ... Ich denk, was hätte ich gemacht? Nein, ich hätte bestimmt nicht so was gemacht. Also ich bin nicht so. Also ich bin nicht so, aber viele Menschen sind so. Es ist so leicht mitzul ... zu schreien, wenn.. (A: Ja) Es ist sehr, sehr schwer, sich gegen diese Flut zu

55

stemmen. Das ist sehr schwer. (...) Und ich sage immer, man darf nicht alle über einen Haufen werfen.

Sie werden sich wundern, aber ich hab die Deutschen immer verteidigt. Denn ich hatte das Glück, sehr nette Deutsche kennenzulernen. Und ich sage immer, man darf nicht alle über einen Haufen werfen. Allerdings war es so, daß man damals, viele aus Feigheit, aber der Mensch ist eben feig ... Die meisten Menschen sind feig. Aus Feigheit haben sie nichts gemacht, um ... um zu helfen oder..(A: aufmunterndes hm) Sehr wenige haben ... waren stark genug und haben sich geweigert mitzu ... mitzubrüllen. Aber eben die Leute (viele EmigrantInnen, d.A.), die zu meinem Vater kamen (dem jüdischen Buchhändler Caron, d.A.), waren die sehr netten. Darum verteidige ich sie immer die Deutschen. Ich weiß nicht, jeder spricht aus seiner eigenen Erfahrung, nicht? (A: bestätigendes hm)

Hätt' ich die ... wenn ich manchmal lese, was man alles gemacht hat, nicht, dann steigt natürlich Haß und Zorn auf."

Es scheint, daß ich mit meinem Einwurf und der Frage nach aufsteigendem Haß, den ich ja, wie ich durch diese Frage vermittle, durchaus verstehen würde, ein Denken und Zulassen dieser Gefühlsrichtung angeregt habe. Der tolerante, abwägende und entschuldigende Erzählton ändert sich allmählich.

Einige Transkriptionsseiten weiter geht es um die Macht derjenigen, die 'mitmachten'[88]:

A: „Was es für einfache Leute dann auch wieder für eine Macht gegeben hat. Also die halt über die Papiere bestimmen konnten."
E: „Ja und wie. Und wie, und wie! (kurze emotionsgeladene Pause)"
A: „Erzählen Sie ruhig ein bißchen von denen."
E: „Das waren ... das waren, sie war die Nichte von Herrn Preusser."

Diese Wendung ist für mich zunächst recht irritierend. Die „Nichte" (R.) ist die erste Person, die E. zur Vorstellung von Macht (und eigener Ohnmacht) einfällt. Ich hatte eher Namen von Beamten oder Blockwarten etc. erwartet, die ihre jüdische Familie angegriffen hätten. Doch bei näherer Betrachtung ist diese erste Assoziation dann doch nicht so verwunderlich. E. hat die Zeit als Kind und Jugendliche erlebt. E. und R. waren damals Schülerinnen der Deutschen Schule. Die eine war jüdische Istanbulerin[89], die plötzlich viele Freundinnen

---

88 Ich will weder auf allgemeine Informationen, die in dieser Passage enthalten sind, eingehen noch auf alle interessanten und speziellen Details. Hier sollen nur die Gründe angedeutet werden, die zu dem Krach ein Jahr später geführt haben, von dem mir E. im Botschaftspark berichtete.

89 Der Vater war als Deutscher aus Straßburg nach Istanbul gekommen, die Mutter war Bulgarin. E. wurde in Istanbul geboren.

verlor und von einer tonangebenden Gruppe zur Außenseiterin gemacht wurde, die andere gehörte zu eben dieser Gruppe – sie war 'Jungmädelführerin' und damit auch eine Symbolfigur der NS-Zeit. Für das Kind E. verkörperte R. erfahrbare Macht. Durch sie wurde sie sich der eigenen Ohnmacht bewußt.

„E: Die war so was Hochnäsiges, schaute auf alle Leute herab, war sehr, sehr wichtigtuerisch. Also ich weiß nicht, wie sie jetzt ist. Also Sie müssen mir schreiben, wie sie jetzt ist, (E. lacht) wirklich wahr."[90]

Zwei Monate nach diesem Gespräch traf ich R. in Hamburg. Im ausführlichen Interview fragte ich direkt nach E.:

A: „Na, die haben Sie vielleicht auch noch gekannt, die Elfi Caron? (R: Ja.) Kannten Sie? (R: Ja.) Die ist aber noch von der Schule geschickt worden, also (R: Wann?) die hat das Abi nicht fertig machen dürfen. Nach 38 mein ich."
R: „Das kann sein, also das weiß ich eben nicht."

R. ist mit ihrer Familie 1939 nach Deutschland zurückgegangen. Zwar konnte sie sich an das Mädchen Elfi erinnern, doch scheint diese Erinnerung keine besonderen Emotionen auszulösen. Elfi hat in ihrer Erinnerung wenig Bedeutung.

Zurück zum Botschaftsgarten: E. hatte mir mitgeteilt, daß es ihr nun gutgehe, weil sie R. endlich gesagt habe, wie *„gemein sie damals war"*. Sie habe ihr *„alles"* gesagt und sie richtig angeschrien. Jetzt könne sie endlich normal mit allen umgehen. Sie fühle sich wohl.

Die beiden Frauen sind sich nach 50 Jahren wiederbegegnet und damit einem bestimmten Abschnitt ihrer Vergangenheit. Die Konfrontation, die für die eine befreiend wirkte, wurde für die andere zur erschütternden Infragestellung ihres Selbstbildes. Als Zitat von R. habe ich mir notiert: *„Da bemüht man sich ein Leben lang, es gut zu machen, dann wird alles daran, wie man als Mädchen war, festgemacht."*

Die Aktionen und Reaktionen beider Frauen sind unter Einbeziehung ihrer früheren Begegnungen nachvollziehbar und auch die Ungleichgewichtigkeit ihrer Erinnerung.

Es ist nicht auszuschließen, daß meine Arbeit, die Gespräche und besonders der Aufsatz in der Festschrift, der auch die Zurücksetzung der jüdischen Kinder und explizit schmerzhafte biographische Erfahrungen von E. behandelte, Auslöser für diesen Zusammenstoß war. E. nutzte die nach Jahrzehnten unerwartet erhaltene Unter-

---

90   Ich hatte E. gesagt, daß ich auch R. treffen würde.

stützung und brach das Schweigen, das das reibungslose und eher unverbindliche Zusammenleben innerhalb der Community sicherte. Ihre Aggression richtete sich gegen ein ehemaliges Community-Mitglied, mußte also nicht ihre aktuellen Beziehungen gefährden.[91]

II. Deutsche Geschichte(n) in der Türkei

„Heut (...) hat man wieder etlich Gefangene eingebracht von Weibern, kleinen Knaben und andern. Acht auss ihnen sind gleich zu Türken worden, aber der Bassa hat sie eben so wohl in die Eisen schlagen lassen als die andern und hilft sie also ihr schändlicher Abfall nichts...“[92]

Der Dekan und spätere Superintendent des Theologischen Stiftes in Tübingen, Stephan Gerlach, der als 26jähriger 1573 mit dem deutschen Gesandten David von Ungnad nach Istanbul gereist ist, um dort als Botschaftsprediger und Seelsorger zu wirken, wurde Augenzeuge mehrerer Gefangenentransporte aus den osmanischen Feldzügen, mit denen auch Deutsche in Istanbul ankamen. Die Gefangenen wurden zumeist auf öffentlichen Sklavenmärkten verkauft. Einige kamen später wieder frei, andere vegetierten ausgebeutet, prostituiert oder eingekerkert bis zu ihrem Tod in der Fremde, und wieder andere verstanden es, sich in diesem neuen Leben einigermaßen einzurichten. Der Übertritt zum Islam war manchmal vorteilhaft.[93]

Das Tagebuch Gerlachs[94] ist eine interessante Quelle für die historische und theologische Forschung. Es gibt Auskunft über politische

---

92   Der Pastor Martin Kriebel ist der Verfasser einiger Aufsätze über den Botschaftsprediger Stephan Gerlach. Hier zitiert er aus dessen Tagebuch. In: Martin Kriebel: Stephan Gerlach. Deutscher evangelischer Botschaftsprediger in Konstantinopel 1573-1578. Diasporafürsorge in der Türkei und die ersten ökumenischen Beziehungen zur Griechisch-orthodoxen Kirche im 16. Jahrhundert. Sonderdruck aus »Die evangelische Diaspora«. Heft 1/2 1958, S. 12. Auch der Nachfolger des oben zitierten Stephan Gerlach, der Gesandtschaftsprediger Salomon Schweigger, hinterließ einen Bericht über seinen dreijährigen Aufenthalt in Istanbul. Salomon Schweigger: Reißbeschreibung aus Teutschland nach Constantinopel, Nürnberg 1609.

93   Auch deutsche Soldaten machten Gefangene in diesen Kriegszügen. Frauen, Männer und Kinder wurden in die deutschen Länder verschleppt. Und auch hier gibt es Quellen, die von dem Verkaufen bzw. Verschenken dieser Gefangenen berichten. Viele von ihnen wurden unter großem öffentlichen Interesse getauft. Vgl. Margret Spohn: Alles getürkt. 500 Jahre (Vor)Urteile der Deutschen über die Türken. Oldenburg 1993, S. 41-47.

94   Der Titel des von Gerlachs Enkel herausgegebenen Tagebuchs: Stephan Gerlach's, des Älteren, Tage-Buch der von zween Glorwürdigsten Römischen Kaysern, Maximilio und Rudolpho, Beyderseits den Andern dieses Nahmens, Höchsseeligster Gedächtnüß, An die Ottomanische Pforte zu Constantinopel

Vorgänge im damaligen Istanbul, die religiösen Richtungen und ihre Einflußbereiche; es gibt Einblick in das Schicksal einiger Deutscher und es zeigt, daß die frühen westlichen Diplomaten Mut für die Vertretung der Interessen ihrer Länder und ihres Glaubens benötigten. Sie waren weitgehend machtlos und konnten auch ihren verschleppten Landsleuten nur wenig helfen, mußten sie doch um ihr eigenes Wohl und um die diplomatischen Beziehungen zur „Hohen Pforte"[95] fürchten. Diese Beziehungen gestalteten sich offensichtlich lange Zeit so, daß die sogenannten Präsent-Gesandten jährliche „Ehrengeschenke" an den Sultan überbrachten und sich darüber hinaus auf die Beobachtung der Vorgänge um den Sultanshof und das Abfassen von Berichten beschränkten. Zunächst kamen sie ohne Ehefrauen und Kinder.

Der Botschaftsprediger Gerlach übernahm – soweit es ihm möglich war – die seelsorgerische Betreuung der im Stande von Sklaven lebenden oder der im Kerker schmachtenden evangelischen Deutschen, Österreicher und Schweizer. Selten konnte er einen Freikauf arrangieren oder zur Flucht verhelfen. Verantwortlich war er für die Betreuung der wenigen Freien – er nennt einige Goldschmiede und Uhrmacher – und für die Gesandtschaftsangehörigen.

Bereits damals gab es also erste Vernetzungen Deutschsprachiger, und schon damals zog ein Gesandtschaftsprediger die Schnüre, die

---

Abgefertigten, Und durch den Wohlgebohrnen Herrn Hn. David Ungnad, Freyherrn zu Sonnegk und Preyburg ec. Römisch-Kayserl.Rath, Mit würklicher Erhalt- und Verlängerung deß Friedens, zwischen dem Ottomanischen und Römischen Kayserthum und demselben angehörigen Landen und Königreichen ec. Glücklichst-vollbrachter Gesandtschafft: Auß denen Gerlachischen, Zeit Seiner hierbey bedienten Hoff-Rediger-Ampts-Stelle, eygenhändig aufgesetzten und nachgelassenen Schrifften, Hierfür gegeben durch Seinen Enkel M. Samuelem Gerlachium, Special-Superintendenten zu Gröningen, in dem Herzogthum Würtemberg. Mit einer Vorrede, Herrn Tobiae Wagneri, der H.Schrifft D. und Prof. auch Cantzlers bey der Hohen Schul. und Propstes der Kirchen zu Tübingen. Franckfurth am Mayn, In Verlegung Johann-David Zunners. Heinrich Friesen 1674. Der Briefwechsel mit den Tübinger Professoren und Freunden wurde von Martin Crusius gesammelt und aufgezeichnet. Er ist in der Tübinger Universitätsbibliothek archiviert. Vgl. Zachariades, George Elias: Tübingen und Konstantinopel. Martin Crusius und seine Verhandlungen mit der Griechisch-Orthodoxen Kirche. Göttingen 1941. Schriftenreihe der deutsch-griechischen Gesellschaft Bd.7.

95 Die »Hohe Pforte« bezeichnete zum einen die osmanische Regierung selbst, zum anderen das Tor zum Regierungssitz des Sultans. Nur wenige durften es passieren. Ernst von Stork erklärt: „Im Orient heißt: An der Pforte stehen, was bei den Europäern den Hof machen, zu Hofe gehn, genannt wird." In: Ester Gallwitz (Hg.): Istanbul. Frankfurt a.M. 1981, S. 197.

sich allerdings noch nicht zu einem tragfähigen Netz verknüpfen ließen. Die Rolle der Evangelischen Kirche bei der späteren Community-Gründung wird noch näher beleuchtet werden.[96] Spuren von Deutschen sind jedoch schon lange vor Gerlachs Aufenthalt in dem Gebiet der heutigen Türkei auffindbar. So sind bereits 1097 deutsche Kreuzfahrer mit Seldschuken in Westanatolien aufeinander getroffen, um ihre Klingen zu kreuzen.[97]

Im 12. Jahrhundert hatten deutsche und französische Kaufleute in Byzanz zwei kleine Stadtteile zugewiesen bekommen, von denen aus sie Zugang zum Meer hatten. Sie wurden aber bereits 1189 von Kaiser Isaak Angelos wieder enteignet und verloren ihre Handelsbasen an die Venezianer. Italienische Handelshäuser gestalteten jahrhundertelang den Levantehandel, und Italienisch war lange Zeit die vorherrschende Sprache, bevor das Französische an Bedeutung gewann.[98] Einige frühe Veröffentlichungen geben Einblick in das osmanische Leben und Kriegstreiben. Sie berichten darüber, daß in den osmanischen Heeren auch immer einzelne Deutsche mitgekämpft haben.[99]

Die deutsch-türkischen Beziehungen waren zunächst (und später in anderer Form) vor allem militärischer Natur; bedeutend für die deutsche Seite war auch immer das christliche und missionarische Element. So taucht *„P. Buchard vom Berge Sion aus dem Dominikanerkloster Magdeburg"* in den Namensverzeichnissen des Dominikanerklosters St. Paul in Pera als erster deutscher Priester Istanbuls auf.

---

96 Neben der Seelsorge war Gerlachs besondere – jedoch geheime – Aufgabe die Aufnahme von Beziehungen zur griechischen Orthodoxie. Das war nicht ungefährlich, da Kontakte zur Orthodoxie mißtrauisch beobachtet wurden. Einige Gesandte an der 'Hohen Pforte' waren bereits aus nichtigem Anlaß für Jahre in den Kerker gewandert. Der kaiserliche Botschafter von Kreckwitz starb als türkischer Gefangener in Belgrad, seine Begleiter wurden in Istanbul als Gefangene gehalten. Vgl. Kriebel 1958, S. 1.

97 Friedrich K. Kienitz weist darauf hin, daß viele Schwaben an diesen Kämpfen teilnahmen. Vgl.: Friedrich Karl Kienitz: Geschichte der deutsch-türkischen Beziehungen. In: Zeitschrift für Kulturaustausch. Jg.12. Heft 2/3 (Türkeiheft) 1962, S. 199.

98 Vgl. Andreas D. Mordtmann: Historische Bilder vom Bosporus. In: Bosporus. Mitteilungen des Deutschen Ausflugs-Vereins G. Albert. IV.Heft. Konstantinopel 1907, S. 79f. Eines der Istanbuler Wahrzeichen, der Galataturm, ist ein Relikt des italienischen Einflusses.

99 Eines der ersten in deutscher Sprache gedruckten Bücher ist »Die Reise in den Orient« von Johann Schiltberger (1381-1440), einem Deutschen, der durch besondere Umstände Augenzeuge einiger Kriegszüge der frühen osmanischen Sultane wurde und seine Erfahrungen schriftlich festgehalten hat. Das Buch wurde bereits 1460 in Augsburg gedruckt und veröffentlicht.

Das war im Jahre 1232 oder 1282.[100] Mit dem Jahre 1307 werden auch die ersten Franziskaner in der Stadt erwähnt. Sie kamen vor allem aus süddeutschen und Tiroler Gebieten nach Konstantinopel.[101] Nachdem die Truppen von Mehmet II. am 29. Mai 1453 die Stadt nach mehrmonatiger Belagerung erobert hatten, wurde sie in Istanbul[102] umbenannt und zur neuen Hauptstadt des Osmanischen Reiches gemacht. Christliche und jüdische Gemeinden (Millet) unterstanden dem Sultan, dem sie Steuern entrichten mußten. Sie konnten jedoch in religiösen und rechtlichen Belangen weitgehend autonom agieren. Auch Jesuiten aus deutschsprachigen Gebieten werden in den historischen Quellen erwähnt. Und als im Jahre 1783 das Kloster St. Benedikt von französischen Lazaristen übernommen wurde, zogen außer den französischen Patres auch „*Schwestern aus dem weiblichen Zweig der Lazaristen, die barmherzigen Schwestern Vinzenz von Pauls*" ein.[103]

Lange Zeit waren es – außer Priestern und Ordensangehörigen – nur einzelne deutsche Männer oder Frauen, die zumeist auf abenteuerlichen Wegen in diese fernen Gebiete gelangten und dort bescheidene Arbeits- und Lebensmöglichkeiten fanden. Vorerst genossen Deutsche wenig Ansehen in der 'orientalischen Welt'.

Kirchen- oder Ordensangehörige, Diplomaten, Botschafter, Soldaten, Flüchtlinge, Prostituierte, Sklaven, einige Handwerker und hin und wieder wohlhabende Orientreisende bildeten lange Zeit die Gruppe der Deutschen am Bosporus. Die deutschen Haremsfrauen,

---

100 Vgl. hierzu Hans Hammer: Deutschsprachige Seelsorge in der Türkei. In: St.Paul Deutschsprachige Katholische Gemeinde Istanbul. 25 Jahre Pfarrzentrum und Altenheim in Nisantas. Istanbul 1989, S. 23-26, hier S. 23.

101 Das heutige Istanbul war wegen seiner wichtigen strategischen Lage häufiges Ziel von Eroberung und Zerstörung. Aus der ehemaligen griechischen Kolonie Byzantion (Byzanz), die durch den Schwarzmeerhandel zu beträchtlichem Wohlstand gelangt war, wurde die Stadt unter Konstantin l. Hauptstadt des Oströmischen Reiches und erhielt den Namen Konstantinopel (Konstantinopolis).

102 Für die osmanische Bevölkerung blieb es von da an bei der Bezeichnung Istanbul. Die europäischen Minderheiten in Pera nutzten jedoch weiterhin bis zum Ende des Ersten Weltkrieges den Namen Konstantinopel (bzw. Constantinopel) und drückten damit ihr Festhalten an der christlich geprägten Geschichte der Stadt aus. Ich werde mich, außer bei Zitaten, der türkischen Nennweise anschließen – die wahrscheinlich jedoch aus dem Griechischen kommt und so viel wie 'in die Stadt gehen' bedeutet.

103 Vgl. Hammer 1989, S. 23.

von denen hin und wieder berichtet wurde, lebten im Verborgenen – im Haremlik.[104] Von ihnen erfahren wir mehr zufällig.[105]

Von den Deutschen, die im Laufe der Jahrhunderte im Osmanischen Reich ansässig geworden waren, gaben viele – mehr oder weniger zwangsläufig – ihren Bezug zur deutschen Sprache und Herkunft auf und fanden einen Platz in der 'multi-kulturellen Welt' am Bosporus.

Handel und Gewerbe war bis zum Ende des Osmanischen Reiches vor allem den europäischen Kaufleuten und den Minderheiten[106] überlassen. Die osmanische Stadtbevölkerung bestand über Jahrhunderte überwiegend aus Militärangehörigen, Beamten und ihren Familien und aus islamischen Geistlichen und unterhielt wenig oder keine Beziehungen zu den Minderheitengruppen. Diese Trennung spiegelte sich auch architektonisch wider; in Istanbul entwickelten sich neben den kleineren Vororten zwei große Stadtteile: das *türkische Stambul* und das *europäische Pera*.

Der Historiker Andreas David Mordtmann, der sich Anfang des 20. Jahrhunderts auf die Suche nach den Spuren der *„wanderlustigen Germanen"* begeben hat, berichtete über die frühen diplomatischen Unterscheidungen, die nach dem 'erwachten' deutschen Nationalgefühl späterer Jahre offensichtlich noch nachträglich Einfluß auf das Selbstbewußtsein der Deutschen – und auf ihr Verhältnis zur französischen Minderheit – in Istanbul hatten:

„Die Botschafter des heiligen römischen Reiches deutscher Nation wurden während der Regierung des Sultans Süleiman und seiner Nachfolger in dem berühmten Eltschi-Han vor der verbrannten Säule wie Gefangene gehalten (...),

---

104 Haremlik bezeichnet den Frauenteil der typischen türkischen Häuser. Auffälliges architektonisches Merkmal ist die Gestaltung der Fenster, die durch eine besondere Anordnung schräg gestellter Lamellen, den Blick nach außen, nicht aber nach innen gestatten.

105 Karsten Niebuhr, ein Holsteiner, der im 18. Jahrhundert nach Arabien gereist war, berichtete von einer interessanten Begegnung. Als er in Mesopotamien im Zelt eines Scheichs übernachtete, wurde er Ohrenzeuge eines Streits, den sein Gastgeber mit seinen Frauen austrug. Der Ausruf einer weiblichen Stimme: „Oh du olle Bullejahn!" ließ ihn aufhorchen und nachfragen. Durch die Zeltwand erfuhr er vom Schicksal der Frau, die aus der Nähe von Elmshorn stammte und durch Schiffbruch und Sklavenhandel in die Wüste verschlagen wurde. Vgl. Mordtmann 1907, S. 75f. Allerdings ist gerade der Harem die Quelle mannigfaltiger westlicher Phantasien.

106 Von den Minderheitengruppen waren die griechische, armenische und jüdische am einflußreichsten.

während die Gesandten Frankreichs, Polens und Venedigs in Pera residieren durften."[107]

Erst nach der zweiten mißglückten Belagerung von Wien 1683, der Vertreibung der Osmanen aus Ungarn und nach dem Abschluß des „Karlowitzer Friedens" 1699 konnten auch die kaiserlichen Botschafter nach Pera hinübersiedeln. Dort hatte sich bereits großstädtisches, 'europäisches' Leben entwickelt, während der Rahmen und die Möglichkeiten selbständiger Lebensgestaltung unter den Augen der türkischen Bewacher in Stambul sehr eingeschränkt gewesen war. Was im Nachhinein als besonders schmachvoll empfunden wurde, war die Tatsache, daß die deutschen Abgesandten damals mit denen der *„Vasallenstaaten (Siebenbürgen, Moldau und Wallachai)"* gleichbehandelt wurden, während das Osmanische Reich Frankreich bereits 1535 Sonderprivilegien gewährt hatte – die sogenannten Kapitulationen.[108]

Auf das gleiche Jahr datiert Hakkı Keskin die *„Öffnung der ökonomischen Türen des Osmanischen Reiches nach Westen".*[109] Denn den ersten Zugeständnissen folgten bald weitere. War zunächst vor allem Frankreich begünstigt, führten Verhandlungen und

---

107 Mordtmann 1907, S. 6. Da Mordtmanns Texte Anfang des Jahrhunderts in Istanbul gelesen wurden, trugen sie sicher zum Identitätspuzzle der Deutschen dort und zur Bereitschaft zur Aufnahme nationalsozialistischer Gedanken bei. Mordtmann selbst war gebürtiger Hamburger, dem auf Grund seiner orientalistischen Studien 1845 an der Kieler Philosophischen Fakultät der Doktortitel verliehen worden war und der einige Monate später als Kanzler der hanseatischen und spanischen Gesandtschaft nach Istanbul gekommen ist. 1860 trat er als Richter beim Handelsgericht in osmanische Dienste. Er betrieb wissenschaftliche Studien, war auch Lehrer für Statistik, Erd- und Völkerkunde und publizierte. Nach seinem Tod wurde er 1879 auf dem evangelischen Friedhof in Feriköy beigesetzt.

108 Seit dem 16. Jahrhundert waren die Außenbeziehungen des Osmanischen Reiches durch Verträge gekennzeichnet, die den ausländischen Staatsangehörigen und ihren Ländern rechtliche und wirtschaftliche Privilegien sicherten. Sie wurden der Gerichtsbarkeit ihrer Konsulate unterstellt und nicht oder nur geringfügig besteuert. Die Führung des Osmanischen Reiches hatte sich von den Kapitulationen, die sie auf freiwilliger Basis eingegangen war, Antrieb für die ökonomische und technische Entwicklung des Landes versprochen. Nachteilig wurden die Verträge erst im 18. und 19. Jahrhundert durch die industrielle Entwicklung Westeuropas und die fehlenden Schutzzölle, die zur Benachteiligung der einheimischen ProduzentInnen und der verstärkten Abhängigkeit des Osmanischen Reiches führten.

109 Hakkı Keskin: Die Türkei. Vom Osmanischen Reich zum Nationalstaat – Werdegang einer Unterentwicklung. Berlin 1978, S. 20f.

Bestechungen dazu, daß ähnliche Verträge mit Großbritannien, den Niederlanden, Österreich, Polen, Rußland und Schweden abgeschlossen wurden.

Mit dem Tode Süleyman des Prächtigen (1566) wurde ein umfassender Machtverlust des Osmanischen Reiches eingeleitet. Die ständige Kriegsführung und die notwendige, nicht immer erfolgreiche, Sicherung der Grenzen gegen Rußland, Persien und Westeuropa strapazierten das Staatsbudget ebenso wie eine korrupte Beamtenschaft. Die europäischen Mächte und die Minderheiten in Istanbul gewannen an politischem und ökonomischem Einfluß. Sie entwickelten sich zu 'Staaten im Staate'. Von den geringen wirtschaftlichen Möglichkeiten – etwa im Handel und Verkehr – profitierten vor allem sie.

1. Deutsch-türkische Bündnisse im 18. Jahrhundert

Im 18. Jahrhundert hatte das Osmanische Reich seine hegemoniale Stellung verloren und war in die Defensive geraten, aggressive Politik betrieben dagegen Österreich und Rußland.

Friedrich der Große sah seit 1749 in dem Sultansreich von Mustafa III. einen möglichen Bündnispartner und schickte seinen Flügeladjutanten Karl Adolf von Rexin als offiziellen diplomatischen Vertreter des Königreiches an die Hohe Pforte (1761-1765). Von Rexin ist für die Unterzeichnung des „Freundschafts-, Schiffahrts- und Handelsvertrags" am 2. April 1761 zwischen Preußen und dem Osmanischen Reich verantwortlich – übrigens ein Teilerfolg, gemessen am angestrebten *„Schutz- und Trutzbündnis mit der Hohen Pforte"*.[110] Dennoch wurde der Vertrag zum Beginn der vielzitierten, immer wieder neubeschworenen, 'deutsch-türkischen Freundschaft' stilisiert.

Um deren Pflege soll sich besonders der Gesandte Heinrich Friedrich von Diez, der von 1784 bis 1791 bei der Hohen Pforte

---

110 Vgl. Ekkehard Eickhoff: Auf historischem Boden. In: Das kaiserliche Palais in Istanbul und die deutsch-türkischen Beziehungen. Herausgegeben vom Generalkonsulat der Bundesrepublik Deutschland. Istanbul 1989, S. 12.

akkreditiert war, verdient gemacht haben. Er handelte die ersehnte Defensiv- und Offensivallianz mit dem Osmanischen Reich aus. 1789 kam auch zum ersten Mal ein deutscher Offizier, der preußische Oberst von Goetze, als Instrukteur und begründete die Tradition deutscher Militärberater in der Türkei.[111] Die militärischen deutsch-türkischen Begegnungen hatten ihren Charakter verändert.

Die Minderheitengruppen bekamen ihre eigene Rechtsprechung. Grundlage hierfür war die »Ordonnanz Ludwig XVI. von 1778«, die den Konsuln Polizeigewalt über *„alle Personen ihrer Nationen übertragen und sie auch als Richter bei allen zwischen denselben stattfindenden Streitigkeiten bestellt"* hat.[112] Bei schweren Verbrechen wurden die Angeklagten in die Heimatländer überführt. Wirtschaftlich blieben die deutschen Beziehungen zum Osmanischen Reich zunächst weiterhin unbedeutend. Trotz der Handelsverträge zwischen dem Osmanischen Reich und Preußen von 1761 oder mit dem Deutschen Zollverein und dem Deutschen Reich von 1840 waren sie nicht zuletzt wegen der Rückständigkeit der deutschen Wirtschaft wenig ausgeprägt. Den geringen Außenhandel des Osmanischen Reiches dominierten Großbritannien und Österreich-Ungarn.

Nachdem Anfang des 19. Jahrhunderts die verspätete deutsche Industrialisierung eingesetzt hatte, war der europäische Südosten verstärkt in das Blickfeld handelspolitischer und kolonialer Überlegungen gerückt. U.a. hat Fürst Pückler, der Kleinasien auf seiner Rückreise von Ägypten 1838/39 kennengelernt hatte, eine dortige

---

111 Nicht von ungefähr fiel die Wahl der Osmanen auf preußische Militärinstrukteure. Sie hatten einen guten militärischen Ruf, konnten dem Reich aber nicht gefährlich werden, da Preußen über keine bedeutende Weltmachtstellung verfügte. Vgl. auch Friedrich Karl Kienitz: Geschichte der deutsch-türkischen Beziehungen. In: Zeitschrift für Kulturaustausch, Jg.12, Heft 2-3, Stuttgart 1962, S. 199-208.

112 Wilhelm Sticker u.a. (Hg.): Über die Rechtsverhältnisse der Fremden, besonders der Deutschen in der Türkei. Vom geheimen Justizrath und k.preuß. Generalkonsul in der Moldau und Walachei Ritter Dr. Neugebaur. In: Germania. Archiv zur Kenntniß des deutschen Elements in allen Ländern der Erde. (Bd.3) Frankfurt a.M. 1850, S. 28-35, hier S. 28.
1860 wurde an das deutsche Krankenhaus in Istanbul ein kleines Gefängnis mit vier Zellen angefügt, um den deutschen Gefangenen nicht den Aufenthalt in türkischen Gefängnissen zuzumuten. Die preußische Gesandtschaft, die die Gerichtsbarkeit über die Angehörigen der deutschen Staaten hatte, traf ein Abkommen hierüber mit dem Wohltätigkeitsverein. Vgl. Kriebel o.J., S. 99.

Ansiedlung deutscher Protestanten empfohlen.[113] Und obwohl die preußische Regierung vor unüberlegter Auswanderung in den 'Orient'[114] warnte, ließen Hungerjahre[115] und auch die mißglückte Revolution von 1848 das Osmanische Reich für eine Reihe Deutscher attraktiv erscheinen.[116] Es kam zu Arbeitsmigrationen und politischer Asylsuche. Der Krimkrieg brachte, besonders durch eine in Istanbul aufgestellte englisch-deutsche Legion, weitere Deutsche ins Land.

Mit den „Tanzimat-Reformen" (1839-1876) leitete das Osmanische Reich eine Modernisierung und Westorientierung ein. Höhepunkt war die Verfassung von 1876, die erstmals die Macht des Sultans einengte. Nationalistische Jungtürken setzten einige säkularistische Reformen durch.[117]

In den letzten Jahrzehnten des 19. Jahrhunderts begannen nicht nur verstärkte deutsch-türkische Handelskontakte, sondern es begann auch – vor allem mit dem Bau der Bagdadbahn – die technische und politische Einflußnahme von Deutschen im Osmanischen Reich.

Unter der Leitung der Deutschen Bank hatten sich verschiedene deutsche Unternehmen und Banken an der Gründung der Anatolischen Eisenbahngesellschaft und später an der Bagdadbahn-Gesellschaft beteiligt. Karl Helfferich, der zwischen 1915 und 1917 in der Reichsregierung hohe Ämter bekleiden sollte, war zunächst ab 1905 Direktor der Anatolischen Eisenbahn und ab 1908 Direktor der Deutschen Bank. Deutsche Wirtschaftsexperten wie er prägten inzwischen die deutsch-osmanischen politischen Beziehungen.

Mit dem Zuschlag für den Bau der Bagdadbahn waren auch andere Bauaufträge verbunden, von denen deutsche Firmen profitierten – etwa für die Bewässerung der Konya-Ebene, den Bau von

---

113 Vgl. Hermann Fürst zu Pückler-Muskau: Orientalische Reisen. Hamburg 1963. Auch spätere Reisende priesen den Boden und das Klima Kleinasiens als geeignetes Kolonisationsland für das neugegründete Deutsche Reich. Die Errichtung deutscher Siedlungen auf dem Balkan und in der Levante wurde in Ansätzen bis Anfang des 20. Jahrhunderts immer wieder diskutiert.

114 Die Bezeichnung Orient wurde damals für Marokko, Algerien, Tunesien, das heutige Libyen, Ägypten, Palästina, Griechenland und die heutige Türkei gebraucht.

115 Mordtmann berichtet von etwa hundert Hamburger und Bremer Schiffen, die im 'Hungerjahr 1847' bei der Beschaffung von Nahrungsmitteln den Bosporus durchsegelten. Mordtmann 1907, S. 99.

116 Vgl. auch E. von der Nahmer: Deutsche Kolonisationspläne und -erfolge in der Türkei vor 1870. In: Schmollers Jahrbuch für Gesetzgebung XL, S. 405ff.

117 Diese Reformprogramme wurden von Mustafa Kemal wieder aufgenommen.

Brücken, Tunnel oder Bankgebäuden.[118] Paul Rohrbach, einer der entschiedensten und bekanntesten Fürsprecher des Bagdadbahnbaus, warb für deren Unterstützung, indem er die strategische Bedeutung einer Bahn durch Kleinasien hervorhob: *„Es gibt für Deutschland im Grunde nur eine einzige Möglichkeit, einem englischen Angriffskrieg zu begegnen, und das ist die Stärkung der Türkei."* Die Eroberung Ägyptens könne England empfindlich treffen.

„Die Türkei aber kann nur unter der Voraussetzung an Ägypten denken, daß sie durch die Fortführung der anatolischen Bahn nach Bagdad einen Angriff Englands auf Mesopotamien abwehren kann, daß sie ihre Armee vermehrt und verbessert und daß ihre allgemeine Wirtschaftslage und ihre Finanzen Fortschritte machen."[119]

Mit der Bagdadbahn verband das gegenüber Frankreich und England in Wirtschaftsentwicklung und Kolonialisierungsbestrebungen zu spät gekommene Deutsche Reich auch das strategische Ziel, sich den Zugang zu den Ölregionen Südost-Arabiens, am Persischen Golf und am Indischen Ozean zu sichern. Diese Strategie mußte (und sollte) von den konkurrierenden Ländern (vor allem von England) als Kampfansage verstanden werden. Die strategischen Überlegungen erfüllten sich in großen Bereichen nicht; als die Bagdadbahn fertig-gestellt werden konnte, war der Erste Weltkrieg für das Deutsche und das Osmanische Reich bereits verloren und damit auch die 'arabischen Provinzen' der Osmanen.

Die Makro-Ebene der deutsch-türkischen Beziehungen spiegelt sich in der Mikro-Ebene des türkisch-deutschen Zusammenlebens in Istanbul wider. Bis zum Ende des Osmanischen Reiches wurden die türkischen und türkisch-internationalen Regierungsgeschäfte in Istanbul getätigt; und von hier wurde zentralistisch regiert. Es gibt genügend Beispiele dafür, daß sich außenpolitische Übereinstim-mungen – aber auch Disharmonien – direkt auf das Alltagsleben der Deutschsprachigen dort auswirkten. Ihre individuelle Anerkennung durch das nichtdeutsche Umfeld war in großem Maße abhängig vom Ansehen ihres Herkunftslandes bzw. Staates. Daß sich Deutsche und

---

118 Teilweise migrierten ganze Familien mit den Ingenieuren und Arbeitern und lebten in der Nähe der Baustellen in eigens für sie gebauten Häusern oder Siedlungen.

119 Paul Rohrbach: Die Bagdadbahn. Berlin 1911 (2.Aufl.), S. 18f. In seinem Buch „Der deutsche Gedanke in der Welt" vertritt Rohrbach sehr klare rassistische und nationalistische Thesen. Vgl. Ders.: Der deutsche Gedanke in der Welt. Königstein im Taunus und Leipzig 1912.

Deutschsprachige unter preußischer Führung gerade Mitte des 19. Jahrhunderts zusammenschlossen, hat auch mit den offiziellen deutsch-türkischen Beziehungen zu tun.

2. Aufbau einer deutschsprachigen Community in Istanbul

In der osmanischen Zeit lebten in Istanbul verschiedene Bevölkerungs- und Religionsgruppen mehr oder weniger dicht zusammen. Arbeit, Sprache und Religion bestimmten die interethnischen Kontakte. Die deutschsprachigen KatholikInnen gingen in die großen italienisch oder französisch betreuten katholischen Kirchen, wo die Messen auf Latein zelebriert wurden; die Juden und Jüdinnen fanden eine Auswahl an Synagogen vor. Und die deutschen evangelischen Gläubigen, die sich in Istanbul niedergelassen hatten, nahmen zunächst an den Gottesdiensten in der schwedischen Gesandtschaftskapelle teil, deren Bau die deutschen Fürsten finanziell unterstützt hatten.[120] Dort wurde der Gottesdienst in deutscher Sprache abgehalten. Von 1757 bis 1818 war diese Betreuung weitgehend gewährleistet, dann brannte die Gesandtschaft mit Kapelle ab, und es gab für die nächsten Jahrzehnte weder eine neue Kirche noch einen Gesandtschaftsprediger und damit – im Gegensatz zu anderen christlichen Glaubensgemeinschaften – weder eine 'geordnete Seelsorge' noch einen festen Zusammenschluß deutschsprachiger Evangelischer.[121]

---

120 Die Religionsfreiheit der Minderheiten zeigt sich in den katholischen, griechisch-orthodoxen, evangelischen, jüdischen und anderen Gebetshäusern und Klöstern, die vor allem in Istanbul errichtet wurden. Es wäre interessant, den Beziehungen der Konfessionen im damaligen Istanbul nachzuspüren. Das muß jedoch einer anderen Forschungsarbeit überlassen bleiben.

121 Die erste Evangelische Deutsche Gemeinde des Osmanischen Reiches war 1759 in Smyrna (Izmir) gegründet worden. Vgl. Johannes Haas-Heye: Deutschtürkische kulturelle Einrichtungen in der Türkei. In: Zeitschrift für Kulturaustausch. Jg.12, Heft 2-3 (Türkeiheft), Stuttgart 1962, S. 213. Vgl. auch Konrad Hahn: Anfänge evangelischer Seelsorge am Bosporus. In: St. Paul Deutschsprachige Katholische Gemeinde Istanbul. 25 Jahre Pfarrzentrum und Altenheim in Nisantas. Istanbul 1989, S. 48-50.

STATUT

DER

evangelischen deutschen Gemeinde zu Constantinopel.

§ 1.

Die evangelische deutsche Gemeinde zu Constantinopel besteht aus allen in Constantinopel und seinen Umgebungen ansæssigen oder sich daselbst zeitweilig aufhaltenden Deutschen, welche sich zur evangelischen Kirche bekennen. Die Mitgliedschaft in der Gemeinde wird durch Verzeichnung in der Gemeindeliste nachgewiesen.

§ 2.

Die Angelegenheiten der Gemeinde werden von einem theils stændigen, theils aus ihren stimmfæhigen Gliedern gewæhlten Vorstande geleitet.

§ 3.

Für das active wie passive Wahlrecht gelten die Bestimmungen der neuen Kirchengemeinde-Ordnung in den œstlichen preussischen Provinzen. Stimmfæhig sind die selbststændigen Gemeindeglieder, welche das Alter von 24 Jahren erreicht und sich wenigstens 6 Monate lang durch regelmæssige Beitræge an den Gemeindelasten betheiligt (mindestens 20 Piaster Silber vierteljæhrlich an die Armenkasse) oder nach einstimmigem Beschlusse des Vorstandes wegen besonders eifriger Theilnahme an den Gemeindeangelegenheiten das Stimmrecht erhalten haben.

§ 4.

Der Gemeindevorstand besteht aus dem Kaiserlich Deutschen Botschafts-Prediger als Seelsorger der Gemeinde, der das Præsidium führt, einem Delegirten der Kaiserlich Deutschen Botschaft, ferner aus 6 durch die jæhrliche General-Versammlung der Gemeinde im Advent gewæhlten Mitgliedern, von denen jæhrlich die 3 der Wahl nach æltesten ausscheiden und durch Neuwahlen ersetzt werden. Die Ausscheidenden kœnnen wieder gewæhlt werden.

§ 5.

Der Vorstand wæhlt aus seiner Mitte je auf 1 Jahr einen zweiten Vorsitzenden, einen Kassirer, einen Revisor sæmmtlicher Rechnungen.

§ 6.

Der Vorstand ist berechtigt, falls Mitglieder im Laufe des Jahres aus ihm ausscheiden, sich durch Cooptation zu ergænzen. Durch Cooptation geschehene Wahlen bedürfen der Bestætigung durch die næchste im Advent stattfindende General-Versammlung der Gemeinde.

§ 7.

Die neu in den Gemeindevorstand eintretenden Mitglieder werden kirchlich eingeführt und legen dabei vor Gott und der Gemeinde das feierliche Versprechen ab, dass sie sich nach Kræften dem Dienste der Gemeinde widmen und ihr Amt durch einen christlichen Lebenswandel ehren wollen.

§ 8.

Die Thætigkeit des Vorstandes besteht in Vertretung der Gemeinde, Berathung der derselben zu machenden Vorlagen, Sorge für ihre hülfsbedürftigen Glieder, Verwaltung der Gemeinde-Kasse, Befœrderung des religiœsen Lebens bei allen Gemeindeangehœrigen und Aussonderung dessen, was dem Evangelio widerspricht.

§ 9.

Der Gemeindevorstand hat die Pflicht, ein Gemeindemitglied wegen offenkundigen unsittlichen Lebenswandels zu verwarnen und, wenn es hartnæckig bei demselben verharrt, dessen Ausschliessung aus der Gemeinde zu veranlassen ; sowie auch denjenigen das Stimmrecht zu entziehen, welche dasselbe zu unevangelischen Bestrebungen missbrauchen.

§ 10.

Gegen Vorstandsmitglieder gerichtete Beschwerden, die sich auf ihre Wirksamkeit und ihr Leben in der Gemeinde beziehen, sind bei dem Vorsitzenden, solche gegen den Vorsitzenden bei dem zweiten Vorsitzendenden anzubringen.

§ 11.

Der Gemeindevorstand versammelt sich in der Regel ein Mal im Monat zur Berathung resp. Erledigung der laufenden Geschæfte ; in ausserordentlichen Fællen kann der Vorstand auch ausserdem zusammenberufen werden. Auf den Antrag von 5 Gliedern des Vorstandes muss derselbe jederzeit ausserordentlich zusammenberufen werden. Die Einladung zu einer gültigen Vorstandssitzung muss stets von dem Vorsitzenden oder dessen Stellvertreter ausgehen. Ist ein Vorstandsmitglied verhindert, die Sitzung zu besuchen, so muss es ein in der Sitzung anwesendes Mitglied rechtzeitig von den Gründen der Verhinderung in Kenntniss setzen. Versæumt ein Vorstandsmitglied dreimal hintereinander die Sitzung, ohne deshalb Entschuldigungsgründe anzuführen, so wird es als ausgeschieden betrachtet und ihm seine Ausscheidung von Seiten des Verstandes schriftlich angezeigt.

§ 12.

Um beschlussfæhig zu sein, muss der Vorstand wenigstens in einer Anzahl von 5 Gliedern versammelt sein ; in dringenden Fællen kann jedoch auch eine geringere Anzahl von Vorstandsgliedern, die zu einer Sitzung in gültiger Weise zusammen berufen sind, vorlæufige Bestimmungen unter Vorbehalt der nachtræglichen Genehmigung durch Circular fassen.

§ 13.

Der Vorstand beruft jæhrlich eine regelmæssige General-Versammlung der Gemeinde in der I. Advents-Woche zusammen. Die Geschæftsordnung derselben soll folgende sein. 1. Verlesung des Protokolls der letzt vorhergegangenen Gemeinde-Versammlung.

71

2. Abstattung eines Jahresberichts über die Geschichte der Gemeinde. 3. Rechnungsablegung über den Stand der Gemeinde Kasse. 4. Verlesung des Gemeindestatuts. 5. Verhandlung und Beschlussnahme über Vorschlæge des Vorstandes oder anderer stimfæhiger Gemeindeglieder, welche das Gemeindestatut oder andere Gemeindeinteressen betreffen. Die einfache Mehrheit der Stimmen entscheidet. Bei Stimmengleichheit giebt die Stimme des Vorsitzenden den Ausschlag. 6. Vollzug der Neuwahl für die nach § 4. ausscheidenden 3 Mitglieder des Vorstandes durch die stimmfæhige Gemeinde. Die Mehrheit der Stimmen giebt den Ausschlag. Bei Stimmengleichheit entscheidet das Loos.

§ 14.

Ausserordentliche General-Versammlungen beruft der Vorstand in dringenden Fællen, besonders wenn es sich um Aenderungen des Gemeindestatuts handelt. Dergleichen Verænderungen kœnnen nie ohne Zustimmung der Gemeinde gültig werden. Aufforderungen zur Einberufung solcher Versammlungen kœnnen durch schriftliche Eingaben von wenigstens 12 stimmfæhigen Gemeindegliedern unter Angabe der Gründe an den Vorstand ergehen, der solchen Antrægen dann weitere Folge zu geben hat.

§ 15.

Die Gemeindeversammlungen werden in der Regel an den drei vorhergehenden Sonntagen kirchlich abgekündigt. Bei schleuniger Berufung wirkt der Vorstand nach Kræften zur Verbreitung der Einladung an die Gemeinde. Die Versammlungen werden mit Gesang und Gebet erœffnet nnd beschlossen.

§ 16.

Bei jedem Gottesdienst findet zum Schluss eine Einsammlung milder Beisteuern zum Besten der Gemeinde-Kasse statt. Der Betrag dieser Collecten wird von dem Verwalter der Gemeinde-Kasse in ein besonderes Kassenbuch verzeichnet.

§ 17.

Die Gemeinde-Kasse dient hauptsæchlich dem Zwecke, die Armen der Gemeinde zu unterstüzen oder zeitweilig Hülfsbedürftigen ein Darlehen darzureichen. Auch sind solche laufende Ausgaben für kirchliche Zwecke, welche die Kaiserlich Deutsche Botschaft nicht bestreitet, aus ihr zu zahlen. Die Verfügung über die Gelder der Gemeinde-Kasse ist Sache des Vorstandes. Der Verwalter der Kasse hat der General-Versammlung einen vorher von dem Revisor geprüften Rechenschafts-Bericht vorzulegen.

§ 18.

Das Kassenbuch kann von den stimmfæhigen Gemeindegliedern jederzeit auf Wunsch bei dem Kassenführer eingesehen werden.

72
§ 19.

Die Kasse wird mit dem Ende des Kirchenjahres abgeschlossen, und hat der Rechnungs-Revisor vor der General-Versammlung den Abschluss zu prüfen und dem Vorstand darüber zu berichten.

§ 20.

Die bei dem Vollzuge geistlicher Amtshandlungen als Taufen, Einsegnungen, Trauungen und Begræbnisse zu entrichtenden Gebühren werden in einem jederzeit bei dem Gemeinde Kassirer einzusehenden Tarife festgestellt. Arme Gemeindeglieder haben keine solche Gebühren zu entrichten.

§ 21.

Die Feier des heiligen Abendmahls findet im Advent, Neujahr, Invocavit, Charfreitag, Ostermontag, Pfingstmontag, X. p. Trin., Erntedankfest, Reformationsfest, Todtenfest statt. Doch kann eine ausserordentliche Darreichung der heiligen Communion jederzeit bei dem Geistlichen nachgesucht werden.

§ 22.

Die Gemeinde besitzt eine Bibliothek, deren Bücher zur unentgeltlichen Lecture jedem Mitgliede freistehen.

§ 23.

Die für die Geschichte der Gemeinde wichtigen Schriftstücke und Acten werden im Gemeinde-Archiv gesammelt. Auf Wunsch kann der Vorstand, soweit er es für zulæssig hælt, stimmfæhigen Gemeindegliedern Einsicht in das Archiv gestatten.

§ 24.

Die Gemeinde steht in allen Puncten, welche auf den Rechtsschutz am hiesigen Orte und auf die Vertretung derselben nach Aussen Bezug haben, unter dem Schutze der kaiserlich Deutschen Botschaft bei der hohen Pforte. Der Kaiserlichen Botschaft wird daher eine Abschrift des gegenwærtigen Statuts vorgelegt und sie um dessen Genehmigung gebeten. Ebenso wird bei dem Eintreten von Statutenænderungen verfahren.

§ 25.

Sæmmtliche bisher in Geltung gewesene Bestimmungen, die mit den §. 1-24 dieses Statuts im Widerspruche stehen, sind hiermit aufgehoben.

Vorstehendes Statut ist in der General-Versammlung der Gemeinde vom 2. December 1874 von derselben angenommen worden.

Der Vorstand
der evangelischen deutschen Gemeinde zu Constantinopel.

Suhle
Kaiserlich Deutscher Botschafts-Prediger

V. Veltheim
als Delegirter der Kaiserlich Deutschen Botschaft.

Gillet
Carl. W. Bolland
Otto Dingler
J. v. Haas
Zwicky
Himmighoffen

Druck F. Loeffler. Péra

Missionare blieben hin und wieder auf ihren Reisen für einige Zeit in Istanbul, wo sie für Deutschsprachige Seelsorgetätigkeiten übernahmen. Unter diesen Missionaren werden Christoph Friedrich Haas, der vor allem deutsche Siedlungen im Kaukasus betreute, und Wilhelm Gottlieb Schauffler besondere Einflüsse auf das Istanbuler evangelische Leben zugeschrieben. Schauffler war dort seit 1831 als Missionar einer amerikanischen Missionsgesellschaft tätig.[122]

Unter seiner Leitung versammelten sich am 14. Juli 1843 einige gläubige Protestanten, denen er

„die Notwendigkeit zu Gemüte führte, gemeinsam hinzuwirken auf den Bau eines Gotteshauses und die Anstellung eines Predigers und Seelsorgers, der ihnen das Evangelium in deutscher und französischer Sprache predigen und funktionieren könne, als auf geistige Bedürfnisse, die schon viel zu lange von ihnen entbehrt worden, jetzt aber vollkommen unentbehrlich geworden seyen."[123]

Das Ergebnis dieses Treffens, bei dem sich die Versammelten dem Protokoll nach „vom Verlangen beseelt (zeigten, d.A.), den Protestanten dieser Stadt den Besitz dieser geistigen Wohltaten zu sichern", war die Bildung eines Ausschusses, der die Umsetzung dieser gemeinsamen Ziele durch alle zu Gebote stehenden Mittel bewirken sollte. Von den Versammelten wurden die in Istanbul ansässigen evangelischen Vertreter P. A. Arlaud, G.D. Schneider und Chr. H. Flubacher in diesen Ausschuß gewählt. Dem Missionsprediger Schauffler selbst wurde der Vorsitz angetragen.

Das hier zitierte Dokument ist der erste Hinweis auf die Institutionalisierung eines deutschsprachigen Zusammenschlusses in Istanbul. Der Bau eines evangelischen Gotteshauses wurde von einem Missionar angeregt, dessen Interesse Erhaltung und Verbreitung des Evangeliums war. Dieses Haus sollte mehr sein, als ein Versammlungsort für deutsch- und französischsprachige Gläubige, es sollte der erste Bau-

---

122 Schauffler wurde 1798 in Stuttgart geboren und wanderte früh mit seinem Vater nach Odessa aus. Dort lernte er den amerikanischen Missionar Jonas King kennen, der nachhaltigen Einfluß auf ihn hatte.

123 Vgl. Kriebel, o.J., S. 8f. Der historisch interessierte evangelische Pfarrer Martin Kriebel, der sein Amt in Istanbul 1932 antrat, schrieb die Geschichte der deutschen evangelischen Gemeinde in einer Zeit, wo diese gerade ihre zentrale Rolle innerhalb der deutschsprachigen Community in Istanbul verloren hatte. Offensichtlich fand er unter den veränderten Gegebenheiten keine Unterstützung für ein Publikationsvorhaben; das 308-seitige Manuskript blieb unveröffentlicht. Dabei ist es eine reichhaltige und interessante Quelle für das Wissen um die Entwicklung (nicht nur) deutschsprachiger evangelischer Strukturen in Istanbul.

stein eines größeren – weit über Istanbul hinausragenden – Identifikationskomplexes werden.[124] Vorerst ging es nicht um Schaffung oder Bewußtwerdung nationaler Identität[125], sondern die Religion war das Verbindende der Ursprungscommunity – eine Glaubensgemeinschaft fand zusammen. Sie richtete Aufrufe um finanzielle Unterstützung für den Aufbau einer eigenen Infrastruktur an die protestantischen Kirchen verschiedener Länder und wies dabei auf die ökumenische[126] Bedeutung der Arbeit hin. Wichtigste Forderungen waren zunächst die Errichtung einer Kirche, einer Pfarrei und die Gründung einer evangelischen Schule.[127]

Die Veränderungen im Osmanischen Reich begünstigten den Community-Aufbau in Istanbul. Obwohl Fluktuation bei den Deutschsprachigen im Osmanischen Reich und in der Türkei immer bedeutend war und blieb, kann ab Mitte des 19. Jahrhunderts eine wachsende Niederlassungsbereitschaft festgestellt werden. Die Arbeitsmöglichkeiten für Handwerker hatten sich leicht gebessert.

---

124 Die Worte Bau, bauen, anbauen oder wiederaufbauen begegnen uns in nahezu allen Dokumenten der Deutschsprachigen in Istanbul. *Bauen* wurde so zum Vehikel ihrer Selbstverortung in der 'Fremde'. Die etymologische Bedeutung des Wortes *bauen* wurzelt in den Begriffen „wachsen, gedeihen, entstehen, werden, sein, wohnen" – impliziert also auch eine Vorstellung von 'Heimat schaffen'.

125 Nationalismus ist ein Phänomen späterer Zeiten. Der Name und Begriff 'Deutsch' hat bis heute sein Schwergewicht im sprachlich-kulturellen Bereich. Wie der Brockhaus vermerkt, geht er als einzige Nationalitätsbezeichnung in Europa „nicht auf einen älteren Landes- oder Stammesnamen zurück, sondern wurde in geschichtl. Zeit auf dem Wege: dt. Sprache – Deutsche – Deutschland entwickelt." Die Schweizer schieden bereits im 15., die Niederländer im 16. Jahrhundert, Österreich jedoch erst 1866 aus diesem Verband der Deutschen aus. Ab 1871 wurde 'deutsch' vorzugsweise für die Angehörigen des Deutschen Reiches genutzt, während es in der Schweiz und in Österreich meist 'deutschsprachig' heißt. Vgl. Brockhaus Enzyklopädie Bd.5 (19.Aufl.), S. 291. In der vorliegenden Arbeit wird der Begriff Deutschsprachige für die so definierten Deutschen und Deutschsprachigen genutzt, zu denen noch die hinzukommen, die sich selbst aus unterschiedlichen Gründen den Deutschen zurechneten – etwa deutsche Vorfahren hatten, in einer 'Deutschen Kolonie' aufgewachsen waren etc.

126 Gemeint ist das Zusammenwirken der verschiedenen christlichen Kirchen – unter Ausschluß der römisch-katholischen.

127 Der evangelische preußische König Wilhelm IV. förderte die 'Diasporaarbeit' der Kirche in Istanbul – wie er auch andere Gemeinden im Ausland unterstützte. 1843 entsandte er den Pfarrer Carl (Charles) Forsyth Major, der zwar von einigen Gemeindemitgliedern als „auf einem zu positiven Standpunkt" stehend abgelehnt wurde, sich aber dennoch einen vorzüglichen Platz in der Gemeindegeschichte erarbeiten konnte. Vgl. Kriebel o.J., S. 12.

Doch nicht nur Handwerker – seltener ganze Handwerkerfamilien – kamen. Auch der deutsche Levantehandel hatte in den zwanziger und dreißiger Jahren zugenommen, denn mit der Entwicklung der Dampfschiffahrt konnte die Fahrzeit auf den Seewegen entscheidend verkürzt und der Warentransport intensiviert werden.[128] Istanbul hatte den wichtigsten Seehafen und war die größte Handelsstadt der Osmanen. Außerdem hat der Beginn der „Tanzimat-Ära", der Zeit der „*wohlwollenden Reformen nach europäischem Vorbild*", europäische Geschäftsleute ermuntert, sich im Osmanischen Reich niederzulassen. Nun bauten deutsche Kaufleute dort Kommissionsgeschäfte mit europäischen Waren auf und siedelten ihre Warenlager in Stambul an, während sie mit ihren Familien in Pera lebten.[129] Und Preußische Offiziere, die in Sultan Mahmuds Diensten standen, wurden in Istanbul seßhaft. Die deutsch-orientierte Infrastruktur, die nun bewußt aufgebaut wurde, mag ihren Teil zur Herausbildung eines 'Koloniebewußtseins' beigetragen haben.

Pera hatte sich vom 16. Jahrhundert an, seit die Gesandtschaften von Frankreich, Venedig und England hier residierten und sich in deren Umkreis EuropäerInnen, levantinische Kaufleute und Angehörige nichtislamischer Minderheiten ansiedelten, zu einer eigenen *kosmopolitischen Stadt* entwickelt. Nachdem auch die anderen diplo-

---

128 Mordtmann schrieb über einen der ersten seßhaften Deutschen in Istanbul – den deutschen Kaufmann Friedrich Hübsch –, der bereits 1707 seine erste Reise nach Istanbul unternommen hatte, um Handelsverbindungen aufzubauen. 1711 soll er sich definitiv dort niedergelassen haben. Vermutlich ist sein Geschäft, mit dem er z.B. Meißner Porzellan importierte, das älteste von Deutschen gegründete. Hübsch wurde Vertreter der ersten Levantinischen Handelskompanie, die kurze Zeit unter dem Protektorat von Kaiser Karl VI. bestand. Von August II., Kurfürst von Sachsen und König von Polen, erhielt er den Hofratstitel und 1740 die diplomatische Vertretung von Sachsen und Polen bei der »Hohen Pforte«. Sein Sohn Friedrich soll gute Verbindungen zum osmanischen Hof gehabt haben. Er wurde 1790 zum Vertreter Dänemarks bei der »Hohen Pforte« ernannt, ein Amt, das wiederum dessen Sohn Casimir von ihm übernahm. Casimir hat das besondere Vertrauen Sultan Mahmuds besessen, der ihn 1829 sogar in seiner Villa besuchte – ein einmaliger Vorgang am osmanischen Hof. Mordtmann 1907, S. 105-108.

129 Stambul war der mehrheitlich von der türkischen Bevölkerung bewohnte Teil Istanbuls, in dem sich auch der »Große Bazar« mit den umliegenden Warenlagern und Kontoren befand, während Pera traditionell Wohn-, Einkaufs- und Vergnügungszentrum der EuropäerInnen war. Die Galatabrücke verband diese beiden 'Welten' miteinander. Sie wurde hauptsächlich von den Handeltreibenden genutzt. Ein Großteil der in Istanbul lebenden Frauen – türkische und Angehörige der Minderheitsgruppen – überschritten diese Grenze nie.

matischen Vertretungen von Stambul nach Pera umgezogen waren, verlagerte sich das politische Zentrum Istanbuls bald ganz auf diese Seite des „Goldenen Horns", wie der Meeresarm, der Pera und Stambul trennt, genannt wurde. Ab 1840 wechselten auch die Sultane und ihre Beamten vom Topkapı-Palast in unmittelbare Nähe von Galata, Pera und Tophane in den Çırağan-, Dolmabahçe- und Yıldız-Palast.[130]

Die englische Schriftstellerin Lady Montagu, die 1717-18 mit ihrem Mann, dem Gesandten Edward W. Montagu, in Pera gelebt hat, beschreibt die damalige 'multi-kulturelle' Lebensweise dieses Stadtteils in ihren „Briefen aus dem Orient":

„Ich wohne an einem Ort, der vom Turm zu Babel eine rechte Vorstellung gibt: in Pera spricht man türkisch, griechisch, hebräisch, armenisch, arabisch, persisch, russisch, slowenisch, walachisch, deutsch, holländisch, französisch, englisch, italienisch, ungarisch, und, was das schlimmste ist, es werden zehn dieser Sprachen in meinem eigenen Hause gesprochen. Meine Stallknechte sind Araber, meine Bediensteten Franzosen, Engländer und Deutsche, meine Amme eine Armenierin, meine Hausmädchen Russinnen, ein halbes Dutzend andere Bediente Griechen, mein Haushofmeister ein Italiener, meine Janitscharen Türken, so daß ich diese Vermischung von Lauten in einem fort höre."[131]

Zwar verfügte nicht jedes Haus über eine solch abwechslungsreiche Zusammensetzung des Personals, doch um eine Vorstellung der interkulturellen[132] Lebensweise im damaligen Pera zu bekommen, eignet sich dieses Zitat durchaus. Ob in Reisebeschreibungen, Reisebriefen oder völkerkundlichen Schriften, immer wieder wird die „Völkervielfalt Konstantinopels" und die Buntheit des Straßenlebens thematisiert. Bestimmte Kleidungsstücke oder Farbkombinationen kennzeichneten die Zugehörigkeiten zu Ethnien, Kulturgruppen oder Schichten. Auffallend waren die Popen in ihren langen Gewändern, Nonnen mit ihren ausladenden Hauben und türkische Derwische in ihren farbenprächtigen Kleidungsstücken. Dazwischen wurden elegante Modellkleider spazieren geführt und zwängten sich auch Männer in das, was gerade als letzter Pariser Schick galt.

---

130 Weitere Informationen zur Bebauung von Pera bekam ich u.a. von Carsten Meyer-Schlichtmann. Vgl. ders.: »Von der Preußischen Gesandtschaft zum Doğan-Apartmanı. 130 Jahre Geschichte eines Grundstückes und Hauses in Beyoğlu.« Istanbul 1992.
131 Vgl. Gallwitz 1981, S. 237f.
132 Dieser Begriff soll nicht darüber hinwegtäuschen, daß das Verhältnis der 'Kulturen' ein ungleichgewichtiges war.

Es ist nicht verwunderlich, daß gerade in Pera die ersten Modernisierungsmaßnahmen Istanbuls für Wasser- und Abwassersysteme, Straßenplanung, Straßenbeleuchtung etc. durchgeführt wurden.[133] Doch neben und hinter den wenigen großen Straßen existierten schon immer enge, verwinkelte und verschmutzte Gassen, besonders im angrenzenden Galata, wo bereits damals das bekannteste Prostitutionsviertel war und sich entsprechende 'Vergnügungsstätten' befanden. Selbst die „Grande Rue de Pera" war bis Ende des 19. Jahrhunderts für manchen europäischen Besuch eine Enttäuschung.[134] Doch wenn sie sich auch nicht wirklich mit den Pariser Flanierstraßen messen konnte, gab es doch eine Menge, was das Großstadtleben international auszeichnet: Modehäuser, Cafés und allerlei Vergnügungsstätten. Das gesellschaftliche Leben pulsierte genau hier, wo die Geschäftsleute beim Wiener Kaffee oder beim deutschen Bier verhandelten und die jungen Leute ungezwungen beim Flanieren zusammentreffen konnten.

In den „Fliegenden Blättern" von 1850 wird die Gesamtzahl der *„Deutschen in Constantinopel"* mit ungefähr 1000 angeben, *„wovon etwa 300 aus den zum Zollverein gehörigen, 20 aus den anderen Staaten Norddeutschlands (nebst Schleswig-Holstein), die übrigen aus Österreich herstammen. Die meisten sind Handwerker, höchstens 50 Kaufleute und Beamte mögen darunter sein, die letzteren zu den Gesandtschaften gehörig und in türkischen Diensten.*"[135]

Die Zahl der „evangelischen Deutschen" in Istanbul wird dort Mitte des letzten Jahrhunderts auf 200 bis 300 Personen geschätzt. Das Gemeindeleben der katholischen und jüdischen Deutschen soll nach Darstellung der „Fliegenden Blätter" wenig ausgeprägt gewesen sein.

„Alle Confessionen finden sich unter den Deutschen in Constantinopel vertreten, und auch alle Confessionslosigkeiten. Unter den Evangelischen (...) ist eine nicht geringe Zahl, in der (...) noch evangelisches Glaubensleben sich lebendig erhalten. (...) Der Unterschied von Calvinisten und Lutheranern usw. tritt über

---

133 Wichtig für die Infrastruktur war der Bau der »Tünel-Bahn«, der ersten und lange Zeit einzigen Istanbuler Untergrundbahn, von 1872-1875 und der Aufbau von Straßenbahnlinien 1869 und 1881.

134 Offensichtlich pikiert beschreibt Anna Grosser-Rilke ihren ersten Eindruck: „Die Straße war schmal, schlecht gepflastert, der Bürgersteig ebenfalls voller Löcher, überall lagerten Hunde, Unrat vor allen Haustüren – so sah im Jahre 1888 in der türkischen Hauptstadt die größte Straße vom europäischen Viertel Pera aus." Gallwitz 1981, S. 322.

135 Fliegende Blätter, Vll. Serie Nr.5, 1850, S. 74ff. Vgl. Kriebel, o.J., S. 2.

78

dem gemeinschaftlichen Bedürfnisse inmitten des Islam und der Gottvergessenheit, den Heiland zu suchen und zu bekennen, völlig zurück; man betrachtet sich als Eins im Glauben. Es schließen sich dieser Schaar auch einige französische Hugenotten und einzelne höchstgestellte Nichtdeutsche regelmäßig an."[136]

In dem Artikel wird auch über Armut und Krankheit berichtet und über die Notwendigkeit, wanderwillige Deutsche zu warnen.[137] Über chancenloses Handwerk und die schwierigen klimatischen Verhältnisse sollten sie ebenso aufgeklärt werden wie über die Strapazen des Weges bei der Durchquerung des Balkans, die viele der Wandernden ihr Ziel im kranken und erschöpften Zustand erreichen ließen. Die Darstellung zeigt das Osmanische Reich nicht als ideales Land für eine größere 'Arbeitsmigrationsbewegung'. Dennoch kamen Deutsche aus den unterschiedlichsten Bereichen.

Ein Verzeichnis in den evangelischen Gemeindeakten nennt für Mitte des letzten Jahrhunderts als ansässige Handwerker: 14 Tischler, neun Sattler, fünf Schneider und je zwei bzw. ein Klempner, Schuhmacher, Porzellanmaler, Mechaniker, Schlosser, Maurer, Seiler, Lehrer an der Artillerieschule etc. Diese Arbeitsmigranten kamen aus verschiedenen deutschen Ländern, aus Württemberg, Hessen oder Sachsen. Die ältesten, die an Hand der Gemeindeakten feststellbar waren, sind der Schneider Ludwig Baumann aus Ludwigsburg in Württemberg, seit 1798 in der Türkei, und der Schneider Christoph Zorngiebel aus Czernowitz in der Bukowina, seit 1805 in Istanbul.[138]

Zwischen Ende 1843 und Anfang 1844 beginnen die Tauf-, Trau- und Sterberegister der Evangelischen Gemeinde Istanbul.[139] Während in den Dokumenten über die Gemeindegründung von Frauen keine Rede ist, läßt sich anhand der Gemeindeakten rekonstruieren, daß bereits Mitte des letzten Jahrhunderts einige deutsche Migrantinnen in Istanbul lebten. Die erste Eintragung im Kirchenregister, besser Sterberegister, betrifft Henriette, Magdalena, Charlotte, Susanne von Lecoq, geb. Mertzdorf, Ehefrau des Preußischen Gesandten von

---

136 Ebd. S. 7.
137 Warnungen vor unüberlegter Auswanderung in den 'Orient' erschienen in den unterschiedlichsten deutschen Publikationsorganen, später u.a. auch in Schriften des »Deutschen Nationalkomites zur Bekämpfung des Mädchenhandels«.
138 „Liste der Glieder der Deutschen Evangelischen Gemeinde in Konstantinopel, insbesondere der früh zu ihr zählenden Familien. 1850 bis (blieb leer, d.A.) Seelenliste". Deutsches Evangelisches Gemeinde-Archiv Istanbul.
139 Auch diese Akten befinden sich im Archiv der Evangelischen Gemeinde in Istanbul.

Lecoq. Sie war am 16.12.1843 gestorben und wurde drei Tage später beigesetzt.

Nur wenige Tage danach wird das Taufregister eröffnet. Am 22.12.1843 erhielt Oscar Alexander, „ehelicher Sohn von Theodor Albert Lüling, Offizier in türkischen Diensten und dessen Ehefrau Maria Dorothea, geb. Ebers", die christliche Taufe.

In der ersten Eintragung im Trauregister vom 18.04.1844 verkündet der unterzeichnende C. Forsyth Major, Pfarrer, Königl. Preuss. Gesandtschaftsprediger: *„so hat derselbe den Schreinermeister Heinrich Jacob Stoll mit Jungfrau Francisca Augusta Friederica Kümmerer im Beisein der mitunterzeichneten hierselbst ansässigen Zeugen nach der Agende für die evangelische Kirche in den Königlich Preussischen Landen getraut, und sie mit dem Segen Gottes entlassen.*"[140]

Die „Liste der Glieder der Deutschen Evangelischen Gemeinde zu Konstantinopel" führt für diese Zeit weit weniger Frauen als Männer aus deutschen Ländern auf. Meist sind es Ehefrauen, die genannt werden, manchmal aber auch Erzieherinnen und Hausangestellte wie *„Detroit, Rosalie geb.1829 in Magdeburg (Preußen) seit 1850 in C., unverh., Hausmädchen bei v. Malinowsky.*"[141]

Dennoch – nicht nur diese Akten zeigen Spuren deutschen Frauenlebens, sie sind auch andernorts zu finden, z.B. auf dem Friedhof in Feriköy. Dort ist zu erfahren, daß Maria Magdalena Elisabeth, geb. von Oertzen aus Mecklenburg, Frau des Gesandten Christian, Freiherr von Zegelin an ihrem 30. Geburtstag am 26.04.1766 infolge einer Fehlgeburt starb.[142]

Außer in Gesandtschaftskreisen erfolgte der Zuzug ganzer Familien recht selten. Zwar ließen sich 1844 Magdalene und Wilhelm Tobler (auch Dobler) aus Württemberg mit Sohn und Tochter in Istanbul nieder,[143] doch zunächst kamen vor allem Männer, einfache

---

140 Die Braut war gebürtige Münchnerin und, wie ebenfalls aus dem Trauregister hervorgeht, illegitime Tochter des Carl Kümmerer und der Francisca Cartolizis geb. Urban. Ich vermute, daß die ledige Mutter sich in Istanbul verheiratet hat und die Tochter bereits (zumindest teilweise) dort aufgewachsen ist.

141 „Liste der Glieder der Deutschen Evangelischen Gemeinde zu Konstantinopel, insbesondere der früh zu ihr zählenden Familien. 1850 bis (blieb leer, d.A.) Seelenliste".

142 Ihr Grabstein wurde wahrscheinlich 1852 mit anderen vom »Grands Champs«, den großen Begräbnisfeldern des heutigen Taksim-Platzes, nach Feriköy überführt.

143 Liste der Glieder der Deutschen Evangelischen Gemeinde.

Handwerker auf der Suche nach Arbeit, die zumeist Ehen mit Frauen aus anderen Minderheitengruppen schlossen und sich niederließen.

Doch nicht alle, die den beschwerlichen Weg bis Istanbul überstanden hatten, fanden eine ausreichende Lebensgrundlage; und an Vorsorgemaßnahmen war für viele schon gar nicht zu denken. So stellten Krankheit und Alter eine große Bedrohung dar.

Einzelne Personen oder Gruppen versuchten zu helfen, etwa Jacob Anderlich, ein österreichischer Uhrmacher aus Fiume. Er gründete bereits 1838 einen Hilfsverein „Artigiana"[144], der für *„Bedürftige aller Nationalitäten, christlicher Konfessionen und Gesellschaftsschichten"* da war. Die verschiedenen europäischen Botschafter übernahmen das Protektorat und Sultan Abdülmecid (I) stellte in Harbiye ein Grundstück zur Verfügung, auf dem im Jahre 1841/42 zusammenhängende Häuschen fertiggestellt werden konnten. In den jeweils zwei Zimmern wurden Alleinstehende und Ehepaare aufgenommen.[145]

Am ersten September 1844 wurde im Haus des evangelischen Pfarrers Major das „Evangelische Asyl" gegründet, ein von der inzwischen etablierten deutschen Evangelischen Gemeinde getragener Verein, dessen Zweck folgendermaßen definiert wurde:

„durch Handreichung der Liebe neuankommende Deutsche zu unterstützen, bis sie eine angemessene Beschäftigung in ihrem Beruf gefunden, im Falle sie erkranken, ihrer zu pflegen und solchen hier weilenden Gliedern des Vereins, welche der Krankenpflege bedürfen, dieselbe zukommen zu lassen."[146]

Nun wurde auch die Einrichtung eines Krankenhauses und einer Leihbibliothek geplant. So sollte nicht nur den kranken Landsleuten

---

144 »Artigiana« leitet sich von artisans (Handwerker) ab, war also ein Handwerker-Hilfsverein.

145 1870 wurde eine Kapelle an dieses Heim angebaut, deren Bau wieder Jacob Anderlich finanzierte. Vom 22.07.1872 bis zum Jahre 1966 übernahmen die Barmherzigen Schwestern die Leitung von Heim und Kapelle. Noch heute gibt es das Heim Artigiana (nach 1966 neu gebaut) unter Leitung einer mehrköpfigen Kommission. Die ehemalige Heimkapelle ist nun katholische Gemeindekirche der Deutschsprachigen. Vgl. Msgr. Hubert Wilschowitz, überarbeitet und ergänzt von Hans Hammer und Barbara Bach: „Unsere Artigiana" – Die Kirche der Gemeinde. In: St. Paul. Deutschsprachige Katholische Gemeinde Istanbul. 25 Jahre Pfarrzentrum und Altenheim in Nisantas, S. 37-39.

146 Direkter Anlaß für diese Gründung war der Tod dreier Handwerker, die nicht lange nach ihrer Ankunft im Hafenviertel von Galata an Entkräftung gestorben waren. Kriebel, o.J., S. 17.

geholfen, sondern auch der Erhalt der Muttersprache durch deutschsprachige Bücher gefördert werden.

Auf der Beitragsliste des Vereins tauchen 59 Namen auf; in den Vorstand wurden unter Leitung des Gesandtschaftspredigers der bereits erwähnte Christoph Zorngiebel, Julius Lange und Heinrich Stoll[147] gewählt.[148] Wie in der Heimat, wurde auch in Istanbul das politische Konstrukt Nation diskutiert und als Orientierungsgröße für die Deutschen relevant. Hier wurden erste Nationalisierungstendenzen sichtbar.

Für Frauen war übrigens noch lange keine eigenständige Mitgliedschaft in Vereinen und Institutionen möglich. Welchen Anteil einzelne von ihnen an der Gründung des offiziellen Zusammenschlusses hatten, geht aus den zur Verfügung stehenden Akten nicht hervor. Es ist jedoch anzunehmen, daß die in der Stadt lebenden deutschen Nonnen und Schwestern zumindest indirekten Anteil hatten.

3.   Unruhige Zeiten

Anfang 1846 erhielt der evangelische Zusammenschluß einen neuen Namen und neue Statuten. Der „Evangelisch-Deutsche Wohltätigkeitsverein in Constantinopel" sollte nun explizit auch für Nichtdeut-

---

147   Der Tischler Heinrich Jakob Stoll stammte aus einem oberhessischen Dorf und war über Wien und Belgrad, wo er eine Zeit in einer 'Deutschen Kolonie' gelebt hatte, nach Istanbul gekommen. Dort war er maßgeblich an dem Aufbau deutschen evangelischen Gemeindelebens und an der Gründung deutscher evangelischer Institutionen beteiligt – am Bau eines Krankenhauses genauso wie an der Einrichtung einer evangelischen Schule. Der Pfarrer D.E. Wagner aus Bensheim widmete ihm eine kleine Broschüre, in der ein Teil seines Lebens festgehalten wurde: Hrch. Jakob Stoll aus Kaichen. Mitbegründer der deutsch-evangelischen Gemeinde in Konstantinopel. Sonderdruck aus den »Heimat-Glocken«. Friedberg 1935.

148   Als der Pfarrer Major Istanbul nach nur zwei Jahren wieder verlassen mußte, wurde das Gemeindeleben vorübergehend autonom weitergeführt. Wieder sprang der Missionar Schauffler, unterstützt von anderen Missionaren oder Predigern, deren Weg durch Istanbul führte, für kirchliche Dienste ein. Gottesdienste fanden in der Preußischen Gesandtschaft oder in der amerikanischen oder schottischen Missionskapelle statt. Zwei weitere Gesuche um den Bau einer evangelischen Kirche erreichten den Preußischen König.

sche und *„Katholiken deutscher Nation"* da sein, wenn auch die Gesamtleitung weiterhin in protestantischer Hand blieb. Da die Pfarrstelle noch unbesetzt war, wurde der Paragraph verändert, der dem Gesandtschaftsprediger die Leitung der Geschäfte unterstellte. Statt dessen sollte ein Präsident aus der Mitte des Vereins gewählt werden. Diese Änderung hatte Folgen; sie leitete u.a. einen jahrzehntelangen Streit um die konfessionelle versus nationale Prägung des Vereins ein.

Der Aufruf an *„die deutschen Brüder in Konstantinopel!"*, die geplante Errichtung eines Krankenhauses zu unterstützen, läßt bereits nationalere Töne vernehmen:

„Wer unter Euch einen Ruhm darein setzt, ein Deutscher zu sein, der ein deutsches Herz in deutscher Brust bis hierher in dieses fremde Land gebracht hat, ein Herz, welches Mitleid hat mit der Not und dem Elend seiner Landsleute, der säume nun nicht, Hand ans Werk zu legen und durch frische Teilnahme an dieser vaterländischen Sache dafür zu sorgen, daß für eine Anstalt der Unterhalt nicht fehle, welche es sich zum Zwecke gemacht hat, eine grosse Liebespflicht auszuüben, und die Euch allen im Fall der Erkrankung einen Zufluchtort und gute deutsche Behandlung anbietet."[149]

Nicht konfessionell gebunden, sondern einzig „deutsch" sollte das geplante Krankenhaus nun werden. Zum erstenmal setzten sich die ‘Konfessionslosen’ durch.[150] Die Unterzeichner der Aufrufe sprachen sich explizit für die Vereinigung aller Deutschen aus – zu denen hier auch weiterhin Schweizer gezählt wurden.

---

149 Kriebel o.J., S. 19. Wenn Kriebel zu einer Zeit, da sich nationalsozialistische Ideologien bei den funktionstragenden Deutschen in Istanbul durchgesetzt hatten, betont: „Hier war also bereits (...) das nationale Moment mitbestimmend", so muß das sicher auch als Indiz für den Versuch der Annäherung und Einordnung in das nationalistische System verstanden werden. Daß die nationale Bewegung des 19. Jahrhunderts und die Zusammenkunft der Frankfurter Nationalversammlung in Istanbul auf lebhaftes Interesse und breite Zustimmung stieß, läßt sich aus einigen Akten ablesen.

150 Es gab bereits englische und französische Hospitäler und auch ein österreichisches Krankenhaus, doch soll gerade dort die Aufnahme nichtösterreichischer, besonders evangelischer, Kranker sehr schwierig gewesen sein. Neben den konfessionellen gab es sprachliche Schranken. Das Personal war italienisch, und nur der Spitalarzt sprach Deutsch. Vgl. Arif Babür Ordu: Dokumente zur Geschichte des Deutschen Krankenhauses in Istanbul. Inaugural-Dissertation zur Erlangung des Doktorgrades der gesamten Medizin. Dem Fachbereich Humanmedizin der Phillips-Universität vorgelegt. Marburg 1982, S. 19.

Schon am 06.04.1846 konnte in Gegenwart von 50 Mitgliedern das erste „Deutsche Krankenhaus" in Galata eröffnet werden.[151] Damit war der erste institutionelle Pfeiler des neuen Community-Gebildes verankert. Die Leitung des Krankenhauses wurde dem Arzt Friedrich Stoll aus Aschaffenburg übertragen, der römisch-katholischer Konfession war.

In der „Germania. Archiv zur Kenntniß des deutschen Elements in allen Ländern der Erde" erschien 1847 ein Artikel, der die Unterstützung dieses Projektes durch die preußische Regierung hervorhob. Unter deren Schutz habe sich im Jahr zuvor ein *„deutsch-evangelischer Hülfsverein"* gegründet, der mit 400 Thalern jährlich unterstützt würde.[152]

In dem Artikel wird nicht erwähnt, daß die Übergabe des Geldes mit einer Auflage verbunden war, die in Istanbul zu größeren Spannungen führen sollte. Denn die preußische Regierung setzte damit die Wiederherstellung der früheren Statuten des Vereins durch: bei dessen Anwesenheit unterstand das Präsidium dem jeweiligen evangelischen Gesandtschaftsprediger.

Gegen diese Festschreibung gab es von Anfang an Widerstand; Volksversammlungen wurden in Bierhäusern abgehalten und Vereinsmitglieder bekämpften sich in heftiger Weise. Innerhalb des „Evangelischen deutschen Wohltätigkeitsvereins" kristallisierten sich zwei Parteien heraus: die *preußisch-evangelische* und die *großdeutsch-nationale*. Erstere wollte unter allen Umständen den evangelisch-christlichen Einfluß gewahrt wissen, während die zweite Richtung gerade dagegen opponierte.

Bei der Generalversammlung des Vereins im August 1847 setzten sich erneut die 'Nationalen' durch und errangen eine weitere Namensänderung. Nun hieß es kurz und bündig: „Deutscher Wohltätigkeits-Verein". Wiederum vorübergehend kam es zur Rücknahme des Gesandtschaftsprediger-Präsidiums.

Die Diskussionen über das evangelische Protektorat des Wohltätigkeitsvereins gingen weiter, verstärkt durch politische Flüchtlinge der gescheiterten deutschen Revolution. Denn die Auseinandersetz-

---

151 Da der Raum jedoch nur für sechs bis acht Kranke reichte, wurden noch im gleichen Jahr andere Räume bezogen.
152 Die Deutschen in einigen auswärtigen Hauptstädten. In: Wilhelm Stricker u.a.: Germania. Archiv zur Kenntniß des deutschen Elements in allen Ländern der Erde. Frankfurt a.M. 1847, S. 69-78, hier S. 73.

ungen, die zur gleichen Zeit in den deutschen Ländern tobten, fanden ihr Echo in Istanbul.[153]

Ab 1848 war der Historiker Andreas David Mordtmann Vorsitzender des Wohltätigkeitsvereins und versuchte die Wogen zu glätten. Er hat sich besonders für die Übernahme der Krankenpflege durch Diakonissen aus Kaiserswerth eingesetzt. Pfarrer Theodor Fliedner, Leiter des Mutterhauses in Kaiserswerth, förderte diese Überlegungen und empfahl zusätzlich eine Diakonisse für die aufzubauende Schularbeit. Wegen der Unruhen von 1848 in Preußen und in Istanbul verzögerte sich die Ankunft der Diakonissen. Außerdem war das Hospital wegen der Spannungen in eine schwere finanzielle Krise geraten, eine Choleraepidemie vom Oktober 1847 bis Januar 1849 tat das Übrige. Der Verein mußte Schulden machen. Dennoch blieb das Hospital erhalten.

Im August 1850, als die Gesandtschaftspredigerstelle mit Pfarrer lic. theol. Konstantin Schlottmann aus Berlin wieder besetzt wurde, kam der Vorsitz des Vereins nach einigen Verhandlungen wieder eindeutig unter evangelische Kirchenführung.[154] Damit waren auch die Voraussetzungen für die Auszahlung einer zuvor in Preußen abgehaltenen Kollekte in Höhe von 4010 Taler gegeben. So entspannte sich die finanzielle Lage – nicht aber die sozio-politische. Im Gegenteil – die Amtsjahre von Pfarrer Schlottmann waren von heftigen Auseinandersetzungen geprägt. Sein späterer Nachfolger Kriebel urteilt in seiner Darstellung der damaligen Ereignisse:

„Diese Kämpfe waren notwendig, um die Gemeinde gegenüber weltanschaulich anders bestimmten Gruppen abzugrenzen und zu festigen und so der evangelischen Haltung einen Einfluß innerhalb der deutschen Kolonie zu sichern."[155]

Damit schloß er sich der Ansicht des damaligen Gesandten von Wildenbruch an, der im 'streng christlichen und patriotischen Sinn' Schlottmanns, der die Spaltung der Kolonie fördere, kein Unglück für die Gemeinde erkennen konnte.

---

153 Berichte über Leben und Auseinandersetzungen der Deutschen in Istanbul stießen in 'der Heimat' auf Interesse. Auch die Rheinisch-Westfälische Zeitung berichtete über die Vorgänge in Istanbul. Nr. 34, 09.02.1851, 2. Ausgabe.

154 Schlottmann unterbrach für die Berufung nach Istanbul seine Lehrtätigkeit an der Universität Berlin. Im Herbst 1855 übernahm er wieder eine Professur für »Altes Testament« in Zürich. Später lehrte er noch in Bonn und Halle.

155 Vgl. Kriebel, o.J., S. 50.

Im März 1851 führten die mehrjährigen Meinungsverschieden-heiten sogar zur Spaltung des Vereins. Mit dem Arzt Dr. Stoll stellte sich ein Teil der Vereinsmitglieder unter den Schutz der K.u.K. Öster-reichischen Botschaft und gründete einen Deutschen Wohltätigkeits-verein, dem sich besonders die katholischen Deutschen, aber *"auch anti-preußische Evangelische"* anschlossen. Diese Gruppe behielt das Krankenhaus. Der andere Teil – unter Leitung des Preußischen Gesandtschaftspredigers – richtete *"ein neues Krankenhaus in einem Holzgebäude in der Sakis agas sokak ein"*. Dessen Leitung übernahm am 22. März 1851 der Preußische Gesandtschaftsarzt Dr. von Eckenbrecher.[156]

Es gab nun zwei deutsche Krankenhäuser in Istanbul, die um ihre Landsleute rivalisierten[157]: das „Preußische Krankenhaus", das schließlich von den Kaiserswerther Diakonissen geführt wurde und das „Deutsche Krankenhaus", in dem Barmherzige Schwestern die Pflege übernahmen. Es gab zwei Wohltätigkeitsvereine: der „Deutsche" und der „Evangelisch-deutsche" und es sollte bald zwei Schulen geben: eine „Deutsche und Schweizer Bürgerschule" und die „Evangelische Schule". 1857 wurde auch ein Schweizer Wohltätigs-keitsverein – der „Cercle Helvetia" – gegründet, der ab 1861 „Schweizer Unterstützungsverein Helvetia" hieß.[158] Und in den 80iger Jahren sollten noch weitere österreichische Institutionen dazu-kommen. Die Versorgung der Deutschsprachigen war also in dieser Hinsicht weitgehend gesichert.

Ab September 1850 sind regelmäßige Gemeindegottesdienste der evangelischen Kirche abgehalten worden.[159] Außerdem gab es nun Gemeindeversammlungen und eine Gemeindeordnung. Mit ihrer Hilfe bekamen u.a. diejenigen das Stimmrecht entzogen, *"welche dasselbe zu unevangelischen Bestrebungen namentlich zu politischen und anderen, den kirchlichen Interessen fremden Zwecken mißbrau-*

---

156 Ebd. S. 33.
157 In einem Brief an Kaiserswerth teilt Schwester Ernestine u.a. erfreut mit: „Auch haben wir schon 3 Mitglieder des andern deutschen Hospitals pflegen dürfen." Vgl. Kriebel o.J., S. 156.
158 Vgl. Christa Lippold: Die Deutsche Schule und die Schweizer. In: 125 Jahre Deutsche Schule Istanbul. Festschrift. Istanbul 1993, S. 112-117.
159 Im Juni 1851 wurden die ersten KonfirmandInnen eingesegnet, darunter gleich drei Töchter des Königlich Preußischen Hauptmann a.D. Louis von Malinowski und Frau.

chen. "[160] Die evangelische Gemeindepolitik zeigte einen restriktiven Charakter.[161]

Das nichtkirchliche Gemeindeleben wurde ebenfalls institutionalisiert. Seit 1847 gab es den Handwerkerverein „Teutonia", der als *„geselliger Verein"* gegründet worden war, und 1851 fusionierte der „Handwerker-Leseverein" mit der Gemeindebibliothek und wurde der erste „Frauenverein für soziale Tätigkeit"[162] gebildet.

4. Weitere Institutionalisierungen oder: Der Vorstand der Evangelischen Gemeinde und die Kaiserswerther Diakonissen im Kampf gegen Krankheit, Unglauben und Fleischeslust

Es waren oft einzelne Menschen, die der Community-Entwicklung maßgebend eine neue Richtung gaben. Als prägend für die ersten zehn Jahre nach dem evangelischen Zusammenschluß 1843 muß der Tischlermeister Stoll Aufmerksamkeit erfahren. Er gehörte zu denjenigen, die den Kontakt zur 'alten Heimat' bewußt wieder aufgenommen und gepflegt haben. So reiste er im September 1851 als Vertreter der Istanbuler Evangelischen Gemeinde zum Elberfelder Kirchentag und zum Kongreß der Inneren Mission in Hamburg und warb erfolgreich um finanzielle Mittel für verschiedene Belange der

---

160 Vgl. Kriebel, o.J., S. 54.
161 Im Juli 1851 ließ der Kirchengemeinderat einen Spendenaufruf in verschiedenen christlichen Blättern Deutschlands veröffentlichen. Dieser Aufruf war erfolgreich. In Frankfurt a.M. bildete sich ein Unterstützungskomitee, das Geld zur Verfügung stellte, und auch aus anderen deutschen Städten trafen Spenden ein. In den ersten Jahrzehnten halfen der Zentralvorstand und die Hauptvereine der Gustav-Adolf-Stiftung. Auch Friedrich Wilhelm IV. initiierte wieder eine Sammlung kirchlicher Stellen zur „Beschaffung eines eigenen Kirchen- und Schulgebäudes für die deutsche evangelische Gemeinde in Constantinopel". Vgl. Kriebel, o.J., S. 67.
162 Vgl. Kriebel o.J, S. 56. Für diesen Frauenverein habe ich keine weiteren Hinweise gefunden. Der »Deutsche Frauenverein zu Constantinopel«, der 1856 gegründet wird, erwähnte ihn in den mir zur Verfügung stehenden Mitteilungen nicht.

Istanbuler Gemeinde.[163] In Kaiserswerth machte er Station, um die zugesagte Entsendung der Krankenschwestern zu forcieren.

Es dauerte jedoch immer noch ein Jahr, ehe die langerwarteten Diakonissen – zunächst die Schwestern Ernestine, Margarethe und Luise – am 20.09.1852 nach Istanbul abreisten.[164] Diese Diakonissen hatten besonderen Anteil an der weiteren Entwicklung des Istanbuler – nicht nur evangelischen – Gemeindelebens.

Sofort nach ihrer Ankunft begannen sie mit der Krankenpflege. Opfer der Cholera, der schwarzen Pocken, des Nervenfiebers und schließlich des Krimkrieges der Jahre 1854 und 1855 mußten versorgt werden. Das instabile Holzhaus, in dem das Hospital zunächst untergebracht war, wurde bereits 1853 gegen ein Steingebäude in der Telegraf Sokağı eingetauscht, das zusammen mit einem großen Garten – ein finanzielles und gesellschaftliches Wagnis – gekauft wurde. Dafür mußten weitere Gelder aufgenommen werden. Und da EuropäerInnen bestimmten Grundbesitz in Istanbul nicht erwerben durften, wurde es auf den Namen eines Türken, Angestellter bei der Gesandtschaft, eingetragen.[165]

Über Aufnahmebedingungen in das Krankenhaus, Krankheiten und Krankenzahlen informierten die Diakonissen ihr Mutterhaus in Kaiserswerth, mit dem sie in ständiger brieflicher Verbindung standen:

„Alle zugereisten Handwerkerburschen werden die ersten 4 Wochen ganz unentgeltlich verpflegt. Später geben sie kleine Beiträge. Alle Deutschen jeder

---

163 In Hamburg erstattete er auf der Haupttagung des Gustav Adolf-Vereins Bericht über die Gemeindearbeit in Istanbul. Mehr zur Person von Stoll ist zu erfahren bei: D.E. Wagner 1935, hier S. 8. Vgl. auch Kriebel, o.J., S. 37.

164 Friedrich Wilhelm IV. hatte noch eine „vollständige Apotheke" gestiftet, die die Schwestern mitnahmen. Er hat seine Anteilnahme am Istanbuler Gemeindeleben auch durch einige spätere Geschenke mit symbolträchtigem Charakter gezeigt: Die silberne Taufschale und die silberne Abendmahlskanne, die er zum Osterfest 1856 übersandte, wurde von der evangelischen Gemeinde ebenso in Ehren gehalten wie die Altarbibel und Agende, die er einige Monate später schickte.

165 Wahrscheinlich handelte es sich um ein sogenanntes Vakıf-Grundstück, das nur an Muslime verkauft werden durfte. Vakıfs waren ursprünglich fromme Stiftungen, bei denen Grundbesitz unter staatliche Verwaltung kam und die erzielten Gewinne aus Miete oder Pacht zur Unterstützung religiöser und sozialer Einrichtungen verwandt wurden.

Confession und alle Protestanten jeder Nation finden gegen Zahlung kleiner Beiträge hier stets Aufnahme und Pflege."[166]

Im Frühjahr 1856 wurde auch dieses Krankenhausgebäude erweitert, so daß nun 60-70 Kranke aufgenommen werden konnten. Die finanziellen Unterstützungen durch verschiedene Länder ermöglichten diese erneuten Bautätigkeiten. Finanziell und praktisch hilfreich war auch die großzügige Spende an Mobiliar, Wäsche und Instrumenten, die Florence Nightingale dem Wohltätigkeitsverein im gleichen Jahr zukommen ließ.[167]

Doch nicht nur Erfolgsmeldungen fanden ihren Weg in die Heimat, sondern auch Zeichen von Frustrationen. So berichtete die Oberin Ernestine Pointhner an das Mutterhaus in Kaiserswerth:

„Im Geistigen sieht es hier sehr betrübt aus. Die Predigten werden spärlich besucht; die Zahl der Kirchgänger beträgt oft nur 20. (...) Man hält sich in Constantinopel für frei, und viele wollen daher vom Gehorsam des Glaubens und den kirchlichen Ordnungen und Gnadenmitteln nichts wissen. Die Armen bedenken nicht, dass sie bei aller vermeinten Freiheit die jämmerlichsten Knechte des Unglaubens und der Fleischeslust sind."[168]

Derartige Berichte geben Einblick in Anspruch und Realitäten. Die Diakonissen wollten eben nicht nur Kranke pflegen oder Kinder unterrichten, sondern auch neue Mitglieder für die Evangelische Kirche gewinnen. Ihr Vorbild gelebter Nächstenliebe sollte den Weg der Ungläubigen und Bedürftigen zum Glauben ebnen.

Die vielfältigen Appelle und Aktivitäten einzelner MultiplikatorInnen sind ein Beleg dafür, daß die Deutsch-IstanbulerInnen in der

---

166 Brief von Ernestine Pointner vom 11.01.1853 oder 1854. Vgl. Kriebel, o.J., S. 61. In den Anfangszeiten war vor allem die ärztliche Betreuung des evangelischen Krankenhauses instabil. Ab März 1851 hatte Dr. von Eckenbrecher die ärztliche Versorgung übernommen, ab April 1852 der Landgräflich Hessische Hofrat Dr. Pauli, am 17. September des gleichen Jahres Dr. J. Morris. Wegen dessen Erkrankung kam es 1856 erneut zu einem Wechsel. Dr. Hermann Ritter von Mühlig übernahm die Chefarztstelle zunächst nur vertretungsweise, blieb jedoch bis 1884 in dieser Position. Von Sultan Abdulhamit bestellt, war von Mühlig der erste konsultierende Arzt im Parlais. Er starb 81-jährig 1907 in Istanbul. Vgl. Kriebel o.J., S. 101.

167 Florence Nightingale – ebenfalls frühere Schülerin von Kaiserswerth – war während des Krimkrieges nach Scutari gekommen, wo Tausende von Kranken und Verwundeten behandelt und gepflegt worden sind, und löste nun das Armeehospital auf.

168 „Bericht über die Diakonissen-Stationen 1854/1855", S. 72. Zitiert nach Kriebel o.J., S. 79.

Mehrzahl nicht nach kirchlicher Führung strebten, vielmehr scheint es das Anliegen einer kleinen Gruppe gewesen zu sein, ihnen diese angedeihen zu lassen. Oft wurde die ausgestreckte Hand der evangelischen Elite nicht angenommen. Da sie aber als eigentliche Gründerin des deutschsprachigen Zusammenschlusses gewisse Einflußmöglichkeiten hatte und erhalten wollte, dachte sie im Sinne der Disziplinierung zumindest der evangelischen Gemeindemitglieder über Sanktionen nach. Die Gemeindeordnung sah einen möglichen Ausschluß aus der Gemeinde vor, etwa für die, die wiederholte Male wegen Trunksucht auffielen oder auf andere Art deren Ansehen schadeten.[169]

Frauen spielten eine besondere Rolle bei der Konsolidierung des Gemeindelebens. Erst die Durchsetzung der Ideale *Familie* und *anständige Frau* zog die Notwendigkeit nach sich, ihnen einen Schutzraum und ein gesellschaftliches Leben zu bieten und ließ die migrierten Handwerker oder Händler nach Etablierung streben. Mancher gab sein unruhiges Wanderdasein auf, da er nun Alternativen und einen Neuanfang sah, gründete eine Familie und arbeitete an der Schaffung von Institutionen und Vereinen mit.[170] Führungsrollen innerhalb der Community übernahmen die Botschafter und Pfarrer mit ihren Ehefrauen. 1856 wurde der nicht konfessionell gebundene „Deutsche Frauenverein in Constantinopel" unter Vorsitz von Frau von Wildenbruch, Ehefrau des deutschen Gesandten, gegründet. Die Mitgliedsfrauen engagierten sich ebenfalls bei der Betreuung von Kranken und unterstützten die Gemeindearbeit in verschiedenen Bereichen.[171] Sie wirkten mit an der Entwicklung neuer Bedürfnisse. Bald konnte ein von einer Diakonisse geleiteter Kindergarten an das Krankenhaus angebaut und eröffnet werden. Und nur wenige Monate später, im Jahre 1864, bekam diese Institution ein eigenes Haus. Die

---

169 Berichte über die Trunksucht, besonders in deutschen Handwerkerkreisen, gibt es eine ganze Reihe. Auch die Zahl der deutschen Gastwirtschaften – ein Großteil in den verrufensten Straßen von Galata gelegen – soll bis Ende der sechziger Jahre auf weit über 20 angewachsen sein.

170 Hier zeigt sich die besondere Bedeutung von Frauen für die Konstruktion von Community und Heimat. Sie verkörpern Heimat. „Frauen haben nicht Heimat, sie sind Heimat bzw. ein Teil der Heimat der Männer, ob nun Heimat verstanden wird als innere und äußere Freiheit, als Besitz oder als realer Ort." Claudia Schöning-Kalender: Heimat – kein Ort für Frauen? hrsg. von der AG Frauenforschung der Gesamthochschule Kassel, Wissenschaft ist Frauensache, Heft 8, Kassel 1990, S. 10.

171 Vor allem fertigten sie jedoch bei ihren 14-tägigen Treffen Näh- und Strickarbeiten an, die an Hilfebedürftige verschenkt wurden.

sogenannte Deutsche Kolonie zählte zu dieser Zeit etwa 1.500 bis 1.800 Personen.[172]

Doch immer wieder kam es zu Rückschlägen. Das Jahr 1865 war in Istanbul vor allem von einer schlimmen Choleraepidemie bestimmt; in der Hauptphase starben 1.500 Menschen täglich. Eines der Opfer war die Diakonisse Margarethe Steenhusen, die bereits seit 13 Jahren im Krankenhaus gearbeitet hatte. Nicht nur die Choleraepidemie zerstörte Leben und Community-Strukturen. Im gleichen Jahr kam es auch noch zu einem der Großbrände, die die Stadt immer wieder heimsuchten.[173] Diesmal traf es vor allem türkische Bevölkerungsgruppen, doch fünf Jahre später wütete ein Feuer im 'europäischen Pera', bei dem innerhalb von sechs bis sieben Stunden 2.000 Menschen ums Leben kamen und sechs- bis siebentausend Wohnhäuser aus Stein und Holz, außerdem Kirchen und andere öffentliche Gebäude, vernichtet wurden.[174] Dieser Brand zerstörte auch das „Deutsche Hospital", in dem 12 bis 15 Personen den Tod fanden – unter ihnen zwei Pflegerinnen.[175] Das evangelische „Preußische Krankenhaus" wurde verschont, aber dessen Kinderpflegeanstalt, die mit dem Kindergarten in einem Gebäude untergebracht war, vollständig zerstört.

Nicht nur Krankheit und Feuer belasteten in diesen Jahren das Istanbuler Zusammenleben. Es gab auch weiterhin prinzipielle Streitigkeiten innerhalb der deutschsprachigen Community, die aus der deutschen Evangelischen Gemeinde und den im religiös-nationalen Kontext wenig organisierten römisch-katholischen und jüdischen Deutschsprachigen bestand. Ausschlaggebend für die Unruhe in der Community war die Tatsache, daß das nationale Moment interkonfessionell an Bedeutung gewann. 1867 wurde auf Wunsch von 26 Mitgliedern des deutschen evangelischen Wohltätigkeitsvereins eine

---

172 Nach einem Bericht des Gesandtschaftspfarrers Hülsen vom 27.12.1864. Vgl. Kriebel o.J., S. 127-134.
173 Istanbul ist bekannt für seine großen Brände. Die Holzbauweise, die engen Straßen und unzähligen Lagerhallen gaben dem Feuer schnelle Nahrung, das komplizierte Feuerwehrsystem und sommerlicher Wassermangel taten ein Übriges.
174 Hier hatte es im August 1831 den letzten großen Brand gegeben.
175 Von Caucig nennt die Schwester Josephine Kürth und den Baumeister Carl Seefelder, die während der Rettungsaktionen ums Leben kamen und zitiert aus der Grabrede des Letzteren. Leider gibt er den Standort seiner Quellen nicht eindeutig preis. Franz von Caucig: Von Constantinopel nach Istanbul. o.J., S. 67.

Sitzung einberufen, in der über die Vereinigung mit dem anderen deutschen Wohltätigkeitsverein Istanbul, dem „Deutschen Hilfsverein", beraten werden sollte. Im Sitzungsprotokoll ist vermerkt:

„Hr. Rieckehoff ergreift das Wort und stellt der Versammlung vor, wie wünschenswerth und notwendig die Vereinigung der beiden hier bestehenden Wohltätigkeitsvereine sei, um mit vereinten Kräften allen an solche Vereine gestellten Ansprüchen genügen zu können. Um eine solche Vereinigung anzubahnen, halte er den in der Eingabe gemachten Antrag, eine Kommission zu diesem Zwecke zu ernennen, für den geeigneten Weg, da bereits die Bereitwilligkeit der Vereine, sich zu einem Ganzen zu verschmelzen, ausgesprochen worden sei."[176]

Der zu dieser Zeit – laut Statuten: in seiner Eigenschaft als Gesandtschaftsprediger – Vorsitzende, Pfarrer Bernhard Hülsen, wehrte sich vehement gegen diese Kommission, da schon die Forderung einer solchen deutliches Mißtrauen gegen den amtierenden Vorstand bedeuten würde. Der Antrag widerspreche den Vereinsstatuten,

„da einzig und allein dem Vorstande die Leitung sowohl der inneren wie äußeren Angelegenheiten des Vereins oblägen, und eine Commission neben dem Vorstande als selbständig handelnd vollkommen unmöglich wäre."[177]

Die heftig geführte Diskussion brachte kein eindeutiges Ergebnis, zeigt aber die verschiedenen Standpunkte innerhalb des deutschen evangelischen Wohltätigkeitsvereins. Es ging den einen vor allem um einen Zusammenschluß aller Deutschen und um die *„Beseitigung des evangelischen Charakters"* des Wohltätigkeitsvereins, den anderen aber gerade um den Erhalt des evangelischen Einflusses.[178]

Die Evangelische Schule

Ein anderes einflußreiches Projekt, das ebenfalls unter besonderer Beteiligung des Tischlers Stoll, des Orientalisten und Historikers Mordtmann und der Kaiserswerther Diakonissen angegangen wurde,

---

176 Sitzungsprotokoll des Vorstandes des deutschen evangelischen Wohltätigkeitsvereins in Constantinopel. Außerordentliche Generalversammlung des deutschen evangelischen Wohltätigkeitsvereins am 8. Mai 1867. Kopie bei der Autorin.
177 Ebd.
178 Parallel zu den Vereinigungsüberlegungen wurde über den Neubau eines Evangelischen Krankenhauses nachgedacht und im Februar 1868 ein Gesuch um eine größere Spende an den König gerichtet.

war der Bau der evangelischen Schule für Jungen und Mädchen mit angeschlossenem Internat. Auch hier sollte Schule mehr sein als bloße Vermittlerin von Grundwissen. Vielmehr galten die Erziehung der Kinder im evangelischen Glauben und die Erhaltung bzw. Vermittlung der deutschen Sprache als dringlichste Aufgabe.

Von den unterschiedlichen Gesandtschaftspredigern wurde immer wieder beklagt, daß sich die interkonfessionellen Ehen auf die christliche Erziehung der Kinder negativ auswirken würden. Um so wichtiger sei die Errichtung einer im evangelischen Glauben geführten Schule. Als Vorbild diente zunächst die bereits bestehende von Kaiserswerther Diakonissen geleitete Schule im heutigen Izmir (Smyrna). Auch in Istanbul sollte eine solche deutsche Diakonissenschule errichtet werden. Daraus wurde jedoch nichts, da in Kaiserswerth keine Lehrschwestern zur Verfügung standen. So wurde der evangelische Unterricht 1851 zunächst unter Leitung des Gesandtschaftspredigers aufgenommen.

Da die Gesandtschaftsprediger immer auch Gemeindepfarrer waren, ein offizieller Vertreter der Gesandtschaft Sitz und Stimme im Kirchenrat hatte und die Liturgie und das Gemeinderecht nach den Grundsätzen der Altpreußischen Landeskirche ausgerichtet waren, da finanzielle Unterstützung und offizieller Schutz der Gemeinde in den Anfangsjahren von Preußen ausgingen, das als einzige deutsche evangelische Macht Bedeutung hatte, war Preußens Einfluß auf die Deutschen in Istanbul groß. Die österreichische Gesandtschaft war römisch-katholisch orientiert und zwischen den Kirchen gab es Spannungen. Der Gesandtschaftsprediger Carl Nathanael Pischon[179] sagte der römisch-katholischen Geistlichkeit Feindseligkeit gegenüber den protestantischen Kirchen nach.[180]

Der Schulverein ging durch nochmalige Festlegung auf der Gemeindekirchenratssitzung vom 05.09.1854 in die Fürsorge und Verwaltung der Evangelischen Gemeinde über.

§ 1 der Gemeindeverordnung regelte die Mitgliedschaft zur Gemeinde folgendermaßen:

---

179 Pischon war gebürtiger Berliner, hatte in Bonn, Heidelberg und Berlin studiert, trat seine erste Pfarrstelle als Gesandtschaftsprediger in Istanbul an, wo er die Berlinerin Pauline Lipicke heiratete. 1862 mußte er Istanbul auf Betreiben des Gesandten Graf von der Goltz verlassen. 1863 bekam er eine Oberpfarrstelle in Treuenbrietzen.

180 Vgl. Kriebel, o.J., S. 82.

„Die deutsche evangelische Gemeinde zu Konstantinopel bestehet aus allen in Konstantinopel und seiner Umgebung ansässigen oder sich daselbst zeitweilig aufhaltenden Deutschen, welche sich zur evangelischen Kirche bekennen. Die Mitgliedschaft in der Gemeinde wird durch Verzeichnung in der Gemeindeliste nachgewiesen."[181]

Nur wer sich in die Gemeindelisten eintragen ließ, hatte Mitspracherecht in den Gemeindeangelegenheiten, zum Beispiel beim Bau einer Gemeindeschule. Um den Bau eines eigenen Schulgebäudes zu ermöglichen, wurde im April 1856 im Gemeindekirchenrat einstimmig für den Ankauf des Geländes in Aynalı Çeşme votiert, auf dem sich heute noch die deutsche evangelische Kirche samt Pfarrhaus befindet.[182] Als Grundstücksbesitzer wurde auch hier vorübergehend ein türkischer Gesandtschaftsangehöriger eingetragen, doch 1861 erfolgte – durch Erlaß des Sultans – die Übertragung auf die Preussische Gesandtschaft.[183]

Am 01.08.1856 fand die feierliche Grundsteinlegung der evangelischen Gemeindeschule statt, am Pfingstmontag 1857 konnte sie eingeweiht und ab Herbst des Jahres genutzt werden. Wie im Schulbericht festgehalten wurde, hatten von den 44 Kindern, die die Schule in diesem Jahr besuchten, 15 evangelische, 17 evangelisch/römisch-katholische, sechs evangelisch/griechisch-orthodoxe, fünf römisch-katholische und ein Kind griechisch-orthodoxe Eltern.[184] Es handelte sich also von Anfang an um eine real interkonfessionelle Schule, bei der der evangelische Einfluß überwog.

Ein Lehrer namens Dreyer hatte den Unterricht zunächst übernommen, unterstützt von seiner Frau, die den Mädchen Handarbeitsunterricht gab und das Schulinternat führte. Vorsitzender des Gemeinde- und Schulvorstandes war seit Mai 1855 der Preußische Gesandtschaftsprediger Carl Nathanael Pischon, der ebenfalls Unterricht erteilte – bis im Februar 1858 vorübergehend ein Hilfslehrer angestellt und im Juli 1859 die zweite Lehrkraft, eine Lehrerin aus Berlin, eingestellt wurde. Den weiblichen Lehrkräften aus Deutsch-

---

181   Vgl. Gemeindeverordnung. In: Kriebel, o.J., S. 82.
182   Zunächst gehörte auch noch das Nachbargrundstück dazu, auf dem die armenisch-protestantische Gemeinde 1907 ihre Kirche errichtete.
183   Im April 1863 erklärte die Preußische Gesandtschaft diesen Besitz zum Eigentum der evangelischen Gemeinde. Die Besitzurkunde wurde 30.Juni 1863 ausgestellt.
184   Kriebel zitiert den '7. Jahresbericht der evangelischen deutschen Schule in Constantinopel'. Er weist auf den „verschiedenartigen Einfluß" hin, denen die Kinder im Elternhaus ausgesetzt waren. Kriebel, o.J., S. 85.

land boten sich im Ausland – in der Regel mit einem Dreijahres-vertrag – neue Wirkungskreise. Auch die nächste Istanbuler Stelle wurde im September 1862 wieder mit einer Lehrerin besetzt.

Außer der deutschen evangelischen Schule, die auch Preußische Schule genannt wurde, hat es zunächst keine andere ausgesprochen deutschsprachige Schule in Istanbul gegeben[185] – wohl aber inter-national geführte katholische Schul- und Hospitalinstitutionen. Mit ihnen rivalisierte die deutsche evangelische Schule, bzw. dessen Vorstand. Der Lehrer Dreyer entsprach offensichtlich nicht den streng evangelischen Maßstäben; vielleicht erhöhten die sich auch in den Zeiten fortschreitender Nationalisierung der Community. Dreyer geriet jedenfalls wegen eines angeblich laschen Unterrichts und disziplinarischer Schwierigkeiten mit den Kindern ins Zentrum der Kritik. Diskussionen um notwendige Schulreformen wurden geführt und spitzten sich 1867 zu. Im Gemeindekirchenrat wurde ein Antrag eingebracht – und abgelehnt –, den evangelischen Charakter der Schule zu beschränken. Wahrscheinlich war das eine Reaktion auf die Bestrebungen innerhalb der deutschsprachigen Community, eine zweite, von einem freien Schulverein zu leitende, „Deutsche Bürger-schule" zu gründen. Diese sollte jüdischen, armenischen, katholischen und protestantischen Kindern gleichberechtigt zur Verfügung stehen und keine einseitige konfessionelle Beeinflussung zulassen.

Im gleichen Jahr wurde dem evangelischen Gemeindekirchenrat der Antrag eines in der Community gegründeten „provisorischen Comité der deutschen Schulgemeinde"[186] vorgelegt, in dem um die auf fünf Jahre befristete Überlassung des Schulgebäudes für die Errichtung einer konfessionslosen deutschen Schule gebeten wurde. Die preußische Regierung lehnte diesen Antrag ab, da der konfessio-nelle Grundcharakter der Schule nicht verändert werden sollte. Mit neuer Energie bemühte man sich statt dessen darum, der 'alten' Evangelischen Schule einen dynamischen Anstrich zu geben. Der Pfarrer selbst übernahm nun deren Leitung. Nachdem die Lehr- und

---

185 In der Österreichischen Schule wurde auf Italienisch gelehrt. Es gab jedoch noch eine Schule der Schottischen Freikirche, in der alle Fächer auf Deutsch gelehrt wurden. Sie sammelte vor allem jüdische Kinder und „hatte einen ausgesprochenen Missionscharakter". Jahresbericht 1863/1864. In: Kriebel o.J., S. 107.

186 Aus diesem provisorischen Komitee wurde am 27.3.1868 der Schulverein der Deutschen und Schweizer Bürgerschule. Die Beteiligung der Schweizer war auch finanzieller Art. 12.000 Goldmark steuerte die kleine Schweizer Gruppe lt. Kriebel dem Bau des ersten Schulgebäudes bei.

Unterrichtspläne reformiert waren, wurde eine neue Schulordnung entworfen. Für den Französischunterricht gab es nun einen Lehrer aus Lausanne – Sprachunterricht war in dieser Stadt der Minderheiten immer von besonderer Bedeutung – und den Handarbeitsunterricht für Mädchen übernahm Frau Hülsen, Frau des Pfarrers Bernhard Hülsen, der sein Amt 1862 angetreten hatte.[187]

Obwohl auch die neue Schulgemeinde ihre 'konfessionslose' Schule mit 23 SchülerInnen und zwei Lehrern am 1. Mai 1868 eröffnen konnte[188], stieg die Schülerzahl der Evangelischen Schule im Laufe des Jahres 1868[189] und 1869[190] noch einmal an. Doch all das änderte nichts an der Tatsache, daß es nun zwei deutsche Schulen gab, die in Konkurrenz zueinander standen.

Die Diskussion über die Vereinigung der deutschen Krankenhäuser und Schulen wurde in den nächsten Jahren weitergeführt, brachte aber erst Anfang der 70er Jahre den nicht von allen gutgeheißenen Zusammenschluß.

Die Evangelische Kirche

Da nach der Errichtung des Schulgebäudes für den Bau eines eigenen Kirchengebäudes das Geld nicht mehr ausreichte, wurde statt dessen – praxisorientiert – ein zweites Stockwerk für den Kirchensaal und die Nebenräume auf das Schulgebäude aufgesetzt. Durch eine Freitreppe, die noch heute vom Garten direkt in den Kirchenraum führt, wurde ein eigener Zugang geschaffen. So konnte die Evangelische Gemeinde am 17.11.1861 auch eine eigene Kirche mit einem Gottesdienst in Besitz nehmen. 300 bis 400 Menschen nahmen an der Einweihungsfeier teil und wurden Zeugen eines folgenreichen Eklats.

In der Predigt hatte der amtierende Pfarrer Pischon alle Gemeindemitglieder zur aktiven Teilnahme an den Gottesdiensten und dem kirchlichen Gemeindeleben aufgerufen. Dabei wandte er sich auch

---

187 Der Lehrer Dreyer mußte nach 18 Dienstjahren gehen. Er wurde in den Dienst der preußischen Gesandtschaft übernommen. Vgl. Kriebel o.J., S. 105-113.
188 Das heutige Alman Lisesi (Deutsche Schule) Istanbul sieht sich als Nachfolgerin dieser »Deutschen und Schweizer Bürgerschule«. 1993 wurde das 125-jährige Bestehen gefeiert. Die Nennung der 'Schweizer' im Namen der Schule ging im Laufe der deutsch-nationalen Geschichte verloren.
189 In zwei Klassen wurden 62 Kinder, 36 Jungen und 26 Mädchen, unterrichtet.
190 In drei Klassen wurden 83 Kinder unterrichtet.

explizit, königliche Worte zitierend, an den Grafen von der Goltz als Vertreter der Gesandtschaft:

„Je höher einer von meinen Dienern gestellt ist, desto bestimmter erwarte ich von ihm, daß er seinen Untergebenen durch einen fleißigen Besuch des Gottesdienstes mit gutem Beispiel vorangehen wird."[191]

Von der Goltz fühlte sich brüskiert und suspendierte den Gesandtschaftsprediger vom Dienst. Alle Versuche der Vermittlung schlugen fehl – u.a. wurde diese Auseinandersetzung zwischen dem Preussischen Ministerium des Äußeren, dem Ministerium für die geistlichen Angelegenheiten und dem Oberkirchenrat in Berlin diskutiert –, Pischon wurde abberufen.[192]

Auch Pischons Nachfolger, Bernhard Hülsen, war mit den evangelischen Deutschen in Istanbul nicht sehr zufrieden. Kriebel zitiert einige Seiten der Berichte an das Evangelische Oberkirchenamt, in denen dieser seine Einschätzung des Gemeindelebens und der kirchlichen Wirkungsmöglichkeiten weitergab. Danach gäbe es zwar eine kleine Anzahl aktiver Christen, aber *„gewiß die Hälfte aller in Constantinopel befindlichen Evangelischen ist religiös und kirchlich verstorben,"* urteilte er und führte als Grund die ungünstigen Vorbe-

---

191 Diese Aufforderung soll Friedrich Wilhelm IV. bei der Übernahme der Regentschaft an seine Landsleute gerichtet haben. Kriebel zitiert als Beleg den Rechtfertigungsbericht Pischons an den Evangelischen Oberkirchenrat vom 19.11.1861. Vgl. Kriebel o.J., S. 102.

192 Der Preußische König, der am Istanbuler evangelischen Gemeindeaufbau regen Anteil genommen hatte, konnte den Pfarrer nicht mehr unterstützen, er war im Januar des Jahres gestorben. Friedrich Wilhelm IV. hatte nicht nur den Aufbau von evangelischen Institutionen unterstützt, er war auch als offizieller Fürsprecher der Gemeinde aufgetreten. So hatte er sich in der Frage des 'europäischen Friedhofs' engagiert. Das Gelände in Feriköy stellte Sultan Abdül Mecid auf seine Bitte hin den Vertretungen der sieben protestantischen Gesandtschaften (Preußen, England, den Vereinigten Staaten, den Niederlanden, Schweden, Norwegen, Dänemark und den Hansestädten) als Begräbnisplatz zur Verfügung. Seit Anfang des 17. Jahrhunderts waren die Angehörigen der europäischen christlichen Nationen auf dem Grand Champs, auf dem sich einer der heutigen Hauptverkehrspunkte Istanbuls – der Taksim-Platz – befindet, beerdigt worden. Die Gebeine wurden 1864 ausgegraben und nach Feriköy umgebettet. Dort einigten sich die Gesandtschaften auf einen Modus der gemeinsamen Nutzung und Verwaltung des neuen Friedhofs. 1866 revanchierte sich der preußische König mit einem Friedhofsgelände in Berlin, das er der dortigen türkischen Gemeinde übereignete. Auch der Tischlermeister Heinrich Jakob Stoll, der an der Gründung der evangelischen Institutionen in Istanbul maßgeblichen Anteil hatte und am 12.08.1869 starb, wurde auf dem Friedhof in Feriköy beigesetzt.

dingungen dieses Gemeindezusammenschlusses an. Alle seien nach Istanbul gekommen, um Geld zu verdienen, und es könnten kaum Vorhersagen über die Länge des Aufenthalts gemacht werden. Außerdem befinde sich die Gemeinde in der Diaspora,

„wo sie fast verschwindet und untergeht in einem Gewirr von Nationen, Religionen und Konfessionen. Diese Mannigfaltigkeit und Durcheinandermischung (...) läßt in vielem die Ansicht entstehen, (...) daß es vollkommen gleichgültig sei, welcher Religion oder Konfession man angehöre."[193]

Auch Hülsen wies in seinem Bericht darauf hin, daß etwa die Hälfte der 70 bis 80 Familien der Gemeinde gemischter Konfession waren; er klagte über Trunksucht bei seinen Gemeindemitgliedern, über zerrüttete Ehen, eine große Anzahl „wilder Ehen" und mangelhafte Kindererziehung. Und auch er versuchte, seiner Gemeinde das Evangelium nahezubringen – beim sonntäglichen Gottesdienst, bei der außerkirchlichen Betreuung und in der Schule. Die Kombination des Schulgebäudes mit der aufgesetzten Kirche bewährte sich nicht nur in diesem Sinne. Als die Schule ein neues Gebäude bekam, dienten die alten Räume als Sozialstation, Wohnraum für die Pfarrfamilie und Versammlungsraum der Kirchengemeinde. Diese Funktion erfüllen sie noch heute.

5.   Gute Zeiten – Schlechte Zeiten: Die Teutonia

Zur Zeit des Kirchenbaues hatte der langlebigste deutsche Verein – die „Teutonia" – ihre ersten Rückschläge bereits überwunden. Sie war 1847 als Gesellschaft gegründet worden und soll auf einen Stammtisch von 10 bis 12 Deutschen und Österreichern zurückgehen, die sich bereits „im Jahre 1846 täglich in einer griechischen Lokanta[194] zu Plauderei und Gesang" getroffen hatten. Die meisten von ihnen waren Glashändler aus den deutschsprachigen Gebieten Böhmens, die in Istanbul seßhaft geworden waren. Ihr Verein sollte vor allem der

---

193 Nach einem Bericht des Gesandtschaftspfarrers Hülsen vom 27.12.1864. Vgl. Kriebel o.J., S. 131-135.
194 Lokanta ist die türkische Bezeichnung für ein einfaches Lokal.

Institutionalisierung deutschsprachigen geselligen Lebens dienen und deutsches Liedgut auf aktive Art erhalten.

Es stehen weder handschriftliche noch gedruckte Quellen der Gründungszeit zur Verfügung. So ist auch der Gründungstag, der mit dem Datum vom 01.06.1847 genannt wird, nicht sicher, die ursprüngliche Satzung nicht erhalten.[195] Der trinkfreudige Männerklub mauserte sich jedoch schließlich zum respektierlichen Verein, in dem 'en famille' getagt und mit Familie gefeiert wurde.

Aus späteren Protokollen geht hervor, daß die Aufnahme der männlichen Deutschsprachigen, mindestens 18-jährigen, durch Ballotage[196] erfolgte und Mitgliedsbeiträge erhoben wurden. Es gab einen gewählten Vorstand und regelmäßige Sitzungen am Samstag Abend, an dem auch Bücherausgabe angeboten und Theater- und Gesangproben abgehalten wurden. Die Regelmäßigkeit der Veranstaltungen war es wohl vor allem, die die Teutonia trotz widriger Umstände – bevor der Verein sein Stiftungsfest feiern konnte, war er bereits zweimal abgebrannt[197] – zu einem *Zentrum der Deutschen und Deutschsprachigen* in Istanbul werden ließ.

---

195 Im »Teutonia Mitteilungsblatt« vom Oktober 1957 wurde eine Fortsetzungsreihe über „Die Geschichte der »Teutonia«" gestartet. Als Quellen werden eine schriftliche Arbeit vom früheren Direktor der Deutschen Schule, Ludwig Scheuermann, Bücher mit Niederschriften über Vorstandssitzungen und Generalversammlungen, sowie gedruckte Jahresberichte genannt. Weiter standen dem Verein ein handschriftlicher Bericht des Arztes Dr. Sauslein über die ersten 50 Jahre des Bestehens, Erzählungen und Tagebuchauszüge zur Verfügung. Diese Quellen gibt es (zumindest offiziell) nicht mehr. Der Journalist Franz von Caucig, der 52 Jahre in Istanbul gelebt hat, hat Erlebnisse, Gehörtes und Erzähltes in einem Manuskript festgehalten, das Annemarie Hagen posthum veröffentlichte: Franz von Caucig: Von Constantinopel nach Istanbul. Nürnberg o.J. [1990]. Er schreibt zu seinen Ausführungen über die Teutonia: „Die folgenden Aufzeichnungen sind zusammengestellt aus flüchtigen und vollkommen vergilbten Notizen, die sich bis nach dem Zweiten Weltkrieg in einem Umschlag unter alten Papieren der Teutonia-Bibliothek befunden haben. Auch sie sind in der Folge verschwunden, ebenso wie das Original der »Geschichte der Teutonia«." Die Teutonia hatte ihre Vereinsarbeit nach der zwangsweisen Schließung 1944 im November 1951 wieder aufgenommen und ab Mai 1956 gab es „Monatlich kostenlos erscheinende Mitteilungen für die Mitglieder des Vereins".

196 Ballotage bezeichnet die geheime Abstimmung mit weißen oder schwarzen Kugeln.

197 Damit begann eine Serie von Brandkatastrophen, die die Teutonia bis zur Jahrhundertwende traf. Bis 1897 mußte sie 15-mal ihre Unterkunft wechseln bzw. neu aufbauen.

99

Frauen war der Besuch des Vereinslokals zunächst nicht zuzumuten. Da aber die Geschichte der Teutonia eine Geschichte von Aufbau, Zerstörung und Erneuerung ist, erhielt sie schließlich eine Form, die auch *anständigen Frauen* Möglichkeiten der Partizipation bot. Der erste deutsche Teutonia-Ball wurde jedoch in der Werkstatt des Tischlermeisters Seefelder abgehalten, der auch *„ Vater der deutschen Arbeiter Istanbuls "* genannt wurde.[198]

Idyllisch klingt die Beschreibung des Community-Lebens aus den Anfangszeiten der Teutonia in der „Gartenlaube":

„Zu dieser Zeit gab es dort noch keine Standesunterschiede. Der Kaufmann, der Beamte und der Handwerker lebten untereinander in patriarchalischer Gemüthlichkeit. Man sang und tanzte und vergnügte sich nach Herzenslust. Frau X. brachte ihren halbjährigen Buben und Frau Z. ihr 6 Monate altes Mädchen mit, man legte sie, wie ein Garderobenstück, bei der Frau Wirthin aufs Bett; diese beaufsichtigte die Kleinen, damit Mütterchen tanzen konnte. Zum letzten Male sang man noch: »Brüder, reicht die Hand zum Bunde« und brachte ein Hoch aus auf den König von Preußen."[199]

In der Teutonia galten zunächst weder konfessionelle noch eindeutig nationale Grenzen. Die sich hier Versammelnden beriefen sich zwar auf ihr 'Deutschtum', doch das wurde vorerst Deutschsprachigen verschiedener Länder zugestanden. Dennoch hatten politische Gespräche hier ihren Platz. Mehrere deutsche Zeitungen wurden abonniert und die Ereignisse in 'der Heimat' mit großer Anteilnahme verfolgt.

Der *„ Zusammenschluß der Deutschen "* fand in Istanbul begeisterte Zustimmung; verschiedentlich wird von einem großen Fest zu Ehren *„ der deutschen Einigung 1848 "* berichtet:

„Das Fest bestand – wie es in einer alten Aufzeichnung heißt – in einer Bootsfahrt nach Bebek. Mehr als zweihundert Personen fuhren in Barken dahin, allwo sich ein imposanter Zug entwickelte, unter Musik, Gesang und flatternden deutschen Fahnen, ein Festzug, wie er damals wohl zum erstenmal gesehen wurde."[200]

---

198 Seefelder kam bei dem großen Feuer in Pera von 1870 ums Leben, nachdem er selbst zahlreiche Kranke aus dem brennenden Deutschen Krankenhaus gerettet hatte.
199 Aus einem Artikel über „Die Deutschen in Konstantinopel" in der Gartenlaube, 1889, S. 106f.
200 Die Geschichte der »Teutonia«. In: Teutonia. Mitteilungsblatt. Nr.18, Istanbul 1957, S. 4.

Und Andreas Mordtmann berichtet von diesem Fest, zu dem der aus Frankfurt stammende Kaufmann D. Schneider *„die ganze Kolonie"* auf seinen Besitz in Bebek eingeladen habe:

„Im Hofe schmorte ein ganzer Ochse an einem riesigen Holzstamm und aus den Fässern sprudelte reichlich Bier, das leckere Mahl zu würzen, die Vertreter Österreichs, Preußens und der Hansestadt thronten oben auf dem Berge in dem mit schwarz-rot-goldenen Fahnen geschmückten Balkon, toasteten auf die deutsche Einheit: den begeisterten Redeströmen waren alle Schleusen geöffnet."[201]

Die Bereitschaft zur (großdeutschen) Vereinigung war also weitgehend vorhanden, doch wie in Deutschland konnte sie auch hier nicht so schnell gelebt werden. Der Krieg zwischen Österreich und Preußen, die Gründung des Norddeutschen Bundes, der von Preußen geführt wurde und sich mit den Süddeutschen Staaten zu einem „Schutz- und Trutzbündnis" zusammenschloß, der sich entwickelnde nationale Einheits- und Ausschlußgedanke in der 'Heimat', all das wirkte sich auf das Zusammenleben der Istanbuler Community aus. In der Teutonia kam es zu schweren politisch motivierten Zerwürfnissen. Mitte der 50er Jahre wurden mehrere Beleidigungsklagen gegen Mitglieder erhoben, einige wurden sogar aus dem Verein ausgeschlossen.

Ärger gab es darüber hinaus von Anfang an und immer wieder mit dem Wirtschaftsbetrieb der Teutonia. Es gab Klagen über schlechtes Essen oder Bier und über Betrügereien. Bald zeigten sich die Auswirkungen der politischen und wirtschaftlichen Auseinandersetzungen; der Verein geriet in finanzielle Schwierigkeiten. Dennoch wurde ein erneuter Umzug ins Auge gefaßt und durchgeführt – nicht zuletzt deshalb, weil eine bessere und zentralere Lage wünschenswert war und so auch eine neue Klientel erschlossen werden sollte.[202]

---

201 Mordtmann 1907, S. 94.
202 Frauen ließen sich erst später auf die Teutonia ein. Denn schon der Weg zum Vereinslokal gestaltete sich in den Anfangszeiten oft zum Abenteuer. Das ehemalige Schweizer Ehrenmitglied Johann Kaspar Hirzel beschrieb seinen Weg zur »Teutonia« in seinem Tagebuch: „in der einen Hand einen Stock, in der anderen den Revolver schussfertig." Hirzel war Jahrzehnte Mitglied der Teutonia und gleichzeitig Vorsitzender der Schweizer Helvetia.
Bei Festlichkeiten außerhalb des Vereinslokals waren die Frauen jedoch von Anfang an nicht nur dabei, sie organisierten auch eigene Feste, beispielsweise die sog. Frauenbälle in der Faschingszeit, zu denen sie als Frauen der Mitglieder einluden. Vgl. Die Geschichte der »Teutonia«. In: Teutonia. Mitteilungsblatt. Nr.19, Istanbul 1957, S. 2.

Die von der Teutonia organisierten Feste und Konzerte wurden zunächst an verschiedenen zentralen Orten abgehalten – etwa im Gesandtschaftshotel oder im gemieteten Saal. Den Faschingsball von 1852 besuchten 300 Personen.

Als im Juni 1858 das Einweihungsfest des neu gemieteten Teutonia-Hauses begangen werden sollte, mußte zuvor die Finanzierung der Instandsetzungsarbeiten durch den Verkauf von Aktien an die Mitglieder gesichert werden. Ebenso war es mit der Einrichtung einer Kegelbahn und der Anschaffung eines Billardtisches.

Da die Mitgliederzahl stieg – 1859/60 waren es über 300 –, besserte sich die Kassenlage.

Nun engagierten sich vermehrt auch Frauen im Teutonia-Vereinsleben und 'kultivierten' es. Einen öffentlichkeitswirksamen Höhepunkt bildete die „Schillerfeier", die am 10.11.1859 im mit Lorbeerbäumen und Girlanden geschmückten Saal mit der Aufführung des „Wilhelm Tell" begangen wurde.[203] Der damalige königliche Preußische Gesandte von der Goltz folgte der Einladung ebenso wie der kaiserlich-königliche Österreichische Feldmarschall Leutnant und Internunzius Freiherr Prokesch von Osten mit Gefolge. Neben Faschingsball und Maifest waren das Christbaumfest – bei dem Kinder der „preußisch-evangelischen" und der „deutschen Nationalschule" eingeladen waren und beschenkt wurden – und der Silvesterball gesellschaftliche Höhepunkte des Community-Lebens. Dazu kamen sommerliche Gartenfeste, gemütliche Gesellschaftsabende, Konzerte und Theateraufführungen. Gesang, Theater und die Bücherei waren prägend für das Vereinsleben.[204]

---

203 Seitdem verfügte die »Teutonia« über eine ständige Bühne mit einem Theaterkassierer und einem 'Damenausschuß'. Die Theaterabende wurden zur Haupteinnahmequelle des Vereins. Gespielt wurde „Nathan der Weise" von Lessing ebenso wie „Die Kreuzfahrer" von Kotzebue oder „Der Nachbar", Drama in 2 Teilen von Charlotte Birch-Pfeiffer.

204 Die Vereinsbücherei wurde bereits 1850 eröffnet. In einem Verzeichnis von 1868 waren 708 Bücher vermerkt. Im Leseraum lagen Zeitschriften aus: Die Kölner Zeitung, die Illustrierte Zeitung, die Leipziger Allgemeine, die Augsburger Allgemeine, die Wiener Presse, die Fliegenden Blätter, der Kladderadatsch und die Zeitschrift Hermann, dazu kamen die größeren Zeitungen Istanbuls. Vgl. Die Geschichte der »Teutonia«. In: Teutonia. Mitteilungsblatt. Nr.20, Istanbul 1957, S. 4. Von den 49 Mitgliedern der Teutonia von 1851 waren 28 aktive Sänger. Vgl. Die Geschichte der »Teutonia«. In: Teutonia. Mitteilungsblatt. Nr.20, Istanbul 1957, S. 3. Seit 1854 gab es auch eine eigene Theatergruppe.

Im Laufe der Jahre hatte sich die Zusammensetzung der Teutonia geändert; statt der Handwerker waren nun die Kaufleute, Fabrikanten und Lehrer tonangebend. Eine kritische Stimme formulierte das so:

„Anstatt Bier trinkt man jetzt zu viel Champagner, so daß der Zweck der »Teutonia«, nämlich den deutschen Arbeiter aus den minderen Kneipen in bessere Umgebung zu bringen, sehr erschwert und durch die hohen Kosten der Getränke unmöglich gemacht wird."[205]

Am 18.02.1861 wurde deshalb erneut ein „Deutscher Handwerker-Verein" gegründet, dessen Vorstandsmitglieder jedoch weiterhin Ehrenämter in der Teutonia bekleideten. Schmerzhafter war die Gründung der „Alemania", ebenfalls ein Handwerkerverein, der der Teutonia viele Mitglieder entzog und sie zwang, in ein preisgünstigeres Lokal zu wechseln. Die Spaltungen gingen weiter. 1865 wurde in der „Teutonia" eine „Liedertafel" gegründet, die sich im folgenden Jahr als „Deutscher Männergesangverein" selbständig machte.

Das Istanbuler Cholerajahr 1866 schien zunächst das Ende der Teutonia zu bringen. Die Generalversammlung mußte ausfallen, da kaum Mitglieder anwesend waren. Nicht nur die schlechten wirtschaftlichen und gesundheitlichen Entwicklungen waren für die Stagnation des Vereinslebens von Bedeutung, hier spiegelte sich vor allem die politische Entwicklung Mitteleuropas wider. Zwar waren die politischen Zeitungen bereits abbestellt worden, um den Streitereien im Verein keine neue Nahrung zu geben, doch als es auch noch zum Krieg zwischen Preußen und Österreich kam, schien der Verein verloren. Einem Auflösungsantrag wurde jedoch nicht entsprochen; das Vereinsleben ruhte vorübergehend. Das Jahr 1870 und die folgenden Jahre sollten viele Veränderungen für die Deutschen generell und besonders für die Deutschen in Istanbul bringen.

---

205 Vgl. Die Geschichte der »Teutonia«. In: Teutonia. Mitteilungsblatt. Nr.21, Istanbul 1958, S. 4.

6.   'Reichsgründung' in Istanbul

Weiterhin sind es Akten, Berichte und Gesprächsprotokolle, in der Mehrzahl aus dem evangelischen Fundus, die diese Rekonstruktion der Entwicklung der Community ermöglichen. Sie geben Einblick in Tätigkeitsbereiche, aber auch in Orientierungen deutschsprachiger MigrantInnen, zeigen Wertigkeiten der übermittelnden ZeitzeugInnen und lassen gesellschaftsrelevante Tendenzen erkennen.

Die Reichsgründung von 1871 hat den Deutschen im Osmanischen Reich ein gesteigertes Ansehen gebracht. Das wirkte sich auf das Selbstverständnis der Einzelnen und auf das gesamte Community-Leben aus. Die konfessionellen Streitigkeiten traten allmählich in den Hintergrund – teilweise wurden sie von nationalen Rivalitäten abgelöst.

Die Teutonia gewann als deutsches Zentrum an Bedeutung. Auch österreichische und Schweizer Mitglieder nahmen wieder am Vereinsleben teil. Im September 1872 konnte ein Neubau mit Festsaal, Bühne, Galerie, Lese- und Billardsaal, Kegelbahn und Schenke bezogen werden. Am 5.Oktober wurde es eingeweiht und gleichzeitig das 25jährige Bestehen des Vereins gefeiert.[206]

Die nächsten Jahrzehnte der Teutonia verliefen ohne generelle Infragestellungen mit den üblichen Zeiten der Stagnation oder der kleineren Erfolge. Aus dem ehemaligen Handwerkerzusammenschluß, dessen hauptsächliches Interesse die Abendfreizeitgestaltung mit dem Genuß alkoholischer Getränke und dem gemeinsamen Singen deutscher Lieder in einer eigenen Schankstube war, ist im Laufe der Jahre eine Art 'kulturelles Zentrum' für deutsche und deutschsprachige Familien geworden. Frauen haben an diesen Veränderungen entscheidenden Anteil – als Subjekte und als Objekte der Geschichte. Auch in den europäischen Vierteln Istanbuls griff die Doppelmoral, die die Frauen in Anständige und Unanständige einteilte. Nicht die Präsenz der Schankwirtin wirkte sich auf die Vereinsstruktur aus,

---

206 Lange währte die Freude über das neue Haus nicht, bereits nach 21 Tagen brannte es nieder. 1874 wurde der Grundstein für den Bau eines eigenen Teutonia-Gebäudes gelegt und im Januar 1878 konnte die Einweihung des neuen Hauses mit einem großen Ball gefeiert werden. Vgl. Die Geschichte der »Teutonia«. In: Teutonia. Mitteilungen. Nr.22, Istanbul 1958, S. 1f. Das Haus in seiner heute erhaltenen Form gibt es seit 1897.

sondern die Anwesenheit der sogenannten anständigen Frauen. Ihnen durften bestimmte Verhaltensweisen nicht zugemutet werden und sie konnten aufgrund ihres Status Veränderungen einfordern. So nahmen sie verstärkt Einfluß auf die von Männern geführten Verbände und gründeten – unter Berufung auf Wohltätigkeit und Schutz für Arme und Hilflose – eigene Vereine und Institutionen.

Im Dezember 1870 trat der erst 30jährige evangelische Pfarrer Paul Suhle sein Amt als Gesandtschaftsprediger in Istanbul an, das er mehrere Jahrzehnte innehaben sollte. Während seiner Amtszeit stabilisierte sich das Community-Leben weiter, doch die Evangelische Kirche verlor unwiederbringlich ihre dominante Stellung.

In einem Bericht, den Suhle nach ca. einjähriger Tätigkeit an den Evangelischen Oberkirchenrat sandte, beklagte auch er den in Istanbul vorherrschenden *„antichristlichen, antikirchlichen, grobmateriellen und irdischen Sinn"* seiner Landsleute. Die meisten seien aus *„untergeordneten Stellungen in der Heimat"* gekommen, oft mit zwiespältiger Vergangenheit, *„um unter Benutzung der türkischen Zustände so schnell als möglich Vermögen zu erwerben und mit dem Erworbenen zurückzukehren"*. Andere, hier nennt er vor allem die einfachen Handwerker und kleinen Händler, gingen *„ganz und gar in den Sorgen der Nahrung auf, viele von ihnen, die in türkischen Diensten arbeiten, kennen den Sonntag wohl nur noch dem Namen nach und sind für alle höheren Interessen völlig erstorben"*. Sie seien *„oft auch durch das Gift der Aufklärung zu Spöttern und Lästerern des Heiligsten geworden"*.[207]

Suhle sieht bei den deutschsprachigen Arbeitsmigranten, die offensichtlich zum Großteil aus einfachen Verhältnissen stammten und in ihren Herkunftsländern wenig Möglichkeiten zur Existenzsicherung oder zum gesellschaftlichen Aufstieg hatten, zum einen den Verlust eigener kultureller Werte und die teilweise bewußte Aufgabe konfessioneller Bindungen, zum anderen die Nutzung der Strukturen des Immigrationslandes (der „türkischen Verhältnisse") zur Entwicklung neuer interkultureller Strategien, die individuelle Vorteile versprechen. Und er erkennt eine zunehmende deutsch-nationale Orientierung, gegen die er an und für sich nichts einzuwenden hat, wohl aber, wenn sie mit einer Abkehr vom Konfessionellen einhergeht:

---

207   Zitiert nach Kriebel o.J., S. 184f.

„Die bedeutend größere Zahl deutscher Katholiken hier (...) dient nun den schon an und für sich lauen Protestanten zum bequemen Deckmantel für ihre Abneigung gegen alle evangelischen Institutionen und Bestrebungen. »Nur ja nicht etwas Konfessionelles, deutsch muß alles sein!«, und so wird das »deutsch« identisch mit konfessions- d.i. religionslos."[208]

Besonders den jüngeren Kaufleuten wirft Suhle Respektlosigkeit und antikirchliche Bestrebungen vor; sie seien von *„amerikanischen Idealen"* geprägt, verantwortlich für *„die Opposition gegen die bestehende Evangelische Gemeindeschule"* und initiativ bei der Gründung der *„religionslosen Bürgerschule"*.[209]

Es scheint, daß die Vertretung der nonkonfessionellen nationalen Institutionen von jüngeren deutschen und Schweizer Kaufleuten geprägt war, während die Befürwortung der evangelischen Oberaufsicht beim Handwerkerstand Unterstützung erhielt. Die 'großdeutsche Linie' und damit ein neuer Nationalismus hatte innerhalb der Community an Boden gewonnen. Vorbereitet war er durch die Diaspora-Arbeit der Preußischen Evangelischen Kirche.

Die Wellen des 'Kulturkampfes' verebbten auch in der deutschsprachigen Community und die Verwaltung der Institutionen wurde teilweise neu geregelt. Bei genauerer Betrachtung hat sich die Stellung der Evangelischen Kirche im Prozeß der Nationalisierung stabilisiert, obwohl sie ihren weitgehenden Alleinvertretungsanspruch nicht aufrechterhalten konnte. Im November 1874 wurde nach der Einführung der Zivilehe und der staatlichen Geburtserfassung im Deutschen Reich auch im Istanbuler Deutschen Konsulat ein Standesamtsregister eingeführt; dennoch wird im Jahresbericht des evangelischen Pfarrers von 1879/80 befriedigt vermerkt, daß kein Fall von *„unterlassener kirchlicher Trauung oder Taufe"* zu vermerken sei. Der offene Bruch mit der Kirche werde vermieden.

Sicher gehörten Taufen und Weihnachtsfeiern auch zu den identitätsstärkenden Riten, mit denen sich die Deutschen im Osmanischen Reich ihrer Herkunft 'versicherten'. Die Identifikation mit dem Deutschsein hatte eine positive Konnotation bekommen und gewährte neue Möglichkeiten. Die Kirche gehörte zu den Institutionen, die Zugehörigkeit und darüber hinaus gewisse Sicherheiten vermittelte, sei es durch die Arbeit der Gemeindeschwester, die auch 'Stellen-

---

208 Ebd., S. 186. Die Zahl der in Istanbul lebenden Deutschsprachigen wird für diese Zeit mit ca. 2600 angegeben, die überwiegende Mehrzahl, ca. 2.000, war katholischer Konfession.
209 Ebd., S. 186.

vermittlung' betrieb, oder durch das Wissen um das von der Gemeinde eingerichtete Altenheim, das die Zukunftssorgen der einfachen Leute ein wenig schmälerte.

Der Beginn deutscher Kulturpolitik

Die Gesandtschaftsvertretung hatte sich lange Zeit von den Diskussionen und Institutionen innerhalb der Community ferngehalten und ihr eigenes gesellschaftliches Leben geführt, zu dem nur wenige Auserwählte Zugang hatten. Zu einer Wende kam es, als der Gesandte Graf von Keyserling erkrankte und von dem jungen Geschäftsträger Josef Maria von Radowitz[210] vertreten wurde, der sich offensichtlich für die *„Angelegenheiten der Kolonie"* interessierte. Kriebel zitiert aus dessen eigenem Bericht, in dem von Radowitz die Gleichgültigkeit der diplomatischen Vertretung in 'Koloniefragen' kritisiert hatte und weiter ausführte:

„Dem machte ich gleich ein Ende, indem ich mich selbst um die schwebenden Fragen und Differenzen bemühte, die getrennten Gruppen ohne jede autoritative Beeinflussung wieder zusammenzubringen suchte und an den Beratungen teilnahm, aus denen dann die Regelung der Schul-, Kirchen- und Hospitalangelegenheiten hervorging, die für alle Zukunft maßgebend geblieben ist. Ebenso beteiligte ich mich mehr als es zuvor geschehen an dem gesellschaftlichen Leben der Kolonie, die bereits zu ansehnlicher Stärke und Bedeutung gediehen war, und ich verlangte von den übrigen Mitgliedern der Vertretung dasselbe."[211]

Von Radowitz war ein Vertreter 'moderner deutscher Kulturpolitik' und warb für eine Beeinflussung der Deutschen im Ausland durch die jeweiligen Ländervertretungen. Er selbst lud nun junge Kaufleute oder selbständige Handwerker zu Botschaftsveranstaltungen ein und stärkte damit deren Ansehen. Dabei ging er zwar offensiv, aber nicht wahllos vor, um zum einen den Ehrgeiz der jungen Leute anzustach-

---

210 Von Radowitz, der römisch-katholischer Konfession war, wurde später (1881-1892) selbst Kaiserlicher Botschafter in Istanbul. Die protestantischen Interessen soll er, wie der Gesandtschaftsprediger Suhle später berichtete, gut vertreten und des öfteren am evangelischen Gottesdienst teilgenommen haben. 'Aufzeichnungen und Erinnerungen aus dem Leben des Botschafters Joseph Maria von Radowitz' wurden von H. Holborn 1925 in Berlin und Leipzig herausgegeben (2 Bände).
211 Vgl. Kriebel o.J., S. 166.

eln, auch zu den Auserwählten zu gehören, und sie so zu deutschen 'Kulturträgern' zu formen, und um zum anderen die Repräsentation des Deutschtums im Ausland geschlossener zu gestalten. Auf diese Weise hoffte von Radowitz den kulturellen Einfluß der deutschen Minderheitengruppe im Osmanischen Reich zu steigern und damit verbesserte wirtschaftliche Beziehungen zu initiieren. Der junge Diplomat drängte die rivalisierenden Gruppen zur verstärkten Kooperation und trat für die Zusammenlegung verschiedener Institutionen ein.

Nicht nur der Gesandte Keyserling weilte auswärts, als am 01.12.1872 die entscheidende Generalversammlung der Evangelischen Gemeinde stattfand, sondern auch – ebenfalls wegen Krankheit – der Gesandtschaftsprediger Suhle.[212] Es scheint, daß die Abwesenheit dieser beiden traditionell preußisch-evangelisch orientierten Staatsvertreter genutzt wurde, denn an diesem Tag stimmte die Mehrheit der Anwesenden für die Vereinigung der beiden deutschen Schulen. Daß gegen dieses Ergebnis nachträglich Einspruch erhoben wurde, konnte die Entscheidung nicht rückgängig machen.[213] Und die Generalversammlung der Gemeinde und des „Deutschen und Schweizer Schulvereins"[214] am 09.01.1873 brachte, wenn es auch vorübergehend bei der Trennung blieb, eine – die gemeinsame Schulregelung betreffende – Einigung in wesentlichen Punkten.[215]

Noch im gleichen Jahr, am 23. November 1873, wurden die gemeinsame Schulgemeinde gebildet, Statuten festgelegt und ein neuer Schulvorstand gewählt.[216]

---

212 Suhle mußte sich wegen einer Kehlkopferkrankung für längere Zeit in Behandlung begeben. Er kehrte erst im Mai 1873 nach Istanbul zurück.

213 U.a. protestierten die Gemeindemitglieder J. Bauer, Jo. Kaufmann, Fröhlich, J. Struss, Carl Müller, Samuel Goldstein, A. Kapps, Ww. Köhle, Carl Grob und Friedrich Reiszer. Einige der Namen tauchten auch in späteren Gemeindevorgängen wieder auf. Vgl. Kriebel o.J., S. 168. Noch heute sind die Namen Kapps und Köhle in Istanbul vertreten, bzw. bekannt.

214 Die Interessen der SchweizerInnen wurden in Istanbul von der Deutschen Botschaft vertreten. Sie gründeten zwar einen eigenen Verein, die Helvetia, waren aber auch Gründungsmitglieder der 'deutschen' Schule, Kirche und Teutonia.

215 Das Ansehen des Gesandtschaftspredigers Suhle war im Prozeß der 'Vereinigungen' gesunken. Dabei galt die Ablehnung mehr der Institution, die er vertrat, als seiner eigenen Person. Die evangelische Vorherrschaft war nun in vielen Bereichen gebrochen.

216 § 1 der Statuten lautet: „Die Deutsche und Schweizer Schulgemeinde zu Constantinopel hat den Zweck der Gründung und Unterhaltung einer Deutschen Schule, deren Grundlage die Gleichberechtigung aller Confessionen und die

Wie aus Kriebels Manuskript hervorgeht, erfolgte die räumliche und lehrplanmäßige Vereinigung aber erst am 01.04.1874 – mit 80 Kindern evangelischer, 60 katholischer, 45 jüdischer und 6 griechisch-orthodoxer Religionszugehörigkeit. 25 Kinder, 13 Mädchen und 12 Jungen, erhielten *„auf Wunsch der Väter"* zwei Wochenstunden evangelischen Religionsunterricht. Der Anteil an evangelisch-religiösen Familien war offensichtlich gering, größer die Zahl derer, die ein lockeres Verhältnis zur Kirche hatten, zu dieser Zeit bedeutend jedoch noch die, die antikonfessionell eingestellt waren.[217] Konfessionell geprägt blieb die evangelische Kleinkinderschule mit der Kinderpflegeanstalt, die nach dem großen Brand in Pera zunächst in das alte Preußischen Gesandtschaftsgebäude übergesiedelt war und dann vorübergehend in Bebek auf dem Besitz der amerikanischen Missionsgesellschaft weitergeführt werden konnte. Um den evangelischen Charakter zu erhalten, hatte das Kaiserswerther Mutterhaus die Leitung selbst übernommen. 75 Kinder wurden 1873 in Pensionat, Tagesschule, Kindergarten und Waisenhaus betreut.[218]

Und auch die Barmherzigen Schwestern aus Graz arbeiteten nicht nur in der katholischen Krankenpflege, sondern hatten auch die

---

selbständige Verwaltung durch die Schulgemeinde bildet." Auf Wunsch der Väter oder Vormünder könne Religionsunterricht geboten werden. Vgl. Kriebel o.J., S. 171.

217 Das Erdbeben von 1884, das vor allem den 'Großen Bazar' im türkischen Stadtteil Stambul weitgehend zerstörte, richtete auch in Pera große Schäden an. Von den deutschen Institutionen war besonders die »Deutsche und Schweizer Bürgerschule« betroffen. Sie konnte zwar behelfsmäßig wiederhergestellt werden, doch ein Neubau war nötig. Die neue Schule, in der auch heute noch die »Deutsche Schule« (Alman Lisesi) untergebracht ist, konnte am 14. September 1897 bezogen werden. Da die Räume für Realschule, Höhere Töchterschule und Elementarschule jedoch schon bald nicht mehr ausreichten, mußte 1903 wieder angebaut werden. Im gleichen Jahr wurden die Kinder der »Eisenbahnschule in Haidar Pascha« (türkisch: Haydar Paşa) in den Schulverband aufgenommen. Diese Schule war etwa 1895 für die Kinder der Beamten und Angestellten der Anatolischen Eisenbahn errichtet worden.

218 Zwei Jahre später (1875) sah sich Kaiserswerth jedoch gezwungen, diese Arbeit aufzugeben, da zu wenig Lehrschwestern zur Verfügung standen. Erst 1882 konnte die Kleinkinderschule wieder eröffnet werden, nachdem die Lehrerin Susanna Wasum aus Kaiserswerth in Istanbul eingetroffen war und der Fond, der seit 1879 gesammelt wurde, ausreichend schien. U.a. hatte der deutsche Gesangverein im Dezember 1881 in der kaiserlichen Botschaft ein Konzert gegeben. Offizieller Träger war der Deutsche Wohltätigkeitsverein, der hier besonders mit dem Deutschen Frauenverein zusammenarbeitete. 1887, nach einer weiteren finanziellen Absicherung, konnte die Leitung direkt von der Diakonisse übernommen werden.

konfessionelle Erziehung und den Unterricht von Waisenkindern aus der Donaumonarchie übernommen.

„Da weder eine eigene Kirche noch ein Gebäude dafür zur Verfügung standen, wurde die Seelsorge in der Kirche der französischen Lazaristen St. Benoit ausgeübt, wurden im Juni 1873 in Zusammenarbeit mit einem Wohltätigkeitsverein von Damen aus der Donaumonarchie Räume gemietet, in denen 21 Waisenkinder intern und 21 extern untergebracht werde konnten.“[219]

Der österreichische Lazaristenprediger Karl Flandorfer richtete mit Unterstützung der deutschen Barmherzigen Schwester Bernhardine Oppermann für katholische deutschsprachige Kinder eine Volksschulklasse ein. Ab 1874 gab es die katholische Knaben- und Mädchenschule, die in den 80er Jahren aus den gemieteten Räumen auszuziehen und die Schultradition von St. Georg gründen konnte.[220]

In der „Volksschule für Mädchen und Buben" wurden vor allem Kinder aus Familien der 'österreichisch-ungarischen Kolonie' unterrichtet, später aber auch türkische Kinder und Kinder unterschiedlicher Minoritäten. Der Anteil der Deutschen dort war immer gering, vermutlich zogen deren Eltern die „Deutsche und Schweizer Bürgerschule" vor, wenn nicht eine explizit katholisch-religiöse Erziehung gewünscht war. Viele Jahre (1877-1904) wurde diese Schule von der Schwester Franziska Kolberg geleitet, die auch für die Einrichtung einer Mädchenschule verantwortlich ist.[221]

---

219 Ernest Raidl: 100 Jahre Österreichisches Sankt Georgskolleg, Istanbul. Ein Bericht. In: Österreichisches Sankt Georgskolleg 1882-1982. Istanbul-Karaköy o.J. (1982), S. 14-32, hier S. 14.

220 Seit 1866 übte ein Lazaristenpriester die Seelsorge für die deutschsprachigen Katholischen aus. Der deutsche Lazarist Conrad Stroever schloß den Kaufvertrag über den Gebäudekomplex von St. Georg mit den Bosnischen Franziskanern. Im Kaufvertrag heißt es: „Herr Commendatore Michele Timone und Pater Raffaele Babic, Vertreter der Bosnischen Provinz Argentina der Patres Minoriten der Observanz des Ordens des Hl. Franziskus, verkaufen die gesamte Liegenschaft von St. Georgio, so wie sie in Galata steht, also die Kirche mit all ihrem Zubehör, gemäß Inventar, das Haus mit Garten, an den Hochw. Herrn Pietro Conrado Stroever apostolischen Missionar, welcher kauft in seiner oben beschriebenen Eigenschaft, einzig und allein zum geistlichen Wohl der deutschen Katholiken, die in Constantinopel wohnen, unter der Oberhoheit der ordentlichen katholischen Kirchenbehörden und unter Ausschluß aller anderen Forderungen." Zit. nach Raidl o.J., S. 15.
Schon früher (ab 1854) beherbergte St. Georg das österreichische Spital und das österreichische Gefängnis. Bereits im 18. Jahrhundert war hier ein Spital für französische Seeleute untergebracht.

221 Ab 1889 wurde die Mädchenschule getrennt von der Knabenschule geführt und eine Näh- und Handarbeitsklasse sowie ein Kindergarten angegliedert. Die

Das neue Krankenhaus

Als dringlichste deutsche Gemeinschaftsaufgabe der 70er Jahre wurde der Bau eines neuen Krankenhauses betrachtet. Die deutsche Regierung hatte 30.000 Taler zur Verfügung gestellt. Nötig war mindestens das Doppelte.

Der Wohltätigkeitsverein erklärte sich in einer außerordentlichen Generalversammlung im April 1872 bereit, auf sein Eigentumsrecht zu verzichten, wenn das Reich die Bausumme zur Verfügung stellen würde. Ein Tauschgeschäft ermöglichte den Erwerb des neuen Grundstücks, bei dem das alte in Zahlung gegeben werden konnte, und die Anwesenheit des wegen des Gesandtschafts-Palais-Baus[222] in Istanbul weilenden Architekten, Landbaumeister Goebbel, konnte zur Planung genutzt werden. Mitte 1875 wurde der Bau begonnen und am 14.01.1877 fand bei strömenden Regen die Einweihungsfeier statt.[223]

Im folgenden Jahr 1878 konnten die Krankenschwestern, die Kaiserswerther Diakonissen, auf ein 25jähriges erfolgreiches Wirken in Istanbul zurückschauen. Sie wurden mit einer Feierstunde geehrt.

Die Diakonissen genossen allseits große Anerkennung für ihre Arbeit und ihr pflegerisches Können.[224] Nicht nur im Osmanischen, sondern auch im Deutschen Reich stieß das Krankenhaus und das Wirken der Schwestern auf ein interessiertes Publikum. „Die Gartenlaube" berichtete 1889 in einem lobenden Artikel:

Knabenschule hatte zu dieser Zeit 151 Schüler und 7 Lehrkräfte, die Mädchenschule 231 Schülerinnen und 23 Lehrerinnen bzw. Schwestern. 96 Waisenkinder wurden in diesem Jahr aufgenommen, für deren Lebensunterhalt und Kleidung die Schwestern sorgten. Raidl o.J., S. 18.

222 Die deutsche Vertretung hatte zuvor zunächst zur Miete und dann in einem gekauften 'türkischen Haus' in der Rue Yazını residiert, dessen Baufälligkeit, Unkomfortabilität und 'üble Lage' von Radowitz kritisierte. Obwohl die Baupläne für das neue »Preußische Gesandtschaftshotel« aus Sparsamkeitsgründen dann auch für die »Deutsche Botschaft« übernommen wurden, bestand von Radowitz auf den Kauf des Grundstückes in Ayazpaşa. Dort wurde von 1874 bis 1877 der Gebäudekomplex gebaut, in dem heute das »Deutsche Generalkonsulat« und das »Deutsche Archäologische Institut« untergebracht sind.

223 Im gleichen Jahr kam es im Zusammenhang mit dem türkisch-russischen Krieg zu Flecktyphus- und Pockenepidemien, bei denen sich der Neubau bewähren konnte.

224 1886 wurden die Diakonissen von der Gemeinde mit einem besonderen Gottesdienst geehrt. Und 1889 erhielt die Oberin Lisette Jucht vom Sultan aus Anlaß ihres 25jährigen Dienstjubiläums und als Anerkennung ihrer Verdienste den Chefakat-Orden.

„Heute ragt das »Deutsche Krankenhaus« in Pera aus der Menge der umliegenden Häuser als mehrstöckiger Bau weithin schauend hervor. Von seinen Zimmern aus genießt der Kranke eine herzerquickende Fernsicht auf den Bosporus und die umliegenden Orte, und in ganz Konstantinopel ist das deutsche Hospital berühmt geworden durch treffliche Einrichtung und Leitung. Die opferfreudige Pflege der Schwestern der Kaiserswerther Diakonissenanstalt – deren Oberin, Schwester Lisette, als Muster selbstloser Menschenliebe in Pera der größten Achtung genießt –, die Kunst tüchtiger Ärzte und das wohltätige Walten eines unermüdlichen, freundlichen Seelsorgers haben dem Krankenhause einen solchen Ruf verschafft, daß nicht nur Deutsche, sondern Kranke jeder Nation und Konfession Zuflucht in demselben suchen."[225]

Ab 1883 gab es auch einen „Deutschen Hilfsverein", der sich zunächst speziell der in Istanbul ankommenden oder ohne Wohnung und Beziehung dort lebenden *„heruntergekommenen deutschen Männer"* annahm. Pfarrer Suhle hatte bereits mehrmals erfolglos eine Art Heim für Nichtseßhafte gefordert, wo diese sich erholen und regenerieren sollten. Doch zunächst mußte das Krankenhaus auch diese Klientel mit übernehmen.

Frauen und Männer engagierten sich schließlich vor allem im Interesse des deutschen Ansehens, das sie unter dem Auftreten dieser 'Vagabunden' leiden sahen, in dem Hilfsverein. Viele der dort Unterstützten waren nicht an regelmäßiger Arbeit interessiert und lehnten die ebenfalls angebotene Arbeitsvermittlung ab. So erschöpften sich die Hilfeleistungen meist in der vorübergehenden Verpflegung, Kleidung und Unterstützung für die Weiter- oder Rückreise. Für hilfsbedürftige Frauen und Kinder engagierten sich vor allem die Mitglieder des „Deutschen Frauenvereins".

---

225 Die Gartenlaube. 1889, S. 106f. Die ausgewiesenen Belegungszahlen des Krankenhauses zeigen eine überproportionale Zahl an männlichem Klientel. Im Berichtsjahr 1877/78 wurden 386 Männer, 81 Frauen und 9 Kinder aufgeführt. 1878/79 waren es 651 Männer, 49 Frauen und 15 Kinder, im folgenden Jahr 458 Männer, 111 Frauen und 15 Kinder. Zehn Jahre später 1888/89 schlagen sich die gestiegenen Migrationszahlen in den Zahlen der Behandlungen nieder, das ungleiche Verhältnis zwischen Patientinnen und Patienten bleibt bestehen: bei 914 Kranken zeigt die Statistik 686 Männer, 173 Frauen und 55 Kinder. In diesen Zahlen spiegeln sich sicher die unterschiedlichen Lebensbedingungen der Geschlechter wider; Krieg und Verwundung ist eine Erklärung, gesundheitsgefährdende Männer-Arbeit, z.B. Straßen- und Bahnbau durch Sumpf- und Malariagebiet eine andere, dazu kommen die alleinreisenden Handwerker, deren „ungesunder" wie „unsittlicher Lebenswandel" in den Dokumenten immer wieder erwähnt wird. Vgl. Kriebel o.J., S. 183.

Wohltätigkeit für deutsche Frauen und Kinder war, aus der Zeit und den weiblichen Lebensumständen entwickelt, das erste Anliegen der Frauen, die sich im März 1856 zum „Deutschen Frauenverein in Constantinopel" zusammengeschlossen hatten. Die Vereinsarbeit war nicht (primär) politisch motiviert, doch mit ihr schufen sich Frauen ihre Form der Öffentlichkeitsarbeit und Einflußnahme. Die ihnen zugeschriebene und offensichtlich von ihnen akzeptierte 'fürsorgende' Rolle bekam öffentliche Anerkennung und erschloß neue Handlungsräume außerhalb der Familie. Insofern kann eine emanzipatorische Funktion dieser Arbeit konstatiert werden.[226]

Außerdem arbeiteten die Frauen in gewisser Weise klassenübergreifend zusammen. Es waren auch in Istanbul die 'Honoratiorengattinnen', die dem Verein vorstanden. In der Regel übernahmen die Frauen der Gesandten und Botschafter die Führungsrollen. Sie wirkten mit den Lehrer- und Handwerkerfrauen zum Wohle der Unterstützungsbedürftigen.[227] In 14tägigem Abstand trafen sich die Vereinsfrauen, nähten und strickten in geselliger Runde für die Armen der Community. Sie sammelten Geld für die Waisen und halfen unterstützungsbedürftigen und verlassenen Frauen mit kleinen finanziellen Beiträgen. Die Treffen des Frauenvereins fanden in der Teutonia, im Pfarrhaus und (später) in der Gemeindestation statt.

Auch der Frauenverein hatte die Auseinandersetzungen der 60er Jahre nicht unbeschadet überstanden; im 13.Vereinsjahr kam es gar zur vorübergehenden Auflösung. In dem als farbige Broschüre herausgegebenen Jahresbericht von 1899 heißt es jedoch:

---

226 Vgl. Irene Stoehr: „Organisierte Mütterlichkeit". Zur Politik der deutschen Frauenbewegung um 1900. In: Karin Hausen (Hg.): Frauen suchen ihre Geschichte. München 1987, S. 225-253.

227 Die Gründungsvorsitzende war die Frau des Kgl. Preußischen Gesandten Frau von Wildenbruch. Die Frau des Gemeindepfarrers Suhle forcierte die Wiederaufnahme der unterbrochenen Tätigkeit (Hier ist die erste Frau des Pfarrers Suhle gemeint, die 1877 verstorben ist.); und langjährige Ehrenvorsitzende war die Freifrau Marschall von Bieberstein.

„Aber schon nach 2 Jahren (1871) ist es der Frau Pastorin Suhle zusammen mit anderen Frauen gelungen, das wohltätige Werk wieder aufzunehmen und seitdem hat sich der Verein von Jahr zu Jahr vergrößert".[228]

Besonders Ende der 70er Jahre waren die Frauen gefordert, da sich die wirtschaftlichen Schwierigkeiten in Istanbul steigerten – auf der Makro- wie auf der Mikro-Ebene. Die finanzielle Krise des Osmanischen Reiches wirkte sich auch auf die Verdienstmöglichkeiten der Minderheiten aus. Und der türkisch-russische Krieg brachte Hunderttausende von islamischen Flüchtlingen in die Stadt – und damit weitere Armut und Krankheit. So hatte der Frauenverein, der sich vor allem als Hilfsverein verstand, ein breites Betätigungsfeld. Die Mitgliedsfrauen arbeiteten in der Armenpflege mit der Evangelischen Gemeinde und dem Wohltätigkeitsverein zusammen. Überhaupt wurde nun allgemein Wert auf die Zusammenarbeit der unterschiedlichen nationalen und internationalen Vereine gelegt, die sich jeweils ein Gebiet für ihre gesellschaftlichen oder caritativen Bestrebungen wählten.[229]

Der Frauenverein beließ es nicht dabei, Gelder und Gaben zu verteilen, vielmehr entwickelten Frauen Arbeitskonzepte für Frauen.

---

228 Deutscher Frauenverein Constantinopel (Hg.): III. Jahresbericht über den Deutschen Frauenverein in Constantinopel 1897-1899. Einige der Jahresberichte befinden sich im Istanbuler Archiv der Evangelischen Kirche.

229 International wurde beispielsweise der Kampf gegen 'Mädchenhandel' geführt. Istanbul war einer der Haupthäfen des 'internationalen Mädchenhandels', hier kamen junge Frauen aus aller Welt an, um in den Bordellen Istanbuls, der arabischen Welt oder nach einer weiteren Schiffsreise in Südamerika zu verschwinden. 1898 wurde zunächst ein Heim (Asyl) für junge Frauen gegründet, das stellungslosen Erzieherinnen und Dienstmädchen günstiges Wohnen ermöglichte. Später ging das zunächst gemietete Haus in den Besitz der »Societé des amies de la jeune fille« über, einer Zweigstelle dieses internationalen Zusammenschlusses, dessen Hauptinteresse Schutz und Hilfe für alleinreisende junge Frauen und Mädchen war. Auch das 'Deutsche Nationalkomitee zur Bekämpfung des Mädchenhandels' hatte Kontakte mit Istanbul. Ein Brief des Schriftführers dieses Komitees, Major a.D. Hermann Wagener, befindet sich im Evangelischen Gemeindearchiv. Vgl. auch Anne Dietrich: 'Mädchenhandel': Geschichte oder Vergangenheit? In: Tübinger Projektgruppe Frauenhandel: Frauenhandel in Deutschland. Bonn 1989, S. 18-40.

DEUTSCHER FRAUENVEREIN

ZU

KONSTANTINOPEL

VIII. Jahresbericht

1908-1909

Buch- und Steindruckerei
F. LŒFFLER
Pera, Tunnelplatz.

Im Jahresbericht heißt es:

„so hat sich der Verein doch nicht der Erkenntniß verschlossen, daß Wohltätigkeit nicht allein durch Schenken, sondern wirksamer und edler dadurch ausgeübt wird, daß man den Armen Gelegenheit zur Arbeit und zu eigenem Verdienen giebt. Seitdem wird in den Versammlungen des Frauenvereins nicht mehr genäht und gestrickt, sondern es werden Hemden, Bettücher, Schürzen u.s.w. zugeschnitten und den Bedürftigen zum Nähen und Fertigstellen übergeben (...) Die fertiggestellten Sachen suchen wir, soweit sie nicht zur Verteilung an Arme, zur Weihnachtsbescherung u.s.w. verwandt werden zu verkaufen und damit wieder Mittel zur Unterstützung von Bedürftigen zu gewinnen."[230]

Später wurde in den Mitteilungsblättern des Frauenvereins verstärkt darum gebeten, Tisch- und Bettwäsche beim Verein anfertigen zu lassen. Es ging also nicht um bloße Wohltätigkeit, sondern um ein politisches Konzept von 'Hilfe zur Selbsthilfe'.

Der Frauenverein war es auch, der in der Diakonissenanstalt Kaiserswerth um die weitere Unterstützung der Community durch eine Gemeindeschwester bat. Nach längerer Planung wurde 1903 ein Vertrag zwischen Kaiserswerth und dem Frauenverein geschlossen und eine Gemeindeschwesternstation eingerichtet, die zunächst von der Diakonisse Emilie Steinberg geleitet wurde. Die Errichtung dieser Sozialstation wurde durch eine Schenkung der Deutschen Bank erleichtert.

Die Aufgaben der Gemeindeschwester waren vielfältig. Sie machte Hausbesuche, prüfte die Wohn- und Lebensverhältnisse von Unterstützungsbedürftigen, *„sie erstattet dem Verein Bericht und gibt darüber Auskunft, wo und wie geholfen werden muß."*[231] Unter ihrer Mitwirkung wurde auch das erste deutsche Altenheim an das Deutsche Krankenhaus angegliedert. Dort wohnte die Gemeindeschwester zunächst auch und versorgte neben ihren anderen Tätigkeiten auch noch die BewohnerInnen.

Sie schreibt:

„Ein weiteres Stück Gemeindearbeit ist das Altenheim. Immermehr stellt sich heraus, welche grosse Wohltat das Vorhandensein dieser Anstalt für so viele Hochbetagte bedeutet, die hier einen sorgenlosen Feierabend, der ihnen sonst

---

230 Deutscher Frauenverein Constantinopel (Hg.): VI. Jahresbericht über den Deutschen Frauenverein in Constantinopel 1903-1905, S. 5-7. Auch im Kindergarten wurde gehandarbeitet. Unter der Leitung der dort tätigen Diakonisse traf sich ab 1898 ein Nähkreis junger Mädchen, die Kleidungsstücke für arme Schul- und Gemeindekinder anfertigten.
231 Ebd.

116

nirgens geboten wäre, verleben dürfen. Die Feier der Geburtstage der Alten, das Weihnachtsfest, sowie die andern christlichen Feste, Kaisers Geburtstag, sind immer Lichtblicke im Leben der Alten. Zur Zeit werden 15 Alte im Heim verpflegt, 12 Frauen und 3 Männer..."[232]

Später übernahm eine weitere Diakonisse die Heimleitung, und die Schwesternstation ging ab 1908 ganz in die Zuständigkeit der Evangelischen Gemeinde über. Die Arbeit war jedoch weiterhin interkonfessionell ausgerichtet und die Gemeindeschwester Emilie Steinberg arbeitete mit den verschiedenen Hilfsstellen der Community zusammen.[233] Das soziale Engagement des Frauenvereins wurde allgemein wahrgenommen und gewürdigt, was sich auch in finanziellen Zuwendungen zeigte. Unterstützung und Geschenke kamen u.a. von den Deutschen Banken, aber auch von der Deutschen Kaiserin. Außerdem sicherte der Gewinn von diversen Wohltätigkeitsveranstaltungen, die von den Frauen organisiert wurden, die materielle Basis des Vereins. Ihm gehörten 1899 94 deutschsprachige Frauen an, 1905 waren es 127.

Neben den Schul-, Frauen- und Hilfsvereinen gab es eine Reihe anderer gesellschaftlicher Betätigungsfelder für Frauen. Außer in den explizit ausgewiesenen Frauenvereinen waren sie jedoch weder in den Vorständen noch in den Mitgliedslisten der 'deutschen Vereine' vertreten.[234] Sie waren Frauen, Schwestern oder Töchter der Mitglieder. Darüber hinaus erfüllten sie eine Reihe von Aufgaben, die sie sich zum Teil selbst stellten, die ihnen aber auch abverlangt wurden. Sie engagierten sich vor allem in Bereichen, die im damaligen deutschen Verständnis der Rolle der Frau entsprachen.

Aus Anlaß des 50jährigen Bestehens des Deutschen Frauenvereins fanden Feste in der Teutonia und in der Botschaft statt. Wie im Vereinsbericht von 1907 vermerkt wird, ergriff der Generalkonsul Stemrich die Gelegenheit, um der Arbeit der Frauen

---

232 Ebd. Auffällig ist das im Vergleich zu den Gemeindemitgliedern und den Belegzahlen des Deutschen Krankenhauses umgekehrte Geschlechterverhältnis. Es sind vor allem Frauen, die im Altenheim aufgenommen wurden. Grund mag ihre höhere Lebenserwartung sein, sicher spielt jedoch auch der übliche Altersunterschied bei Ehepaaren eine Rolle, der den Männern die Versorgung im Alter sicherte, nicht aber den meist jüngeren Ehefrauen.
233 Emilie Steinberg blieb bis 1919 in Istanbul.
234 Die Vereinsmitgliedschaft war Männern vorbehalten.

VII. VORTRAG

DER

Türkisch-Deutschen Vereinigung

über

Bildung und Leistung der deutschen Frau

gehalten am 28. März 1918

im Grossen Saal der Universität Stambul

von

Frl. Dr. GERTRUD BÄUMER

VORSITZENDEN des BUNDES DEUTSCHER FRAUENVEREINE

Druck von AHMED IHSAN & Cie

KONSTANTINOPEL

1918

„neue Ziele zu weisen. U.a. bezeichnete er es als wünschenswert, daß der Verein die Einrichtung einer Volksbibliothek, von Samariterkursen, Kochkursen und andere Veranstaltungen zur Förderung der weiblichen Tätigkeit und Erwerbsfähigkeit in die Hand nehme."[235]

Wie durch die Intervention des Generalkonsuls sichtbar wird, griffen auch Männer in die Belange des Frauenvereins ein und nutzten dessen Aktivitäten zur Durchsetzung sozialer und politischer Interessen. Deutsche Frauen wurden als *„Schulschwester, Krankenpflegerin, Kindergärtnerin, Wirtschafterin usw. geradezu unentbehrlich"* für die Hebung des deutschen Ansehens im Ausland. So gab es bereits im Januar 1904 auch im Deutschen Reich Überlegungen, *„die deutsche Frau gleichsam als »Pionier« des Deutschtums in die türkische Provinz"* zu entsenden. Eine entsprechende Anfrage im Rahmen der Überlegungen *„betreffs der Organisation des Frauendienstes im Auslande"*, die vom Auswärtigen Amt an die Deutsche Botschaft Istanbul gerichtet worden war, beschied der amtierende Botschafter von Marschall jedoch negativ, es sei denn *„in einem Institute, das unter deutscher Leitung steht."*

Die Wichtigkeit der deutschen Leitung wird in mehrfacher Hinsicht unterstrichen.

„Diese deutsche Leitung wird von Männern ausgeübt werden, die sich ihrer Pflichten bewußt sind und den Türken gegenüber die nötige Autorität besitzen."[236]

Die Motivation ist klar. Deutsche Männer wachen über das Wohl deutscher Frauen. Offensichtlich traute der Botschafter weder den deutschen Schwestern noch den türkischen Ärzten verantwortungsvolle Zusammenarbeit zu. 'Nationalpatriarchal' sollte über deutsche Frauen gewacht werden. Und dennoch traten viele von ihnen in türkische Dienste – als Krankenschwester, Hausangestellte oder

---

235 Deutscher Frauenverein zu Constantinopel. VII. Jahresbericht 1906-1907, S. 3.
236 Auch wenn sich deutsche Krankenschwestern zufrieden über ihre Arbeitsbedingungen in unter türkischer Leitung stehenden Krankenhäusern äußern, hat das für von Marschall keine Relevanz. Er 'weiß' um die Neigung der deutschen Frau, besonders aber der deutsche Krankenschwester, „zum Martyrium", die sie auch „unmögliche Zustände akzeptieren" läßt, ohne zu klagen. Hier zitiere ich aus einem interessanten Dokument, auf das ich im Zentralarchiv Potsdam gestoßen bin. Brief des Frhr. v.Marschall, Kaiserliche Deutsche Botschaft, Pera, den 9. Januar 1904. ZtrA Potsdam 09.01 Ausw.Amt Nr.39555.

Lehrerin.[237] Sie verdienten den eigenen Unterhalt und nahmen am 'öffentlichen Community-Leben' teil. Offensichtlich konnten viele von ihnen ein relativ selbständiges Leben führen.

Besonders gut dokumentiert ist die Tätigkeit deutscher und österreichischer Frauen als Lehrerinnen. An der „Deutschen und Schweizer Bürgerschule" waren seit 1873 immer auch weibliche Lehrkräfte tätig. Die Mehrzahl von ihnen kam mit einem Zweijahresvertrag an den Bosporus. 16 Jahre – von 1902 bis 1918 – blieb dagegen die Volksschullehrerin Gertrud Hooff.[238] Und in der „Österreichischen Mädchenschule" wirkte die Oberin Franziska Bauer 28 Jahre (1877-1908) und die Oberin Annunziata Angela Bauer gar 34 Jahre (1905-1939).[239]

7.   Die Jahrhundertwende

Gegen Ende des 19. Jahrhunderts hatte sich das Community-Leben in Istanbul stabilisiert. Die übliche Fluktuation stellte die Zusammen-

---

237   Leider standen mir nur wenige (Selbst-)Zeugnisse von und über die Lebensverhältnisse von Frauen im alten Istanbul zur Verfügung. Die erhaltenen Quellen sind meist männliche Quellen – in doppelter Hinsicht. Zum einen wurden sie von Männern aufgezeichnet, zum anderen haben sie vor allem 'männliche Taten' im Blick und ordnen die dennoch erschließbaren weiblichen Tätigkeiten diesen unter. Die zufällig gefundenen Berichtshefte des »Deutschen Frauenverein Constantinopel« können immerhin einen kleinen Einblick in weibliches Engagement geben.

238   Vgl. Leiter und Lehrer der Deutschen Schule Istanbul. In: Alman Lisesi (Hg.): Festschrift zum 100jährigen Bestehen der Deutschen Schule Istanbul 1868-1968. Istanbul o.J. (1968), S. 192-202. Das Verzeichnis der Lehrkräfte nennt u.a. die Volksschullehrerin L. Hillers (1873-1877), die Handarbeitslehrerin Frau v. Hopfgarten (1876-1878), die Volksschullehrerin Christine Rohnstock (1878-1882), die 1882 in Istanbul verstorben ist, die Volksschullehrerin Amalie Leykum (1879-1883) und die Handarbeitslehrerin Flora Hacker (1887-1900), die wie andere auch wegen Verheiratung ausschied.

239   Nach Aussagen ihrer Nichte Schwester Responsa Bauer, die später ebenfalls in Istanbul arbeitete, gab Schwester Angela Bauer ihre Tätigkeit in Istanbul auf und ging nach Österreich, weil sie sich dem türkischen Verbot gegen das Tragen von Ordenstrachten etc. nicht beugen wollte. Tätigkeitsnachweise in: 100 Jahre Sankt Georgskolleg. Sankt Georgskolleg Istanbul 1882-1982. Istanbul o.J. (1982).

schlüsse nicht in Frage. Und auch die MigrantInnen, die nur für ein Jahr oder einen Monat blieben, fanden einen Platz in der 'deutschsprachigen Subkultur'.

Weiterhin übernahmen einzelne Personen richtungsweisende Rollen in der Community. In der „Deutschen und Schweizer Bürgerschule" wirkte seit 1879 ein neuer Schuldirektor – Felix Theodor Mühlmann aus Sachsen. Ihm wird das Verdienst zugeschrieben, *„daß die letzten noch vom Schulkampf her vorhandenen Ressentiments gegenüber Gemeinde und Pfarrer während der folgenden Jahre in den Kreisen der Kolonie endgültig schwanden.*"[240]

Um das Community-Leben im musikalischen Bereich hat sich der königlich-preußische Musikdirektor und Professor Paul Lange – der außerdem Generalmusikinspektor der Kaiserlich Ottomanischen Marine war und in türkischen Kreisen den Ehrentitel 'Lange Bey' trug – verdient gemacht. Er leitete nicht nur den Schulchor der Bürgerschule und den Männerchor der Teutonia, sondern war auch Direktor eines „Conservatoriums für Musik in Constantinopel".[241]

In der Konzeption des Unterrichts orientierte sich die „Deutsche und Schweizer Bürgerschule" nun weitgehend an den Zukunftsmöglichkeiten der Kinder in ihrem kosmopolitischen Umfeld, das weniger Wert auf klassische Bildung (Latein und Alt-Griechisch) als auf lebendige Sprachen (Französisch und Englisch) legte. Die Schule wurde als Realschule mit Mädchen- und Jungenklassen geführt. Handel oder technische Bereiche waren die realistischen Betätigungsfelder der Jungen, die Mädchen sollten eine der „Natur und Bestimmung des weiblichen Geschlechts" angemessene Ausbildung erhalten. Ihr Unterricht umfaßte die gleichen Fächer, doch kamen zusätzlich vierzehn Handarbeitswochenstunden dazu.

---

240 Vgl. Kriebel o.J., S. 191. Auch die Teilnahme am sonntäglichen Gottesdienst stieg auf 150 bis 200 Personen, an Festtagen auf 300 bis 400 – davon waren zwei Drittel bis drei Viertel Frauen. 1885 nahmen fast alle evangelischen Jugendlichen der Oberklassen am Konfirmationsunterricht teil.

241 Allein im Winter 1883/84 wurden sieben große Konzerte gegeben, eines davon zu Gunsten der Opfer eines großen Erdbebens und eines zur Anschaffung der Orgel für die Evangelische Kirche. Diese Orgel wurde am 10.02.1884 in der übervollen Kirche eingeweiht; die Feier bildete den Auftakt für eine Reihe größerer Kirchenmusik-Veranstaltungen, an denen auch Nichtevangelische teilnahmen. 1906 konnte Lange sein 25jähriges Dienstjubiläum als Organist der Evangelischen Kirche und als Lehrer der Deutschen und Schweizer Schule begehen. Am 02.12.1919 starb er in Istanbul als einer der wenigen Deutschen, die die Stadt nach dem verlorenen Krieg nicht verlassen mußten.

1910 wurde die „Deutsche und Schweizer Bürgerschule" als Oberrealschule anerkannt; ihr Abschluß ermöglichte das Studium an einer deutschen Universität. Mit dieser Anerkennung war die Namensänderung der Schule, die nun „Deutsche Bürgerschule" hieß, eng verbunden.[242]

Auch das St. Georgskolleg wurde ein Jahr später vom K.u.K. Ministerium für Kultus und Unterricht „einer gleichartigen Schule in der Heimat gleichgestellt."[243] Der Anschluß an das Bildungssystem der Heimatländer war weitgehend vollzogen.

Die Ernennung von Josef Maria von Radowitz zum Botschafter (1881-1892) wirkte sich auf das 'Koloniebewußtsein' der Deutschen aus. Wie zur Zeit seiner früheren Tätigkeit in Istanbul, nahm er an den unterschiedlichen gesellschaftlichen Ereignissen teil und übernahm selbst eine zentrale Rolle innerhalb der Community. Die Verbindung von Gesandtschaft und 'Kolonie' bekam eine neue Dimension. Der Botschafter lud die 'Koloniemitglieder' nun regelmäßig zu Geselligkeiten ein. Dabei blieb es auch bei von Radowitz' Nachfolger Marschall von Bieberstein (1892-1912), einem gläubigen Protestanten. Von Radowitz' Rechnung war aufgegangen: der 'deutsche kulturelle Einfluß' in Istanbul war gewachsen, und Deutsch wurde zu einer 'Modesprache'. Wohlhabende Familien ließen deutsche Erzieherinnen kommen, türkische Studenten wurden nach Deutschland geschickt und dort ausgebildet. Die Fertigstellung der Bahnverbindung „Berlin-Konstantinopel" Ende der 1880er Jahre begünstigte die deutsch-türkischen Beziehungen. Und auch den Deutschen im Deutschen und im Osmanischen Reich war der Kontakt erleichtert.

Freundschaft, Wirtschaft, Politik – die kaiserlichen Besuche in Istanbul

Der Bezug zum Deutschen Reich wurde von großen Teilen der Community bei öffentlichen Veranstaltungen demonstriert, bei Feiern

---

242 Der Schulleiterbericht von 1914 informiert über die Namensänderung, die der Verleihung der Rechtsfähigkeit an die Schule durch den Bundesrat folgte. In einer »Verpflichtungsurkunde« werden das Recht Schweizer Kinder auf den Schulbesuch und die Auszahlung der Schweizer Einlage bei einem eventuellen Verkauf festgelegt. Es hat an der Schule auch immer wieder Schweizer LehrerInnen gegeben. Vgl. Lippold 1993, S. 114.
243 Ebd., S. 19.

zu Kaisers Geburtstag, der Heldenehrung in Tarabya oder beim Treffen im deutschen Männerklub und im Frauenverein.[244]

Istanbul bot den Deutschsprachigen nun vielfältige Möglichkeiten zum Engagement und zu Vergnügungen jeglicher Art – vom Vereinsleben über Theater, Konzerte, Kinos, Tanzsalons bis zur Rollschuhbahn. Es gab 'deutsches Bier' und 'österreichische Sachertorte', Angebote vom Berliner Modellkleid bis zum französischen Champagner. Eine deutsche Buchhandlung ermöglichte den Zugang zur aktuellen deutschsprachigen Literatur. Deutsche, französische, italienische und englische Zeitungen lagen in den 'europäischen' Lokalen aus, und die internationale Presse hatte Vertretungen in Pera.[245]

Die Minderheiten prägten weiterhin das Wirtschaftsleben, und die ausländischen Vertretungen beeinflußten die Politik des Osmanischen Reiches. Durch die 'Kapitulationen' und durch die 1878 auf dem Berliner Kongreß gebildete internationale Finanzkommission hatte das Osmanische Reich de facto den Status einer 'Halbkolonie'.[246] Während Importwaren nahezu zollfrei auf den osmanischen Markt kamen, belasteten die hohen Binnenzölle den einheimischen Handel.

Das Osmanische Reich war trotz oder gerade wegen seiner finanziellen und politischen Labilität ein zunehmend wichtiger Bündnispartner geworden – in verschiedenen Bereichen. Denn nicht nur militärischer und wirtschaftlicher, sondern auch deutsch-türkischer *kultureller Austausch* wurde gepflegt. Seit Ende des vorigen Jahrhunderts hatten Berliner Museen Vertretungen in Istanbul, die ab 1871 Grabungen in Troja, ab 1875 in Priene und Milet betreuten.[247] Türkische Studenten gingen auf deutsche Universitäten, deutsche

---

244 Die Vereinsaktivitäten unterschieden sich nach der propagierten Geschlechterspezifik. Gleich waren sie allenfalls beim Singen im Chor. Ansonsten trafen sich Männer eher, um bei einem Bier zu 'entspannen' (und dabei vielleicht doch über Geschäfte zu reden) und Frauen, um soziale Arbeit zu tun (und dabei doch entspannt mit den Freundinnen zu plaudern).

245 1908 wurde auch eine deutschsprachige Zeitung in Istanbul gedruckt: »Der Osmanische Lloyd«, der vor allem Wirtschaftsnachrichten brachte.

246 1881 hat das Osmanische Reich unter dem Druck der Großmächte der aus Vertretern Deutschlands, Frankreichs, Italiens und Österreichs gebildeten »Dette Publique Ottomane« zugestimmt und damit praktisch seine Finanzhoheit verloren. Vgl. Keskin 1978.

247 Ab 1928 unterhielt das Deutsche Archäologische Institut Berlin eine Zweigstelle in Istanbul.

Sachverständige, Lehrer und Lehrerinnen kamen ins Land – und deutsche Frauen wurden begehrte Ehefrauen.[248]

Mit den wirtschaftlichen Möglichkeiten steigerte sich auch das Interesse des deutschen Bildungsbürgertums an kulturpolitischer Einflußnahme im Ausland. Verstärkt wurden nun die Auslandsvereine von den jeweiligen Ländervertretungen wahrgenommen und für außenpolitische Bestrebungen vereinnahmt.

Die Gründung des an der Berliner Universität angesiedelten „Seminars für Orientalische Sprachen" zeigt deutlich außenpolitische Ambitionen. Hier wurden Beamte des Diplomatischen Dienstes, aber auch künftige Kolonialbeamte und AuslandsschullehrerInnen in Sprachen, Religion, Sitten und Gebräuche, Geographie, Statistik und neuere Geschichte des Orients eingeführt.[249] Der 1881 gegründete „Allgemeine Deutsche Schulverein", der bis 1906 auch die Vermittlung der AuslandsschullehrerInnen übernommen hat, wurde 1908 bezeichnenderweise in „Verein für das Deutschtum im Ausland" (VDA) umbenannt. Sein größtes Interesse galt der Erhaltung des deutschen Volkstums bei den MigrantInnen.[250]

Im Deutschen Reich teilten viele die Orientschwärmerei, die dem deutschen Kaiser nachgesagt wurde. Orientreisen waren en vogue und 'Konstantinopel' ein begehrtes Reiseziel, wie die umfangreiche Reiseliteratur zeigt. Das 'romantische Interesse' ging mit einer Exotisierung des Orients einher.[251] Seit Ende des 18. Jahrhunderts hatte es

---

248   Das Ende des Harems wurde übrigens nicht nur durch 'moderne Werte' und die Frauenbewegung des Osmanischen Reiches eingeleitet, sondern auch durch den schwindenden Reichtum der Osmanen, der eine solch aufwendige Haushaltsführung, Frauen, Dienerinnen für die Frauen etc. nicht mehr zuließ.

249   In seiner Dissertation untersucht Friedrich Dahlhaus die Veränderungen der 'deutschen Kulturpolitik' am Beispiel der deutsch-türkischen Beziehungen. Friedrich Dahlhaus: Möglichkeiten und Grenzen auswärtiger Kultur- und Pressepolitik: dargestellt am Beispiel der deutsch-türkischen Beziehungen 1914-1928. Frankfurt a.M. 1990. Europäische Hochschulschriften: Reihe 3, Bd.444, hier besonders S. 35.

250   Vgl. Gerhard Weidenfäller: Der VDA zwischen »Volkstumskampf« und Kulturimperialismus. In: Zeitschrift für Kulturaustausch 31, Stuttgart 1981, S. 17-26.

251   Mit Recht weist Helma Lutz darauf hin, daß der Diskurs um die „Orientalin = Islamistin" und der Wunsch sie zu befreien, um die Jahrhundertwende zu den beliebtesten deutschen Themen gehörte. Da dieser Orientalismus heute wiederbelebt ist, folgert sie, „daß sich die Vorstellungen und Bilder von 'unserer' westlichen Weiblichkeit geradezu über die Abgrenzung der westlichen Frau gegenüber der Orientalin konstituieren. Bilder und Selbstbilder über 'unsere' Emanzipation benötigen sozusagen die tägliche Rekonstruktion der Unter-

in den deutschen Ländern regelrechte Türkeimoden gegeben. Das zeigte sich in Mozarts 1782 uraufgeführter Oper „Die Entführung aus dem Serail" oder in Goethes „Westöstlichem Diwan", und das läßt sich in der Architektur des 19. Jahrhunderts und in der Kleidermode nachweisen. Auch zur romantischen Flucht schien die Stadt am Bosporus geeignet. Helene Böhlau, Tochter des bekannten Weimarer Verlegers Hermann Böhlau, ließ sich dort 1885 mit ihrem Geliebten Friedrich Arndt nieder.[252] Und Ali Nuri alias Knut Gustav, der die Geschichte der Helene Böhlau[253] aufschrieb, war ebenfalls einer dieser 'Orientromantiker'. Er trat zum Islam über und heiratete in Istanbul eine türkische Prinzessin.[254]

Das multi-ethnische Flair Istanbuls, das sich in einer ausgesprochenen Buntheit des Alltagslebens manifestierte, machte weiterhin den besonderen Reiz dieses Reiseziels aus.

Es wäre jedoch falsch, Orientschwärmerei als hervorragendes Motiv für die drei kaiserlichen Besuche in Istanbul zu werten. Vielmehr standen jeweils besondere wirtschaftliche oder politische Interessen im Vordergrund.

Der Besuch des deutschen Kaiserpaares 1889 – ein Jahr nach der Thronbesteigung Wilhelms II. und ein Jahr vor dem Sturz Bismarcks – war ein wirklich großes politisches und gesellschaftliches Istanbuler

---

drückung und Rückständigkeit islamischer Frauen. Dies gilt auch für die Konstruktion europäischer Männlichkeit, die sich über die Abgrenzung gegen den türkischen despotischen Patriarchen ihrer eigenen Fortschrittlichkeit im emanzipativen Sinne vergewissern kann." Helma Lutz: Sind wir uns immer noch fremd? Konstruktionen von Fremdheit in der weißen Frauenbewegung. In: Ika Hügel u.a. (Hg.): Entfernte Verbindungen. Rassismus, Antisemitismus, Klassenunterdrückung. Berlin 1993, S. 138-156, hier S. 149. Vgl. auch Dies.: Welten verbinden. Türkische Sozialarbeiterinnen in den Niederlanden und der Bundesrepublik Deutschland. Interdisziplinäre Studien zum Verhältnis von Migrationen, Ethnizität und gesellschaftlicher Multikulturalität, Bd.3, Frankfurt a.M. 1990.

252 Arndt war der frühere Leiter des Weimarer Geographischen Instituts, der Anstellung, Frau und drei Kinder zurückließ und sich später Omar al Raschid nannte.

253 Ali Nuri: Helene Böhlau. Der Roman ihres Lebens. Istanbul 1932.

254 Sie hielt auf Europareisen Vorträge über das türkische Haremsleben. Vgl. Barbara Flemming: Romantische Auswanderer im Reich Abdülhamids. In: Jean-Lois Bacqué-Grammont, Barbara Flemming, Maçit Gökberg u. İlber Ortaylı (Hg.): Türkische Miszellen. Robert Anhegger Festschrift – Armağanı – Mélanges. Varia Turcica IX. Istanbul 1987, S. 131-143.

Ereignis.[255] Das Paar nutzte die Hochzeit der Schwester des Monarchen Luise von Preußen, mit dem griechischen Kronprinzen Konstantin in Athen, um einer Einladung des Sultans Abdülhamit II. zu folgen. Der begeistere Empfang, der dem Kaiserpaar vom Sultan bis hin zu den einfachen türkischen Leuten bereitet wurde, war Thema vieler Erörterungen. In der Zeitung „La Turque" war zu lesen, daß die osmanische Regierung bei der »Osmanlı Bankası« einen Kredit über 100.000 englische Pfund aufgenommen habe, um die Hauptstadt und den „Chalat-Kiosk" im Parkgelände des Yıldız-Palastes, wo das Kaiserpaar mit Gefolge als Gäste des Sultans wohnen sollte, zu verschönern.

„Wo immer der dreißigjährige deutsche Kaiser sich zeigte, bei der Abnahme von Paraden, bei Ritten hoch zu Roß durch die Stadt, folgten ihm bewundernde Zurufe der Menschenmengen. Man bewunderte seine »lebhafte, einfache und anziehende Art«..."[256]

Wilhelm II. soll in seinen Ansprachen besonders die Qualität der türkischen Soldaten und Offiziere gelobt haben und der Sultan seinerseits die erfolgreiche Tätigkeit der deutschen Militärberater in der Türkei. In diesem Zusammenhang enthüllte der deutsche Kaiser im Park der Sommerresidenz in Tarabya einen Obelisken zur Erinnerung an die Tätigkeit des Generalfeldmarschalls Hellmuth von Moltke als Militärberater in der Türkei.[257] Das große Grundstück in Tarabya –

---

255 Bismarck wollte die 'Wehrhaftigkeit' der Türkei gegenüber Rußland gestärkt wissen und stimmte so der Entsendung deutscher Militärberater in die Türkei und der Ausbildung türkischer Offiziere in Preußen zu. Außerdem war die Türkei in den 70er und 80er Jahren bedeutender Absatzmarkt deutscher Rüstungsgüter geworden. Bismarck hatte die Rolle des 'ehrlichen Vermittlers' übernommen, als es 1878 auf dem Berliner Kongreß um die Regelung der Einflußsphären Englands, Rußlands und Österreichs im Osmanischen Reich ging. Das Deutsche Reich gehörte neben diesen Ländern und Italien der Schuldenkommission an, die nach der Bankrotterklärung des Osmanischen Reiches dessen Finanzwesen – und große Teile der Politik – beeinflußte.

256 Armin Kössler: Die Besuche Kaiser Wilhelms II. in Konstantinopel (1889, 1898, 1917). In: Generalkonsulat der Bundesrepublik Deutschland Istanbul: Das Kaiserliche Palais in Istanbul und die deutsch-türkischen Beziehungen. Istanbul 1989, S. 31-42, hier S. 35.

257 Hier finden noch heute jährliche Treffen deutscher und türkischer Militärvertreter zum Gedenken an die 'deutsch-türkische Waffenbrüderschaft' statt. Von Moltke war von 1835 bis 1839 Ausbilder und Berater der Armee des Osmanischen Reiches. Der preußische Generalfeldmarschall und Kriegsgeschichtslehrer Colmar Freiherr von der Goltz folgte ihm in der Position eines zweiten Stabschefs und war für die Reformierung der Osmanischen Armee zuständig (1883-1896). Beide hinterließen schriftliche Berichte über ihre Zeit

bergig und bewaldet – hatte Sultan Abdülhamid II. dem deutschen Kaiser Wilhelm I. für den Bau einer Sommerresidenz geschenkt.[258]

Der Staatsbesuch wurde ein voller Erfolg, und ein wenig vom Ruhm des Kaiserpaares färbte auf die Deutschen in der Türkei ab. Ihnen gab dieser kaiserliche Auftritt vor allem Unterstützung bei der Entwicklung eines deutsch-nationalen Bewußtseins.

Rosa von Förster, die den kaiserlichen Besuch in Istanbul miterlebt hatte, berichtete darüber in ihren „Erinnerungen". Sie schrieb von den vielfältigen Vorbereitungen, zu denen nicht nur die Bauarbeiten, sondern auch die Verbannung der Bettler und Bettlerinnen aus dem Stadtbereich gehörte.[259]

Wie Rosa von Förster nahm die deutschsprachige Community an diesem hohen Besuch regen Anteil. Ihre Angehörigen säumten die Wege, die das Kaiserpaar nahm, und die Roben der Kaiserin, der Auftritt des Kaisers waren die Gesprächsthemen des Novembers. Beim kaiserlichen Lunch im Botschaftspalais sangen die Schulkinder der Deutschen und Schweizer Schule, Auftritte hatten der Teutonia- und der Alemania-Chor. Pastor Suhle durfte beim Gottesdienst in der Deutschen Evangelischen Kirche – für die aus Anlaß des hohen Besuches sowie des erwarteten Raummangels Eintrittskarten vergeben wurden – zwar nicht predigen, bekam aber den Kronenorden angeheftet.[260] Und die Kaiserin hatte ein Gespräch mit „Damen des Deutschen Frauenvereins", an dessen Arbeit sie auch später Anteil nehmen sollte und die sie mit finanziellen Zuwendungen unterstützte.

Mit diesem ersten Besuch vom 02. bis 06.11.1889, dem noch zwei weitere folgen sollten, leiteten Kaiser Wilhelm II. und Kaiserin

---

in der Türkei: Helmuth von Moltke: Briefe über Zustände und Begebenheiten der Türkei aus den Jahren 1835 bis 1839. Berlin 1893 (6.Aufl.) und Colmar Freiherr von der Goltz: Anatolische Ausflüge. Berlin 1896.
258 1887 war sie mit einer Gottesdienstfeier eingeweiht worden, und im Juni 1890 sollte die dazugehörige Kapelle fertig werden. Die Kosten für die Renovierung des ehemaligen orthodoxen Gotteshauses waren durch Schenkungen und Kirchenkonzerte aufgebracht worden. Tarabya erlangte eine besondere Bedeutung für das Communityleben und die 'Nationalisierung' der Deutschen. Hier fanden schon in den 1880er Jahren die jährlichen Sommerfeste der Deutschen Schule und nationale Feierlichkeiten statt. Und hier wurden später die einschlägigen NS-Feiern abgehalten und der Helden beider Weltkriege gedacht. Noch heute lädt der/die deutsche GeneralkonsulIn zum Empfang, Familienpicknick und Altennachmittag nach Tarabya.
259 Vgl. Rosa von Förster: Constantinopel. Reise-Erinnerungen. Berlin 1893.
260 Die Predigt übernahm der mitgereiste Generalsuperintendent Kögel. Vgl. Ebd., S. 42-48.

Auguste Viktoria eine engere deutsch-türkische Zusammenarbeit ein. Das Deutsche Reich stellte sich mit seinem jungen kaiserlichen Repräsentanten und seiner vielseitig interessierten Kaiserin als moderner weltoffener Staat dar. Diese Türkeireise nutzte nicht nur dem allgemeinen deutschen Ansehen, sondern sicherte vor allem größeren wirtschaftlichen Einfluß.

Die deutsche Industrialisierung war, wenn auch im internationalen Vergleich verspätet, in Gang gekommen und suchte nach Absatzmärkten. Koloniale Interessen gewannen an Gewicht.

Ende der achtziger Jahre wurde auch die Bahnverbindung „Berlin-Konstantinopel" fertiggestellt und mit den verbesserten Verkehrswegen – mit dem Zug dauerte der Warentransport nur noch zwei bis drei Tage nach Wien und Berlin – die Handelsbedingungen vereinfacht. Istanbul wurde mehr und mehr Umschlagplatz für den Orienthandel, und immer mehr deutsche Kaufmannsfamilien ließen sich in Pera nieder. Innerhalb der nächsten zehn Jahre „*beherrschten die deutschen Unternehmen (...) den osmanischen Markt. Die Firma Krupp übernahm die Aufrüstungsaufträge von Kanonen für das Heer.*"[261]

Die persönlichen Beziehungen zwischen Sultan und Kaiser sollten sich nach diesem ersten Besuch weiter 'freundschaftlich' entwickeln.

Als das deutsche Kaiserpaar im Oktober 1898 auf ihrer Palästina-Reise zum zweiten Mal nach Istanbul kam, hatte sich weltpolitisch einiges verändert – etwa durch die russisch-französische Annäherung oder das Ringen zwischen England und Deutschland um die Vergabe der Konzession für den Bagdadbahn-Bau, bei dem die Deutschen schließlich gewannen.[262]

Für diesen zweiten kaiserlichen Besuch gab es trotz der osmanischen Finanzmisere wieder verschwenderische Vorbereitungen und ein umfangreiches Programm, bei dem auch die Deutschen in Istanbul nicht zu kurz kamen. Der Besuch der Schule, des Krankenhauses[263] und der Botschaft waren wichtige Programmpunkte.

---

261 Vgl. Keskin 1978, S. 36. Überhaupt war das Stadtbild sehr militärisch geprägt. Mehrere große Kasernen waren auf den Hügeln Istanbuls errichtet worden. Ein Großteil der Staatsgelder floß in den militärischen Bereich.

262 Hakkı Keskin bezeichnet die Bagdadbahn als „Trojanisches Pferd der imperialistischen Großmächte". Keskin 1978, S. 31.

263 Hier war kurz zuvor Diakonisse Lisette Jucht gestorben, die 26 Jahre Oberin im Deutschen Krankenhaus gewesen ist.

Die Kaiserin interessierte sich wieder für die 'Frauenfrage' und ließ sich speziell über die Arbeit und das Heim der „Société des amies de la jeune fille" in Istanbul informieren. Schutz von Frauen und jungen Mädchen war ein vieldiskutiertes Thema der Zeit – in Deutschland und in Istanbul.

Pfarrer Suhle hielt den Besuch der Kaiserin in seinem Jahresbericht an das Evangelische Oberkirchenamt fest und erklärte den Zweck des 'Asyls':

„Dies Heim bietet stellenlosen Erzieherinnen und Dienstmädchen billiges Unterkommen und versammelt die in der großen Stadt Zerstreuten Sonntag Nachmittags zu kurzer Andacht und geselligem Zusammensein. Ihre Majestät die Kaiserin, Allerhöchst-Welcher im Deutschen Krankenhaus der Vorstand der internationalen Gesellschaft vorgestellt werden durfte, hinterließ derselben ein ansehnliches Geschenk".[264]

Wieder war der Besuch des deutschen Kaiserpaares auch wirtschaftlich ein Erfolg. Der Pariser „Figaro" kommentierte die im Gefolge des kaiserlichen Besuchs abgeschlossenen Wirtschaftsverträge so:

„Der Deutsche Kaiser ist der rührigste und gewandteste Geschäftsreisende für das große Haus Deutschland."[265]

Der Besuch hat sich u.a. auf die Konzessionsvergabe des Bagdadbahn-Baus an die Deutschen ausgewirkt – ein gefeierter Sieg über die französischen und englischen Anträge. Bis 1904 konnte die Strecke von Konya bis zum Beginn des Taurus fertiggestellt werden. Der Bau brachte neue Arbeiter ins Land, und deutsche Ingenieure kamen mit ihren Familien.

Seit 1888 gab es eine Filiale der Deutschen Bank in Istanbul, ab 1906 auch die Deutsche Orientbank, gegründet von der Dresdner Bank mit der Nationalbank für Deutschland und dem Schaafhausenschen Bankverein, mit weiteren Filialen und Agenturen. Seit 1900 war die „Deutsche Levante-Linie" in Istanbul aktiv und die „Deutsche Post" hatte eine Geschäftsstelle in Pera.

Diese Unternehmungen nahmen Einfluß auf die wirtschaftliche Entwicklung der Türkei.[266] Auch die jungtürkische Revolution 1908

---

264 Zitiert nach dem Jahresbericht des Pfarrers Suhle an den EOK 1897/98. Vgl. Kriebel o.J., S. 221.
265 Vgl. Kössler 1989, S. 39.
266 Vgl. Hermann Gross: Die deutsch-türkischen Wirtschaftsbeziehungen. In: Klaus-Detlev Grothusen (Hg.): Die Türkei in Europa. Beiträge des Südosteuropa-Arbeitskreises der Deutschen Forschungsgemeinschaft zum IV. Inter-

änderte daran nicht viel, trotz nationalistischer Ausrichtung ihrer Innen- und Außenpolitik.[267]

8.   Deutsche Nationalisierungsstrategien in Istanbul

In den ersten Jahren des neuen Jahrhunderts gewann Nationalismus in verschiedenen Ländern als politische Ideologie und Bewegung an entscheidender Bedeutung – auch im Osmanischen Reich, wo die Jungtürken nationale Reformen durchgesetzt und nationale Ideen verbreitet hatten. Sie strebten bereits eine eigenständige Entwicklung der Türkei und einen Verfassungsstaat nach europäischen Vorbildern an. Die auf dem Höhepunkt der Tanzimat-Politik erarbeitete Verfassung, die jedoch von Abdülhamid II. später de facto außer Kraft gesetzt worden war, trat nach der „Jungtürkischen Revolution" und der Absetzung des Sultans 1908 wieder in Kraft.[268] Einer der Führer der jungtürkischen Bewegung war Enver Paşa, der 1908 zum Militärattaché in Berlin ernannt wurde und als deutsch-freundlich galt. 1914 wurde er Kriegsminister in Istanbul, dann Chef des Generalstabs.

Der seit dem 18. Jahrhundert begonnene Prozeß der Nationalisierung und Ethnifizierung der Minderheitengruppen im Osmanischen Reich setzte sich fort. Das osmanische Millet-System, das der jeweiligen Gruppe eine Art eigene kulturelle und rechtliche Selbstverwaltung zugestand, während Steuern direkt an den Sultan abgeführt wurden, war in eine Krise geraten. Die christlichen Bevölkerungs-

        nationalen Südosteuropa-Kongreß der Association Internationale d'Études du Sud-Est Européen. Ankara 1979, S. 167-191.
267   Als der Kaiser vom 15. bis zum 18. Oktober 1917 seinen dritten Besuch in Istanbul machte – diesmal kam er ohne Kaiserin und per Bahn – ging es vor allem darum, die Kriegsmoral der Verbündeten zu stärken. Seinen 'Freund' Sultan Abdülhamid II., der inzwischen von den »Jungtürken« abgesetzt worden war und in Beylerbeyı festgehalten wurde, besuchte er nicht. Aus taktischen Gründen ließ er es bei einem schriftlichen Gruß bewenden.
268   Mehr hierzu und zur Darstellung der Persönlichkeit von Abdülhamid II. in der türkischen Historiographie bei Claudia Kleinert: Die Revision der Historiographie des Osmanischen Reichs am Beispiel von Abdülhamid II. Das späte Osmanische Reich im Urteil türkischer Autoren der Gegenwart (1930-1990). Islamkundliche Untersuchungen, Band 188, Berlin 1995.

gruppen gewannen an Einfluß und Reichtum, während die muslimischen verarmten.

Das Deutsche Reich konnte seinen wirtschaftlichen und militärischen Einfluß im Osmanischen Reich festigen. Vor allem zu Lasten Englands stieg der deutsche Export ins Osmanische Reich laut Keskin von 1889 bis 1913 um das 145fache, der Import auf das 32fache.[269]

Durch die verstärkte Präsenz von deutschen Staatsvertretern innerhalb der sogenannten Kolonie und ihren Institutionen war auch die Identifizierung von Deutschen mit der 'fernen Heimat' aktiviert worden. Deutsche Offiziere und Beamte, die für die osmanische Regierung arbeiteten, wurden Mitglieder der Teutonia und nahmen am dortigen Community-Leben teil. Dort fand unter Mitwirkung der Reichsvertretung und hoher osmanischer Würdenträger – als jährlicher Höhepunkt der vielfältigen Veranstaltungen – die Feier zum Geburtstag des deutschen Kaisers statt. Hin und wieder stellte der Sultan seine Militärkapelle für derartige Festlichkeiten zur Verfügung. Die Schiller-Jahrhundertfeier 1905, die ebenfalls von und in der Teutonia ausgerichtet wurde, galt noch viele Jahre später als eines der größten gesellschaftlichen Ereignisse für die Deutschen in der Türkei.

Die Beziehungen der Istanbuler Deutschen zum Deutschen Reich wurden u.a. durch Personen gefördert, die sich eine 'Erstarkung des Auslandsdeutschtums' zur Aufgabe gemacht hatten. Das trifft besonders auf Graf Siegfried von Lüttichau zu, der 1906 das Amt des Botschaftspredigers und Gemeindepfarrers in Istanbul übernommen hat. Er war damit auch Vorsitzender des Krankenhaus- und Mitglied des Schulvorstandes und prägte für die kommenden Jahre das evangelische Gemeindeleben in Istanbul und darüber hinaus.

Von Lüttichau war ein Auslandspfarrer mit großem missionarischen Eifer und politischen Ambitionen. Er war eine der ersten einflußreichen deutsch-nationalen Persönlichkeiten in der Türkei, mit hervorragenden Verbindungen zu deutschen Wirtschafts- und Politikerkreisen. Sein besonderes Anliegen – so formulierte er selbst – war es, an der Hebung der *„inneren Erneuerung und segensreichen Entwicklung des Orients"* mitzuarbeiten. Darunter verstand er in einem ersten Schritt die Erhaltung und Festigung des christlichen Glaubens bei den dort lebenden Deutschen und deren Funktionalisierung bei der angestrebten 'Kolonialisierung' bestimmter Teile des Osmanischen Reiches, darunter verstand er aber auch Missionierung – die Verbrei-

269 Vgl. Keskin 1978, S. 35.

tung des Christentums in der islamischen Gesellschaft. Den Ursprung der deutschen Kultur sah der Pfarrer im Evangelium. In einem Rückblick formuliert er:

„Indirekt vollzog sich aber doch auch gerade dadurch das geistige Ringen um den Orient, weil wir die innerliche Überzeugung hegen, daß die Grundelemente unserer deutschen Kultur im Evangelium ruhen, und der Dienst der deutschen Gemeinden des Auslandes die Pioniere der deutschen Kultur immer wieder auf den Mutterboden ihrer geistigen Kraft und zu den Quellen ihrer innerlichen Stärke zurückzuführen trachtet."[270]

Es ist aufschlußreich, sich die Begründungsstrategien des deutschen Kulturchauvinismus mit den Worten und Taten eines Auslandspfarrers vor Augen zu führen. Die Beteuerung eines selbstlosen Einsatzes bei den *„deutschen Zivilbeamten, die zur Reorganisation der Finanz, des Rechtswesens, der Steuer- und Zollbehörde, der Kaiserlichen Post und anderer Dienstzweige berufen waren"*[271], ist wenig glaubwürdig. In der Errichtung der 'Dette publique' im Jahre 1881, der Ausbeutung des Tabakmonopols durch die sogenannte Tabakregie, den Betrieb der orientalischen Eisenbahnen durch eine österreichisch-ungarische Betriebsgesellschaft und den Ausbau der kleinasiatischen Bahnen durch deutsche Gesellschaften gab Lüttichau vor, ein Ringen zu sehen,

„das auch nicht im entferntesten eine Knechtung der Türkei, die Übervorteilung eines primitiven Volkes zum Beweggrund hatte, sondern nur die Herausgabe des Allerbesten, was wir besaßen, und den Versuch, die Türkei innerlich und äußerlich erstarken zu lassen"[272]

Diese Argumentation übersieht zum einen die quasi-koloniale Abhängigkeit der Türkei und läßt zum anderen durch ihre Wortwahl kulturelle Arroganz erkennen. Sie verschweigt, daß Deutschland – ohne die Beteiligung des Osmanischen Reiches – Verträge mit den übrigen Großmächten geschlossen hat und seine Investitionen im osmanischen Gebiet vor allem für die deutsche Wirtschaft vorteilhaft war. Die Entwicklung einer selbständigen Türkei lag nicht im deut-

---

270 Vgl. Siegfried Maximilian August Wilhelm Oldwig Graf von Lüttichau: Unser geistiges Ringen um den Orient in der Stadt des Kalifen. Vortrag gehalten bei dem Jahresfest des Evangelischen Kreisvereins in Friedeberg am Queis am 9. Juli 1919. In: Ders.: Der Herr ist mein Trotz. Jahreshefte der Deutschen Evangelischen Gemeinde zu Konstantinopel. Festschrift zum 75jährigen Jubiläum der Gemeinde. Berlin 1919, S. 29-44, hier S. 38.
271 Ebd. S. 37.
272 Ebd.

schen Interesse.[273] Die Strategie war einfach: Stärkung der deutschen Identität als besondere Minderheitengruppe und Beeinflussung der Majorität durch gezielte wirtschaftliche, bildungspolitische und soziale Projekte, dazu mehr oder weniger verdeckte Missionierung.

Die Propagandisten einer aktiven deutschen Kultur- und Außenpolitik im Osmanischen Reich hatten vor allem die wirtschaftlichen Interessen des Deutschen Reiches im Blick. Eine wichtige Aufgabe kam dabei, wie Ernst Jäckh, Mitbegründer der Deutsch-Türkischen Vereinigung, richtig bemerkt, den deutschen Schulen im Ausland zu:

„Der Pädagoge leitet die Jugend zum Kaufmann; wer drüben in einer deutschen Schule gelernt hat, fügt sich später dem deutschen Handel ein. Und eine Politik des Kaufens und Verkaufens ist ja unsere ganze deutsche Orientpolitik, die auf den Schienen der Lokomotive Wege ebnet."[274]

Von Lüttichau wollte dem Evangelium für seine eigenen kulturstrategischen Pläne nicht nur besondere Bedeutung zugemessen wissen, in den evangelischen Gemeinden sah er vielmehr die berufenen „Vertreter deutschen Wesens und deutscher Kultur, Pflanzstätten deutschen Geistes" und darüber hinaus den „Hort des deutschen Volkstums".

„Gerade als Einigerin aller deutschen Gaue weit über die Grenzen des Reichsdeutschen hinaus, als Einigerin aller sozialer Schichten, wird die deutsche Gemeinde durch die Pflege deutscher Sprache, deutscher Sitte, deutschen Glaubens der Hort des deutschen Volkstums. Das gilt von allen deutschen Gemeinden des Auslands, und nun der Orient!"[275]

Hier im 'Orient' hatte von Lüttichau seine ganz persönliche Herausforderung gefunden. Wie er selbst feststellte, mußte er sich jedoch mit seinem missionarischen Eifer weitgehend zurückhalten in

„dem Lande des Islam, in dem noch bis zu der Revolution 1908 und 1909 der Übertritt zum Christentum gerichtlich verfolgt und mit der Todesstrafe bedroht

---

273   Vgl. Keskin 1978, S. 39ff.

274   Ernst Jäckh: Der aufsteigende Halbmond. Berlin 1911, S. 72.

275   Siegfried Maximilian August Wilhelm Oldwig Graf von Lüttichau: Anliegen der deutschen evangelischen Kirche im Orient, Vortrag, gehalten auf der Abgeordnetenversammlung des Gustav-Adolf-Vereins am 11. Oktober 1917 in Leipzig. Vgl. Kriebel, o.J., S. 262.
      Die religiöse Überhöhung der deutschen Volksidee wurde gerade von der protestantischen Theologie und Kirche maßgeblich weiterentwickelt. Vgl. Wolf-Dietrich Just: Protestantismus und Nationalismus zwischen 1871 und 1945 – Auswirkungen auf das Verhältnis von Protestanten zu Ausländern. In: Institut für Migrations- und Rassismusforschung e.V. (Hg.): Rassismus und Migration in Europa. (Argument Sonderband AS 201) Hamburg 1992, S. 259-272.

war, und in dem heute noch, obschon die Gewissens- und Glaubensfreiheit längst proklamiert wurde, jeder, der den Glauben der Väter aufgibt, gut tut, außer Landes zu gehen, weil er verfolgt, boykottiert und in jeder Weise ernstlich bedroht wird, – in einem Lande, in dem also jede direkte Missionsarbeit zur Zeit noch unmöglich ist".[276]

Indirekte Missionsarbeit wurde da erfolgreicher eingeschätzt, denn bei diesem Bestreben *"kann es nicht hoch genug gewertet werden, daß durch den wortlosen Dienst der Diakonissen an Alten und Kranken, Siechen und Elenden der Umwelt durch die Tat der Erlöser vor die Seele gemalt wird."* Nach Lüttichaus "Erfahrung und innerlichen Überzeugung" gab es nichts, was dem Heiland und damit dem Evangelium und der deutschen Kultur "in dem Maße die Wege ebnen könnte, als der Dienst der Schwestern."[277]

Die Diakonissen wirkten nicht nur als Krankenschwestern oder Lehrerinnen, sie hatten eine Vorbildfunktion und wurden zu lebenden Sinnbildern des deutsch-evangelischen Christentums und der gläubigen Nächstenliebe stilisiert. Andere Frauen eigneten sich für diese Aufgabe ähnlich gut. Die Freifrau von Marschall, Ehefrau des Gesandten und aktiv in verschiedenen Wohltätigkeitsorganisationen und kirchlichen Kreisen, außerdem Ehrenvorsitzende des Frauenvereins, wurde in der Gemeinde "die Diakonisse ohne Haube" genannt.[278] Ihr wurde besondere 'Selbstlosigkeit' nachgesagt.

Weiterhin waren deutsche Frauen in der Community in der Minderheit. Deutsche Migranten heirateten Griechinnen, Italienerinnen oder Armenierinnen – sogenannte Levantinerinnen, deren Familien ebenfalls ins Osmanische Reich eingewandert und untereinander Ehen eingegangen waren. Von ihnen hatte der Pfarrer keine hohe Meinung und beklagte immer wieder deren Unfähigkeit und Uneinsichtigkeit, die Kinder im christlichen Glauben zu erziehen. Es müsse verhindert werden, so ein besonderes Anliegen von Lüttichaus, daß die eigenen Landsleute ins "Levantinertum absinken"[279]; vielmehr

---

276 Ebd.
277 Ebd.
278 Von Lüttichau schätzte sie und ihren Mann sehr. Für ihn war Marschall von Bieberstein "der größte Deutsche neben Bismarck". Vgl. ders.: Baron Marschall von Bieberstein. 15 Jahre deutscher Botschafter in Konstantinopel. Vortrag, gehalten in Kirche Wang am 17.Juli 1919. In: Von Lüttichau 1919, S. 45-60.
279 Es sollte vor allem verhindert werden, daß sich die Deutschen in ihrem neuen Lebensraum assimilieren.

sollten auch sie zu christlichen Vorbildern für die sie umgebende islamische Welt geformt werden.

Während der Pfarrer die deutsch-evangelischen Wohltätigkeits-aktionen und das helfende Agieren Einzelner lobend und beispielhaft hervorhob, mißachtete er die entsprechende türkische soziale Infrastruktur – ignorierte die in den Moscheekomplexen enthaltenen Armenküchen, Altenheime und Hospitäler und übersah die im Koran festgeschriebene Verpflichtung der Reichen, die Armen zu unterstützen. Der ideologische Gehalt seiner Worte wird um so deutlicher, wenn er fortfährt:

„Die Welt Mohammeds weiß nicht, was Liebe ist. Nicht eher werden die blutenden Wunden des Orients heilen, als bis Jesus Christus als der Gekreuzigte, als der Versöhner und Heiland, auch dem Orient in Herrlichkeit erschienen ist."[280]

Hier drängen sich Erinnerungen an die Kreuzzüge auf, und die vorgeblich propagierte Unterstützung für die *„innerliche und äußerliche Erstarkung der Türkei"* wird ad absurdum geführt. Die Wunsch-Türkei des in seinem Tatendrang behinderten Missionars war eine christianisierte, die sich den evangelisch-deutschen kulturellen Werten anpassen, Rohstofflieferantin und Absatzmarkt gleichermaßen sein sollte.

Die personelle und finanzielle Ausstattung der Auslandskirche hatte sich in diesen Jahren stabilisiert; und bereits 1908 war ein Hilfsprediger[281] zur Entlastung des Pfarrers angestellt worden. Im gleichen Jahr konnte das Krankenhaus ausgebaut und mit einer eigenen Kinderstation versehen werden.[282] Die ebenfalls seit 1908 in Istanbul erscheinende deutschsprachige Tageszeitung „Osmanischer Lloyd" würdigte die neue Bautätigkeit mit einem Artikel und wies besonders auf die Modernität und Multifunktionalität des Krankenhausanbaues hin,

---

280 Ders.: Evangelisches Gemeindeleben und deutscher Hilfsdienst am Goldenen Horn während des Weltkrieges. Vortrag, gehalten auf der Jahresversammlung des Schlesischen Hauptvereins der Gustav-Adolf-Stiftung in der Maria-Magdalenen-Kirche zu Breslau am 30. Juni 1919. In: Ders. 1919, S. 21. Graf von Lüttichau übernahm 1925 die Leitung der Diakonissenanstalt Kaiserswerth.

281 Dessen Stelle wurde wenige Jahre später in eine volle zweite Pfarrstelle umgewandelt.

282 Die ständige Auf- und Anbautätigkeit muß weiterhin als Inbesitznahme und symbolische Markierung des Erreichten verstanden werden.

„mit einem neuen Operationssaal, einem Röntgenzimmer, einer Dunkelkammer, einem Sterilisationsraum, alles nach dem Muster der bedeutendsten Krankenhäuser in Deutschland. Ferner ein Maschinenhaus für die elektrischen Installationen und eine Desinfektionsanlage, ein Kinderkrankenhaus und ein Kinderheim, das für gesunde Kinder bestimmt ist, die der Erziehung oder Erholung bedürfen, besonders aber für Waisenkinder."[283]

Auch hier klingen die Überzeugung und der Wille an, die Segnungen der Moderne in ein 'rückständiges Land' zu bringen. Die eigene dortige Infrastruktur sollte einen vorbildlichen Charakter erhalten.

An das Kirchengebäude konnte nun ebenfalls angebaut werden. Hier bekam die Gemeindeschwester eine neue Wohnung, in die sie im Oktober 1911 einzog, und am alten Gebäude wurden ebenfalls Reparaturen ausgeführt. Der Botschafter Marschall von Bieberstein hatte bei der Geldbeschaffung für diesen Bauabschnitt geholfen, ehe er und seine Familie die Türkei nach 15jähriger Tätigkeit verließen. Da der nachfolgende Botschafter von Wangenheim (1912-1915) nach nur dreijähriger Amtsausübung starb, folgte – parallel zu den Veränderungen, die der Balkankrieg (1912/13) und der Beginn des Ersten Weltkrieges mit sich brachten – durch die nun schnell wechselnden Amtsinhaber eine unruhige Periode auch im Botschaftsgebäude. Die dortige Dynamik verlieh dem charismatischen Pfarrer Graf von Lüttichau eine besondere Stellung innerhalb der deutschsprachigen Community. Den Beginn des Ersten Weltkrieges, der den Höhepunkt der deutsch-türkischen Beziehungen – mit der sogenannten deutsch-türkischen Waffenbrüderschaft – markiert, begrüßte er und bewarb sich um die Betreuung der Besatzungen von Kriegsschiffen und später auch der Frontsoldaten. Seine Zustimmung zu diesem Krieg und seine Faszination teilen sich mit bei seiner Beschreibung von Gesprächen und Stimmungen an der Front:

„Als wir im Hof des stärksten Forts »Hamidie« in Tschanakkalessi unterhalb der alten großen Krupp-Kanonen unter freiem Himmel versammelt waren, um durch Gottes Wort und die kraftvollen deutschen Choräle uns zu stärken, da herrschte

---

283 Kriebel, o.J., S. 241. Max Kaufmann, der diesen Artikel verfaßt hat, arbeitete von 1910 bis 1916 als Redakteur für den »Osmanischen Lloyd«. Er war auch Herausgeber der Illustrierten »Orient« und Vertreter der »Frankfurter Allgemeinen Zeitung« und der »Neuen Züricher Zeitung« in der Türkei. Vgl. Mitteilungen, Heft 40, Juni 1961.

in dem etwa 180 Mann starken Kreise eine tiefe Bewegung, die nur von wenigen gemeistert werden konnte."[284]

Von Lüttichau schildert die Kriegsperiode als bewegende und befriedigende Zeit. Er betonte die Chance einer Ausdehnung der Diasporaarbeit durch den Gewinn neuer Gebiete, in denen das Evangelium verkündet werden sollte. In seinem Bericht über den Besuch des Präsidenten des Zentralvorstandes des evangelischen Vereins der Gustav-Adolf-Stiftung[285], des Geheimen Kirchenrates Rendtorff aus Leipzig, wird das deutlich. Rendtorff habe soeben an der Ostfront geweilt und

„von Riga bis hinab nach Lemberg das große, alte, deutsche Siedlungsgebiet bereist, dessen Zugänge unsere siegreichen Heere uns erschlossen hatten, und das nun als eine neue, große Provinz deutscher Diaspora gerade den Gustav-Adolf-Verein vor herrliche Aufgaben stellte. Und nun kam er zu uns und schaute mit uns (...) in das unabsehbare, verheißungsvolle Land, dessen Hochebenen unsere Truppen durchmaßen, und dem wir, wenn der Krieg zu dem erhofften Ziel führte, die Segnungen unserer Kultur und das Licht des Evangeliums nicht vorenthalten durften."[286]

Von Lüttichau hegte gute Beziehungen zum diplomatischen Corps und machte offensichtlich Eindruck auf seine Umgebung. Richard von Kühlmann, der 1916/17 deutscher Botschafter in Istanbul war, bekennt in seinen Erinnerungen:

„Im großen und ganzen habe ich mich für die protestantischen Kanzelredner zu keiner Zeit besonders erwärmen können. (...) Graf Lüttichau stach gegen die meisten seiner Amtsbrüder äußerst vorteilhaft ab. Vielseitig, insbesondere auch literarisch gründlich gebildet, wirkte er auf mich wie ein später Nachfahre der begeisterten und begeisternden Geistigkeit der deutschen Freiheitskirche, einer der glorreichsten und fruchtbarsten Perioden des deutschen Genius. Und dabei griffen seine Reden auch dem einfachen Musketier ans Herz und rissen die

---

284 Kriebel, o.J., S. 250. Diese Kriegsbegeisterung, daran sei erinnert, entstammt keinem besonderen Wesenszug dieses Pfarrers, sondern spiegelt die Gefühlslage Tausender deutscher Intellektueller dieser Zeit wider. Auch ein Thomas Mann oder ein Gerhard Hauptmann begeisterte sich und andere für diesen Krieg, der zunächst vielbenutzte Metapher für den Kampf um Geist und Kultur war. Einen Einblick gibt: Klaus Vondung (Hg.): Das Wilhelminische Bildungsbürgertum. Zur Sozialgeschichte seiner Idee. Göttingen 1976.

285 Der »Gustav-Adolf-Verein«, mit Hauptsitz in Leipzig, betrieb wie sein katholischer Rivale, der »Reichsverband der katholischen Auslandsdeutschen«, konfessionelle volkspolitische Auslandsarbeit.

286 Von Lüttichau. In: Jahresheft der Evangelischen Gemeinde 1916-1918, S. 95ff. Vgl. Kriebel o.J., S. 263.

Soldaten mit sich fort. Wenn ich es ermöglichen konnte, versäumte ich keine Predigt oder Ansprache Lüttichaus, und gerne erinnere ich mich an alles das, was ich in manchen sorgenvollen Stunden seiner von Herzen kommenden und zu Herzen gehenden feurigen Beredsamkeit verdanke."[287]

In der Zeit vor dem Ersten Weltkrieg waren die Deutsch-Nationalen in Istanbul enger zusammengerückt – nicht schutzsuchend, sondern in elitärer Überheblichkeit. Ein neues Selbstbewußtsein hatte sich unter ihnen breitgemacht. Denn die jahrhundertelange *„schmähliche Benachteiligung"*, die sie gegenüber anderen europäischen Staaten – besonders Frankreich und England – empfunden hatten, schien überwunden. Vom Deutschen Reich aus wurde der Rückbezug der Deutschen in Istanbul auf die 'Heimat' bestärkt. Deutschsein war nun konnotiert mit Begriffen wie Einigkeit, Stärke, Erfolg und politischem Ehrgeiz. Die Teutonia wurde ein *„Deutsches Haus"*, das allen Deutschen, auch denen, die nur vorübergehend anwesend waren, offen stehen sollte. Viele neue Vereine entstanden, die teilweise die Räumlichkeiten der Teutonia nutzen konnten, etwa der „Dürer-Bund", der „Deutsche Ausschuss-Bund", eine Ortsgruppe des „Auslandsbundes deutscher Frauen" und viele mehr.

In der ebenfalls neugegründeten „Deutsch-Türkischen Vereinigung" fanden sich deutsche und türkische Wirtschafts- und Militärexperten zusammen. Hjalmar Schacht, Direktor der „Deutschen Bank", hielt die Gründung in seiner Autobiographie fest:

„Nach meiner Reise in die Türkei, die mit einer schweren Malaria endete, hatte ich mit Jäckh und Rohrbach zusammen eine Deutsch-Türkische Gesellschaft gegründet, deren Vorsitz ich übernahm. Diese Vereinigung setzte sich zum Ziel, persönliche Beziehungen zwischen türkischen Industriellen, Kaufleuten und höheren Beamten mit deutschen Wirtschaftsführern und interessanten Persönlichkeiten des kulturellen Lebens herzustellen."[288]

Ernst Jäckh, damals kulturpolitischer Vertrauensmann des Berliner Auswärtigen Amtes, übernahm zunächst das Amt des Schriftführers. Zum Vorstand gehörten außerdem Wirtschaftsvertreter wie Arthur von Gwinner, Direktor der „Deutschen Bank", Franz Johannes Günther, Generaldirektor der „Anatolischen Eisenbahn", Landrat a.D. Rötger, Vorsitzender des „Zentralverbandes der Deutschen Industrie"

---

287 Richard von Kühlmann: Erinnerungen. Heidelberg 1948, S. 467. Vgl. Kriebel o.J., S. 253f.
288 Hjalmar Schacht: 76 Jahre meines Lebens. Bad Wörishofen 1953, S. 159.

u.a.[289] Türkische Ehrenmitglieder waren u.a. der türkische Kriegsminister Enver Paşa und der Großwesier a.D. Hakkı Paşa.

Diese Zusammensetzung zeigt vor allem das wirtschaftliche und militärische Interesse an dem Land, das in Deutschland eine immer breitere Öffentlichkeit erhielt. So stieg die Zahl der Publikationen zu türkischen Themen besonders nach Kriegsbeginn an; neue Zeitungen wurden gegründet: „Die Islamische Welt" von 1916, der „Neue Orient" oder die deutsch-türkische, wöchentlich erscheinende, Illustrierte „Die Neue Türkei". Die Reformen der jungtürkischen Politiker, die das islamische Recht in Frage stellten, wurden mit Aufmerksamkeit und Lob verfolgt. Es fanden beidseitige nationale Zuschreibungen statt, die eine quasi natürliche 'Komplementarität' zeigen sollten und für die Intensivierung der deutsch-türkischen Zusammenarbeit plädierten.[290]

Wie Fritz Klein richtig bemerkt, waren die deutschen Initiatoren bildungspolitischer Aktivitäten in der Türkei *„nicht an Austausch und gegenseitiger Bereicherung, sondern an Ausbreitung und Befestigung von Abhängigkeit interessiert"*. Doch er weist darauf hin, *„daß die Motive und Ziele imperialistischer Bildungsexpansion das eine, ihre tatsächlichen Wirkungen und Resultate aber häufig etwas anderes sind"*. Dazu zitiert er den ungarischen Schuldirektor Tordai, der 1916 in Istanbul war, um bei der Einführung des Gewerbeunterrichtswesen dort zu helfen: *„Es ist offenkundig, daß die Deutschen aus der Türkei ein neues Ägypten machen wollen"*. Doch Tordai vermutete, daß dieses Vorhaben wenig erfolgversprechend war und zitiert auch den Direktor der Anatolischen Eisenbahngesellschaft, Günther, der bereits 1914 seinen Befürchtungen Ausdruck gab:

---

289 Vgl. Fritz Klein: Der Einfluß Deutschlands und Österreich-Ungarns auf das Türkische Bildungswesen in den Jahren des Ersten Weltkrieges. In: Richard Georg Plaschka und Karlheinz Mack (Hg.): Wegenetz europäischen Geistes. Wissenschaftszentren und geistige Wechselbeziehungen zwischen Mittel- und Südosteuropa vom Ende des 18. Jahrhunderts bis zum Ersten Weltkrieg. Wien 1983, S. 420-432, hier S. 429.

290 Im Deutschen Reich stieß die osmanische Frauenbewegung verstärkt auf Interesse; dort wurde von neuen Frauenberufen und dem „Erwachen der türkischen Frau" berichtet. Und in Istanbul veranstaltete die »Türkisch-Deutsche Vereinigung« Vorträge, die deutsches Leben nahebringen sollte, wie der Vortrag von Dr. Gertrud Bäumer, der Vorsitzenden des Bundes Deutscher Frauenvereine. Der „VII. Vortrag der Türkisch-Deutschen Vereinigung über Bildung und Leistung der deutschen Frau" wurde am 28. März 1918 im Großen Saal der Universität Stambul gehalten. Ein Vortragsexemplar befindet sich im Archiv der Evangelischen Gemeinde Istanbul.

„Die Türken gedenken das Bündnis mit uns als Sprungbrett zu benutzen, um ihre politische und wirtschaftliche Unabhängigkeit zu erreichen."[291]

In den Jahren des Ersten Weltkriegs überschritten die deutsch-türkischen Beziehungen ihren Höhepunkt. Als der deutsche Kaiser 1917 zum dritten Mal ins Land kam, stand die Bestätigung der deutsch-türkischen Waffenbrüderschaft im Zentrum der Gespräche.[292]

Es gab inzwischen zehn größere deutsche Vereine in Istanbul. An erster Stelle wird weiterhin die *„vornehme Teutonia"* genannt, in der vor allem Angehörige der Behörden, Kaufleute und Lehrer verkehrten. Im „Deutschen Handwerkerverein Alemania" kamen die kleineren Kaufleute und Handwerker zusammen. Es gab den Verein „Fidelias"[293], den Jagdverein „Hubertus", den „Turnverein", den „Gesangverein Konstantinopel", den „Gesangverein Haider Pascha", eine Loge der Freimaurer „Leuchte am Goldenen Horn"[294], den „Ausflugsverein Gottfried Albert"[295] und den erst 1914 gegründeten „Dürer-Bund in Konstantinopel", der sich um die Vermittlung des Deutschtums mit Vorträgen über Literatur und Kunst bemühte.[296]

---

291 Klein 1983, S. 420f.
292 Wieder gab es einen Empfang der 'Deutschen Kolonie' im Garten der Botschaft. Doch die Empfänge waren diesmal nicht so verschwenderisch, sondern eher militärisch-nüchtern gehalten. Das Kaiserpaar bezeugte seine Verbundenheit mit der Evangelischen Gemeinde durch eine Spende für einen geplanten Erweiterungsbau in Höhe von 30.000 RM.
293 Dort sollten vor allem die Deutschen aus dem Stadtteil Schichli – türkisch Şişli – verkehren.
294 Ihr gehörte beispielsweise der Lehrer der »Deutschen Schule« Karl Mergenthaler an. Vgl. Wilhelm Endriss: Nachruf. Karl Mergenthaler. Ein deutscher Lehrer in Konstantinopel. In:»Der Auslandsdeutsche«, Nr.1 1922, S. 9-10.
295 Dieser, nach dem Gründer benannte Verein, veranstaltete alle 14 Tage einen Ausflug zu den Sehenswürdigkeiten der Stadt oder in ihre Umgebung.
296 Der Dürer-Bund soll sich bis 1918 zum stärksten deutschen Verein Istanbuls entwickelt haben. 1919 kritisierte Eckhard Unger, der ehemalige Kustus an den »Kaiserlich Osmanischen Museen«, in der Zeitschrift »Der Auslandsdeutsche« die mangelnde Einheit der „deutschen Kolonie", zu der noch im Oktober 1918 offiziell 1.300 Personen gezählt wurden. Die Deutschen hätten sich weder ausreichend um die Aufrechterhaltung des 'Deutschtums', noch um die Aufklärung der Einheimischen über deutsches Wesen und Leben bemüht: „Französisch war ja die Umgangssprache mit den Europäern, oft auch im Verkehr unter sich selbst. Den Deutschen war nur ein geringer Einfluß eingeräumt, sehr stark war er nur im Militär- und Medizinwesen." Unger verurteilte auch die Konzeption der Teutonia, sie sei „reiner Gesellschaftsverein, ohne irgendwelche tiefere bildende oder etwa das Deutschtum fördernde Tendenzen." Eckhard Unger: Die Jungtürken und die Deutschen in Konstantinopel. In: Der Auslandsdeutsche Nr. 6, 1919, S. 139-141, hier S. 140.

Neben der Deutschen Schule in Pera mit Vorschule, Handels-schule und Lyzeum existierten eine deutsche Grundschule in Haidarpaşa auf der asiatischen Seite Istanbuls, ebenfalls eine deutsche Grundschule in Yedikule, damals eine Vorstadt im europäischen Teil, und einige jüdische Schulen, in denen u.a. Deutsch gelehrt wurde. Die deutsche Zeitung, der „Osmanische Lloyd" *„war im allgemeinen ein von Handels- und Industrieunternehmen unterstütztes Unternehmen und hat für deren Interessen aufklärend und propagierend gewirkt".*[297] Sie hatte nicht den Charakter einer Tageszeitung und spielte für den Informationsbedarf der Community zu aktuellen politischen oder gesellschaftlichen Fragen kaum eine Rolle.

Der Krieg prägte auch das Istanbuler deutschsprachige Com-munity-Leben. So wurde im Laufe der Zeit in der Teutonia weniger gefeiert, dafür gab es nun sogenannte Kriegsabende mit Vorträgen von Frontoffizieren, u.a. sprach Generalfeldmarschall von der Goltz 1915 über *„Selbsterlebtes aus dem Kriege"*[298], und jeden Freitag Nachmittag wurden 'Kriegsgebetsstunden' abgehalten. Die Pfarrer und die Gemeindeschwester kümmerten sich um die Familien der deutschen Soldaten, die auch von Istanbul aus *„ins Feld"* geschickt wurden.[299] Eine Zeitlang organisierte die Gemeindeschwester einen in 14tägigen Abständen stattfindenden Verkauf von Lebensmitteln zu günstigen Preisen für die Familien der Soldaten und die Armen der Gemeinde; sie übernahm auch vorübergehend die Auszahlung von Kriegsunterstützungen an Soldatenfrauen und -familien.

1917 und 1918 wurde jeweils ein großes Missionsfest abgehalten, um die durch den Krieg beeinträchtigte Arbeit der Missionen, z.B. in

---

Unger versuchte später, in nationalsozialistischen Zeiten, auf intrigante Weise Vorsitzender des »Archäologischen Instituts« Istanbul zu werden.

297 Ebd.

298 Vgl. Teutonia Mitteilungsblatt Nr.27.

299 Interessanterweise konnten nach der neuen Gemeindeordnung alle in Istanbul wohnenden evangelischen Gemeindemitglieder werden, soweit der „deutsche Charakter" der Gemeinde dadurch nicht gefährdet sei. Einzelne französische oder belgische Gemeindemitglieder hatte es auch zuvor schon gegeben, nun ging es darum, protestantische Gläubige aufzunehmen, die keinen Geistlichen ihrer Nation zur Verfügung hatten. Von Lüttichau bemerkt hierzu rückblickend: „Die grundsätzlich ökumenisch bestimmte Haltung aller deutschen evange-lischen Diasporaarbeit im Ausland fand hier ihren klaren Niederschlag und wurde in der Gemeinde zur praktischen Tat, wenn sie mitten im ersten Welt-kriege ihrer auf der französischen Seite kämpfenden Glieder gedachte." Kriebel stützt sich hier auf Berichte von Lüttichau. Kriebel o.J., S. 258.

Ostafrika, durch Einnahmen aus Sammlungen und einen Verkauf, den *„die Damen der Gemeinde"* organisierten, zu unterstützen.
Im Krieg war die Reproduktionsarbeit der Frauen besonders gefragt.
Deutsche Frauen und Mädchen trafen sich, um Näh- oder Strickarbeiten für die kämpfenden Gemeindemitglieder herzustellen und ihnen diese und andere 'Liebesgaben' zuzuschicken.[300] Darin erschöpfte sich das Engagement der deutschen, aber auch der türkischen und andersnationalen Frauen jedoch bei weitem nicht.
Wie in anderen Ländern auch übernahmen sie während des Krieges Arbeiten im Dienstleistungssektor und in der schwach entwickelten Industrie.
Aus den Kooperationsplänen von Teutonia, Deutsch-Türkischer Vereinigung und der deutschen Botschaft für die Errichtung eines großen „Deutschen Hauses", das dem *„Deutschtum in Konstantinopel auf Jahrzehnte hinaus eine neue, würdige Stätte"* bieten sollte, wurde nichts mehr. Dieser Prunkbau des Deutschtums sollte Läden und Ausstellungsräume für die deutsche Industrie erhalten, die Deutsche Bank und die Botschaft wollten sich einmieten, letztere in 30 Zimmern, und ein Lichtspieltheater der UFA war vorgesehen.
Auch die Evangelische Gemeinde hatte große Pläne, dort war der Bau eines zweiten Pfarrhauses und einer weiteren Diakonissenstation geplant. Das Ende des Krieges machte diese Pläne zunichte.[301]
Am 30.10.1918 forderte der Waffenstillstand von Mudros die vollständige Machtübergabe der osmanischen Führung an die Siegermächte. Um die Jahreswende 1918/19 wurden die Deutschen und ÖsterreicherInnen von der Entente aus der Türkei ausgewiesen.[302] Diejenigen, die in der Türkei bleiben konnten, Alte[303], Kranke[304],

---

300 Kriebel zitiert aus dem Jahresheft 1914-1916. Kriebel o.J., S. 255f.
301 Vgl. Teutonia Mitteilungsblatt Nr.27 und Nr.28.
302 Kriebel spricht von 3.000 Seelen, die Ende des Ersten Weltkrieges zur „deutschen Kolonie Konstantinopel" gehört haben sollen, in den Mitteilungen des Deutschen Ausland-Instituts Stuttgart (ehemals: »Der Auslandsdeutsche«), Nr.2, 1919, werden 4.000 Menschen genannt, die abgeschoben werden sollten.
303 Bleiben konnten z.B. die Bewohner und Bewohnerinnen des Deutschen Altenheimes.
304 Da von Lüttichaus Vertreter, Pastor Barbe, gerade mit einer Grippe im Deutschen Krankenhaus lag, konnte er zunächst bleiben und kurze Zeit später für ein weiteres Jahr sein Pfarramt ausüben, ehe auch er ausgewiesen wurde. Über diese Zeit berichtete er selbst: „Es versteht sich von selbst, daß ich jede freie Minute benutzte, um die einzelnen Familien der Gemeinde, die zum Teil sehr verängstigt und persönlich erschüttert waren, aufzusuchen. Vgl. Kriebel o.J., S. 278f.

deutsche Ehefrauen anderer Nationalitätsangehöriger, wurden mit Aufenthaltsscheinen der Entente-Kommission ausgestattet und unter den Schutz der Schwedischen Botschaft gestellt. Graf von Lüttichau hatte erfolglos versucht, eine Bleibeerlaubnis zu bekommen.[305] Wie er mußten auch die Kaiserswerther Diakonissen[306] gehen und das Deutsche Krankenhaus verlassen, englische Ärzte und Schwestern zogen dort ein. Die anderen deutschen Institutionen wurden ebenfalls beschlagnahmt.

Nachdem das evangelische Kirchengebäude zunächst der schwedischen Gesandtschaft treuhänderisch übergeben worden war, wurde es 1920 von der französischen Besatzung beschlagnahmt. Es sollte zur protestantisch-französischen Gemeindegründung genutzt werden. Da dieser Versuch fehlschlug, wurden die Räume schließlich von der französischen Botschaft vermietet. Die Teutonia kam in englische Hände.

Friedrich Schrader, ehemaliger Mitarbeiter des Osmanischen Lloyd, hielt die Bemühungen verschiedener Deutscher um eine Bleibeerlaubnis in seinem Tagebuch fest.

„In der »Alemania«, dem Gebäude des deutschen Handwerkervereins, saßen die Mitglieder des Kolonievorstandes sorgenvoll um den Beratungstisch. Auf diesem lagen Haufen von Formularen in englischer Sprache, wodurch die Koloniemitglieder die englischen Militärbehörden um die Erlaubnis zum Bleiben bitten. Jeder muß zwei Gewährsmänner aus Ententekreisen anführen, die bescheinigen, daß der Betreffende während des Krieges nichts gegen die Entente unternommen hat. Noch vor einigen Wochen haben sie Hurrah! geschrieben, wenn ein deutscher Erfolg gemeldet wurde. Jetzt flehen sie die früheren Feinde um Gnade an. Früher haben nur wenige von ihnen ein Wort gefunden, um die türkischen Greueltaten in Anatolien zu brandmarken. Jetzt verlangen sie von unserer Zeitung, daß sie betont, mit welcher Teilnahme sie den Leiden der Armenier gegenübergestanden haben. Kann die Menschennatur so tief sich demütigen? Mir will schlecht werden bei diesem Schauspiel der »Besiegten«."[307]

Alle Bemühungen und Anbiederungen halfen jedoch nichts, es wurde bekannt gegeben,

---

305 Unter den wenigen, die bleiben konnten, war Paul Lange, der als Lange Paşa in die Istanbuler Musikgeschichte eingegangen ist. Kurze Zeit später starb er in Istanbul und wurde unter großer türkischer Anteilnahme auf dem Friedhof in Feriköy bestattet.
306 Die Geschichte der Diakonissen in Istanbul dauerte zu dem Zeitpunkt 66 Jahre.
307 Friedrich Schrader: Eine Flüchtlingsreise durch die Ukraine. Tagebuchblätter von meiner Flucht aus Konstantinopel. Tübingen 1919, S. 7f.

„daß alle »führenden« Männer nach Anatolien zu gehen haben. – Gleichzeitig wird noch einmal angezeigt, daß der Kolonie ein russischer Dampfer zur Verfügung gestellt ist, der diejenigen, die den Mut dazu haben, nach Odessa bringt – damit sie auf dem gefährlichen Wege durch die Ukraine nach Deutschland zurückkehren. (...) Aber das deutsche Konsulat machte auf die Gefahren für Leben und Besitz aufmerksam, die mit dieser Reiseroute verbunden sind."[308]

---

308 Ebd. Schrader selbst ließ sich auf das Abenteuer ein und veröffentlichte später seine Tagebuchaufzeichnungen, in denen er die verschiedenen Stationen und Vorkommnisse seiner Reise aufgezeichnet hat. Sein Enkel, Prof. Dr. Bernhard Schrader, ließ mir freundlicherweise ein Exemplar dieser Aufzeichnungen zukommen.

III. (K)Ein Neubeginn

Das Ende des Ersten Weltkrieges hat das deutschsprachige Community-Leben Istanbuls unterbrochen, nicht aber zerstört. Latente Community-Strukturen sind während der Zeit der Verbannung erhalten geblieben, auch wenn die Deutsche Schule von französischen Kolonialtruppen als Kaserne genutzt und die Teutonia zunächst zum englischen Offiziersklub, dann zum englischen Unteroffiziersheim und schließlich zum Lager für russische Flüchtlinge gemacht wurde.

Deutsche – mit türkischen Männern verheiratete – Frauen blieben im Land, und Menschen mit türkischem oder andersnationalem Paß und deutscher oder prodeutscher Gesinnung bemühten sich um die Sicherung und den Erhalt von Gebäuden, Geschäften oder Archivmaterialien. Angehörige der deutschen oder deutschorientierten Subkultur harrten also im Wartestand aus, bis die Lage gesichert und die Rückkehr der in 'der Heimat Exilierten'[309] möglich war.[310] Das war nach der Übernahme der türkischen Staatsgewalt durch Mustafa Kemal der Fall. Am 03.03.1924 wurden die diplomatischen Beziehungen zwischen Deutschland und der Türkei wieder aufgenommen und ein deutsch-türkischer Freundschaftsvertrag unterzeichnet.

Zwischen der Ausweisung durch die Entente und der Neukonstituierung der deutschsprachigen Community lagen Zeiten tiefgehender gesellschaftlicher Umwälzungen in Deutschland und in der Türkei. Sie wirkten sich auf die beruflichen und individuellen Entwicklungsmöglichkeiten der Community-Angehörigen aus.

---

309 Tatsächlich wurden derart verquere Situationen geschaffen. Deutsche, die sich ihre Existenz in Istanbul aufgebaut hatten, dort ihr Geschäft betrieben und ihren Lebensmittelpunkt gewählt hatten, waren gezwungen, nach Deutschland zurückzukehren bzw. überzusiedeln. Viele von ihnen kannten diese Heimat nicht, an der sie oft ideell hingen, in der zu leben sie jedoch nicht wünschten.

310 Wie in der Zeitschrift »Der Auslandsdeutsche« berichtet wird, hielten Community-Mitglieder teilweise auch im deutschen Exil Kontakt: „In Berlin fand in der Dreifaltigkeitskirche eine Weihnachtsfeier der früheren evangelischen Gemeinde in Konstantinopel statt, die unter Leitung des ehemaligen Pastors der Gemeinde, Grafen Lüttichau, einen erhebenden Verlauf nahm." Bei der Feier sei die Hoffnung auf eine baldige Rückkehr ausgesprochen worden. Der Auslandsdeutsche, Heft 3, Stuttgart 1922, S. 83.

1. Wiederinbesitz- und Bestandsaufnahme, Restaurierung nach dem Ersten Weltkrieg

„Kaum war die fremde Besatzung abgezogen, so kehrten auch die Deutschen nach Konstantinopel zurück – bis jetzt schon 500 – und versuchten den alten Zusammenschluß wieder herzustellen", berichtete »Der Auslandsdeutsche« 1925.[311]

Die erste Institution, die wieder in deutschen Besitz gelangte, war die Teutonia. Im September 1923 war das Vereinsgebäude von der englischen Militärbehörde an die Schwedische Gesandtschaft übergeben worden, die nach dem verlorenen Krieg die deutschen Interessen vertreten hatte. Einige Tage später versammelten sich auf Einladung des schwedischen Gesandtschaftsrates Holstein einige Mitglieder der Teutonia und wählten einen neuen Vereinsausschuß, dem das Haus zunächst unterstellt und der beauftragt wurde, mit den Vereinsvorsitzenden in Deutschland Kontakt aufzunehmen, um die Vollmacht für die Wiederaufnahme der Vereinsarbeit zu erhalten. Da sich dieses Verfahren jedoch hinzog, weil Adressen nicht bekannt waren oder Antworten nicht eintrafen, wurde für den 02.11.1923 eine Generalversammlung einberufen und ein neuer Vorstand gewählt.[312]

Die Vereinssatzung mußte den neuen türkischen Gesetzen angepaßt werden, und viele Verhandlungen waren nötig, um das Weiterbestehen des Vereins zu sichern. Schwerwiegend war auch das Fehlen finanzieller Mittel. Zwar trafen ständig ehemalige Vereinsmitglieder in Istanbul ein, doch deren wirtschaftliche Verhältnisse waren zumeist schwierig. Viele hatten ihre frühere Existenzgrundlage verloren und mußten neu beginnen. Von ihnen waren keine Unterstützungsgelder zu erwarten.[313]

---

311 Der Auslandsdeutsche, Heft 9, 1925, S. 256.
312 Vgl. Teutonia-Mitteilungsblatt, Nr.28, S. 3.
313 In der Zeitschrift »Der Auslandsdeutsche« wird im Januar 1924 aus einem Privatbrief aus Istanbul zitiert, um auf die schwierigen Verhältnisse hinzuweisen. „Es befinden sich hier etwa 150 Deutsche und Österreicher, die ohne Brot und Arbeit sind (...) wenn irgendetwas unternommen werden kann, um den hier befindlichen Deutschen zu helfen, so erbitte ich, dies in die Wege zu leiten. An einen Abtransport durch die türkische Botschaft ist nicht zu denken, man läßt die Leute einfach zugrunde gehen. Die hiesige Vertretung hat keinerlei Mittel, um den Leuten helfen zu können." »Der Auslandsdeutsche«. Erstes Januarheft 1924, S. 6.

Eine staatliche Entschädigung für die Zerstörungen durch die Besetzungen gab es ebenfalls nicht. Mit Hilfe von Krediten der Deutschen Bank und anderer Institutionen oder Personen wurden dennoch die notwendigsten Reparaturen durchgeführt, so daß das Vereinsgebäude der Teutonia 1924 wiedereröffnet und zur Anlaufstelle für die ankommenden Deutschen werden konnte. Als die Schuldenlast 1925 das Fortbestehen des Vereinslebens gefährdete, engagierte sich Rudolf Nadolny, der als erster deutscher Botschafter[314] nach dem Ersten Weltkrieg nach Istanbul gekommen war, in dieser Frage. Es gelang ihm, eine Reichsentschädigung von 6.000 Reichsmark vom Deutschen Reich zu erwirken. Damit war das Bestehen dieses traditionsreichen deutschen Vereines gesichert. Doch das sollte nicht alles sein; der deutsche Botschafter setzte sich vielmehr dafür ein, daß die Teutonia wieder *„Mittelpunkt des Deutschtums"* in Istanbul werden sollte. Er wollte die Deutschen sammeln und die frühere Infrastruktur mit ihren Unterstützungssystemen und ihrer deutschnationalen Orientierung wiederherstellen.

Vom Deutschen Reich forderte Nadolny weitere Hilfen, um – wie er es formulierte – Deutschland seinen Teil am *„hießigen Fremdeinfluß"* zu sichern. Er warnte davor, Frankreich zuviel Raum zu überlassen und klagte:

„Die Franzosen haben nach unserem Zusammenbruch und während der Okkupationszeit mit den stärksten Mitteln dahin gearbeitet, alles Deutsche auszumerzen und französisches Wesen, französische Kultur und vor allem die französische Sprache zur Geltung zu bringen."[315]

Tatsächlich hatte sich die Situation für die Deutschen in der Türkei grundlegend geändert. Aus den ehemaligen *„deutschen Waffenbrüdern"* waren nun die Verlierer geworden, von denen man sich abwandte, da sie wirtschaftlich und politisch wenig zu bieten hatten. Die eigene Niederlage im Ersten Weltkrieg war durch die *„nationale Revolution"* unter Mustafa Kemal kompensiert worden. Gemeinsame deutsch-türkische Vorkriegsinteressen hatten nun keinerlei Relevanz, so daß sich den rückkehrenden Deutschen grundsätzlich andere Bedingungen boten als die, die sie vor ihrer erzwungenen Ausreise gewohnt waren.

---

314 Nadolny hatte dieses Amt von 1924 bis 1933 inne.
315 Vgl. Dahlhaus 1990, S. 259.

Der Botschafter Nadolny wurde zu einer zentralen Figur innerhalb der zunächst orientierungslosen Community. Er begann sofort damit, die alten Institutionen instand setzen zu lassen.

Als erste Amtshandlung hatte er bereits das deutsche Botschaftsgebäude in einem feierlichen Akt vom schwedischen Gesandten Wallenberg übernommen. Auch für die Rückgabe anderer Häuser und Grundstücke aus deutschem Besitz sorgte er: der Kirche, die nach gründlicher Restaurierung[316] am Palmsonntag 1925 mit einem Konfirmationsgottesdienst den evangelischen Gemeindemitgliedern zurückgegeben wurde – die österreichische St. Georgskirche übernahm wieder die Betreuung der katholischen Deutschen[317] –, dann der Deutschen Schule. Schwieriger gestaltete sich nach Nadolnys Angaben die Übernahme des Krankenhauses, *„das erst in englische, dann in amerikanische und zum Schluß in armenische Hände gekommen war."*[318]

Wie bei den anderen Institutionsgebäuden bedurfte es größerer Restaurierungsarbeiten, ehe deutsche und türkische Ärzte die Arbeit im September 1931 aufnehmen konnten. Im gleichen Jahr zog auch der Handwerkerverein Alemania in sein altes Gebäude ein.

Die deutsche 'Bautätigkeit' hatte also wieder begonnen. Einer der ersten Deutschen, der an der Restaurierung des Community-Komplexes mitwirkte, war der alte Pfarrer Graf von Lüttichau. Er blieb jedoch nur einige Monate bis zur Einführung seines Nachfolgers Berkenhagen, ehe er nach Kaiserswerth zurückreiste, wo er inzwischen Leiter des Diakonissenhauses war. Krankenschwestern aus Kaiserswerth übernahmen wieder Krankenpflege und Gemeindearbeit in verschiedenen deutschen Institutionen Istanbuls.

Botschafter Nadolny regte auch die Bildung neuer Infrastrukturmaßnahmen an, u.a. hatte er maßgeblichen Anteil an der Gründung der deutschsprachigen Zeitung „Türkische Post", die ab Mai 1926 in Istanbul herausgegeben wurde. Die Leitung übernahm der zuvor bei der „Deutschen Allgemeinen Zeitung" in Berlin tätige Dr. Franz

---

316 Für die Wiederherstellung der Kirche hatten der »Deutsche Evangelische Kirchenausschuß« und der »Gustav-Adolf-Verein« je 3.000 RM und das Deutsche Reich 10.000 RM gestiftet. Kriebel o.J., S. 299.

317 Zur während des Krieges geplanten Einrichtung einer deutschen katholischen Kirche sollte es erst in den 50er Jahren kommen; vorerst wurden die Deutschen von der österreichischen St. Georgskirche mitbetreut, die dafür einen finanziellen Ausgleich vom Deutschen Reich erhielt.

318 Rudolf Nadolny 1955, S. 102.

Schmidt-Dumont. In der Probenummer vom 17. Mai wird hoffnungs-
froh vermerkt: *„Das Deutschtum erweist sich als tragfähig für eine
deutsche Tageszeitung nach heimischen Muster."*[319] Nicht Politik
sollte nach der ersten Selbstdefinition im Vordergrund dieser Zeitung
stehen, sondern die gegenseitigen deutsch-türkischen Wirtschaftsinteressen. Zunächst galt es, Deutschland und die Türkei zu neuen
Handelsbeziehungen anzuregen, *„den türkischen Rohprodukten in
Mitteleuropa neue Absatzmärkte zu erschließen, dem deutschen
Fabrikanten und Kaufmann neue Kundenschichten zuzuführen".*
Doch auch die Kulturgüter *„hüben und drüben"* sollten nicht ver-
nachlässigt werden.[320] Der stellvertretende Direktor der „Deutschen
Bank" in Istanbul stellte bereits 1927 erfreut fest, daß *„der deutsche
Handel gegenüber dem Vorkriegsstatus gewachsen"* sei. Für deutsche
Unternehmen nachteilige Bestimmungen in der neuen Gesetzgebung
konnten geschickt umgangen werden.[321]

Die Weimarer Republik avancierte schnell zur wichtigsten
Handelspartnerin der kemalistischen Türkei. 1928 erfolgte die
Gründung einer Türkischen Handelskammer für Deutschland, die eine
eigene Zeitschrift herausgab[322], 1930 wurde ein Handelsvertrag
abgeschlossen. Die guten wirtschaftlichen Beziehungen sollten auch
unter den politischen Bedingungen nach 1933 bestehen bleiben und
erfuhren erst nach Kriegsbeginn einen deutlichen Einbruch.

Was auch immer die Intention zur Gründung war, die Türkische
Post bot den Deutschsprachigen in Istanbul und darüber hinaus Informationen über wirtschaftliche und politische Veränderungen oder
kulturelle Gegebenheiten. Sie hatte einen breitgefächerten Anzeigen-
teil mit Produktwerbung, Stellenvermittlung und Veranstaltungs-
hinweisen – hier wurden die frischen Kuchen und das Gefrorene des
Wiener Cafés ebenso angepriesen wie die Tischlerarbeiten des
Maschinenbetriebs Julius Gergely oder das Zimmer für den gepflegten Deutschen bei einer freundlichen Witwe. Die Zeitung gab

---

319 T.P. (Türkische Post) 17.Mai 1926. Probenummer.
320 Ebd. Vgl. auch Dahlhaus 1989.
321 Das „harmonische Zusammenwirken der deutschen und türkischen Teilhaber"
     schützt die Firmen vor mancherlei aus den neuen Gesetzen entstehenden
     Schwierigkeiten", was soviel bedeutete, wie: die türkischen Teilhaber oder
     Angestellten fungierten als Strohmänner und halfen den deutschen türkische
     Gesetze zu umgehen. Curt Gertig: Deutsche im türkischen Wirtschaftsleben. In:
     »Der Auslandsdeutsche«. Nr. 11 1927, S. 369.
322 Vgl. Zeitschrift der Türkischen Handelskammer für Deutschland, Nr. 1, Berlin
     1928.

Auskunft darüber, wo die beste Jazzband der Stadt aufspielte und wo ein besonderer Vortrag, ein Konzert oder die Versammlung des „Bundes der Auslandsdeutschen" stattfinden würde. Sie informierte darüber, in welchem Kino gerade welcher deutsche Film gezeigt würde, im Kino Melek, im Magic, im Modern oder im Opera. Die unterschiedlichen neugegründeten oder wieder belebten deutschen Vereine annoncierten hier, und Privatpersonen verkündeten Verlobung, Heirat oder Todesfälle. Die Türkische Post ist als historische Quelle von Bedeutung, spiegeln sich in ihr doch verschiedene Bereiche der deutschen (Sub-)Kultur in der Türkei – vor allem jedoch in Istanbul – wider.[323]

Eine andere noch heute existierende Institution öffnete bald darauf im Oktober 1929 ihre Tore: das Archäologische Institut Istanbul – eine Zweigstelle des Berliner Instituts. Erster Direktor wurde Dr. Martin Schede, der bereits die von den preußischen staatlichen Museen in Istanbul unterhaltene archäologische Station geleitet hatte. Angeschlossen wurde eine Zweigstelle der Deutschen Morgenländischen Gesellschaft unter Leitung von Prof. Dr. Hellmut Ritter. Im gleichen Jahr wurde der »Verein der ehemaligen Schüler der Deutschen Schule (V.E.S.)« gegründet, der innerhalb kürzester Zeit mit der Organisation von Theateraufführungen, Tanztees, Sommerfesten etc. seinen Platz im gesellschaftlichen Leben Istanbuls fand.[324]

Botschafter Nadolny betonte, daß der Neubeginn für die Deutschen in der Türkei, trotz der relativ schnellen Reaktivierung der deutschsprachigen Infrastruktur, zunächst einige Schwierigkeiten mit sich gebracht hatte. Das türkische und andersnationale Umfeld sei alles andere als deutschfreundlich gewesen, *„man sprach nur von den »Boches«. Aber allmählich verbesserte die Stimmung sich."*[325]

Da die neue Hauptstadt der Türkei Ankara (Angora) heißen sollte, sorgte der Botschafter dort für den Bau eines Botschaftsgebäudes, das erste der westlichen Vertretungen. Im Dezember 1928 zog die

---

323 Schon 1928 annoncierten neben der »Teutonia« der »Deutsche Ausflugsverein«, die »Alemania«, der »deutsche Turnverein«, der »Fußballklub«, der »Kunstverein« und der »Männergesangverein«.
324 Vgl. Ibrahim Gercel: Verein der Ehemaligen. In: Alman Lisesi (Hg.): Festschrift zum 100jährigen Bestehen der Deutschen Schule Istanbul 1868-1968. Markoberdorf o.J. (1968).
325 Nadolny 1955, S. 104.

152

Botschaft von Istanbul nach Ankara um, die anderen ausländischen Vertretungen folgten.[326]

Rudolf Rahn, der 1931 Attaché in der Deutschen Botschaft Ankara wurde, beschreibt die damalige Hauptstadt, die mit ihren *„im Aufbau begriffenen Verwaltungsgebäuden inmitten der alten Lehmhäuser und ausgefahrenen Steppenwege oder holprigen Pflasterstraßen oft wie eine in verlassener Gegend plötzlich entstandene Goldgräberstadt wirkte"* und zunächst wenig Anregungen zur Freizeitgestaltung bot.[327] In den Sommermonaten übersiedelten die meisten Botschaften in das klimatisch und gesellschaftlich bevorzugtere Istanbul, wo sie über großzügige am Bosporus gelegene Grundstücke verfügten. Von dort wurden die politischen Geschäfte weitergeführt, und dort fand ein Großteil des gesellschaftlichen und kulturellen Lebens statt.[328]

Als Nadolny im Februar 1932 zum Leiter der deutschen Delegation auf der Abrüstungskonferenz in Genf ernannt wurde, behielt er – trotz mehrmonatiger Abwesenheit – seinen Botschafterposten bis zum Oktober 1933 bei. Sein Nachfolger, Frederic Hans von Rosenberg, trat sein Amt erst im Dezember 1933 an. Mehr als eineinhalb Jahre war kein deutscher Botschafter in der Türkei präsent – ein Zeichen für das damalige politische Desinteresse der deutschen Regierung an dem früheren Bündnispartner. Dieses außenpolitische Desinteresse wirkte sich auf die Möglichkeiten der deutschsprachigen Community ebenso aus wie die neue Innenpolitik der Türkei.

Es ist notwendig, auf wesentliche politische Veränderungen im Migrationsland Türkei einzugehen, um zu versuchen, das Lebensgefühl der dort lebenden, rückkehrenden oder neuzuwandernden Deutschen zu verstehen und nachvollziehbar zu machen. Viele von

---

326 Deutsche und österreichische Architekten waren an der Planung der neuen Hauptstadt beteiligt. Der Berliner Stadtbaurat Jansen hatte einen preisgekrönten Plan für die Ausgestaltung des Stadtbildes entworfen. Und der Wiener Clemens Holzmeister konnte berichten: „In den Jahren 1927-1932 entstanden nach meinen Plänen das Kriegsministerium, das Generalstabsgebäude, das Militärkasino, die Kriegsschule, das Arbeitsministerium, das Wirtschaftsministerium, das Innenministerium, das Palais für den Obersten Gerichtshof, die Staatsbank und die Hypothekenbank, als ehrenvollstes sodann das Palais für Atatürk und schließlich die österreichische Gesandtschaft." In: Mitteilungen der Deutsch-Türkischen Gesellschaft e.V., Nr.91, 1973, S. 7.

327 Rahn, Rudolf: Ruheloses Leben. Aufzeichnungen und Erinnerungen, Düsseldorf 1949, S. 88.

328 Der deutsche Botschafter lud bspw. zum Sommerfest oder später auch zum 'Heldengedenktag' in die Sommerresidenz nach Tarabya ein.

ihnen hatten das machtlose Osmanische Reich verlassen und kehrten zurück in die von einem neuen und ungewohnten Nationalgefühl getragene junge türkische Republik. Das Ansehen der deutschen Heimat, und damit auch das eigene, war durch den verlorenen Weltkrieg gegenüber der Vorkriegszeit enorm gesunken und wirkte sich auf das nationale Selbstbewußtsein der deutschen RemigrantInnen aus.

Andere Deutsche hatten diesen Vergleich nicht. Eine neue Generation von Migranten und Migrantinnen, die gerade von den Berichten über den neuen Staat und seinen charismatischen Gründer fasziniert waren, sahen eine Chance für den eigenen Neuanfang. Und auch der deutsche Türkeitourismus boomte.

Der Missionar Ernst J. Christoffel schrieb von dieser spannungs- und abwechslungsreichen Anfangszeit:

„Als ich im Sommer 1924 wieder nach Konstantinopel kam, fand ich dort eine große Anzahl Arbeitsloser, entwurzelter Deutscher, die Mehrzahl Jugendliche. (...) Sie rekrutierten sich aus allen Berufen und Bildungsschichten, vom ungelernten Arbeiter aufwärts bis zum verkrachten Studenten und Offizier. Viele von ihnen waren ernste Arbeitsuchende, andere bummelnde Abenteurer, andere richtiggehende Hochstapler. (...) Beliebt war die sogenannte »politische Fahrt«. Dabei gab man sich als politischer Flüchtling aus. Bei einigen stimmte das. Bei den meisten war es nur Betteltrick. Sie zeigten Briefe von Führern der nationalen Bewegung, brachten Erzählungen von der Teilnahme an Putschen, und Flucht aus dem Gefängnis usw. Immer wieder tauchte ein »Erzbergermörder« auf. (...) Da erschienen langlockige Jünglinge im Phantasiewanderkostüm, manchmal mit einem Schild auf der Brust »Zu Fuß um die Welt«, unter einem Arm trugen sie ein Buch, in das der Gebrandschatzte sich noch eintragen mußte (...) dieses Geschäft blühte. Die Orientalen bewunderten die Kühnheit und gaben gerne. Ich muß gestehen, daß gerade unter der Klasse der Weltwanderer wirklich interessante Menschen und hochfliegende Idealisten zu finden waren. Auch Mädchen in Männerkleidern wanderten. Zu ihnen gehörten auch solche, die im Faltboot ankamen und auch solche mit Motorrad."[329]

---

329 Damals konstituierte sich die deutsch-evangelische Gemeinde gerade wieder. Weder sie noch andere deutsche Institutionen seien fähig gewesen, Einfluß zu nehmen. Vgl. Kriebel o.J., S. 292f.

2.   Die türkischen Reformen

Nach dem Ende des Krieges hatten die Sieger – die Entente-Mächte – eine Zerstückelung und Annexion des ehemaligen Osmanischen Reiches geplant. Ihm sollte danach lediglich ein Landstrich in Mittelanatolien und ein Teil der Schwarzmeerküste bleiben. Zwischen dem letzten Sultan und den Siegermächten war es bereits zu einer entsprechenden Vertragsunterzeichnung – des Vertrages von Sèvres – gekommen. Doch unter Mustafa Kemal, einem Offizier der osmanischen Armee, begann am 19.05.1919[330] der türkische Befreiungskampf, dessen militärische und diplomatische Auseinandersetzungen schließlich zum Vertrag von Lausanne mit der völkerrechtlichen Anerkennung der Türkei in ihren neuen Grenzen und zur Ausrufung der Türkischen Republik im Oktober 1923 führten.[331] Dieser Höhepunkt eines revolutionären Prozesses markiert zugleich das Ende der Geschichte des Osmanischen Reiches, dessen Staatsidee noch weitgehend im Islam verankert war.

1924 wurde das Kalifat abgeschafft. Dieser Fakt betraf die Gesamtheit der islamischen Welt, da ihr das religiöse Oberhaupt genommen wurde. Der türkische Nationalstaat löste die Umma, die islamische Gemeinde, und damit auch die islamische Rechtsprechung ab. Vorlagen für die neue Gesetzgebung lieferten das Schweizer Bürgerliche Gesetzbuch, das Italienische Strafrecht und das Deutsche Handelsrecht.

Die sechs Prinzipien („altı ok") des Kemalismus, des staatlichen Reformprozesses, wurden propagiert:

- Nationalismus: Der türkische Nationalstaat wurde definiert; die BürgerInnen des Staates wurden auf den Nationalismus als einigendes Element eingeschworen.
- Laizismus (Säkularismus): Trennung von Religion und Staat und der Austritt aus der islamischen Völkervereinigung;
- Republikanismus: Gründung einer republikanischen Regierung im Gegensatz zu Sultanat und Kalifat;

---

330   Dieser Tag ist heute wichtigster türkischer Nationalfeiertag.
331   Die volle Souveränität über die Meerengen erhielt die Türkei jedoch erst durch den Vertrag von Montreux im Juli 1936.

- Populismus: Gleichstellung der Bürger[332], unabhängig von Sprache, ethnischer Zugehörigkeit und Glauben;
- Reformismus: Kürzel für eine andauernde Prozeßhaftigkeit von Staat und Gesellschaft;
- Etatismus: Die führende Rolle des Staates in Wirtschaftsfragen soll gewährleistet werden (beinhaltete Staatsmonopol und Fünfjahrespläne).

Die Reformen waren für alle Teile der Bevölkerung von Bedeutung, für Türken und Türkinnen genauso wie für die europäischen Minderheiten, deren Herkunftsländer mit ihren Staatsformen zwar Vorbilder für die Neuorientierung des türkischen Staates waren, so wie ihre Lebensform von vielen 'modernen' TürkInnen übernommen wurde, denen nun jedoch bedeutend weniger Möglichkeiten zur Übernahme von Wirtschafts- oder Handelspositionen zugestanden werden sollten. In diesem Kontext und als Symbol für eine tatsächliche türkische Staatsgründung – in Abgrenzung zum Osmanischen Reich – muß auch der Aufbau der Hauptstadt Ankara gesehen werden. Weder die türkischen noch die ausländischen Beamten waren sehr begeistert davon, daß das politische Leben nun in Anatolien stattfinden sollte, das viele IstanbulerInnen nur aus Erzählungen kannten. Doch bewußt wurde das politische Zentrum entfernt vom früheren Sitz der Osmanischen Regierung neu errichtet. Tatsächlich verlor Istanbul jedoch nie seine besondere Bedeutung, die schon durch die geographische Lage vorgegeben war, und blieb heimliche Hauptstadt.

Für die türkische Bevölkerung war die Abschaffung des Islams als Staatsreligion die wesentlichste Neuerung. Sie war weit mehr als ein formaler Akt und betraf das gesamte Leben. Ein Großteil der TürkInnen konnte weder lesen noch schreiben, das Verständnis der Welt war in vielen Bereichen durch den Imam – den religiösen Lehrer – geprägt. Die Umschreibung 'Privatisierung der Religion' vermittelt also nur einen sehr ungenügenden Eindruck von dem, was da geschah. Denn die umfassende Westorientierung der Staatsführung griff in viele Bereiche des alltäglichen Lebens der Bevölkerung des Landes ein. Symbolträchtig war das Verbot des Fes, der traditionellen männlichen Kopfbedeckung, des Frauenschleiers und anderer äußerer

---

332 Obwohl Frauen wesentlich mehr Rechte bekamen, gab es jedoch keine Gleichstellung von Frauen und Männern.

Zeichen von Religiosität.[333] In den Berichten von ZeitzeugInnen finden sich gerade gegen diese Verordnung vielfältige Zeugnisse von Protesten und Verweigerungshaltungen. Mitglieder frommer Sekten trugen den Fes weiter und 'provozierten' drastische Strafexpeditionen. Mustafa Kemal setzte eine Frist fest, nach der jeder, der mit Fes gesichtet würde, zu hängen sei. Tatsächlich wurden Exekutionen durchgeführt.[334]

Auch das Verbot der Mehrehe stieß auf Widerstand. Bis heute berufen sich einige türkische Männer auf die Tradition, indem sie eine offizielle Ehefrau benennen und eine oder mehrere Nebenfrauen haben.[335]

Mit der Übernahme des lateinischen Alphabets – einem weiteren Indiz für die Westorientierung des neuen Staates – gingen großangelegte Alphabetisierungskampagnen einher.[336] 1931 wurde die allgemeine Schulpflicht eingeführt.[337] Und 1937 begann in Istanbul eine

---

333 Von diesem Verbot waren auch die Minderheiten betroffen. Die ausländischen Krankenschwestern und Nonnen durften sich nicht mehr in Tracht in der Öffentlichkeit zeigen; das gleiche galt für die griechischen Popen; aber auch Kleidung, die eine politische Zuordnung verdeutlichen sollte, war verboten. Diese Regelung wurde später für die deutschen NationalsozialistInnen bedeutsam.

334 Georg Mayer, Inhaber eines Bekleidungshauses auf der İstiklal Caddesi in Istanbul, berichtet in seinem Geschichten- und Erfahrungsbuch, daß auf der Galatabrücke unter hoher Publikumsbeteiligung drei Männer mit Fes öffentlich gehängt wurden. Georg Mayer: Türkischer Bazar. Geheimnisse Orientalischer Geschäftstüchtigkeit. Heilbronn 1978.
Weitverbreitet war ein anderes Element der Verweigerung oder besser eines typischen Phänomens des Umgangs mit Verordnungen von oben. Die Verkaufszahlen von Schildmützen schnellten enorm in die Höhe. Schildmützen waren nicht verboten, bedeckten den Kopf, wie es der religiösen Tradition entsprach und wenn man das Schild nach hinten drehte, stand es auch der Verrichtung des mehrmaligen täglichen Gebetes, bei dem die Stirn des bedeckten Kopfes den Boden berühren soll, nicht mehr im Wege.

335 Um den Kindern dieser Verbindungen einen legalen Status zu sichern, wurden mehrere Amnestien durchgeführt.

336 Das Osmanische konnte nur ein geringer Teil der Bevölkerung lesen und schreiben. Es bestand aus arabischen Schriftzeichen, ergänzt durch einige persische Buchstaben.

337 Symbolträchtig waren weitere Verordnungen. So durfte der traditionell arabisch verkündete islamische Gebetsruf ab 1932 nur noch in türkischer Sprache erfolgen; und seit 1935 wurde der Freitag, der islamische Feiertag, zum Arbeitstag bestimmt und der 'Sonntag' eingeführt. Die Umgestaltung der Hagia Sophia zum Museum 1934 ist bis heute – und heute verstärkt wieder – keine von IslamistInnen anerkannte Entscheidung, wurde die christliche Krönungskirche des oströmischen Kaisers in Konstantinopel doch 1453 demonstrativ zur

Kampagne, nach der türkische Staatsbürger auch Türkisch sprechen sollten. Hier waren vor allem die Istanbuler Minderheiten Zielscheibe nationalistischer Agitation.[338] Sachverständige Beamte durchstreiften Beyoğlu und hielten Ausschau nach fehlerhaft beschrifteten Geschäftsschildern. Für verweigerte oder nicht fristgerecht erledigte Korrekturen wurden Strafgebühren eingezogen.[339]

Da ein Nationalstaat europäischer Prägung[340] intendiert war, orientierte sich das türkische städtische Milieu an den Aktivitäten der Minderheiten. Europäische Musik, Theater und Sportveranstaltungen gewannen an Bedeutung. Weitreichend waren die Veränderungen für türkische Frauen, die nun verstärkt am außerhäuslichen gesellschaftlichen Leben teilnahmen. Die türkische Soziologin Nilüfer Göle interpretiert die Rolle der Frau als

„den Prüfstein für die Verwestlichung und für das kemalistische Zivilisationsprojekt (...) Die seit dem Tanzimat andauernden Auseinandersetzungen zeigen, daß in einer islamischen Gesellschaft das Heraustreten der Frau aus der privaten, verschlossenen Welt des mahrem, der privaten Sphäre, das Sichtbarwerden der Frau, ihr Zusammenkommen mit nicht zur Familie gehörenden Männern und ähnliches die umstrittensten Themen zwischen den traditionellen Islamisten und den modern westlich Orientierten sind."[341]

Das, was Frauen in kurzer Zeit verfassungsmäßig zugestanden (und abverlangt) wurde – ab 1922 konnten sie sich immatrikulieren und Universitätsexamina ablegen, 1926 erhielten sie das aktive, 1934 das passive Wahlrecht –, war weit mehr als sich die Osmanische Frauenbewegung je erhofft hatte. Als 1935 die Wahlen zur fünften Großen Nationalversammlung stattfanden, waren immerhin 17 der 399 Abgeordneten Frauen. Im gleichen Jahr tagte der 12. Kongreß der Internationalen Frauenliga im Yıldız-Palast in Istanbul. Hier löste die

---

Moschee gemacht und jahrhundertelang als Zeichen des islamischen Sieges über das Christentum betrachtet.

338 Die Türkische Post berichtete über die neuen Verordnungen und deren Umsetzung. Vgl. T.P. 02.03.1937.

339 Vgl. T.P. 04.03.1937.

340 Hier muß jedoch darauf hingewiesen werden, daß Mustafa Kemal nicht die parlamentarische Demokratie als Staatsform anstrebte. Nicht nur nach einer These von Stanford und Ezel Shaw hat er zwar keinen demokratischen Staat geschaffen, jedoch habe er die Absicht gehabt, einen solchen später zu entwickeln. Vgl. Stanford J. Shaw und Ezel Kural Shaw: History of the Ottoman Empire and Modern Turkey. Bd. 2 London u.a. 1977, S. 384.

341 Nilüfer Göle: Republik und Schleier. Die muslimische Frau in der modernen Türkei. Berlin 1995, S. 82.

Vorsitzende Latife Bekir Işık demonstrativ den Türkischen Frauenverein auf, da sein Ziel erreicht sei.

Mustafa Kemal fand gerade bei Frauen, die bereits einen gewissen
Zugang zur Bildung hatten, große Unterstützung. Und nicht nur türkische Frauen waren beeindruckt, sondern auch in den europäischen
Ländern wurde *„die Befreiung der Frauen in der Türkei"* mit Interesse verfolgt.[342] Nahezu alle meine Interviewpartnerinnen gaben an,
bereits in Deutschland vor ihrer (E-)Migration von dem Erneuerer
Mustafa Kemal und seinem frauenfreundlichen Programm gehört zu
haben. Einige wurden von den erwarteten Möglichkeiten angelockt.[343]

3. Deutsch-türkische Beziehungen und Kemalismus

Die vorliegende Arbeit will und kann keine umfassende Analyse
deutscher und türkischer Innen- und Außenpolitik leisten, dennoch
sollen einige für die 30er Jahre bestimmende Aspekte genannt
werden, wirkten sie sich doch direkt auf den Status der rückkehrenden
oder neu zuwandernden Deutschen aus.

Die beiden Nationalstaaten Deutschland und Türkei hatten
zunächst kein besonderes politisches Interesse aneinander. Für

---

342 Türkische Feministinnen und Frauenforscherinnen, z.B. die Soziologin Şirin
Tekeli, beklagen heute, daß diese 'Befreiung der Frauen' kein von unten
erkämpftes Ziel, sondern Teil einer von oben diktierten Reform war, die
vorhandene eigenständige Strukturen – wie Frauenvereine oder Frauen-
bildungszentren – zerstörten und in Vergessenheit geraten ließen. Erst in den
letzten Jahren haben Türkinnen begonnen, die Geschichte Osmanischer Frauen-
bewegungen aufzuarbeiten – kein leichtes Unterfangen, da die Quellen in
'osmanischer Schrift' verfaßt sind.

343 Eine meiner Interviewpartnerinnen, eine Krankenschwester aus Berlin, kam an
ihrer Arbeitsstelle in Berlin mit einer anderen jungen Krankenschwester
zusammen, die bereits in der Türkei gearbeitet hatte. Die Erzählungen über die
neue Republik reizten ihre Neugier, und die Türkei sollte die erste Station einer
Weltreise werden. (Annemarie Taneri, 22.06.1991) Eine andere Interviewpartnerin folgte dem Heiratsantrag eines jungen Türken vor allem deshalb, weil
sie so viel von der „Schönheit und Faszination Konstantinopels" gehört habe.
(Elze Mandil, 17.09.1990) Und wieder eine andere nahm den Heiratsantrag
eines jungen Türken u.a. deshalb an, weil sie gewußt habe, „daß ein Atatürk
hier ist, und daß es modern wird." (Elsa Ayman, 17.04.1991)

Deutschland war die Türkei bis in die 30er Jahre kein favorisierter Bündnispartner, da sie weltpolitisch keine Rolle spielte.[344] Und die junge Türkische Republik war vor allem daran interessiert, die gerade gewonnene Unabhängigkeit zu festigen. Sie war mit ihren umfangreichen internen Reformprozessen beschäftigt und brauchte Zeit und Frieden für ihr ökonomisches Entwicklungsprogramm. So mußten zunächst die quasi-kolonialen Abhängigkeiten des Osmanischen Erbes überwunden werden, die durch die Kapitulationen entstanden waren. Ausländische Hilfen und Investitionen waren weiterhin willkommen, doch die Rahmenbedingungen sollten vom türkischen Staat vorgegeben werden. So unterlagen die ausländischen Betriebe, denen im Osmanischen Reich weitgehende Privilegien und Steuerfreiheit zugestanden worden waren, nun der Kontrolle des türkischen Finanzministeriums.

Die Zeit von 1930 bis 1940 stand im Zeichen des Etatismus, des kemalistischen Entwicklungs- und Wirtschaftsmodells, das vor allem für das aktive Engagement des Staates in Wirtschaftsfragen stand und die weitgehende Verstaatlichung ausländischer Unternehmungen beinhaltete. Die von diesen Neuerungen nicht begeisterten Industrieländer mußten sich erst an das neue Selbstbewußtsein der türkischen Staatsführung gewöhnen und ließen sich nur ungern ihre bisherigen Handelsprivilegien entreißen. In der Türkei lösten Äußerungen des deutschen Delegierten Posse auf der Londoner Weltwirtschaftskonferenz 1933 große Empörung und ein lautstarkes Medienecho aus. Posse hatte in einer Sitzung der Handelspolitischen Kommission erklärt, es sei *„katastrophal, daß die Türkei zur Entwicklung ihrer Wirtschaft und Verarbeitung einiger ihrer Agrarprodukte eine Industrie"* aufbaue und dieselbe schütze. Posse forderte die Industrieländer auf, *„zur Beseitigung der Konkurrenz solcher Länder eine Einigung über die Frage der Ausfuhr herbeizuführen."*[345]

Dieser Vorfall weist auf das veränderte Selbstverständnis der Türkei hin, belegt die Irritation, die dieses Selbstverständnis bei anderen Staaten auslöste und zeugt von dem Versuch der Industrieländer,

---

344 Das politische Interesse Deutschlands an der Türkei stieg aus strategischen Erwägungen während der deutschen Kriegsvorbereitungen. Die Türkei wurde Lieferantin für kriegswichtige Materialien (z.B. Chromerz).

345 Aus der Übersetzung eines Briefes von Falih Rifki aus London, der u.a. in der »Hakimiyeti Milliye« vom 09.07.1933 zitiert wurde. AA (Auswärtiges Amt) Bonn: Pol 2a Ankara 441.

Gegenstrategien zu entwickeln, um die Türkei in wirtschaftlicher Abhängigkeit zu halten.

Verschiedene türkische Gesetze, die den neuen nationalen oder wirtschaftlichen Interessen entsprachen, traten in Kraft oder wurden verstärkt angewandt.

Für mittellose Immigrationswillige wurde das „Gesetz über die Reise und den Aufenthalt von Ausländern" von 1915 zur Hürde. Wenn sie einen vom Innenminister festgesetzten Betrag für den eigenen Unterhalt und den der Familie nicht vorweisen konnten, wenn sie ohne Visa eingereist waren, der Bettelei, Landstreicherei, Zuhälterei, Prostitution oder der Zugehörigkeit zu „ruhestörenden" politischen Gruppen verdächtigt wurden, konnten sie zurückgewiesen oder abgeschoben werden.[346] Das Gesetz fand je nach politischer und wirtschaftlicher Lage Anwendung. Verschiedene deutsche Länder sahen sich genötigt, Arbeitssuchende vor einer Ausreise in die Türkei zu warnen.

Besondere Bedeutung für deutsche Heiratswillige oder Ehefrauen türkischer Beamter hatte eine Entscheidung der Großen Nationalversammlung vom März 1929. Hier wurde beschlossen, das Beamtengesetz dahingehend zu verändern, daß Beamte nicht nur keine Ausländerin heiraten durften, sondern im Falle einer bestehenden Ehe mit einer Ausländerin so zu behandeln seien, *„als ob sie um ihre Entlassung aus dem Staatsdienst nachgesucht hätten."*[347] Für Offiziere und Militärbeamte galt diese Verordnung bereits vorher.

Zwei Beispiele können die Auswirkungen dieses Gesetzes und den möglichen Umgang damit verdeutlichen. Eine meiner Interviewpartnerinnen hatte ihren zukünftigen Ehemann in Hamburg kennengelernt. Da er ihr mitgeteilt hatte, daß Hochschullehrer als Beamte keine Ausländerin heiraten durften, rechnete sie nicht mit einer gemeinsamen Zukunft. Als er ihr jedoch nach seiner Rückkehr in die Türkei und einem zweijährigen Briefwechsel einen Heiratsantrag machte, nahm sie an und reiste in die Türkei. Sie erinnert sich:

„Und ich hatte überhaupt nicht an Heirat gedacht. Erstens war mein Mann mir sowieso.. Ich kannte meinen Mann nur sechs Monate (...), und weil er nebenbei geäußert hatte, daß er keine Ausländerin heiraten dürfte, tatsächlich, weil er sonst seine Stellung verloren hätte.

---

346 Vgl. Der Auslandsdeutsche, Heft 2, Stuttgart 1931.
347 Vgl. Der Nahe Osten, Heft 5, Berlin 1929, S. 85.

Aber anscheinend mochte ich ihn ja sehr gern, weil ich gleich Ja gesagt habe."[348]

In Istanbul trat sie mit der Unterstützung der Familie ihres zukünftigen Mannes zum Islam über und wurde Türkin.

„Ein Jahr war ich unverheiratet. Und nach einem Jahr ist es also der Familie gelungen, daß ich Türkin wurde."[349]

Nun stand einer Eheschließung und dem beruflichen Fortkommen des Ehemannes nichts mehr im Wege.

Für Veronika Gerngroß waren die Bedingungen ungleich schwieriger. Auch sie hatte sich in einen türkischen jungen Mann verliebt, der Assistent an der Universität war. Das Paar verzichtete wegen des Beamtengesetzes auf eine Eheschließung und lebte im Hause ihrer Eltern, der Emigrantenfamilie Gerngroß. Als jedoch der Universitätsvertrag des Vaters nicht verlängert wurde, bedeutete das den Verlust des Aufenthaltsrechtes für die ganze Familie. Notgedrungen wurde die Übersiedlung nach Palästina vorbereitet.

Wenige Tage vor der Ausreise gab der spätere Ehemann von Veronika Gerngroß seine Anstellung an der Universität auf, um sie zu heiraten und ihren Aufenthalt zu sichern.

„Und da kam eines Tages mein Mann nach Hause und sagte: »Du, ich bin heute zurückgetreten. Ich bin nicht mehr Assistent.« Hab ich gesagt: »Bist Du verrückt? Hast Du deine Karriere aufgegeben?«
»Ja, für Dich geb ich alles auf«, hat er gesagt. Hat seine Karriere total aufgegeben. Und da konnten wir heiraten. Da haben wir dann furchtbar schnell eine Blitzheirat gemacht. Das war noch drei Tage bevor die Eltern abgefahren sind."[350]

Der junge Ehemann versuchte sich vorübergehend und ohne Erfolg als Immobilienmakler. 1945 konnte er jedoch wieder an der Universität arbeiten, da das Gesetz zwischenzeitlich geändert worden war. Da Veronika Gerngroß durch die Heirat automatisch die türkische Staatsbürgerschaft bekam[351], durfte sie eine Anstellung in einer türkischen Bank annehmen und sicherte zwischenzeitlich das Familieneinkommen.

---

348 Interview Anita Erel, 10.06.1991.
349 Ebd.
350 Interview mit Bedia Bağda, Maltepe 21.06.1991.
351 Veronika Gerngroß trat schließlich auch zum Islam über und nannte sich Bedia Bağda.

Um einen höheren Beschäftigungsgrad der türkischen Bevölkerung zu erreichen, war 1933 das türkische Berufsausübungsgesetz erlassen worden. Es sperrte ganze Berufszweige für AusländerInnen und zwang viele von ihnen, das Land zu verlassen, in dem sie keine Möglichkeit mehr sahen, ihre Existenz zu sichern. Ausnahmen gab es nur für wenige.[352]

Der türkische Staat kaufte Firmen auf, unterstützte türkische Neugründungen und verringerte so den Anteil des Fremdkapitals an der türkischen Wirtschaft. Neue Industriezweige wurden gegründet, um das Importvolumen zu verringern und eine größere Unabhängigkeit vom Weltmarkt zu erreichen. Diesem Bestreben war zwar letztendlich wenig Erfolg beschieden. Hakkı Keskin weist jedoch auf einschneidende Änderungen, etwa im Bankwesen, hin:

„Während 1923 die fremden Banken mit 20 Niederlassungen das Finanzwesen der Türkei beherrschten, wurde ihre Zahl bis 1938 auf nur sieben zurückgedrängt, wobei zugleich deren Tätigkeit nur auf die Vermittlerrolle bei der Abwicklung von Geschäften zwischen der Türkei und ihren Heimatländern eingeschränkt wurde.“[353]

Auch die „Weltwirtschaftskrise“ traf die deutschsprachige Community und ihre Institutionen. Die beiden deutschen Banken standen im Juli 1931 kurz vor einem Zusammenbruch, da sie dem Ansturm der Kundschaft, die in Panik ihr Geld abheben wollte, nicht gewachsen waren. Das türkische Finanzministerium rettete die Banken aus ihrer momentanen Notlage, indem es dafür sorgte, daß Fälligkeiten aus dem Ankauf der Anatolischen Bagdadbahn teilweise umgehend zur Verfügung gestellt wurden und so die Liquidität der deutschen Banken erhalten blieb.[354]

Die Anstellung von europäischen Fachleuten, Universitätsprofessoren oder -assistentInnen und Militärberatern stellt nicht unbedingt einen Widerspruch zu den politischen, kulturellen und wirtschaftlich-

---

352 Im Auswärtigen Amt in Berlin trafen Anfragen und Berichte Betroffener ein. Der deutsche Konsul Fabricius hatte in Vertretung des abwesenden Botschafters eine Besprechung mit dem türkischen Innenminister. Er berichtete nach Berlin, daß der ihm versprochen habe, „daß er nach Möglichkeit deutsche Arbeiter als 'Spezialisten' bezeichnen und sie so wenigstens noch für einige Zeit im Lande weiter dulden will.“ Brief vom 22.3.33, AA Bonn, Ankara 656.

353 Keskin 1978, S. 85. In Istanbul hatten die Deutsche Bank und die Orientbank, eine Filiale der Dresdner Bank, Niederlassungen.

354 Vgl. Halbmonatliche Wirtschaftsausgabe der Türkischen Post, Nr. 9, 25. Juli 1931.

en Unabhängigkeitsbestrebungen der Türkei dar. Sie war in der Regel zeitlich begrenzt und galt der Vermittlung von know how an türkische Nachwuchskräfte. Beamte oder Studierende sollten für die Übernahme wichtiger Wirtschafts- und Staatsstellen qualifiziert werden.

In diesem Zusammenhang muß auf die Neugründung der Istanbuler Universität 1933 hingewiesen werden, die die alten Medresen[355] ablöste. In Ankara wurde die eigentliche Universität, die Ankara Üniversitesi, zwar erst 1946 eröffnet, zuvor gab es dort jedoch einzelne Fakultäten und Hochschulen.[356] Beide Städte boten zahlreichen deutschen und später österreichischen Emigrierten ein neues Wirkungsfeld. Diese prägten lange Zeit die Fächer, die sie zum Großteil erst neu einrichten mußten.

Nicht nur die türkische Universitätsreform von 1933 konnte von der deutschen „*Vertreibung des Geistes*"[357] profitieren, sondern auch das türkische Wirtschaftsministerium.[358] Ausländische Wirtschaftsberater hatten Tradition, und seit 1929 wurde verstärkt der Rat ausländischer Wirtschaftsexperten gesucht. So beriet eine sowjetische Delegation bei der Einführung des Etatismus, Experten aus der USA verfaßten Anfang 1933 unter anderem einen Bericht über das Geld- und Bankwesen, und ab 1934 wurden ausländische Berater im Wirtschaftsministerium beschäftigt.

Über die Besetzung einflußreicher Positionen mit ausländischen Wirtschaftsexperten gab es langwierige Diskussionen. Während sich etwa der Wirtschaftsminister Celal Bayar für die Anstellung eines ausländischen „ständigen Beraters" in leitender Position aussprach, stand der Nachfolger Mustafa Kemals, Ministerpräsident İsmet İnönü, diesem Vorhaben ablehnend gegenüber, da führende Positionen nur von Türken bekleidet werden sollten. Doch schließlich wurde der Emigrant Max von Porten als erster von ca. vierzehn deutschen Wirtschaftsexperten eingestellt und zum 'Oberberater' ernannt.[359] Die

---

355 So hießen die von religiösen Lehrern geführten Schulen.
356 Dazu ausführlich: Widmann 1973.
357 Nach dem Titel einer Sendung des Senders Freies Berlin am 30.04.1967. Jürgen Boettcher (Hg.): Um uns die Fremde – Die Vertreibung des Geistes 1933-1945. Versuch einer Dokumentation l. Die Wissenschaftler im Exil. (Manuskript)
358 İlhan Tekeli und Selim İlkin: Max von der Porten und die Entstehung der staatlichen Wirtschaftsunternehmen in der Türkei. Hrsg. von der Friedrich-Ebert-Stiftung Istanbul 1993.
359 Max von der Porten mußte Deutschland als „Nichtarier" verlassen, nachdem er in der Brüning-Regierung als international anerkannter Fachmann staatliche Investitionen besonders in der Schwerindustrie veranlaßt hatte.

Einstellung deutscher emigrierter Wirtschaftsexperten hatte einen besonderen Vorteil: *„Sie wirkte der sich in internationalen Kreisen verdichtenden Befürchtung entgegen, daß die Türkei unter den Einfluß von Deutschland gerate".*[360]

Neutralität als Kalkül

Von der zunehmenden Konkurrenz zwischen England und Deutschland um den wirtschaftlichen und politischen Einfluß profitierte die Türkei. Für das Eisen- und Stahlwerk in Karabük beispielsweise, für das sie sich seit 1934 um ausländische Kredite bemüht hatte, stellte England nur einen Monat nach dem Besuch des deutschen Finanzministers Hjalmar Schacht im November 1936 in Ankara einen Kredit in Höhe von drei Millionen Pfund zur Verfügung.[361] Und nachdem 1938 zwischen England und der Türkei ein Kreditabkommen in Höhe von 16 Millionen Pfund (100 Mio. TL) unterzeichnet worden war, besuchte im gleichen Jahr der stellvertretende deutsche Wirtschaftsminister Funk die Türkei und versprach ein Darlehen in Höhe von 150 Millionen Reichsmark (75 Mio. TL).[362]

Den propagierten Leitgedanken der umkämpften wirtschaftlichen und politischen Unabhängigkeitsbemühungen der Türkei verdeutlicht Keskin mit einem Zitat von Mustafa Kemal: *„Die auf die Sicherheit der Türkei zielende und gegen kein Land gerichtete Friedenspolitik wird stets unsere einzige Grundlinie bleiben".*[363] In der Tat wurde diese Strategie bis zum Ende des Zweiten Weltkrieges eingehalten. Die Türkei verfolgte unter Atatürk und seinem Nachfolger İsmet İnönü also keine Aggressions- oder Expansionspolitik, sondern im Interesse der Konsolidierung des Staates eine konsequente Neutralitätspolitik, die sie erst im Februar 1945 (zumindest pro forma) aufgab, als sie sich an die Seite der Westmächte stellte und eine Kriegserklärung gegen Deutschland und Japan abgab.[364]

Zur Friedenssicherung nahm die Türkei zunächst freundschaftliche Beziehungen zu den Nachbarstaaten – auch zu Griechenland –

---

360 Vgl. Tekeli/İlkin 1993, S. 15.
361 Der Anteil Deutschlands bei der gesamten Einfuhr der Türkei lag inzwischen bei 45%, bei der Ausfuhr sogar bei 51%. Ebd. S. 54.
362 Tekeli/İlkin 1993, S. 54.
363 Keskin 1978, S. 85.
364 Diese Kriegserklärung war Voraussetzung für die Aufnahme in die UN.

auf und schloß diverse Verträge ab. 1934 unterzeichneten die Türkei, Griechenland, Jugoslawien und Rumänien die „Balkan-Entente", die den Beteiligten gegenseitigen Schutz, vor allem vor den Expansionsbestrebungen Italiens, bieten sollte. Die deutsch-italienischen Beziehungen mußten die Türkei verunsichern, da Deutschlands Einfluß auf die Balkanländer gewachsen war. Die von der Türkei initiierte „Meerengenkonferenz" im Juni/Juli 1936 in Montreux sicherte ihr die Souveränität über die Meerengen. Der Vertrag wurde von der Türkei, Bulgarien, der Sowjetunion, Rumänien, Jugoslawien, Griechenland, England, Frankreich und Japan, 1938 dann auch von Italien, unterzeichnet. Er erhöhte das Ansehen der Türkei auf internationaler Ebene.[365] Die Durchfahrt von Kriegsschiffen wurde nun strikten Regelungen unterworfen.

Die jeweiligen Änderungen in der türkischen Außenpolitik, etwa die englisch-türkische Beistandserklärung vom Mai 1939, der sich einen Monat später auch Frankreich anschloß, galten der Sicherung der eigenen Grenzen.[366] Die Türkei reagierte auf den italienischen Einmarsch nach Albanien im April 1939 und auf die zuvor erfolgte deutsche Aktion gegen die Rest-Tschechei im März 1939 – denn ein Angriff durch die beiden „Achsenpartner" war vorstellbar. Der im August des gleichen Jahres abgeschlossene Nichtangriffspakt zwischen Deutschland und der Sowjetunion ließ die 'gutnachbarschaftlichen Beziehungen' zur Sowjetunion unsicher erscheinen, gewann doch die Meerengenfrage durch diese Entwicklung eine neue Brisanz.

Das Machtstreben NS-Deutschlands wurde mißtrauisch beobachtet. Es kam zu vorübergehenden Unstimmigkeiten zwischen den beiden Staaten, da jedoch die Türkei inzwischen an weltpolitischer Stabilität gewonnen hatte und Deutschlands Hauptlieferant für kriegswichtige Erze war, konnten weder Deutschland noch die Türkei an einer langfristigen Verschlechterung der Beziehungen Interesse haben.

Auch wenn die deutsch-türkischen außenpolitischen Spannungen rückblickend betrachtet die konsularischen Beziehungen zu keiner Zeit wirklich gefährdeten, erlebten viele Deutsche bzw. Deutschsprachige in der Türkei besonders den Kriegsbeginn als eine Zeit

---

365 Vgl. Keskin 1978, S. 94ff.
366 Praktisch fand dieser Vertrag auch keine Anwendung, die Türkei hielt sich aus allen Kriegshandlungen heraus.

starker Verunsicherung. Sie wurden mit dem wachsenden Mißtrauen ihres türkischen Umfeldes konfrontiert, und Warnungen vor der „5. Kolonne" machten die Runde. Von diesem Mißtrauen waren alle Deutschen bzw. Deutschsprachigen betroffen, egal ob sie eine pro-nazistische Einstellung zeigten oder als politisch oder 'rassisch' Verfolgte ins Land gekommen waren.

Der Außenpolitische Jahresbericht der Deutschen Botschaft von 1939 thematisiert die veränderte Haltung der Türkei gegenüber den dort lebenden Deutschen und spricht von einer *„starken Nervosität"* im Land.

„Auch in den bisher auf eine enge Zusammenarbeit mit Deutschland eingestellten türkischen Kreisen glaubte man in der Angliederung Böhmens und Mährens eine Abkehr von der bisherigen ethnographisch begründeten deutschen Revisions-politik und in der Proklamation des Grundsatzes vom »Lebensraum« einen Rückfall in den Vorkriegsimperialismus erblicken zu müssen."[367]

Im September 1940 beklagt Botschafter von Papen zwar noch die *„Haltung der türkischen Presse, die häufig unfreundliche Einstellung der Regierung zu Einzelfragen und die kleinlichen Schikanen unter-geordneter Organe gegenüber Reichsdeutschen"*, doch außenpolitisch gesehen stellt er – wie sich zeigen sollte – richtig fest:

„Ohne grundlegende Änderung der allgemeinen Kriegslage dürfte das Land jedoch heute zu einem aktiven Eingreifen nur zu bewegen sein, wenn es selbst unmittelbar bedroht wird."[368]

Als Bulgarien im März 1941 dem Dreimächtepakt beitrat, schickte Hitler dem türkischen Staatspräsidenten İnönü ein Schreiben, in dem er versicherte, daß ein deutscher Einmarsch in Bulgarien sich nicht *„gegen die territoriale oder politische Integrität der Türkei richte"* und ein Sicherheitsabstand zu der türkischen Grenze eingehalten würde.[369] Wenige Wochen später wurden sowjetisch-türkische Neutralitätserklärungen abgegeben und am 18. Juni des gleichen Jahres – nach längerem Taktieren und Sondieren in verschiedene

---

367 Außenpolitischer Jahresbericht. Deutsche Botschaft an das Auswärtige Amt Berlin, Ankara 10.1.1940. AA Bonn, Ankara 446.

368 Von Papen an das Auswärtige Amt Berlin. Tarabya 5.9.1940. AA Bonn, Ankara 446.

369 Josef Ackermann: Der begehrte Mann am Bosporus – Europäische Interessen-kollision in der Türkei (1938-1941). In: Manfred Funke (Hg.): Hitler, Deutsch-land und die Mächte. Materialien zur Außenpolitik des Dritten Reiches. Bonner Schriften zur Politik und Zeitgeschichte Nr.12. Düsseldorf 1977 (Nachdruck der 1.Auflage 1976), S. 489-507, hier S. 501.

Richtungen – ein deutsch-türkischer Freundschaftsvertrag abgeschlossen. Gleichzeitig wurden erweiterte Wirtschaftsbeziehungen vereinbart. Drei Tage nach Vertragsunterzeichnung überfielen deutsche Truppen die Sowjetunion. Die Türkei behielt ihre 'neutrale' Position bei.[370]

Deutsche Außenpolitik

Die Richtlinien der deutschen Außenpolitik stimmten vor dem Einmarsch in Polen häufig nicht mit den propagierten Zielen der NSDAP überein. Im Interesse der vorläufigen Vermeidung außenpolitischer Konflikte zeigten sich scheinbare Widersprüche zur NS-Ideologie und es erfolgten taktische Rückzüge. So wurden beschwichtigende Erklärungen über die veränderte Stoßrichtung der NS-Politik abgegeben, die sich angeblich im Vergleich zu den 20er Jahren und der Festlegung in Hitlers „Mein Kampf" überholt habe. Der Historiker Hans-Adolf Jacobsen beschreibt die Strukturen der NS-Außenpolitik 1933-1945 als geprägt von Konkurrenzen und uneindeutigen Aufgabenbereichen der einzelnen deutschen Institutionen. Die alten staatlichen Behörden, etwa das Auswärtige Amt, das Reichsinnenministerium, das Reichswirtschafts- und Finanzministerium und das Reichskriegsministerium arbeiteten *„zunächst noch ungestört von äußeren Einflüssen"*[371]. Das Auswärtige Amt vertrat die Interessen des Deutschen Reiches im Ausland, beobachtete die außen- und innenpolitischen Vorgänge in den verschiedenen Ländern, sammelte Nachrichtenmaterial und erarbeitete Vorschläge im Rahmen der Außenpolitik für die politische Führung. Nach Kriegsbeginn wurden zahlreiche neue Abteilungen eingerichtet, die sich um kriegswichtige Bereiche kümmerten (wirtschaftliche Kriegsführung, Kriegsgefangene etc.).

Seit 1932 hatte Konstantin Freiherr von Neurath das Auswärtige Amt geleitet, doch ihm und anderen Diplomaten der 'alten Schule' mißtraute Hitler und ernannte schließlich 1938 Joachim von Ribbentrop, der der NSDAP bereits 1932 beigetreten war, zum neuen

---

370 Einen komplexen geschichtlichen Überblick bietet: Fikret Adanır: Geschichte der Republik Türkei. Mannheim; Leipzig; Wien; Zürich 1995.
371 Hans-Adolf Jacobsen: Zur Struktur der NS-Außenpolitik 1933-1945. In: Manfred Funke (Hg.) 1977, S. 137-185, hier S. 139.

Außenminister. Dennoch kam es – bis auf einige Ausnahmen – nicht zur generellen Neubesetzung der ausländischen Vertretungen.

Jacobsens Einschätzung, daß die Angehörigen des höheren auswärtigen Dienstes eine *„weitaus homogene, z.T. recht exklusive Beamtenschaft"*[372] darstellten, mit stark konservativer Gesinnung und ohne besondere innerliche Identifizierung mit dem Nationalsozialismus, bestätigt sich für die deutsche Vertretung in der Türkei.[373]

Neben den vom Auswärtigen Amt betreuten Stellen entstanden einige neue Dienststellen der Partei und Wirtschaft, die mit diesen konkurrierten. Hans-Adolf Jacobsen schreibt:

„Für den Stil der nationalsozialistischen Außenpolitik seit 1933 war es charakteristisch, daß Hitler in zunehmenden Maße führenden Persönlichkeiten von Staat und Partei Sondermissionen übertrug."[374]

Die Auslandsorganisation der NSDAP, die aus der 1931 von Gregor Strasser gegründeten Auslandsabteilung der NSDAP hervorging und ab 1934 unter der Bezeichnung »A.O.« arbeitete, wuchs unter der Leitung von E.W. Bohle, der von Rudolf Heß unterstützt wurde, innerhalb weniger Jahre bis 1939 zu einer Organisation mit 65.000 Mitgliedern an. Sie betrieb 'Kulturarbeit' in den unterschiedlichen Siedlungsländern migrierter Deutscher, indem sie Veranstaltungen wie Vortrags- und Musikabende für ein internationales Publikum ausrichtete, diente jedoch vor allem der Vereinnahmung und Schulung der Reichsdeutschen im Ausland – so auch in Istanbul. Dort

---

372 Ebd., S. 143.
373 In Istanbul zeigte sich das, wenn etwa der Generalkonsul Marckwald um den Wechsel der NSDAP-Leitung ersucht (Brief an das A.A. Berlin vom 28.11.1933, Ankara 699). Und auch der spätere Botschafter von Papen schaffte es, diesen Eindruck von Distanz zu erwecken, obwohl er gleichzeitig offizieller Vertreter des NS-Staates in der Türkei war. Die türkische Journalistin Leyla Çambel stellt ihm nachträglich ein eher positives Zeugnis aus. Vgl. Leyla Çambel: Franz von Papen als Botschafter im deutschen kaiserlichen Palais in Istanbul. Deutsch-türkische Beziehungen in den dreissiger und vierziger Jahren. In: Generalkonsulat der Bundesrepublik Deutschland (Hg.): Das kaiserliche Palais in Istanbul und die deutsch-türkischen Beziehungen. Istanbul 1989, S. 49-53.
Mit einigen Ausnahmen von Diplomaten, die ihre Position zur Bekämpfung des NS-Systems nutzten (z.B. Adam Trott zu Solz oder Friedrich Werner Graf von der Schulenburg), trug jedoch gerade dieser Personenkreis durch sein weitgehendes Arrangieren mit dem System, das er nach außen vertrat, zu dessen Stabilisierung bei.
374 Jacobsen 1977, S. 139. In die Türkei reisten u.a. von Schacht, Funke, Heß und von Schirach.

wurden innerhalb kürzester Zeit NSDAP-Unterorganisationen eingerichtet. Vom NS-Lehrerbund über die verschiedenen HJ-Gruppen bis zur NS-Frauenschaft waren alle im 'Reich' relevanten Gruppen auch in Istanbul präsent.[375]

Der ideologische Einfluß war in den verschiedenen 'Deutschen Kolonien' unterschiedlich stark. Bis 1937 sollen jedoch höchstens 6% aller Reichsdeutschen im Ausland die Parteimitgliedschaft erworben haben. Jacobsen beurteilt die Arbeit der Auslandsorganisation der NSDAP insgesamt als *„eklatanten Mißerfolg".*[376] Er sieht deren Bedeutung vom Ausland überschätzt, die Angst vor der „5. Kolonne"[377] irreal. Wenn er jedoch betont, daß die Mehrzahl der im Ausland lebenden Deutschen *„von ihrer Umgebung aufgesogen"* waren und sich *„trotz der Verbundenheit mit der alten Heimat keineswegs mehr als Glied des Deutschen Volkes"* betrachteten, so mag das für die USA weitgehend gelten, in der Türkei zeigt sich jedoch ein anderes Bild. Deutsch-nationales Denken und Agieren war hier sehr ausgeprägt und das Interesse an den Veränderungen in und der Zugehörigkeit zu der 'Heimat' offensichtlich.[378] Der deutsche Generalkonsul Toepke meldete bereits im Juni 1935 aus Istanbul:

---

375 Am 31.05.1934 sandte das AA Berlin ein Rundschreiben „An die deutschen Missionen und Berufskonsulate im Ausland" mit der Mitteilung, daß „die Betreuung der reichsdeutschen Vereine im Ausland (...) in Zukunft die Aufgabe des neugegründeten »Verbandes reichsdeutscher Vereine im Ausland« E.V." sei. Der Verband unterstand der Auslandsorganisation der NSDAP in Hamburg. AA Bonn, Ankara 700.

376 Am 15.05.1936 wurde das Auswärtige Amt reorganisiert. „Die bisherigen Länderabteilungen wurden zu einer »Politischen Abteilung« zusammengefaßt, während alle wirtschaftlichen Aufgaben künftig von der Handelspolitischen Abteilung übernommen wurden. Seit 1936 bestanden somit fünf einander gleichberechtigte Sachabteilungen (Verwaltung/Personal; Politik; Handel; Recht, Kultur); hinzu kamen Presseprotokoll und Referat Deutschland. Diese Einteilung wurde als Grundstock bis 1945 beibehalten." Vgl. Jacobsen 1977, S. 140ff und S. 147.

377 Auch in der Türkei kursierten Gerüchte über die 5. Kolonne, die nach dem von Deutschland begonnenen Krieg an Intensität gewannen. Berichte von Deutschen über die Überwachung durch die türkische Geheimpolizei häuften sich und schriftliche Warnungen vor der 5. Kolonne tauchten auf. Vgl. AA Bonn, Ankara 442.

378 Bewußt und unter Inkaufnahme von bürokratischem Aufwand behielten viele Deutsche, deren Vorfahren bereits Mitte des letzten Jahrhunderts in die Türkei migriert waren, die deutsche Staatsangehörigkeit (bis heute) bei, schickten ihre Kinder zur deutschen Schule, heirateten vor allem untereinander etc.

„Die Mitgliederzahl der Ortsgruppe der NSDAP in meinem Amtsbezirk beträgt nach dem Stand vom 1.Juni d.J. insgesamt 225 Personen. Hiervon gehören 6 Mitglieder zu der Gruppe der NSDAP »Auswärtiger Dienst« (Generalkonsulat); 20 Parteigenossen sind österreichische, 20 Parteigenossen tschechische Staatsangehörige."

Zu seinem Amtsbezirk rechnet Toepke 950 Reichsdeutsche, *„die Anzahl der Volksdeutschen wechselt stark und ist auch nicht annähernd anzugeben."*[379]
Offensichtlich wurde die große Zahl der inzwischen in Istanbul eingetroffenen EmigrantInnen bei dieser Rechnung nicht berücksichtigt.
Von Ankara wurden im gleichen Monat 50 Mitglieder der NSDAP gemeldet, bei einer Gesamtzahl von ca. 250 Reichsdeutschen und 100 Volksdeutschen.[380] Es ist jedoch müßig, über Zahlen oder Prozente zu spekulieren, wichtig ist festzuhalten, daß die Ortsgruppe der NSDAP Istanbul sehr schnell bedeutenden Einfluß auf große Teile der deutschsprachigen Community gewann.

4. Deutsch-deutsche Konflikte

Das Selbstbewußtsein der Ortsgruppenleiter im Ausland war durch die Erfolge der Partei, als deren Vertreter sie ja agierten, zumeist sehr ausgeprägt. Zwar hatte die Auslandsorganisation der NSDAP keine Kontrollegitimation über die Reichsvertreter, die vom Auswärtigen Amt gesandt wurden, doch durch Bespitzelungen und 'Berichte ins Reich' konnte indirekt Einfluß genommen werden – allerdings nur auf die Stellenbesetzungen der unteren Ebene.
In den Botschaften und Konsulaten kam es gelegentlich zu massiven Auseinandersetzungen zwischen Parteifunktionären und den diplomatischen Vertretern des Auswärtigen Amtes. In Ankara gipfelten sie in einer *„Verfügung"* des Botschafters von Papen gegen den »Hoheitsträger der A.O.« in der Türkei, Landesgruppenführer

---

379 Brief: Toepke an AA Berlin, Istanbul, den 27.Juni 1935. AA Bonn, Deutsche Kolonie Konstantinopel, Kult 3, Ankara 699.
380 Vgl. Botschafter Fabricius an AA Berlin, Therapia, den 24. Juni 1935. Ebd.

Friede[381], die im „*Großen Umlauf*" alle Botschaftsangehörigen erreichte:

„Wegen des unmöglichen Verhaltens des Beauftragten für Fragen der Reichs-deutschen in der Türkei, Herrn Viktor Friede, gegenüber dem Vertreter des Deutschen Reiches in der Türkei habe ich verfügt, daß Pg. Friede die ihm in der Botschaft eingeräumten Büros bis Sonnabend, den 13. Juni 1942 abends, zu räumen hat und daß in Zukunft jeder Verkehr außer dienstlicher Art von Angehörigen meiner Botschaft mit Pg. Friede zu unterbleiben hat. Diese Verfü-gung fällt unter das Gebot der Dienstverschwiegenheit."[382]

Vorausgegangen waren Amtsanmaßungen und heftigste verbale Angriffe des Ortsgruppenführers gegenüber dem Botschafter. Im Archiv des Auswärtigen Amtes in Bonn finden sich Akten, die verschiedene Phasen dieses Streites belegen. Da auch die interna-tionale Presse von Animositäten und Beschimpfungen berichtete, litt das propagierte Bild vom 'Einig Vaterland' und zwang die A.O. schließlich zur Abberufung ihres Vertreters.[383]

Von Papen selbst berichtet 1952 in seiner Rechtfertigungsschrift „Der Wahrheit eine Gasse" von dieser Episode:

„Eine ernsthafte Schwierigkeit mit der Partei entstand im Sommer 1942, als der Kanzler der Botschaft eines Tages mit einer vertraulichen Mitteilung zu mir kam. Er berichtete, auf einer Parteisitzung habe der Landesgruppenleiter in der Türkei Friede soeben geäußert, der Botschafter gehöre längst in ein KZ oder besser noch erschossen. Dieser Parteisitzung hatten fast alle Beamten meiner Botschaft beige-wohnt, da sie mit einer Ausnahme sämtlich Parteimitglieder waren. Ich befahl, Friede sofort herbeizuholen. Als er erschien fragte ich ihn, ob er die mir gemeldete Äußerung getan habe. Er bejahte. Darauf erklärte ich ihm, er habe bin-

381 Friede war Träger des »Blutordens«, den er für den illegalen Kampf für die NSDAP in Österreich bekommen hat. Bohle gratulierte dazu am 21.02.1940. AA Bonn, Ankara 577.
382 Großer Umlauf! Verfügung, Ankara, 11. Juni 1942. AA Bonn, Ankara 576 (geh.).
383 In der schwedischen Tageszeitung »Social-Demokraten« erschien im September 1942 ein Artikel über den „Nazistischen Familienstreit in Ankara". Darin wird über Intrigen gegen von Papen berichtet, die von der Schwester des Reichsaußenministers von Ribbentrop, Frau Janke, und ihrem Mann, der als Handelsattaché in Ankara angemeldet war, ausgegangen seien. Frau Janke habe die Türkei verlassen müssen. „Ein anderer bekannter Ankara-Deutscher, der fort mußte, ist Friede, der Chef der Ankara-Filiale der AEG und gleichzeitiger Gauleiter der deutschen Ankara-Kolonie. In einer Rede machte er, auf Papen zielend, heftige Ausfälle gegen deutsche Diplomaten, die nur mit den Lippen Nationalsozialisten seien. Er wurde darauf gleich heimberufen." Übersetzung aus der Schwedischen Tageszeitung »Social-Demokraten« vom 02. September 1942. In: Pressearchiv Potsdam 09.01 Ausw. Amt Nr. 58498 Blatt 113.

nen achtundvierzig Stunden das ihm zugewiesene Büro im Hause der Botschaft (er fungierte dort als »Beauftragter für die Fragen der Reichsdeutschen«) zu räumen, dürfe das Botschaftsgebiet nie wieder betreten und habe seinen Verkehr mit allen Mitgliedern meiner Behörde sofort einzustellen. Gleichzeitig verfügte ich einen entsprechenden Erlaß an sämtliche Mitglieder meines Stabes. (...) Über ein Jahr hat es gedauert, bis es endlich gelang, den von mir hinausgesetzten Landesgruppenleiter endgültig aus der Türkei zu entfernen."[384]

Die Community-Angehörigen wurden direkt und indirekt in derartige Auseinandersetzungen involviert, da diese auch in öffentlichen Veranstaltungen ausgetragen wurden. Die oben beschriebene war derart eindrucksvoll, daß sie noch heute lebhaft erinnert wird. Eine österreichische Migrantin[385] aus Ankara berichtete, wie die verbalen Angriffe des Parteivertreters Frau von Papen in Ohnmacht fallen ließen:

A. „Warum ist Frau von Papen in Ohnmacht gefallen?"
M. „Wenn die Nazis Ihre Versammlungen abgehalten haben, mußte sie und er in der Reihe sitzen. Und da wurde eben auf ihn sehr geschossen – mit Worten. Und das hat sie ziemlich aufgeregt."
A. „Ja, ist er hier angegriffen worden von den Nazis?"
M. „Ja freilich!"

Auch im Generalkonsulat Istanbul kam es zu Auseinandersetzungen zwischen Vertretern der Auslandsorganisation der NSDAP und Beamten des Auswärtigen Amtes. Nachdem der Generalkonsul Seiler bereits ein Jahr zuvor Probleme mit der Presseabteilung der Botschaft hatte[386], sah er sich im November 1942 gezwungen, an das Auswärtige Amt nach Berlin zu schreiben, um sich gegen Vorwürfe und Einmischungen des beim *„Generalkonsulat eingebauten Konsulats-*

---

384 Franz von Papen: Der Wahrheit eine Gasse. München 1952, S. 555. Tatsächlich hatte es im Februar des gleichen Jahres ein Attentat auf von Papen in Ankara gegeben, für das russische Kreise verantwortlich gemacht wurden. Es gab jedoch auch Gerüchte, „daß die Gestapo das Attentat selbst inszenierte". Vgl. Johannes Glasneck und Inge Kircheisen: Türkei und Afghanistan – Brennpunkte der Orientpolitik. Berlin 1968, S. 85.
385 Mimi Silinski betreute das Kolonieheim in Ankara, in dem die deutschen Veranstaltungen stattfanden. So wurde sie Zeugin mehrerer Auseinandersetzungen zwischen von Papen und den Parteifunktionären.
386 Ein Angestellter der Presseabteilung, Herbert Knoll, wurde daraufhin nach Deutschland zurückgeschickt und von der Wehrmacht eingezogen. Und mit dem Presseattaché Schmidt-Dumont, den er verdächtigte, ihm nachzuspionieren, verweigerte Seiler weiteren dienstlichen und privaten Kontakt. AA Bonn, Ankara 552.

sekretärs Ludwig (Aladin)"[387] zu wehren. Ludwig hatte sich an seine Berliner Dienststelle gewandt und angeblich mangelhafte Sicherheitsvorkehrungen im Konsulatsgebäude angezeigt. Damit habe er seine Kompetenzen überschritten und sich in den Zuständigkeitsbereich des Generalkonsuls eingemischt. Offensichtlich nicht zum ersten Mal, denn Seiler betont,

„daß Herr Ludwig wieder einmal in dieser wahrheitswidrigen und böswilligen Weise gegen seinen Behördenleiter vorgegangen ist, daß er seine Zuschrift gleichzeitig an sieben weitere Dienststellen geleitet und sich trotz Abraten des dienstältesten Waffenattachés im Hause an seine vorgesetzte Berliner Dienststelle gewandt hat".

Seiler verlangte, diesmal ohne Erfolg, die Abberufung Ludwigs.[388]

---

387 Ludwig, alias Aladin, gehörte der deutschen Abwehr an; das geht aus einem Raumverteilungsplan des Generalkonsulats hervor, den Seiler im Auftrag des Botschafters anfertigte. Seiler an Deutsche Botschaft Tarabya Istanbul 29.06.1942. AA Bonn 553.
388 AA Bonn Ankara 570 pol. geh.

IV. Die 'Nazionalisierung' der Community

In dem folgenden Kapitel geht es um die Ausbreitung des deutschen Nazismus in Istanbul. Anhand unterschiedlicher Quellen, zu denen Artikel der Tageszeitung ebenso gehören wie Archivmaterialien und Berichte von ZeitzeugInnen, wird gezeigt, wie schnell die national-sozialistischen Ideen auch hier aufgenommen und in das Alltagsleben integriert wurden. Verschiedene Institutionen und Personen hatten unzweifelhaft entscheidenden Anteil an der zunehmenden Dominanz nazistischer Praktiken. Es ist nicht zu übersehen, wie gern sich viele Auslandsdeutsche auf das neue System einließen und wie bei einem Großteil der Community-Angehörigen Anpassung stattfand, obwohl Abgrenzung leicht war. Die Entstehung eines ganz alltäglichen, unspektakulären Nazismus ist es, die im Nachhinein verwundert und Fragen nach individuellem Selbstverständnis aufwirft. Die Geschichte des Nazismus in Istanbul zeigt, wie wenig nötig war, um Menschen zu vereinnahmen und für Unmenschliches blind zu machen.

Erklärungsansätze lassen sich auch hier finden, etwa die relative Unsicherheit, die die türkischen Reformen für die deutsche Minder-heit gebracht hatten, die materiellen und psychischen Nachwirkungen des verlorenen Krieges und der folgenden Ausweisung, aber auch die jahrhundertelange Konkurrenz zur dominanten französischen Minder-heit und nicht zuletzt die Vorteile, die die Partizipation am deutschen Unterstützungssystem mit sich brachte. Verführerisch waren ebenfalls die Anerkennung, die den Erfolgen Hitler-Deutschlands zunächst – wenn oft auch widerwillig – international gezollt wurde, oder die Verlockung durch die neuen geschäftlichen Möglichkeiten, die die expandierenden deutsch-türkischen Wirtschaftsbeziehungen mit sich brachten. Der Widerstand gegen die Übernahme von Führungs-positionen durch Nationalsozialisten innerhalb der Community war gering, solange es sich um 'überzeugende' Persönlichkeiten handelte. Erst durch die Ankunft und Etablierung der EmigrantInnen entstand eine – wenn auch wenig öffentlich gezeigte – Opposition gegen das nazistische System. Relevante politische und gesellschaftliche Orien-

tierungen wurden weiterhin von einzelnen Persönlichkeiten vorgegeben, die das Geschichtsbild der Deutschen in der Türkei prägten.

Die Regierungselite der Türkischen Republik zeigte Verständnis
für die 'deutschen nationalen Bestrebungen', solange eigene Belange
nicht berührt wurden. Eine Schweizer Zeitzeugin erinnert sich:

> „In der Türkei war jegliche politische Betätigung der Ausländer gesetzlich
> verboten, aber sie drückte sämtliche Augen und Hühneraugen zu, als sich die
> Nazis in der deutschen Kolonie immer breiter machten, in Braunhemden und mit
> Hakenkreuzfahnen in der »Teutonia« und sogar in der evangelischen Kirche
> einmarschierten."[389]

Weiterhin und verstärkt gab es eine große prodeutsche Gruppe in der
türkischen Armee und deutschfreundliche Akteure in unterschiedlichen Regierungsstellen. Bei der türkischen Bevölkerung herrschte
nun wieder eine generelle 'Deutschfreundlichkeit' vor, von der die
NationalsozialistInnen ebenso profitierten wie die Emigrierten.

In den folgenden Darstellungen werden Zitate – abgesehen von
impliziten Anspielungen – nur sparsam kommentiert. In der Regel ist
die Sprache jener Jahre auch in Istanbul von erschreckender Eindeu-
tigkeit.

1.   Von der Nationalisierung zur Nazionalisierung

Wie die bisherige Darstellung der Geschichte der Deutschen in Istanbul gezeigt hat, war deren Nationalisierung in einem langandauernden
Prozeß erfolgt. Sie kann quasi als Vorbedingung – zumindest jedoch
als wesentlicher Aspekt – der sogenannten Koloniebildung und
darüber hinaus prägend für das deutschsprachige Community-Leben
betrachtet werden. Deutsche, Deutschsprachige und Menschen mit
deutschen Vorfahren hatten sich zunächst über ihre gemeinsame
Sprache, dann über eine gemeinsame Religion, schließlich über ihre
nationale Orientierung zu mehr oder weniger kleinen Gruppen,
Verbänden und Institutionen, schließlich zu einer übergreifenden
Interessengemeinschaft, die sie 'Deutsche Kolonie' nannten, zusam-

---

389   Brief von Gisela Freibergs, Västra Frölunda, den 23.04.1992.

mengeschlossen und bildeten damit Teile eines größeren Netzwerkes – der Community.

Die Heterogenität dieser Community in Kombination mit der Unsicherheit, die die politischen und gesellschaftlichen Umwälzungen im Migrationsland Türkei mit sich brachten, „zwang" diese zur weitgehenden Toleranz. Um es positiv zu formulieren, die Normalität der Konfrontation mit 'anderen' Lebensweisen und Bedürfnissen, 'anderen' Wertigkeiten und Riten ermöglichte deren Akzeptanz. Das Zusammenleben verschiedener nationaler, ethnischer, religiöser und/oder kultureller Gruppen war in Istanbul jahrhundertelang eingeübt. Das bedeutet jedoch nicht, daß dort eine multi- oder interkulturelle gleichberechtigte Gesellschaft zusammenlebte. Die jeweiligen Gruppen pflegten vielmehr ihr eigenes kulturelles, religiöses und nationales Selbstbewußtsein und Überlegenheitsempfinden. Sie hatten jedoch relativ gut funktionierende Techniken des konfliktarmen Zusammenlebens entwickelt.

Nachdem sich Deutsche nach Abzug der Entente-Mächte wieder in der Türkei niederlassen konnten, vergrößerte sich die deutschsprachige Community sehr schnell. Die Zahl der Deutschen in Istanbul war für 1918 – also vor ihrer Ausweisung – offiziell mit 1300 angegeben worden[390], 1926 sollen es bereits 1.500 gewesen sein.[391] Ganz Istanbul mit den Stadtteilen, vorgelagerten Inseln und weiteren Einzugsgebieten[392] hatte nach der Statistik von 1935 883.599 Einwohner und Einwohnerinnen. Die größte Bevölkerungsgruppe konzentrierte sich in Beyoğlu und Liman, den klassischen „europäischen Stadtteilen", in denen auch die ausgeprägteste deutschsprachige Infrastruktur vorhanden war, mit 235.051, gefolgt von den klassischen türkischen Wohngebieten Fatih mit 172.902 und Eminönü mit 100.933 Personen.[393]

In Istanbul und seinen umliegenden Orten und Inseln lebten danach 457.343 Männer und 426.256 Frauen. Mehr Frauen als Männer wohnten nur in den (türkischen) Stadtteilen Fatih (87.918 zu

---

390 Vgl. Der Auslandsdeutsche, Heft 9, Stuttgart 1918/19, S. 140.
391 Vgl. Der Auslandsdeutsche, Heft 2, Stuttgart 1926, S. 731.
392 Eingeschlossen sind Üsküdar, Bakırköy, Adalar, Beyoğlu und Liman, Beşiktaş, Sarıyer, Fatih, Eminönü, Kadıköy, Beykoz, Çatalca, Sile, Yalova, Kartal und Silivri.
393 Vgl. Devlet Basımevi: Küçük İstatistik, Yıllığı 1937/38, Istanbul 1938.

84.984 M.), Kadıköy (30.916 zu 26.626 M.) und Şile (7.979 zu 7.122 M.).[394]

Die Aufteilung nach Staatsangehörigkeit nennt für Istanbul 2.151 Deutsche, 1.057 ÖsterreicherInnen und 352 SchweizerInnen.[395]

Wie die Volkszählungen jener Zeit abliefen, beschreibt Georg Mayer sehr episodenhaft:

„Hier werden die Menschen tatsächlich Stück für Stück wie die Hammel gezählt. Es wird ein Stichtag festgesetzt, den man als Gefangener im Haus verbringt, während ein Heer von Beamten die Wohnungen durchkämmt und jeden persönlich in Augenschein nimmt."[396]

Die Zahlen sind zwar aussagekräftig, stimmen jedoch nicht unbedingt mit den real in Istanbul lebenden Menschen überein. Es war leicht, sich dieser Zählung durch Abwesenheit zu entziehen.

Besonders aktiv in deutschen Fragen war weiterhin der „Bund der Auslandsdeutschen", der im Interesse des deutschen Ansehens auch Arbeitsvermittlung für die ohne Geld und Verbindungen ankommenden Deutschen betrieb. Der Verein, der in verschiedenen Migrationsländern aktiv war, bemühte sich um die Erhaltung des Deutschtums der Migrierten und warb um deren Zusammenhalt. Hierbei steht die noch für den heutigen Nationalismus relevante 'sanguine' Nationalstaatsideologie[397] im Vordergrund, die Zugehörigkeit nach 'Abstammung' und nicht nach Paß definiert. Vorsitzender der Auslandsdeutschen in Istanbul war Richard Preußer[398], der Direktor der Deutschen Schule. Er war besonders um die Präsentation deutschen Kulturlebens in der Türkei bemüht. In seiner Rede anläßlich der Feierlichkeiten zum 60jährigen Bestehen einer deutschen Schule in Istanbul 1928 wurde nicht nur der notwendige Zusammenhalt der Deutschen, egal welcher Religion und politischen Orientierung,

---

394 Vgl. Küçük İstatistik, Yıllığı 1940-41, CILT – 4, Ankara 1942, S. 27f. Während die Statistik, die 1938 herausgegeben wurde, nur Gesamtzahlen angibt, erscheinen die Bevölkerungszahlen in der Ausgabe von 1940/41 nach Geschlecht aufgeschlüsselt.

395 Vgl. Ebd. S. 49.

396 Mayer 1978, S. 47f. Das Zählsystem, das Mayer damals kritisierte, wird noch heute so angewandt.

397 Zugehörigkeit wird über eine Vorstellung von 'Blut und Vererbung' definiert, nicht über Staatsangehörigkeit. Viele der 'Deutschen' in Istanbul hatten andersnationale Pässe.

398 Preußer wird als 'streng deutsch-national' beschrieben. 1933 trat er in die NSDAP ein. Zentralarchiv Potsdam 49.01 Reichsministerium für Wissenschaft, Erziehung u. Volksbildung Nr. 6656, Blatt 98.

konstatiert bzw. beschworen, sondern explizit darauf hingewiesen, daß im Interesse der Rückgewinnung deutschen Ansehens und wirtschaftlicher Bedeutung ein Zusammenhalt auch verschiedener politischer Gruppierungen bedeutsam und erwünscht sei. 1928, also vier Jahre nach ihrer Wiedereröffnung, besuchten bereits 587 Schüler und Schülerinnen die Deutsche Schule in Istanbul. Rektor Preußer bemerkte dazu:

„Es ist aber nicht die Höhe der Zahl, die uns so froh und stolz macht, es ist die Zuversicht, die wir daraus schöpfen, die Zuversicht, daß Deutschland in stiller, zäher, ruhiger Friedensarbeit seine weltwirtschaftliche Stellung zurückerobert. Wir, die wir heute hier versammelt sind, gehören politischen Parteien von rechts und von links an. Das Herrliche aber dabei ist, daß wir die Synthese zwischen den verschiedenen Weltanschauungen gefunden haben und infolge dessen, getrieben von der Liebe zum Vaterlande, durch unsere stille Arbeit mitgeholfen haben und mithelfen am Wiederaufbau, an dem Weg zur Höhe.“[399]

Hier wird also ein Zusammenhalt der Deutschen beschworen und wird die enge Verbindung zur deutschen Heimat betont. Stolz werden die ersten Erfolge der deutschen Wirtschaftspolitik hervorgehoben.

Interessant an Preußers Ausführungen ist die Darstellung eines Konsenses, den die unterschiedlichen deutschen Gruppierungen in Istanbul gefunden hätten. Der gemeinsame Wiederaufbau der alten Infrastruktur hatte frühere Rivalitäten offensichtlich verdrängt. Darauf ist besonders hinzuweisen, weil diese Einigkeit kurz nach der Machtergreifung der Nationalsozialisten in Deutschland zutiefst zerstört werden sollte.

In der Türkischen Post wandte sich der Istanbuler Bund der Auslandsdeutschen mit Auszügen aus einem Rundschreiben der Berliner Niederlassung zum Jahreswechsel 1932/33 an seine Landsleute:

„Nach Niedergang und Niederbruch verheißt ein wiedererstarkender nationaler Daseinswille eine bessere Zukunft. – Die Deutschen draußen oder diejenigen draußen, die zwar Bürger eines anderen Staates geworden sind, aber ihre deutsche Abstammung in Ehren halten, sollten jedenfalls den Glauben an ihre alte Heimat und die Hoffnung auf die Wiedergeburt Deutschlands mit in's neue Jahr hinübernehmen! (...) Für alle draußen aber ist es Pflicht, günstige Stimmung für Deutschland in der Welt zu schaffen.“[400]

---

399   60 Jahre Deutsche Schule. Feier in der Deutschen Schule. – Festrede von
      Rektor Preußer. In: T.P. 17.11.1928.
400   T.P. 03.02.1933.

Und tatsächlich wurde die Hoffnung auf die „Wiedergeburt Deutschlands" in gewisser Weise erfüllt. Denn das neue Jahr sollte nicht nur für Deutschland, sondern auch für die Deutschen in Istanbul große Veränderungen bringen. Allerdings hielt die gewünschte Einheit hier gerade nicht Einzug – im Gegenteil, vor 1933 waren die gemeinsamen Interessen innerhalb der Community wesentlich größer als in den folgenden Jahren.

Die nationale Orientierung hat auch in der Deutschen Evangelischen Kirche weiterhin eine wichtige Rolle gespielt. Pfarrer Berckenhagen betonte in seinem Jahresbericht von 1931/32 den Volkstumsgedanken:

„Christen wissen sich von Gott in ihr Volk hineingestellt und sollen auch diese Gottesordnung ihrer Zugehörigkeit zu einem bestimmten Volkstum heilig halten."[401]

Der Pfarrer machte aber gleichzeitig klar, daß die Evangelische Kirche nicht nur nationale Aufgaben wahrnahm und wahrnehmen wollte. Von 135 Amtshandlungen des Kirchenjahres (Taufe, Konfirmation, Trauung etc.) betrafen nur 66 'Reichsdeutsche', die anderen entfielen auf Angehörige von 17 verschiedenen Staaten, unter denen auch Franzosen waren – trotz 'Erbfeindschaft'.[402]

Die Deutsche Evangelische Kirche in Istanbul sah sich also weiterhin als Vertreterin aller evangelischen Christen und Christinnen, auch wenn die deutschsprachigen Evangelischen im Vordergrund standen. Sie beachtete in ihren Gottesdiensten neben religiösen auch nationale Gedenktage unterschiedlicher Provenienz. So wurde dem Ersten Ökumenischen Konzil von Nicäa (1925) ebenso gedacht, wie es Gedenktage für Franz von Assisi (1926) oder Augustin (1930) gab oder wie der 400. Todestag des Schweizer Reformators Huldreich Zwingli und der 200. Jahrestag der Vertreibung der Salzburger Protestanten (1931) gewürdigt wurden. Ab 1926 wurde in Istanbul am Volkstrauertag, gemeinsam mit Deutschsprachigen und Deutschorientierten, um die Gefallenen des Ersten Weltkrieges getrauert. Dieses Ritual an deutschen Soldatengräbern in der Türkei bezog alle dort vertretenen Religionen und Gruppierungen ein. Traditionell nahmen auch hohe türkische Militärvertreter daran teil. Anläßlich des Todes des Reichspräsidenten Ebert (1925), des 80. Geburtstages

---

401 Jahresbericht der Deutschen Evangelischen Gemeinde zu Konstantinopel über die Jahre 1931 und 1932. Istanbul 1932, S. 6.
402 Vgl. Ebd., S. 13.

Hindenburgs (1927), des 10. Gedenktages der Reichsverfassung (1929) oder des Todes Stresemanns (1929) gab es ebenfalls Gedenkgottesdienste.

Gutbesuchte Gemeindeabende wurden in der Teutonia abgehalten. Wie im Gemeindebericht betont wird, hielt sich die Gemeinde zunächst bewußt „ *von aller parteipolitischen Enge* "[403] fern.

Seit 1927 gab es im Pfarrhaus auch wieder Frauentreffen mit Vortrags-, Lese- und Nähnachmittagen. Aus diesem Kreis schloß sich 1930 ein Frauenchor und ab Januar 1932 eine „Frauenhilfe der Deutschen Evangelischen Gemeinde"[404] zusammen. Wie aus dem Gemeindebericht zu erfahren ist, wurden die Angebote der Kirche von jungen Mädchen wenig wahrgenommen. Dort wird vorwurfsvoll vermerkt:

„Leider ist die Zahl derjenigen Mädchen, die bewußt jede Verbindung mit Gemeinde und Pfarrhaus meiden, nicht ganz klein; nicht wenige kommen ins Ausland, um dort im Großstadttreiben völlig unerkannt und unbeobachtet zu sein."[405]

Istanbul war eben auch Anziehungspunkt für Abenteuerinnen und nach neuen Perspektiven Suchenden, daneben weiterhin Zwischen- oder Endstation für in die Prostitution gezwungene oder verführte Mädchen und Frauen.

Für sie alle wurde die Gemeindeschwester, die im Juni 1932 ihr Amt übernahm, potentielle Ansprechpartnerin. Schwester Margarete Vasarhelyi kam aus Kaiserswerth und setzte mit ihren Mitschwestern im Deutschen Krankenhaus die Tradition der Kaiserswerther Diakonissen in Istanbul fort. Auch sie betreute nicht nur evangelisches Klientel.

Nationale, ethnische oder religiöse Abgrenzungen unter den Deutschsprachigen waren damals zwar vorhanden, aber weitgehend bedeutungslos. Eine Interviewpartnerin, deren jüdische Familie Ende des letzten Jahrhunderts aus Lemberg eingewandert war, betonte die Eintracht der Deutschen bzw. Deutschsprachigen in vornazistischen Zeiten.

„Es gab damals keinen Antisemitismus. Juden, deutsche Juden, Evangelische, Katholische, die haben in Eintracht gelebt. Es gab Vereine, wissen Sie wieviel

---

403 Ebd., S. 6f.
404 Zum Vorstand dieses Frauenvereins gehörten zwei weibliche Mitglieder des Kirchengemeinderats, Sophie Holstein und Nina Stüssy, die die enge Anbindung an die evangelische Kirche garantierten.
405 Ebd., S. 11.

Vereine wir hatten? Einen Gesangverein, passen Sie auf, ein Gesangverein, ein Turnverein, einen Ausflugverein und der Handwerkerverein[406]. (...) Als ich schon älter und verheiratet war, und das Lokal vom Handwerkerverein war nicht weit von unserer Wohnung, gingen wir jeden Sonnabend dort tanzen. Und dann war da die Teutonia (...) Was hat man in der Teutonia nicht alles erlebt. Erstens, meinen Tanzunterricht hab' ich dort bekommen (...). Die Männer, die gingen nach der Arbeit in die Teutonia ein Glas Bier trinken. Das war so Tradition. Es war ein schönes Beisammensein. Man hat damals nicht gefragt: Sind Sie deutscher Jude (...). Man hat sich sehr gut verstanden. Wir waren in allen Vereinen. Im Ausflugsverein waren wir Mitglieder, wir haben all diese Ausflüge mitgemacht."[407]

Während also zunächst Wert auf eine generelle Einigkeit und möglichst breite Einbeziehung aller Deutschsprachigen in das sogenannte Kolonieleben gelegt wurde, änderte sich das parallel zu den politischen Veränderungen in Deutschland. Die dortigen Richtungskämpfe und Auseinandersetzungen wurden – in gemilderter Form – auch in Istanbul ausgetragen, teilweise initiiert und unterstützt von politischen Flüchtlingen aus dem Deutschen Reich und aus Österreich. Die Türkische Post informierte über die Vorgänge in der 'Heimat', berichtete über Straßenkämpfe und Mordanschläge. Der Rücktritt Schleichers und von Papens Rolle bei den Verhandlungen zur Regierungsneubildung wurden ebenfalls in der Istanbuler Tageszeitung thematisiert. Am 01.02.1933 erschien auf der ersten Seite der Türkischen Post der Artikel: *„Die neue Reichsregierung am Werk"*:

„Das Kabinett Hitler wurde ausdrücklich als Kabinett der nationalen Einigkeit ernannt und hat den Charakter einer parlamentarischen Regierung, wie die

---

406 Dieser Handwerkerverein war die »Alemania«, in der nach 1924 auch die kleine Gruppe der Nationalsozialisten verkehrte und die 1933 zum Ort der ersten großen NS-Feiern wurde.

407 Interview mit Inge Moskowitch, Istanbul 13.06.1991.Ihr Vater war mit seinen Eltern ins Osmanische Reich eingewandert. Der Großvater war Uhrmacher. Damals hatte die Familie die österreichische Staatsbürgerschaft. Meine Interviewpartnerin betonte: „Bei uns zu Hause hat man reines Deutsch gesprochen, keinen Jargon!" Nach dem Ende des ersten Weltkrieges bekam die Familie einen polnischen Paß, was zwar ihr Verbleiben in Istanbul ermöglichte, nicht aber dem Zugehörigkeitsgefühl entsprach. „Und da mußte mein Vater seinen Paß gegen einen polnischen eintauschen. Und das hat ihn so bekümmert, er wurde todtraurig, denn er war ein sehr enthusiastischer Österreicher, und er war sehr stolz, ein Österreicher sein zu können. Und wenn Kaisers Geburtstag war, da hat er unter Stolz die österreichische und türkische Fahne rausgehängt. Und ich hatte auch, ich bin am 17. August geboren, er hat mich am 18. eingetragen, damit ich mit dem Kaiser Franz Josef zusammen am selben Tag meinen Geburtstag feiern sollte."

Verhandlungen, die gestern mit dem Zentrum und der Bayerischen Volkspartei eingeleitet wurden, und die Erklärungen des Innenministers Frick und des neuen Reichspressechefs Funk zeigen, die beim Presseempfang betonten, daß die Regierung entschlossen sei, die Verfassung aufrechtzuerhalten...“[408]

In den nächsten Tagen wurde von der Einschränkung des Versammlungsrechtes, dem Verbot von „Vorwärts“ und „Roter Fahne“, über Haussuchungen bei der kommunistischen Partei, den Vorbereitungen zur Wahl, über NS-Überfälle oder Zusammenstöße zwischen NS und Angehörigen der kommunistischen Partei berichtet. Auch die *„große Programmrede Hitlers“* bei der *„Massenkundgebung im Berliner Sportpalast“* wurde dem Istanbuler Publikum mit ausführlichen Hitler- und Göbbels-Zitaten unter Hinweis auf die 'Beifallsstürme', die diese Reden erzeugten, vermittelt.[409]

Fast täglich erschienen neue Informationen über das Wahlrecht der Auslandsdeutschen und die Möglichkeit, dieses in Anspruch zu nehmen. Wahlwillige konnten sich Stimmzettel auf ihrer Botschaft oder im Konsulat besorgen und ihre Stimme in eigens eingerichteten Abstimmungsräumen auf den großen Bahnhöfen in Deutschland abgeben. Allerdings gibt es keine Hinweise darauf, daß viele Deutsche aus Istanbul dieses Angebot wahrgenommen hätten.[410]

Am sechsten März präsentierte die Türkische Post das Abstimmungsergebnis. Auf der ersten Seite wurde in großen Lettern verkündet: *„Wahlsieg der nationalen Regierung. Mehrheit der Nationalsozialisten und der Kampffront Schwarz-Weiß-Rot im Reich und in Preußen.“*[411]

Die folgenden Tage und Monate waren von nationalen Feierlichkeiten und Auseinandersetzungen geprägt. Schon früh ist in Istanbul, neben den sozialistischen, kommunistischen und nationalistischen Gruppierungen auch eine kleine nationalsozialistische Gruppe, bestehend aus acht oder neun Anhängern Adolf Hitlers, aktiv geworden. Diese Männer wurden zunächst wenig ernst genommen und bildeten eine der vielen unbedeutenden politischen Gruppierungen, die es in unübersichtlicher Zahl seit jeher in Istanbul gab. Nun

---

408   T.P. 01.02.1933.
409   Vgl. T.P. 07.02.1933.
410   Ein Artikel über einen Vorgang im spanischen Vigo sollte Vorbildcharakter für die Wahl 1934 erhalten. Dort machten Deutsche auf einem Schiff außerhalb des spanischen Hoheitsgewässers von ihrem Wahlrecht Gebrauch. Vgl. T.P. 05.03.1933.
411   T.P. 06.02.1933.

jedoch wurden die ehemals Belachten durch den Sieg ihrer Partei aufgewertet. Und offensichtlich sonnten sie sich in ihrem Ruhm.

Bei der ersten „deutschen Flaggenfeier" im Generalkonsulat Istanbul am 17.03.33, bei der neben der schwarz-rot-goldenen deutschen Fahne „das neue Wahrzeichen des Kampfes und des Sieges, die Hakenkreuzflagge" gehißt wurde, hatten die 'alten Kämpfer', die Nationalsozialisten Riener[412], Maurer, Oehring, Sperling, Kühn und Planitz ihren ersten großen öffentlichen Auftritt. Sie wurden zusammen mit angesehenen Persönlichkeiten und bisherigen Wortführern der sogenannten Kolonie vom Generalkonsul Dr. Marckwald persönlich eingeladen und tags darauf in der Türkischen Post namentlich aufgeführt und teilweise zitiert.[413] Damit war diese ehemalige Randgruppe 'gesellschaftsfähig' geworden.

Im Anschluß an den Empfang im Generalkonsulat schloß sich denn auch eine von den Nazis dominierte Feier in der Alemania, dem ehemaligen Handwerkerverein, an. Die Zeitung meldet dazu:

„In dem überfüllten Klubraum fanden sich die Getreuen wieder, die nur zu oft unter persönlichem Opfer und Gefahr für ihre Gesinnung eingetreten waren, und denen jetzt in so festlicher Weise Genugtuung widerfahren war."[414]

Im Überschwang ihrer siegreichen Gefühle formulierten diese anschließend „Kampfankündigungen" gegen die, die sich gegen die deutsche „Freiheitsbewegung" stellen sollten. „Nach dem Horst-Wessel-Lied, das stehend und mit erhobenem Arm gesungen wurde, blieb man noch lange und in angeregter Unterhaltung beisammen."[415]

Die kleine Gruppe der Nationalsozialisten forderte, getragen von den politischen Erfolgen ihrer Partei in Deutschland, ihre zukünftige Führungsrolle ein. Und viele Deutsche schienen das zunächst hinzunehmen. Bei der Veranstaltung in der Alemania wurde zum ersten Mal in Istanbul von einer größeren deutschsprachigen Gruppe mit zum 'Hitlergruß' erhobener Hand das Horst-Wessel-Lied gesungen. In den nächsten 12 Jahren sollte sich dies Schauspiel auch in der Türkei unzählige Male wiederholen.

---

412 Franz Riener übernahm die Leitung der NSDAP Istanbul und machte sich schnell in Wort und Schrift zum Sprachrohr Adolf Hitlers. Am 20.04.1933 erschien ein Artikel unter seinem Namen in der T.P., in dem er heftig für den „Führer" warb: „Adolf Hitler, ein Leben der Arbeit und der Tat!" T.P. 20.04.1933.
413 Vgl. T.P. 18.03.1933.
414 Ebd.
415 Ebd.

NS-Treffen in Tarabya

„Recht hat, wer Erfolg hat"

Die Machtergreifung in Deutschland und die Politik der Nazis – das waren die vorherrschenden Themen der Community im Jahre 1933. Sie verlangten eine Neuorientierung der Community-Mitglieder, egal ob deutsch oder deutschsprachig, Mann oder Frau, katholisch, evangelisch, jüdisch oder orthodox. Täglich mußten neue Entscheidungen getroffen, Orientierungen und Pläne überprüft, Freundschaften bestätigt oder gelöst werden. Wer etwa glaubte, sich den Entwicklungen entziehen zu können, ohne Position zu beziehen, da sich die Wogen nach vorübergehendem nationalsozialistischem Wellenschlag schnell wieder glätten würden, wie sie sich doch immer wieder geglättet hatten nach Zeiten der Regierungsumbildungen in der 'Heimat', der oder die irrte diesmal. So zerspalten und zersplittert wie in den Monaten nach dem ersten großen Triumph der Nazis war die deutschsprachige Community seit ihren Anfängen nicht gewesen. Um so häufiger erschienen in schriftlichen Aufrufen oder öffentlichen Reden und Predigten Forderungen nach einem Zusammenschluß aller Deutscher, wobei Deutschsein nun etwas anders definiert wurde als bislang üblich. Nation war wichtig, doch *„Abstammung"* für die Zugehörigkeit zur *„deutschen Rasse"* ausschlaggebend. Auch der Begriff 'Heimat', schon immer bedeutsam für die Mehrzahl der Deutschen im Ausland, wurde zum inflationären Begriff, was sich in Aufrufen und Zeitungsartikeln verdeutlicht.

Bislang führten die Auseinandersetzungen mit dem politischen und ethnischen Umfeld, die Erfahrung des 'Fremdseins', zum ideellen Rückgriff auf die 'Heimat'. Nun sollte eine neue Bedeutungsebene dazukommen. Was Heimat für die Deutschen in Istanbul bedeutete oder bedeuten sollte, kommt in einem groß aufgemachten Artikel der Türkischen Post vom 18.04.1933 zum Ausdruck, der mit *„Die Heimat"* betitelt und mit dem Kürzel des Leiters der Zeitung, Schmidt-Dumont, persönlich gezeichnet ist:

„Das Wort Heimat hat für uns Deutsche im Auslande über die Bezeichnung des reinen Zugehörigkeitsgefühls hinaus mancherlei Nebenbedeutung von jeher gehabt. Es bedeutet uns Beispiel, Vollkommenheit, Ausruhen im Gegensatz zu der Kampfstellung, die ein jeder Auslandsdeutsche sich in seinem Wirken fern von der Heimat, deren Zeugen wir waren, sind und sein werden, fügen" muß.[416]

---

416   T.P. 18.04.1933.

Schmidt-Dumont sinniert über die Veränderungen in der regionalen Heimat, die manchen der nicht unmittelbar Beteiligten nicht richtig erscheinen könnten, und fordert Verständnis.

Seine Position zur sogenannten Judenfrage ist zunächst uneindeutig und es bleibt unklar, wem er sich anpaßt, wenn er verständnisheischend und gleichzeitig beruhigend formuliert:

„Wir Deutsche im Auslande werden z.B. geneigt sein, für die Zweckmäßigkeit und Wirksamkeit des Boykotts der deutschen Judenschaft nur wenig Verständnis aufzubringen, wie er denn ja auch von den leitenden Reichsstellen sehr bald nach seiner Verhängung wieder aufgehoben ist, weil wir der Meinung sind, daß der Wirtschaftsboykott gegen deutsche Waren im Auslande, gegen den er sich ja in erster Linie richten soll, gar nichts mit Religion und Rasse zu tun hat, sondern von ganz anderen, politischen Gesetzen diktiert ist, denen man nur auf diesem Wege, d.h. auf dem Wege der Politik beikommen kann."[417]

In einer Community, die in großen Teilen vom internationalen Handel lebte, in der Antisemitismus nicht verbreitet war und jüdische Geschäftsleute und jüdische Handelspartner selbstverständlich waren, gab es zunächst wenig Verständnis für derartige Praktiken.

Klar wird, daß sich Schmidt-Dumont zum Sprachrohr der neuen Machthaber macht, wenn er weiter schreibt:

„...das große Ziel bleibt: Deutschland! Und das ist das eine neue Moment, das für uns Auslandsdeutsche die Bewegung in der Heimat heute birgt, die Hoffnung auf eine baldige Erfüllung aller der Wünsche, die »deutsche« sind."[418]

Heimat war so nicht mehr in erster Linie der unhinterfragte Ort des Dazugehörens und der Rückbesinnung, der eine – oft illusorische – Wiederaufnahmeoption enthielt, das Bekenntnis zur Heimat wurde vielmehr zum aktivierenden Moment, zur gemeinsamen 'politischen Idee', der eventuelle individuelle Bedenken unterzuordnen waren. Und das galt nicht nur für die 'Bosporusgermanen' und andere 'Koloniemitglieder', sondern auch für viele der in großer Zahl eintreffenden EmigrantInnen.

Auch die Tageszeitung Türkische Post verkörperte ein Stück alte und neue Heimat – alte, weil sie Erinnerungen wachhielt und über Entwicklungen von Bekanntem berichtete, neue, weil sie Teil einer ideologischen und institutionellen Konstruktion von Heimat war, die ihren Platz in Istanbul hatte. Die Türkische Post wurde sehr schnell

---

417 Ebd.
418 Ebd.

zur Parteizeitung der Nazis. Sie brachte Hitlerportraits, stellte die politischen Programme vor und gab den Berichten über Aktivitäten der nationalsozialistischen Community-Mitglieder in Istanbul viel Raum. Sie erreichte die Mehrzahl der Deutschen in Istanbul, die ihre Tageszeitung lasen, auch wenn andere Zeitungen aus Deutschland in der Teutonia auslagen und in den deutschen Buchläden (mit etwas Verspätung) zu kaufen waren. Es ist anzunehmen, daß Leitung und Redaktion von Anfang an Weisungen vom Deutschen Reich bekamen, das auch finanziell an der Zeitung beteiligt war. Schmidt-Dumonts Beziehungen zum deutschen Propagandaministerium entwickelten sich so gut, daß er 1938 zum Oberregierungsrat des Reichsministeriums für Volksaufklärung und Propaganda ernannt und in das Diplomatenverzeichnis aufgenommen wurde.[419]

Wie es die Rolle der Medien war, ist und wahrscheinlich auch sein wird, bildete die Zeitung in ihren Artikeln und Berichten Wirklichkeit – in diesem Fall nazistische und rassistische Orientierung von Deutschen – ab und gestaltete sie gleichzeitig neu.[420] Am 22.04.1933 erschien ein großer Artikel zur *„Feier von Hitlers Geburtstag in Stambul"*. Berichtet wurde über die Istanbuler Feier, zu der die Nationalsozialisten in der Alemania, ihrem bisherigen Stammlokal, eingeladen hatten; und wie einleuchtend bemerkt wird, verkündete

„die große Zahl der Deutschen, die da versammelt war, (...) deutlicher als alle Worte die ehrliche Bereitschaft, dem neuen Deutschland zu dienen, an welcher Stelle es auch sei."[421]

Allerdings ist die zahlreiche Teilnahme an dieser Veranstaltung allein kein Beweis für eine plötzliche nationalsozialistische Orientierung der BesucherInnen. Anfangs war es sicher auch eine allgemeine Neugier, die die Menschen zu derartigen Veranstaltungen zog. Hier bekamen sie die neuesten Informationen aus NS-Deutschland und konnten sich an den großen nationalen Hoffnungen und Verkündungen des Reiches

---

419 Später ergaben sich offensichtlich schwerwiegende Differenzen zwischen der diplomatischen Vertretung in Istanbul und Schmidt-Dumont, der der NSDAP mehr verpflichtet war als dem Generalkonsul.

420 Hier soll zwar nicht weiter auf die aktuelle Mediendiskussion eingegangen werden. Doch mit der Einschätzung von Jäger und Link, „daß die Medien bei der Erzeugung und Verfestigung rassistischer Haltungen eine überaus wichtige Rolle spielen", stimme ich auch im Falle der Türkischen Post überein. Vgl. Siegfried Jäger und Jürgen Link: Die vierte Gewalt. Rassismus und die Medien. Duisburg 1993, S. 12.

421 T.P. 22.04.1933.

berauschen.[422] Jedenfalls wurde an diesem Tag das erste 'klassische' NS-Fest in Istanbul ausgerichtet.[423] Die Türkische Post berichtete auch hierüber:

„Der große Saal der »Alemania« war ganz mit Fahnen ausgeschmückt, über dem Rednerpult hing eine riesige Hakenkreuzflagge, darauf von Lorbeer umkränzt das Bild des Führers unter dem Adler des Hoheitsabzeichens, Tannengrün – ein seltener Schmuck in unserer Stadt – überall an den Wänden. Militärmärsche erklangen (...und) als punkt 9 Uhr Herr Maurer die Eröffnungsansprache hielt, standen die Menschen dicht gedrängt auf dem letzten Platz."[424]

Der Eröffnungsredner, der zu den ehemals belächelten, nun um so selbstbewußter auftretenden, nationalsozialistischen Pionieren gehörte, nutzte die Gelegenheit, den eigenen Triumph auszukosten:

„Als wir uns vor Jahresfrist zusammenfanden, um des Führers Geburtstag festlich zu begehen, waren wir eine kleine Schar von acht Mann.
Es war schwer, hart und undankbar damals Nationalsozialist zu sein, die Verbindung mit der Heimat war mangelhaft, der Widerhall unserer Ideen in der Kolonie unhörbar – und mehr noch: dem halben Glauben und dem ganzen Zweifel eines entweder wurzellosen oder aber gesättigten Auslanddeutschtum klang unser Kampfruf mißtönend, lächerlich, zersetzend.
Von einer vielfältigen Gemeinschaft erschallt heute unser Kampfruf."

In der anwesenden Gesellschaft glaubte er nun, eine Gemeinschaft zu sehen, *„die in ihrer Gesamtheit eines Willens ist in der freudigen und rückhaltlosen Anerkennung des nationalsozialistischen Dritten Reiches".*[425]

Wenn Maurer hier auch – in seinem Sinne – überzogen positiv Bilanz zieht, teilt sich durch unterschiedliche mündliche Berichte und schriftliche Daten zumindest eine vielfach willkommen geheißene Aufbruchstimmung mit. Maurers Parteigänger und Mitkämpfer Riener, der im Anschluß redete, brachte die neue Devise auf den Punkt:

---

422 Waren die Teilnahmen zunächst tatsächlich freigestellt, wurde später – wo möglich – direkter oder subtiler Druck ausgeübt. Für Parteimitglieder waren die 'nationalen Feiern' auf jeden Fall Pflicht.
423 In schneller Folge wurden weitere Feiern inszeniert: so fand am 02.05.1933 eine „Feier der Stambuler Nationalsozialisten" statt, und am 25.05.1933 wurde eine „Schlageter-Gedächtnisfeier" (Schlageter war wegen Sabotageaktionen im französisch besetzten Ruhrgebiet von einem französischen Kriegsgericht zum Tode verurteilt worden.) abgehalten. Vgl. T.P. 03.05.1933 und T.P.27.05.1933.
424 T.P. 22.04.1933.
425 Ebd.

„Recht hat, wer Erfolg hat, und der Erfolg, oder besser, der Mißerfolg der vorangegangenen Versuche zeigte, daß ein Wiederaufbau Deutschlands nur im nationalsozialistischen Sinne unter Führung Hitlers möglich war."[426]

Zumindest der erste Teil dieser Aussage hat sich auf demagogische Weise bewahrheitet. Wer Erfolg hat, hat Macht; und wer viel Erfolg hat, hat sogar die Macht, 'Recht' neu zu definieren.

Daß der Generalkonsul Marckwald auch bei dieser Veranstaltung als Gast anwesend war, ist als weiteres Zeichen für die Akzeptanz der Istanbuler Nationalsozialisten als Wortführer der neuen nationalen Bewegung zu werten. Seine Worte zeigen beispielhaft die Anpassungsbereitschaft der bisherigen Elite, auch wenn sie Reste von Vorbehalten widerspiegeln:

„Viele haben in der Vergangenheit der Hitlerischen Bewegung skeptisch oder ablehnend gegenübergestanden. Vor allem auch uns Auslandsdeutschen war sie mit wenigen Ausnahmen fremd geblieben. (...) Heute ist die Bereitschaft da."[427]

Er empfahl den noch Zögernden mit *„Kritik vorsichtig und zurückhaltend"* zu sein und fand für sich offensichtlich im Antikommunismus und im Nationalismus die Basis gemeinsamer Interessen. Während er die *„Gleichmacherei"* der Kommunisten kritisierte, beschwor er die kulturelle Überlegenheit seiner Landsleute und fand damit zurück zu seinem früherem Anliegen – der Sammlung und Einigung der Deutschen im Ausland und ihrer Anbindung an die Heimat:

„Aber ob hoch oder niedrig, ob arm oder reich, ein jeder Deutscher hat Anspruch darauf, daß ihm die Lebensmöglichkeiten geboten werden, die unserem Kulturniveau, seinem Können und seinen Leistungen entsprechen und er hat Anspruch darauf, daß er vor Verelendung bewahrt wird. (...) Fern von der Heimat ist das Zusammengehörigkeitsbewußtsein unter unseren Landsleuten stark ausgeprägt. Wir fühlen uns hier draußen als eine große Familie und in Gedeih und Verderb verbunden."[428]

Da dieser Verband bislang nicht immer so richtig funktionierte und oft *„Uneinigkeit"* herrschte, die durch *„innere und äußere Schwäche"* verursacht war, möchte er der machtvollen Vereinigung in der Heimat die in der Diaspora folgen lassen:

---

426   Ebd.
427   Ebd.
428   Ebd.

„Heute aber wollen wir wieder sein »Ein einzig Volk von Brüdern, in keiner Not uns trennen und Gefahr«."[429]

Den starken Beifall, der seiner Rede folgte, ließ der Generalkonsul in einem *„dreifachen Heil für den Reichskanzler"* und in das gemeinsame Absingen des *„Horst-Wessel-Liedes"* münden.

Damit waren auch die 'Riten und Botschaften des deutschen Nazismus' in Istanbul akzeptiert. Und nicht nur bei Deutschen, das zeigt sich an der Teilnahme andersnationaler BesucherInnen. So wurde das Sportfest der „Deutschen Schule" im Sommer 1934 *„zu einem einzigen und einzigartigen Triumph dieses Kulturinstituts (, da, d.A.) eine geschlossene Masse von Tausenden"* die breiten Tribünen füllte.[430] Die Anteilnahme an und Zustimmung für die nazistische Entwicklung war gewaltig.

2.   Die Jugend – „unseres Volkes Zuversicht"

Als sich die Machtübernahme durch die NSDAP in Deutschland nach dem 30. Januar 1933 endgültig vollzogen hatte, zeigte sich bald die Bedeutung, die die junge Generation für die innen- und außenpolitischen Ziele dieser Bewegung bekam. Ihr wurde innerhalb der *„nationalsozialistischen Revolution"* eine führende Rolle zugewiesen.[431]

Auf dem Reichsparteitag der NSDAP im September 1933 in Nürnberg hat Adolf Hitler die Schlüsselrolle der Hitlerjugend betont:

„Ihr seid das kommende Deutschland. Ihr müßt lernen, was wir einst von ihm erhoffen. Ihr seid noch jung, ihr habt noch nicht die trennenden Einflüsse des Lebens kennengelernt, ihr könnt euch noch so unter- und miteinander verbinden, daß euch das spätere Leben niemals mehr zu trennen vermag. Ihr müßt in eure jungen Herzen nicht den Eigendünkel, Überheblichkeit, Klassenauffassung,

---

429   Ebd.
430   T.P. 25.06.1934.
431   Am 17.06.1933 wurde der Reichsjugendführer der NSDAP, Baldur von Schirach, von Adolf Hitler zum Jugendführer des Deutschen Reiches ernannt. Die männliche und weibliche deutsche Jugend wurde ihm unterstellt, jegliche Jugendarbeit unter Kontrolle und Einfluß von NSDAP und HJ gebracht.

Unterschiede von reich und arm hineinlassen, ihr müßt vielmehr in eurer Jugend bewahren, was ihr besitzt, das große Gefühl der Kameradschaft und Zusammengehörigkeit.

Wenn ihr das nicht preisgeben werdet, wird keine Welt es euch zu nehmen vermögen, und ihr werdet einmal sein ein Volk, genau so festgefügt, wie ihr jetzt seid als deutsche Jugend, als unsere ganze Hoffnung, als unseres Volkes Zuversicht und unser Glaube. Ihr müßt die Tugenden heute üben, die die Völker brauchen, wenn sie groß werden wollen."[432]

Die Aufwertung, die Kinder und Jugendliche durch die nationalsozialistische Ideologie erhielten, zeigt sich auch in der Rede von Joseph Goebbels, die dieser im Februar 1933 an die Berliner Hitlerjugend richtete, und in der er propagierte:

„Nicht um persönlicher Vorteile willen haben wir gekämpft, sondern dafür, daß wir der Jugend ein neues Reich in die Hand legen können! (...) Wir wollen die Jugend lehren, wieder stolz auf ihr deutsches Blut, ihre deutsche Heimat zu sein."[433]

Die Verführung der Jugendlichen funktionierte auch in Istanbul. Ein klassenübergreifender, entindividualisierender Nationalmythos wurde kreiert und die Jugend systematisch im nationalsozialistischen, rassistischen und auch expansiv geopolitischen Sinne erzogen. Ein Angebot abwechslungsreicher Veranstaltungen verdeckte den Druck, der dabei auf die Kinder ausgeübt wurde[434]. Eine Interviewpartnerin, die begeisterte Jungmädelführerin war und sich nachträglich mit ihrer Rolle in der Community auseinandersetzt, versucht, die Erinnerung an ihr damaliges Lebensgefühl zu vermitteln:

„Aber junge Menschen haben die Idee und sind von irgendwas begeistert. Und in dem Fall war's eben so. Aber ich hab in Istanbul eben eine herrliche Jugendzeit gehabt, durchaus. Ich kann es nicht ändern, nicht, ich kann es nicht ändern. (...) Wir hatten ein Ziel. Wir hatten immer eine Idee, für die man irgend etwas tut. Das darf man ja auch nicht vergessen."[435]

---

432 In: Karl Heinz Jahnke und Michael Buddrus: Deutsche Jugend 1933-1945. Eine Dokumentation. Hamburg 1989, S. 76.

433 Aus der Rede des Berliner Gauleiters der NSDAP, Joseph Goebbels, vor Mitgliedern der Berliner Hitlerjugend, Anfang Februar 1933. In: Jahnke und Buddrus 1989, S. 60.

434 Nun gab es Anwesenheitspflicht bei den Heimnachmittagen, sportliche Ertüchtigung, Teilnahme an langen Wanderungen. 'Stark sein wie eine deutsche Eiche' sollten sie, dazu sportlich und blond. Was ging in den braunhaarigen schwächlichen Kindern vor, die sich an diesen Idealen maßen? Ihnen blieben andere Möglichkeiten, ihre 'Gesinnung' unter Beweis zu stellen.

435 Interview mit Ruth Busch, Hamburg 09.06.1992.

Besonders reizvoll war für die Jugendlichen auch die Auflösung der Trennung von Kinder- und Erwachsenenwelt. Sie wurden ernst genommen und genossen ihre 'Wichtigkeit'.

Bei der 'Schlageter-Gedächtnisfeier' am 25.05.1933 hatte die Istanbuler Hitlerjugend ihren ersten öffentlichen Auftritt. In der Türkischen Post ist vermerkt:

„An der Wand entlang saß in mustergültiger Ordnung die Hitlerjugend, zum ersten Male bei einer Veranstaltung der Großen."[436]

Ein Junge und ein Mädchen der Gruppe durften die Feier mit dem Vortragen von Gedichten mitgestalten. Der Faszination der neuen Bedeutsamkeit und der damit verbundenen Möglichkeiten konnten sich nur wenige entziehen. Die Hitlerjugend wurde auch in Istanbul in Jungvolk, HJ, BDM und Jungmädelbund aufgegliedert und straff organisiert. Das Führerprinzip bestimmte die Unterorganisationen; so bekam die Leitung nicht, wer in demokratischer Abstimmung gewählt wurde, sondern wer im nationalsozialistischen Sinne als fähig galt und einen Auftrag 'von oben' erhielt. Eine ehemalige Istanbulerin berichtete über ihre 'Wahl' zur Jungmädelführerin:

„Eines Tages haben sie mich, der Walter Hetzer[437] hat mit meinen Eltern gesprochen und gefragt, ob sie das für richtig halten würden, dann hat er mich gefragt, ob ich das machen würde, und dann hab ich das gemacht."[438]

---

436 T.P. 27.05.1933.
437 Hetzer war der damalige Landesjugendführer der NSDAP und ein bei den SchülerInnen sehr beliebter junger Lehrer. Er kehrte 1937 nach Deutschland zurück und wurde von Herbert Rupf im Amt des Jugendführers abgelöst. Gleichzeitig kam der „stramme Nazi Peter Straßberger", der weder menschlich noch fachlich positive Spuren hinterließ und nach einem Schuljahr bereits wieder zu seiner früheren Wirkungsstätte an der 1934 gegründeten »Nationalsozialistischen deutschen Oberschule Starnberger See" in Feldafing zurückging.
438 Interview mit Ruth Busch, Hamburg 09.06.1992. Die junge Ruth war damals die ideale Besetzung für diese Führungsrolle. Sie entsprach dem nationalsozialistischen phänotypischen und ideologischen Anspruch, war blond und sportlich, eine gute Schülerin, kam aus einem deutschnationalen Elternhaus und war in ihrer Persönlichkeitsentwicklung noch formbar. Einzig der jüdische Vorname Ruth wurde im Laufe ihrer 'Nazionalisierung' als zunehmend störend empfunden, so störend, daß das Mädchen 1936, als 13jährige, beschloß, sich in Helga umzubenennen. Wie im Berichtbuch der Jungmädel auffällt, war der neue Name gewöhnungsbedürftig. Im September und Oktober tauchen beide Vornamen in den Berichten auf, dann blieb es bei Helga.

Gauleiter Guckes und Kinder der Hitlerjugend Istanbul

„Das" war die Leitung der Heimabende, die Übernahme von Verantwortung bei der Gestaltung von Wanderungen oder Festlichkeiten, die umfassende Betreuung der 'Jungmädel'.

Die wöchentlichen Heimabende, Sportnachmittage, Tagesfahrten, Feierstunden, jährliche großaufgezogene Sportfeste und Aufenthalte in Freizeitlagern stärkten den Einfluß der Partei. In der Sommerresidenz der Botschaft, Tarabya, wurden neben den jährlichen Schulfesten mit sportlichen Wettkämpfen NS-Jugendfeiern ausgerichtet.

Ab 1934 nahmen deutsche Kinder aus der Türkei im Rahmen der deutschen Aktion 'Landaufenthalte für Stadtkinder' an 'Landverschickungen' teil. Sie reisten nach Berlin und wurden von dort aus weiter verteilt. Der damalige NSDAP-Ortsgruppenleiter Guckes legte den Kindern bei den Abschiedsfeierlichkeiten am 04.07.1934 nahe, *„möglichst viel von dem neuen nationalsozialistischen Geist in Deutschland in sich aufzunehmen"*[439].

Auch HJ-Besuch aus Deutschland kam. Im September 1936 besuchten 35 HJ-Führer Istanbul und die Deutsche Schule; und in den

---

439   T.P. 04.07.1934.

Sommerferien 1938 kam *„eine Fahrtengruppe der Nationalsozialistischen Erziehungsanstalt Spandau"* und campierte in der Schule.[440]

Allgemein muß festgestellt werden, daß die 'neuen deutschen Ideen' bei Jung und Alt auf fruchtbaren Boden fielen. Es hat nur wenige Monate – oft nur Wochen – gebraucht, um der Deutschen Schule, und der deutschsprachigen Infrastruktur generell, einen nationalsozialistischen Stempel aufzudrücken. Dabei hätte man *„sich distanzieren können"*[441], betonte eine ehemalige Schülerin und ehemals begeistertes Mitglied des BDM – einige taten das auch. Doch die meisten waren berauscht von der Vorstellung *„dazuzugehören"*, wenn es auch manchmal Opfer bedurfte, beispielsweise das einer jüdischen Freundin oder eines Freundes.

Schlimm war das häufig für die, die nicht dazugehören konnten und aus ihren alten Beziehungsnetzen herausgedrängt wurden. Mögen sich Kinder und Jugendliche dadurch getröstet haben, daß es in ihrer 'multikulturellen' Stadt viele andere Möglichkeiten und Gruppen gab, war die Ausgrenzung für berufstätige Erwachsene oft existenzbedrohend. Auf die geselligen Beisammensein in den deutschen Vereinen konnten sie vielleicht gut verzichten – auch ihnen bot die Stadt reichlich andere Möglichkeiten –, doch im Berufsleben waren die abbrechenden Verbindungen oft schwieriger zu kompensieren.

3.   Etablierung des Nazismus

Es lohnt sich, dem Jahr 1933 auch in Istanbul mehr Aufmerksamkeit zu schenken. Es war ein Jahr des Wandels, der Denunziationen, der Ausgrenzungen und der Auseinandersetzungen. Es war ein 'gesellschaftlich produktives' Jahr, in dem zu den üblichen Veranstaltungen wie Faschings-, Weihnachts- und Silvesterfeiern, Tanztees, Bier- und Kammermusikabende, sogenannte Kameradschaftsabende, *„Deutsche Abende"* mit aus dem *„Reich"* gesandten Rednern oder Künstlerinnen und nationale Feiern kamen. Die Community war – ausgelöst durch

---

440   Vgl. Deutsche Schule zu Istanbul 1937-1938, S. 13.
441   Gesprächsnotiz Erna Subklew, Istanbul 10.05.1993.

den Nationalsozialismus – in einen schnell fortschreitenden Veränderungsprozeß geraten. Neue Werte wurden entwickelt oder verstärkt, alte verloren an Bedeutung, und Gruppenbildungen nahmen schärfere Konturen an. Schnell wurden alle relevanten NS-Unterorganisationen gegründet, sei es HJ, BDM, NS-Frauenschaft oder der NS-Lehrerbund.

Die Deutschen in Istanbul waren über die Vorgänge in Deutschland bestens informiert. Sie hatten die Entwicklungen der Weimarer Republik nach ihrer Ausweisung aus der Türkei teilweise direkt miterlebt. Die Mehrheit dachte deutsch-national[442], nur so konnte eine weitgehende 'Gleichschaltung' bei den nichtjüdischen 'Alt- und Neudeutschen' in der Türkei funktionieren. Eine Interviewpartnerin berichtete von existentiellen Schwierigkeiten, die sich für jüdische Angestellte deutscher Firmen relativ schnell und unvorbereitet einstellten. Ihr Mann, er *„war damals ein ganz junger Mensch noch und wollte sich etablieren"*, hatte begonnen, sich als Vertreter selbständig zu machen, als ihn ein Schulfreund, der Inhaber der deutschen Firma Hugo Herrmann (Gute-Hoffnungs-Hütte) in seine Firma warb:

„Seine Firma war damals etwas, sie haben nur Regierungsgeschäfte gemacht und die neue Brücke, die heutige Brücke, die Karaköy-Brücke, hat er gebaut.(...) Alle Verhandlungen hat mein Mann geführt. Mein Mann hat sich entschlossen, der hat gesehen, er hat Zukunft. Es gab deutsche (unklar: Aufträge, d.A.). Der Name Hugo Herrmann war ein gut klingender Name in Deutschland. Und dann hat mein Mann, durch seine Reisen, die er machte, um Firmen zu werben, auch den Zeiss bekommen. Die Brillengläser, und die Wetterwarte (...), die haben sie auch gebaut. Da hat mein Mann mitgearbeitet.

Aber als die Nazis kamen, das ging nicht weiter. Mein Mann war verzweifelt, es war eine Lebensstellung. Aber er mußte sie schließlich aufgeben.

Da plötzlich waren alle seine Kameraden Nazis – mit denen er früher sehr gut verkehrt hat. Plötzlich waren sie alle Hitlerianer."[443]

Und eine andere jüdische Interviewpartnerin bestätigt die Brisanz dieser Entwicklung, die auch für ihre individuelle Orientierung Konsequenzen hatte:

„Aber dann plötzlich, bis dahin lebte man gut zusammen und der eine hatte Ostern am Freitag, der andere hatte Ostern am Sonntag, nicht, aber abgesehen davon, lebten wir nebeneinander und zusammen und waren gut befreundet. Bis

---

442 Darauf weisen eine Vielzahl von Interviewaussagen mit ZeitzeugInnen hin, aber auch die von mir betriebenen Akten- und Zeitungsstudien.
443 Interview mit Inge Moskowitch, Istanbul 13.06. 1991.

dann eben dieser Riß kam, man plötzlich eine andere, eine neue Identität
bekam."[444]

Elfi Caron-Alfandari berichtet, daß sie in dieser Zeit, damals war sie
ein junges Mädchen, bewußte Jüdin *„ und fast militant"* wurde. Zuvor
habe ihr Jüdischsein für sie und ihre Familie eine nebensächliche
Bedeutung gehabt. Durch die Veränderungen in ihrem unmittelbaren
Umfeld, die viele ihrer freundschaftlichen Beziehungen zerstörten, in
der sie Ausgrenzung erfuhr und ihr Möglichkeiten verwehrt wurden,
sah sie sich zur Auseinandersetzung gezwungen.

„Damals war es so, daß ich mich, daß ich immer auf einen Angriff wartete und
immer bereit war, zurückzuschlagen. Und dann, eben weil ich in der Deutschen
Schule war, viel zionistischer wurde als all meine Freundinnen, die ruhig in eine
jüdische Schule gingen oder in eine französische Schule."[445]

So wirkte sich der direkte Kontakt mit dem Nazismus auf die junge
Jüdin ebenso beeinflussend aus wie auf ihre nichtjüdischen deutschen
MitschülerInnen.

Wenn die nazistische Beeinflussung vieler Deutscher auch schnell
gelang, da ja eine weitgehende Bereitschaft vorhanden war, sich den
Veränderungen in der Heimat anzupassen, zeigten sich bei der
Etablierung der 'Bewegung' jedoch einige gravierende Probleme. Die
nach Macht und Einfluß strebenden, undiplomatisch und arrogant
agierenden Istanbuler Nationalsozialisten drohten eher, den verschiedenen deutschen Institutionen und vor allem dem Ansehen des
nationalsozialistischen Deutschland in der Türkei zu schaden. Zu
selbstherrlich war ihr Auftreten, zu plump waren die Versuche, Parteigänger oder Sympathisanten zu einflußreichen Positionen zu verhelfen, zu siegesgewiß und unmäßig die Pöbeleien gegen angesehene
Community-Persönlichkeiten.

Am 06.07.1933 beschrieb Generalkonsul Marckwald die dadurch
entstandene *„ bedrohliche Situation"* in Istanbul in einem Brief an das
Auswärtige Amt Berlin:

„Es herrscht augenblicklich in der hiesigen Kolonie, die früher recht friedlich
zusammenlebte, eine höchst unerfreuliche Zerrissenheit, der ich trotz aller
Bemühungen bisher nicht Herr werden konnte. Nicht etwa als ob die Kolonie
gegen die Entwicklung der Dinge in der Heimat oder gegen die großen
Richtlinien des Nationalsozialismus irgendwie eingestellt wäre; gerade das
Gegenteil ist der Fall. Sie ist wohl zu 100 % durchaus bereit auch an ihrem Teile

---

444   Interview mit Elfi Alfandari, Istanbul 27.04.1992.
445   Ebd.

mitzuarbeiten an dem nationalen und sozialen Aufbau des Vaterlandes. Der Riß in der Kolonie hat vielmehr seinen Ursprung in der Stellung, die die hiesigen Mitglieder der NSDAP gegen die übrigen Koloniemitglieder einnehmen und die ein gegenseitiges Vertrauensverhältnis nicht aufkommen läßt."[446]

Tatsächlich gibt es – neben Interviewaussagen – weitere eindeutige Hinweise auf anmaßendes Verhalten der Parteimitglieder, die durch Machtdemonstrationen, Denunziationen und antisemitische Verunglimpfung eigene Vorteile oder Zugeständnisse für ihnen genehme Personen erreichen wollten. Die Parteimitglieder der NSDAP betrachteten sich als eigentliche Vertreter NS-Deutschlands, während Generalkonsul Marckwald und andere Beamte des Auswärtigen Amtes ihre Position gefährdet sahen. Sie suchten verstärkt Unterstützung bei ihrem Dienstherrn in Berlin. Den selbstbewußten Tönen der Nationalsozialisten stellten sie ihre diplomatischen Erfahrungen, ihr Ansehen und ihre Kenntnisse sowohl der Community-Strukturen, als auch der Empfindsamkeiten und Erwartungen der türkischen Politiker gegenüber. So äußerten sie Verständnis und Unterstützung für die NS-Politik und boten sich als Vermittler 'vaterländischer Interessen' an. Die Korrespondenz zwischen dem Istanbuler Generalkonsulat und dem Auswärtigen Amt Berlin gibt weitere interessante Einblicke.

Am 22.07.1933 sah sich der Generalkonsul gezwungen, eine „Beschwerde des Herrn Rudolf Prietsch" zu kommentieren. Offensichtlich aus Ärger darüber, daß ihm als Vertreter einer kleinen deutschen Firma die Beheizung der beiden deutschen Bankgebäude, um die er sich beworben hatte, nicht überlassen wurde, hat er einen denunziatorischen und antisemitischen Bericht verfaßt, in dem er der „Deutschen Kolonie Istanbul" vorwarf, „in jüdischer Hand" zu sein. Marckwald kommentiert das beigefügte „Machwerk" Prietschs:

„Der hiesige deutsche Klub »Teutonia« umfaßt 150 Mitglieder, davon sind 18 Juden, letztere halten sich seit dem Umschwung (...) fern.

Im Vorstand des Klubs ist kein Jude. Der einzige Jude, der vor dem Umschwung als Schatzmeister dazugehörte, Herr Bankdirektor Goldenburg von der Dedibank, ist ausgeschieden.

Weder die deutsche Schule, noch das deutsche Krankenhaus, noch das archäologische Institut befand sich in jüdischen Händen. In den Vorständen und Leitungen sind weder vorher noch nachher Juden gewesen. Diese Richtigstellung

446   AA Bonn: Deutsches Generalkonsulat Istanbul (D.G.I.) 06.07.1933. Auswärtiges Amt, Politisches Archiv/Botschaft Ankara (AA Ankara) 699.

der Hauptpunkte des Schreibens beweist schon wes Geistes Kind der Verfasser ist."[447]

Der Rechtfertigungscharakter dieses Schreibens ist nicht zu übersehen. Marckwald war sicher weder Nationalsozialist noch Antisemit; als sich die NSDAP aber als Regierungspartei 'etabliert hatte', arrangierte er sich, wie so viele seiner Kollegen, mit dieser Tatsache.[448] Hin und wieder – besonders zu Beginn der nationalsozialistischen Regierungszeit – lassen sich Bemühungen um 'Schadensbegrenzung' erkennen, die letztendlich nur der Förderung nazistischer Interessen diente. Das gilt auch für die Abberufung des ersten Leiters der NSDAP Istanbul, Franz Riener, den der deutsche Generalkonsul auf diplomatischem Wege ausschaltete, indem er in seinen Berichten an das Auswärtige Amt in Berlin auf dessen ungehobeltes Benehmen, das dem deutschen Ansehen schade und die Einigkeit der Deutschen verhindere, aufmerksam machte. Offensichtlich hatte auch Riener versucht, auf Stellenbesetzungen der deutschen Institutionen in Istanbul Einfluß zu nehmen. Seine schriftliche Empfehlung an das Propagandaministerium, nach der der Leiter des Archäologischen Instituts, Martin Schede, durch den Nationalsozialisten Unger ersetzt werden sollte, blieb jedoch erfolglos. Wie aus Dokumenten des Auswärtigen Amtes Bonn hervorgeht, informierte Marckwald, der offensichtlich eine Kopie des Schreibens erhalten hatte, den Stelleninhaber und leitete dessen schriftlichen Kommentar mit einer Einschätzung der Qualifikation Ungers, des ehemaligen Kustus an den

---

447 AA Bonn: D.G.I. 22.07.1933. an AA Berlin, Ankara 699.
448 Marckwald wünschte sich in einer Anfrage an das Auswärtige Amt vom 06.07.1933 das „Aufstellen geeigneter Richtlinien für das Zusammenwirken der hiesigen Gruppe der NSDAP mit der übrigen Kolonie und dem Generalkonsulat". Seine Verunsicherung und sein Widerstreit zwischen Anpassung und Festhalten zeigt sich in der Frage nach der weiteren Gültigkeit eines Erlasses, der erst im Dezember 1932 an die Auslandsabteilungen gegangen war und Anweisungen für das Verhalten der Auslandsbeamten enthielt. Marckwald betont die „notwendige Einheitsfront aller Deutschen (...). Die Haltung des Generalkonsulats muß sich aber richten nach den jeweiligen Verhältnissen am Orte und deshalb halte ich es, wie die Dinge heute hier noch liegen, für zweckmäßig, den Inhalt des angeführten Erlasses meinen Beamten und Angestellten als Richtschnur für ihr Verhalten in Erinnerung zu bringen. Um mich aber nicht dem unbegründeten Vorwurf auszusetzen, dadurch etwa in meinem engeren Kreise gegen einen Beitritt zur NSDAP Propaganda zu machen, erbitte ich vorerst hierzu das dortige Einverständnis." AA Bonn: Marckwald an AA Berlin, 06.07.1933. AA Ankara 699.

199

Kaiserlich Osmanischen Museen in Istanbul, an das Auswärtige Amt weiter.[449]

Der Leiter des Archäologischen Instituts wurde nicht suspendiert, im Gegenteil, Schede wurde einige Jahre später als Leiter des Archäologischen Instituts nach Berlin berufen.

Eine weitere zentrale und angesehene Person der Community, Hermann Dilg, zunächst stellvertretender, ab 1934 erster Vorsitzender der Teutonia, und 1933 bereits in 'die Partei' eingetreten, wurde ebenfalls Opfer der Negativagitation der 'alten Nazis'. Der stellvertretende Vorsitzende der NSDAP, Müller, und das Parteimitglied Friedrich, ein „besonders tätiges Mitglied dieser Gruppe", griffen Dilg an, der ohne Absprache mit der Partei zu einer Veranstaltung zu Ehren des nun offiziell scheidenden Botschafters Nadolny – Parteimitglied und „durch das Vertrauen des Führers zum Botschafter in Moskau ernannt" – in die Teutonia eingeladen hatte. Dilg drohte als Folge der heftigen verbalen Angriffe, seine Ämter niederzulegen. Die „Nadolny-Sache" jedenfalls übergab er zunächst dem Teutonia-Vorsitzenden Ernst Schiller.

Um den Streit friedlich beizulegen und den Ablauf der Nadolny-Ehrung zu planen, lud Schiller zu einer Besprechung in die Teutonia ein. Verschiedene Persönlichkeiten des öffentlichen Lebens wurden dazu gebeten, die Herren Posth vom Schulverein, Preußer vom Bund der Auslandsdeutschen, Werner von der Alemania, Pfarrer Kriebel von der Evangelischen Kirche, Hänni[450] vom Ausflugsverein, von Gräevenitz vom Generalkonsulat und Riener von der NSDAP. Die Leitung der Sitzung übernahm der stellvertretende Vorsitzende der NSDAP, Müller; unwidersprochen wurde akzeptiert, daß die Partei die Ehrung vorbereiten würde. Das Treffen nahm jedoch dennoch keinen guten Verlauf, da sich von den Anwesenden zunächst niemand äußern wollte und zu merken war, „daß alle aufs äußerste befremdet und bestürzt waren". Als Posth schließlich aufgrund einer „sachlichen Frage" von Müller „abgekanzelt" wurde, schien eine weitere

---

449 Vgl. AA Bonn: Schede an Marckwald, 18.08.1933. AA Ankara 744. Unger hatte sich bereits vor der Ausweisung der Deutschen aus der Türkei für 'das Auslandsdeutschtum' engagiert. Er verfaßte u.a. den Aufsatz: Die Jungtürken und die Deutschen in Konstantinopel. In: Der Auslandsdeutsche, Heft 9, Stuttgart 1919, S. 139-141. Darin warf er den Deutschen vor, sich in Aktivitäten ihrer jeweiligen Vereine zu verlieren, ohne sichtbare Bemühungen, das Deutschtum aufrecht zu halten und „die Einheimischen über deutsches Wesen und Leben zu orientieren". Ebd., S. 140f.

450 Hänni vertrat die Schweizer Gruppe.

Zusammenarbeit unmöglich. Auch die Vermittlungsversuche des Pfarrers blieben erfolglos, die „*Mißstimmung*" war nicht aufzulösen.[451] Diese spärlich dokumentierte Sitzung spiegelt dennoch etwas von der damaligen Situation wider, zeigt mißglückte Versuche, eine gemeinsame Ebene zu finden, Befremdung und Bestürzung bei der 'alten Elite', Anmaßung und Machtgelüste bei den 'alten' Nationalsozialisten.

Generalkonsul Marckwald jedenfalls bat in Berlin aufgrund derartiger Vorkommnisse um einen Wechsel in der Leitung der Istanbuler NSDAP, um „*die außerordentlich schwierige Situation*" und die „*Wiederherstellung des gestörten Friedens*" zu meistern. In diesem ersten Brief hatte er noch betont, „*daß es einer geeigneten Persönlichkeit als Führer ein leichtes sein würde, auch unter den Deutschen Istanbuls eine Einheitsfront herzustellen*".[452] In einem Brief vom 28.11.1933 bemerkte er zufrieden, daß sich seine Annahme bereits als zutreffend erwiesen habe.

„Der vor kurzem an Stelle des nach Deutschland berufenen Herrn Riener in Aussicht genommene neue Führer der hiesigen NSDAP, Dr. Guges[453], besitzt nicht nur die Gefolgschaft seiner Parteigenossen, sondern genießt auch Achtung und Ansehen bei den außerhalb der Partei stehenden älteren, angesehenen hiesigen Deutschen. In gleicher Weise besitzt der zum Sachwalter der Partei für Kulturangelegenheiten bestellte Dr. Schiller, der gleichzeitig Präsident des Vereins Teutonia ist, allseitiges Vertrauen."[454]

---

451 Aus einer undatierten „Aufzeichnung" für Konsul von Tucher, wahrscheinlich angefertigt durch von Gräevenitz. AA Bonn: AA Kult 3 Ankara 699. Über die trotz der schwierigen Vorbereitungen zustande gekommene Feier zum „Abschied von Nadolny" berichtete die T.P. am 31.10.1933.

452 Von Marckwald bezieht sich in seinem Schreiben vom 28.11. auf einen früheren Bericht. AA Bonn: Von Marckwald an das AA Berlin, 28.11.1933, Ankara 699.

453 Es handelt sich hier um Dr. Alfred Guckes, eine schillernde Figur im Istanbul der 30er Jahre. Guckes hielt große NS-Veranstaltungen in der Teutonia ab, obwohl das nach türkischem Recht verboten war. Seine guten Beziehungen zur türkischen politischen Polizei sicherten ihm längere Zeit einen Sonderstatus. Allerdings geriet er auf deutscher und türkischer Seite in Korruptions- und Spionageverdacht und wurde schließlich im Februar 1940 auf Weisung des türkischen Innenministeriums aus der Türkei ausgewiesen. Als 'Führer der Deutschen Kolonie' war er bereits im Vorjahr abgelöst worden. Aus einem Brief des D.G.I. an die Botschaft in Ankara vom 29.02.40. AA Bonn: AA Ankara 681.

454 AA Bonn: Von Marckwald an das AA Berlin, 28.11.1933, Ankara 699.

Nicht nur in Erwachsenenkreisen war es gleich in den ersten Monaten nach der nationalsozialistischen Machtübernahme zu derartigen Konflikten gekommen, auch in der Deutschen Schule waren Zusammenstöße vorprogrammiert. Bereits im Mai 1933 hatte sich die Gruppe der HJ gebildet, die zum Großteil aus Jugendlichen der deutschen Oberrealschule bestand. Zwar war – nach türkischem Gesetzestext – das Tragen von Uniformen und Abzeichen verboten, doch die Kinder und Jugendlichen fanden Wege, ihren Zusammenschluß zu dokumentieren. Der Generalkonsul berichtete nach Berlin, daß durch das Auftreten der HJ *„eine Verstimmung unter den türkischen Schülern"* bestehe.

„Als dann noch ein Hitlerjunge sich bei einem Streit in der Klasse hinreißen ließ, einen jüdischen Mitschüler mit »verdammter Judenjunge« zu bezeichnen, bildete sich sofort eine geschlossene Front der türkischen, armenischen und jüdischen Mitschüler, die ihm die Freundschaft aufkündigten."[455]

Derartige Vorkommnisse zeigen, daß trotz aller nazistischer Erfolge in Istanbul immer die Gefahr bestand, als überheblich agierende Minderheit vom Zusammenschluß anderer Minderheiten und erst recht von der Reaktion des türkischen Umfeldes in sozialer und wirtschaftlicher Hinsicht selbst bedroht zu werden. Hier kommt die besondere Situation der Auslandsschule zum Tragen. Auch die Deutsche Schule hatte sich den Gesetzen der Türkei unterzuordnen. Und die Schulklassen bestanden eben nicht nur aus deutschen evangelischen, katholischen und jüdischen Kindern, sondern hier kamen muslimische, griechisch- oder russisch-orthodoxe, armenische und syrianische SchülerInnen unterschiedlicher Nationalität dazu. Die türkische Unterrichtsverwaltung gab bestimmte Regelungen vor, etwa den türkisch-sprachigen Unterricht, Ferienzeiten etc.

Offen präsentierte Abwertung und undiplomatisches Verhalten bargen für die Entwicklung der Parteiarbeit natürlich auch die Gefahr, daß bei weiterer Eskalation die HJ verboten würde. Daher wurde im oben beschriebenen Fall sofort *„ein Exempel statuiert und der Junge, der auch sonst ungehörige Bemerkungen in der Schule über seine jüdischen Mitschüler gemacht hatte, nicht nur von der Schule, sondern auch von der Leitung der Hitler-Jugend bestraft".*[456]

Dennoch kam es zu weiteren Vorfällen. Als Reaktion auf das provozierende Verhalten der HJ, die beispielsweise *„mit der Haken-*

---

455 Ebd.
456 Ebd.

kreuzfahne die İstiklal Caddesi (Perastr., d.A.) raufzogen", schlossen sich auch türkische SchülerInnen zusammen, um sich für ihre nationalen Belange einzusetzen.[457] Teilweise gewann die nationalistische bzw. nazistische Erziehung auch Vorbildcharakter für das türkische Erziehungswesen.

Der stellvertretende Reichsjugendführer Karl Nabersber traf 1934 in Ankara *„mit führenden türkischen Persönlichkeiten"* zusammen, um sich über die nationale Erziehung der Jugend auszutauschen. In der Türkischen Post wurde berichtet, daß sich gezeigt habe, *„daß eine weitgehende Übereinstimmung im Endziel nationaler Jugenderziehung"* bestehe.[458]

4. Istanbuler Institutionen und ihre Beziehungen zum deutschen Nationalsozialismus

Alle deutschen Institutionen in Istanbul mußten sich mit dem deutschen Nationalsozialismus auseinandersetzen. Teilweise wurden sie durch die Machtübernahme – sozusagen per Gesetz – nationalsozialistisch, teilweise fanden sie einen Weg, der ihnen graduelle Neutralität erhielt; keine deutsche Institution in Istanbul entwickelte sich jedoch zum 'anti-nationalsozialistischen Bollwerk'. Im Gegenteil: So weist die Befriedigung des vom Propagandaministerium in die Türkei geschickte Reichsredners Diewerge, die aus dem Bericht an seinen Auftraggeber spricht, auf die nationalsozialistische Orientierung der Community hin. Er lobte besonders den Landesgruppenleiter Liebl, der ebenso wie seine Mitarbeiter einen *„überdurchschnittlichen Eindruck"* mache. Bei einem vertraulichen Gespräch mit dem *„Führungskorps der Reichsdeutschen in der Türkei"* sei er zu dem Ergebnis gekommen, daß die *„Durchdringung mit national-*

---

457 Vgl. Gesprächsnotiz, Erna Subklew, Istanbul 10.5.1993. Ab 1935 wurde auch in der deutschen Schule der Wehrsportunterricht für türkische Schüler eingeführt, später nahmen auch die türkischen Mädchen teil – ein klares Signal der türkischen Führung, der nationalen Sicherheit mehr Gewicht zu geben.
458 T.P. 10.03.1934.

sozialistischer Gesinnung" in diesem Kreis weit fortgeschritten war.[459]

Das deutsche Generalkonsulat

Das deutsche Generalkonsulat war die Zentrale des offiziellen Deutschland in Istanbul. Sogenannte Reichs- und Volksdeutsche wurden in dem ehemaligen Botschaftsgebäude 'verwaltet', und auch die ab 1933 eintreffenden Emigrierten verkehrten dort zwangsläufig.[460] Die Neuankommenden hatten sich anzumelden; und hier wurde über Paßfragen beraten und entschieden. Vom Generalkonsulat aus wurden auch die Aktivitäten der Emigrierten überwacht. In einem Schreiben an das Auswärtige Amt Berlin berichtete Generalkonsul Toepke im Januar 1935:

„Die Frage der hierher emigrierten Professoren wird von mir in engem Einvernehmen mit der hiesigen Ortsgruppenleitung sorgfältigst beobachtet. (...Die Emigranten) haben sich mit wenigen Ausnahmen im großen und ganzen (...) unserem Vaterlande gegenüber loyal verhalten. Die hiesige Universität ist durch die Besetzung mit diesen Professoren qualitativ zu einer Hochschule ersten Ranges geworden, deren kultureller Wert für Deutschland (...) gar nicht hoch genug veranschlagt werden kann."[461]

Die Emigrierten wurden also für das kulturelle Ansehen Deutschlands – in dem ihnen die Lebensgrundlage entzogen worden war – vereinnahmt. Und es muß festgestellt werden, daß sie sich vereinnahmen ließen. Die Mehrzahl von ihnen trat nicht öffentlich gegen die Politik Deutschlands auf. Doch wenn hier betont wird, daß sie sich dem Heimatland gegenüber *„loyal"* verhielten, so galt diese Loyalität in der Regel dem Deutschland vor 1933 und der Hoffnung auf ein Deutschland der nachnationalsozialistischen Ära.

---

459 Vgl. Staatsarchiv Potsdam: RM f Volksaufklärung und Propaganda 736. Feiern zum 20. April und 1. Mai 1944, Blatt 10.
460 Der Jurist Prof. Dr. Ernst Hirsch beispielsweise wurde dort Anfang 1934 in zweiter Ehe getraut. Er schreibt: „Als Standesbeamter fungierte in Vertretung des Generalkonsuls der Vizekonsul, Herr von Graevenitz, der im Gegensatz zu seinem Chef alles andere als ein Freund des Naziregimes war. Er verlor einige Monate später seinen Posten in Istanbul." Hirsch 1982, S. 244. Von Graevenitz wurde nach Rom versetzt.
461 AA Bonn: Toepke an AA Berlin, Istanbul 17.01.1935. „Entwicklungen des Deutschtums in den letzten 10 Jahren". Deutsche Kolonie Konstantinopel, Kult 3, Ankara 699.

Auf dem exterritorialen Gebiet des Generalkonsulats fanden Versammlungen und Besprechungen statt, die der Geheimhaltung unterlagen. Berichte über Institutionen und Personen, über politische Gespräche und Einschätzungen wurden hier verfaßt und nach Berlin geschickt, Wahlunterlagen und Einberufungen verteilt und Aufrufe für die 'Reichs- und Volksdeutschen' entworfen. Empfänge für türkische und andersnationale Abgeordnete fanden ebenso statt wie Ehrungen für hervorragende Community-Mitglieder.

Die deutschen Kaufleute wurden eng an 'das Reich' gebunden und einmal im Monat zu Besprechungen ins Generalkonsulat geladen,

„die unter Beteiligung der Partei der Erörterung von Fragen von allgemeinem wirtschaftlichen Interesse, wie Gründung der projektierten Handelskammer in Istanbul, Zoll- und Kontingentenwünsche, gemeinsame Maßnahmen gegen ausländische Konkurrenz usw. dienen."[462]

Ab 1934 engagierte sich das Generalkonsulat in Kooperation mit der Arbeitsvermittlung der NSDAP auch für arbeitslose Staatsangehörige. Einmal pro Woche wurden Sprechstunden für Arbeitsuchende in der Teutonia abgehalten.[463] Die anfänglich ebenfalls in der Teutonia ausgerichteten politischen NS-Veranstaltungen mußten dagegen schließlich aus Rücksicht auf die deutsch-türkischen Beziehungen und die türkische Gesetzgebung, die politische Organisationen und Veranstaltungen der Minderheiten nicht gestattete, auf Konsulats- und Botschaftsgelände verlegt werden.

Im Generalkonsulat wurden Listen von jüdischen Geschäften und Lokalen, in denen 'Deutsche' nicht verkehren sollten, angefertigt und verteilt. Auch ein Verzeichnis vom 19.01.1942 nennt acht Lokale und gibt die jeweiligen Gründe für das Verbot an. Die angefügten Erklärungen haben manchmal jedoch eher Empfehlungscharakter. So urteilte man dort über die „Taxim-Bar":

„Diese Bar ist das vornehmste Lokal dieser Stadt. Englandfreundliche Einstellung. Die Kapelle beschließt jeden Abend mit den englischen Nationalliedern."[464]

Ebenso 'gut' wird das „Rejans", *„das feinste Speiselokal dieser Stadt"*, bewertet. Gegen den Essensgenuß dort sprach, daß der

---

462 Ebd.
463 Dieser Bereich lag zuvor in den Händen des Bundes der Auslandsdeutschen.
464 AA Bonn: Verzeichnis der verbotenen Lokale und Verzeichnis der zu empfehlenden Lokale, Umlauf 19.01.1942. Ankara 576.

„*Besitzer Maranz Jude*" war. Das gleiche galt für die „Studyo-Bar" und das „Wiener Kaffee". Dort kam allerdings erschwerend hinzu, daß es als „*Emigrantenlokal*" bekannt war. Beim „Kaffee Tilla" reichte es offensichtlich aus, daß die nichtjüdische Besitzerin mit einem Juden liiert war. Das „Buket" und die „Likörstube Elli" wurden als „*Sehr fragwürdig*" bezeichnet.

Statt dessen gab es Empfehlungen für das „Hotel Tokatliyan" und seine Dependance in Tarabya, auch für das „Alp-Hotel" und das „Park-Hotel", außerdem für die „Teutonia", „Degüstayon", „Abdullah" und „Jordan". Diese Lokalitäten galten als zuverlässig.[465]

Die Zahl der 'Konsulatsangestellten' nahm mit fortschreitender Nazionalisierung zu. Bald residierte der NS-Landesgruppenführer hier, später auch Leute des SD, des „deutschen Sicherheitsdienstes". Das Istanbuler Generalkonsulat wurde zu einer Schaltstelle der deutschen Spionage im Nahen Osten. Doch auch andere diplomatische bzw. konsularische Vertretungen in der Türkei wurden mit SD-Beauftragten besetzt: Ankara, Izmir, Trapezunt (Trabzon) und Iskenderun. Paul Leverkühn, der die Außenstelle Istanbul und die Kriegsorganisation (KO) Naher Osten des geheimen Nachrichtendienstes der Wehrmacht ab Juli 1941 leitete, hatte den Auftrag, einen „*Erkundungsdienst für den Nahen und Mittleren Osten*"[466] einzurichten. In seinem Buch über den Nachrichtendienst[467], vermerkte er interessante Einzelheiten über seine Istanbuler Zeit.[468] Nach einer

---

465 Ebd.

466 Anfang August 1941 kam Canaris selbst zu einer Stippvisite in die Türkei. Vgl. Paul Leverkühn: Der geheime Nachrichtendienst der deutschen Wehrmacht im Kriege. Frankfurt a.M. 1957, S. 161. Den bekannten Höhepunkt deutscher Spionagetätigkeit in der Türkei bildete die „Cicero-Affäre". Ende Oktober 1943 bis März 1944 lieferte der Kammerdiener des britischen Botschafters (Deckname: Cicero) dem SD-Beauftragten der deutschen Botschaft in Ankara, Moyzisch, Filmrollen von britischen Geheimdokumenten. Durch das Wissen von Moyzischs Sekretärin, die zum britischen Geheimdienst überlief, wurde nicht nur »Cicero« gezwungen, aus Ankara zu verschwinden, sondern mußten auch eine Reihe deutscher Agenten abgezogen werden – ein schwerer Schlag für die Arbeit des SD. Vgl. Glasneck 1966, S. 143.

467 Das Buch schrieb er nach eigenen Aussagen nicht zuletzt deshalb, weil er der neugegründeten Bundeswehr Lehrmittel an die Hand geben wollte.

468 Leverkühn schrieb: „Das erste Mitglied der Dienststelle, das angeworben wurde, konnte nicht stenographieren und Schreibmaschine nur mit einem Finger schreiben, hatte dafür aber andere ganz ungewöhnliche Qualitäten. Das war Paula Koch, die nach dem Kriege in illustrierten Zeitschriften dem staunenden Publikum als Mata Hari des Zweiten Weltkrieges dargestellt wurde." Für die strenggläubige Katholikin, die während des Ersten Weltkrieges

Liste von 1942, in der es um Raumfragen des Generalkonsulats geht, hatte das Büro Leverkühn zwölf Angestellte, ebenso viele arbeiteten für den Marineattaché, vier für den Luftattaché, zehn für den Chiffrier- und Funkapparat der Abwehr, dazu kamen zwei dem Generalkonsulat zugeteilte Abwehrangehörige und zwei SD-Angehörige.[469]

Die Rolle der Auslandsbeamten des Auswärtigen Amtes war für die Durchsetzung der Interessen der nationalsozialistischen Führung von großer Bedeutung. Sie waren in allen deutschen Institutionen Istanbuls vertreten, im Schulvorstand, Kirchengemeinderat etc.. Der erste Generalkonsul der nationalsozialistischen Zeit, Marckwald, wurde im Mai 1934 relativ plötzlich nach Deutschland zurückgerufen. Bis zur Ankunft von Generalkonsul Toepke[470], der die konsularischen Geschäfte in Istanbul bis Anfang 1940 leitete, übernahm Konsul von Graevenitz die Amtsgeschäfte. Es folgte Generalkonsul Seiler, der bis 1943 blieb und durch den Gesandten von Twardowski ersetzt wurde. Botschafter in Ankara waren von Rosenberg bis 1935, von Keller bis 1938 und bis zum Abbruch der diplomatischen Beziehungen 1944 von Papen. Die meisten dieser Diplomaten waren mehr oder weniger 'typische' Vertreter der deutschen Auslandsdiplomatie jener Jahre – weitgehend angepaßt, doch auch distanziert, nationalistisch, teilweise kritisch gegen nazistische Eiferer, deren Anliegen sie jedoch ins 'rechte Licht' zu rücken trachteten, ihrem 'Vaterland' ergeben und in enger Bindung zum Auswärtigen Amt, das sie mit Informationen über

---

als Lazarettschwester an der Front gearbeitet hatte, fand er diese Bezeichnung nicht angemessen. Ihre besonderen Qualitäten beruhten auf ihren guten Verbindungen zu arabischen Kreisen und auf ihren Kenntnissen der Türkei, da sie aus einer seit langem ansässigen Familie stammte. Leverkühn 1957, S. 162. Im Archiv des Auswärtigen Amtes in Bonn gibt es diverse Vermerke über Paula Koch. So wurde über ihre Übernahme in den Abwehrdienst ein geheimer Telegrammverkehr geführt. Offiziell war sie beim Konsulat Adana angestellt. AA Bonn: Ankara 553.

469   Generalkonsul Seiler hatte also zusätzlich zum normalen Konsulatspersonal „42 Außenseiter" mit Räumen zu versorgen. Zwei Abwehrangehörige waren im sogenannten Baker-Haus im Nebengebäude des Konsulats untergebracht, ebenso der Ortsgruppenleiter Jakob Liebl und seine Mitarbeiterin Beatrix Flesch-Bruningen. Vgl. AA Bonn: Seiler an Deutsche Botschaft Tarabya, Istanbul 29.06.1942. Ankara 553.

470   Stanford J. Shaw bezeichnet Generalkonsul Axel Toepke als Leiter des lokalen Zweiges der Gestapo, zuvor habe er als Generalkonsul an die Memel die Naziorganisation in Litauen aufgebaut. Vgl. Stanford J. Shaw: Turkey and the Holocaust 1993, S. 372.

das gesellschaftliche und politische Leben und vor allem mit Ratschlägen zur deutschen Interessensicherung versorgten.

Das vorliegende Material zeigt, daß nur mit Unterstützung der Auslandsdiplomatie eine weitgehende Akzeptanz des 'deutschen Nationalsozialismus' bei der türkischen Elite und Regierung erreicht werden konnte. Es beweist, daß weite Kreise der Auslandsdeutschen gerade durch sie für den Nazismus gewonnen wurden.[471] Wenn sich die Diplomaten stärker distanziert hätten und weniger an der Sicherung ihrer Karrieren unter der neuen Führung gearbeitet hätten – häufig wider besseren Wissens –, hätte der Nazismus innerhalb der Auslandscommunities nicht derartig Raum gewinnen können.

Nachdem die ersten emigrierten Professoren angekommen waren, kam es zunächst noch zu – aus heutiger Sicht – überraschenden Kompromissen. So soll es auf Intervention des bekannten Mediziners Sauerbruch, ein Lehrer des Emigranten Rudolf Nissen, eine Einladung der Emigrantenorganisation „Notgemeinschaft deutscher Wissenschaftler" zu einem Sommerfest im Botschaftsgarten Tarabya gegeben haben, bei dem aus Rücksicht auf die Gäste keine Hakenkreuzfahnen gezeigt wurden. Hier spiegeln sich die Versuche der deutschen Auslandsvertretung wider, die emigrierten Professoren für die eigenen Interessen zu funktionalisieren. Ihnen wurde ein Sonderstatus eingeräumt, der partielle Zugehörigkeit zum nationalsozialistischen System ermöglichte. Für einige der Emigrierten war es verführerisch, sich vor allem als 'deutsche Kulturvertreter' im Ausland zu definieren.[472] Später waren derartige Überlegungen – zumindest bei den jüdischen Deutschen – obsolet.

Auch der jüdische Emigrant Fritz Neumark betont den Unterschied im Umgang miteinander, wie er 1933/34 oder nach 1935 gestaltet wurde. Anfangs seien noch höflichen Formen gewahrt worden, doch ihm blieben vor allem die Erfahrungen der späteren Jahre in deutlicher Erinnerung.

Da „erinnert man sich dann daran, mit welchem Zittern und Zagen man in der nationalsozialistischen Ära vor den Nazibeamten in der untersten Etage sich quasi für seine Existenz zu entschuldigen hatte."[473]

Der Antisemitismus nahm weitreichende Formen an. Selbst Angehörige anderer Nationalitäten, die zur deutschsprachigen Community

---

471 Vgl. auch Widmann 1973, S. 58.
472 Die Bezeichnung 'Emigrant' wurde zumeist als Makel empfunden.
473 Neumark 1980, S. 186.

gehörten, wurden unter Druck gesetzt, jüdische Mitarbeiter zu entlassen. Der Schweizer Kaufmann Hirzel wurde in das deutsche Generalkonsulat *„zitiert, ihm Vorwürfe gemacht, einen jüdischen Mitarbeiter zu haben und gedroht, er würde seine deutschen Vertretungen verlieren, wenn er den Mann nicht entließe.* "[474]

Nachdem die Deutsche Botschaft durch das 13. Anschlußgesetz im März 1939 die Österreichische Gesandtschaft übernommen hatte, wurde auch das Österreichische Konsulat in Istanbul 'angegliedert'. Zwar weisen Dokumente des Auswärtigen Amtes darauf hin, daß es im Vorfeld des 'Anschlusses' *„Zwistigkeiten zwischen deutschen und österreichischen Stellen in Istanbul gegeben hat"*[475], doch wie in Österreich gab es auch in Istanbul keinen nennenswerten Widerstand der Angegliederten, und wie in Österreich waren bei den österreichischen IstanbulerInnen großdeutsche Gedankengänge – und auch Antisemitismus – verbreitet. An den deutschen NS-Feiern hatten bereits zuvor auch immer ÖsterreicherInnen teilgenommen. Ein nicht unerheblicher Anteil an der nazistischen Orientierung muß den katholischen Führungskräften in Österreich zugeschrieben werden.[476]

Die deutsche Militärberatung

Die deutsche Militärberatung hatte nach ihrer Wiederzulassung erneut bedeutenden Einfluß auf das türkische Militärwesen erreicht. Die Offiziere, die mit ihren Familien für einige Jahre kamen, spielten im Alltagsleben der Community offensichtlich keine große Rolle, während sie aus dem offiziellen gesellschaftlichen Leben nicht wegzudenken waren. Die Frauen der Offiziere verkehrten vor allem untereinander. Eine Zeitzeugin erinnert sich:

---

474 Brief von Gisela Freibergs (geb. Hirzel), Västra Frölunda 23.04.1992.

475 Zentralarchiv Potsdam: Auswärtiges Amt an die Deutsche Botschaft Ankara, Berlin 31. Januar 1938. 49.01 Reichsministerium für Wissenschaft, Erziehung und Volksbildung Nr. 6656, Blatt 17.

476 Herbert Steiner, der sich mit der österreichischen Variante des NS beschäftigt hat, schreibt: „Die Spitzen des katholischen Klerus in Österreich waren lange Jahre großdeutsch orientiert, auf der Seite der Konservativen und zum Teil auch offen antisemitisch orientiert." Vgl. Herbert Steiner: Einige Probleme des Widerstandes gegen den Nationalsozialismus in Österreich (1938-1945). In: Forschungsinstitut der Friedrich-Ebert-Stiftung. Studien und Berichte: Widerstand, Verfolgung und Emigration. Bad Godesberg 1967, S. 3-14, hier S. 9.

„Wenn Sie z.B. die Offiziersfrauen nehmen, die bildeten so einen Klüngel für sich. Ob die nebenbei viel taten, weiß ich nicht. (...) Das war überhaupt so ein geschlossener, mehr eine geschlossene Gruppe für sich, die nicht viel mit der Kolonie als solcher zu tun hatte. Die kamen ja auch immer nur für ein paar Jahre. Und da hatte ich immer das Gefühl, die lebten sehr zurückgezogen für sich. Gehörten ja auch nicht zu den Alteingesessenen."[477]

Woran sich Ruth Busch ebenfalls erinnert, ist das elegante Auftreten dieser „Offiziersfrauen" bei offiziellen Anlässen, immer mit „Hut und weißen Handschuhen". Bei diesen offiziellen Anlässen fehlten die Offiziere selten, natürlich auch nicht bei dem Heldengedenken im Botschaftsgarten, die sie mitgestalteten.

Das nationalsozialistische Deutschland profitierte von der Verbundenheit der in Deutschland – oder in der Türkei – von deutschen Offizieren ausgebildeten türkischen Militärangehörigen. Die „deutsch-türkische waffenbrüderliche Vereinigung" etwa bekannte sich eindeutig zum nazistischen Deutschland und intrigierte gegen die von dort Emigrierten. Rudolf Nissen berichtet über deren – letztendlich erfolglose – Kampagne gegen die Istanbuler emigrierten Medizinprofessoren.[478]

Als die deutschen Militärberater die Türkei nach Kriegsbeginn im Oktober 1939 verlassen mußten, blickten sie auf eine ca. hundertjährige Tradition zurück.

Die Teutonia und andere Vereine

Recht schnell wurde die organisatorische Betreuung der deutschen Auslandsvereine von der NSDAP übernommen. In einem Rundschreiben „An die deutschen Missionen und Berufskonsulate im Auslande" wurde im Mai 1934 verfügt:

„Die Betreuung der reichsdeutschen Vereine im Ausland wird in Zukunft die Aufgabe des neugegründeten »Verbandes reichsdeutscher Vereine im Ausland« E.V., Berlin W. 9, Lennestr. 5 II. sein. Der Verband untersteht der Auslandsorganisation der NSDAP in Hamburg."[479]

Während also die Betreuung der 'Reichsdeutschen' direkt von der NSDAP übernommen wurde, blieb die Zuständigkeit für „die

---

477 Interview mit Ruth Busch, Hamburg 09.06.1992.
478 Vgl. Nissen 1969, S. 243f.
479 AA Bonn: Rundschreiben des AA vom 31.05.1934, Kult 3, Ankara 700.

*kulturelle Betreuung des gesamten Auslandsdeutschtums ohne Rück-
sicht auf die Staatsangehörigkeit*"[480] zunächst beim „Volksbund für
das Deutschtum im Ausland" (VDA).

Nicht nur in Deutschland gab es „*Gleichschaltungen*", sondern
auch in Istanbul, wo – im Interesse der „*Erstarkung der Volksgemeinschaft*" – ehemals unabhängig agierende Vereine und Institutionen
zusammengeschlossen wurden. Den ersten aufsehenerregenden
Schritt machten der Verein Teutonia und die Alemania. Auf Betreiben
der Alemania fusionierten sie 1933.[481]

In dem Vereinigungsvertrag heißt es:

„Zwischen den Bevollmächtigten der beiden Vereine wurde am 23. Oktober 1933
eine Vereinbarung getroffen, in der folgendes bestimmt wurde:

Um den Zusammenschluß der beiden Vereine schnellstens in die Wege zu
leiten, wird der Generalversammlung der »Teutonia« vorgeschlagen, die Herren,
die am 14. Juni 1933 Mitglieder der Alemania waren, als Mitglieder in die
»Teutonia« aufzunehmen, wofür sie vom 1. Januar 1934 an als Jahresbeitrag 6
Türk. L. (d.i. ein Viertel des Vollbeitrags) zu bezahlen haben. Gleichzeitig wird
der neue Satzungsentwurf den zuständigen türkischen Stellen zur Genehmigung
vorgelegt. An dem Tage, an dem die Mitglieder der Alemania ordentliche
Mitglieder der »Teutonia« werden würden, würde die Alemania ihre Auflösung
beschließen, ihr Vermögen und ihr Haus an die »Teutonia« überführen.

Diese Übereinkunft wurde in der Generalversammlung der »Teutonia« vom
8. November 1933 gutgeheißen und nach einer Rede des deutschen
Generalkonsuls Dr. Marckwald am 23. November 1933 besiegelt. Damit hatten
sich die beiden Vereine zusammengeschlossen."[482]

310 Mitglieder zählte die neue Teutonia nun und sammelte verschie-
dene Interessengruppen unter ihrem Dach.[483] In einem Bericht von
Januar 1935 an das Auswärtige Amt in Berlin lobt der Generalkonsul
Toepke die gelungene „*Verschmelzung*" der beiden Vereine.

„Unter der rührigen Leitung eines hiesigen Parteigenossen werden in der
Teutonia Konzerte, Tanztees, Eintopfessen, Theateraufführungen usw. zu billig-

---

480 Ebd.
481 Allerdings muß bei dieser Darstellung daran erinnert werden, daß die Alemania
     das Vereinshaus der ehemaligen nazistischen Splittergruppe war, die nun tonan-
     gebend wurde.
482 »Die Geschichte der Teutonia« 14. Folge. In: Teutonia Mitteilungsblatt Nr. 31.
     Istanbul November 1958.
483 Das Alemania-Haus wurde zunächst Arbeitslosenheim, dann ab Oktober 1935
     Lokal der Türkischen Post.

sten Eintrittspreisen veranstaltet, die die hiesige Kolonie, die sich auf etwa 900 Köpfe beläuft, oft fast geschlossen vereinigt."[484]

Seit langem anstehende Bauarbeiten konnten nun ausgeführt werden. Und nicht nur innen, sondern auch außen wurde neu gestaltet. 1935 wurde ein großer Sommergarten mit zwei Terrassen fertiggestellt.[485] Nie war die finanzielle Basis so gesichert. Und der von der Alemania gegründete Männergesangverein ging ebenso wie der einige Monate zuvor erst an die Alemania angegliederte Deutsche Fußball Klub (DFK) in die Teutonia ein. Kurze Zeit später schloß sich auch der Turnverein an.

Nicht ganz so schnell fanden die international besetzte Theatergruppe des V.E.S. (Verein der Ehemaligen der Deutsche Schule) und die erst 1933 gegründete Teutonia-Theatergruppe zusammen. Im Gegenteil, sie machten sich heftig Konkurrenz, wobei die V.E.S.-Gruppe offensichtlich zunächst überlegen war. Der 1929 gegründete – und noch heute bestehende – Verein V.E.S. verfügte über großes gesellschaftliches Ansehen. Neben Theateraufführungen organisierte er wissenschaftliche Vorträge, Bälle und die traditionellen Abiturfeiern, die Höhepunkte des Community-Lebens darstellten. Lange konnte sich die Theatergruppe des Vereins jedoch nicht gegen nationalsozialistische Beeinflussungsversuche wehren. Als 1934 ein neuer Spielleiter zur Teutonia kam und die Theatergruppe neu zusammenstellte, warb er auch V.E.S.-Leute ab, mit dem Erfolg, daß deren Theatergruppe allmählich zerfiel.[486]

Schnell fand jedoch eine in allen Bereichen enge Zusammenarbeit zwischen der Teutonia und den Lehrenden der Deutschen Schule statt, auch im Theaterbereich. Nun wagte man sich gemeinsam an klassische Stücke. *„Die Aufführung des »Zerbrochenen Krugs« am 21. November 1936 zum Kleist-Gedächtnistag, zu der das Berliner Staatliche Schauspielhaus die Kostüme geliehen hatte und ferner das Stück »Strom« von Max Halbe zum Abschluß des Theaterwinters 1936/37, mit dem die Theatergruppe sich zum ersten Mal, mit*

---

484 AA Bonn: „Entwicklung des Deutschtums in Istanbul in den letzten 10 Jahren." DGI (Deutsches Generalkonsulat Istanbul) an AA, Istanbul 17.01.1935. Zur 'Kolonie' wurden natürlich nicht die Emigrierten und die Nichtangemeldeten gezählt. Ich schätze die Zahl der zur Community gehörenden Deutschen zu dieser Zeit bereits auf 2.000 bis 3.000 Personen.
485 Die Bauarbeiten wurden von deutschen Arbeitslosen ausgeführt.
486 Vgl. »Die Geschichte der Teutonia« 13. Folge. In: Teutonia Mitteilungsblatt Nr. 30. Istanbul Oktober 1958.

hinreißender Wirkung, an einen tragischen Stoff herangewagt"[487]
habe, wurden in den Mitteilungsblättern der Teutonia nachträglich
hochgelobt. An derartige kulturelle Ereignisse, zu denen auch die
„Deutsche Buch- und Zeitschriftenausstellung" 1938 gehört, wurde
später gern erinnert. Doch das Vereinshaus der Teutonia war vor
allem bevorzugter nationalsozialistischer Aktionsraum. Parallel zu
den Zusammenschlüssen fanden Ausgrenzungen statt. Jüdische
Vorstands- und Vereinsmitglieder wurden hinausgedrängt, schweizerische marginalisiert.

Gisela Freibergs, Schweizerin mit deutscher Mutter, schrieb:

„Unsere Familie verkehrte genau so intensiv in der Schweizer wie in der
deutschen Kolonie und ihren respektiven Klubs, bis die Nazis so tonangebend
wurden, daß man zuletzt als Schweizer kaum noch in der Teutonia verkehren
konnte, ohne sich zu kompromittieren."[488]

Auch die meisten jüdischen Teutonia-Mitglieder haben es von sich
aus vorgezogen, den Verein zu verlassen, als sich die nazistischen
Wortführer Einfluß verschafften. Dr. Julius Stern, seit 1929 Lehrer an
der Deutschen Oberrealschule und in den Jahren 1931 und 1932
Vorstandsmitglied der Teutonia, ging ebenfalls:

„Da war ich noch im Teutonia-Vorstand. (...) Ich hab natürlich gleich die
Teutonia verlassen. (...) Ich hab mich dann um die Teutonia nicht mehr
gekümmert."[489]

Ziemlich unsensibel wird in den 50er Jahren der 'Hoch-Zeit' der
Teutonia gedacht, indem das herausragende Merkmal dieser Zeit so
formuliert wird:

„Aber das Wichtigste schien damals, daß die Teutonia zum »Haus der deutschen
Kolonie« geworden war, in dem alle Zusammenkünfte, alle nationalen Feiern,
alle Kundgebungen stattfanden. Damals wurde zum ersten Male erkannt, wie
groß die Kolonie war und wieviele erschienen, von denen bisher niemand wußte,
daß sie sich in Istanbul aufhielten."[490]

Daß es zugleich sehr viel mehr Menschen deutscher Herkunft gab, die
nicht wissen lassen wollten oder durften, daß sie sich in Istanbul

---

487 »Die Geschichte der Teutonia« 14. Folge. In: Teutonia Mitteilungsblatt Nr. 31.
     Istanbul November 1958.
488 Brief von Gisela Freibergs, Västra Frölunda 23.04.1992.
489 Interview mit Dr. Julius Stern, Istanbul 27.04.1991.
490 Aus einem Brief an Prof. Dr. Murad Ferid vom 23. Okt. 1954. Archiv der
     Teutonia, Kopie bei der Autorin.

aufhielten, und ebensolche, die ausgebürgert waren, weil sie die 'falsche' Religion oder politische Gesinnung hatten und damit weder zur Teutonia gehören wollten noch konnten, wird hier nicht thematisiert. Eine leichte Kritik klingt allenfalls an, wenn formuliert wird: *„es hatte aber mehr als einmal den Anschein, als wäre auch die Teutonia dazu verurteilt, nur mehr ein politisches Forum abzugeben."* Doch daß sie das auch war, daß eben gerade in der Teutonia die 'nationalen Feiern' mit antisemitischen Reden und Verherrlichungen des 'Führers' stattfanden, wird hier ausgespart. Vergessen scheint auch, daß in der Teutonia die Hitlerjugend gesammelt und indoktriniert wurde, daß hier der im Biologieunterricht der Deutschen Schule verbotene Rassekundeunterricht stattfand.[491] Vielmehr wird in dem eigenen historischen Rückblick behauptet:

„Die Männer, die nun an die Spitze des Vereins gewählt wurden, wußten dies mit viel Taktgefühl zu verhindern und ihnen ist es wohl zu verdanken, daß die Jahre der unmittelbaren Vorkriegszeit und die der Kriegszeit selbst dahingingen, ohne daß die Teutonia aufgelöst und als Verein aufgehoben wurde."[492]

Es wird ein Bild konstruiert, das die Teutonia als liberalen Klub erscheinen läßt, wenn weiter formuliert wird:

„Indessen darf allerdings auch nicht übersehen werden, daß während der Jahre, die dem Kriege unmittelbar vorangingen, die Teutonia ein tatsächliches Sammelbecken aller Deutschen in Istanbul wurde und in ihren Räumen manch offenes Wort gesprochen werden konnte, ohne daß es Jemandem zum Schaden geriet. Die Räume dieses Hauses hatten es in sich, daß sie sich beinahe selbstverständlich den Verhältnissen anpaßten, ohne aber ein politisches Haus zu werden,

---

491 Ein Blick in die »Berichte der Istanbuler Jungmädel« zeigt vielfältige Aktivitäten, die den Kindern geboten wurden, aber auch ihre Beeinflussung und 'Schulung'. Da wurden die nationalsozialistischen Lieder gelernt, das Antreten geübt, gebastelt und getanzt. In kindlicher Sprache wird der Ablauf der »Heimabende« dargestellt. Am 18.01.1936 heißt es u.a.: „Dieses Mal war der Heimabend um 5 Uhr. Bärbel trug Hefte, die nachher verteilt wurden und Ruth (die Jungmädel-Führerin, d.A.) die Laute von Walter (dem HJ-Leiter, d.A.). Heute erzählte Walter von den Auslandsdeutschen, und daß es verschiedene Klassen von den Ausgewanderten gibt. Es war sehr spannend." Am 28.03.1937 fand der Heimabend im Kindergarten statt, da das Klubheim renoviert wurde. U.a. heißt es hier: „Kamerad Walter sprach von den Juden, und wie wir uns gegen sie zu benehmen hätten und noch von allerlei Dingen, auf die wir hier achtgeben sollten."

492 Aus einem Brief an Prof. Dr. Murad Ferid vom 23. Okt. 1954. Archiv der Teutonia, Kopie bei der Autorin. Vorsitzende der Teutonia während der NS-Zeit waren: Ernst Schiller bis 1934, Hermann Dilg bis 1936, ihm folgten Hans Weidtmann und 1940 Kurt Bittel.

sondern immer noch der alte Verein zu bleiben, in dem sich Freunde zusammen-fanden."[493]

Derartige Formulierungen müssen im Kontext der Zeit, in der sie verfaßt wurden, beurteilt werden. Nach Kriegsende dauerte es einige Zeit, bis das Vereinsgebäude wieder in deutsche Hände kam.[494] Den Ruf als sogenanntes Braunes Haus behielt es bis in die 80er Jahre, und eine zentrale Bedeutung für die Deutschen konnte die Teutonia nur für eine kurze Zeit zurückerobern.

Von den anderen deutschen bzw. von Deutschsprachigen gegründeten Vereinen blieb bis Kriegsende lediglich der Deutsche und Schweizer Ausflugsverein von Bedeutung. Der Verein der Österreicher war ebenfalls angeschlossen worden.

Die Evangelische Kirche

Die Deutsche Evangelische Kirche Istanbul, eigentliche Gründerin der sogenannten Deutschen Kolonie, verlor an gesellschaftlichem Einfluß. Zwar fanden auch hier weitreichende Anpassungen statt und wurde auf die Verbundenheit des Auslandsdeutschtums und der Evangelischen Kirche seit der Reformationszeit hingewiesen, doch zeigte sich der antiklerikale Charakter des Nazismus auch in Istanbul.

Der neue Pfarrer, Martin Kriebel, hatte keinen leichten Stand. Denn bald wurden auch im Kirchengemeinderat nationalere Töne angeschlagen. Schon im März 1933 regte ein neues Ratsmitglied, General Bührmann, in der Gemeindekirchenratsitzung an, *„an nationalen Feiertagen in der Predigt auf den Anlaß zu diesen Tagen"* einzugehen.[495] Es kam in der folgenden Zeit immer wieder zur Störung des Gemeindefriedens, weil Nazis mit der Hakenkreuzfahne zum Gemeindegottesdienst einzogen und andersnationale Kirchen-mitglieder brüskierten. Schließlich, im November 1934, wurde vom

493   Ebd.
494   1951 kamen ca. fünfzehn ehemalige Vereinsmitglieder in Istanbul zusammen und beantragten die Genehmigung zur Wiederaufnahme der Vereinsarbeit und die Übergabe des Vereinsgebäudes. Es dauerte fünfzehn Monate und bedurfte der persönlichen Fürsprache des deutschen Botschafters, bis das Gebäude frei-gegeben wurde. Ebd.
495   Sitzung des Gemeindekirchenrates am 02.03.1933. In: Protokollbuch für die Sitzungen des Gemeindekirchenrates der deutschen evangelischen Kirchen-gemeinde zu Stambul. (28. April 1934-31. Januar 1969).

Gemeindekirchenrat, zu dem auch weiterhin ein schweizerisches Mitglied gehörte, ein Kompromiß vorgeschlagen – daß nämlich zu normalen Gemeindegottesdiensten,

„die als solche in der Zeitung durch die Form der Anzeige kenntlich sind, Fahnen nicht mitgeführt werden, um einem jeden auch andersstaatlichen evangelischen Christen den Besuch des Gottesdienstes zu ermöglichen. (...) Bei Gottesdiensten aus besonderen nationalen Anlässen, die in ihrem Charakter durch Aufruf in der Zeitung besonders gekennzeichnet werden, ist das Mitführen von Fahnen gestattet."[496]

Offensichtlich konnte sich der damalige Schweizer Vertreter mit derartigen Zugeständnissen nicht arrangieren. Nachdem Arthur Maier, langjähriges Mitglied und Vertreter der Schweizer Gruppe, seine Rücktrittsüberlegungen aus dem Gemeindekirchenrat bereits im Januar 1936 kundgetan hatte, vollzog er diesen Schritt trotz der Umstimmungsversuche des Kirchenrates am 10.06.1936.[497] Als neuer Vertreter der Schweizer Gruppe wurde E. Imhoff vorgeschlagen und gewählt.[498]

In der Januarsitzung des gleichen Jahres war ein Aussprachebegehren des bekannten deutschen Emigranten Prof. Dr. Gerhard Kessler zur „Entwicklung der kirchlichen Verhältnisse in Deutschland" abgelehnt worden, „da 1) die Verhältnisse sich vom Ausland aus nicht übersehen lassen, 2) eine Entscheidung vom Ausland gar nicht herbeigeführt werden kann."[499]

Politische Diskussionen innerhalb der Gemeindeversammlungen wurden nicht zugelassen. Pfarrer und Vorstand vermieden ängstlich jegliche öffentliche Kritik an der deutschen Staatsführung.

Die Evangelische Kirche betreute jedoch weiterhin ihr schweizerisches, ungarisches oder bulgarisches Klientel und blieb für alle Evangelischen – auch die aus NS-Deutschland emigrierten – offen.

---

496 Sitzung des Gemeindekirchenrates am 15.11.1934. In: Ebd.
497 Vgl. Sitzungen des Gemeindekirchenrates am 13.01.1936 und am 10.06.1936.
498 In der Gemeindekirchenratssitzung vom 23. April 1940 wurde Imhoff als potentieller Vertreter der Evangelischen Kirche bestimmt, falls sich die seit Kriegsbeginn erschwerte politische Lage weiter verschlechtern sollte. Der Fall trat jedoch erst 1944 ein, nachdem die Türkei die Beziehungen zu Deutschland abgebrochen und die in der Türkei verbliebenen Deutschen interniert hatte. Imhoff fertigte 1946 eine Statistik über die „Soziale und Völkische Zusammensetzung der Evangelischen Gemeinde in Istanbul" an. Siehe Anhang.
499 Sitzung des Gemeindekirchenrates am 13.01.1936.

Es scheint, daß es insgesamt keine weitgehenden Veränderungen in der evangelischen Gemeindearbeit gegeben hat, denn auch die Mitglieder von HJ und BDM ließen sich konfirmieren, und die Zahl der Taufen und Hochzeiten ging offensichtlich nicht zurück. Zu den großen kirchlichen Festtagen, wie Ostern und Weihnachten, war die Kirche überfüllt.

In den Jahren 1932 bis 1937 fanden 50 Konfirmationen statt. Pfarrer Kriebel bemerkt in einem Bericht von 1938:

„Die Jugendarbeit der Gemeinde vollzieht sich im Religionsunterricht, Konfirmandenunterricht und im Kindergottesdienst. Der Religionsunterricht wurde in
den vergangenen Jahren in der üblichen Weise weitergeführt. (...) Die Beteiligung der Schüler war regelmäßig."[500]

Kriebel bemühte sich um die religiöse Unterweisung der Jugendlichen, und war auch da zu Kompromissen bereit. Eine seiner damaligen Konfirmandinnen, eine Jungmädelführerin, wollte eigentlich
nicht konfirmiert werden. Sie mußte jedoch dem Druck des Vaters
nachgeben. Sie erinnert sich daran, daß ihr Kriebel verschiedentlich
Brücken baute:

„Ich war an und für sich nicht der Meinung, daß ich konfirmiert werden müßte,
weil ich ein armer sündiger Mensch und so was. Mein Vater ist sehr energisch
geworden und hat gesagt: »Also Deine Großmutter lebt, die ist Pfarrerfrau, das
gibt's nicht!«. Und Pastor Kriebel hat dann gesagt: »Du kannst ja den Mund
halten, brauchst ja nicht alles zu sagen.« Das war sein Kompromiß."[501]

Ein Kompromiß war auch die Extraunterweisung der „kritischen
Geister". Ruth Busch erinnert sich:

„Ich hab bei ihm sehr guten Konfirmandenunterricht gehabt, mit Gottfried
Kessler zusammen und mit Dieter Keilhau. (...) Und der Pastor machte dann so
von drei bis vier Konfirmandenunterricht und von fünf bis sieben durften wir
kommen und kriegten da immer zuerst ein Schmalzbrot, ein dickes Schmalzbrot.
Und dann haben wir bei ihm im Büro gesessen und also alles Mögliche
angehört."[502]

Bei diesen Treffen seien auch durchaus weltliche Themen – etwa
Schwangerschaft und Geburt – besprochen worden. Die Taktik des

---

500 Martin Kriebel: Die Entwicklung der Gemeindearbeit in den Jahren 1932-1937.
     In: Jahresheft der Deutschen Evangelischen Kirchengemeinde zu Istanbul.
     Istanbul 1938, S. 35-40, hier S. 37.
501 Interview mit Ruth Busch, Hamburg 09.06.1992.
502 Ebd.

Pfarrers war offensichtlich erfolgreich, denn auch diese drei ließen sich in Istanbul konfirmieren.

Die Kirche litt aufgrund mangelnder Unterstützung aus der 'Heimat' unter finanziellen Engpässen. Selbst die Erstellung der Jahreshefte war nicht mehr gesichert. Vom Auswärtigen Amt waren Verfügungen an die Botschaften ergangen, daß kirchliche kulturelle Deutschtumsarbeit nur noch unter bestimmten Bedingungen finanziell zu unterstützen sei. Auch die Botschaft in Ankara erhielt folgendes mit einem „Geheim"-Vermerk gekennzeichnetes Schreiben:

„Betr.: Bewilligungen für die kirchliche kulturelle Deutschtumsarbeit im Aus-land.

Der Herr Reichsminister hat folgende Verfügung getroffen:

1) Die Zurverfügungstellung amtlicher Mittel aus dem Kulturfond für die volksdeutsche und allgemeine Kulturarbeit der Kirchen im Ausland, soweit die Mittel über kirchliche Zentralstellen in Deutschland (z.B. Außenamt der Evgl. Kirche, Reichsverband für das katholische Deutschtum im Ausland) geleitet werden, ist sofort einzustellen.

2) Volksdeutsch und kulturpolitisch wichtige Arbeit kirchlicher Organisatio-nen im Ausland, soweit sie auf Grund der Berichterstattung unserer Gesandt-schaften usw. einwandfrei (...) kann weiter (...) unterstützt werden."[503]

Sammlungen innerhalb der Gemeinde sicherten die weitere Arbeit. Die in den Gemeindeprotokollen und in den Jahresheften der Evange-lischen Gemeinde sichtbar werdende Anpassung und partielle Zustim-mung mit der nationalsozialistischen Politik brachte nicht das Wohl-wollen der Parteiführung in Istanbul. So wurde der „Anschluß der Ostmark und des Sudetenlands an das deutsche Mutterland" von Pfarrer Kriebel im Jahresheft von 1939 zwar explizit begrüßt:

„In den Märztagen des vergangenen Jahres hat der Führer und Kanzler den Willen der Ostmark gegenüber allen Versuchen, dies deutsche Land für ewig vom Mutterlande zu trennen, zur Wirklichkeit werden lassen. Die Ostmark ist heimgekehrt ins Reich. Wir evangelischen Deutschen stehen in Dank gegen Gott und gegen den Führer und Kanzler des Reiches für diese Wende in dem Geschick eines deutschen Stammes und Landes."[504]

Doch Agitationen gegen die Kirche waren gerade in dieser Zeit besonders stark.

---

503 AA Bonn: AA an D. Botschaft Ankara, 'Geheim', Berlin 17.06.1938. Kult 2, Ankara 691.
504 Jahresheft der Deutschen Evangelischen Kirchengemeinde zu Istanbul 1939, S. 4.

Das Jahr 1939 brachte dennoch, mit dem Besuch von Bischof Heckel, einen nochmaligen Höhepunkt in das evangelische Gemeindeleben. Zu Ehren des Bischofs fanden vielfältige Veranstaltungen statt. Sie waren geprägt von dem Versuch, die nationale Dimension des Evangeliums zu betonen. Dazu eigneten sich Vorträge über Luthers Leben und Wirken ebenso wie solche über den Vorreiter des deutschen Nationalismus – Ernst Moritz Arndt[505]. Über ihn und sein *„Mannesleben für Glaube und Volkstum"* sprach der Bischof im April 1939 in Istanbul.[506] An die Frauen der Gemeinde richtete er sich mit einem Vortrag über die *„Pflichten und Aufgaben, die der deutschen evangelischen Frau ihrer Kirche gegenüber auferlegt sind".*[507]

Pfarrer Kriebel, der selbst an Kriegsdienstübungen 'im Reich' teilnehmen mußte, sah offensichtlich in der – verbalen oder schriftlichen – Identifizierung mit bestimmten Ideologien der deutschen Führungselite eine Chance, den eigenen labilen Status gegenüber der deutschen Staatsvertretung zu verbessern. So rechtfertigte er auch den Kriegsbeginn:

„Wir sind als deutsche Menschen aufgerufen zu einem Ringen um Sein oder Nichtsein unserer Nation, zu einem Ringen, das nicht nur über das Schicksal unseres Geschlechtes entscheidet, sondern auch über das der kommenden Generationen. Unter der Führung des Obersten Befehlshabers, des Führers und Kanzlers des Deutschen Reiches, hat unser deutsches Heer in vielen Schlachten das alte soldatische Können, die Kraft und den Mut bewährt, aus denen heraus unsere Väter Deutschland gestaltet haben. (...)
Wie immer das Kommende sein wird: zwei Kräfte müssen unser Handeln bestimmen: die Treue zu unserem christlich-evangelischen Glauben und die Treue zu unserem deutschen Volk."[508]

Der von Deutschland begonnene Krieg führte zu starken Spannungen in den deutsch-türkischen Beziehungen, zu wirtschaftlichen Schwierigkeiten und einer Abwanderungswelle von Gemeindemitgliedern.

---

505 Ernst Moritz Arndt (1769-1860) hat in seinen Schriften „Geist der Zeit" (Band 1: 1806, weitere Bände 1809-18) die Herausbildung eines »deutschen Volkes« im völkischen Sinne propagiert, dessen Bewußtsein durch die emotionale Polarisierung gegen das französische Volk entwickelt werden sollte. Er muß als herausragender Ideologe der völkischen Bewegung gewertet werden.

506 Der Vortrag ist im Jahresheft der Deutschen Evangelischen Kirche zu Istanbul 1939 (S. 5-17) abgedruckt.

507 Jahresheft der Deutschen Evangelischen Kirche zu Istanbul, Istanbul 1940/1941, S. 95.

508 Jahresheft der Deutschen Evangelischen Kirche zu Istanbul, Istanbul 1940/1941, S. 7.

Die Zahlen der kirchlichen Handlungen nahmen vorübergehend drastisch ab, ebenso die Besuchszahlen der Gottesdienste. Nur der 50. Geburtstag Adolf Hitlers am 20. April 1940 war Anlaß eines gutbesuchten Gottesdienstes. 1941 stabilisierte sich die Situation der Evangelischen Kirche wieder.

Die Anpassungen der Kirchenleitung und die nationalen Reden des Pfarrers müssen im Kontext der Zeit gesehen werden. Opportunistische Anbiederungen waren an der Tagesordnung und häufig notwendige Voraussetzung für den Erhalt bestimmter Freiräume.

Die Evangelische Kirche war eine der wenigen institutionellen Stellen, die grundsätzlich für politisch und 'rassisch' Verfolgte offenblieb, ihnen teilweise gar Möglichkeiten zum besonderen kirchlichen Engagement bot. Eine Emigrantin, die Chemikerin Lotte Loewe, äußert sich lobend über den damaligen Pfarrer Kriebel und die Gemeindeschwester Margarethe,

„welche in christlicher Nächstenliebe, oft unter eigener Gefahr (Verfolgung durch die Partei), für alle Menschen da waren, welche in seelischer oder anderer Not bei ihnen Hilfe, Rat und Trost suchten."[509]

Außerdem bot die Kirche – im Gegensatz zu anderen Institutionen – Möglichkeiten der Partizipation für Frauen. Während diese in der Teutonia weiterhin keine eigenständige Mitgliedschaft erwerben konnten, waren Frauen im Gemeindekirchenrat vertreten und in vielen Bereichen der kirchlichen Arbeit tätig.[510]

Die Gemeindeschwesternstation war Fürsorgestation für Bedürftige, Alte und Kranke. Zwei Nachmittage in der Woche waren für Sprechstunden reserviert, doch auch Hausbesuche wurden gemacht. Die Gemeindeschwester gab Religionsunterricht in den Klassen Eins bis Drei der Deutschen Schule und koordinierte darüber hinaus einen Kreis von berufstätigen Frauen und jungen Mädchen, die sich sonn- und feiertags im Pfarrhaus trafen. Hin und wieder nahm sie alleinstehende und mittellose junge Mädchen vorübergehend bei sich auf und unterstützte Arbeitslose bei der Stellensuche.

---

509 Brief von Lotte Loewe an Horst Widmann, 25.08.1969. Archiv Widmann, Kopie bei der Autorin. Loewe selbst blieb diesen beiden und der Evangelischen Kirche auch nach 1944 treu, als sie „die Türkei verlassen mußten", da sie ausgewiesen wurden. Sie selbst führte in Kooperation mit anderen Laien die kirchliche Arbeit und die Gemeindebetreuung bis 1952 durch.
510 Von 1932 bis 1937 waren von den elf Mitgliedern des Gemeindekirchenrates drei Frauen: Sophie Holstein, Inge Jenke und Nina Stüssy.

Offensichtlich fand diese Unterstützungsarbeit keine ungeteilte Zustimmung. Nach Angaben des Türkischen Finanzministeriums in Ankara, war dort eine *„von deutscher Seite vorgebrachte Denunziation"* eingegangen, in der die Gemeindeschwester bezichtigt worden war, Stellenvermittlung und Herbergstätigkeit zu betreiben. Vertreter der Steuerbehörde erschienen jedenfalls unangemeldet auf der Gemeindestation und befragten die Schwester Margarethe zu ihren Einkünften und ihrem unversteuerten Gehalt. Ihren Beteuerungen, außer Wohnung, Kleidung und Essen kein Gehalt zu erhalten und nur caritativ tätig zu sein, schenkten die türkischen Beamten zunächst keinen Glauben und forderten eine diesbezügliche Bescheinigung vom Generalkonsulat.[511]

Auf der Gemeindekircheratssitzung von Februar 1943 kamen weitere durch *„antikirchliche Kreise"* verursachte Probleme zur Sprache.

„Die Frage des Organisten hat sich nach dem Weggang des Herrn Studienrat Eggert bisher nicht lösen lassen, der Lehrer Hartsch von der Deutschen Schule hat das Amt, obgleich er persönliche Bedenken nicht hat und Orgel spielen kann, auf unbekannten Druck hin nicht übernehmen können. Der Pfarrer wird beauftragt, diese Tatsache dem Kirchlichen Außenamt mitzuteilen. Es wird darüber hinaus von weiteren Spannungen gesprochen, denen die Gemeindearbeit in den vergangenen Jahren durch eine nicht greifbare Gegenwirkung innerhalb der Kreise der reichsdeutschen Gemeinschaft ausgesetzt war."[512]

Das deutsche Krankenhaus

Das deutsche Krankenhaus gehörte ebenfalls zu den Institutionen, die während der Zeit des deutschen Nazismus für alle Deutschsprachigen offen blieb. Lotte Loewe bezeichnet es als eine der Brücken zwischen der sogenannten Deutschen Kolonie und den Emigrantenkreisen, da es *„wirklich für alle Kranken ohne Unterschied der Person da war."*[513] Die Leitung hat ab 1934 der damals 33jährige Internist Hermann Quincke übernommen. Aufgrund eines türkischen Gesetzes, das die türkische Staatsbürgerschaft zur Voraussetzung der Leitung

---

511 Vgl. „Betrifft: Steuerschwierigkeit der Gemeindeschwester Margarethe". DGI an Botschaft Ankara, 02.05.1935. A.A. Ankara 702.

512 Sitzung des Gemeindekirchenrates am 24.02.1943. Evangelisches Archiv Istanbul.

513 Brief von Lotte Loewe an Horst Widmann, 25.08.1969. Archiv Widmann, Kopie bei der Autorin.

einer solchen Institution machte, hat er sich – und mit ihm seine Familie – im März 1936 in der Türkei einbürgern lassen. Kurt Laqueur, Sohn einer Emigrantenfamilie, urteilt über die Persönlichkeit Quinckes in dessen Nachruf:

„Dank seiner konzessionslosen Haltung gelang es ihm, das Krankenhaus durch schwierige Zeiten unbeschadet hindurchzuführen und den zahlreichen Bemühungen der Nazi-Behörden um dessen Gleichschaltung erfolgreich entgegenzusteuern. Er konnte seine Position behaupten, obgleich den Hoheitsträgern des 3. Reiches seine politische Haltung durchaus bekannt sein mußte. Getreu seinem Äskulap-Eid hat Dr. Quincke in diesen Jahren den deutschen Emigranten nicht weniger geholfen als den Nationalsozialisten, wenn sie der ärztlichen Hilfe bedurften, und er hat darüber hinaus mittellosen Emigranten materiell zur Seite gestanden."[514]

Tatsächlich war das Krankenhaus eine der wesentlichen Schnittstellen im Community-Leben. Neben der täglichen Krankenhausroutine fanden hier „*Armenspeisungen*" des Deutschen Winterhilfswerks statt[515], und von hier aus übernahm Hermann Quincke als Schularzt die gesundheitliche Betreuung der Schüler und Schülerinnen der Deutschen Schule.[516] In einem Nebengebäude war das Deutsche Archäologische Institut untergebracht.

Die Diakonissen leisteten weiterhin vielfältige Arbeit und waren im deutschen und nichtdeutschen Umfeld anerkannt. Zur 100-Jahrfeier des Deutschen Krankenhauses 1936 waren fünfzehn Diakonissen in der von ihnen geprägten Institution tätig.[517]

Als die diplomatischen Beziehungen der Türkei zu Deutschland abgebrochen wurden und die Deutschen zurückgehen mußten oder interniert wurden, durften die deutschen Kaiserswerther Diakonissen „*ihre segensreiche Arbeit weiterführen*"[518].

Die in die Türkei emigrierten Mediziner und Zahnmediziner – einschließlich dem medizinischen Fachpersonal – lehrten an der Univer-

---

514 Kurt Laqueur: Professor Quincke †. In: Mitteilungen der Deutsch-Türkischen Gesellschaft e.V., Nr. 91, 1993.

515 Die T.P. spricht am 03.04.1935 besondere Anerkennung aus für „die Oberin des Krankenhauses, Schwester Anna, und die Küche betreuende Schwester Berta, die es verstanden haben, mit verhältnismäßig geringen Mitteln erfreuliche Arbeit zu leisten."

516 Im Schulbericht 1937-1938 wird erwähnt, daß er die Nachfolge des verstorbenen Dr. Eichborn übernommen hat.

517 Ab 1940 arbeiteten neben den Kaiserswerther Diakonissen auch Johanniter-Schwestern in der Krankenpflege.

518 Brief von Lotte Loewe an Horst Widmann, 25.08.1969.

sität und stellten ihre medizinischen Dienste zur Verfügung. Sie waren prägend für den türkischen medizinischen Nachwuchs.[519]

Deutsche Banken

Die Istanbuler Bankgeschäfte liefen nach dem Machtwechsel in Deutschland weitgehend ungehindert weiter. 1936 besuchte der Reichsbankpräsident von Schacht die Türkei und setzte sich für eine Erweiterung deutsch-türkischer Wirtschaftsbeziehungen ein.[520]

Die Deutsche Bank und die Orient-Bank, Filiale der Dresdner Bank, in Istanbul waren für die finanzielle Abwicklung der internationalen Geschäfte zuständig. Die Deutsche Bank unterstützte auch die Türkische Post und erwartete als Gegenleistung die Wahrung deutscher Wirtschaftsinteressen bei der Berichterstattung. Weil dies nicht zur Zufriedenheit des Generaldirektors der Deutschen Bank, Weigelt, geschehen sei, soll auf Grund seiner Intervention statt Walter Brell der *„stramme Nazi Heinz Mundhenke"* Chefredakteur geworden sein.[521]

Die Direktoren der beiden Banken nahmen eine hervorragende Rolle im gesellschaftlichen Leben der Stadt ein. Johannes Posth, Direktor der Deutschen Orientbank, und Paul Burghard, Direktor der Deutschen Bank, saßen im Schulvorstand. Im Jahresbericht der Deutschen Schule von 1935-1936 wurde Posth anläßlich seines fünfzigsten Geburtstages als *„Schulvater"* geehrt. Das segensreiche Wirken des Schulvorstandes wäre nicht denkbar,

„wenn nicht an seiner Spitze ein Mann wie Herr Direktor Johannes Posth stünde, der durch seine Persönlichkeit, seine umfassende Sachkenntnis und seine Begei-

---

519 Ein Forschungsprojekt der Universität Münster über die „Wirkungsgeschichte der Emigration deutschsprachiger Mediziner in die Türkei" widmete sich diesem besonderen Thema. Vgl. auch: Regine Erichsen: Türkisch-Deutsche Beziehungen in der Medizin. In: Mitteilungen. Deutsch-Türkische Gesellschaft e.V., Heft 114, Bonn 1991, S. 14-28.

520 Er übergab auf einem Empfang bei Mustafa Kemal ein Bild Adolf Hitlers mit dessen Widmung. Vgl. Gotthart Jäschke: Die Türkei in den Jahren 1935-1941. Geschichtskalender mit Personen- und Sachregister. Leipzig 1943, S. 33.

521 Vgl. Johannes Glasneck: Methoden der deutsch-faschistischen Propagandatätigkeit in der Türkei vor und während des zweiten Weltkrieges. Halle (Saale) 1966, S. 12.

sterung für die gemeinsame Sache der Arbeit des Vorstandes seinen Stempel auf-
drückt."[522]

Direktor Hans Weidtmann von der Deutschen Bank war ab 1936 Vorsitzender der Teutonia und später auch im Vorsitz des Schulvereins
vertreten. Vor 1933 war der jüdische Direktor der Deutschen Bank,
Edmong Goldenburg, Vorsitzender der Teutonia. Er beendete jedoch
zur Erleichterung vieler 1933 seine Mitgliedschaft.

Die deutschen Banken sollten nach einer Order des 'Neuen
Deutschland' im nationalsozialistischen Sinne geführt werden. Doch
mußten weitgehende Rücksichten auf die türkische Gesetzgebung,
aber auch auf die jüdische und nichtdeutsche Klientel genommen
werden. Veränderungen auf der Führungsebene wurden von den
KundInnen und vom türkischen Staat kritisch beobachtet und
kommentiert, zum Teil verhindert. Der Vater einer meiner InterviewpartnerInnen war 1933 von Berlin nach Istanbul geschickt worden, um
den *„neuen deutschen Geist"* in der Deutschen Bank zu verankern.
Obwohl er vielfältige geschäftliche und private Verbindungen in
Istanbul hatte, wo er aufgewachsen war[523], gelang die angestrebte
Ablösung des langjährigen jüdischen Bankchefs Goldenburg nicht.

Eine kritische Situation ergab sich für Werner Lange, der ebenfalls im Schulvorstand aktiv war, als er Unterschlagungen aufdeckte,
die der Ortsgruppenleiter Guckes begangen hatte. Seine Tochter erinnert sich:

„Mein Vater hatte das aufgedeckt, dadurch ist er in furchtbare Schwierigkeiten
geraten. Und ich weiß, daß wir eine Zeitlang in der Kolonie geächtet waren. Das
hat also schon viel Kummer gebracht, war sehr schwierig. Später ist Dr. Guckes
dann aber doch mal zur Rechenschaft gezogen worden. Aber ich glaube erst
während des Krieges. Mein Vater war dann rehabilitiert."[524]

Die Aufdeckung der Veruntreuung verursachte einen Skandal, der
natürlich besonders schädlich für das Ansehen der Partei und ihrer
AnhängerInnen war. Deshalb wurde er noch nachträglich vertuscht,
und deshalb wurde der Zorn auf den 'Nestbeschmutzer', nicht auf den
Betrüger, gelenkt.

---

522   Jahresbericht der Deutschen Schule 1935-1936, S. 10.
523   Er gehörte zur Familie des berühmten Lange Bey.
524   Interview mit Ruth Busch, Hamburg 09.06.1992.

Das Deutsche Archäologische Institut

Bereits Ende des letzten Jahrhunderts hatten die Berliner Museen eine Kontaktstelle in Istanbul, von der aus die Ausgrabungen in Troja, Pergamon, Priene und Milet organisiert wurden. Nach deren Ausbau zur Zweigstelle des Deutschen Archäologischen Instituts Berlin wurde vor allem in Boğazköy (Mittelanatolien) geforscht. Während des Zweiten Weltkrieges mußten die Grabungen allerdings eingestellt werden. Nach Abbruch der diplomatischen Beziehungen übernahmen vorübergehend türkische Archäologen die Treuhänderschaft für das Institut, das in einem Nebengebäude des Deutschen Krankenhauses untergebracht war. Zwischen der archäologischen Abteilung der Universität, an der auch deutsche Emigranten lehrten, und dem Archäologischen Institut bestanden enge Kontakte.

Dem Archäologischen Institut wird für die Zeit des deutschen Nationalsozialismus weitgehende politische Neutralität nachgesagt. Der Leiter, Martin Schede, soll nach Auskunft verschiedener InterviewpartnerInnen kein Nationalsozialist gewesen sein, auch nicht sein Nachfolger, Kurt Bittel, der bereits 1931 archäologische Arbeiten in der Türkei durchgeführt hatte und die Leitung des Instituts 1938 übernahm. Bittel habe Kontakte zu den Emigrierten unterhalten und an deren „Privatakademie"[525] teilgenommen, obwohl er 1940 Vorsitzender der Teutonia wurde.

Im gleichen Jahr war einer meiner Interviewpartner, Dr. Robert Anhegger, als Hilfsforscher am Archäologischen Institut angestellt. Er hat nach früheren befristeten Aufenthalten beschlossen, sich in Istanbul niederzulassen, weil er nicht unter der nationalsozialistischen Regierung leben wollte. In einem Interview erklärte er: *„40 war ich wissenschaftlicher Mitarbeiter am Institut und bin nachher Emigrant geworden."*

Seine damalige Lebensgefährtin war Jüdin, und ich nahm an, daß er deshalb den Emigrantenstatus angenommen habe. Auf Nachfrage antwortete Anhegger:

„Ja das ist richtig, meine erste Frau. Ja, und es gab noch andere Schwierigkeiten, auch politische Schwierigkeiten. Ja, die haben sich – Gott sei Dank – erst später entwickelt, als ich schon (aus dem Archäologischen Institut, d.A.) ausgeschieden war."[526]

---

525 Ein von emigrierten Deutschen eingerichteter Wissenschaftszirkel.
526 Interview mit Dr. Robert Anhegger, Istanbul 30.05.1991.

Wie einige andere EmigrantInnen war Anhegger von der türkischen Polizei vorgeladen worden, weil der Verdacht bestand, er sei Kommunist. Nach einigen Verhören wurde seine „*Unschuld jedoch herausgefunden*", und er wurde freigelassen.

Den Kontakt zum Archäologischen Institut hielt Anhegger auch nach Ablauf seiner dortigen Tätigkeit, etwa zu der früheren Kollegin Dorn[527], mit der er bereits 1937 zusammengearbeitet hatte. Über sie urteilt er:

„Sie war eine verwendete Anti-Nazi, wie überhaupt das Institut – mit einer Ausnahme – zwar judenfrei war, weil es ja mußte, aber es war auch nazifrei. Und das war natürlich in diesen Jahren eine wahre Erholung."[528]

Das 'Reich' erwartete von diesem Institut die Übernahme der „*Nebenaufgabe (...), die deutsche Kolonie in Istanbul mit geistiger Anregung zu versorgen.*"[529] Diese Aufgabe wurde gern übernommen, denn die Beschäftigung mit der Archäologie und die Darstellung von Grabungsfunden und -erkenntnissen verlangte keine besondere politische Einstellung. Hier verhalf die 'reine Wissenschaft' zur Neutralität.

Dem Institut war die Zweigstelle der „Deutsch-Morgenländischen Gesellschaft" angegliedert, für die Dr. Hellmut Ritter stand. Der Orientalist arbeitete bereits seit 1925 in der Türkei und war eine der Personen, bei denen eine 'Zwitterstellung' sichtbar wird. In der Regel wird er den wissenschaftlichen Emigranten zugerechnet, mit denen er gesellschaftlich verkehrte, tatsächlich aber blieb er bis in den Krieg hinein auf der Gehaltsliste des Reichsministeriums für Volksaufklärung und Propaganda. Ritter wurde für seine Islamforschungen bezahlt, es wurden jedoch auch Gelder zur „*Verbreitung deutscher Kunst und Musik*" zur Verfügung gestellt.[530] Das „Ritter-Quartett" hatte über die Grenzen Istanbuls hinaus einen guten Klang.

Ritter fertigte jedoch auch mehrseitige Berichte über seine Tätigkeit und seine Einschätzung der Istanbuler Lage für das Propagandaministerium in Berlin an.[531]

---

527 Dorn, nach der Heirat mit einem Kollegen Otto-Dorn, bekam später eine Professur in Ankara, dann in San Francisco und lebt heute emeritiert in Heidelberg.
528 Interview mit Robert Anhegger, Istanbul 30.05.1991.
529 AA Bonn: „Entwicklung des Deutschtums in Istanbul in den letzten 10 Jahren." D.G.I. an A.A., Istanbul 17.01.1935.
530 Vgl. AA Bonn: von Keller an AA Berlin, Ankara 16.03.1938 und AA an Legationskasse, Berlin 12.04.1938. Ankara 691.
531 Ebd.

Die Deutsche Schule[532]

Die Schüler und Schülerinnen der Deutschen Schule gehörten verschiedenen Nationen und Religionen an. Ab 1933 kamen auch aus Deutschland emigrierte Kinder (zumindest vorübergehend) dazu.

Bei der ersten Abiturfeier nach dem Ersten Weltkrieg an der Deutschen Schule in Istanbul am 27.06.1932 hatte Direktor Scheuermann[533] die Festtagsansprache gehalten. Im Schulbericht wurde festgehalten, daß er den jungen Leuten besonders ans Herz legte,

„daß sie ihre Mitmenschen als Mensch verstehen und schätzen sollen, über alle Nationen und Religionen hinweg, wie sie es bisher in der Klasse ihren Mitschülern gegenüber auch getan haben."[534]

Damals ahnte er wohl nicht, daß dieser Appell in den folgenden Jahren für den Leiter einer Deutschen Schule nicht mehr opportun sein würde. Der Einfluß des Nationalsozialismus auf die Schule gelang rasant und war beträchtlich.

So wurde bei der Ausgestaltung der Lehrpläne *„den neuen Gedanken im Vaterland (...) nach Möglichkeit Rechnung getragen"*, wenn auch einige Ziele, z.B. *„eine judenfreie Schule"* zu gestalten, nie erreicht werden sollten. Doch, so wird in der Schulchronik für das Jahr 1933 ebenfalls lapidar vermerkt,

„Die Nationale Revolution war Ursache, daß eine Anzahl jüdischer Eltern uns nicht mehr ihre Kinder zum Schulbesuch schickten."[535]

Im Schuljahr 1931/32 gab es an der Schule 365 jüdische Kinder bei einer Gesamtzahl von 828[536]; im Schuljahr 1933/34 waren es noch

---

532 Der Bericht über die Deutsche Schule in Istanbul wurde in Auszügen bereits veröffentlicht. Vgl. Anne Dietrich: Die Deutsche Schule im Nationalsozialismus. In: 125 Jahre Deutsche Schule Istanbul. Festschrift. Istanbul 11. Mai 1993, S. 118-132.

533 Seit dem 09.09.1929 gab es an der Deutschen Schule zwei Direktoren, einen für Grundschule, Vorbereitungs- und Handelsklassen und einen für die Oberschule. Die Deutsche Schule bildete jedoch weiterhin „ein einheitliches Ganzes", wie im Schulbericht 1929-1930 betont wird. Rektor Richard Preußer war bereits 1903 an die Deutsche Schule in Istanbul gekommen. Beim Wiederaufbau nach dem Ersten Weltkrieg übernahm er deren Leitung. Direktor Scheuermann wurde 1929 mit dem Ausbau der Schule zur Oberrealschule beauftragt.

534 Schlußfeier für die Abiturienten. In: Deutsche Schule zu Istanbul 1931-32. Istanbul 1932, S. 15.

535 Schulchronik. In: Deutsche Schule zu Istanbul 1932-1934, S. 8.

536 Vgl. Deutsche Schule zu Istanbul 1931-1932, S. 10.

227

236[537] und 1935/36 164 jüdische SchülerInnen[538]. Die Zahlen nahmen stetig ab. Ein auffälliger Zahlensprung ist nach Kriegsbeginn zu verzeichnen. Vom Oktober 1938 an reduzierte sich die Zahl von 106 jüdischen SchülerInnen[539] innerhalb eines Jahres auf nur 34[540]; 1940 waren es 20[541], 1941 nur noch 8[542]. Der letzte vor der Schulschließung angefertigte Schulbericht von 1942/43 weist noch 7 Juden und Jüdinnen[543] aus. Ministerialrat Benze formulierte jedoch seine „Hoffnung", daß auch sie die Schule in Kürze verlassen würden. Vier von ihnen seien in den beiden Prüfungsklassen und würden von daher bald ausscheiden, eine Schülerin der zwölften Klasse sei bereits abgemeldet worden. Und auf die Väter der anderen hätte der Schulleiter bereits eingewirkt,

„ daß sie ihre Kinder im nächsten Schuljahr nicht mehr zu uns schicken, und wird dies während der Ferien mit Nachdruck fortsetzen. In einem Fall hat er schon eine Zusage erhalten, in den beiden andern hofft er ebenfalls auf Erfolg."[544]

Die Tochter des Buchhändlers Caron erinnert sich daran, wie der Direktor Scheuermann mit ihrem Vater über ihre Zukunft sprach, als sie in der 10. Klasse war.

„»Es tut mir furchtbar leid, aber Elfriede wird dann später kein Abitur machen können.« Denn im Abitur (-zeugnis, d.A.) ist der Lebenslauf, nicht, und da steht, daß ich Jüdin bin. Und ich bin dann, mußte dann abgehen. Es hat mir anfangs sehr weh getan, denn ich war's gewohnt dort. Aber dann, wenn man jung ist, dann fällt einem alles viel leichter, ich bin dann an der französischen Klosterschule gewesen, Notre Dames des Soires. Ich war auch dort sehr glücklich.
Und es war mein Glück, denn ich hatte da Zeit, mich zu fangen in den zwei Jahren. Ich hab dann ein sehr gutes französisches Abitur abgegeben (...), während meine Freundin, alle meine Klassenkameraden ein Jahr vor dem Abitur abgehen mußten, weil die Schule geschlossen wurde."[545]

Dieses einschneidende und frustrierende Erlebnis von Ausgrenzung hat in der Reflexion verschiedene positive Seiten für die Zeitzeugin.

537 Vgl. Deutsche Schule zu Istanbul 1933-1934, S. 6.
538 Vgl. Deutsche Schule zu Istanbul 1935-1936, S. 6.
539 Vgl. Deutsche Schule zu Istanbul 1937-1938, S. 8.
540 Vgl. Deutsche Schule zu Istanbul 1938-1939, S. 9.
541 Vgl. Deutsche Schule zu Istanbul 1940-1941, S. 8.
542 Vgl. Deutsche Schule zu Istanbul 1941-1942, S. 10.
543 Vgl. Deutsche Schule zu Istanbul 1942-1943, S. 15.
544 Zentralarchiv Potsdam: Bericht des Ministerialrat Dr. Rudolf Benze 1944. In: Reichserziehungsministerium 49.01 Nr.6657, Blatt 49.
545 Interview mit Elfi Alfandari, Istanbul 27.4.1992.

Sie war dem direkt 'antisemitischen Klima' entronnen, hatte Zeit, ihren Schmerz und ihre Kränkungen zu bearbeiten und konnte ihr Abitur in der normalen Zeit beenden. Doch die Erinnerung an Ausgrenzung und Demütigung ist geblieben.

Die 'neuen Gedanken' und Orientierungen der NationalsozialistInnen beinhalteten eben nicht die Achtung anderer Nationen und Religionen, sondern waren auf die eigene Nationalität, eine diffuse Vorstellung von Rasse, fixiert, für die durch die Abgrenzung von und Ausgrenzung der – sozial neu konstruierten – 'Anderen' ein neues Selbstbewußtsein geschaffen wurde.

Im Gegensatz zum Deutschen Generalkonsulat und (weitgehend) zur Teutonia, bestand hier keine Autarkie der Deutschen. Die neuen türkischen Gesetze ließen keine 'nationalen' Schulen zu, so daß die Deutsche Schule in Istanbul für alle offen bleiben mußte.

Die Gesetze beeinflußten die Arbeit der ausländischen Schulen in vielfältiger Weise. Ab 1931 sollte der Unterricht in türkischer Geschichte, Erdkunde und Staatsbürgerkunde für türkische Staatsangehörige auch an nichttürkischen Institutionen von türkischen Lehrenden auf Türkisch abgehalten werden. Und nach langjährigem Taktieren zwischen dem türkischen Unterrichtsministerium und verschiedenen deutschen Stellen wurde türkischer Unterricht nach einer Verordnung vom Oktober 1932 endlich zu Beginn des Schuljahres 1937/38 für alle Schüler und Schülerinnen der Deutschen Schule verpflichtend.[546] Da viele der nichttürkischen Jugendlichen kein oder wenig Türkisch sprachen, mußten Sondersprachkurse eingerichtet werden.

Der nun nach türkischem Gesetz vorgeschriebene türkische Subrektor (Yar-Direktör) war vor allem für die Belange der türkischen Lehrenden, Kinder und Jugendlichen zuständig. Er überwachte im Auftrag des türkischen Erziehungsministeriums jedoch auch die Einhaltung der türkischen Verordnungen.

In der Schulchronik von 1937/38 wurde die Übernahme des Sub-Direktorenamtes durch Bay Besim Gürmen scheinbar begrüßt:

---

546 Nach Angaben der 'Gutachter' Usadel und Lehne waren französische und österreichische Denunziationen für den Druck der türkischen Behörden verantwortlich. Vgl. Zentralarchiv Potsdam: Usadel/Lehne: Aufzeichnung über die Deutsche Schule in Istanbul. Blatt 20.

İsmi: Name	*Gerhild Kessler*
Babasının ismi: Name des Vaters	*23 Gerhard Kessler*
Babasının mesleği: Beruf des Vaters	*Üniversite Profesörü* *Universitäts Professor*
Doğduğu yer: Geburtsort	*3 - 4 - 1915* *3 Nisan 1915*
Doğduğu tarih: Geburtsdatum	*Almanya* *Berlin-Charlottenburg*
Tabiiyeti: Staatsangehörigkeit	*Alman* *Deutsch*
Dini: Religion	*Protestan* *Evangelisch*

	Derslerin ismi	Derecesi
A.— (Mecburî dersler)	Almanca	*Çok iyi*
	Türkçe *İngilizce*	*İyi*
	Fransızca	*Kâfi*
	Tarih	*İyi*
	Coğrafya	*İyi*
	Türk Tarihi	....
	Türk Coğrafyası	----
	Türk Yurt bilgisi	....
	Riyaziye	*Kâfi*
	Fizik	*Kâfi*
	Kimya	*İyi*
	Biyoloji	*İyi*
	Resim	*İyi*
	Resmî hattı	*Çok iyi*
	Beden terbiyesi	*Çok iyi*
	Din dersleri	*İyi*
B.— (Serbest dersler)	İngilizce	....
	Lâtince	....
	Musikî	*Çok iyi*
	Stenografya	

Gerhild Kessler sınıfı/Klasse *1 - 1 - 1934* tarihinde mektebimizin *11 ...* sınıfına kaydolunarak *17 - 6 - 1935* tarihinde bakalorya imtihanına iştirak etmiş ve *iyi* derecede muvaffakiyetle imtihanını verip işbu lise Şehadetnamesine liyakat kesbetmiş olduğunu, İmtihan hey'eti tasdik eder.

İşbu Şehadetname Almanya lise Şehadetnamesine muadildir.

Almanya Maarif komiseri
Der Reichsbeauftragte

Dr. Löffler, Ministerialrat.

Türkiye Cümhuriyetindeki Alman sefiri namına
Der Vertreter der Deutschen Botschaft in der Türkei

Dr. von Tenschin

230

Fächer		Leistungen
	Deutsch	Sehr gut
	Türkisch *Englisch*	Gut
	Französisch	Genügend
	Geschichte	Gut
	Erdkunde	Gut
	Türkische Geschichte	—
A. — Pflichtfächer	Türkische Erdkunde	—
	Türkische Staatsbürgerkunde	—
	Mathematik	Genügend
	Physik	Genügend
	Chemie	Gut
	Biologie	Gut
	Zeichnen	Gut
	Geometrisches Zeichnen	Sehr gut
	Turnen	Sehr gut
	Religion	Gut
B. — Wahlfächer	Englisch	—
	Latein	
	Musik	Sehr gut
	Kurzschrift	

Gerhild Kessler trat im Jahre 19**34** in die *U. I* der *Teutschen Schule* und hat an der *ordentlichen* Reifeprüfung teilgenommen. *Sie* hat die Prüfung *gut bestanden.* — *Sie hat an der philosophischen Arbeitsgemeinschaft und an den musikgeschichtlichen Übungen regelmässig teilgenommen.*

Der Prüfungsausschuss hat *ihr* demnach das Zeugnis der Reife zuerkannt. Es ist dem Reifezeugnis ...er Oberrealschule in Deutschland gleichwertig. Für Reichsdeutsche gewährt es die Berechtigung dieser Schulform. *Gerhild Hessler* will sich *zunächst dem Dienste in einem Arbeitslager* widmen. Die besten ...ünsche der Schule begleiten *sie* in die Zukunft.

Idaresi namına
...nterrichtsbehörde

Mektep Müdürü
Der Direktor

...i namına
...orstandes

Son sınıf muallimleri
Die Lehrer der Oberprima

231

„Schon nach kurzer Zeit gelang es ihm, mit Lehrern, Schülern und Elternschaft ein vertrauensvolles Verhältnis herzustellen, und vor allem die Schulleitung lernte ihn von Anfang an als einen wertvollen Mitarbeiter schätzen, der mit ganzem Herzen an der Entwicklung der Schule Anteil nahm."[547]

Ein Brief von Konsul Toepke an das Auswärtige Amt läßt eine andere Bewertung erkennen:

„Gleichzeitig wurde neben den vielen von der türkischen Unterrichtsverwaltung überwiesenen neuen türkischen Lehrern (...) ein türkischer »Yar-Direktör« (Hilfsdirektor) bestellt, der sich weitgehend einmischt und alle türkischen Schulsitten und Vorschriften durchzuführen bestrebt ist."[548]

Dadurch fand ein ständiges Ringen um Einflußbereiche statt. U.a. hat der Subrektor verhindert, daß die HJ ihre Turnstunden in der Schulsporthalle abhielt. In den Erinnerungen einer ehemaligen Schülerin blieb dieser Subrektor als „Intrigant" haften, der sich in alles eingemischt habe. Das entsprach sicher der damals überwiegenden Bewertung von deutscher bzw. deutschsprachiger Seite. Direktor Scheuermann habe in Konfliktfällen stets ausgleichend gewirkt.[549]
Die Anwesenheit des Subrektors trug dazu bei, daß offener Antisemitismus und 'Rassekundeunterricht' an der Deutschen Schule wenig Raum fand. Darauf wurde in einem umfangreichen Bericht des Ministerialrats Dr. Rudolf Benze, der zum „Gutachterausschuß für das deutsche Schulwesen im Ausland" gehörte, bedauernd hingewiesen:

„In Biologie kann die Rassenfrage mit Rücksicht auf die Einstellung des Gastlandes nicht oder nur mit größter Vorsicht behandelt werden."[550]

Von Deutschland wurden verstärkt nationalsozialistische – von Deutschland bezahlte – Lehrer und Lehrerinnen geschickt, die Parteiämter übernahmen und die ihnen anvertrauten (deutschen) Kinder im nationalsozialistischem Sinn erzogen. Bereits im Oktober 1933 gab es

---

547 Schulchronik. In: Deutsche Schule zu Istanbul 1937-1938, S. 8.
548 Zentralarchiv Potsdam: Brief vom 22.Sept.1939 an das Auswärtige Amt. 49.01 Reichsministerium für Wissenschaft, Erziehung und Volksbildung Nr.6656, Blatt 1.
549 Vgl. Gespräch mit Gisela Freiberg in Istanbul, 10.05.1993.
550 Zentralarchiv Potsdam: Bericht des Mitgliedes des Gutachterausschusses für das deutsche Schulwesen im Auslande Ministerialrat Rudolf Benze über die Schlußprüfung 1942 der Handelskammer an der Deutschen Schule in Istanbul. 49.01 Reichsministerium für Wissenschaft, Erziehung und Volksbildung Nr.6656, Blatt 472.

eine Ortsgruppe des „*Gaues Ausland*" im NS-Lehrerbund, die HJ-Istanbul war sogar schon im Mai gegründet worden. Anfängliche Schwierigkeiten durch den „*Übereifer*" der Hitlerjugend, die Forderungen nach dem Verbot dieses Verbandes ausgelöst hatten, seien dadurch bewältigt worden, daß

„ein sehr geeigneter Lehrer die Leitung übernahm.(...) Dem Wunsche der Partei nach hinreichender Vertretung im Schulvorstand ist dadurch Rechnung getragen, daß von den beiden Herren der Schulleitung einer, und von den ordentlichen Mitgliedern des Schulvorstandes vier Herren Parteigenossen sind".[551]

Um nicht mit dem türkischen Nationalismus in offenen Konflikt zu geraten und dadurch den Zorn der türkischen Unterrichtsbehörde auf sich zu ziehen, wurden bei der Betonung der deutschen nationalen Identität immer auch Parallelen zwischen Deutschland und der Türkei und den 'Führern' dieser Nationalstaaten gezogen. Bei Feierlichkeiten wurden jeweils beide Fahnen gehißt und beide Nationalhymnen gesungen. Und auch auf Mustafa Kemal wurde bei verschiedenen Anlässen ein „dreifaches Sieg Heil!" ausgerufen.

LehrerInnen der Deutschen Schule wurden Jungmädelführerin (Cherubim), BDM-Führerin (Oberer), Frauenschaftsleiterin (Preußer), NSLB-Obmann (Goyert), Pressewalter (Gräf) oder Kassenwalter des NSLB (Bott), Blockwalter der Partei (Herlan), Landesjugendwalter (Heuser), Sportbeauftragter der Partei (Deuker), Schulungsleiter der Ortsgruppe (Rothfritz), Landesjugendführer (Rupf) oder Zellenleiter (Köhler). Nur sehr wenige blieben ohne derartige Funktionen.[552] Aus Deutschland kamen vor allem junge, in der Mehrzahl ledige, Lehrer und Lehrerinnen[553], die durch ihre Jugend einen besonders guten Zugang zu den SchülerInnen hatten.[554] Eine Schülerin, die bereits 1935 Abitur machte, erinnert sich gern an diese Zeit zurück:

---

551 „Entwicklung des Deutschtums in Istanbul in den letzten 10 Jahren." DGI an AA, Istanbul 17.01.1935.

552 Vgl. Zentralarchiv Potsdam: Betätigung der Lehrerschaft in der deutschen Kolonie. 49.01 Reichsministerium für Wissenschaft, Erziehung und Volksbildung Nr.6656, Anlage 9. Blatt 531.

553 Die Lehrerinnen verloren bei Verheiratung – wie in Deutschland auch – ihre Anstellung.

554 Einige ältere Schülerinnen duzten sich beispielsweise mit der 22jährigen, sehr beliebten, Sportlehrerin Korge, die vor ihrer Übersiedlung in die Türkei Sportkurse der NS-Organisation »Kraft durch Freude« in Göttingen geleitet hatte. Vgl. Deutsche Schule zu Istanbul 1934-1935, S. 4.

„Aber es war irgendwie ein ganz freies Leben, auch mit den Lehrern. Die luden auch mal, die wohnten ja zum Teil in der Schule, in die Schule ein. (...) Also der Schneider, der machte dann eben diesen Musikabend, das war ganz freiwillig, und der Scheuermann, der machte ein (...) kleines Philosophiekolleg, das war auch freiwillig. Da kam man eben abends hin, also das war alles etwas, was ich von Deutschland eben nicht kannte, es war so ein, nicht das wir die Lehrer geduzt hätten (...), nur Frl. Korge, aber es war überhaupt kein autoritärer Ton da, das gab's gar nicht. Es war ganz freundschaftlich alles."[555]

Ihre Abiturklasse von 1935 bestand aus fünf Mädchen und sechs Jungen; fünfmal war die deutsche, viermal die türkische und zweimal die italienische Staatsbürgerschaft vertreten. Vier der AbiturientInnen waren jüdischen, drei katholischen, zwei evangelischen und ebenfalls zwei islamischen Glaubens. Fünf von ihnen sind erst im Vorjahr – also 1934 – an die Deutsche Schule gekommen, drei waren Kinder sogenannter deutscher Emigrantenprofessoren: Kurt Braun, Richard Honig und Gerhild Kessler.[556] Zwar hatten nationalistische Ideen auch Einfluß auf diese kleine Gruppe genommen, doch konnte im türkischen, deutschen und italienischen Nationalismus oder in der sportlichen Begeisterung, die sich ein Jahr vor den Olympischen Spielen in Berlin besonders auswirkte, genügend Gemeinsamkeiten gesehen werden.[557] In späteren Abiturklassen zeigen sich zunehmend Spaltungen verschiedener Gruppen.

Erotik spielte bei den jungen Leuten – so lassen sich viele Interviewpassagen und Textstellen leicht interpretieren – häufig eine Rolle. Der Charme des Landesjugendführers Hetzer jedenfalls sicherte der Hitlerjugend manches weibliche Engagement. Eine ehemalige Schülerin betonte: *„Walter Hetzer war ein schöner Mann und sehr begehrt."*[558] Nicht nur sie erinnert sich an den jungen ledigen Lehrer, der eine wichtige Rolle bei dem Aufbau nazistischer Community-Strukturen spielte.

Die vorrangige Devise, die den deutschen nichtjüdischen Kindern allmählich nahegebracht wurde, war Geschlossenheit der nichtjü-

555 Interview mit Gerhild Hoernigk, Kassel 14.02.1992.
556 Vgl. Deutsche Schule zu Istanbul 1934-1935, S. 17.
557 Über eine der türkischen Schülerinnen erfahren wir mehr durch das in Privatdruck erschienene Büchlein »Melek« von Elfriede Müller-Wiener. Melek Turmak hat nach ihrer Schulzeit 27 Jahre als Sekretärin im Archäologischen Institut Istanbul gearbeitet. Dort habe sie oft von ihrer „schönen" Schulzeit an der Deutschen Schule erzählt. Vgl. Elfriede Müller-Wiener: Melek. Ein Lebensbild für ihre Freunde. Privatdruck. Darmstadt 1990.
558 Gesprächsnotiz Erna Subklew, Istanbul 10.05.1993.

dischen Deutschen, freundlicher und distanzierter Umgang mit den andersnationalen MitschülerInnen, Abkehr von Juden und Jüdinnen. Die Abgrenzungen traten sukzessive ein. Im April 1934 wurden *„Sonderkurse über Geschichte und Problematik des Nationalsozialismus für die deutschen Schüler der Klassen Ull, Ul, Ol und H3"*[559] eingerichtet und dem Sport, der körperlichen Ertüchtigung, wurde noch mehr Wert beigemessen. Der NS-Film „Der neue Mensch" fungierte in den Klassen 10 bis 12 als *„leichtathletischer Lehrfilm"*. Andere NS-Filme wurden zunächst ebenfalls in der Deutschen Schule und in der Teutonia vorgeführt. Im Schulbericht 1934/35 heißt es dazu:

„Das größte Interesse fanden der Anfang Dezember gezeigte Film vom Stuttgarter Turnfest »Treu unserem Volke«, ferner »Der neue Mensch«, »Kinderland-Sonnenland«, »Es wächst ein Geschlecht«. Die Filme wurden dann auf allgemeinen Wunsch mit einem einleitenden Vortrag des Turn- und Sportlehrers, Herrn Aumann, auch der deutschen Kolonie gezeigt."[560]

Im folgenden Schuljahr durften die Filme „Echo der Heimat" (zwei Teile), „Triumph des Willens" und „Schönheit der Arbeit" *„auf Grund einer Verordnung der Stadtverwaltung nur den deutschen Schülern vorgeführt werden"*. Ihnen sei das *„gewaltige Geschehen in der Heimat, das sie aus eigener Anschauung noch nicht kannten, wenigstens in Bild und Ton zu einem großen, tiefen Erlebnis"* geworden.[561]

Die jährlich durchgeführten Sportfeste der Deutschen Schule boten vorzügliche Demonstrationsmöglichkeiten der NS-Sport- und Jugendideologie. Und das Angebot sportlicher Betätigung für die SchülerInnen wurde erweitert. Im Winter 1934/35 wurde Skilaufen als „neuester Sportzweig" aufgenommen, übrigens eine Anregung, die einigen EmigrantInnen, die den Ulu dağı als ideales Skigebiet entdeckt hatten, zu verdanken war.[562]

Die politische Agitation erreichte enorme Ausmaße und bereitete auch in Istanbul auf einen möglichen nationalsozialistischen Krieg vor. Das fing bei den Jüngsten an. Sie wurden zum Wohle ihrer *„körperlichen Ertüchtigung"* zum *„Herbstmanöver"* in den Botschaftsgarten abkommandiert.

---

559 Deutsche Schule zu Istanbul 1932-1934, S. 12.
560 Deutsche Schule zu Istanbul 1934-1935, S. 11.
561 Deutsche Schule zu Istanbul 1935-1936, S. 8.
562 Die Schule bestellte „20 vollständige Skigarnituren" aus Deutschland. Vgl. Deutsche Schule zu Istanbul 1934-1935, S. 12.

Die Hitlerjugend und der deutsche Gruß in Tarabya

„Bei Bärenjagen, Hasenfangen, Goldsuche und anderen frischfröhlichen Geländespielen bewiesen unsere Kleinsten ihren Mut, ihre Schnelligkeit, kurz: »ihre Eignung im Gelände«. Marschmusik und Lautenbegleitung verkürzte die Schiffahrt und den Marsch."[563]

Die militärische Sprache setzt nicht umsonst Zeichen. Am 09.03.1936 wurden in der Türkischen Post Militärdienstpflichtige aufgerufen, ihre Anmeldescheine abzuholen.[564]

Disziplin und Unterwerfung unter die nationalsozialistische Ideologie waren zu Werten geworden. HJ-Führer und Führerinnen wurden geschult, um die Jugendarbeit dementsprechend zu gestalteten bzw. um sie wiederum an von ihnen unterwiesene HJ- oder Jungmädel-führerInnen zu delegieren und zu überwachen. Nationalsozialistisch beeinflußte Kinder oder Jugendliche kontrollierten (und denunzierten) andere Kinder und Erwachsene. Dabei ging es häufig um das Verhältnis zu jüdischen Mitschülerinnen oder Bekannten.

---

563 Ebd. S. 9.
564 Für Verweigerungen wurden Geld- und Haftstrafen angedroht. Vgl. T.P. 09.03.1936.

Als eine ehemalige Schülerin die frühere Freundin zur Rede stellte, nachdem die sich von einem zum anderen Tag von ihr abgewandt hatte, erfuhr sie den Grund.

„Und dann eines Tages, so ganz im Versteck, hat sie gesagt:»weißt Du, ich darf nicht mehr mit Dir sprechen. Du bist Jüdin«."[565]

Ein Mitschüler habe nicht nur die Freundin „Edith angezeigt", sondern auch seine eigene Mutter.

„Die Mutter hatte schon drei Kinder und wurde dann schwanger mit dem vierten Kind. Und sie mußte den Haushalt versorgen, und sie hatte Pensionäre. Also sie konnte nicht noch ein viertes Kind haben und hat eine Abtreibung gemacht. Und er geht zum Konsulat und hat die Mutter angezeigt. Das war damals was ganz Verbotenes, die Abtreibung."[566]

Die Beeinflussungsbemühungen der nationalsozialistischen Propaganda waren hier erfolgreich, und die nationalsozialistische „*Charakterbildung*", die nach den neuen Richtlinien in Deutschland „*Vorrang vor der Wissensvermittlung*" hatten, wirkte in diesem Fall offensichtlich.[567]

Zur Abiturprüfung schickte das deutsche Reichserziehungsministerium Beamte nach Istanbul, die den Prüfungen beiwohnten und Berichte über SchülerInnen und Lehrende verfaßten. 1937 war das der Ministerialrat Dr. Usadel. Im Schulbericht 1936/37 heißt es:

„Die Prüfungen wurden unter dem Vorsitz des Ministerialrat Dr. Usadel vom Reichserziehungsministerium abgehalten, der zum erstenmal als Reichsbeauftragter an unsere Schule gekommen war. Herr Dr. Usadel hat dabei Gelegenheit genommen, sich ein eingehendes Bild von der Schule und der Art der Erziehung und des Unterrichts an ihr zu machen. In zahlreichen Sitzungen und Besprechungen hat er sowohl den Schulvorstand und die Schulleitung, als auch die einzelnen Lehrer in liebenswürdigster Weise beraten, wertvolle Anregungen für die Zukunft gegeben und an allen die Schule bewegenden Fragen wärmsten

---

565 Interview mit Elfi Alfandari, Istanbul 27.04.1992.
566 Ebd. Frau Alfandari sucht rückblickend entschuldigende Gründe für die Entwicklung dieses jugendlichen Denunzianten. Er kam aus einer ehemals sehr angesehenen deutschen Istanbuler Familie, doch sein Vater war beruflich nicht erfolgreich. Die Mutter habe das Geld für die Familie verdienen müssen, und es habe Eheschwierigkeiten gegeben. „Er hatte übrigens Kinderlähmung, also vieles, was ihn wahrscheinlich erbitterte, ich nehme an, so ihn dann schon als Kind zum Spitzel machte."
567 In der Schulchronik von 1934-35 wird auf diese neuen Richtlinien hingewiesen. Deutsche Schule zu Istanbul 1934-1935, S. 8.

Anteil genommen. Dafür sei ihm auch an dieser Stelle der herzlichste Dank der Schule ausgesprochen."[568]

Im kommenden Jahr wurde die Feier des 70jährigen Bestehens der Schule im Juni statt im Mai gefeiert, um dem Reichsbeauftragten die Teilnahme zu ermöglichen. Usadel überbrachte die Glückwünsche und das Bild des Reichserziehungsministers Rust und hielt eine Rede zu Erziehungsfragen. Unter den Ehrengästen waren der deutsche Botschafter von Keller und Frau, der Direktor der Unterrichts-verwaltung von Istanbul Tevfik Kut, Konsul Toepke, Frau Toepke u.a.[569] Während derartiger Feierlichkeiten wurden immer auch die türkische Nationalhymne gesungen und die türkische Fahne gezeigt.

Bei dieser Schulfeier gab es jedoch einen Mißklang, der nicht in der Schulchronik vermerkt ist, aber noch von ehemaligen Schüler-Innen erinnert wird und im Archiv des Auswärtigen Amtes dokumen-tiert ist. Mitglieder der türkischen Unterrichtsbehörde kritisierten, daß die türkische Fahne kleiner als die deutsche war, ein Hinweis auf die Sensibilität der türkischen Stellen gegenüber der nationalen Überheb-lichkeit der Deutschen.[570]

Die Akten des Auswärtigen Amtes geben Hinweise auf weitere Aufgaben des Reichsbeauftragten. 1938 bestand sein Auftrag nämlich besonders darin, *„die Verhältnisse an Ort und Stelle zu studieren"*, um Entscheidungshilfe für das Reichserziehungsministerium und das Auswärtige Amt zu liefern. Dort wurde überlegt, ob ein Weiterbe-stehen der „Deutschen Schule" in Anbetracht der durch die türkische Unterrichtsverwaltung erzwungenen Veränderungen sinnvoll sei.

Zusammen mit Usadel reiste der Gauamtsleiter Lehne nach Istanbul. Beide schrieben die Ergebnisse ihrer Erkundungen und Überlegungen in einem umfangreichen Bericht fest.

So sahen sie in dem *„Zwang zum türkischen Unterricht"* nicht nur eine starke Belastung der SchülerInnen, sondern auch die Über-schreitung einer Grenze, die *„eine Erziehung der deutschen Schüler im deutschen Sinne infolge der türkischen Anforderungen nicht mehr*

---

568 Prüfungen. In: Deutsche Schule zu Istanbul 1936-1937, S. 13.
569 Vgl. Schulchronik. In: Deutsche Schule zu Istanbul 1936-1937, S. 12.
570 Vgl. Zentralarchiv Potsdam: Bericht über die Reifeprüfung und Abschluß-prüfung an der Deutschen Schule in Istanbul (1938). 49.01 Reichsministerium für Wissenschaft, Erziehung und Volksbildung Nr.6656, Blatt 126. Verschie-dene ZeitzeugInnen erwähnten die deutsch-türkischen fahnenbedingten Ver-stimmungen.

möglich"[571] mache. Positiv sei ein *„starkes Bewußtwerden des Deutschseins durch die ständige Berührung mit fremdvölkischem Volkstum"* und die *„Beherrschung einiger oder mehrerer Fremdsprachen und enger kameradschaftlicher Zusammenhalt."*[572]

Nach Rücksprache mit Vertretern des Generalkonsulats kamen auch Usadel und Lehne zu dem Schluß,

„daß die Deutsche Schule in Istanbul unter allen Umständen erhalten werden müsse (...) auch dann (...), wenn das reichsdeutsche Schülerelement nicht mehr im nationalsozialistischen Sinne erzogen werden kann. In diesem Fall ist eine klare Trennung zwischen der Schule als deutschem Propagandainstitut und der Erziehung der reichsdeutschen Schüler zu ziehen."[573]

Vorgeschlagen wurde eine räumliche Trennung zwischen reichsdeutschen und nichtdeutschen Klassen. Sollte die türkische Regierung das nicht akzeptieren, könne ein Schulzirkel im Generalkonsulat eingerichtet werden, für den die deutschen Lehrenden privat anzustellen seien.

Diese Linie vertraten auch die Parteifunktionäre:

„Bei den Verhandlungen mit dem Ortsgruppenleiter der Partei, Karsten Mewes, der den Obmann des NSLB (NS-Lehrerbund, d.A.), Studienassessor Goyert, und den Führer der HJ, Lehrer Rupf hinzugezogen hatte, wurde festgestellt, daß sie ebenfalls für eine völlige Trennung der reichsdeutschen Schülerschaft von der Stammschule eintreten. Der Nachteil dieser Lösung besteht in dem Verzicht auf die Volksdeutschen, namentlich die zahlreichen österreichischen Schüler."[574]

Bei aller Kritik bewerteten Usadel und Lehne die Deutsche Schule als *„Kulturbollwerk ersten Ranges"*, das auf jeden Fall erhaltenswert sei. Zielten die offiziellen Verlautbarungen auch immer darauf ab, gegenseitige Wertschätzung zu vermitteln, die *„traditionelle deutsch-türkische Freundschaft"* zu betonen und die beiden neuentstandenen Nationen, das neue deutsche Reich und die kemalistische Republik mit ihren *„starken Führern"* in vergleichbare Relationen zu setzen, so entlarvt dieser Bericht, in dem Ansichten von Vertretern der Schule, der Botschaft und des Generalkonsulats, der Partei und des Reichs-

---

571 Zentralarchiv Potsdam: Bericht über die Deutsche Schule in Istanbul und Vorschläge zur Wahrung reichsdeutscher Belange. 49.01 Reichsministerium für Wissenschaft, Erziehung und Volksbildung Nr.6656, Blatt 26.
572 Ebd., Blatt 25f.
573 Ebd. Blatt 29.
574 Ebd. Blatt 30.

erziehungsministeriums transparent werden, unschwer das damalige Selbstverständnis der deutschen Akteure. Dort wird u.a. festgestellt:

„Es muß aber auch mit aller Entschiedenheit darauf hingewiesen werden, daß es mit der Würde des Reichs unvereinbar ist, wenn die deutschen Schüler sich weiterhin den türkischen Forderungen unterwerfen sollen."[575]

Anscheinend wurden in den geführten Gesprächen nur vom Vorsitzenden des Schulvorstandes, Johannes Posth, explizit Bedenken gegen eine deutsch-türkische 'Klassentrennung' geäußert. Zu einer tatsächlichen Separierung kam es nicht, auch wenn die türkische Sprachforderung im Prinzip erhalten blieb.

Bei den schriftlichen Beurteilungen der Lehrenden, einschließlich der Schulleiter, und der Prüflinge wurde vom Vertreter des Reichserziehungsministeriums immer auch nach der nationalsozialistischen Gesinnung gefragt. Formulierungen wie *„empfindet er für das nationalsozialistische Deutschland eine ehrliche Begeisterung"* sind üblich. Den Schulleitern wurde der Vorwurf gemacht,

„daß sie es nicht verstanden haben, die einheitliche Geschlossenheit des deutschen Lehrkörpers zu wahren. Unter dem türkischen Druck sind Spannungen zwischen einzelnen Lehrergruppen entstanden. (...) Wir haben in einer Konferenz aller deutschen Lehrer und in einer Versammlung des NSLB ganz scharf darauf hingewiesen, daß der Zusammenhalt des deutschen Lehrkörpers unter allen Umständen das Haupterfordernis sei, um (...) Widerstand entgegensetzen zu können."[576]

Auch von den Schulleitern Preußer und Scheuermann wurden schriftliche Berichte über Mitarbeiter und Mitarbeiterinnen und die zum Abitur Zugelassenen verlangt. Meist beurteilten sie ihre MitarbeiterInnen positiv, nur dem Lehrer Deukert warfen sie *„innerliche Schlaffheit"* vor, wiesen aber darauf hin, daß er in der Kolonie wegen seiner *„geselligen Vorzüge"* beliebt sei. Ihr Urteil deckt sich mit dem des Ministerialrats Usadel, der u.a. Deukerts Deutschunterricht kritisiert.

---

575 Ebd. Blatt 34.
576 Ebd. Blatt 33.

NS-Funktionäre im Botschaftsgarten Tarabya ·

„Außerdem hat es sich leider ereignet, daß er in betrunkenem Zustand in die Klasse gekommen ist. (...) Der Ortsgruppenleiter hat aber sich für ihn eingesetzt, da er sich innerhalb der Ortsgruppe – wo er den Sport leitet – außerordentlich gut bewährt habe."[577]

Die Turnlehrerin Else Oberender fand ungeteiltes Lob. Über sie heißt es: *„Im Lehrkörper und in allen Kreisen der Kolonie erfreut sie sich uneingeschränkter Beliebtheit."*[578]

Wie aus mehreren Berichten zu ersehen ist, entsprach Direktor Scheuermann eigentlich nicht den nationalsozialistischen Vorstellungen eines deutschen Schulleiters. Eine positive Bewertung seiner Lehrfähigkeit, seiner Freundlichkeit und Hilfsbereitschaft wird von denen, die ihn noch kannten, allgemein konstatiert und kann auch aus den nationalsozialistischen Personalbögen herausgelesen werden, doch die Bewertung dieser Eigenschaften erfolgte eben auf der Grundlage anderer Kriterien. In Usadels Bericht wird er als *„nicht*

---

577 Zentralarchiv Potsdam: Bericht über die Reifeprüfung 1939. In: 49.01 Reichsministerium für Wissenschaft, Erziehung und Volksbildung Nr.6656, Blatt 190.
578 Ebd. Blatt 460.

genügend kämpferisch" bezeichnet. Usadels Nachfolger Benze bestätigt dieses Urteil:

„Leider besitzt Sch. (Scheuermann, d.A.) weder die nötige Härte, noch genügend Gewandtheit und organisatorisches Geschick, die Dinge zu meistern. Er ist gutgläubig, zu bescheiden und zu weich."[579]

Auch zwischen Scheuermann und dem Deutschen Generalkonsulat kam es immer wieder zu Reibereien. Von unterschiedlichen Seiten wurde seine Rückberufung angeregt und schließlich 1944 mit einem Eklat konkretisiert. Erst drei Tage vor der Ankunft seines Nachfolgers, Dr. Eugen Kaier aus Freiburg i.Br., erfuhren Scheuermann und 'die Kolonie' von dem beabsichtigten Wechsel. Im Vorbeigehen wurde dem Direktor im Vorzimmer des Generalkonsuls von Konsul Stille diese für ihn relevante Mitteilung gemacht. Auch für den Schulvorstand kam die Nachricht überraschend, er war am Entscheidungsprozeß nicht beteiligt und protestierte. Ministerialrat Benze berichtete an das Reichserziehungsministerium:

„Infolge dieser Umstände und Handlungen war Direktor Scheuermann in die Rolle eines Märtyrers geraten, da man ihn nach 16jähriger Bewährung in kränkender Form plötzlich abgesetzt habe. (...) Neben diesen beunruhigten Kreisen (einige Lehrende, Eltern und Schulvorstand, d.A.) nahmen die maßgebenden Stellen (Generalkonsulat und Partei) den sachlichen Standpunkt ein, daß der Wechsel notwendig gewesen sei. (...) Der Schulvorstand hat nach der seit zwei Jahren bestehenden Rechtslage keinerlei Anspruch, in Personalfragen beteiligt zu werden..."[580]

Der frühere Lehrer Adolf Hommes erinnerte sich daran, daß der Familie Scheuermann der so erzwungene Abschied aus Istanbul sehr schwerfiel, vor allem Frau Scheuermann, die als Kind einer 'Bosporusgermanenfamilie' in Istanbul geboren worden war und ihre ganze Jugend dort verbracht hatte.

„Ende Juli 44 verließen Scheuermanns die Türkei. Die Möbel waren schon unterwegs, Kollegen, Mitglieder der deutschen Kolonie und viele Türken waren zum Abschied zum Bahnhof gekommen. Wenige Tage später wurden die diploma-

---

579 Zentralarchiv Potsdam: Bericht des Mitgliedes des Gutachterausschusses für das deutsche Schulwesen im Auslande Ministerialrat Dr. Rudolf Benze über die Schlußprüfung 1942 der Handelskammer an der Deutschen Schule in Istanbul. 49.01 Reichsministerium für Wissenschaft, Erziehung und Volksbildung Nr.6656, Blatt 436.

580 Zentralarchiv Potsdam: Bericht des Ministerialrat Dr. Rudolf Benze 1944. In: Reichserziehungsministerium 49.01 Nr.6657, Blatt 103.

tischen Beziehungen abgebrochen. Im nachhinein gesehen war es bei allen Unannehmlichkeiten doch ein Glück für Scheuermanns, daß sie noch rechtzeitig mit Hab und Gut in die Heimat zurückkehren konnten."[581]

Eine regelrechte Amtsausübung durch Scheuermanns Nachfolger Kaier fand nicht mehr statt, da die Schule nach dem Abbruch der deutsch-türkischen Beziehungen wenige Wochen später geschlossen werden mußte.

Während zu Beginn der 30er Jahre in den Berichten über die Deutsche Schule eine nationale Begeisterung vorherrschend war, bei der von der Mehrzahl der Verantwortlichen rassistische und antisemitische Überzeugungen zunächst nicht offen präsentiert wurden[582], änderte sich das Klima im Laufe der Jahre bedenklich. Dennoch blieben gesellschaftliche und individuelle Widersprüche evident. Immerhin verließ der letzte jüdische Lehrer, Dr. Julius Stern, die Deutsche Schule erst mit Ablauf des Schuljahres 1935/36 und gehörte damit sicher zu den letzten in deutschen Diensten stehenden jüdischen Lehrern. Mit einigen Kollegen hatte er auch weiterhin Kontakt, und zu seiner Hochzeit 1936 kamen sehr viele Deutsche aus dem früheren Bekannten- und Kollegenkreis. Stern meint, daß die Zahl der wirklichen Nazis damals gering gewesen sei. Dennoch war der Umgang mit den früheren Kollegen alles andere als normal.

„Wenn die mich auf der Straße gesehen haben, ich hab schon von mir aus, weil ich denen keine Schwierigkeiten machen wollte, wenn ich sie auf der Straße gesehen habe, zum Beispiel, ich erinnere mich an Preußer (...) oder an Scheuermann. Wenn ich die schon auf der Straße getroffen hab, da hat man schon einen Moment gezögert. Aber ich hab schon gesehen, die schauen schon um sich, ob sie nicht jemand sieht, wissen Sie. (...) Scheuermann, der hat schon einmal, schon eher einmal, der ist schon stehen geblieben, dem war es egal, mit dem hab ich gesprochen. Mit dem. Sonst hab ich auch versucht, ich wollte den Leuten keine Schwierigkeiten machen. Und bei denen ich nicht sicher war, wie

---

581 Brief von Adolf und Elly Hommes, Darmstadt 23.04.1992. Der Brief wurde mir – mit Zustimmung von Adolf Hommes – freundlicherweise von Christa Lippold zur Verfügung gestellt.

582 Gerhild Hoernigk, die bereits 1935 Abitur gemacht hat und später vorübergehend überzeugte BDM-Führerin wurde, kann sich ebenfalls nicht an Antisemitismus in ihrer Schulzeit erinnern. Nationalismus, ja, der sei sehr ausgeprägt gewesen, aber „kein Antisemitismus". In ihrer Abschlußklasse waren vier jüdische, drei katholische, zwei evangelische und zwei muslimische AbiturientInnen. Sie hätten einen Großteil ihrer Freizeit zusammen verbracht, u.a. auf den Prinzeninseln, wo die Eltern einer jüdischen Mitschülerin ein Haus hatten. „Unsere Klasse hatte überhaupt eine sehr gute Harmonie." Interview mit Gerhild Hoernigk, Kassel 14.02.1992.

die denken, denen bin ich schon erst ganz aus dem Weg gegangen. Bei denen, wo ich sicher war, daß sie keine Nazis sind, denen wollte ich eben keine Schwierigkeiten machen, also deshalb hab ich nach Möglichkeit den Verkehr beschränkt."[583]

Spätestens nach dem 'Anschluß Österreichs' und dem Kriegsbeginn verschärfte sich die Trennung zwischen denen, die 'dazu' gehörten und denen, die nicht 'dazu' gehörten. Das zeigt sich auch bei den Kindern und Jugendlichen.

Eine Schülerin der Deutschen Schule, die 'dazu' gehörte und, wie sie selbst sagt, von der NSDAP „sehr geprägt" war, erinnert sich:

„Die Schule war der Mittelpunkt für uns. Und wenn man nachmittags nicht wußte, wohin, dann ging man in die Schule. Und in der Schule spielte sich alles ab. Also zum Beispiel, wer nun gern Sport trieb, na der ging eben nachmittags in die Schule und einer von den Lehrern war sicher bereit, mal zu helfen oder aufzupassen. Oder hatte man Probleme, dann ging man in die Schule. (...) Aber das Verhältnis war ein ganz anderes, zu den Lehrern auch. Das war ein freund-schaftliches, ohne daß man den Abstand verlor."[584]

Doch Kontrolle spürte auch sie:

„Und ich glaub auch, in der Kolonie, man lebte sehr eng, wo man nicht zusam-menwohnte. Aber es spielte eine große Rolle, was der sagte oder jener sagte."[585]

Erst später sei ihr bewußt geworden, *„daß da (nach 1933, d.A.) von den Erwachsenen, uns nahegelegt wurde, mit Juden nicht mehr zu verkehren."*[586]

Eine ehemalige jüdische Schülerin erinnert sich ebenfalls an eine zum Großteil schöne Schulzeit in der Deutschen Schule. Doch bei ihr blieben viele schmerzliche Erinnerungen zurück.

„Trotzdem ich Jüdin war, ging es mir ausgezeichnet in der Deutschen Schule. Die Lehrer waren alle sehr nett, mit Ausnahme eines blöden Kerls." Doch: „Es gab auch dort Spitzel – Nazispitzel. Und zwar unsere Freunde, unsere Klassen-kameraden."[587]

Sie machte die Erfahrung, daß die 'Grenzziehung' allmählich und unauffällig begann. Doch einige Schlüsselerlebnisse machten ihre

583   Interview mit Dr. Julius Stern, Istanbul 27.04.1991.
584   Interview mit Ruth Busch, Hamburg 9.6.1992.
585   Ebd.
586   Ebd.
587   Interview mit Elfi Alfandari, Istanbul 27.4.1992.

Ausgrenzung offensichtlich. So wandte sich ihre langjährige Freundin auf Druck der HJ plötzlich von ihr ab.

„Wir saßen immer zusammen und lachten viel zusammen, machten viel Schabernack. Und auf einmal, plötzlich, hat sie nicht mehr gegrüßt, nicht mehr mit mir gesprochen. Ich sprach sie an, sie drehte den Kopf weg (...) Wir waren zehn Jahre lang zusammen. Da hat sie nach zehn Jahren diese Angst, mich zu grüßen, mit mir zu sprechen."[588]

Das war nicht die einzige verletzende Erfahrung, die diese Schülerin an der Deutschen Schule machen mußte. Ihr erster Flirt wurde durch das Eingreifen eines Lehrers beendet. Nach einem Ausflug brachte der Freund sie nach Hause.

„Und auf der Straße, nahe bei der Deutschen Schule, trafen wir unseren Biologielehrer Dr. Bott.[589] (...) Jedenfalls rief er ihn und sagte: (...) Morgen kommst Du mich besuchen. (...) Wir sind dann nach Hause gegangen und hatten uns versprochen, uns am nächsten Tag wieder zu sehen. Von dem Tag an war ich Luft für ihn."[590]

Eine ihrer früheren Freundinnen, mit der sie noch heute Kontakt hat, habe kürzlich gesagt, daß sie es immer bedauert habe, nicht dazu gehören zu können.

„Sie ist eigentlich Russin, aber sie ging auch auf die Deutsche Schule. Sie sagte, weißt Du, ich hab es so bedauert, Jüdin zu sein; denn es gab so viel Feiern, und ich wollte alle mitmachen, und ich konnte sie nicht mitmachen. Das war ihre Reaktion."[591]

Ihr ging es da wie vielen Kindern und Jugendlichen anderer Nationen, sie beneidete die nichtjüdischen Deutschen um ihr 'Dazugehören', ihre Gemeinschaftserlebnisse und -identifikation.

Auch eine ehemalige Schweizer Schülerin, die in Istanbul geboren und aufgewachsen war, erlebte ihr 'Nichtmehrdazugehören' als Verzicht.

---

588 Ebd.
589 Der Studienrat Dr. Bott war wenig beliebt. Er rief „infolge seines Geltungs-
     bedürfnisses, seiner Empfindlichkeit und häufigen Taktlosigkeit" vielfältige
     Mißstimmungen hervor. Er überschritt nach Meinung des vom
     Reichserziehungsministerium geschickten Ministerialrats Benze seine
     Kompetenzen in dienstlicher Hinsicht dermaßen, daß er den Ortsgruppenleiter
     Liebl, „auf das Unhaltbare eines solchen Verfahrens" aufmerksam machte.
     Zentralarchiv Potsdam. AEM 6657, Blatt 38.
590 Interview mit Elfi Alfandari, Istanbul 27.4.1992.
591 Ebd.

„Es gab Heimabende in »Kluft«, Lagerfeuer, Wanderlieder, Sonnwendfeiern auf der Insel Plati. Vom Besuch des Reichsjugendführers Baldur von Schirach schwärmte meine beste Freundin noch wochenlang. Ich beneidete meine deutschen Freundinnen und Freunde glühend um diese romantischen Feiern, aber mein Vater verbot mir die Beteiligung strengstens."[592]

Von den attraktiven Veranstaltungen, an denen sie nicht teilnehmen durfte, berichteten nicht nur die Freundinnen sondern auch die Türkische Post, z.b. über die romantische Sonnwendfeier im Juni 1933. Da fuhr das wimpelgeschmückte Schiff, mit „Schwarz-weiß-rot und Hakenkreuz" und 180 Personen an Bord, auf die unbewohnte Insel Plati (Yassı Ada), die „märchenhaft erleuchtet" war.

HJ-Fackelträger säumten den Weg, „manche unter ihnen echt germanisch mit Nibelungen-Gesichtern". Ein großes Feuer loderte und nach einigen Ansprachen eröffnete ein alt gedienter Parteigenosse mit einem kräftigen „Heil Hitler" das „alt überlieferte Springen über das Feuer."[593]

Diese „Tradition" war zwar bereits vor der Zeit des Nationalsozialismus aufgenommen worden, erhielt aber erst dann diese große Beachtung. Die Jugendlichen waren begeistert, durften sie doch mit den Erwachsenen die Nacht auf der Insel verbringen, deren Geschichten lauschen und die Zeit mit kindlichem Jagen durch die Ruine verkürzen. Morgens ging es gemeinsam zurück nach Istanbul – um ein Gemeinschaftserlebnis reicher. Kein Wunder, daß besonders Kinder bedauerten, nicht dazuzugehören.

Die früheren Freundinnen von Gisela Hirzel waren fast alle Reichsdeutsche. Auch sie mußte erleben, daß sich ihre beste „Busenfreundin", die „natürlich" im BDM war, von ihr zurückzog.

„Sie fand tausend Entschuldigungen, an denen sie herumdruckste. Ich fand sie fadenscheinig, aber hatte sie nun mal etwas anderes vor, dann hatte sie (es ging wohl hauptsächlich um die Heimabende, d.A.). Erst nach dem Krieg gestand sie

---

592 Briefliche Angaben von Gisela Freibergs geb. Hirzel, Västra Frölunda 23.04.1992. Gisela Hirzel wird in den Berichten an das Erziehungsministerium als „frisches, immer gut aufgelegtes Mädel, mit einer leichten Neigung zum gutmütigen Spott, charakterlich durchaus wertvoll" beurteilt. Erfreulich sei ihr „Verständnis für manches aus dem nationalsozialistischen Gedankengut". Zentralarchiv Potsdam, 49.01 Reichsministerium für Wissenschaft, Erziehung und Volksbildung Nr. 6656, Blatt 47.
593 T.P. 26.06.1933.

mir brieflich, man hätte sie vom BDM aus gezwungen, sich von mir als Schweizerin zurückzuziehen. Da war ich doch sehr erschüttert."[594]

Es gab an der Deutschen Schule nicht viele deutsche Lehrer oder Lehrerinnen, Schüler oder Schülerinnen, die sich vor 1944 bewußt und ohne äußeren Zwang vom Nationalsozialismus und seinen Auswirkungen distanzierten[595] und noch weniger, die offen antinationalsozialistisch auftraten. Hans Kessler war also eine Ausnahme.

Eine Schweizer Klassenkameradin berichtet:

„Hans Kessler war in meiner Klasse, ein kluger Kopf. Mit beißender Ironie führte er in der Unterprima vernichtende politische Diskussionen mit einem HJ-Kameraden, denen wir mit Schadenfreude zuhörten, weil der HJ-Knabe dabei immer schlecht abschnitt. (...) Wir standen kurz vor dem Abitur. Alle Reichsdeutschen <u>mussten</u> zur Feier (Anschluß Österreich, d.A.) in die Aula. Allen anderen stand es frei. Wir gingen alle brav hin, aber Hans weigerte sich und ging nach Hause. Das bemerkte unser Klassen- und Mathematiklehrer Peter Strassberger, ein Parteibonze und niederträchtiger Charakter".[596]

Strassberger habe Direktor Scheuermann dann gezwungen, Hans Kessler von der Schule zu entfernen.

Auch in Usadels Bericht von der Reifeprüfung 1938 wird der Vorfall erwähnt:

„Der Oberprimaner Kessler hatte kurz vorher die Deutsche Schule verlassen, weil er sich an der Feier zur Wiedervereinigung mit Österreich nicht beteiligt hatte, mit der Begründung, er sei zur Teilnahme an politischen Feiern nicht verpflichtet. Sein Vater ist Professor in Istanbul, rein arisch, aber von einer verbohrten Ablehnung gegenüber dem neuen Reich erfüllt."[597]

Bedauernd wird noch angefügt:

---

594 Ebd. Besonders interessant ist der Zusatz, in dem sie bemerkt, daß die Freundinnen, obwohl sie sich wieder regelmäßig treffen, „diese Erlebnisse" nie wieder berührt haben.
595 Genannt wurde, z.B. von Dr. Julius Stern, Dr. Rothfritz und Dr. Gräf. Sie paßten sich zwar nach außen an, gaben sich aber als Anti-Nazis zu erkennen.
596 Briefliche Angaben von Gisela Freibergs geb. Hirzel, Västra Frölunda 23.4.1992. Auch hier reflektiert Gisela Freibergs ihre damalige Haltung. „Heutige Schüler hätten bei einem solchen Ereignis demonstriert und Strassbergers Unterricht boykottiert. Wir dagegen gingen niedergedrückt weiter in die Schule. Es wäre uns nicht im Traum eingefallen zu revoltieren."
597 Bericht über die Reifeprüfung und Abschlußprüfung an der Deutschen Schule in Istanbul (1938). Zentralarchiv Potsdam: 49.01 Reichsministerium für Wissenschaft, Erziehung und Volksbildung Nr.6656, Blatt 115.

„Leider war der junge Kessler der begabteste Schüler der Klasse gewesen."[598]

Die angeführten Beispiele zeigen, daß auch in Istanbul Zivilcourage nötig war, um sich vom allgemeinen Trend zu distanzieren, daß die Deutsche Schule Aktionsraum und Projektionsfläche individueller und gesellschaftlicher Auseinandersetzungen war. Sie geben einen Einblick in die NS-Politik, das widersprüchliche deutsche und türkische Agieren, die Sozialisierung Jugendlicher zu gleichgeschalteten 'Kameraden' oder individuellen Persönlichkeiten. Die Schulberichte informieren darüber hinaus über Zahlen, Prüfungsthemen, Schulvereins- und Vorstandsmitglieder, besondere die Schule betreffende Ereignisse (Todesfälle, auftretender Lehrbuchmangel) oder Anordnungen (Verdunkelung, neue Prüfungstermine etc.). Sie enthalten kurze Lebensläufe neuer LehrerInnen und Daten ehemaliger, informieren über wichtige Besuche oder Neuerungen im Unterrichtsablauf. Und sie vermitteln mit ihren Berichten über Freizeitaktivitäten etwas von den vorherrschenden Wertigkeiten der damaligen Zeit.

Das St. Georgskolleg

Die SchülerInnen der Deutschen Schule fühlten sich nach eigenen Aussagen der Österreichischen Schule überlegen. Das von Lazaristen[599] geführte St. Georg habe bei ihnen „einen schlechten Ruf" gehabt.[600]

„Die Deutsche Schule hat immer mit Herablassung auf die St. Georger geschaut. Also das war keine gute Schule damals. Also so: der ist aus St. Georg, also zweitklassig. Aber wir hatten wenig, wir hatten überhaupt keinen Kontakt zu St. Georg."[601]

---

598 Ebd.
599 Da St. Georg ursprünglich von deutschen Lazaristen gekauft wurde, betrachteten es einige Deutsche immer auch als deutsche Institution. Das zeigt sich u.a. in einem Artikel der Zeitschrift »Der Auslandsdeutsche«: „Das deutsche Lazaristen Kolleg St. Georg, das vor dem Kriege über 1.400 Knaben und Mädchen zählte, konnte auch in der Nachkriegszeit wieder einen erfreulichen Aufstieg nehmen, so daß die Gesamtzahl der Schüler sich wieder auf 600 beläuft." »Der Auslandsdeutsche«, Nr.18 1931, S. 587.
600 Gerhild Hoernigk hatte keine persönlichen Beziehungen zu Kindern, die dort zur Schule gingen. Interview mit Gerhild Hoernigk, Kassel 14.02.1992.
601 Interview mit Elfi Alfandari, Istanbul 27.4.1992.

Direkte Beziehungen bestanden nur durch Pfarrer Eilers vom St. Georgskolleg, der den katholischen Religionsunterricht an der Deutschen Schule gab, ehe er nach Palästina emigrierte. Eilers war einer der wenigen innerhalb der deutschsprachigen Community, der offen gegen den Nationalsozialismus agierte. Nachdem die Türkei und Deutschland während des Krieges wieder freundschaftliche Beziehungen aufgenommen hatten, fühlte sich Eilers in Istanbul nicht mehr sicher, da er mit einer baldigen Abschiebung rechnete. Für Hofrat Ernest Raidl, der nach dem Krieg die Leitung von St. Georg übernahm, war diese Befürchtung berechtigt:

„Der fühlte sich nicht mehr sicher, sie brauchten ihm ja nur die Aufenthaltsbewilligung zu entziehen. (...) Der ist dann nach Ägypten, Palästina/Ägypten und hat dort im Radio Woche für Woche Reden gegen Nazideutschland gehalten."[602]

Auch eine ehemalige Schülerin der Deutschen Schule erinnerte sich während eines Interviews an Pfarrer Eilers:

„Über jemanden will ich Ihnen noch erzählen, über jemanden, der mich sehr beeindruckt hat. Das war der katholische Pfarrer Pater Eilers. (...) Pater Eilers war im Erste Weltkrieg Rittmeister, ein fescher Mann, sicher ist er mir deswegen aufgefallen, denn ich hatte mich als 12jähriges Mädchen furchtbar in ihn verliebt, obwohl er Pfarrer war. Und der war aber sehr gegen die Nazis. Der hat sehr viel gegen die Nazis gearbeitet hier. Als dann die Deutschen in Bulgarien einmarschierten und vor den Toren Istanbuls waren, ist er nach Jerusalem und hat dort vom Rundfunk aus gesprochen. Er war ein äußerst feiner Mensch, äußerst interessanter feiner Mensch. Ich weiß nicht, was aus ihm geworden ist, aber wir haben ihn noch manchmal aus dem Jerusalemer Rundfunk gehört."[603]

Ansonsten gibt es keine Berichte über besondere politische Aktivitäten der Lehrenden von St. Georg. Das Kolleg war in eine Mädchen- und eine Knabenschule aufgeteilt. Ab 1933 hatte Superior Leopold Dvorschak die Leitung der Knabenschule und die Schwester Oberin Annuntia Bauer die der Mädchenschule.[604] Die Nichte der Oberin arbeitete ebenfalls als Lehrerin am St. Georgskolleg. Sie erinnert sich, daß sie in den 30er Jahren „noch eine ganz kleine Schule" hatten, in der der Deutschunterricht das wesentliche war.

---

602 Interview mit Hofrat Ernest Raidl, Istanbul 14.11.1991. Raidl, der zu der Zeit noch in Österreich lebte und Eilers nur aus Erzählungen kannte, beurteilte dessen anti-nazistischen Auftreten nachträglich positiv und bekannte: „Der war halt überzeugter Anti-Nazi, hätten wir früher auch sein sollen."

603 Interview mit Elfi Alfandari, Istanbul 27.4.1992.

604 Ihr folgte 1938 die Schwester Obern Adele Postruschnik.

„Das waren schon hauptsächlich Türken, und dann von den hiesigen Österreichern oder Deutschen, die zufällig hier lebten. (...) Aber schon in der Hauptsache Türken, besonders im Internat. Da waren doch die reicheren Mädchen, und im Internat haben sie doch mehr Deutsch gelernt, weil sie verpflichtet waren, mit der Schwester Deutsch zu reden. (...) Einige christliche Kinder haben wir auch gehabt, aber der größte Prozentsatz waren Türken, also Muslime."[605]

1935 wurde das St. Georgskolleg von 296 Mädchen und 153 Jungen besucht, 1940 von 323 Mädchen und 237 Jungen.[606] Marcel Linguri, ein ehemaliger Schüler und ab 1936 selbst Lehrer von St. Georg, bestätigt, daß das Bildungsinteresse am damaligen Kolleg noch ein anderes war als das heutige:

„Während meiner Schulzeit war das Sankt Georgs Kolleg ein richtiger Völkerbund. Zahlreiche Religionen und Nationen waren hier vertreten, die verschiedensten Sprachen wurden gesprochen. Doch alle hatten das gleiche Ziel: Die Erlernung der deutschen Sprache."[607]

So war diese Schule damals, was die Qualifizierung zu einem Studium betraf, sicher nicht mit der Deutschen Schule vergleichbar, diesen Anspruch hatte sie jedoch offensichtlich auch nicht.

1938 wurde nicht nur das österreichische Generalkonsulat 'angegliedert', sondern auch das St. Georgskolleg. Recht überheblich urteilt der Ministerialrat Usadel in seinem Bericht über einen Besuch dieser Institution:

„Das St. Georgskolleg ist zusammen mit einem Krankenhaus, einem Waisenhaus und einem Internat eine Gründung des Lazaristenordens. Damit ist von vornherein für uns die Schule eine an sich weniger angenehme Erwerbung."[608]

Einen Vorteil habe das Kolleg allerdings, das sei das Internat, was der Deutschen Schule fehle, und für das vom türkischen Staat niemals eine Genehmigung zu erwarten sei.

So „könnten reichsdeutsche Jugendliche aus der übrigen Türkei das Internat besuchen und von ihm aus die Deutsche Schule. (...) Die Schuloberaufsicht müßte möglichst durch den Oberstudiendirektor der Deutschen Schule ausgeübt werden. Eine Erneuerung des Lehrkörpers dürfte ebenfalls notwendig sein. (...)

---

605 Interview mit Schwester Responsa (Vera) Bauer, Istanbul 18.11.1991.
606 Vgl. Ernest Raidl: 1oo Jahre Österreichisches Sankt Georgskolleg, Istanbul. Ein Bericht. In: Österreichisches Sankt Georgskolleg 1882-1982. Istanbul-Karaköy (1982) o.J., S. 14-32, hier S. 23.
607 Marcel Linguri: Rückblick auf meine Schulzeit. In: Ebd., keine Seitenzählung.
608 Zentralarchiv Potsdam: St. Georgskolleg. 49.01 Reichsministerium für Wissenschaft, Erziehung und Volksbildung Nr.6656, Blatt 127f.

Nach meinem Eindruck können nur die beiden Lehrer Dersch und Graff, vielleicht noch Reich als erträgliche Lehrkräfte angesehen werden."[609]

Einen besseren Eindruck mache die Mädchenschule, die von einer Priorin geleitet würde, die „*als Ordensmitglied einen sehr aufgeschlossenen und freundlichen Eindruck macht.*"[610]

Dennoch sei natürlich auch hier eine weltliche Leitung notwendig. Warum es zur Ausführung dieser Überlegungen nicht kam, geht aus den vorliegenden Akten nicht hervor. Doch der spätere Leiter des Kollegs, Hofrat Raidl, macht dafür den damaligen Botschafter von Papen verantwortlich.

„Es war die Tendenz, das St. Georgskolleg als Schule zu schließen und das Gebäude zu verwenden als Internat für die Deutsche Schule. Und das hat unser Freund von Papen verhindert. Der war, aus welchen Gründen auch immer, dieser Schule sehr zugetan. Und wenn er aus Ankara nach Istanbul kam, am Sonntag war er immer bei uns in der Kirche. Was immer er getan hat sonst, und in Österreich ist er auf der Liste der Kriegsverbrecher (...), aber er hat für uns viel getan. Dem ist es zu verdanken, daß die Schule nicht geschlossen wurde. Und das ist viel."[611]

Das St. Georgskolleg blieb als Privatschule bestehen. Wer den Abschluß dort nach 1938 machte, bekam nun jedoch ein „*Abschlußzeugnis der Deutschen Schule*", wie Boris Demberg, Sohn eines Lettländers und einer Russin, der von 1933 bis 38/39 das St. Georgskolleg besuchte. Sein Vater sei „*Deutschensympathisant*" gewesen, deshalb sei er, Boris, auf eine deutschsprachige Schule gekommen. Die Schüler seien damals an Politik nicht interessiert gewesen, wohl aber am Sport. Die Olympischen Spiele in Deutschland und vor allem die „*deutschen Sportzeitungen*", die sie unentgeltlich bekamen, hätten den Deutschen viele Sympathien eingebracht. Es seien dann auch mehr deutsche Lehrer an die Schule gekommen, sonst habe er keine Erinnerungen an wesentliche Veränderungen. Erst 1944, nach Abbruch der deutsch-türkischen Beziehungen, wurde die Schule geschlossen und das Lehrpersonal vor die Wahl gestellt, entweder nach Österreich und Deutschland zu gehen oder in die Internierung.

Die Bereitwilligkeit, sich dem Deutschen Reich unterzuordnen, war auch im St. Georgskolleg groß. Man versprach sich Partizipation am deutschen Erfolg und eine direkte Verbesserung der finanziellen

---

609 Ebd. Blatt 128.
610 Ebd.
611 Interview mit Hofrat Ernest Raidl, Istanbul 14.11.1991.

Lage. Jedenfalls sind bislang keine Berichte bekannt, die eine besondere Gegenwehr gegen diese Vereinnahmung belegen könnten.

Deutsche Lehrkräfte wirkten auch an anderen Schulen, z.B. an der jüdischen Goldschmidt-Schule und dem amerikanischen Robert-College.[612]

Deutsche Presse

Neben der deutschsprachigen Tageszeitung Türkische Post wurden weitere Publikationsorgane herausgegeben bzw. stark beeinflußt. Der Historiker Johannes Glasneck, der über die 'Methoden der deutsch-faschistischen Propagandatätigkeit in der Türkei' geschrieben hat, nennt *„die Zeitschriften »Beyoğlu«, »Istanbul«, beide französisch, »Yeni Dünja« in türkisch, die vom Goebbels-Ministerium heraus-gegebene Illustrierte »Signal« in französisch, deutsch, englisch und türkisch".*[613] Sechs deutsche Nachrichtendienste seien in der Türkei tätig gewesen, die größten DNB und Transcontinent-Press, die tägliche Bulletins an Istanbuler und Ankaraner Zeitungen versandten.

Außerdem wurde faschistisches Propagandamaterial, u.a. Hitler-Reden[614], und populärwissenschaftliche Zeitschriften verteilt.

Im Archiv des Auswärtigen Amtes in Bonn findet sich eine Liste der deutschen Pressevertreter in der Türkei mit dem Stand von 1939. Eine Pressevertreterin wird ebenfalls aufgeführt, es ist die Frau des deutschen Presseattachés, Frau Luise Schmidt-Dumont, die als Vertreterin der „Deutschen Allgemeinen Zeitung" aufgeführt ist. Walter E. Brell, früherer Chefredakteur der „Türkischen Post" steht für das

---

612 Vgl. Gotthard Jäschke: Der Wiederaufbau der deutschen Arbeit in der Türkei seit dem Weltkriege. In: »Der Auslandsdeutsche«, Nr. 19 1932, S. 509. Über die »deutsche Schule« in Haidarpasa« und die »schollische Missionsknaben-schule in Konstantinopel« geben Dokumente im Zentralarchiv Potsdam Auskunft. 09.01.Ausw. Amt Nr. 39, 653.

613 Glasneck 1966, S. 11.

614 Mir wurden verschiedene dieser Reden in Istanbul aus hinterlassenem Privat-besitz übergeben: „Rede des Führers und Reichskanzlers Adolf Hitler vor dem Reichstag am 7. März 1936" auf Deutsch und Englisch, die „Rede des Führers und Reichskanzlers Adolf Hitler vor dem Reichstag am 28. April 1939", alle aus dem Verlag und Druck M. Müller & Sohn K.G. Berlin, und „Speech by the Fuehrer in the Sportpalast in Berlin, on 30 January 1940", ohne Verlagsangabe. Aus gleicher Quelle stammt eine Beilage des Hamburger Fremdenblattes vom 29. April 1939, in der die Hitlerrede des Vortages zum deutsch-englischen Flottenabkommen und zum deutsch-polnischen Vertrag abgedruckt wurde.

93,47% Ja-Stimmen

Die Abstimmung der deutschen Kolonie

in Istanbul

Dank dem freundlichen Entgegenkommen der türkischen Regierung und der zuständigen türkischen Behörden konnte die deutsche Kolonie in Istanbul am gestrigen Sonntag ihren Wunsch zur Durchführung bringen und gleich zahlreichen anderen deutschen Kolonien in ausländischen Hafenstädten ebenfalls an der Abstimmung über die Frage teilnehmen, ob das deutsche Volk mit der Vereinigung des Amtes des Reichspräsidenten mit dem des Reichskanzlers in der Hand Adolf Hitlers einverstanden ist.

Kapitän Bundesen und seine wackere Mannschaft vom Dampfer „Atto" der Deutschen Levante-Linie hatten es sich noch wenige Stunden vorher nicht träumen lassen, daß sie, anstatt einen ruhigen Sonntag im schönen Istanbuler Hafen zu verbringen, eine wichtige Aufgabe im Dienste der deutschen Nation zu erfüllen haben würden. Der ursprünglich für die Abstimmung vorgesehene Dampfer „Ulm" wurde wider Erwarten lange im Hafen von Konstanza zurückgehalten und so erhielt „Atto" im letzten Augenblick den Auftrag, die Wahlfahrt durchzuführen.

Dem an sie ergangenen Aufruf folgend, eilten gestern früh alle Deutschen Istanbuls, soweit sie nicht durch dringende berufliche Pflichten oder Krankheit daran verhindert waren, zur Galatabrücke, um von dort mit dem Şirketi-Hayriye-Dampfer Nr. 54 in die Bucht oberhalb von Therapia zu fahren, wo der festlich beflaggte Dampfer „Atto" umstieg. Im schmucken Motorboot „Heimat" kam vom Sommersitz der deutschen Botschaft in Therapia Botschafter Dr. von Rosenberg mit seiner Gattin und den anderen Damen und Herren der Botschaft herüber.

Eine leichte, aber eigentlich doch recht kräftige Brise ließ das stolze, von fleißiger Mannschaft nächtlicherweile blankgeputzte Schiff bei der Ausfahrt in das Schwarze Meer und jenseits der Drei-Meilen-Zone immerhin noch so schaukeln, daß namentlich unter den Damen die eine oder andere sich veranlaßt sah, Neptun durch eine kleine Opfergabe um Gnade zu bitten. Die strahlende Sonne aber und das langsame Nachlassen der Windstärke ließen sehr bald eine äußerst harmonische Stimmung aufkommen, die während des ganzen Tages durch nichts getrübt wurde.

Die Abstimmung der 490 Stimmbe-rechtigten, die sich auf dem Dampfer befanden, ergab 458 Ja-Stimmen oder 93,47%. Nur 25 Stimmzettel d. h. 5,10 Prozent trugen ein Kreuz im Nein-Felde, während 7 Stimmzettel oder 1,43% ungültig waren. Die Mitteilung dieses Ergebnisses durch Dr. Guckes löste allgemeine Befriedigung aus, und als Botschafter v. Rosenberg in einer kurzen Ansprache von der Kommandobrücke aus dieses Ereignis, das in so erfreulicher Weise die deutsche Einigkeit zeigte, würdigte und unter starkem Beifall mahnte, es nicht bei der Ja-Stimme bewenden zu lassen, sondern dem unermüdlich für sein Volk kämpfenden Führer Adolf Hitler auch weiterhin das Herz zu schenken, da war es — um mit den Worten Rosenbergs zu sprechen —, wie wenn eine einzige große Familie in seltener Einmütigkeit versammelt war. Und alles empfand zugleich mit dem Botschafter den Wunsch, der Deutschen Levante-Linie, die den Dampfer kostenlos zur Verfügung gestellt hatte, dem Kapitän und der Mannschaft und nicht zuletzt den tatkräftigen Männern, die sich für die Durchführung der Abstimmung eingesetzt hatten, vor allem Dr. Guckes, den herzlichsten Dank abzustatten.

Dann wurden das Deutschland- und Horst-Wessel-Lied gesungen.

Langsam näherte sich das Schiff wieder der Einfahrt in den Bosporus, während sich die Wogen des Meeres mehr und mehr glätteten. Es gab ein herzliches Winken und ebenso herzliche Abschiedsrufe, als Dr. von Rosenberg mit seiner Gattin und dem Botschaftspersonal den Dampfer verließ, um mit dem Motorboot der Botschaft wieder den Sommersitz in Therapia anzusteuern. Inzwischen war auch Kapitän Haci MehmetBey mit demŞirketi-Dampfer erschienen, und langsam erfolgte wieder das Umsteigen. Zum Abschied ein Dankruf aus hunderten von Kehlen an die Atto-Leute und Sirenengrüße von beiden Schiffen.

Zum Schluß ein Grußzeichen nach Therapia hinüber, durch lebhaftes Tücherschwenken erwidert. Unter den zahlreichen Vorortdampfern sah die sinkende Sonne ein Schiff zurückkehren, von dem aus sich, durch ein schönes Erlebnis geeint, eine besonders frohe Menschenschar über die Brücke in die Stadt ergoß.

---

n des ...kehrs
Frage ... Verlängerung der ...bahn... nach Kurbalidere ... nächste ...zeit untersucht werden...

An ... unsere Leser

Freund ...res Blattes schreibt ...

habe b... mehrfach in meiner ...ng, beg... bei Nacht, Skor... ...ngetro... Bisher wurden die ...tenen ... immer noch recht...entdeck... ...stelle nun die Fra... ...e verl... ...an sich am besten, ...nan v... ...m solchen Tier ge... ...wird ...hat man als erste ...nzuwen... ...und ist es überhaupt ...dig, e... ...Arzt zu rufen?"...

...übergeben hiermit diese Anfrage ...Lesern, die in dieser Hinsicht ...chon Erfahrung besitzen, und ... geeig...te Antworten, die bei ...laufen sollten, an dieser Stelle ...Blattes veröffentlichen.

Die Schriftltg.

dampfschiffahrt

...t werden mußte.

...zwei Jahre nach der Fahrt des ...William" zweifelten zwar Skep...n der Nützlichkeit solcher Damp...ten, zumal die für den Antrieb ...dige Kohle einen großen Teil des ...raums in Anspruch nahm, aber ...ein war ins Rollen gekommen. ...n Weg haben Technik, Seeleute ...utiker in einem Jahrhundert zu...egt! Von 375 Tonnen des ...William" bis zu den 51.000 Ton...r „Bremen" und „Europa" und ...000 Tonnen des „Bismarck" — ...ajestic"! — von 25 Tagen Reise ...avannah" bis zu den 4½ Tagen ...ydriesen — rückschauend kann ...d bis ins Einzelne feststellen, ...es gekommen sein mag. 50 Damp...etwa 5.000 bis 6.000 Tonnen ...die „Welthandelsflotte" im Jahre ...neute sind es 29.500 Seeschiffe ...Millionen Tonnen Fassungsver...

...zdem hätte sich diese Entwick...ielleicht nicht vollzogen, wäre ...von dem Oesterreicher Ressel im ...1829 die Schiffsschraube erfun;...e nach und nach die Schaufelrä...r ersetzte. Nur auf den ...n und Seen hat sich diese An...rt vorläufig erhalten. Die Erfin...Ressels brachte eine neue Reform ...chiffahrt, da die Schraube hin...ch der Schnelligkeit und der Er...s an Treibstoff den Schaufelrad-

---

„Deutsche Nachrichten Büro", Paul Holzinger für die „Berliner Börsenzeitung"; Franz von Caucig, der in der Nachkriegszeit wieder für die deutsche Presse in der Türkei tätig wurde, machte hier eine besondere Karriere als Vertreter mehrerer nazistischer Zeitungen („Völkischer Beobachter" in Berlin und in Wien, „Frankfurter Zeitung", „Hamburger Tageblatt", „NSZ-Rheinfront", „NS-Kurier Stuttgart", „Kölnische Volkszeitung", „Orientnachrichten"). Von Engelmann war für alle Zeitungen des Verlags „Wirtschaftsdienst" zuständig, Dr. Gerhard Hannig für die „Essener Nationalzeitung" und „Der Mittag" Düsseldorf, darüber hinaus für die Wirtschaftsredaktion der „Türkischen Post". August Teiber schrieb ebenfalls für die „Türkische Post", „Das Wiener Echo" und „Südost Echo" Wien. Johannes Müller verfaßte Nachrichten für den Außenhandel.[615] Sie und die anderen ausländischen Journalisten, dazu wenige Journalistinnen, trafen sich gewöhnlich in dem Lokal „La Parisienne" in Beyoğlu, das als Informationsbörse galt.

Eine besondere Karriere machte der Pressebeirat der Deutschen Botschaft, Dr. Franz Schmidt-Dumont. Er wurde im Mai 1938 zum Oberregierungsrat im „Reichsministerium für Volksaufklärung und Propaganda" ernannt und damit in das Diplomatenverzeichnis aufgenommen. Später zog er sich den Unwillen des deutschen Generalkonsuls in Istanbul zu, der seine Gründe in einem Bericht an die Presseabteilung des Auswärtigen Amtes in Berlin darlegt. Er gibt an, Belege dafür zu haben,

„daß Herr Schmidt-Dumont es mit erheblichen Geldern beabsichtigt hat, ja darauf angelegt hatte, einen Mann für sich einzukaufen und für sich auszunutzen, der amtlicherseits auf Geheimhaltung der ihm bekannt werdenden dienstlichen Vorgänge verpflichtet ist (..und,) daß zu dieser Manipulation nicht private Gelder des Herrn Schmidt-Dumont, sondern dienstliche Mittel des Propagandaministeriums verwendet werden."[616]

Hier zeigt sich wieder einer der ständigen Reibungspunkte zwischen der deutschen Diplomatie im Ausland und den Vertretungen der NS-Auslandsorganisationen, die häufig miteinander konkurrierten. Neben der Presse gewann das Radio für die deutsche Propaganda an Bedeutung. So wurden 1940 täglich vier Sendungen des deutschen Rund-

---

615   Vgl. AA Bonn: „Anlage Deutsche Pressevertreter in der Türkei". D.B. an AA, Tarabya 20.07.1939.
616   AA Bonn: Seiler ans AA Presseabteilung, z.Hd. von Herrn Gesandten Dr. Schmidt Berlin, Istanbul 12.08.1941. AA Ankara 552, Pol 2, Nr.3 geh.

funks ausgestrahlt.[617]

Deutsche Buchhandlungen

In Istanbul gab es drei deutsche Buchhandlungen. Die größte war in den 30er Jahren die Buchhandlung Kalis, ehemals Plathner. Eine Zeitzeugin erinnert sich:

„Kalis war ein ungehobelter junger Mann und großer Parteibonze, weshalb ihm bei zunehmendem Papiermangel Anfang des Krieges die meisten Bücher zugeteilt wurden und die meisten PG's bei ihm einkauften. Man stürmte mit »Heil Hitler!« in den Laden".[618]

Bei ihm konnten der „Stürmer" und „Signal" bezogen werden. Er nahm Annoncen für die „Türkische Post" entgegen.[619] Die Deutsche Schule bestellte bei ihm und schickte auch die SchülerInnen explizit dorthin. Die türkische Germanistin Sara Sayın, die die Deutsche Schule bis 1944 besuchte, formulierte in einem kritischen Rückblick in dem Festvortrag zur 125-Jahr-Feier der Deutschen Schule:

„Bücher als Pflichtlektüre wie die Anthologie »Die Ernte« oder »Deutsches Erbe« u.a. wurden von der Schulleitung empfohlen und waren bei der mit der damaligen Politik Deutschlands konformen Buchhandlung Kalis, die sie immer in Klassenstärke auf Lager hatte, zu kaufen. Und nicht bei Caron, hieß es. Es war zwar kein unmittelbarer Zwang, aber 'lieber nicht' klang mit."[620]

Die Buchhandlung Caron gehörte dem Vater einer Interviewpartnerin. Da er Jude war, blieben auf Druck der Nationalsozialisten zwar viele deutsche KundInnen weg. Dafür entwickelte sich sein Geschäft zum Treffpunkt für EmigrantInnen und zur Informationsbörse.

„Und es war ein Treffpunkt von allen Anti-Nazis erklärt die Tochter des Buchhändlers. »Zu meinem Vater kam die 'Weltwoche'. An den Mittwochen bekam er, ich weiß nicht wie viel, ein ganz hoher, großer Stoß, und innerhalb von zwei/drei

---

617 Vgl. Jäschke 1966, S. 95.
618 Briefliche Angaben von Gisela Freibergs, Västra Frölunda 23.4.1992.
619 Anzeigen nahm lange Zeit auch die Buchhandlung Caron entgegen. Der jüdische Buchhändler, dessen Geschäft zunächst einer der Treffpunkte der Community-Angehörigen war, wurde nach der Nazionalisierung weiter Kreise dieser Community von vielen geschnitten.
620 Prof. Dr. Sara Sayın: 125 Jahre Deutsche Schule Istanbul. Festvortrag. Generalkonsulat Istanbul 05.05.1993.

Stunden war das alles ausverkauft, denn jeder stürzte sich darauf«."[621]

Daß jedoch auch Frau von Papen oder Frau Janke, Schwester des deutschen Außenministers bei Caron kauften, lieferte der Community hin und wieder Gesprächsstoff.

Die deutschen und österreichischen Professoren verkehrten hier, bestellten ihre wissenschaftlichen Bücher, und die armen EmigrantInnen fanden einen warmen Ort, an dem sie Informationen und Zuspruch bekommen konnten. Elfi Caron sah und hörte im Laden ihres Vaters viel, was ihr Angst machte.

„Wir hatten Angst vor allem. Wir haben auch als Juden hier gelitten. (...) Wir lebten ja auch damals immer wieder mit der Angst, daß die Deutschen kämen. Seltsam, mein Mann, der sephardischer Jude ist, und alle seine Freunde haben mir erzählt, daß sie das gar nicht so mitbekommen haben, die Angst. Ich schon, ich dadurch, daß ich viele Leute bei meinem Vater traf, die das erzählten. Mein Vater erzählte es zu Hause weiter. (...) Ich wußte von Konzentrationslagern (...) schon als Kind."[622]

Die dritte deutsche Buchhandlung in Istanbul war die von Andreas Kapps, der verschiedentlich als deutsch-national und braver Mitläufer beschrieben wird und das Geschäft von seinem Vater übernommen hatte. Deutschsprachige Literatur gab es jedoch auch in anderen Istanbuler Buchhandlungen. Der Reichsredner Diewerge betonte in einem Bericht an das Propagandaministerium, daß in fast allen Buchhandlungen, besonders jedoch in den Filialen von Hachette *„sich neben fremdsprachigen Ausgaben deutsch-feindlicher Schriftsteller auch große Reihen deutscher Übersetzungen aus der Schweiz, zum Teil in hervorragender Ausstattung"* finden ließen. Die sogenannte „Emigrantenliteratur" sei reichlich vorhanden gewesen.[623]

Außerdem gab es noch eine deutsche Musikalienhandlung Lehner, in der *„die besten deutschen Ausgaben für Klaviernoten und deutsche Schlager"* zu kaufen waren.[624] Istanbuls deutschsprachige Infrastruktur hatte sich von den Kriegs- und Nachkriegsproblemen erholt, als die EmigrantInnen aus NS-Deutschland ankamen, an ihr partizipierten und sie teilweise neu prägten. Das folgende Kapitel widmet sich vor allem den Emigrierten, ihren unterschiedlichen Lebensbedingungen und Berufsmöglichkeiten, ihren 'eigenen' Infrastrukturmaßnahmen.

---

621 Interview mit Elfi Alfandari, Istanbul 27.4.1992.
622 Ebd.
623 Zentralarchiv Potsdam. Bericht Diewerge, Blatt 3.
624 Briefliche Angaben von Gisela Freibergs, Västra Frölunda 23.4.1992.

V. Emigration in die Türkei

Die Türkei wurde zur Zeit der nationalsozialistischen Judenverfolgung zum wichtigsten Transitland auf dem Weg nach Palästina. Die Kapitäne der Schwarzmeerschiffe verdienten zunächst gut an den EmigrantInnen. Doch nach Kriegsbeginn wurde dieser Weg sehr unsicher – auch weil sich die türkische Regierung weigerte, weitere Flüchtlingsschiffe den Bosporus passieren oder in ihre Häfen einlaufen zu lassen.[625] Dennoch galt die Türkei als *„ Umsteigebahnhof zur Lebensrettung"*. Im Februar 1941 wurde von der Türkischen Nationalversammlung ein Transitgesetz verabschiedet, das es jüdischen Agenturen erlaubte, Juden und Jüdinnen durch die Türkei zu schleusen, wenn sie Einreisegenehmigungen für Palästina oder andere Länder hatten. Im gleichen Jahr seien, so Stanford J. Shaw, 4.400 Personen unter der Kontrolle der türkischen Polizei durch das Land geleitet worden, ohne daß ihnen jedoch ein längerer Aufenthalt bewilligt worden wäre.[626] Allein vom April bis August 1944 sollen noch 4.000 Juden und Jüdinnen auf dem Weg von Constanza über Istanbul gerettet worden sein.[627]

Trotz der rechtlichen Einreisesperre relevant und zumeist unterschätzt ist die Bedeutung der Türkei als Aufnahmeland für Flüchtlinge aus dem nationalsozialistischen Deutschland. Ab 1933 trafen EmigrantInnen der unterschiedlichsten Schichten und Berufe hier ein und ließen sich für kurze Zeit oder auf Dauer nieder. Nach der Besetzung Österreichs und der sudetendeutschen Gebiete der Tschechoslowakei wählten sie den Weg in die Türkei auch von dort. Außerdem kamen Deutschsprachige aus Polen, aus den sogenannten

---

625 Zwei Flüchtlingsschiffe erreichten ihr Ziel nicht und gingen im Schwarzen Meer unter. Mehrere Hundert Passagiere ertranken.

626 Vgl. Stanford J. Shaw 1993, S. 255. Stanford J. Shaw benennt Istanbul und Genf als größte Rettungszentren während des Zweiten Weltkrieges. Ebd. S. 266.

627 Kurt R. Großmann nennt diese Zahl in: Emigration. Die Geschichte der Hitler-Flüchtlinge 1933-1945. Frankfurt a.M. 1969, S. 288. Er berichtet auch, daß Ira Hirschberg in die Türkei ging, um mit Hilfe des »War Refugee Board« Rettungswege durch das Land aufzubauen und zu sichern.

deutschen Kolonien der Balkanländer, aus Rumänien, Bulgarien oder Ungarn.[628]

So standen im Zentrum des Interesses dieser Forschung zwar emigrierte Deutsche, doch ist der Begriff 'Deutsch' hier ebenfalls weit gefaßt, da eine Trennung nach Nationalität unangemessen wäre. Zur deutschsprachigen Community werden die gezählt, die durch Nationalität oder Zugehörigkeitsgefühl bzw. -beteuerung dazu gehörten und gehören wollten. Die Gruppe der nach 1933 in die Türkei Emigrierten, die einen Platz in der deutschsprachigen Community einnahmen, war ebenso durch nationale, soziale und kulturelle Heterogenität geprägt wie die zu dieser Zeit bereits ansässige Deutschsprachigengruppe.

Die Flüchtenden gehörten zur Anti-Hitler-Bewegung, waren jüdische und politische[629] EmigrantInnen, kulturell Bewegte, künstlerisch Verfemte oder Kriegsflüchtlinge. Eindeutige Einteilungen und Kategorienbildungen sind für diese Flüchtlinge nur sehr bedingt möglich, im Gegenteil – Gleichzeitigkeiten mehrerer Fluchtgründe sind die Regel.

Neben dem wissenschaftlichen Assistenten Traugott Fuchs, der durch den Professor der Philologie Leo Spitzer nach Istanbul gekommen ist und bis 1997 dort lebte[630], lernte ich seine ehemalige Kollegin Rosemarie Heyd geb. Burkhard[631], die frühere österreichische Köchin Mimi Lopez[632], die Bibliothekarin Sonja Tiedcke[633], den Lehrer Dr.

---

628 Sie hatten häufig ihre deutschen oder österreichischen Pässe gegen andere eintauschen müssen, fühlten sich aber Deutschland – oder weiterhin der 'Donaumonarchie' – zugehörig.

629 Oft waren sie beides.

630 Er hat sein weiteres Leben, mit einer Zeit der Unterbrechung durch seine Internierung in Çorum, in Istanbul verbracht und am dortigen Robert-College (der späteren Bosporus-Universität) gearbeitet. Wie einige andere EmigrantInnen hat auch Traugott Fuchs die türkische Staatsbürgerschaft angenommen. Viele Jahre hat er in dem Stadtteil Rumeli Hisarı gelebt, den er besonders liebte. Der Versuch von FreundInnen und Verwandten, ihn auf dem dortigen Friedhof beizusetzen, wo auch andere EmigrantInnen, etwa Curt und Leonore Kosswig, ihre letzte Ruhestätte gefunden haben, ist an der Intoleranz der jetzigen Behörden gescheitert. So wurde Traugott Fuchs auf dem christlichen Friedhof bei Nişantaşı beigesetzt.

631 Mit ihr führte ich ein Interview in Darmstadt.

632 Mimi Silinski, sie hat ihren russischen Mann bei Kriegsende geheiratet, lebte viele Jahre in Ankara, wo ich sie mehrmals aufsuchte. Inzwischen ist auch sie ins Deutsche Altenheim Istanbul übergesiedelt.

633 Der Begriff Kennenlernen ist in diesem Zusammenhang etwas übertrieben. Tatsächlich war die über 90jährige bei unseren Begegnungen nicht mehr in der

258

Julius Stern[634], den 'Spätemigranten' Robert Anhegger[635], die Tochter des Chemikers Gerngroß, Veronika[636], die des Soziologen Kessler, Gerhild[637], die aus Kriegsangst mit ihrer Mutter aus dem Memelland geflüchtete Emilie Harası[638], die Heiratsemigratinnen Hertha Veral, Elze Mandil, Elsa Ayman[639] und einige andere kennen. Sie vertrauten mir Teile ihrer Lebensgeschichte an und gestatteten mir Einblick in 'ihr Istanbul' der 30er und 40er Jahre, das im folgenden rekonstruiert werden soll.

Von anderen Emigrierten kenne ich nur Namen und Geschichten oder Beschreibungen, die sie selbst hinterließen oder die über sie kolportiert werden, wie die von der Emigrantin von Schöler aus adliger Wiener Familie, die u.a. dadurch auffiel, daß sie im Winter ohne Strümpfe, mit offenen Schuhen und mit nackten Armen unter einer durchsichtigen Regenhaut durch die Istanbuler Straßen ging und dabei etwas *„nonnenhaftes"* ausstrahlte[640], oder vom Anti-Nazi Blümel, von dem Zeitzeugen berichten, daß er *„ein alter Gewerkschaftler, Drucker"* war, der als Emigrant gekommen sei, ein sehr anständiger Mann, etwas eingleisig, *„aber in allen seinen Eigenschaften auch typisch für diese Schicht, ausgesprochen bürgerlich in den moralischen Anschauungen"*.[641]

Lage, selbst über ihr Leben Auskunft zu geben. Dafür tat das ihre Schwester Anita Erel, die 1935 als Heiratsmigrantin nach Istanbul gekommen ist und der ihre Schwester Sonja dorthin folgte. Im Juni 1994 ist Sonja Tiedcke in Istanbul gestorben und auf dem Evangelischen Friedhof beigesetzt worden.

634 Auch Dr. Julius Stern starb im August 1994 vor Abschluß dieser Arbeit, die er immer mit besonderem Interesse begleitet hatte.

635 Robert Anhegger lernte ich im Goethe-Institut Istanbul kennen, besuchte ihn in seiner außergewöhnlichen Wohnung und traf ihn häufig bei offiziellen Veranstaltungen in Istanbul, an denen er rege Anteil nimmt.

636 Sie besuchte ich in ihrem schön gelegenen Haus in einem Istanbuler Vorort.

637 Gerhild Hoernigk konnte ich in Kassel ausfindig machen und mehrmals treffen.

638 Sie lebt weiterhin in Istanbul, inzwischen ebenfalls im Deutschen Altenheim.

639 Auch diese drei Interviewpartnerinnen starben inzwischen. Sie machten mir eindrücklich klar, wie sehr ich gegen die Zeit arbeiten mußte. Manche Frage, die erst durch die Interviewauswertung entstanden ist, konnte nicht mehr geklärt werden.

640 Von Schöler soll ihr Elternhaus nach einem Streit mit dem nationalsozialistischen Bruder aus politischen Gründen verlassen haben. In Istanbul lebte sie unter den armseligsten Bedingungen – zur Schande der Familie, die Geschäftsbeziehungen zu der Stadt am Bosporus unterhielt. Quellen: Gespräch mit Beatrix (von Flesch-)Brüninger, 05.05.1992 und Interview mit Dr. Robert Anhegger, Istanbul 30.05.1991.

641 Interview Dr. Robert Anhegger, Istanbul 30.05.1991.

Während der Internierungszeit soll Blümel finanziell schlecht gestellte Emigrierte unterstützt haben.[642]

Die Mehrzahl der Emigrierten taucht in den türkischen Statistiken der Zeit nicht und in den publizierten Emigrationsberichten nur am Rande auf. Genaue Zahlen lassen sich nicht eruieren. Zwar war das türkische Überwachungssytem sehr ausgeprägt, doch drückten einzelne Beamte gern ein Auge zu, wenn sie auf nichtangemeldete Personen stießen, die sich ansonsten unauffällig verhielten und keine Gefahr für die Türkei darstellten.

Neuankommende AusländerInnen hatten die Auflage, sich bei der Fremdenpolizei zu melden und eine Personalkarte zu beantragen. *„Einen solchen Ausweis zu erhalten, machte für ausländische, von der Regierung berufene Professoren keine Schwierigkeiten, wohl aber für manche in weniger günstiger Position lebende Emigranten"*, erinnert sich der jüdische Emigrant Fritz Neumark.[643] So gab es immer Menschen, die sich diesen Formalitäten entzogen, dafür jedoch mit ständiger Festnahme und Ausweisung rechnen mußten. Es gab Deutsche, die mit falschem Paß und falscher Identität in Istanbul lebten, sei es auf der Flucht, sei es in 'geheimem Auftrag'.[644]

---

642 1944 mußten deutsche und österreichische Staatsangehörige das Land verlassen, ansonsten wurden sie – wenn sie nicht im Staatsdienst angestellt waren – in drei Orten Anatoliens interniert. Traugott Fuchs berichtet von der Unterstützung durch Blümel während der gemeinsamen Internierung im anatolischen Çorum.

643 Neumark 1980, S. 173.

644 So hat nicht nur der Gründer und Leiter der Thule-Gesellschaft und Initiator des »Völkischen Beobachters« Rudolf von Sebottendorff unter falschen Namen in Istanbul gelebt. Er soll als V-Mann für die Abteilung Leverkühns, interner Deckname „Greif" und „Hakawaki", gearbeitet haben. Nach dem Krieg wurde auch bekannt, daß es eine Eheschließung unter falschem Namen gegeben hat, bei der die Ehefrau nichts von den geheimdienstlichen Aktivitäten des Mannes wußte. Der Fall ist in der Community relativ bekannt, und wurde mir von verschiedenen Personen berichtet. Die Angaben zu Sebottendorf finden sich bei Albrecht Götz von Olenhusen: Bürgerrat, Einwohnerwehr und Gegenrevolution. Freiburg 1918-1920. Zugleich ein Beitrag zur Biographie des Rudolf Freiherr von Sebottendorf (1875-1945). In: Wege und Abwege. Beiträge zur europäischen Geistesgeschichte der Neuzeit. Festschrift für Ellic Howe zum 20. September 1990. Freiburg 1990, S. 115-134. Vgl. auch: Ellic Howe: Rudolph Freiherr von Sebottendorff, hrsg. u. mit einer Zeittafel zur Biographie Sebottendorffs und einer vorläufigen Bibliographie seiner Schriften versehen. Freiburg 1989.

Einige der NS-Flüchtlinge blieben für immer in dem Land, das ihnen Schutz vor Verfolgung und neue Möglichkeiten geboten hat[645], für andere war die Türkei nur eine Zwischenstation auf dem Weg nach Rußland, Palästina oder in die USA.[646] Einigen wurde der Aufenthaltsstatus entzogen[647], andere wurden – besonders nach Kriegsbeginn - abgeschoben[648]. Es gab auch krankheits- oder altersbedingte Todesfälle[649] und (versuchte) Selbstmorde[650]. Die Mehrzahl derjenigen, die das Kriegsende in der Türkei abgewartet hatten, gingen nach 1945 zurück nach Deutschland oder Österreich.[651] Manche migrierten erst dann weiter in die USA.

Besonders Emigrantinnen fallen durch das vorgegebene Zahlenraster. Wenn sie sich – nicht nur als Ehefrauen – in den Kreisen der 'wissenschaftlichen Emigranten' bewegten, ist die Wahrscheinlichkeit groß, daß auch ihre Namen irgendwo aufgenommen und erinnert wurden, wie es bei der Diätassistentin Else Wolf[652], der Laborantin Willmanns oder der Oberschwester am radiologischen Institut Lindenbaum der Fall ist.[653]

---

645 Das sind beispielsweise die Röntgenassistentin Esther von Bülow, der Medizinprofessor Erich Frank und der Romanist Traugott Fuchs.

646 Andere, wie die Österreicher Richard Weiss und Josef Dobretsberger, gingen weiter nach Manila oder Kairo. Vgl. Widmann 1973.

647 Die Türkei verlassen mußten beispielsweise der Mediziner Karl Hellmann und der Chemiker Otto Gerngroß. Ihre Aufenthaltsgenehmigungen wurden nicht verlängert. Damit war auch die Aufenthaltsberechtigung der Familie hinfällig. Beide Professoren migrierten 1943 mit ihren Ehefrauen nach Palästina weiter.

648 In verschiedenen Interviews (Stern, Alfandari, Anhegger) wurden Abschiebungen thematisiert.

649 Im Istanbuler Exil verstorben sind beispielsweise der Mediziner Wilhelm Liepmann und der Astronom Hans Rosenberg (1940).

650 Der Chemiker Reginald Oliver Herzog nahm sich 1935 während einer Tagungsreise das Leben. Vgl. Widmann 1973, S. 183. Elfi Alfandari erinnert sich an die Ausweisung einer Berliner Familie, die vorübergehend in ihrer Nachbarschaft gewohnt hatte. „Und ich weiß, daß die Mutter in dieser Nacht damals den Gashahn geöffnet hat, weil sie nicht mehr flüchten konnte. Man hat sie gerettet und dann sind sie weg. (...) Ich glaube nach Südamerika." Interview mit Elfi Alfandari, Istanbul 27.04.1992.

651 Einer der ersten Remigranten war Ernst Reuter.

652 Ihre Tätigkeit war für die Einführung neuer Methoden bei der Behandlung von Diabetes von Bedeutung.

653 Diese Frauen werden auch bei Widmann erwähnt. Vgl. Widmann 1973. Ruth Willmanns, die dort als deutsche Assistentin von Prof. Dr. Hellmann aufgeführt ist und als Laborantin im Gureba-Krankenhaus Istanbul arbeitete, war selbst Ärztin. Sie hatte in Heidelberg und München studiert und mußte Deutschland verlassen, weil ihr Vater politisch tätig und die Mutter 'Halbjüdin' war. Ruth Willmanns-Lidz emigrierte über die Schweiz in die Türkei und später weiter in

Viele Frauen kamen jedoch als sogenannte Heiratsemigrantinnen und verschwanden als 'Neutürkinnen' aus den deutschen Statistiken und dem deutschen Interessenbereich. Andere 'namenlose' Emigrantinnen arbeiteten als Krankenschwester, Köchin, Kindermädchen, Musikerin, versuchten sich als Schreibkraft durchzuschlagen oder gaben Deutschunterricht. Frauen, die erst in Istanbul auf die Suche nach einem türkischen Ehemann gingen, hatten es schwer. Die angesehen Familien akzeptierten selten eine *„Hergelaufene"*. Eine Zeitzeugin thematisierte auch dies:

„Mein Schwager hatte eine Liaison mit einer Emigrantin, in die er sehr verliebt war. Mein Mann sagt, daß es natürlich ganz unmöglich gewesen wäre, daß sie heirateten."

Die Familie sei sehr bürgerlich gewesen, und auch wenn die Geliebte

„eine gebildete Frau war, oder vielleicht aus besserem Hause war und das alles, aber das war eine Fremde, eine Hergelaufene. (...) Die haben es sehr schwer gehabt die Frauen."[654]

Einige der deutschen Professorenfamilien, die ab 1933 ankamen, brachten eigene Dienstmädchen mit oder ließen sie nachkommen. Professor Ernst Hirsch übernahm, wie er schreibt, bei der Haushaltsauflösung eines österreichischen Legationsrates dessen *„Küche mit totem und lebendem Inventar, d.h. einschließlich der Köchin Miezi, die aus Lienz in Osttirol stamme und einen Sohn im Internat der österreichischen Schule untergebracht"* hatte.[655] Auch die Heiratsemigrantin Elze Mandil beschäftigte einige Zeit ein von den jüdischen Eltern nachgeschicktes deutsches Dienstmädchen, Maria.[656]

Beziehungen erleichterten den Sprung in das kosmopolitische Leben Istanbuls und wenn bereits Verwandte in der Türkei wohnten, war die Einreise relativ einfach. Eine Interviewpartnerin berichtet:

„Das hat bei den Leuten sehr gut funktioniert, (...) daß einer den anderen nachzog. Das waren ja Leute, die irgendwie in der selben Situation waren oder

---

die USA. Vgl. Regine Erichsen: Türkisch-Deutsche Beziehungen in der Medizin. In: Deutsch-Türkische Gesellschaft e.V. (Hg.): Mitteilungen Heft 114, Bonn 1991, S. 14-28, hier S. 21.

654   Interview mit Elfi Alfandari, Istanbul 27.04.1992.
655   Ernst Hirsch 1982, S. 189.
656   Die Eltern, die so der schwangeren Tochter das Leben 'in der Fremde' erleichtern wollten, wurden selbst einige Jahre später nach Theresienstadt verschleppt und überlebten die KZ-Zeit nicht.

irgendwo gefährdet waren. (...) Und der eine hat für den anderen dann einen Platz geschaffen, z.B. haben manche von den Wissenschaftlern ihre Sekretärinnen nachgebracht. Der Eduard Zuckmeyer (...), der war ja dann am Konservatorium in Ankara, der hat dann auch so Musikpädagoginnen hergeholt.“[657]

Für 1939 bezifferte der Leiter der Wirtschaftspolitischen Abteilung des Auswärtigen Amtes die Zahl der in „*amtlichen und halbamtlichen Stellen*“ in der Türkei tätigen Deutschen mit 2000. Hier wurden EmigrantInnen mitgezählt und für das Ansehen des 'Deutschtums' im Ausland vereinnahmt – auch wenn sie gleichzeitig wegen politischer Aktivitäten und wegen ihrer Zugehörigkeit zur jüdischen Religion, bzw. aufgrund der 'Rassengesetzgebung', ausgebürgert wurden.

Das Istanbuler Exil bot sehr unterschiedliche Bedingungen und Möglichkeiten für die Emigrierten. Die Tochter des jüdischen Inhabers der „Deutschen Buchhandlung“ am Tünel, einem Treffpunkt für Flüchtlinge und Anti-Nazis, erinnert an Gegensätze zwischen Reichen und Armen, Intellektuellen und Ungebildeten und an deren unterschiedliche Startbedingungen, die teilweise vom türkischen Staat vorgegeben waren:

„Es gab zweierlei Emigranten. Es gab die Reichen, und es gab die Armen. (...) Die Professoren, (...) die hatten es gut, abgesehen davon, daß sie sicher Heimweh hatten oder daß sie nicht die Arbeitsmöglichkeiten fanden, die sie in Deutschland hatten. Also das waren die Reichen, denen es gut ging. Aber es gab so viele, denen es sehr schlecht ging. Und auch die habe ich bei meinem Vater getroffen. Sehr viele sogar. Denn mein Vater, er war weit davon entfernt reich zu sein, im Gegenteil, er war sehr arm, hat immer geholfen. In seiner Art, so viel er konnte. Viele kamen, lasen die Zeitung von morgens bis abends, wärmten sich im Geschäft.

Es gab Viele, die versuchten, Selbstmord zu begehen, weil sie nicht weiter konnten. (...) Die Leute kamen hierher mit dem Paddelboot, gingen über die Grenze, irgendwie kamen sie. Also Sie wissen nicht, was es war damals: diese Angst, diese Lebensangst. Nein, man kann sich das nicht mal vorstellen. (...) All

---

657 Interview mit Magda Fındıkgil, Istanbul 02.12.1991. Magda Hanım kam zwar erst kurz nach dem Krieg mit ihrem türkischen Ehemann nach Istanbul, hat jedoch eine Reihe der Emigrierten noch persönlich kennengelernt. Ihr Mann hat bei den Emigranten Hirsch, Neumark und Röpke studiert. Sie erinnert sich daran, daß das Deutsche Altenheim in Istanbul in den 60er Jahren besonders interessant gewesen sei, weil dort „ja wirklich lauter Intellektuelle, Frauen natürlich in erster Linie, (...) eigentlich so Überreste aus dieser Emigrantengeneration, da waren.“ U.a. hätten eben auch zwei der Musikpädagoginnen bis zu ihrem Tod im Altersheim gelebt, Leute, die den Anschluß in Deutschland nicht mehr gesucht hatten, weil sie ja Jahrzehnte in der Türkei gelebt hätten und auch eine türkische Rente bezogen. Ebd.

diese Leute, die kamen, die wurden von Angst getrieben, sie fürchteten um ihr nacktes Leben. Denn die reichen Emigranten, also die Professoren, die kamen mit einem Vertrag, aber die anderen konnten von einem Tag zum anderen ausgewiesen werden. Und was dann geschah mit ihnen? Wohin? (...) Sie hatten keine Geschichte und keinen Namen, aber auch ein sehr trauriges Leben – und ein Leben ist ein Leben."[658]

1. Die wissenschaftliche Emigration

Die Türkei als Aufnahmeland von deutschsprachigen Exilsuchenden wurde vor allem durch die Publikation von Horst Widmann 'Exil und Bildungshilfe. Die deutschsprachige akademische Emigration in die Türkei nach 1933' und durch die Ausstellung 'Exil Türkei'[659], die in den letzten Jahren in unterschiedlichen deutschen Städten gezeigt wurde, bekannt. Durch die Betonung des Wissenschaftstransfers und durch die explizite Darstellung des akademischen Lebens in der Emigration könnte der Eindruck entstehen, daß vor allem WissenschaftlerInnen und KünstlerInnen 'Zuflucht am Bosporus', so der Titel des autobiographischen Berichts des emigrierten Nationalökonomen Fritz Neumark, fanden. Dieser Eindruck täuscht.

Es wäre allerdings falsch, nun den anderen Weg zu gehen, und diesen vielzitierten Bereich deutsch-türkischer Geschichte hier auszuklammern. Die Arbeit und das Ansehen der 'deutschen Wissenschaftler' wirkte sich auf das Ansehen und die Gestaltungsmöglichkeiten des Alltagslebens aller Deutschsprachigen aus, denn sie besetzten ab 1933 einen wesentlichen Raum innerhalb der deutschsprachigen Community und spielten eine wichtige Rolle bei der 'Modernisierung' verschiedener türkischer Einrichtungen, des Bildungswesens, der Gesetzestexte und sogar bei der türkischen Sprachreform.

Wie Fritz Neumark geben Rudolf Nissen und Ernst Hirsch mit ihren autobiographischen Publikationen Einblick in die sogenannte wissenschaftliche Emigration und in das universitäre Leben der

---

658 Interview mit Elfi Alfandari, Istanbul 27.04.1992.
659 Sie wurde vom Yol-Kulturzentrum München zusammengestellt. Vgl. Jan Cremer u. Horst Przytulla: Exil Türkei. Deutschsprachige Emigranten in der Türkei 1933-1945. München 1991.

Deutschsprachigen; die Erinnerungen der Architektin und Kommunistin Margarete Schütte-Lihotsky zeugen von politischen Aktivitäten, die weniger bekannt sind.

Die Publikationen zeigen, wie ein Teil der entlassenen jüdischen oder politisch unliebsamen WissenschaftlerInnen[660] in der türkischen Republik mit offenen Armen aufgenommen wurden und bei der Umstrukturierung der Istanbuler Universität und dem Neuaufbau wissenschaftlichen und künstlerischen Lebens in der neuen Hauptstadt Ankara mithalfen und welche Möglichkeiten sich ihnen boten.

Die Professoren erhielten in der Regel einen fünfjährigen (teilweise zwei- bzw. dreijährigen) Anstellungsvertrag, ein gutes Gehalt (ca. 1.000 RM), Umzugs- und Reisekosten. Darüber hinaus konnten sie ausländische MitarbeiterInnen einstellen – eine Chance für emigrierte AssistentInnen, LektorInnen und andere wissenschaftliche Hilfskräfte. In den Verträgen zwischen der türkischen Regierung und den Professoren wurde festgehalten, daß diese möglichst schnell Türkisch lernen sollten und Fachbücher in ihren jeweiligen Wissenschaftsbereichen zu verfassen hätten. Zunächst wurden ihnen türkische AssistentInnen und ÜbersetzerInnen zur Seite gestellt.

Sie verpflichteten sich, türkischen Nachwuchs für Leitungsfunktionen auszubilden, der in absehbarer Zeit die eigenen Stellen einnehmen sollte. Nebenbei waren nach Aufforderung durch die Regierung unentgeltliche Gutachten – etwa zu wirtschaftlichen oder gesundheitspolitischen Themen – zu erstellen und an allgemeinen Aufklärungsaktionen für das türkische Volk teilzunehmen. Damals wurden die Volkshäuser aufgebaut, Bildungseinrichtungen, die entfernt den deutschen Volkshochschulen vergleichbar sind, vor allem aber die Aufgabe hatten, den einfachen und ungebildeten Leuten den 'kemalistischen Modernisierungsgedanken' nahezubringen. Zur Arbeit der emigrierten Universitätsangehörigen gehörten öffentliche Vorträge in Istanbul und Ankara, aber auch Vortragsreisen in die Provinz. Nebentätigkeiten anderer Art bedurften der Erlaubnis der Universität.

---

660 In Widmanns Bio-Bibliographie tauchen 19 Frauennamen auf. Keine Professorin, sondern zumeist wissenschaftliche Mitarbeiterinnen, wie die Lektorinnen Eva Buck oder Rosemarie Burkhard, die Laborantin Toni Weinberg oder die wissenschaftlich-chemische Assistentin Lotte Loewe. Loewe z.B. engagierte sich in der evangelischen Kirche und blieb bis 1954 in Istanbul. Die Jüdin Weinberg heiratete einen Mit-Emigranten und migrierte später weiter in die USA. Die politische Emigrantin Burkhard kehrte vor Kriegsende mit ihrem Mann, dem deutschen Journalisten Heyd, nach Deutschland zurück.

Prof. Dr. Leo Spitzer und Dr. Rosemarie Burkhard

Der Großteil der Universitätsverträge wurde 1938/39 problemlos verlängert, doch die finanziellen Bedingungen waren, da sie den Preissteigerungen nicht angepaßt wurden, schlechter als zu Beginn des Anstellungsverhältnisses.

Die 'akademische Emigration' hat mit Inkrafttreten des berüchtigten „Gesetzes zur Wiederherstellung des Berufsbeamtentums" vom 07.04.1933 eingesetzt.[661] Im gleichen Jahr feierte die Türkische Republik ihr zehnjähriges Bestehen und da der Modernisierungswille Mustafa Kemals und der ihn umgebenden Elite auch und besonders das türkische Hochschulwesen umfaßte, das zu dieser Zeit vor allem aus dem islamisch geprägten „Haus der Wissenschaften" (Dar-ül-fünun) in Istanbul bestand, eignete sich der Zeitpunkt vorzüglich, um diese Institution zu schließen und dort die »Istanbul Üniversitesi« am ersten August 1933 neu zu eröffnen. Die überwiegende Zahl der alten Lehrkräfte wurde nicht übernommen.

---

661 Das Gesetz bot die Handhabe, „rassisch" und politisch unliebsame Beamte aus dem Staatsdienst zu vertreiben.

Als die neue Universität ihren Lehrbetrieb im November des gleichen Jahres aufnahm, war bereits ein Großteil der Lehrstühle mit deutschen Emigranten besetzt. Die Istanbul Üniversitesi wurde zur größten 'Emigrantenuniversität' der damaligen Zeit. Ein Teil des heutigen Lehrpersonals besteht noch aus SchülerInnen der Emigrierten. Selbst junge Studierende von heute wissen um die Rolle dieser deutschsprachigen Gruppe beim Aufbau ihrer Universität.

Die Türkei als wirtschaftliches Schwellenland bot einflußreiche Positionen als Lehrstuhlinhaber, Berater, Instituts- oder Klinikleiter. Am Beispiel der Medizin lassen sich *„Merkmale von Wissenschaftstranfer durch Emigranten besonders gut zeigen.“*[662] Ein durch die Deutsche Forschungsgemeinschaft gefördertes Projekt am Institut für Theorie und Geschichte der Medizin in Münster behandelt dieses Thema. Dort wird von einer Zahl von insgesamt etwa zweihundert deutschsprachigen WissenschaftlerInnen ausgegangen, die ab 1933 Aufnahme in der Türkei fanden, eine Zahl, die immer wieder genannt wird, aber diejenigen WissenschaftlerInnen, die ebenfalls in die Türkei emigriert sind und ihren Unterhalt mit berufsfremden Tätigkeiten sichern mußten, unberücksichtigt läßt. Auf sie stößt man bei der Lektüre von Zeitberichten oder in den Erzählungen im Rahmen der „Oral History“. So erwähnt der Psychologe Georg Mayer[663], der nach seiner Emigration ein Bekleidungsgeschäft führte, seinen Kassierer, der eigentlich Kinderarzt war.[664] Und in der Buchhandlung Caron verkehrten viele Intellektuelle, die eben keine ihren Fähigkeiten entsprechende Arbeit fanden.[665]

Neumark benennt vier Emigrationsgruppen des türkischen Exils. Zunächst die *„jüdischen oder halbarischen“* Flüchtlinge und die in sogenannten *„Mischehen“* Lebenden, dann die, die dem *„kämpferi-*

---

662 Vgl. Regine Erichsen: Die Wirkungsgeschichte der Emigration deutschsprachiger Mediziner in der Türkei. Ein Projekt am Institut für Theorie und Geschichte der Medizin in Münster. In: Mitteilungen der Deutsch-Türkischen Gesellschaft e.V. Bonn, Heft 112, Bonn 1989, S. 30-37, hier S. 32. dies.: Die Türkei als Zufluchtsort. Emigration deutscher Forscher '33-'45. In: forschung. Mitteilungen der DFG 2-3 1995, S. 33-35.

663 Der Emigrant Fritz Neumark verkehrte mit Mayer, von dem er wußte, daß er „bei Charlotte Bühler, der bekannten Psychologin, promoviert, dann aber in Istanbul ein schon von seinem Großvater dort gegründetes Konfektionsgeschäft übernommen – oder richtiger, im Hinblick auf die politischen Verhältnisse in Österreich hat übernehmen müssen.“ Neumark 1980, S. 191.

664 Vgl. Georg Mayer 1978, S. 79.

665 Vgl. Interview mit Elfi Alfandari, Istanbul 27.04.1992.

schen, oft als »politisch« gekennzeichneten Katholizismus" angehörten, als Beispiel führt er den Radiologen Friedrich Dessauer an. Eine
dritte Gruppe, schreibt er, *„die weder selbst noch durch ihren
Ehepartner »rassisch« belastet und auch nicht einem sei es religiös,
sei es (sofern sich das trennen läßt) politisch motivierten aktiven
Protestantismus oder Katholizismus zuzurechnen waren (zusammen
rund ein Viertel aller Ordinarien bzw. etwa ein Drittel aller
Professoren – und sonstigen Türkei – Emigranten), bestand aus
Persönlichkeiten, die mit Hirn und Herz politisch und damit zugleich
vielfach auch wirtschaftspolitisch liberal waren."* Hier nennt er
besonders Gerhard Kessler, Wilhelm Röpke und Alexander Rüstow.
Und als vierte Gruppe ortet er die *„überzeugten Sozialdemokraten"*
und nennt Martin Wagner und Ernst Reuter.[666] Diese Klassifizierungen betreffen vor allem die Professoren, die natürlich nur einen
Ausschnitt der Gesamtemigrationsgruppe darstellen.

Es könnten weitere Einteilungen gemacht werden: Menschen, die
es vorzogen, Deutschland zu verlassen, weil sie emotional oder
moralisch keine Basis für ihr Verbleiben dort sahen, Menschen, die
ihre Arbeit verloren hatten und 'Ungefährdete', die anderen Emigrant-
Innen 'solidarisch' folgten. Auch Homosexualität war ein Emigra-
tionsgrund, doch die Türkei war ein wenig geeignetes Land für diese
Lebensform, für die weder in der deutschsprachigen Community,
noch im türkischen und andersnationalen Umfeld Verständnis vorhanden war. Nur wenige Homosexuelle emigrierten m.E. in die Türkei,
und wenn, gab es dafür berufliche Gründe oder es blieb keine andere
Möglichkeit.

In Neumarks Klassifizierung fehlt jedoch zumindest eine gewichtige fünfte Gruppe: die kommunistische.

Tatsächlich existierten in Istanbul sogar zwei deutschsprachige
kommunistische Gruppen, denen EmigrantInnen angehörten, die sogenannte deutsche und die österreichische K-Gruppe. Die *„Erinnerungen"* von Margarete Schütte-Lihotzky berichten vor allem von der
Arbeit der KPÖ (Kommunistischen Partei Österreich) in Istanbul.
Obwohl es gelegentlich zu einem Austausch mit der deutschen Gruppe kam, habe das nicht verhindert, daß *„Österreicher und Deutsche*

---

666 Neumark 1980, S. 25.

völlig getrennt" waren. *„Aus konspirativen Gründen war solch strenge Abgrenzung nötig.* "[667]

Das klingt nach nationaler Spaltung, meint es aber nicht. Denn in der deutschen Gruppe agierten auch ÖsterreicherInnen und in der österreichischen Deutsche. Gravierender und für die Notwendigkeit weitgehender Isolierung verantwortlich waren die unterschiedlichen Schwerpunkte der politischen Arbeit.[668]

Fast alle KommunistInnen führten ein Doppelleben, gingen ihrer Arbeit nach und nahmen am vielfältigen Community-Leben teil. Die Treffen der K-Gruppen wurden als gesellige oder sportliche Zusammenkünfte getarnt. Neumark glaubte daran, als er versicherte:

> „Kommunisten hat es dagegen in unserem Kreis praktisch nicht gegeben (...,) einzige Ausnahme bildete der junge Historiker Ernst Engelberg, der erst nach Kriegsbeginn in die Türkei kam."[669]

Ohne sich dessen bewußt gewesen zu sein, hat jedoch auch Neumark mit verschiedenen KommunistInnen gesellschaftlich verkehrt.

Besser Bescheid wußte in manchen Fällen die türkische Geheimpolizei. Diese Erfahrung mußte mein Interviewpartner Julius Stern machen. Ein türkischer Bekannter, den er noch aus seiner Zeit als Vorstandsmitglied der Teutonia kannte und der *„von der ersten Sektion, von der politischen Sektion der türkischen Polizei war",* warnte ihn nach einem Besuch bei einem deutschen Juden, der von der türkischen Geheimpolizei wegen des Verdachtes kommunistischer Arbeit überwacht wurde, und forderte ihn auf, den Kontakt abzubrechen:

> „Und da hat er mir gesagt, eine Woche später, nachdem ich den besucht habe, da hat er mir gesagt: Du, ich hab das da gehört (...) Geh nicht mehr zu dieser Familie."[670]

Die Familie sei kurz darauf verschwunden. *„Was mit denen geschehen ist, weiß ich nicht. Die waren plötzlich verschwunden."*[671]

---

667   Margarete Schütte-Lihotzky: Erinnerungen aus dem Widerstand. 1938-1945. Hamburg 1985.
668   Ich konnte jeweils ein Mitglied der beiden Gruppen ausfindig machen, und sie berichteten mir von ihrer politischen Arbeit.
669   Neumark 1980, S. 26. Engelberg ließ sich nach Kriegsende in dem Ost-Sektor Deutschlands nieder.
670   Interview mit Dr. Julius Stern, Istanbul 23.10.1991.
671   Ebd.

Schon der bloße Verdacht kommunistischer Orientierung führte häufig zur Ausweisung, und bereits der Kontakt mit Menschen, die des Kommunismus verdächtigt wurden, war gefährlich und konnte den eigenen Aufenthalt gefährden. „Da war ich schon gleich beschattet"[672], hatte der seit mehreren Jahren in Istanbul lebende und geachtete Lehrer Stern erfahren müssen.

„Notgemeinschaft deutscher Wissenschaftler im Ausland"

Die Selbsthilfeorganisation „Notgemeinschaft deutscher Wissenschaftler" wurde bereits im Frühjahr 1933 unter Leitung des früher in Frankfurt tätigen Pathologen Philipp Schwartz als „Beratungsstelle für deutsche Wissenschaftler" in Zürich gegründet und durch eine Notiz in der Züricher Zeitung bekannt gemacht. Sehr schnell meldeten sich deutsche WissenschaftlerInnen aus den verschiedensten Disziplinen und Universitäten. So konnte in kürzester Zeit eine umfangreiche Kartei angelegt werden. Schwartz reiste im Juli des gleichen Jahres nach Istanbul, um Gespräche mit Vertretern des Unterrichtsministeriums über eventuelle Einstellungen von aus dem deutschen Staatsdienst entlassenen Wissenschaftlern zu führen. Mit Zusagen für 30 Professoren endete die erste – verschiedentlich eindrucksvoll geschilderte – Verhandlung.[673]

Die Journalistin Annemarie Schwarzenbach berichtete im Dezember 1933 in der „Neuen Züricher Zeitung" über gelungene Vermittlungen und wies auf deren Vorgeschichte hin. Prof. Malche aus Genf, der ebenfalls an dieser denkwürdigen Sitzung teilnahm, hatte sich bereits Anfang 1932 in Istanbul aufgehalten, um einen Plan zur Reorganisation der Istanbuler Universität auszuarbeiten – den „Rapport Malche", der *„die höchste Anerkennung Mustafa Kemals und des Unterrichtsministeriums fand."*[674] Dieser Bericht, der die befristete Einstellung europäischer Professoren in einer gänzlich umstrukturierten, an europäischen Maßstäben orientierten, türkischen Universität empfahl, bereitete die schnelle Akzeptanz und zu einem großen Teil wohlwollende Aufnahme der Emigrierten vor. Auf

---

672   Ebd. Stern kannte auch die häufig zitierten 'kommunistischen Assistenten' des Architekten Holzmeister.
673   Vgl. Widmann 1973, S. 55f, Hirsch 1982, S. 174.
674   Annemarie Schwarzenbach: Die Reorganisation der Universität von Stambul. Das Werk eines Schweizers. In: Neue Züricher Zeitung vom 03.12.1933.

Malches Empfehlung hin entstand auch die, der Universität angegliederte, Fremdsprachenschule (Yabancı Diller Okulu), da Fremdsprachenunterricht für die Studierenden obligatorisch werden sollte, um dem wissenschaftlichen Nachwuchs eine Einbindung in den internationalen Wissenschaftsdiskurs zu ermöglichen.

Malche hat sich vom Mai 1933 bis Frühjahr 1934 als Berater der türkischen Regierung in Istanbul aufgehalten und mit der Reformkommission an der Umgestaltung der alten Universität zur Istanbul Üniversitesi gewirkt. Er hatte an der Auswahl und Einführung der Emigrantenprofessoren Anteil.

Daß es auch Widerstand gegen deren Einstellung gab, der ja die Entlassungen türkischen Lehr- und Führungspersonals vorausgegangen war, wurde u.a. bei Widmann bereits thematisiert.[675]

Von den bekannten emigrierten Professoren wird die Arbeit der Selbsthilfeorganisation zumeist lobend erwähnt. Die Vermittelten hatten sich verpflichtet, ein Monatsgehalt – in Raten – an die Notgemeinschaft zu zahlen, so daß deren finanzielle Situation sich zusehends besserte. Eines ihrer wesentlichen Prinzipien bestand darin, daß erfolgreich vermittelte EmigrantInnen in ihrem neuen Wirkungskreis Möglichkeiten eruierten, um weiteren gefährdeten oder entlassenen Personen, nicht nur Professoren, sondern auch AssistentInnen, medizinischem Fachpersonal oder DoktorandInnen, den Weg in die Emigration zu ebnen. Das wurde in Istanbul weitgehend verwirklicht.

Nachdem der Leiter der Notgemeinschaft, Philipp Schwartz, selbst 1933 einen Ruf nach Istanbul erhalten hatte, wurde Fritz Demuth zu seinem Nachfolger gewählt. Er führte die Organisation bis 1946 weiter. Demuth berichtet in einem Artikel in der „Deutschen Rundschau", daß es zwischen der „Notgemeinschaft deutscher Wissenschaftler im Ausland" und den beiden angelsächsischen Institutionen, der „Society for the Protection of Science and Learning" in England und dem „Emergency Committee in Aid of Displaced Foreign Scholars" in der USA zu Kooperationen gekommen war, *„die 1936 zur Übersiedlung der Notgemeinschaft nach London von Zürich aus führte".*[676] Bereits 1933 war von diesen Institutionen eine Kooperation vorgeschlagen worden, die von Phillip Schwartz jedoch noch abgelehnt worden war.

---

675 Vgl. Widmann 1973, S. 42-44. Widmann gibt Einblick in Malches Vorschläge für eine türkische Universitätsreform. Ebd. S. 45-48.
676 Fritz Demuth: Die Notgemeinschaft deutscher Wissenschaftler im Ausland. In: Deutsche Rundschau, 77. Jg. 1951, Heft 7, S. 612-617, hier S. 612.

Neben dem Londoner Hauptsitz unterhielt die „Notgemeinschaft" nun Büros in New York, Zürich, Istanbul und Paris. Insgesamt konnten 2600 Personen vermittelt werden, die Mehrzahl in die USA. Dort mußten viele von ihnen nochmals studieren und weitere Examina ablegen, was den in die Türkei Emigrierten erspart blieb.[677] Demuth führt aus:

„1939 waren in Istanbul und Ankara mehr als 100 deutsche Wissenschaftler tätig, dazu acht führende Sachverständige für Wirtschaft und Verwaltung in leitenden Stellen. Leicht war es nicht, größere Erfolge zu erzielen, abgesehen von langen Korrespondenzen weilte z.b. ein hoher türkischer Beamter mehr als einen Monat bei uns in Zürich, um dort die richtigen Leute für Wirtschaft und Verwaltung auszuwählen."[678]

Nach Demuths Angaben haben neben Persönlichkeiten aus dem Ausland auch hohe deutsche Beamte *„fast unbekannte Flüchtlinge aus ihrem eigenen Vermögen"* unterstützt.

„Ausreisen wurden erleichtert, wenn es tunlich war; wir hatten den Eindruck, daß das Auswärtige Amt sich neutral verhielt. Einzelne große Gelehrte in Deutschland versagten nie, wenn man sie brauchte für Juden und Christen."[679]

Das klingt versöhnlich, läßt den Eindruck entstehen, daß alles gar nicht so schlimm war. Und gemessen an den Leidenswegen vieler Namenloser hatten es die, denen das sogenannte Berufsbeamtengesetz eine frühzeitige Emigration nahelegte oder denen es bereits gelungen war, sich in Wissenschaft oder Kunst einen Namen zu machen, tatsächlich bedeutend einfacher, Unterstützung und neue Wirkungskreise in der Emigration zu finden.

---

677 Vgl. Claus-Dieter Krohn: Wissenschaft im Exil. Deutsche Sozial- und Verhaltenswissenschaftler in der USA und die New School for Social Research. Frankfurt a.M. und New York 1987. Christine Backhaus-Lautenschläger: ...Und standen ihre Frau. Das Schicksal deutschsprachiger Emigrantinnen in den USA nach 1933. Pfaffenweiler 1991. Daß die Bedingungen für emigrierte Wissenschaftlerinnen – die meisten waren Jüdinnen – in den verschiedenen Ländern ungleich schwieriger waren, zeigte sich für die Türkei, und das belegen auch neuere Untersuchungen über die USA. Vgl. Sybille Quack: Zuflucht Amerika. Zur Sozialgeschichte der Emigration deutsch-jüdischer Frauen in die USA 1933-1945. Bonn 1995.
678 Friedrich Demuth, S. 614.
679 Ebd. Nach Demuths Angaben konnte – mit der Vermittlung von 12 Wissenschaftlern – ein weiterer Erfolg in Ecuador verbucht werden. Vermittlungen erfolgten in kleinerem Umfang auch nach Kolumbien, Panama, Venezuela, Chile, Indien, Peru, Persien, Brasilien, Ägypten, Irak, Syrien, Skandinavien und auch nach Rußland.

Einige der bekannten Emigranten hatten bereits Verhaftungen und KZ-Aufenthalte hinter sich, ehe sie die Türkei erreichten, das waren etwa Gerhard Kessler, Alfred Kantorowitcz, Friedrich Dessauer und Ernst Reuter. Reuter konnte nach zwei Aufenthalten im KZ Lichtenburg mit Unterstützung einer guten Bekannten, der englischen Quäkerin Elsi Howard, über Holland nach England fliehen, ehe er dort im März 1935 durch seinen ehemaligen Reichstagskollegen Fritz Baade von einem Stellenangebot in der Türkei erfuhr.[680]

Nachdem Philipp Schwartz selbst eine Professur in Istanbul angenommen hatte, fiel seine Ankunft im Oktober 1933 mit den Feierlichkeiten zum 10. Jahrestag der Republikgründung zusammen. Viele seiner KollegInnen waren bereits eingetroffen und Schwartz beschrieb die aufgeregte Aufbruchstimmung dieser Anfangszeit:

„Im Laufe des Oktobers trafen beinahe alle meine Freunde mit ihren Familien, Schwestern, Müttern, Schwiegermüttern und – Assistenten ein. Man sah sie, etwa 150 Menschen, überall, am Taxim-Platz, in der Istiklal Caddesi, in den Moscheen, Museen, auf Schiffen, auf den Inseln und vor allem an den Badestränden. Sie kamen direkt aus Deutschland, wo sie verachtet und verfolgt ihre oft alten Patrizierhäuser verließen; oder aus bescheidenen Boardinghäusern Englands, aus überbevölkerten, billigen Pariser Pensionen, in welchen sie als bedrängte Emigranten weilten. Nun lebten sie, in glücklicher Erregung, von einem gastfreundlichen Volk umgeben, frei, als verehrte, ja, verwöhnte Einwanderer.
An den Abenden versammelten sie sich auf der Terrasse des Park Hotels (Park Oteli), ihres Hauptquartiers, in unendliche Gespräche über fröhliche Erlebnisse des Tages vertieft oder in stiller, andächtiger Bewunderung des Bosporus, der kleinasiatischen Küste, des Serays, der Marmara, der stark funkelnden Sterne und des zunehmenden Mondes, der hier – wie auf den byzantinischen und türkischen Miniaturen – im dunkelblauen Himmel horizontal, einer Barke ähnlich, schwebte."[681]

---

680 Mehr zu Ernst Reuters Emigrationsgeschichte in Silke Brügel: Leben und Wirken Ernst Reuters in der Türkei. Friedrich Ebert Vakfı (Friedrich Ebert Stiftung), Istanbul 1991.
681 Widmann zitiert Philipp Schwartz: Erinnerungen an die türkischen Jahre. Unveröffentlichtes Manuskript. Widmann 1973, S. 60.

2. Familiennachzug

Spezielle Aufenthaltserlaubnisse gab es für Verwandte der in türkischen Diensten stehenden Emigrierten. Viele von ihnen nutzten die Möglichkeit, Eltern, Geschwister, Cousinen oder Tanten – zumindest für einige Zeit – nachzuholen. Diese Verwandten stellen eine bislang vielfach in ihrer Zahl und Wirkungsgeschichte unterschätzte Gruppe dar. Sie werden – das mag widersprüchlich klingen – in fast allen Interviews, die ich geführt habe, thematisiert und auch in der vorhandenen Literatur sind sie, wenn auch nur bei aufmerksamer Textanalyse, präsent. Aber eben nicht als beachtete und in ihren Lebenszusammenhängen gesondert erforschte Gruppe, sondern als Angehörige im Schatten von Professoren, Künstlern etc.

Neumark schreibt von der finanziellen Belastung, die die Nachziehenden für die zuvor Emigrierten und eben auch für ihn selbst oft bedeuteten. Er berichtet von den geringer werdenden Goldvorräten[682]:

„zumal da ich Anfang 1940, also sozusagen in letzter Minute, in der Lage war, meine in Hannover lebenden Verwandten: meine Mutter, meine Schwester sowie deren Mann und eine Tochter, nach der Türkei kommen zu lassen. Das hat naturgemäß zur Folge, daß so lange, wie meine Schwester und mein Schwager sich noch nicht mit Klavier- und Deutschstundengeben selbst notdürftig über Wasser halten konnten, meine laufenden Einnahmen nicht mehr zur Bestreitung meiner gestiegenen Verpflichtungen ausreichten."[683]

Laura Fermi erwähnt in ihrer Publikation 'Illustrious Immigrants' die Lehrerin Dr. Susanne Schulze, eine engagierte Sozialdemokratin und Jüdin, die später – mit ihrem Mann Oskar – weiter in die USA migrierte. Im August 1934 sei sie einer Einladung ihrer Schwester, die mit einem der Emigrantenprofessoren, dem Astrophysiker Erwin Freundlich, verheiratet war, gefolgt. Aus dem geplanten Sommerurlaub 1934 wurde ihre Emigration. In Berlin hatte sie bis zu ihrer Entlassung als Lehrerin bei der Arbeiterwohlfahrt gearbeitet, und in Istanbul fand sie bald eine Anstellung beim „American Social Service Center". Ihr wiederum folgte ein Jahr später ihr Verlobter Oskar Schulze als politischer Emigrant und als Heiratsemigrant, denn kurze

---

682   Gold war und ist vielfach noch heute die übliche Altersversicherung der Türkei. Anfangs konnten die gutbezahlten Professoren einen Teil des Einkommens für Notfälle zurücklegen.

683   Neumark 1980, S. 216.

Zeit später heiratete das Paar. Er mußte sich in Istanbul als Privatlehrer durchschlagen.[684] Zusammen migrierten sie 1937 weiter in die
USA.

In Georg Mayers Geschichten über das Istanbuler Alltags- und
Geschäftsleben erfahren wir von einem österreichischen Kinderarzt,
der in seinem Geschäft als Kassierer arbeitete. Es war ihm „als
Ausländer und Emigrant verboten, hier eine ärztliche Tätigkeit
auszuüben". Mayer berichtet, wie der als hervorragend bekannte
Diagnostiker allein an der Gesichtsfarbe eines Jungen feststellte, daß
dieser „Würmer" hatte. Der Vater des Jungen, ein deutscher Konsul,
konnte den Arzt leider nicht engagieren, und auch für seine bestätigte
Diagnose lehnte dieser jede Bezahlung ab; ihm war die Ausübung
jeder ärztlichen Tätigkeit in der Türkei untersagt.[685]

Eine meiner Interviewpartnerinnen erzählte von einer jüdischen
Wiener Ärztin, Dr. Sohrstein, die in Wien eine deutsch-jüdische
Kranke aus Istanbul behandelt hatte und dadurch deren Sohn kennen-
lernte. „Und das war eine Gelegenheit, daß sie weggehen konnte. (...)
Sie ist als Türkin gefahren. Sie haben geheiratet, sie hat türkische
Papiere."[686] Praktizieren durfte sie jedoch nicht.

Bei Sonja Tiedcke, die in Widmanns Biobibliographie unter den
„Emigranten als wissenschaftliche Mitarbeiter oder Lehrbeauftragte,
die bei keinem der vorgenannten Professoren mitgearbeitet haben,"[687]
aufgeführt ist, war es ihre in Istanbul verheiratete Schwester Emine
(Anita) Erel, die ihr den Weg ebnete und mit der und deren Familie
sie bis zu ihrem Tod 1994 dort zusammenlebte.

Die Schwester ist sich nicht sicher, ob Sonja Tiedcke als Emigrantin zu bezeichnen ist, wichtiger für ihr Bleiben in der Türkei seien die
engen familiären Beziehungen gewesen:

„Meine Schwester hat wahnsinnig an uns gehangen, auch an den Kindern. Sie
hatte keine Kinder, sie war nie verheiratet. Also, sie hat die Kinder quasi großge-
zogen. Inzwischen brach der Krieg aus, und dann war eine Familiensitzung. Und
da wurde gesagt:»Das ist Unsinn, daß Du zurückkehrst« und all das. Und dann
hat mein Mann dafür gesorgt, daß sie die Bibliotheksstelle bekam."[688]

684   Vgl. Laura Fermi: Illustrious Immigrants. The intellektuell Migration from
       Europe 1930-41. Chicago/London 1968, S. 69f.
685   Georg Mayer 1978, S. 79.
686   Interview mit Inge Moskowitch, Istanbul 13.06.1991
687   Widmann 1973, S. 293.
688   Interview mit Anita Erel, Istanbul 10.06.1991.

Sonja Tiedcke, von Beruf Lehrerin, arbeitete zunächst auch in Istanbul als Privatlehrerin und unterrichtete u.a. Kinder der Emigrationsfamilien Neumark und Dobretsberger. Von 1938 bis 1961, dem Jahr ihrer Pensionierung, war sie als Bibliothekarin in der Medizinischen Fakultät der Istanbul Üniversitesi berufstätig. Auch hier wurde aus einem geplanten Besuch ein Aufenthalt auf Lebenszeit. Die Eltern kamen übrigens ebenfalls für einige Zeit in die Türkei, um Abstand vom nazistischen Deutschland zu gewinnen. Die Mutter blieb während des Krieges, der Vater ging jedoch früher nach Hamburg zurück.

Derartige Beispiele könnten viele angeführt werden. Die Mehrzahl der Flüchtlinge, die keinen Anstellungsvertrag mit der türkischen Regierung hatten, kamen nach Istanbul, weil dorthin bereits Bindungen bestanden.

In den autobiographischen Berichten wurden häufig Integrationsschwierigkeiten thematisiert. Sie traten in unterschiedlicher Ausprägung bei allen Schichten der EmigrantInnen aus NS-Deutschland und aus anderen deutschsprachigen Gebieten auf. Wieweit familiäre Konflikte auf die erzwungene Anpassung an die neuen Lebensbedingungen zurückzuführen sind, läßt sich nur schwer sagen. Doch daß die Emigration sich auf bestehende Beziehungen auswirkte, Trennungen und neue Verbindungen förderte, ist zu vermuten. Nicht nur das Ehepaar Kantorowicz ließ sich in Istanbul scheiden.[689] Eva Buck und Hans Marchand, die bereits vor ihrer Emigration in Köln verlobt waren und erst in Istanbul heirateten, trennten sich hier auch wieder, um jeweils mit einem türkischen Partner bzw. einer türkischen Partnerin zusammenzuleben. Rosemarie Burkhard freundete sich mit dem bekannten – verheirateten – Musiker Licco Amar an – er trennte sich ebenfalls von seiner mitmigrierten Ehefrau[690] –, Burkhard heiratete aber später den deutschen Journalisten Heyd.

---

689 Alfred Kantorowicz heiratete später seine Assistentin. Die Ärztin und Psychologin Käthe Frankenthal, die über Prag, Paris, Zürich schließlich in die USA emigriert ist, stellte fest, daß in „erschreckend vielen Fällen (...) alte Ehen an den Verhältnissen der Emigration zugrunde gegangen (sind, d.A.) und meist in einer Form, die für einen Teil eine Tragödie war. Ich möchte beinahe sagen, daß ich wenige Emigranten kenne, bei denen das Familienleben völlig intakt geblieben ist." Käthe Frankenthal: Der dreifache Fluch: Jüdin, Intellektuelle, Sozialistin. Lebenserinnerungen einer Ärztin in Deutschland und im Exil. Frankfurt a.M./New York 1981, S. 216.

690 Sie arbeitete als Deutschlehrerin und starb bereits 1934. Vgl. Cremer/Przytulla 1991, S. 55.

Relativ häufig ergaben sich Verhältnisse und neue Ehen zwischen Professoren und ihren Schülerinnen. Richard von Mises beispielsweise lebte mit seiner Assistentin Hilda Geiringer zusammen; das Paar heiratete später in den USA. Nach dem Tode seiner ersten Frau heiratete der Botaniker Alfred Heilbronn seine türkische Assistentin Mehpare Başarman.

Auf die Frage, ob sie glaube, daß Ehen durch die Emigration zerstört wurden, antwortete Rosemarie Heyd:

„Ja, wüßt' ich jetzt gar nicht. Naja, ich meine, ob das nun an der Emigration gelegen hat, das weiß man nicht. Es waren natürlich immer andere Verhältnisse. Und nicht alle haben das genau verkraftet. Ich weiß nicht. Aber Scheidungen hat's ja gegeben."[691]

Es ist schwierig, eindeutige Gründe für den Bruch einer Beziehung zu nennen, das gilt für EmigrantInnen ebenso wie für im Heimatland Lebende. Doch wirkten sich Trennungen in der Emigration anders aus, da freundschaftliche und familiäre Netze nicht in dem Maße vorhanden waren. Zumeist war es für die geschiedenen Frauen schwierig, mit der Situation klar zu kommen. Sie hatten – wenn sie nicht berufstätig waren – wenige Möglichkeiten, in den alten Kreisen weiterzuverkehren oder sich neue aufzubauen.

3. Nicht-wissenschaftliche Emigration und Leben im Exil

Wie bereits betont, emigrierte nicht nur wissenschaftliches Fachpersonal in die Türkei, sondern deutschsprachige Männer, Frauen und Kinder unterschiedlicher Klassen und Schichten kamen zu Pferd, mit Schiffen, Zügen, z.B. mit dem Orientexpreß, dem Kanu[692], dem Fahrrad[693], oder sie passierten die Grenze zu Fuß. Da verschiedene

---

691 Interview mit Rosemarie Heyd, geb. Burkhard, Darmstadt 23.07.1991.
692 So gelangte die bereits erwähnte 'politische' Emigrantin „Fräulein von Schöler" auf abenteuerlicher Flucht über die Donau bis zum Bosporus.
693 Julius Stern erwähnte einen Flüchtling, der mehrmals an der türkischen Grenze abgefangen und zurückgeschickt wurde und tagelang im Niemandsland herumgeirrt sei. Vgl. Interview mit Dr. Julius Stern, Istanbul 27.04.1991.

Berufszweige für AusländerInnen gesperrt waren, blieben nur wenige Möglichkeiten zur Sicherung des Überlebens; und es bedurfte einer Menge Glück und besonderer Fähigkeiten, um sich dennoch ein relativ gesichertes Leben aufzubauen. Männer verdingten sich als Verkäufer, Privatlehrer oder auch als Dekorateur[694], Frauen vorzugsweise als Erzieherinnen oder Lehrerinnen. Anzeigen in der Türkischen Post weisen ein neues arbeitsuchendes Klientel aus: *„Dame, nicht arisch, sucht Stellung bei Kindern oder als Gesellschafterin".[695]* Die *„Diplom-Säuglingsschwester"*, die *„Deutsche tüchtige Stenotypistin"* oder das *„Kinderfräulein"* hofften in zunehmendem Maße auf Arbeit in Istanbul.[696]

Emigrantinnen kamen aber auch als Künstlerin oder Musikerin ins Land, wie die Wienerin Beatrix von Flesch-Brüninger, die aus Abenteuerlust mit einer Frauenmusikgruppe über Italien und Griechenland[697] nach Istanbul angereist war, wo sie im Stadtteil Beyoğlu als Saxophonistin auftrat.

Anpassung und Überlebenskampf

Die 'türkische Lebensgeschichte' von Beatrix von Flesch-Brüninger ist ein Beispiel dafür, wie wenig klar die Trennungslinien zwischen den Emigrationsgruppen und der sogenannten Kolonie verliefen.[698]

Als sich die Musikgruppe, mit der sie sich ihren Lebensunterhalt verdiente, nach einiger Zeit auflöste, beschloß die junge Beatrix, als Emigrantin in der Türkei zu bleiben. Die Arbeitsuche gestaltete sich jedoch für AusländerInnen besonders schwierig, da die Angst vor der

---

694 Elfi Alfandari erinnert sich an einen Herrn Wallenberg aus Danzig, der aus einer bekannten Arztfamilie stammte und den sie in der Buchhandlung ihres Vaters kennenlernte. Der sei in Istanbul hängen geblieben und habe eine Karriere als Dekorateur gemacht. Vgl. Interview mit Elfi Alfandari, Istanbul 27.04.1992.

695 T.P. 18.07.1938.

696 Alle drei Stellengesuche sind am 12.10.1939 in der T.P. erschienen.

697 In Griechenland wurde die Gruppe auf Betreiben deutscher Nationalsozialisten mit Auftrittsverbot belegt, da eine 'Halbjüdin' mitspielte.

698 In meinen Ausführungen über Beatrix von Flesch-Brüninger beziehe ich mich auf verschiedene Gespräche, die ich zwischen 1991 und 1993 mit ihr geführt habe, außerdem auf Aussagen verschiedener ZeitzeugInnen und auf Dokumente des Auswärtigen Amtes, Politisches Archiv in Bonn.

5. Kolonne in der Türkei seit Kriegsbeginn gewachsen war und viele Berufe InländerInnen vorbehalten waren.

In dieser Zeit der Unsicherheit begegnete Beatrix von Flesch-Brüninger dem NSDAP-Landesgruppenleiter Jakob Liebl, der sich für sie interessierte und ihr eine Stellung am deutschen Konsulat anbot. Sie nahm an und wurde ab Juni 1942 als Stenotypistin durch die Auslandsorganisation der NSDAP eingestellt. In der „Liste von deutschen zivilen Dienststellen dem Generalkonsulat zugeteilten Beamten und Angestellten" wird sie direkt unter dem Ortsgruppenleiter und hauptamtlichen DAF-Walter Jakob Liebl geführt, der offiziell als Büroleiter für soziale Fragen firmierte.[699] Nach eigenen Angaben ist sie der NSDAP jedoch nie beigetreten, da sie das als „opportunistisch" empfunden hätte und auch im Wiener Kaffee, einem bekannten Emigranten-Treffpunkt, habe sie trotz der Rüge des Chefs weiter verkehrt. U.a. hätte sie die Aufgabe gehabt, Beurteilungen über die eingezogenen Wehrpflichtigen zu tippen. Dabei habe sie Berichte „geschönt". Auch an der Organisation der Weihnachtshilfe sei sie beteiligt gewesen.[700]

Ihre Mutter, Edith von Flesch-Brüninger, war der Tochter kurz vor dem Anschluß Österreichs nach Istanbul gefolgt, weil sie zuvor politisch gegen die Nazis agiert hatte; der Vater dagegen blieb und lebte 'unbelastet' und unbelästigt in Wien weiter.

Eine andere Emigrantin, die den Großteil ihres Lebens in Istanbul verbrachte, ist Emilie Harası. Wie sie selbst berichtet, war ihr Leben – außer von der Evangelischen Kirche – von Migration und Emigration geprägt. „Denn ich bin in Deutschland geboren, in Litauen aufgewachsen und in der Türkei alt geworden."[701]

Die Familie hatte viele Jahre in einer „deutschen evangelischen Kolonie in Litauen" gelebt. Emilie Harası erinnerte sich an die große, die damalige Community prägende, zweistöckige Kirche, in der zweimal im Jahr Konfirmation gefeiert wurde.

Nach Istanbul kam sie mit ihrer Mutter im August 1939. Fünf Jahre zuvor waren bereits Verwandte dorthin gezogen, die bei einem Besuch das Istanbuler Leben in den schillerndsten Farben schilderten und zu einem Verlassen der alten 'Kolonie' rieten. Den Ausschlag zur Emigration gab die Angst vor dem Krieg:

---

699 Vgl. AA Bonn, Ankara 553, 1. Januar 1942-31. Juli 1942.
700 Gespräch mit Beatrix von Flesch-Brüninger, 03.11.1991.
701 Interview mit Emilie Harası, Istanbul 13.05.1991.

„Eigentlich war der Grund, daß der Krieg ausbrechen sollte. (...) Dann haben wir die Sachen gepackt, und dann mußten wir lange auf die Papiere warten, weil damals Krieg war und die Juden nicht in die Türkei reingenommen wurden. Bis wir die Christenpapiere und alles zusammen hatten, hat das beinahe ein Jahr gedauert."[702]

Die „Christenpapiere", die inzwischen von der Türkei bei der Einreise verlangt wurden, um eine größere jüdische Immigration zu verhindern, verzögerten die Ausreise 1939 um Monate. Der gesamte Besitz der Familie war verkauft. Geld war den Istanbuler Verwandten bereits mitgegeben worden, was sich als Fehler herausstellte, denn versprochene Eingliederungshilfen und Wohnmöglichkeiten wurden nicht gewährt. *„Na ja, und dann kamen wir hierher, und die Leute haben uns im Stich gelassen, (...) wir sollten kein Geld verlangen."*[703]

Eine mitleidige Nachbarin stellte der jungen Emilie eine Nähmaschine zur Verfügung, so daß sie sich und ihre Mutter mit Näharbeiten über Wasser halten konnte. Die Mutter wollte jedoch nicht in Istanbul bleiben und remigrierte mit Hilfe eines evangelischen Pfarrers zurück nach Litauen. Emilie blieb, da sie inzwischen ihren späteren Mann, einen russischen Emigranten, kennengelernt hatte. Mit ihm und dem einige Zeit später geborenen Sohn lebte sie unter einfachsten Bedingungen.

„Und da haben wir gewohnt, in einem ganz kleinen Zimmerchen. Da stand nur ein Bett, ein Tisch und so. Die Küche war unten im Keller, und da war mein kleiner Junge dann bei. Da hab ich von Anfang an genäht, meist morgens bevor ich noch in die Kirche kam zum Nähen, da hab ich genäht und zu Hause alles vorbereitet zur Anprobe. Wenn mein Mann von der Arbeit nach Hause kam, saß er mit ihm (dem Sohn, d.A.) zu Hause, und ich ging Anprobe machen. So hab ich das gemacht, denn ich hab zu Hause eine Maschine gehabt."[704]

Für Emilie Harası war die Existenz einer deutschsprachigen Community überlebenswichtig. Dort fand sie die Möglichkeit, sich ihren Lebensunterhalt zu verdienen und arbeitete bis ins hohe Alter bei verschiedenen deutschen Institutionen und Personen, der Evangelischen Kirche, dem Deutschen Krankenhaus, bei dem Direktor des Archäologischen Instituts etc. Sie hat auch heute noch vor allem Kontakte innerhalb der Community. Seit einigen Jahren ist sie verwitwet und lebt inzwischen im Deutschen Altenheim Istanbul.

---

702 Ebd.
703 Ebd.
704 Ebd.

Eine andere Gruppe von Emigrantinnen, denen in der Regel selbstbewußte Emigration und selbständiges Agieren im Exilland Türkei abgesprochen wird, sind die sogenannten mitmigrierenden Ehefrauen der wissenschaftlichen Emigranten. Einige werden zwar wegen ihrer Treue gelobt, etwa Ruth Neumark, die – wie eine Reihe anderer Frauen auch – als 'Arierin' mit ihrem jüdischen Mann, dem Nationalökonomen Fritz Neumark, nach Istanbul kam. Sie blieben in der Regel jedoch im Schatten ihrer Ehemänner.

Ein gutes Beispiel für die Nichtbeachtung weiblicher Aktivitäten zeigt sich im Interview mit Bedia Bağda (Veronika Gerngroß), die bereits 1932 als 16jährige mit ihren Eltern in die Türkei gekommen war. Der Vater hatte zunächst im deutschen Auftrag als Chemiker in Ankara gearbeitet. Erst 1938 nahm er, und mit ihm seine Familie, den Emigrantenstatus an, *„da es jüdische Großeltern gab".*

Die explizite Frage nach der Mutter, deren Tätigkeit und Lebensgestaltung irritierte Bedia Bağda, war doch bisher vor allem die Auslandstätigkeit des Vaters und sein späterer Status als wissenschaftlicher Emigrant das, was die Öffentlichkeit interessierte.

„Die Mutti, also meine Mutti, die war eine Hausfrau. Die war ... Sie war sehr sehr lieb, war auch sehr klug, aber sie war auch nicht irgendwie.."[705]

Hier brach die Erklärung ab und wurde durch die Nachfrage, ob die Mutter an der Entscheidung, in die Türkei zu gehen beteiligt war, wieder aufgenommen und weiter ausgeführt.

„Naja, die Mutti hat ... die Mutti war sehr lieb, aber die hatte in solchen Dingen, hat sie sich nicht reingemischt. Hat sie sich gar nicht reingemischt, hat sich sehr schnell angepaßt. Aber die Mutti, also sie war sehr, sehr hilfsbereit, und hat auch vielen von den jungen deutschen Frauen geholfen, die Schwierigkeiten hatten, so – also privat aber nur. Wissen Sie, die kamen zu ihr, haben ihr das Herz ausgeschüttet und da hat sie irgendwie geholfen.
Und dann war sie ne gute Hausfrau und so, aber ... aber berufstätig oder irgendwie aktiv war sie nicht."[706]

Einige Sätze weiter wird klar, daß in der Vorstellung und Bewertung der Tochter Berufstätigkeit und Aktivität an den Vater gekoppelt waren, obwohl sie die Mutter real als viel beschäftigte und tätige Frau erlebt hat.

---

705   Interview mit Bedia Bağda, Maltepe 21.06.1991.
706   Ebd.

„Sie hat immer den Haushalt geführt. Meinem Vater war sie die Sekretärin, sie hat immer alles für ihn getippt. Die hatten so'n Doppelschreibtisch."

Auf die Zwischenbemerkung *„So, naja da hat sie ja doch gearbeitet"*, fügt sie an:

„Ja, sie hat alles für den Vati getippt und hat auch im Labor, also wie der Vati keine richtige ausgebildete Laborantin hatte, er war Chemiker, da hat sie geholfen. Das schon, aber so ... irgendwie."[707]

Die Tätigkeit der Mutter war Beratungs-, Versorgungs- und Unterstützungstätigkeit. Sie beriet neuankommende junge Frauen, führte den Haushalt, arbeitete als ungelernte Sekretärin und Laborantin. All diese Arbeiten wurden offensichtlich selbstverständlich von den verschiedenen Teilen der Familie und darüber hinaus genutzt, jedoch nicht in seinen verschiedenen Dimensionen gewertet und geachtet. Im Gegenteil, die Irritation der Interviewpartnerin, die nach der Mutter, nicht dem Vater – *„er war Chemiker"* – gefragt wurde, hielt an. Bei der Schilderung von Aktivitäten eines Emigrationskreises zeigt sich das deutlich.

„Da wurde man eingeladen, oder es wurden Vorträge gehalten, oder wir jungen Leute haben Gedichte aufgesagt. Also es war eine sehr nette, private Kulturbeschäftigung. Aber meine Mutti war immer dabei, aber sie war nie aktiv. Weil Sie immer nach ihr gefragt haben. Es gab natürlich auch welche, die aktiver waren, aber doch ziemlich wenige. (...) Also ich glaube, es würde auch nicht positiv aufgenommen worden sein, wenn sich die Frauen beschäftigt hätten."[708]

Beschäftigung wird in diesem Fall offensichtlich mit beruflicher Tätigkeit außer Haus und an ein monatliches Einkommen gebunden definiert. Zwar arbeitete auch der Vater zu Hause am Schreibtisch und im Labor, er jedoch ist identifiziert als berufstätiger Chemiker, dessen Arbeit entlohnt wird und der mit diesem Einkommen den Lebensunterhalt der Mutter und der drei Töchter finanziert.

Daß die Mutter neben den bereits erwähnten Tätigkeiten auch noch Nebenerwerbslandwirtschaft, bzw. Subsistenzwirtschaft betrieb, erfährt ebenfalls keine besondere Bewertung.

„Die Mutti hatte also furchtbar viele Tiere, hatten wir, also Hühner und Hasen und Enten und weiß nicht was".

---

707 Ebd.
708 Ebd.

282

Die Tiere ergänzten und entlasteten, zusammen mit dem ebenfalls von der Mutter bewirtschafteten Gemüsegarten, das Familienbudget und sicherte der Familie eine gute und abwechslungsreiche Ernährung. Trotz all dieser Aktivitäten kommt die Tochter zu dem Schluß:

„Also Mutti, Sie fragen nach der Mutti, war eigentlich immer nur der Schatten von meinem Vater und so..."[709]

4. Integrationsschwierigkeiten

Für alle Zugezogenen war es bedeutsam, daß im Emigrationsland Türkei – und besonders in Istanbul – eine deutsche Subkultur vorhanden war.[710] Sie nutzten die vorhandene Infrastruktur, schufen sich eigene wissenschaftliche, musische und freundschaftliche Zirkel und richteten sich in der Community ein.

Dieses 'Einrichten' ging in der Regel nicht unproblematisch vonstatten. Wer ohne Arbeitsvertrag und Beziehungen kam, hatte wenig Chancen. Doch gesichert waren auch die sogenannten wissenschaftlichen Emigrierten mit ihren gutdotierten Arbeitsverträgen nicht. Ihnen wurden Auflagen gemacht, sie wurden argwöhnisch beobachtet, lebten in Konkurrenz zu den türkischen und andersnationalen WissenschaftlerInnen oder ÄrztInnen. Politische Betätigung war verboten, Ausweisungen wurden bei Nichtbeachtung dieses Verbotes angedroht und vollzogen. Oft reichte ein Verdacht.

In ihrem kritischen Artikel über die akademische Emigration in die Türkei berichtet Liselotte Dieckmann, die durch Leo Spitzer nach Istanbul gekommen war und dort als Lektorin arbeitete, von diesen Problemen. Sie sah wohl die Vorteile der in die Türkei Emigrierten, den elitären Status der deutschen WissenschaftlerInnen, die „wunderbare" Stadt, die Natur und ihr war klar:

„Hätten die Emigranten in anderen Ländern ihre Existenz mit der unsrigen vergleichen können, so hätten sie uns zweifellos beneidet. Aber dazu war trotz des

---

709   Ebd.
710   Auch wenn in ihr bereits nazistische Einflüsse erkennbar waren.

äußeren Anscheins kein Anlaß vorhanden. Unser Leben war schwer und voll bitterer Mühsal."[711]

Dieckmann beschreibt eine *„Atmosphäre allseitigen Mißtrauens"*, verursacht durch die alle Fremden umgebende Geheimpolizei[712] und durch die Modernisierungspolitik, die ohne Vorbereitung des türkischen Umfeldes Deutsche mit Chefpositionen betraute.

„Die Krankenhäuser waren türkisch, die Schwestern, die Unterärzte, die Hilfskräfte waren türkisch – nur an der Spitze thronte und litt einsam der ausländische Professor, der zwar meist eine Kapazität war, dessen Anweisungen sich jedoch alle schweigend widersetzten."[713]

In Rudolf Nissens Erinnerungen werden derartige Schwierigkeiten bestätigt. Der Arzt schrieb von der Gegnerschaft vieler türkischer Hochschullehrer, von Mängeln in den Hospitaleinrichtungen, Erschwernissen durch eingesessene Spezialisten und den Einschränkungen, die seine nicht vorhandenen Türkisch- und mangelnden Französischkenntnisse mit sich brachten.[714]

Und Ernst Hirsch teilt mit, daß *„der Kampf"* gegen die neuen Professoren, getragen von Presse und Öffentlichkeit,

„gegen Ende des ersten Semesters beinahe zum Scheitern des ganzen Unternehmens geführt hätte. Wir fühlten uns durch die Presseangriffe persönlich gekränkt, während wir in Wirklichkeit nur der Sack waren, auf den man einschlug, um den Esel – d.h. die Regierung – zu treffen."[715]

Implizit kritisierte er so ebenfalls das schnelle und teilweise wenig planmäßige Vorgehen der türkischen Regierung bei ihren Reformen.

Auch die Arbeit der Notgemeinschaft wurde kritisch bewertet:

---

711 Liselotte Dieckmann: Akademische Emigranten in der Türkei. In: E. Schwartz und M. Wegener (Hg.): Verbannung. Aufzeichnungen deutscher Schriftsteller im Exil. Hamburg 1964, S. 122-126, hier S. 123.

712 Von Bespitzelungen beispielsweise ist auch bei Neumark die Rede. „Abgesehen von dem, was sie durch die Portiers erfuhren, waren die türkischen Polizisten immer vorzüglich über alles Mögliche unterrichtet." Neumark 1980, S. 174. Und nicht nur die türkischen Bewacher wurden gefürchtet, sondern auch die deutschen. „In der Tat hatte sich, insbesondere seit Kriegsausbruch, die Überwachung aller Deutschen (ausgebürgerte eingeschlossen) außerordentlich verschärft – wohlgemerkt: die Überwachung nicht durch die türkische Behörde, sondern durch deutsche Spitzel." Neumark sieht ab 1940 „ein beinahe lückenloses Kontrollsystem." Neumark 1980, S. 118.

713 Ebd. S. 124.

714 Vgl. Rudolf Nissen 1969, S. 200.

715 Ernst Hirsch 1982, S. 194.

„Tatsache ist, daß bereits 1933 ein offizielles Bureau in Zürich existierte, an das jeder Akademiker sich wenden mußte, der auf Anstellung in der Türkei hoffte. Es wurde im wesentlichen von deutschen Emigranten geleitet, und obwohl wir selbst zu den Begünstigten gehörten und daher alle Ursache haben, dankbar zu sein, so weiß ich doch von häßlichen Fällen, von Bevorzugungen und Ungerechtigkeiten."[716]

Rudolf Nissen erwähnt Schwierigkeiten, die später in Istanbul für den früheren Leiter des Züricher Büros auftraten.

„Schwartz hat sich später einen Teil der Professoren zu Gegnern gemacht. Es muß aber festgestellt werden, daß es ohne sein Zielbewußtsein, seine Personalkenntnis und Überzeugungskraft niemals zur Berufung einer so großen Anzahl von Ausländern gekommen wäre."[717]

Eitelkeiten, Verletzungen, Geltungsdrang, (mangelnde) Anpassungsbereitschaft und -fähigkeit prägten den Neubeginn in der Türkei. Bei der Übernahme von Bewertungen der 'türkischen Möglichkeiten' muß stark differenziert werden. Die gemachten Erfahrungen hatten damit zu tun, was vom Leben in der Türkei erwartet wurde, wer in welche(r) Situation emigrierte und welche Möglichkeiten sich ihm oder ihr boten. Und natürlich spielt auch die jeweilige Persönlichkeit eine ausschlaggebende Rolle. Das Leben in der Türkei stellte ganz besondere Anforderungen an die Neuankommenden. Und da sich das Land selbst in einer außergewöhnlichen Umbruchsituation und in einem schwerwiegenden Prozeß des Wertewandels befand, fanden die Emigrierten zwar Nischen und Chancen, die sie nutzen konnten – oder eben nicht –, eine Integration oder Assimilation, wie sie bei den USA-Emigrierten vielfach beschrieben wurde, war in der Türkei fast unmöglich. Dieckmann thematisiert auch dies:

„Es muß noch von einem die Rede sein, das weitaus wichtiger war als all die täglichen Nöte: wir konnten uns nicht assimilieren. Ob das unsere Schuld war oder an den Umständen lag, will ich nicht entscheiden. Daß ein deutscher Professor nicht leicht umzumodeln ist, gilt wohl heute wie damals. Wir kamen mit großen Erwartungen, im Materiellen sowohl wie im Geistigen, und ich vermute, daß wir Unmögliches erhofften. Aber wer die Levante kennt, weiß, daß Anpassung an das dortige Leben eine wirkliche Umwertung aller Werte erfordert. Ich habe viele Europäer gekannt, die in Istanbul »hängen geblieben« waren. Entweder hatten sie ihre ursprüngliche Lebensweise vollständig erhalten, so wie Engländer es in den Kolonien taten – dann waren und blieben sie Fremde. Oder sie hatten sich angeglichen – dann wirkten sie meist heruntergekommen.

---

716 Ebd. S. 123.
717 Nissen 1969, S. 193.

Mohammedanisches Leben kann man zwar verstehen und, wo es rein erhalten ist, bewundern. Aber man kann sich nicht so leicht in einen Mohammedaner verwandeln, selbst nicht in einen ungläubigen. Lebensweisen sind tief in den Völkern verwurzelt, und unsere Lebensweise war der türkischen höchst unähnlich. Hinzu kam noch Atatürks krampfhafter Versuch, die Türkei zu modernisieren, so daß das ganze Land zwischen Altem und Neuem hilflos schwankte. (...) Und so verließen wir denn, einer nach dem anderen, ein Land, das so viel Schönes und Interessantes zu bieten hatte, aber das uns nicht absorbieren konnte. Die meisten gingen noch vor dem Krieg nach Amerika, wo die Anpassung nach der türkischen Erfahrung ein Kinderspiel war."[718]

Widmann bezeichnet den Artikel Dieckmanns als *„der wenig objektive Beitrag von L. Dieckmann"*, da sie nur kurz in Istanbul gewesen sei und aus Sicht *„der damaligen Assistentengruppe"* geschrieben habe.[719] Doch für die genannten Fakten und Einschätzungen des Aufsatzes lassen sich weitere Aussagen und Belege finden, und einem weitergehenden *„Objektivitätsanspruch"* können auch die Berichte anderer ZeitzeugInnen nicht gerecht werden. Vielmehr ist gerade das subjektiv empfundene und wiedergegebene Gefühl, die Erinnerung an Ängste und Belastungen das, was Dieckmanns Artikel auszeichnet.

So war ihr auch der neue türkische Nationalismus suspekt und sie urteilte: Er, *„der sich so feindselig von Europa und vom Mohammedanismus absonderte, war fanatisch und grausam."* Außerdem sah sie eine neue Generation heranwachsen, *„die in vielem den Nazis durchaus ähnlich war und den neuen Stand der Dinge, der sich gerade erst abzuzeichnen begann, leidenschaftlich begrüßte und vertrat."*[720]

Und tatsächlich gab es ja – neben allen Unterschieden in der politischen Zielsetzung – parallele Entwicklungen in Deutschland und der Türkei, die eine sensibilisierte Emigrantin erschrecken konnten. Ein betonter Nationalismus, eine charismatische Führerpersönlichkeit, die gewalttätige Durchsetzung politischer Ziele, der Jugendkult und neue Jugendorganisationen machen die Ängste dieser Emigrantin durchaus nachvollziehbar.

Solch subjektiv-kritische schriftliche Berichte sind jedoch selten in dieser konkreten Form vorhanden. Daß ähnliche Erfahrungen und Bewertungen auch bei anderen vorkamen, zeigt sich in einigen schriftlichen Überlieferungen mehr implizit oder eingebettet in über-

---

718 Dieckmann 1964, S. 125.
719 Widmann 1973, Anm.3, S. 19.
720 Dieckmann 1964, S. 122f.

wiegend positive Berichte, deutlich jedoch in mündlichen Erinnerungen.

Generell ist zu bemerken, daß die in die Türkei Emigrierten sich in der Regel dort nicht niederlassen wollten oder konnten. Bei denen, die über die Notgemeinschaft in den türkischen Staatsdienst gekommen sind, war von Anfang an klar, daß der Aufenthalt befristet sein würde. Da sprachen die Verträge eine eindeutige Sprache. Und auch die Altersvorsorge konnte nur privat geregelt werden. Die einen rechneten mit einer vorübergehenden Anwesenheit, um schließlich nach Deutschland zurückzukehren, die anderen nutzten die Vertragszeit in der Türkei, um neue Perspektiven in anderen Ländern zu entwickeln. Eine Integrationsbereitschaft war bei dieser Gruppe also kaum vorhanden.

Ernst Hirsch äußerte sich zur Integrierbarkeit deutscher Professoren ähnlich wie Dieckmann. In ihnen sah er

„eine 'fremde', zunächst nicht integrierte und, wie sich im Laufe der Jahre zeigte, nicht integrierbare kleine Minderheit, die für die türkische Öffentlichkeit um so anstößiger wirkte, als sie sich nicht nur ethnisch und religiös von der Masse des Volkes und hinsichtlich ihrer Anstellungsverträge von ihren türkischen Kollegen abhob, sondern auch ihre Sprache, ihre Gebräuche und Sitten beibehielt und sich weder assimilieren wollte noch, selbst wenn sie es gewollt hätte, konnte. Wir waren 'die ausländischen Professoren' und blieben es für die Masse des Volkes selbst dann noch, als einigen von uns – darunter auch mir – nach einer zehnjährigen Tätigkeit die türkische Staatsbürgerschaft verliehen wurde."[721]

Anpassungsschwierigkeiten, die sich bei einem Teil der Emigrierten in einer „*Emigrantenmentalität des Meckerns über die Sitten und Gebräuche des fremden Landes und des Festhalten-Wollens an dem, was 'bei uns' üblich ist"* zeigten, beschreibt ebenfalls Ernst Hirsch. Ein Zeichen für mangelnde Anpassungsbereitschaft sah er in der Weigerung, „*die ihnen unbekannten Erzeugnisse und Früchte des Landes zu genießen, und an ihrem gewohnten Speisezettel"* festzuhalten.[722]

---

721 Ernst Hirsch 1982, S. 196.
722 Ernst Hirsch 1982, S. 195. Von den Sonntagmittagessen mit Schweinebraten und Rotkohl ist in verschiedenen Berichten die Rede. In Istanbul gab es den Schweinefleischmetzger in Beyoğlu und für Ankara berichtet Kurt Laqueur, daß der Ulus Meydanı damals auch „allmorgendlich das Ziel der deutschen Hausfrauen (...) war: denn dort gab es zwei Lebensmittelgeschäfte, die Schweinefleisch sowie Wurst und Aufschnitt, wie man es von Deutschland her gewohnt war, führten." Kurt Laqueur: Ankara – anno dazumal. In: Mitteilungen der Deutsch-Türkischen Gesellschaft e.V., Heft 105, Bonn 1982, S. 18-23, hier S. 20.

Meist steht in den schriftlichen Berichten der emigrierten WissenschaftlerInnen Dankbarkeit für die gebotenen beruflichen und finanziellen Möglichkeiten im Vordergrund. So betont Dankwart A. Rustow (amerikanisierter Name) die Dankbarkeit seines Vaters Alexander Rüstow

„gegenüber der Türkei Atatürks, die ihm und anderen anti-nazistischen deutschen Intellektuellen Asyl gewährte, und gegenüber der Universität Istanbul, die ihn von 1933 bis 1949 zum Professor für Wirtschaftsgeographie und Wirtschaftsgeschichte berief und wiederberief".[723]

Und der Soziologe Wilhelm Röpke, der zu den politischen Emigranten gehörte[724], schrieb im Oktober 1935 an einen Bekannten in Berlin:

„Wir haben uns hier im pontischen Exil nach anfänglichen äußeren und inneren Akklimatisationsschwierigkeiten einigermaßen erträglich installiert. Die äußeren Lebensbedingungen sind nicht übel. Wir wohnen in einem modernen Appartement prächtig am Marmarameer, fern von dem schmutzigen und verfallenen Menschenpferch Stambul, das wir als malerisches Panorama über das Meer hinweg genießen. Nebenan wohnen Neumark (Frankfurt) und Reichenbach (Berliner Philosoph, Richtung Schlick-Carnap), und einige Schritte weiter forscht Rüstow in seinem historischen Erkerzimmer."[725]

Auch hier wird die Abgrenzung vom 'Stambuler' Leben transparent, die der Bezug auf die deutschen Kollegen in der Nachbarschaft unterstreicht. In weiteren Briefen wurden Schwierigkeiten bei der Anpassung an das Istanbuler Leben explizit thematisiert. In einem Schreiben an Prof. Dr. Karl Brandt, der nach New York emigriert war und inzwischen an der *„New School for Social Research"* lehrte,

---

723 Dankwart A. Rustow: Alexander Rüstow (1885-1963): Eine biographische Skizze. In: Rainer M. Lepsius (Hg.): Soziologie in Deutschland und Österreich 1918-1945. Materialien zur Entwicklung, Emigration und Wirkungsgeschichte. Sonderheft 23. Kölner Zeitschrift für Soziologie und Sozialpsychologie Köln 1981, S. 369-378, hier S. 372.

724 1945 rekapitulierte er das Geschehen in Deutschland aus seiner Sicht: „Mit Schrecken und ohne Illusionen über die furchtbare Gefahr, die da heraufzog, beobachteten wir die ansteigende Flut des politischen Radikalismus und Nihilismus, und bis zum letzten verteidigten wir die Vernunft gegen die Hysterie. Als dann der Damm brach, zögerten wir nicht, Heimat, Amt und Sicherheit unseren unerschütterlichen Überzeugungen zu opfern und allen Lockungen zum Trotz das bittere Los der Emigration auf uns zu nehmen." Zit. nach Wilhelm Röpke: Internationale Ordnung. Erlenbach-Zürich 1945, S. 18.

725 Aus einem Brief an Dr. Hans Gestrich vom 9.10.1935. In: Eva Röpke (Hg.): Wilhelm Röpke Briefe 1934-1966. Der innere Kompaß. Erlenbach-Zürich 1976, S. 22f.

urteilte Röpke über die unterschiedlichen Möglichkeiten der Lehr- und Lebensgestaltung in New York und Istanbul.

„Sie arbeiten in einem wesensverwandten und zum Teil ja außerordentlich anziehenden Milieu, an das Sie sich assimilieren müssen und auch rasch assimilieren werden, zumal ja die sprachliche Umschaltung keine Schwierigkeiten macht. Ich beneide Sie nicht wenig um diese doch recht geradlinige Bahn, die vor Ihnen liegt. Wir hingegen bilden natürlich in jeder Beziehung einen Fremdkörper, und weder in die Sprache noch in das Wesen dieses Landes werden wir eindringen können."[726]

Diese Erfahrung und Einstellung hatte Konsequenzen; 1937 siedelte die Familie Röpke nach Genf über.

Selbst bei Menschen, die sich früh entschieden hatten, die Türkei als 'neue Heimat' zu akzeptieren, kam es immer wieder zu Gefühlen des Fremd- und Andersseins, des 'Nichtdazugehörens'. Die Thematisierung dieser Gefühle zieht sich durch viele Gespräche. Emine Anita Erel stand der neuen Türkei als Heiratsmigrantin ohne politischen Hintergrund von Anfang an positiv gegenüber. Sie kann als Kemalistin bezeichnet werden und steht dem, was sie als „moderne Türkei" bezeichnet, äußerst wohlwollend gegenüber.[727] Dennoch betont auch sie Unterschiede in Herkunfts- und Migrationskultur, die sie bis heute belasten.

„Zuerst ist alles sehr interessant, die andere Mentalität merkt man eigentlich erst viel später. Daß doch da irgendwas fremd ist. Also, wo wir sagen, das ist schwarz, da würden sie sagen, das ist weiß, um es sehr drastisch auszudrücken."

Das gelte im öffentlichen Bereich genauso wie im privaten.

„Ich hatte den besten Mann von der Welt, auf jedem Gebiet, kulturell und in allem. Aber ich habe manche Sachen von anderen gehört, die mir eigentlich mein Mann hätte erzählen müssen."[728]

Ein offenes Ansprechen von Problemen, Sorgen oder auch nur Irritationen war es, was sie vermißte, das Gefühl von Kameradschaft. *„Das hab ich nie bei meinem Mann haben können. Und ehrlich gestanden, das hat mich bedrückt. Das war ein Unterschied in der Mentalität."*

---

726 Ebd. S. 24.
727 Nicht nur sie selbst sieht sich als eine der PionierInnen europäischer Musik in der Türkei. Sie war beim Aufbau des türkischen Staatsorchesters dabei und hat jahrzehntelang als dessen zweite Geigerin musiziert. Sie war also immer berufstätig und bezieht eine türkische Staatsrente.
728 Interview mit Anita Erel, Istanbul 10.06.1991.

Und obwohl sie immer wieder betont, daß sie die Türkei sehr liebt, hätte sie nie den Wunsch verspürt,

„eine richtige Türkin zu werden. Nur Türkisch und quasi mein Deutsch vergessen? Nie im Leben. Ich bin sehr stolz auf mein Deutschtum. Das bedeutet aber nicht, daß ich nicht die Türken, also das gute der Türken, 100% anerkenne, und daß ich im gewissen Sinne, mich hier wohler fühle als in Deutschland."[729]

Auch sie teilt die Ansicht anderer Emigrierter: „*Wenn ein Mensch seine Heimat verläßt, warum ist ganz egal, dann ist das einzige Land, wo er sich richtig assimilieren kann, Amerika.*"[730] Dorthin ist ihr Bruder während des Krieges gegangen und hatte offensichtlich bedeutend weniger Anpassungsschwierigkeiten als sie selbst.

Trotz dieser Einschränkungen kann hier von einer „*gelungenen Integration*" ausgegangen werden. Die Beziehungen zu Deutschland sind noch vorhanden, doch der Lebensmittelpunkt liegt eindeutig in Istanbul, wo auch die beiden Töchter leben. Die Mutter ist zwar noch ohne besonderen inneren Bezug zum Islam übergetreten, um den türkischen Professor im Staatsdienst heiraten zu können, und hat diesen Bezug auch nicht herstellen wollen oder können, die Töchter dagegen sind im islamischen Glauben aufgewachsen und ihm verbunden. Beide Töchter sprechen perfekt Deutsch und Türkisch und finden sich in beiden Sprachen und Kulturen zurecht; ihre Heimat ist jedoch Istanbul.

Eine bekannte Istanbuler Emigrantenfamilie, bei der Integration offensichtlich ebenfalls gelungen ist, ist die Familie Kosswig. Das Ehepaar und die drei Söhne kamen 1937 nach Istanbul, als Curt Kosswig Deutschland aus politischen Gründen verlassen mußte und einen Ruf als Zoologe an die Universität Istanbul erhielt.[731] 1955

---

729 Ebd.
730 Ebd.
731 Curt Kosswig war in jungen Jahren Nationalsozialist. Er „trat 1936 aus der SS aus, als er in seiner Schulungstätigkeit »die gewünschte weltanschauliche Unterbauung« der Mendelschen Gesetze nicht erbringen wollte. Aufgrund seines öffentlichen Eintretens für nonkonforme Kollegen, seiner kollegialen Beziehungen zu jüdischen Wissenschaftlern, seiner Kritik an den parteipolitischen Berufsverfahren und seines Einschreitens gegen Aktivitäten nationalsozialistischer Studenten an der Universität Münster drohte ihm bereits Verhaftung, nachdem er um Beurlaubung oder Entlassung aus dem Staatsdienst ersucht hatte. Er hatte durch die Vermittlung des Biologen Alfred Heilbronn in Istanbul eine Berufung an die dortige Universität erhalten und entging im Jahre 1937 nur knapp einer Verhaftung und dem Paßentzug durch die Gestapo." Regine Erichsen: Die Emigration deutschsprachiger Naturwissenschaftler in die

nahm er zwar aus Gründen der Altersversorgung nochmals eine Professur in Hamburg an, kehrte dann jedoch nach seiner Emeritierung in die Türkei zurück.

Leonore Kosswig, Zoologin wie ihr Mann, hatte innerhalb der Emigranten-Community eine herausragende Stellung. Sie knüpfte und hielt Beziehungen zu anderen Deutschsprachigen und gewann einen großen türkischen Freundeskreis. Das *„Haus am Berg"*, wie das Häuschen der Kosswigs in Bebek oberhalb des Bosporus genannt wurde, war beliebter Treffpunkt für Menschen unterschiedlicher Herkunft und Nationalität. Hier wurde unter der Regie von *„Muma"*, wie Leonore Kosswig nicht nur von ihren Kindern sondern auch von ihren deutschen und türkischen Bekannten genannt wurde, Theater gespielt und musiziert, hier wurden jedoch auch ethnologische Forschungsberichte verfaßt, in denen der Alltag und besondere kulturelle Besonderheiten der Yörük beschrieben wurden. Leonore Kosswig reiste mehrmals alleine[732] zu diesen anatolischen Nomaden, mit denen sie den anstrengenden Aufstieg vom Winterlager in die Berge unternahm. Ihr besonderes Interesse betraf die *„Brettchenweberei"* der Yörükfrauen, *„die mit durchlochten viereckigen Brettchen (carpana) aus Holz, Leder oder Kamelhaut durchgeführt wird"*.[733] Die im Privatdruck erschienenen Publikationen stellen heute wichtige Quellen für die ethnologische Forschung dar.

Leonore Kosswig schrieb über Hochzeitsbräuche, Eigentumszeichen der Tscherkessen oder über Vogelberingung. Denn auch als Zoologin war sie weiterhin aktiv und schuf gemeinsam mit ihrem Mann *„das einzigartige Vogelparadies am Manyas-See*[734].

Beide verbrachten ihren Lebensabend in der Türkei und wurden jeweils unter großer türkischer Anteilnahme auf dem türkischen Friedhof in Rumeli Hisarı beigesetzt. Ein Sohn lebt noch in Istanbul.

Andere EmigrantInnen, die ebenfalls für immer in der Türkei blieben, konnten sich mit den neuen Verhältnissen nie ganz abfinden. Manchmal zeugen extreme Reaktionen von einem hohen Grad an

---

Türkei. In: Die Emigration der Wissenschaften 1933. München 1991, S. 73-104, hier S. 76.

732 Reisen in Anatolien und besonders reisende Frauen waren in den 40er und 50er Jahren noch eine Seltenheit.

733 Leonore Kosswig: Bei den Bergnomaden auf den Murat-Bergen in Westanatolien. Privatdruck, Alzey 1965, S. 5. In diesem Büchlein beschreibt Kosswig eine Forschungsreise zu und mit den Yörük.

734 Kurt Laquer: In memoriam Leonore Kosswig. In: Mitteilungen der Deutsch-Türkischen Gesellschaft e.V., Heft 91, Bonn 1973.

Frustration, wenn etwa die Heiratsemigrantin Hertha auf die Frage, was sie am meisten vermißt habe, antwortet:

„Alles! Nicht einen Teil, alles! Denn wir sind ja ganz anders groß geworden. Wir haben ja ne ganz andere Lebensanschauung. (...) Trotzdem mein türkischer Mann nicht schlecht war, aber trotzdem, also unsere Grundsätze haben nicht zusammengepaßt."

Und so fühlte sie nach einem fast 60jährigen Leben in der Türkei immer noch

„Sehnsucht (...) Mein ganzes Herz ist nach Deutschland gerichtet".[735]

Am einfachsten integrierten sich in der Türkei zum einen Menschen, denen das Land besondere Interessensgebiete erschloß, zum anderen Menschen, die in ihrem früheren Leben ihren Platz noch nicht – oder generell nicht – gefunden und auch noch keine Vorstellung davon entwickelt hatten, wie sie sich ihre Zukunft gestalten wollten. Menschen wie Traugott Fuchs etwa, der ewig suchende, vielseitig begabte Mann, der bis zuletzt darunter gelitten hat, nicht eine Sache wirklich perfekt zu beherrschen: die Musik, die Schriftstellerei, die Wissenschaft oder die Malerei. Für alles entwickelte er Begabung und Interesse, doch nie konnte er eine bewußte Entscheidung für das eine oder andere treffen und es vervollkommnen. Er blieb in der Türkei, in die es ihn verschlagen hatte, weil sein jüdischer Professor entlassen und dorthin emigriert war und weil er selbst mit anderen Studierenden eine Protestaktion gegen diese Entlassung gestartet hatte. Dabei sieht er sich nicht als politischen Menschen. Leo Spitzer habe ihn, den evangelischen Pfarrerssohn, in seine Welt einbezogen, er sei auf Urlaubsreisen mitgenommen worden und habe zeitweilig in Spitzers Haus gewohnt. Das war Grund genug für eine Parteinahme, meint Fuchs: *„Dieser reiche jüdische Professor hat mir den Weg geebnet."*[736]

Fuchs hatte mit dem Leben in der Türkei, das er als junger Mensch begonnen hat, keine besonderen Schwierigkeiten. Das Land bot seinen Sinnen vielfältige Reize und erlaubte seinem Wesen die Beibehaltung der Uneindeutigkeit. Einem Menschen, der schon immer

---

735 Interview mit Hertha Veral, Istanbul 14.09.1990.
736 Gespräch mit Traugott Fuchs, Istanbul 02.05.1991. Für Fuchs scheint die Lebensform des 'von allem etwas, aber nichts ganz' – voller nicht zielgerichteter Suchbewegungen – die ihm entsprechende gewesen zu sein.

'anders' war, fällt das Leben in einem fremden Land leichter – dort ist er nur noch ein wenig fremder als die anderen Fremden.

Leicht fiel die Eingewöhnung auch der jungen Veronika Gerngroß, die als 15jährige kam und die Aufbruchstimmung in der Türkei genoß, besonders nachdem ihr während der Feierlichkeiten zum 10-jährigen Bestehen der Türkischen Republik ihre „erste und einzige große Liebe" begegnet ist. Sie war jung genug, sich anzupassen, und sie war intelligent genug, die Möglichkeiten zu nutzen, die ihr geboten wurden. Mit Hilfe von Doris Kudret-Erkönen, einer Heiratsmigrantin, die bereits nach dem Ersten Weltkrieg in die Türkei gegangen war und mehrere Emigrationskinder in unterschiedlichen Fächern unterrichtete,[737] schaffte Veronika das Abitur an der Deutschen Schule in Istanbul[738], studierte in Ankara und lehrte schließlich selbst Anglistik an der Universität in Ankara. Sie gehört zu den wenigen EmigrantInnen, die zum Islam übergetreten sind.

Wie sie genossen oft gerade junge Leute, die noch keine festgefahrenen Vorstellungen von dem hatten, wie Alltag funktionieren soll, die vielfältigen und reizvollen Angebote, die das Land für sie bereit hielt.

---

737 Bei einem Ausflug, den Veronika mit dem Ehepaar Kudret-Erkönen machte, wurden die Weichen für ihre Zukunft gestellt. „Und da hat die Frau Kudret gesagt, so aus heiterem Himmel: Weißt Du, eigentlich ist es doch schade um Dich, daß Du hier so ein bißchen Französisch, ein bißchen Nähen und Deine Zeit hier vertust. Warum machst Du nicht das Abitur? (...) Und 38 hab ich ein sehr gutes Abitur gemacht, was ich 100%ig der Ku zu verdanken habe." Für Bedia Bağda war diese umfassend gebildete Lehrerin „ein Genie, eine ganz einzigartige Person", die ihr zum „Vorbild in jeder Beziehung" wurde. Interview mit Bedia Bağda, Istanbul 21.06.1991.

738 Über die Zulassung von Veronika Gerngroß, „Tochter des Professors der Technologie in Ankara, der Halbarier ist", als Externe zur Abiturprüfung 1938 existiert ein umfangreicher Schriftwechsel im Bundesarchiv Potsdam. 49.01 Reichsministerium für Wissenschaft, Erziehung und Volksbildung Nr.6656, Blatt 62-76.

5.   Rettung durch den Trauschein

Die Ehe ist eine traditionelle Überlebensstrategie von Frauen, seltener
von Männern. Die meisten Frauen sind sich dieser Tatsache bewußt
und ziehen sie in Notfällen – etwa bei Armut oder Verfolgung – zur
Problemlösung in Betracht. Viele der deutschen Frauen, die nach
1933 türkische Ehemänner wählten, waren Emigrantinnen. Mal
bereiteten sie die Eheschließung bereits in Deutschland vor, mal
emigrierten sie zuerst und suchten dann nach einem existenz-
sichernden Ehemann. Das galt ebenso für die anderen Emigrationsländer. Nicht immer gelang die angestrebte Verheiratung. Gänzlich
ungesichert war das Leben der Frauen, die als Geliebte eines türkischen Mannes in Istanbul lebten. Sie waren ständig von Ausweisungen bedroht – besonders nach Kriegsbeginn, als sich die Angst vor
der '5. Kolonne' auch dort verbreitete.

Bei der Gruppe der Heiratsmigrantinnen stellten sich oft
besondere Schwierigkeiten ein. Sie hatten durch die Heirat die
deutsche, österreichische etc. Staatsbürgerschaft verloren und waren
dadurch von ihren Ehemännern auch aufenthaltsrechtlich abhängig.
Viele von ihnen waren auf ein Leben in der Türkei wenig vorbereitet
und mußten besondere Anpassungsleistungen vollbringen. Bei einer
eventuellen Scheidung verloren sie ihr Aufenthaltsrecht; und Kinder
wurden den türkischen Vätern zugesprochen.

Neben der Auseinandersetzung mit dem Mann oder Geliebten
mußten Erfahrungen, die die Emigrantinnen bereits in Deutschland
oder in den von Deutschen besetzten Gebieten gemacht hatten und die
sie in der Türkei neu machten, ver- und bearbeitet werden. Und auch
die aktuellen Entwicklungen in NS-Deutschland betrafen das eigene
Leben in der Türkei oft sehr unvermittelt.

Eine große Gruppe von Emigrantinnen ist nicht als solche im
Bewußtsein. An zwei Beispielen sollen ihre besonderen Bedingungen
aufgezeigt und individuelle Strategien und Gefahren thematisiert
werden. Nicht immer war Rettung auch Befreiung; und manchmal
entwickelte sich das Opfer auch zur Täterin.

Hertha Verals Emigrationsgeschichte ist besonders tragisch. Sie stammte aus der Hamburger Familie Engländer. Der Vater war Schmuckhändler, ein getaufter Jude; die Mutter war Hausfrau und evangelisch. Sie selbst hatte in erster Ehe in die jüdische Familie Cohn eingeheiratet und war Mutter einer Tochter und eines Sohnes.

Bei unserem ersten Treffen war sie zunächst sehr zurückhaltend und meinte, sie könne nichts Interessantes berichten. Doch nachdem wir eine Weile über alltägliche Probleme geredet hatten, kamen die Erinnerungen und wuchs die Bereitschaft zur Auseinandersetzung mit ihrer Geschichte.[739]

1937 habe sie sich auf Druck der Nazis und um weiterstudieren zu können von ihrem Mann getrennt – ohne dessen Einwilligung. Sie nennt das:

„Monoton, nicht gerichtlich. Entweder mußte ich ins Lager oder mich trennen. Es war sehr schwer. (...) Und ich hatte doch zwei kleine Kinder, nicht? So waren sie, wie ich sie verlassen hab."[740]

Über dem Bett auf einem kleinen Regal stand das kolorierte Foto eines ca. fünfjährigen Mädchens und eines dreijährigen Jungen, daneben das Bild eines ca. 35- oder 40jährigen Mannes, wie ich erfuhr, des ersten Ehemannes.

„Und so – 45 – ist er in der Gaskammer in Flossenbürg ... Und das Bild hat man gefunden – in klein aber. Und das hab ich vergrößern lassen. Hier, das hat man mir geschickt, mein Bruder."

Zunächst werden noch nicht alle Dimensionen dieser Aussage faßbar. Klar ist, daß der erste – jüdische – Ehemann, nachdem sie von ihm geschieden war, in Flossenburg umgebracht wurde, und daß der Bruder ihr nach dem Krieg das Foto zuschickte, das sie dann vergrößern ließ. Während die Aufnahmen der ersten Familie die Blicke auf sich ziehen, sind in dem Raum keine Fotos des zweiten – türkischen – Ehemannes zu sehen.

---

739 Ich selbst hatte zu diesem Zeitpunkt nur die erste Kontaktaufnahme vorgesehen. An einem anderen Termin wollte ich dann das eigentliche Interview führen. Doch plötzlich war das Eintauchen in die Vergangenheit nicht mehr zu stoppen. Das Gespräch nahm geradezu den Charakter einer Beichte an. Nach diesem Treffen fertigte ich ein Gesprächsprotokoll an. Das nächste verabredete Interview wurde auf Tonband aufgenommen.
740 Interview mit Herta Veral, Istanbul 14.09.1990.

Hertha Veral möchte noch von ihrem Studium und den Gründen für die Scheidung berichten.

„Na ja, ich wollte Ihnen erzählen: Ich hatte studiert, Jura. Und wie diese Sache kam, da hab ich.., ich wollte immer gerne mein Studium beenden. Und mein Vater hat gesagt:»Wofür? Was willst Du? Du bist verheiratet, Du hast nen reichen Mann, was willst Du?« Und wie diese Sache kam, diese ... da hab ich mein Studium, bin ich zur Uni gegangen – in Hamburg – und hab dort alles angegeben. Und ich bin auch aufgenommen, und die zwei Jahre sind mir angerechnet worden, die ich vorher studiert hab.

Da hab ich meinen türkischen Mann kennengelernt. Wie er (sie lacht) wie er mich gesehen hat, hat er sich in mich verliebt, gleich. Und hat mir keine Ruhe gelassen. Und durch die Verhältnisse ... Ich hatte die Kinder aber bei mir. (...)

39/40 hat man sie geholt, die Gestapo, bei meinen Eltern. Meine Absicht war: Ich hatte den türkischen Mann geheiratet, um meine Kinder zu retten. Er war ein sehr kluger Mensch, er hat auch studiert, sehr gute Familie. Mein Schwiegervater war ein früherer Paşa. Und mein Schwager war der Abgeordnete von Kütahya. (...) Eine sehr gute Familie. Aber mein Mann hat auf Kosten der türkischen Regierung studiert. (...) Er hat nicht locker gelassen. Meine Eltern wollten nicht, ja. Und dann kam das mit der Scheidung. Es war ja schon immer im Gange. Und dann kam das mit dem Scheidungsurteil, und da haben wir geheiratet. Er hat nicht locker gelassen. Seine Familie ist nach Hamburg gekommen, um mich zu sehen, und die waren sehr nett, sehr nett. Naja, da bin ich hierher gekommen. Ich bin aber einen Monat später gekommen. Ich hab mir immer überlegt, ich wollte nicht kommen. (...) Und mein türkischer Mann, der hat jeden Tag von Stambul nach Hamburg telefoniert. Und da hat er gesagt,»wenn Du nicht kommst: entweder gehst Du ins Grab oder Du kommst zu mir.« Und das hätte er getan. Das hätte er auch getan, das war kein Blöff.“[741]

Die Beschreibung dessen, was sich vor Jahrzehnten abgespielt haben soll, klingt recht widersprüchlich. Auffällig ist, daß Hertha Veral zunächst wenig bereit scheint, die Verantwortung für ihre Entscheidungen (Trennung, Scheidung, Wiederaufnahme des Studiums, Aufnahme einer neuen Beziehung) zu übernehmen. Der türkische Mann verliebte sich in sie, er ließ ihr keine Ruhe; als sie vor dem endgültigen Schritt zögerte, drohte er, sie umzubringen – so die Hauptlinie der bisherigen Erzählung. Die Kinder waren zunächst bei ihr, dann bei den Eltern, von wo sie die Gestapo abholte.

Auf der einen Seite erscheint Hertha – sehr objekthaft – als Wesen, mit dem etwas geschieht, dem Entscheidungen abgenommen werden. Anderseits war sie es, die beschloß, wieder zu studieren, und sie betrieb dieses Vorhaben wohl sehr energisch, gegen den Wider-

---

741 Ebd.

stand der Familie. Zusätzlich ist sie die Planende, da, wo es um die Rettung der Kinder geht. *„Meine Absicht war: Ich hatte den türkischen Mann geheiratet, um meine Kinder zu retten. "*
Das gelang nicht. Auf die Kinder kommt sie erst auf Nachfrage wieder zu sprechen:

A: „Und Ihre Kinder konnten Sie nicht mehr nachholen?"
H: „Es war zu spät. Man hat sie nicht rausgelassen. Ich hatte die Einwilligung bekommen von meinem geschiedenen Mann, also geschieden sag ich immer, von meinem ersten Mann. Ich hatte die Einwilligung, aber die deutsche Regierung hat sie nicht rausgelassen, weil das Halbjuden waren – die Kinder. Dabei haben sie gar keine Ahnung davon gehabt, was Jude ist und was Christ und so (sie lacht). Ist doch schrecklich. Man hat sie nicht rausgelassen. Und da hat mein türkischer Mann gesagt:»Ich werd's schon schaffen, ich werd's dort versuchen... «. Aber es war zu spät, man hat niemanden mehr rausgelassen.
Ich hab einen großen Fehler gemacht. Mein, er war doch Chemiker, mein erster Mann, und er war sehr wohlhabend. Er – wir hätten noch mit dem Geld raus gehen können. Und er hat immer gesagt:»Laß uns nach Melbourne gehen, nach Australien.« Da hatte er auch geschäftliche Verbindungen. Und ich hab gesagt:»Nein, ich geh nicht. Ich bleib hier.«
Ich hab die Schuld. Und da mach ich mir viele Vorwürfe."

Hier übernimmt sie die teilweise Verantwortung für den Mord am ersten Ehemann und den beiden Kindern im KZ. Entschuldigend fügt sie an: *„Aber ich war sehr jung, und mein Vater hat mich sehr gerne gehabt. Der war so bedrückt immer. Da hab ich gesagt: »Ich kann meine Eltern nicht verlassen.«"* [742]

Wieder zeigen sich Widersprüche. Auf der einen Seite die entschuldigende Jugend und die emotionale Anhänglichkeit an den Vater, auf der anderen Seite zunächst die definitive Entscheidung, die Eltern nicht zu verlassen, um später eben doch allein in die Türkei zu gehen.

Ihr Leben mit ihrem türkischen Mann, dessen dritte Ehefrau sie war, beschreibt Hertha als sehr unglücklich. Diese Ehe erscheint fast als Strafe für die Fehlentscheidungen der Jugend.

„Es war schrecklich! (A: Ja?) Glauben Sie mir. Wir haben in Bebek gewohnt, sehr schön. Ich durfte die Gardine nicht zurückmachen. Wenn es geklingelt hat, durfte ich nicht die Tür aufmachen, nur das Dienstmädchen. Ich durfte nicht einkaufen gehen. Also, ich hab furchtbar gelitten darunter. Und in Hamburg hat

---

742 Ebd.

er gesagt: »Du lebst so, wie Du hier lebst.« Aber es war nicht so. Ich war sehr unglücklich."

Die Strafe für die Fehlentscheidung war also Gefangenschaft. Sie beschreibt sich als Gefangene des 17 Jahre älteren Mannes, der ihr 'Retter' war und der ihrer Kinder hätte sein sollen.

„Also bis er gestorben ist, war ich immer unter Kontrolle. Alle Minute hat er zu Hause angerufen, ob ich zu Hause bin oder ob ich auf der Straße bin. Ich durfte nicht mit Deutschen verkehren. Also es war furchtbar."

Auch nach dem Krieg habe er sie nicht wieder nach Deutschland gelassen: *„Er hat seine Unterschrift nicht gegeben.“* Die hätte sie als Türkin aber gebraucht, da sie ihre deutsche Staatsbürgerschaft durch die Heirat verloren hatte.

Den Tod ihres Mannes empfand Hertha als Befreiung *„Ja, und das ist eine Sünde, daß ich das sage, ich war froh, wie er gestorben ist. Da war ich ein Mensch...“*[743]

Und tatsächlich entwickelte sie noch einmal Energien, machte ein Examen als Kindergärtnerin und eröffnete einen eigenen Kindergarten. Als sie den u.a. wegen Steuerschulden nicht mehr halten konnte, arbeitete sie noch nacheinander als Erzieherin in zwei türkischen Familien.

Den Kontakt zur eigenen Hamburger Familie hatte sie bereits nach Kriegsende verloren. In einem letzten Brief des Bruders erfuhr sie vom Tod des früheren Mannes, dessen Foto beilag, und von dem Tod der Kinder.

Der Vater sei ebenfalls gestorben, nachdem die Kinder *„weggeholt worden sind“*. Auf dem Sterbebett habe er gesagt, daß er keine Tochter mehr habe. So teilte es der Bruder brieflich mit. Im gleichen Brief vollzog er den Bruch zwischen Hertha und den Familienmitgliedern in Deutschland, die überlebt hatten.[744]

Lebensstrategien: Gut geplant ist 'halb' gewonnen

Elze Mandil, geb. Schack, kam bereits 1926 mit dem Orient-Express nach Istanbul. Sie hatte ihren ersten Mann in der Musikalienhandlung ihrer Eltern in Stuttgart kennengelernt. Luigi Blumberg war Istanbuler

---

743 Ebd.
744 Gespräch mit Hertha Veral, Istanbul 25.04.1991.

Jude italienischer Abstammung, ein „*schöner Mann*" mit gewandtem Auftreten, das der jungen Frau gefiel. Nachdem er nach Istanbul zurückgekehrt war, schrieb er Briefe, in denen er das Leben in Istanbul in den rosigsten Farben ausmalte und Elze Schack bat, dort mit ihm zu leben. Sie erzählte:

„1926. Da hat mein Mann Briefe geschrieben:»Die herrlichen Prinzeninseln...« Die Prinzeninseln und das alles...herrlich! Und ich bin aufs Klo mit meiner Mutter, hab gesagt:»Du – Prinzeninseln, stell Dir vor. Das ist ja ein Traum!«
Mein Vater hat gesagt:»Konstantinopel ist die zweitschönste Stadt der Welt«. Ich hab gedacht – ich wollt ja immer raus aus Deutschland, wir alle wollten immer raus, nicht? Und dann bin ich hergekommen."[745]

Doch zunächst wurde in Stuttgart geheiratet, eine „*Liebesheirat*". Die Familie Schack richtete ein großes Fest aus, dann fuhr das Paar mit dem Orient-Express nach Istanbul.

Der Traum vom schönen Leben war schnell ausgeträumt. Der Mann hatte reichlich übertrieben was Stellung, Vermögen und Wohnsituation betraf. Doch zunächst konnten Elzes Eltern weiterhelfen. Die gesamte Wohnungseinrichtung, Salon, Speisezimmer, Schlafzimmer aus Mahagoni – wie Elze betont –, kam mit dem Schiff. Auch beruflich konnte der Schwiegersohn von der neuen Familie profitieren. Vater Schack vermittelte Kontakte zu deutschen Firmen, deren Vertretung Blumberg für die Türkei übernahm.

Desillusionierung hatte bei der jungen Frau schnell eingesetzt, dennoch, vielleicht auch gerade deshalb, bekam sie gegen den Rat der Mutter, mit der sie brieflich ihre Probleme erörterte, bald eine Tochter. Elze Mandil erinnerte sich:

„Meine Mutter hat immer gesagt:»Nur kein Kind jetzt!« Mutti hat mir dann ein Mädchen geschickt – aus Deutschland, die Maria, das ich versorgt war."

Solange die Eltern dazu in der Lage waren, unterstützten sie die im Ausland lebende Tochter, sei es finanziell oder organisatorisch – wie die Zurverfügungstellung des Dienstmädchens Maria zeigt. Dennoch wurde die Situation der jungen Frau durch das Kind schwieriger, die Abhängigkeit vom Ehemann und von anderen Personen ihres Umkreises größer. In dem diesen Ausführungen zugrunde liegenden Interview schimpft sie auf die griechischen Dienstmädchen, die gestohlen hätten. Niemandem habe sie vertrauen können, denn auch

---

745   Interview mit Elze Mandil, Istanbul 17.09.1990.

ihr Mann habe sie betrogen und ausgedehnte Reisen unternommen, während sie mit dem Kind allein blieb.

Nach ein paar Jahren, als klar war, daß diese Ehe keine Zukunft haben würde, ging die junge Frau ihre weitere Lebensplanung gezielt an. Sie hatte gelernt, selbständig zu werden und eigene Überlebensstrategien zu entwickeln. Jahrelang bereitete sie den 'Ausstieg' aus der Ehe vor und, da sie inzwischen finanziell von ihrem Ehemann abhängig war, sparte sie heimlich Geld zusammen.

„Ich mußte, ich habe ihm ja das Geld gestohlen, der hat ja darauf geschlafen auf dem Geld. Der hätte mir doch kein Geld gegeben. Hat er wieder gestritten, hab ich gesagt:»100 Lira!« Hab ich gesagt:»Streit dich mit mir.« Und so hab ich ein kleines Vermögen zusammen gekriegt.

Ich konnte ja meinen Eltern nicht schreiben. Es war ja Hitler! Der Papa hat immer gesagt,»wenn Du mal Geld brauchst, dann mußt Du mir telefonieren oder schreiben oder so.« Es war aber aus – in Deutschland. Es war ja furchtbar. Ich wär ja zu meinen Eltern zurück."[746]

Nach Deutschland konnte Elze Blumberg wirklich nicht mehr zurück und ihr 'Aufenthaltsrecht' in der Türkei war an die Ehe gebunden. Erschwerend kam hinzu, daß sie und ihr erster Mann, den sie als Türken geheiratet hat, durch ein türkisch-italienisches Abkommen inzwischen die italienische Staatsbürgerschaft hatten und eine Scheidung von daher noch schwieriger geworden war. Grundlage war nun das italienische Scheidungsrecht.

Doch gerade diese Tatsache ermöglichte es ihr, 1938 noch einmal als 'Italienerin' auf Deutschlandbesuch zu gehen, ein letztes Mal ihre Eltern zu sehen und von einem Stuttgarter Konto, das auf ihren Namen lautete, Geld abzuheben. Damit war die Basis für ihren Neuanfang gegeben.

Nach zwölf Jahren Ehe schaffte sie es, sich scheiden zu lassen – damals für sie ein riskantes Unternehmen.

Alles war gut vorbereitet, die junge Frau hatte einen neuen Ehemann in petto. Es war Dr. Mandil, der Kinderarzt ihrer Tochter, den sie bereits sieben Jahre kannte. Mit Beziehungen, Schmiergeldern und Organisationstalent – alle notwendigen Papiere, z.B. einen Bericht über eine gynäkologische Untersuchung, waren vorhanden – erreichte sie es, in Üsküdar, einem asiatischen Teil von Istanbul, am gleichen Tag geschieden und mit dem neuen türkischen Ehemann verheiratet

---

746 Ebd.

zu werden. Damit wurde sie automatisch wieder Türkin und gesichert. Die Tochter mußte sie jedoch dem ersten Mann überlassen.

Elze Mandils Eltern, das Ehepaar Schack, Inhaber einer renommierten Musikalienhandlung in Stuttgart, wurden 1942 nach Theresienstadt, dann weiter in den Osten deportiert. Beide überlebten das KZ nicht. Doch Elzes drei Schwestern konnten ebenfalls emigrieren, eine überlebte in Afrika, eine in Peking, die andere ging 1936 nach Palästina, wo sie 1942 als Freiwillige in die britische Armee eintrat und viereinhalb Jahre in Ägypten kämpfte.

Warum die Eltern tatsächlich weder Elze noch den Schwestern folgten oder folgen konnten, war nicht mehr zu klären.[747]

Sie hätten Istanbul vor dem Krieg besucht, seien aber nicht geblieben. Elzes Aussagen hierzu waren etwas widersprüchlich und ungenau. Erklärte sie einmal, sie habe sich später noch um deren Emigration in die Türkei bemüht, das sei aber nicht mehr möglich gewesen, so sprach sie in einer anderen Interviewpassage von dem nicht realisierbaren Auswanderungswunsch der Eltern nach Peking zur Schwester.

Elze Mandil jedenfalls überlebte in Istanbul und gestaltete sich ihr neues Leben tatkräftig selbst. Die zweite Ehe bezeichnet sie als *„sehr gut"*. Sie blieb für immer in der Türkei und starb 1993 in Istanbul, wo sie ihre letzten Jahre im Deutschen Altenheim verbracht hat. Ihr Mann war bereits etwa zehn Jahre früher gestorben. Gemeinsame Kinder gab es nicht.

Elze Mandil und Hertha Veral gehörten zu einer großen Zahl von Emigrantinnen in der Türkei, die nicht als solche wahrgenommen werden. Es waren die, die einen türkischen Ehemann als Lebensstrategie wählten und damit Türkinnen wurden. Meist waren sie Jüdinnen oder hatten jüdische Vorfahren. Ihren Geschichten könnten viele weitere hinzugefügt werden.

---

747 Zu diesem Punkt erhielt ich auch auf gezielte Nachfrage keine Antwort. Die Interviewpassage zeigt, daß Elze das Thema fallenließ und durch ein anderes ersetzte. Möglicherweise folgte sie spontan einer Assoziation, denn nun berichtete sie eine Episode aus der Nachkriegszeit. Bei einem Kuraufenthalt in Bad Reichenhall traf sie auf ehemalige Stuttgarter Nachbarn und glaubte, in dem gemieteten Gästezimmer Möbel, Bilder und Teppiche aus ihrem Elternhaus wiederzuentdecken. Möglicherweise funktionierte hier aber auch ein Verdrängungsmechanismus, der ihr ein relativ zufriedenes Weiterleben ermöglichte.

6. Flüchtlingsorganisationen, politische und gesellschaftliche Emigrationszirkel

Innerhalb des Istanbuler Community-Lebens wurden während der Zeit des Nationalsozialismus und der Emigration in den unterschiedlichsten gesellschaftlichen Gruppierungen neue Unterstützungssysteme etabliert. Oft waren es einzelne Personen, die den Neuankommenden bei der Suche nach Arbeitsmöglichkeiten, Wohnraum und – bei den Emigrierten häufig notwendigen – psychischen Absicherungen halfen.

Es waren einige Alt-IstanbulerInnen, die sich hier engagierten; vor allem aber funktionierte Solidarität unter den Emigrierten. Der Inhaber des Kaufhauses Mayer, der aus einer jüdischen Istanbuler Familie stammte, wird in diesem Zusammenhang häufig genannt. Dadurch, daß er nach seiner Emigration aus Wien ein großes Textilgeschäft auf der Grand Rue de Pera in Istanbul übernehmen konnte, waren seine und die Lebensbasis seiner Familie gesichert. Dadurch hatte er jedoch auch die Möglichkeit, andere zu unterstützen, sei es durch die Anstellung von Emigrierten, sei es durch das Verschenken von Kleidungsstücken an Bedürftige. Elfi Alfandari erinnert sich: *„Die Leute kamen alle zu ihm und er hat vielen geholfen."*[748] Und Traugott Fuchs bestätigt das. Ihm, dem einkommensschwachen Assistenten, habe Mayer einmal im Winter einen Mantel geschenkt. Es sei aber *„nicht das neueste Modell"* gewesen, fügte er verschmitzt hinzu.[749]

Der Leiter des Deutschen Krankenhauses, Dr. Quincke, hat ebenfalls EmigrantInnen unterstützt, finanziell und mit unentgeltlicher Behandlung. Und einige der Ehefrauen von Professoren betätigten sich caritativ und halfen vor allem neuankommenden Frauen beim Einstieg in das Istanbuler Alltagsleben, berieten in Organisations- und Einkaufsfragen, beschäftigten verarmte Emigrantinnen mit Näh- oder anderen Hausarbeiten. Frauen wie Leonore Kosswig (Istanbul), Doris Kudret-Erkönen (Istanbul und Ankara) oder auch Erna Gerngroß (Ankara) sollen hier beispielhaft genannt werden, da sie zu zentralen Ansprechpartnerinnen innerhalb der Community wurden.

---

748 Interview mit Elfi Alfandari, Istanbul 27.04.1992.
749 Gespräch mit Traugott Fuchs, Istanbul 02.05.1991.

Parallel zu diesen wichtigen Alltagshilfen wurden wissenschaftlich oder politisch orientierte Zirkel eingerichtet. Flüchtlingsorganisationen entstanden, aber auch neue musikalische oder freundschaftliche Zusammenschlüsse. Oft bestimmte Eigeninteresse das gesellschaftliche Engagement. Die neuen Wissenschaftszirkel wurden vor allem, jedoch nicht nur, von den 'wissenschaftlichen Emigrierten' aufgebaut, um der geistigen und politischen Isolation zu entgehen. In politischen Organisationen wurden Pläne gegen das nationalsozialistische System in Deutschland, aber auch für den Aufbau einer neuen Gesellschaftsordnung nach dessen erwartetem Zusammenbruch geschmiedet.

Flüchtlingsorganisationen

In Istanbul agierten verschiedene Flüchtlingsorganisationen und -institutionen, die teilweise nichts voneinander wußten und von denen viele der Emigrierten erst nach Jahren, Jahrzehnten oder nie erfuhren. Diese Gruppierungen halfen Flüchtlingen aus Deutschland, Österreich oder den besetzten Gebieten bei der Emigration in die Türkei oder auf ihrem Weg in andere Länder. Einige übernahmen die Betreuung von Flüchtlingen oder der mit türkischer Hilfe aus den nationalsozialistischen Lagern Befreiten, die vorübergehend auf der asiatischen Seite von Istanbul interniert waren.

Rudolf Nissen hat in seinem autobiographischen Bericht bereits darauf hingewiesen, daß Alexander Rüstow, *„mit Reuter und Breusch, am Aufbau von Flüchtlingshilfsorganisationen beteiligt war."* Auch habe er versucht, *„zwischen amerikanischen Abgesandten und deutschen Illegalen zu vermitteln."*[750]

Rüstows Sohn Dankwart bezeichnet seinen Vater als *„führenden Kopf der deutschen Flüchtlingskolonie in der Türkei"*. Er habe Freunde gehabt

„bei der Rockefeller-Stiftung und an der New School, Carl J. Friedrich in Harvard und Arnold Wolfers in Yale (,die, d.A.) versuchten, ihn nach Amerika zu bringen. Statt dessen blieb er während der ganzen Kriegsjahre in seinem Istanbuler Exil und arbeitete mit voller Kraft im Studierzimmer.(...)Er unterhielt Beziehungen zu amerikanischen Organisationen wie dem Office of Strategie Services und dem International Rescue and Relief Committee – und murrte in

---

750 Nissen 1969, S. 213.

hilfloser Wut über Stauffenberg, der wie er glaubte, im Juli 1944 die Chance vergeben hatte, Hitler aus unmittelbarer Nähe zu erschießen."[751]

Die internationalen Kontakte der Emigrierten aus dem Wissenschaftsbereich bot ihnen manche Chance, die normale Flüchtlinge nicht hatten. Auch die Istanbuler Notgemeinschaft um den Emigranten Philipp Schwartz bemühte sich weiterhin um ihre wissenschaftliche Klientel. So wurde für Notfälle eine Hilfskasse eingerichtet, aus der etwa Reisekosten zur Weiterreise in andere Emigrationsländer vorgestreckt werden konnten.[752]

Philipp Schwartz gelang es auch, von der tschechischen Exilregierung in London tschechische Pässe für nach dem „Reichsbürgergesetz vom 25.11.1941" ausgebürgerte Juden und Jüdinnen in Istanbul zu erhalten.[753]

Während des Krieges und danach kamen viele Flüchtlinge ohne derartige Beziehungen aus Bulgarien und anderen Balkanländern in die Türkei. Internationale Flüchtlingsorganisationen versuchten zu helfen. In den 40er Jahren kamen aber auch Menschen, die bereits KZ-Aufenthalte hinter sich hatten und von der türkischen Regierung freigefordert worden waren, da sie türkische Großväter oder andere Beziehungen zur Türkei hatten. Für sie wurde in den letzten Kriegsmonaten ein altes Hotel in Kadıköy als Lager hergerichtet, wo sie mit dem Notwendigsten versorgt wurden.

Über deren Lebenssituation informiert der Bericht einer Zeitzeugin. Elze Mandil half bei der Verteilung von Hilfsgütern und organisierte über ihren Ehemann, der als Arzt praktizierte, ärztliche Betreuung und Medikamente. Diese Tätigkeit hat sie – wie sie in einem Interview berichtete – 1945 von der Frau eines österreichischen Diplomaten übernommen, die mit ihrem Mann nach Wien zurückkehren wollte. Die habe sie bedrängt und gesagt:

„Ich muß Ihnen die ganze Sache übergeben.(...) Man hat uns wieder nach Wien bestellt, meinen Mann und mich."[754]

Damit begann Elze Mandils erster bewußter Kontakt mit wirklich armen EmigrantInnen und mit ehemaligen KZ-Insassen. Sie berichtet von erschütternden Begegnungen:

---

751 Dankwart A. Rustow 1981, S. 375.
752 Von dieser Möglichkeit machte beispielsweise der Jurist Honig Gebrauch, der 1935 in die USA ging. Vgl. Widmann 1973, S. 180.
753 Vgl. Hirsch 1982, S. 279.
754 Interview mit Elze Mandil, Istanbul 17.09.1990.

„Da war eine, die hat ohne Unterbrechung geweint, ein Mädchen mit 34 ungefähr, blond, Französin, ununterbrochen. Und ich hab sie angelächelt und hab gesagt: »Kommen Sie, wo ist ihr Zimmer, haben Sie ein Zimmer?« Hat sie gesagt: »Ja, ich hab dort ein Bett stehen.« Und hat sie wieder angefangen zu heulen. Sag ich: »Ja, wissen Sie, wenn Sie aufhören zu weinen, dann verstehe ich, was sie sagen. Vielleicht kann ich Ihnen helfen.« Da hat sie gesagt: »Ja ich, ich bin schon ganz erledigt. Ich komme von Auschwitz. Und die anderen aus Ravensburg.«"

Weitere Erklärungen waren nicht nötig und Elze Mandil bemühte sich, den Aufenthalt in der Türkei zu erleichtern, bis eine Reise in die Heimatländer, nach Deutschland, Frankreich, Österreich, den Balkanländern etc. möglich war. Ihr Mann brachte die Pharmakonzerne dazu, unentgeltlich Medikamente zur Verfügung zu stellen. Sie selbst forderte Sachspenden von Geschäftsleuten ein. Wenn sie nichts spenden wollten, sei sie schon mal laut geworden:

„Hab ich gesagt: »Die kommen vom Konzentrationslager! Her mit!« (gemeint sind Sachspenden, d.A.) und hab die da angebrüllt, wissen Sie, wenn die nichts geben wollten."

Zu diesem Zeitpunkt wußte sie bereits, daß die eigenen Eltern im KZ umgekommen waren. Da sie nicht über das Thema sprechen wollte oder konnte, ist es an dieser Stelle unangebracht über ihre Beweggründe zu spekulieren. Offensichtlich ist, daß sie sich im Falle der ehemaligen KZ-Häftlinge zu besonderem Engagement verpflichtet sah. Von der Anteilnahme, die sie für diese Gruppe empfand, ist bei ihrer Erzählung über ihre weitere Tätigkeit in einer amerikanischen Hilfskommission nichts zu spüren. Von dieser organisiert seien nach dem Krieg große Hilfssendungen für Flüchtlinge in der Türkei aus Amerika angekommen. In der Nähe von Elze Mandils Wohnung wurde eine Kleiderkammer eingerichtet, wo die Bedürftigen sich versorgen konnten. Sie berichtet:

„Da kamen ganze Schiffe mit Kleidern, Pelzmäntel von dort – für die Emigranten. (...) Was die alles gebracht haben: Tüchlein, aber was für schöne. Wissen Sie, das hat man hier gar nicht gesehen. Das haben die den Armen gegeben.(...) Alles aus Amerika, die Katholische Kirche hat es gegeben."[755]

Hier macht sie deutlich, daß sie die Qualität der Hilfsgüter für ihr Klientel für übertrieben gut hielt. Pelze und feine Tüchlein, von einer Qualität, die zu dieser Zeit in der Türkei nicht zu bekommen war,

---

755 Ebd.

schienen ihr für die Flüchtlinge des Balkans, die sie als ungebildet und roh beschrieb, unangemessen. Sie berichtete von Episoden mit undankbaren Bulgaren oder Jugoslawen, die diese schönen Sachen ohne Dank angenommen hätten oder Besseres verlangten.

„Man wußte aber nicht, sind sie Kommunisten oder Emigranten. Wissen Sie, das ist sehr schwierig. Das hat dann die Polizei erledigt, nicht wir. (...)
Da kommt so einer her, hat zwei Hosen, eine dicke, eine dünne, Bettdecken, Unterwäsche, Krawatten, Hemden. Das hat einer bekommen. Also so einen Haufen. Nimmt der die Hose – das war ein Jugoslawe (...) und schmeißt sie der Amerikanerin ins Gesicht."

Zunächst sei er fortgeschickt worden, als er jedoch wiederkam, habe die Amerikanerin ihm dennoch etwas gegeben. Die Amerikaner seien *„sehr gutmütig"* gewesen.

An dieser Stelle sei auf die Organisation der Durchreise und Versorgung deutscher Flüchtlinge hingewiesen, die aus der entgegengesetzten Richtung in die Türkei kamen. Deutsche, die sich in verschiedenen Ländern niedergelassen hatten, wurden nun ebenfalls vertrieben. Am 17.07.1941 kamen Deutsche aus Rußland[756], am 24.11.1941 aus Afghanistan[757] und am 14.12.1941 aus Palästina[758] nach Istanbul, um von dort nach Deutschland weitergeleitet zu werden. Ihr Rückzug wurde von der Deutschen Botschaft und den Konsulaten in der Türkei organisiert.

Jüdische Hilfskomitees

Da die Türkei, wie die Mehrzahl der anderen Staaten, keinen ungehinderten Zuzug von Juden und Jüdinnen erlaubte und auch den Transit durch das Land nur unter Auflagen gewährte, wurde die Situation der jüdischen Flüchtlinge immer schwieriger, besonders nach der Einführung der Kennzeichnung von Pässen jüdischer Menschen in Deutschland und in den von Deutschen besetzten Gebieten.[759] Nicht nur die Türkische Post berichtete über *„Rassenfragen"* und *„Juden-*

---

756 Vgl. Jäschke 1943, S. 124.
757 Vgl. Ebd. S. 134.
758 Vgl. Ebd. S. 135.
759 Ab Oktober 1938 wurden alle Pässe jüdischer Personen in Deutschland und Österreich auf der ersten Seite mit einem roten J gezeichnet.

problem"[760], auch in der Türkei gab es Ansätze von Antisemitismus und in einigen türkischen Istanbuler Zeitungen erschienen antijüdische Artikel. So provozierte etwa der bekannte Journalist Nadir Nadi eine türkische Diskussion zur *„Judenfrage".*[761]

Wenn keine Genehmigung zur Einwanderung durch die britische Mandatsverwaltung vorlag, verweigerten türkische Behörden nun den Schiffen auf dem Weg nach Palästina die Zwischenlandung in türkischen Häfen. Der Spionagevorwurf reichte für manche Ausweisung von Leuten, die keine Lobby hatten.[762] Vom Generalkonsulat in Istanbul wurde beispielsweise am 06.12.1937 an das Auswärtige Amt in Berlin berichtet, daß *„mehrere jüdische(n) Familien deutscher Staatsangehörigkeit ohne Angaben von Gründen hier ausgewiesen worden"* seien.[763] Innerhalb der Community häuften sich derartige Berichte und besonders die nicht in türkischen Diensten stehenden jüdischen Flüchtlinge hatten vielfach Angst vor einer Abschiebung. Außerdem kursierten Berichte von Verhaftungen innerhalb der Türkei durch die Gestapo. Die Zeitzeugin Ruth Busch erinnert sich *„an eine Geschichte, die sie als Kind entsetzlich beeindruckt hat".* Damals hörte sie in den Gesprächen der Erwachsenen, daß *„jemand am Flughafen festgenommen wurde und verschwand".*[764] Derartige Berichte, die für die einen nur erschreckend oder 'spannend' waren, wirkten sich auf das generelle Sicherheitsbefinden anderer massiv aus. Angst war das vorherrschende Gefühl derjenigen, deren Aufenthaltsstatus nicht gesichert war und die keine Einreiseerlaubnis in Drittländer bekamen.

Mit der „11. Verordnung zum Deutschen Reichsbürgergesetz", die die Ausbürgerung aller Juden und Jüdinnen im Ausland beinhaltete und am 27. November 1941 wirksam wurde, verschärfte sich die

---

760 So wurde etwa der Reichsinnenminister Frick ausgiebig mit seinen Auslassungen „über das Rasseproblem" zitiert, in denen er „Maßnahmen gegen die Juden als rechtmäßige Notwehr des deutschen Volkes" propagierte. T.P. 03.12.1933.

761 Über einen einschlägigen Artikel berichtete die T.P. am 21.07.1938 und auch im Archiv des Auswärtigen Amtes in Bonn finden sich diesbezügliche Hinweise. Politisches Archiv Ankara 447.

762 Neumark erwähnt den Fall einer Bekannten, die sich von ihrem »arischen« Mann in Istanbul hatte scheiden lassen und in Istanbul als Sekretärin arbeitete, bis sie wegen eines Spionagevorwurfs innerhalb von 48 Stunden das Land verlassen mußte. Er wurde davor gewarnt, sich in diese Angelegenheit einzumischen. Vgl. Neumark 1980, S. 211.

763 AA Bonn: Politisches Archiv Ankara 681.

764 Interview mit Ruth Busch, Hamburg 09.06.1992.

Situation der jüdischen Emigrierten. Zwar hatten die vertraglich Abgesicherten keine direkten Konsequenzen zu befürchten, doch das Gefühl der Unsicherheit kannten auch sie.

Neumark bemerkt,

„daß die deutschsprachigen Professoren, auch nachdem sie 'paßlos' geworden waren, auf diese oder jene Weise von der türkischen Regierung geschützt und in ihren Positionen belassen wurden. Für Nicht-Professoren allerdings war die Lage vielfach schlimm – ein nicht unerheblicher Teil von ihnen wurde unter meist fadenscheinigen und materiell unzutreffenden Anschuldigungen (angebliche Spionagetätigkeit spielte dabei eine große Rolle) des Landes verwiesen."[765]

Seit Anfang 1941 gab es in der Türkei eine Verordnung über den „Durchreisevermerk" für jüdische Personen und Anfang 1942 erklärte der damalige Ministerpräsident Refik Saydam: *„Die Türkei ist kein Asyl für Menschen, die anderswo unerwünscht sind."*[766]

Die allgemeine Verunsicherung verstärkte sich im Laufe des Zweiten Weltkrieges in zweifacher Hinsicht. Erstens befürchteten viele der Emigrierten, Deutschland würde auch in die Türkei einmarschieren, zweitens setzte sich nach Kriegsbeginn eine distanzierte bis deutschfeindliche Haltung bei der türkischen Bevölkerung durch. Eine neue Migrationsbewegung – vor allem in die USA – setzte daraufhin ein.

Von der Jüdischen Gemeinde Istanbul wurde ein „Emigranten-Hilfsausschuß" gebildet, dessen Vorsitzender mein Interviewpartner Dr. Julius Stern war. Er berichtete, daß die Türkei von den Einwanderungswilligen Taufscheine verlangt habe, um eine größere jüdische Immigration zu verhindern. Unter denen, die dann noch kamen, seien wenige Deutsche gewesen,

„denn da war ja in Deutschland schon der Judenstempel eingeführt, (...) da haben die schon kein türkisches Visum mehr bekommen. Also die, die dann kamen, mit denen wir im Hilfskomitee zu tun hatten, waren entweder Rumänen oder Polen oder Österreicher. Aber da haben die Türken schon Verdacht geschöpft. Die sind alle gekommen mit einem Taufschein; der war in diesen Ländern nicht allzu

---

765 Fritz Neumark: Die Emigration in die Türkei. In: M. Rainer Lepsius (Hg.): Soziologie in Deutschland und Österreich 1918-1945. Materialien zur Entwicklung, Emigration und Wirkungsgeschichte. Sonderheft 23. Kölner Zeitschrift für Soziologie und Sozialpsychologie. Köln 1981, S. 443-460, hier S. 447.

766 Vgl. Gotthard Jäschke: Die Türkei in den Jahren 1942-1951. Geschichtskalender mit Namen und Sachregister. Wiesbaden 1955. Eintragung für den 20.04.1942.

schwer zu bekommen. Und dann haben die Türken aber Verdacht geschöpft und haben die Bestätigung von einer kirchlichen – deutsch-kirchlichen – Behörde verlangt. Und dann hat zum Beispiel der Roncalli gesagt, setzt ruhig den Stempel drauf. Das war der spätere Papst Johannes XXIII."[767]

Der Istanbuler Bischof und spätere Papst Johannes XXIII. hat sich bei der jüdischen Community in Istanbul großes Ansehen verschafft, weil er es christlicher fand, einen falschen Stempel aufzudrücken, als eine Ausweisung und den möglichen Tod der Verfolgten in Kauf zu nehmen. Stern erinnerte dankbar daran, daß der damalige Bischof Roncalli entscheidenden Anteil an der Rettung vieler kroatisch-jüdischer Kinder hatte. Als in Kroatien unter Pavlewitsch Judenpogrome stattfanden, sei mit dortigen jüdischen Stellen über den vatikanischen Kurier Verbindung aufrecht erhalten worden.

Wie dessen Vorsitzender Stern berichtete, bestand die Hauptarbeit des jüdischen Hilfskomitees, in dem nur Männer arbeiteten, in der Sammlung und Zurverfügungstellung finanzieller Mittel für die jüdischen Flüchtlinge.

„Wir haben natürlich erstens das Geld gesammelt, hier bei den Hiesigen und dann eben die Leute ausgefragt. Wir haben ihnen dann wenigstens Geld zum Leben gegeben, damit sie durchkommen konnten. Das war manchmal eine traurige Arbeit. Wir haben ihnen auch geholfen, Fahrkarten zu kaufen. Manche sind über die Grenze gekommen, damals nach Syrien, manche sind schon von der Grenze wieder zurückgekommen."

Stern berichtete auch von Abschiebungen und nennt das Beispiel eines jüdischen Musikers, auf den türkische Beamte Jagd gemacht hätten. *„Den hab' ich dann, der ist dann von Haus zu Haus gegangen, hat da und dort geschlafen, damit sie ihn nicht erwischen."*

Auch den Untergang des mit vor allem jüdischen EmigrantInnen besetzten Passagierschiffes „Struma" im Schwarzen Meer, nicht weit vom Bosporus, thematisiert er.

„Und dann ist ja das Unglück geschehen. Die Türken haben dieses Schiff, um den Engländern gefällig zu sein, die »Struma«, nicht durchgelassen. Dann ist ja das Schiff zurückgegangen, statt daß sie nach Palästina sind. Offenbar hat einer von denen, um nicht nach Rumänien zurück zu gehen, das Schiff explodieren lassen, angesteckt. Die »Struma« ist untergegangen. Da sind nur drei Leute gerettet worden. Damals sind 400 und soundsoviel Leute umgekommen."[768]

---

767 Interview mit Dr. Julius Stern, Istanbul 27.04.1991.
768 Ebd. Der Verlust an Menschenleben war mit weit über 700 sogar wesentlich höher als in Sterns Erinnerung.

Dieses Unglück ist vielen der EmigrantInnen im Gedächtnis geblieben, ebenso der Untergang der „Salvador" im Marmarameer im Dezember 1940. Neben den im Istanbuler Hilfskomitee engagierten dort ansässigen Juden wurden auch VertreterInnen anderer jüdischer Organisationen in der Türkei aktiv. Sie orteten vor allem Fluchtwege und versuchten sie zu sichern. Chaim Barlas agierte von 1941 bis 1943 als Repräsentant des Jüdischen Weltkongresses in der Türkei, unterstützt von Joseph Golden vom Palästinensischen Büro Aliyah. Ende 1943 sollen vierzehn Agenten aus Palästina in Istanbul tätig gewesen sein, unter ihnen auch illegale Gruppen wie die Mossad li-Aliyah.[769]

Auch Robert Anhegger erinnert sich an „eine Anlaufstelle für Leute, jüdische Kuriere, die von Polen hierher kamen und dann weiter gingen."[770]

Kommunistische Emigrationsgruppen

Verschlüsselt wurde mir in Istanbul nahegelegt, doch auch nach kommunistischen Aktivitäten von Emigrierten zu fragen. Zunächst reagierten die Befragten jedoch vor allem mit ungläubigem Erstaunen. Nein, so etwas habe es in Istanbul nicht gegeben, das sei auch viel zu gefährlich gewesen, denn damals habe dort ein sehr starker Antikommunismus geherrscht.

Den Hinweis auf das Buch von Margarete Schütte-Lihotzky, in dem sie über ihre Arbeit für die Kommunistische Partei Österreichs berichtete, bekam ich von Robert Anhegger in Istanbul.

„Die kennt die Leute. Der eine, der dann später hingerichtet worden ist in Österreich, der wird auch hier erwähnt. Und der andere, ich weiß nicht, was aus ihm geworden ist. Aber es gab natürlich sicher auch Querverbindungen zu gewissen Professoren und anderen Kreisen. Aber ich möchte annehmen, daß Sie da nicht sehr viel erfahren."[771]

Viel erfahren konnte ich zunächst tatsächlich nicht. Zumindest gab es wenige Dokumente, die aufzuspüren gewesen wären. Sie sind – noch

---

769   Mehr zu den unterschiedlichen jüdischen Gruppierungen und ihren Vertretern bei Shaw 1993.
770   Interview mit Dr. Robert Anhegger, Istanbul 30.05.1991.
771   Ebd.

gründlicher als die Nazidokumente – vernichtet worden.[772] Doch mit Schütte-Lihotzkys Buch als Grundlage konnte ich mich in diesen Bereich vortasten und fand schließlich meinen Interviewpartner in Deutschland, der der deutschen Gruppe angehört hat, und meine Interviewpartnerin in der Türkei, die zur österreichischen Gruppe gehörte. Beide möchten ihre Identität nicht preisgeben, was ich respektiere. Sie bestätigen jeweils, allerdings erst für die Zeit nach 1938, was auch Schütte-Lihotzky feststellt:

„Organisatorisch waren Österreicher und Deutsche völlig getrennt. Aus konspirativen Gründen war solch strenge Abgrenzung nötig", dennoch habe die österreichische Gruppe Verbindung zu deutschen Antifaschisten gehabt, „jedoch lediglich zum Zweck politischer Aussprache."[773]

Robert Anhegger, der bereits als junger Mann politisch interessiert war, wußte als *„Außenseiter"*, wie er sich selbst bezeichnet, von der Existenz der österreichischen und deutschen kommunistischen Gruppen.

„Jedenfalls können Sie noch dazu den Prof. Ruben nennen, der kam aus Frankfurt, war ein Indologe und ist dann 1945 in die DDR (...).
Es gab den engeren konservativen Professorenkreis und dann von den etwas, sagen wir mal, Kathedersozialisten bis zu den Kommunisten. Es gab Querverbindungen. Und da ist beispielsweise Prof. Kessler ein solcher Kathedersozialist, ein sehr angesehener, und dann ging das eben bis zu Leuten, die dann richtige Parteikommunisten waren.
Die Österreicher hatten eine eigene Gruppe, aber das ging auch dort durcheinander.
Also bei Ruben ist es klar, der ist da immer (zur deutschen Gruppe, d.A.) hingegangen und auch bei Dr. Ernst Engelberg, der das Bismark-Buch geschrieben hat."[774]

Anhegger selbst ist einmal mit Andreas Tietze und dessen damaliger Frau von der türkischen Polizei verhaftet worden, weil sie denunziert

---

772 Schütte-Lihotzky berichtet, daß sie selbst u.a. die „Korrespondenz zwischen Johann Kopelnig, dem Vorsitzenden der KPÖ, und Professor Josef Dobretsberger, Nationalökonom und Universitätsprofessor in Graz" verbrannt habe, ehe sie nach Österreich ging. Dobretsberger hatte sie zuvor noch in Istanbul persönlich kennengelernt. Sie wohnten in der gleichen Pension und diskutierten viel. „Dobretsberger kam als fortschrittlicher Katholik und vor allem als Nationalökonom zum Marxismus. Er hielt in unserer Gruppe in Istanbul ein Referat »Katholizismus und Sozialismus«." Vgl. Schütte-Lihotzky 1985, S. 54.
773 Schütte-Lihotzky 1985, S. 52.
774 Interview mit Dr. Robert Anhegger, Istanbul 30.05.1991.

worden waren, kommunistisch zu sein. Doch die Polizei habe ihre Unschuld herausgefunden. Bei genauerer Betrachtung zeigt sich, daß doch einige der Emigrierten von den kommunistischen Gruppierungen wußten, selbst Traugott Fuchs, der von Anhegger und anderen als apolitsch und an derartigen Gruppierungen uninteressiert beschrieben wurde, nannte Namen und gab Einschätzungen über den Grad des kommunistischen Engagements einiger Bekannter ab.[775]

Herbert Eichholzer war derjenige, der – wie Anhegger erwähnte – später in Österreich von Nazis hingerichtet wurde, und „der die Auslandsgruppe der KPÖ in der Türkei aufbaute, die für den Widerstand in Österreich und seine Verbindung mit der Auslandsleitung von Bedeutung werden sollte."[776] Eichholzer gehörte zu der Gruppe junger Architekten um Clemens Holzmeister in Tarabya. Daß der Architekt zwei jüngere Kommunisten beschäftigte, war einigen meiner InterviewpartnerInnen bekannt. Julius Stern erinnert daran, daß „damals Kommunismus hier streng verboten" war und bekennt:

„Ich hab auch nur zwei Assistenten von dem Prof. Holzmeister gekannt, die zumindest offen gesagt haben, daß sie Kommunisten sind."[777]

Schütte-Lihotzky, die zwar erst 1939 „in die illegale kommunistische Partei Österreichs" eintrat, hatte sich 1938 nach ihrer Ankunft in Istanbul, wo sie als Architektin an der „Akademie der schönen Künste" auf Empfehlung von Bruno Taut angestellt wurde, der KPÖ angeschlossen. Sie – und auch ihr Mann, der ebenfalls Architekt und an der Akademie angestellt war – hatte bereits zuvor, etwa in der Sowjetunion, wo sie vor ihrem Istanbulaufenthalt gearbeitet hat, Funktionäre der KPÖ gekannt. Herbert Eichholzer selbst nahm den Kontakt zu ihr und ihrem Mann auf.

„Kurz nachdem uns Herbert Eichholzer in der Akademie aufgesucht hatte, fand sich eine österreichische Widerstandsgruppe in Istanbul zusammen. Über zwei Jahre blieb sie bestehen. Für jeden von uns war dies eine Zeit befriedigender sinnvoller Arbeit: theoretische Auseinandersetzung mit dem Marxismus in direkter Verbindung mit dem Widerstand in Österreich, mit der Möglichkeit der praktischen Unterstützung.

Istanbul war eine verhältnismäßig sichere Verbindungsstelle, Transitpunkt für einige Genossen auf dem Weg in die Sowjetunion."[778]

---

775 Vgl. Gespräch mit Traugott Fuchs, Istanbul 25.10.1991.
776 Schütte-Lihotzky 1985, S. 50f.
777 Interview mit Dr. Julius Stern, Istanbul 27.04.1991.
778 Schütte-Lihotzky 1985, S. 51.

Zur Istanbuler österreichischen Gruppe gehörte Herbert Feuerlöscher, Deckname „Flurl", und vorübergehend Willi Frank, oder „Harald", der nach illegaler Arbeit in Frankreich zur Istanbuler Gruppe stieß. Da sein türkisches Visum nicht verlängert wurde, emigrierte er weiter in die Sowjetunion. „Wera" war die einzige Frau, die noch genannt wird. Maria K. gehört zum Kreis der politischen EmigrantInnen. Aus einer bürgerlichen Familie kommend und mit Empfehlungen versehen hatte sie Zugang zu den 'besten deutschen Kreisen'. Ihre Mitarbeit in der österreichischen kommunistischen Gruppe Istanbul war natürlich geheim.[779]

„Da konnte man nicht in die Öffentlichkeit treten, (...) man hat sich nur mit dem Widerstand beschäftigt, den man möglicherweise in Deutschland, also was man da machen konnte, zunächst."

Sie führte ein regelrechtes Doppelleben, war berufstätig, nahm an den Veranstaltungen der EmigrantInnen teil und verkehrte in Häusern von NS-Funktionären und in der Teutonia.

„Wir sind ja natürlich hin, aus Tarnzwecken. (...) Ja, das muß ich dazusagen, als Unbelastete, nichtjüdische Unbelastete, konnte ich mich ja frei bewegen. (...) Und wir sind dahin gegangen, um zu sehen, (...) was machen die, ne. Und haben das durchaus notiert, in unserem Kreis."

Ihre Gruppe habe auch Kontakt mit türkischen Kommunisten gehabt, und auch ein Schweizer Ehepaar arbeitete zeitweise mit. Warum sie als Deutsche in der österreichischen Gruppe mitarbeitete, erklärte sie damit, daß die österreichische Gruppe weniger doktrinär gewesen sei als die deutsche.

Und so bezeichnet sich denn auch Rudi K., der zur deutschen Gruppe gehörte, selbst als *„richtigen Parteikommunist"*. Auch er habe in der Teutonia verkehrt, um zu beobachten, was dort geschah. Es seien 'Schwarze Listen' der Nazis angelegt worden. In der deutschen Gruppe sei nicht nur diskutiert worden, es wurden auch Flugblätter hergestellt und verteilt. Zunächst waren die Gruppen auch nicht getrennt, erst Ende der 30er Jahre kam es zu der Zweiteilung.

---

779 Auch ich wußte zunächst nichts von Marias Gruppenzugehörigkeit. Da sie mir jedoch als politisch interessiert avisiert worden war, habe ich sie nach den K-Gruppen befragt. Ihre Antwort überraschte mich: „Kommunisten? Ja, waren eine ganze Gruppe, und ich hab da auch zugehört. (...) Ja! Wir haben dann eine Gruppe da gebildet, jedenfalls mit den Österreichern, nicht mit den Deutschen. (..) Frau Schütte ist ihnen ein Begriff?" Interview mit Maria, Istanbul.

Herbert Schütte, der Mann von Margarete Schütte-Lihotzky, hätte auch weiterhin an den Treffen der Deutschen teilgenommen. Beide deutschsprachigen K-Gruppen unterstützten KommunistInnen auf der Flucht nach Rußland und betreuten sie während ihrer Durchreise durch die Türkei. Einige ihrer Mitglieder bereiteten sich auf einen Einsatz in Deutschland oder Österreich vor. Und die Zukunft Deutschlands und Österreichs waren zentrale Themen ihrer Diskussionsrunden. Hier wurden Pläne für die Zeit nach dem „Dritten Reich" gemacht.

Deutscher Freiheitsbund

Auch das Hauptinteresse des „Deutschen Freiheitsbundes" galt Deutschland – und zwar dem Deutschland nach Hitler. Der politische Zirkel bestand aus Männern[780], die Deutschland aus politischen Gründen verlassen hatten. Dazu gehörten Gerhard Kessler, Ernst Reuter, Alexander Rüstow und Curt Kosswig. Sie litten unter der weitgehenden Isolation in der Türkei. Reuter schrieb im September 1939:

„Mehr denn je verwandelt sich unser aller Leben in ein tägliches Abwarten, abendliches Hängen am Radio und atemlosen Verfolgen des furchtbaren Dramas, das wir erleben müssen."[781]

Jegliche politische Arbeit mußte mit äußerster Vorsicht getätigt werden, denn sie war den in die Türkei Emigrierten verboten. Auch der „Deutsche Freiheitsbund" konnte nicht auf eine Duldung durch die auf eine Neutralitätspolitik bedachte Türkei rechnen. Reuter beklagte seine erzwungene Untätigkeit:

„Der Zwang der Verhältnisse, unter denen ich lebe, erlaubt mir nicht, öffentlich aufzutreten. Ich würde meine Stellung sofort verlieren und es wäre damit nicht viel erreicht. Was ich hier tun kann, an offenem Bekenntnis zu unseren Ideen und an eindeutiger Haltung gegenüber den Nazis, das tue ich, mit dem Erfolg immerhin, daß der Umgang mit mir, von Amts wegen sozusagen, verboten ist. (...) Wir können als einzelne ja in diesem Drama nichts anderes tun, als

---

780 In diesem Kreis waren Frauen als Partnerinnen nicht anwesend.
781 05.02.1939 Reuter (Ankara) an Stampfer (Paris). In: Mit dem Gesicht nach Deutschland. Eine Dokumentation über die sozialdemokratische Emigration. Düsseldorf 1968, S. 377.

wenigstens durch persönliche Haltung zeigen, daß es ein anderes Deutschland gibt, als das der nazistischen Barbarei."[782]

Die Männer des Deutschen Freiheitsbundes glaubten an ein anderes Deutschland und wollten tatkräftig an dessen Neuaufbau wirken. Gerhard Kessler verfaßte mit Unterstützung der Gruppe die Flugschrift „Was soll werden?". Darin wird der Achtungsverlust, den Deutschland und die Deutschen durch diese *„nazistische Barbarei"* in der Welt erlitt, beklagt:

„Aber mit Schande befleckt haben uns die blutigen Taten an unschuldiger Zivilbevölkerung in den besetzten Ländern, die Geiselerschießungen, die grauenhaften Judenmorde (...). Diese Greueltaten werden die Völker nicht so schnell vergessen. Es wird ein Menschenalter dauern, bis man unserem Volk verzeihen wird. Ein Berg von Mißtrauen wird uns umgeben. Nicht mit schönen Worten, nicht mit der Versicherung, daß wir nichts davon gewußt haben, daß nur die Nazis an all dem Schuld waren, werden wir dieses Mißtrauen überwinden. Nur eine ehrliche Zusammenarbeit, ein wirklich freiheitliches Regime, eine radikale Abwehr von all dem Träumen der Vergangenheit, ein radikaler Neuaufbau unserer Verwaltung und vor allem unseres Erziehungswesens, nur eine vollständige Erneuerung an Haupt und Gliedern wird allmählich Wandel schaffen."[783]

Die EmigrantInnen wußten von den Vorgängen in deutschen Lagern, und sie litten darunter, nahezu tatenlos ausharren zu müssen, bis veränderte Bedingungen ein aktives Eingreifen erlauben würden. Gerhard Kessler war einer der wenigen, die sich – trotz Ausweisungsgefahr – in Istanbul politisch zu Wort meldete, sei es durch *„eine Stellungnahme zu der durch die Besatzung der Tschechoslowakei geschaffenen politischen Verhältnisse"*, die er an Staatssekretär Meissner sandte, sei es dadurch, daß er immer wieder öffentlich gegen *„das Reich"* argumentierte.[784]

International gesehen blieb der Freiheitsbund einflußlos. Zwar bestanden vielerlei briefliche Kontakte zu anderen Gruppen, Institutionen und Personen, doch waren die Bedingungen im türkischen Exil für eine zentrale internationale Emigrationsbewegung nicht gegeben.

Als die Deutschen nach Abbruch der deutsch-türkischen Beziehungen in drei anatolischen Orten interniert wurden, begann im April 1944 ein türkischer Zweig des »International Rescue and Relief

---

782 Ebd., S. 379.
783 Gerhard Kessler in: Ernst Reuter: Schriften/Reden I, II, III. Berlin 1973, S. 550.
784 Aus diesem Grund wurde Kessler der erste ausgebürgerte Emigrant in Istanbul, im Deutschen Reichsanzeiger vom 19.06.1939 Nr.138 wurde die Ausbürgerung verkündet. Vdl. AA Bonn: Ausbürgerungen, Ankara 665.

Committee (IRRC)« in der Türkei tätig zu werden. Gründungsmitglied dieser von Gewerkschaften geförderten Organisation war Ernst Reuter.

„Mit Medikamenten, Lebensmitteln, Literatur und sonstigen Hilfsmitteln versuchte man, den internierten Deutschen und Österreichern beizustehen."[785]

Wissenschaftszirkel

Der Emigrant Breusch schrieb:

„Wir hatten, um der geistigen Isolierung zu entgehen, eine Art Privatakademie eingerichtet, der jeweils 12-15 aus allen Disziplinen angehörten. Leiter waren Kulturhistoriker Alexander Rüstow und der Jurist Andreas Schwarz; dazu gehörten u.a. die Nationalökonomen Neumark, Kessler, Isaac, der Archäologe Bittel, die Botaniker Heilbronn und Brauner, der Zoologe Kosswig, die Astronomen Freundlich, Rosenberg, Gleisberg und die Chemiker Arndt und Breusch, viele nur vorübergehend."[786]

Über diesen wissenschaftlichen Zirkel schreibt auch Neumark:

„Überdies fand man sich in Abständen von zwei, drei Wochen im Hause eines Kollegen zusammen, um im Anschluß an einen Fachvortrag ein interdisziplinäres Kolloquium abzuhalten."
Er glaubt, daß nicht nur er „von den geistvollen Referaten eines Leo Spitzer, eines Hans Reichenbach, von Röpke, Rüstow und mancher anderen viel profitiert" habe.[787]

Nicht profitieren konnten die AssistentInnen, die zu diesem exklusiven Zirkel nicht geladen waren. Lotte Loewe klagt Jahrzehnte später:

„So (...) haben es die deutschen Professoren damals in Istanbul auch verstanden, Ihre 'wissenschaftlichen' Zusammenkünfte sogar vor ihren engsten Mitarbeitern, d.h. ihren jüngeren Schicksalsgenossen, geheim zu halten."[788]

Die AssistentInnen, ca. vierzig bis fünfzig Personen, hätten, so schrieb Lotte Loewe,

„mit wenigen Ausnahmen als 'Gastarbeiter' praktisch keine Fortkommenschancen (gehabt, d.A.) – die Ausnahmen: Prof. Breusch und Gleissberg, die sich

---

785 Brügel 1991, S. 56.
786 Zitiert in Neumark 1981, S. 180.
787 Neumark 1981, S. 190.
788 Brief von Lotte Loewe an Widmann, 02.02.1971. Archiv Widmann, Kopie bei der Autorin.

natürlich auch durch besondere Tüchtigkeit auszeichneten, bestätigen nur die Regel! – und wir anderen haben unter diesen bedrückenden Verhältnissen sehr gelitten!"[789]

Doch, wie bereits erwähnt, gab es bei der Förderung des wissenschaftlichen Nachwuchses einige Unterschiede. Leo Spitzers AssistentInnen jedenfalls wurden von ihrem Doktorvater weder von wissenschaftlichen Diskussionen, noch von privaten Zirkeln ferngehalten, im Gegenteil. Er pflegte Hauptseminare in seinem Privathaus abzuhalten. Seine ehemalige Schülerin und Freundin Rosemarie Burkhard weist darauf hin, daß er das auch in Marburg und Köln bereits so gehalten habe. Und auch Spitzers Nachfolger Auerbach förderte den Nachwuchs im eigenem Haus:

„Das war sehr interessant, da haben wir Augustin gelesen, Latein. Dieckmann war dabei, Auerbach, dann Fuchs (...) Herbert Dieckmann und Frau."[790]

Verschiedene wissenschaftliche Zeitschriften und Reihen wurden durch Emigranten und Emigrantinnen herausgegeben bzw. mitgeprägt, etwa die naturwissenschaftliche „Istanbul Üniversitesi Fen Fakültesi Mecmuası" oder die philosophische „Edebiyat Fakültesi". Mitbegründer von „Felsefe Arkivi" war der Philosophiehistoriker Ernst von Aster und von „Romanoloji Semineri Dergisi", einer Zeitschrift des Romanischen Seminars, 1937 Leo Spitzer. Hier arbeiteten auch Spitzers AssistentInnen mit.

Doch vor allem die wissenschaftliche Reihe „Istanbuler Schriften", von Robert Anhegger, Walter Ruben und Andreas Tietze herausgegeben, bot den jüngeren wissenschaftlichen EmigrantInnen die Möglichkeit wissenschaftlicher Publikation.[791]

Musikalische Zirkel

Bekannt war das Ritter-Quartett, das unter Leitung von Hellmut Ritter Konzerte gab – zunächst in der Deutschen Schule, wo anfangs selbstverständlich auch EmigrantInnen Gäste waren. Als jedoch auch Emi-

---

789 Lotte Loewe an Widmann, 02.02.1971.
790 Interview mit Rosemarie Heyd, Darmstadt 23.07.1991. Nachdem ich Loewes Erfahrungen angeführt hatte, meinte Heyd: „Das hat's bei uns nicht gegeben. Nein, so was hätt's bei uns nicht gegeben. (...) Das war ein Freundeskreis, wenn Sie so wollen, nicht?"
791 Vgl. Widmann 1973, S. 104 und 193f.

granten mitspielten, kam es schnell zum Eklat. Rosemarie Heyd, geb. Burkhard, erinnert sich an das Ende dieser gutbesuchten Veranstaltungen in der Deutschen Schule:

„Dann kam auch als Emigrant ein großer bekannter Geiger, der Licco Amar. Der kam also und wurde natürlich mit Begeisterung in das Quartett übernommen, als erster Geiger. Und Ritter und er waren glücklich. Dann war das also das Amar-Ritter-Quartett, die spielten ein- oder zweimal vor der Deutschen Schule – oder gleich nur einmal. Da passierte folgendes: Der deutsche Gesandte, nein, der deutsche Generalkonsul, der damalige, ging nach dem Konzert hin, begrüßte oder beglückwünschte ostentativ Ritter und ließ Amar stehen.

Und das erboste Spitzer[792] enorm, und er hat also ein Protestschreiben an das Generalkonsulat gerichtet. Und natürlich ... die Folge war, daß das Ritter-Quartett nicht mehr in der Deutschen Schule spielen konnte."[793]

Die Kombination Amar-Ritter ist auch aus anderen Gründen interessant. Schließlich beruhten Ritters Bemühungen, *„ein deutsches Streichquartett zusammenzustellen"*, auf der Initiative des Propagandaministeriums, das dafür Gelder bereitstellte.[794]

Heute wird allerdings vor allem das Amar-Quartett erinnert, in dem Anita Emine Erel spielte. Rosemarie Heyd sprach auch davon:

„Das ging dann weiter, aber die haben dann im Robert-Kollege gespielt. (...) Da hat die Anita Erel mitgespielt. Die war ja dabei, von Anfang an, glaub ich."[795]

Anita Erel denkt gern an dieses Zusammenspiel zurück, das für ihre eigene Karriere sicher von Bedeutung war. Sie wurde später Lehrerin am Konservatorium und Mitbegründerin des Sinfonieorchesters in Istanbul.

„Licco Amar, der später mit Hindemith zusammenspielte, also der hatte ein Quartett gegründet, und er hatte mich kennengelernt. Ich hatte ihm auch vorgespielt usw., also mit dem spielte ich im Quartett, Zweite Violine. Er hatte natürlich die Erste. Und wir haben zwölf Konzerte jedes Jahr gegeben, sechs verschiedene Programme. Und zwar meistens, da es ja noch keinen Konzertsaal gab, im Robert Kollege."[796]

---

792 Burkhard war dem emigrierten Romanisten Spitzer als Assistentin nach Istanbul gefolgt. Später war sie mit Amar befreundet.
793 Interview mit Rosemarie Heyd, Darmstadt 23.07.1991.
794 Das geht aus einer Abrechnung des Botschafters von Keller an das AA Berlin hervor. AA Bonn: Kulturpolitische Aufgaben für das Rechenjahr 1938 für Rechnung des Reichsministeriums für Volksaufklärung und Propaganda. Ankara 16.03.1938, Ankara 691.
795 Ebd.
796 Interview mit Anita Emine Erel, Istanbul 10.06.1991.

318

Später spielte sie auch regelmäßig mit dem bekannte Pianisten Ferdinand (Ferdi) von Statzer, der von der Wiener Hochschule, wo er viele türkische Freunde gehabt haben soll, nach Istanbul gekommen war. Auch wegen der „Hitlerzeit".[797]

„Er ist in die Türkei gekommen und war sofort Lehrer am Konservatorium. Mit dem habe ich mich gleich zusammengetan, und wir haben jeden Monat, nachdem das Radio gegründet war hier, jeden Monat ein Konzert gegeben. (...) Mit dem habe ich jahrelang gespielt."[798]

Mit ihm und verschiedenen türkischen Freunden spielten sie auch häufig Kammermusik. So gab es unterschiedliche privat und öffentlich auftretende Musikzirkel auf hohem Niveau.

Auch in Moda, auf der asiatischen Seite Istanbuls, wurden öfters Streichquartettabende abgehalten, bei denen Anita Erel, Fritz Neumark und türkische Musiker konzertierten. Neumark schreibt:

„Am interessantesten aber war für mich die jahrelange Mitwirkung in einem Amateurorchester, das in einem der von der regierenden Volkspartei errichteten »Volkshäuser« (Halkevi) in Kadıköy unter Leitung eines netten und eifrigen (...) türkischen Dirigenten namens Esref regelmäßig spielte."[799]

Und auch die emigrierten Kinder und Jugendlichen wurden in das gesellschaftliche Musikleben integriert. Sie erhielten Klavier- oder Geigenunterricht, oder sie übten – wie Neumarks und Röpkes Kinder – unter Leitung von Leonore Kosswig „sehr hübsche kleine Singspiele ein", die dann vor Publikum aufgeführt wurden.

Rosemarie Heyd erinnert sich: „Die hat das reizend gemacht, Kostüme, Rokoko-Kostüme und solche Sachen."[800]

Gesellschaftliche Zirkel, Freundes- und Freundinnenkreise

Da ständig Menschen unterschiedlicher Nationalität in Istanbul ankamen, dort für einige Zeit Geschäfte machten oder einem Beruf nachgingen, war die Stadtbevölkerung den Kontakt mit „Fremden" gewohnt und Neuen gegenüber aufgeschlossen. Es war leicht, schnellen – zumindest oberflächlichen – Kontakt zu bekommen, sich

---

797 Er habe „keine Lust auf diesen ganzen Mist" gehabt, hat er Anita Erel anvertraut. Ebd.
798 Ebd.
799 Neumark 1980, S. 193.
800 Interview mit Rosemarie Heyd, Darmstadt 23.07.1991.

bestehenden Gruppen anzuschließen oder mit anderen Neuankommenden neue gesellschaftliche Zirkel zu bilden. Die 1933 in großer Zahl ankommenden akademischen Emigrierten verkehrten in Istanbul zunächst viel untereinander. Rosemarie Heyd erinnert sich an gemeinsame Veranstaltungen wie jahreszeitlich bedingte Feste, etwa Weihnachtsfeiern, und gleich zu Beginn sei ein Ball veranstaltet worden.

„Es war so eine mehr oder weniger enge – eher lockere – Familie, die ganzen Professoren, die da kamen, (...) mit ihren Familien, Kindern und auch Assistenten. In den ersten Zeiten war diese ganze Gruppe zusammen."[801]

Das Alltagsleben orientierte sich in den Professorenfamilien – soweit das möglich war – weiter an den früheren Verhältnissen. Man schloß sich eng zusammen, verkehrte vor allem untereinander, half sich bei der Bewältigung der durch die neue Umgebung gestellten Anforderungen.

„Zum Teil muß ich also sagen, wenn ich das so zusammenfassend sagen kann, ein großer Teil von diesen Professorengattinnen, also Professorenfamilien, haben in der ersten Zeit in Istanbul eigentlich das Leben weitergeführt, was sie in den jeweiligen Städten, in denen sie gelebt hatten, führten. Die hatten ja das ganze Zeug mit, haben noch weiter so gekocht und gelebt, jeweils mit Kindern und Familien, und haben sich gegenseitig sonntags zu Kalbsbraten und Gemüse eingeladen und Bridge gespielt."[802]

Später habe sich dann jedoch alles mögliche verändert. Und nicht alle wurden in „die Familie" aufgenommen. Die Einbeziehung von unverheirateten AssistentInnen war nur in einigen Fällen üblich. Wie die Emigrantin Lotte Loewe hatte auch Robert Anhegger wenig Kontakt mit diesem elitären Kreis; er verkehrte vor allem mit einigen jüngeren EmigrantInnen und betont im Nachhinein den gesellschaftlichen Unterschied zwischen den Professorenfamilien und den wissenschaftlichen Angestellten.

Diese Distanz wird auch von anderen Emigrierten der jüngeren Generation bestätigt. Besondere Unterstützung erhielten jedoch die SchülerInnen der Professoren Spitzer und Auerbach. Für beide war es selbstverständlich, auch die jungen WissenschaftlerInnen in ihr privates und gesellschaftliches Leben einzubinden.

Fritz und Ruth Neumark gehörten zu den wenigen Familien, die von Anfang an Wert darauf legten, in unterschiedlichen – deutschen,

---

801   Ebd.
802   Ebd.

türkischen und internationalen – Kreisen zu verkehren. Sie wollten bewußt kein „*Ghettoleben*" führen. Neumark führt aus:

„Wir verkehrten aber nicht nur mit türkischen Akademikern und Emigrantenprofessoren, sondern auch mit Angehörigen anderer Kreise und Schichten. Türkische und spaniolische, holländische, österreichische und ungarische Geschäftsleute gehörten ebenfalls zu unseren Bekannten."[803]

Auf die Existenz langjähriger Freundeskreise von Emigrierten weisen verschiedene Interviews hin.

Oft ergaben sportliche Interessen bestimmte Gruppierungen, die zu gemeinsamen Unternehmungen aufbrachen. Das konnten Reitausflüge nach Polonezköy[804] sein oder das Skilaufen auf dem Uludağ[805]. Ansonsten dominierte der Wassersport, Segeln oder Schwimmen.

An diesen Aktivitäten nahmen auch einige der Emigrierten aus Ankara teil, die regelmäßig in den Sommermonaten nach Istanbul übersiedelten. Da die Ausflugsziele der Nazis und der Anti-Nazis häufig übereinstimmten, trafen sie dort manchmal zwangsläufig zusammen. So ritt der Jugendführer Hetzer mit seiner Hitlerjugend ebenfalls in Polonezköy. Die Deutschen unterschiedlicher politischer Richtung teilten nicht nur die Vorliebe für das Reiten, sondern ebenfalls die für Schweinebraten, der bei der dortigen christlichen Bevölkerung zu haben war.[806] Da mußten sie ebenso wie beim

---

803 Neumark 1980, S. 191.
804 Rosemarie Heyd berichtet begeistert von diesen Ausflügen: „Wissen Sie, wie wir dahin gefahren sind? Mit einem Planwagen, ein offener Wagen, wo an der Seite, so mit den Beinen baumelnd, man so da saß. Und dort hatten wir dann Pferde, und sind dort geritten, was sehr schön war. Aber das war alles noch sehr abenteuerlich." Interview mit Rosemarie Heyd, Darmstadt 23.07.1991.
805 Neumark erwähnt, daß Kantorowicz „als einer der ersten der »Uludağ« (d.i. »großer Berg«) in Anatolien als hervorragend geeignet für den damals in der Türkei noch fast unbekannten Skisport »entdeckte« – unter anderen gehörten meine Frau und Rosemarie Heyd-Burkhart zu den Pionieren, die sich unter höchst primitiv-anstrengenden Bedingungen im Winter 1934/35 erstmals auf den Berg wagten." Neumark 1980, S. 103. Zu der Skigruppe zählte auch der Leiter des Deutschen Krankenhauses in Istanbul, Hermann Quincke.
806 Polonezköy bedeutet 'polnisches Dorf'. Hier leben Nachkommen der polnischen Soldaten, die im Krimkrieg im Dienste des Osmanischen Reiches gegen Rußland kämpften und als Dank vom Sultan mit Ackerland beschenkt wurden. Die christliche Bevölkerung lebte bis Anfang der 70er Jahre (ohne Strom) in relativer Abgeschiedenheit 25 km östlich von Istanbul. In den 30ern noch ein idyllischer Geheimtip für europäische Reit- und Wanderlustige wurde das Dorf inzwischen zum Naherholungsgebiet gestreßter Istanbuler Geschäftsleute.

Skilaufen auf dem Uludağ um die wenigen Übernachtungsplätze konkurrieren.

Wer kontaktfreudig war, hatte zumeist verschiedene Kreise, mit denen er oder sie die Freizeit verbrachte. Anita Erel, die außer in ihren musikalischen Zirkeln, vor allem in den türkischen Kreisen ihres Mannes verkehrte, erinnert sich an die Gruppierungen und Aktivitäten ihrer Schwester Sonja Tiedcke:

„Ich hatte eigentlich mehr Kontakt zu Türken. Ich kenne alle die Deutschen eigentlich nur durch meine Schwester. Meine Schwester hatte einen wunderbaren oder zwei wunderbare deutsche Kreise. (...) Der eine Kreis war rein Deutsch, teilweise also von der Universität, die Frauen der Universität und von den Professoren. (...) Ja, mit denen hatte sie sich getroffen, dann ein großer Kreis Deutsche, so wie ich, mit Türken verheiratet.[807] Und drüben (im europäischen Teil, d.A.) einen Kreis. Soviel ich weiß, waren das meistens Juden. (...) Da war eine Frau Ehrenstein, sehr kultiviert, Frau Mayer, die hatten ein großes Geschäft in der İstiklal Caddesi, beide sehr kultiviert. (...)
Frau Hirzel gehörte dazu, die war z.B. keine Jüdin, die gehörte auch dazu mit Herrn Hirzel[808]. Also sie hatte zwei oder drei wunderbare Kreise. Und im Sommer, das Meer war hier wunderbar überall, in Fenerbahçe, hier in Moda (...), da hatten sie jeden Sonnabend und Sonntag mit ihren Freunden sich getroffen zum Baden. Nach Floria sind sie gegangen – herrliches Meer –, haben ihr Picknick mitgenommen, also haben eine herrliche Zeit verlebt."[809]

Sonja Tiedcke gehörte ebenfalls zu der Skigruppe, die den Uludağ „entdeckte". Sie hat, so meint ihre Schwester, *„völlig in deutschen Kreisen weitergelebt. Ja, sie hat Türkisch gelernt, aber nur bis zu einem gewissen Grad, soviel sie brauchte."*[810]

Da die Schwestern jedoch immer zusammenlebten, boten sie sich jeweils auch den Zugang zum Umfeld der anderen. Sonja Tiedcke lebte mit der Familie der Schwester im eher türkischen Umfeld, ihre Freundschaften aber hatte sie in der deutschsprachigen Community.

---

807   Doris Kudret-Erkönen, umfangreich gebildete Intellektuelle, die eine Reihe der Emigrationskinder auf das Abitur vorbereitet hat, gehörte dazu, ehe sie nach Ankara übersiedelte.

808   Die Hirzels waren eine der seit dem 19. Jahrhundert ansässigen Schweizer Familien in Istanbul.

809   Interview mit Anita Emine Erel, Istanbul 10.06.1991. Sie wies darauf hin, daß ihre Schwester ein sehr geselliger Typ war und zu vielen ihrer Bekannten aus den 30er und 40er Jahren jahrzehntelang Kontakt hielt. Bis zu ihrem 85. Lebensjahr unternahm sie regelmäßig mehrmonatige Besuchsreisen in verschiedene Länder.

810   Ebd.

Einer der deutschsprachigen gesellschaftlichen Zirkel gruppierte sich um die Familie Bauer. Robert Anhegger erinnert sich:

„Die alte Frau Bauer war in so einem Kreis, der an sich, also wenn die Nazis nicht gekommen wären, für das Deutschtum sehr wichtig gewesen wäre. Denn diese Kreise waren sehr stark auf Deutschland eingestellt, die lange bis in die Nazizeit hinein immer noch versucht haben, irgendwie Kontakte mit Deutschen zu halten. Und sie war eine sehr kultivierte Frau, eine, wie soll man den Typus einer kultivierten, wohlhabenden jüdisch-deutschen Familie beschreiben? Die ist untergegangen, die gibt's nicht mehr."[811]

Auch Neumark war Gast im Hause des Holzexporteurs Bauer; Eindruck hatte vor allem die „Dame des Hauses" auf ihn gemacht:

„Seine Frau Maria muß in ihrer Jugend von bezaubernder Schönheit gewesen sein; sie besaß große gesellschaftliche Gewandtheit und Klugheit und war eine dominierende Persönlichkeit, wie ich sie unter den Vertreterinnen des weiblichen Geschlechts kaum anderswo wiedergefunden habe."[812]

Der Schwiegersohn der Familie Bauer, Julius Stern, war 1936 als jüdischer Lehrer von der Deutschen Schule entlassen worden und blieb als Emigrant[813] in der Türkei. Er kannte die meisten der emigrierten Professorenfamilien von diesen Abendeinladungen her. „Oder am Sonntag kamen sie gewöhnlich zum Haus meiner Schwiegereltern. Das waren immer so zehn oder zwölf Professoren."[814]

Stern erinnerte sich auch gern an die Männerrunde bei den Skatabenden mit Fritz Neumark, Ernst Reuter und Martin Wagner.

Die dargestellten Emigranteninstitutionen und -kreise geben zwar Einblick in unterschiedliche gesellschaftliche Zusammenhänge, können aber nur die gut dokumentierten und erinnerten Gruppierungen darstellen. Vielen armen Flüchtlingen waren diese weitgehend versperrt. Finanzschwache und stellungslose EmigrantInnen hatten weitaus weniger Möglichkeiten, sich selbst politisch oder gesellschaftlich zu engagieren. Ihr Überlebenskampf bedurfte anderer Strategien. Doch auch bei ihnen entwickelten sich funktionierende

---

811   Interview mit Dr. Robert Anhegger, Istanbul 30.05.1991.
812   Neumark 1981, S. 192.
813   Stern selbst hatte Schwierigkeiten mit dieser Bezeichnung. Er arbeitete ab 1936 zunächst als Lehrer in der Galata-Saray-Schule, ehe er in das Geschäft der Schwiegereltern einstieg. Zwar war er selbst nicht aus Deutschland geflohen, hat aber 1934 seinem verwitweten Vater, seinem Bruder und dessen Familie bei der Emigration in die USA geholfen. Seinem Cousin und Lehrerkollegen Fritz half er bei der Übersiedlung in die Türkei und bei seinem Berufseinstieg.
814   Interview Dr. Julius Stern, Istanbul 27.04.1991.

Unterstützungssysteme. Auffällig ist, daß sich diese Beziehungsnetze häufig durch Internationalität auszeichneten. In Istanbul lebten ja nicht nur deutsche und österreichische EmigrantInnen, erinnert sei nur an die weißrussischen Emigrierten. Hier fand beispielsweise Emilie Harası[815] Anschluß. Und auch einfache türkische Bevölkerungskreise unterstützten hilfsbedürftige AusländerInnen, versteckten sie vorübergehend oder halfen mit Nahrungsmitteln oder Kleidung weiter.

Immer wieder tauchten im Laufe der Jahrzehnte nach der Emigrationszeit Personen auf, die die Verbindungen mit den Deutschsprachigen verloren oder abgebrochen hatten. Eine ehemalige evangelische Gemeindehelferin, die 1964 nach Istanbul kam, erinnert sich daran, wie sie anfing, bewußt nach deutschen Älteren in Istanbul zu suchen. Als sie ihre Tätigkeit in Istanbul anfing, habe der damalige Pfarrer Ziegel gesagt, *„Unsere Alten sind alle weggestorben, wir haben nur noch drei."* Das sei jedoch ein Irrtum gewesen.

„Ich war erst vier Wochen hier, da wurde die erste Beerdigung angemeldet von einer Frau, wo die türkischen Nachbarn sagten, die muß aber von Euch beerdigt werden, die ist nämlich deutsch. Und dann hab ich mich also anhand der Kartei systematisch auf die Suche gemacht und hab zu Weihnachten 50 Päckchen gepackt. Alte Alleinstehende, es gibt viele."[816]

Es scheint, daß auch die Emigrationskreise vor allem klassenspezifisch zusammenfanden. Die gleiche Erfahrung von Vertreibung reichte nicht zur Entwicklung einer gemeinsamen Emigrationskultur. Schichtenübergreifend agierten allenfalls die kommunistischen Gruppen, doch auch dort bestimmten in erster Linie die Gebildeten die Gestaltung der Arbeitszusammenhänge.

---

815 Der Bekanntenkreis meiner Interviewpartnerin aus dem Memelland bestand damals aus russischen Familien und aus Deutschen, „es waren nur Russen und unsere Deutschen, die wir gekannt haben." Interview mit Emilie Harası. Istanbul 13.05.1991.

816 Gespräch mit Dorothea Photiades, Istanbul 13.05.1991.

VI. Community und Arrangements des Zusammenlebens

Nachdem die Herausbildung, Institutionalisierung und Entwicklung der deutschsprachigen Community in Istanbul, ihre Nationalisierung und schließlich ihre nazistische Beeinflussung in weiten Teilen rekonstruiert ist, und nachdem die besondere Geschichte der Emigration aus Deutschland in die Türkei – und damit ebenfalls in die deutschsprachige Community – beleuchtet wurde, soll dieses Kapitel nochmals den Blick auf Arrangements des Zusammenlebens richten. Beispielhaft werden in kurzen lebensgeschichtlichen Darstellungen individuelle Einbindungen in Community-Strukturen nachgezeichnet, Macht und Ohnmacht Einzelner und Anpassungen Vieler verdeutlicht.

In der bisherigen Darstellung zeigte sich bereits, daß es weder bei der Einteilung in zwei getrennte Communities bleiben sollte, die sogenannte Kolonie und die Emigrierten, noch in drei Kreise, die sogenannte Kolonie, der Emigrantenkreis und ein „Niemandsland" als dritter Kreis. In einem Antwortbrief an Horst Widmann folgt die Emigrantin Lotte Loewe der von ihm vorgeschlagenen Zwei- bis Dreikreis-Einteilung der Community zwar, doch auch in ihren Ausführungen deutet sich das Konstrukt als solches an:

„Nun zu Ihrer Hauptfrage: diese ist schwerer zu beantworten, da das Verhältnis zwischen der sog. »Deutschen Kolonie« (=DK) und dem sog. »Emigrantenkreis« nicht konstant war, sondern je nach der politischen Lage wechselte und das gemeinsame »Niemandsland« (Ihr 3. Kreis), je länger, um so mehr dahinschwand.

Als ich im Herbst 1934 nach Istanbul kam, war bereits eine deutliche Kluft vorhanden. Die »DK«[817] umfaßte die oft schon in der zweiten und dritten Generation in Istanbul ansässigen Auslandsdeutschen und die nur für befristete Zeit anwesenden Angehörigen des Generalkonsulates, der Deutschen Kirche, des Deutsch. Krankenhauses, der Deutsch. Schule, des Deutsch archäolog. Instituts, die alle meist Staatsbeamte waren. Der sog. »Emigrantenkreis« setzte sich sehr heterogen aus Deutschen zusammen, die aus rassischen od. politischen Gründen vom Hitlerregime verfolgt wurden. Die Spannung zwischen den beiden deutschen Kreisen wuchs mit Zunahme der Verfolgung der Emigranten, und auch der

---

817 Hiermit ist die 'Deutsche Kolonie' gemeint.

Einfluß und Druck der Partei wuchs mit zunehmender Verfolgung, so daß auch harmlose Gemüter, die über die Tragweite dieser Verfolgung noch nicht im Bilde waren, es nicht mehr wagen durften, in irgendeiner Weise Beziehungen zu Emigrantenkreisen zu haben."[818]

Bei dieser Darstellung wird klar, wie schwierig es ist, nicht auf das Angebot klarer Klassifizierungen zurückzugreifen. Es darf jedoch nicht übersehen werden, daß hier mit „Emigranten" die durch die Universitätsreform in die Türkei berufenen wissenschaftlichen Emigrierten gemeint waren. Und selbst die können nur sehr bedingt einem Kreis zugeordnet werden. Wissenschaftliche Emigrierte, die sich mit berufsfremden Tätigkeiten über Wasser hielten, fallen aus diesem Konstrukt ebenso heraus wie die nichtwissenschaftlichen 'beziehungslosen' EmigrantInnen, die sich für kurze oder längere Zeit auf ihrer Flucht in Istanbul niederließen oder wie die deutschen oder deutschsprachigen Community-Angehörigen, die nicht im Staatsdienst waren und sich nicht vorschreiben ließen, mit wem sie verkehrten.

In der heterogenen Gruppe der Deutschen fanden sich zwar unterschiedliche Interessens- oder Notgemeinschaften zusammen, gab es ideologische Zusammenschlüsse oder Beeinflussungen. Die nun offiziell unter nazistischer Leitung stehenden sogenannten Koloniemitglieder und die aus NS-Deutschland Emigrierten lebten jedoch weder in getrennten Wohnbereichen, noch konnten (oder wollten) sie sich ignorieren. Im Gegenteil, sie hatten vielfältige Berührungspunkte, gemeinsame Interessen und eine gemeinsam genutzte Infrastruktur, während es innerhalb bestimmter Untergruppen auch Trennendes gab. So funktioniert es beispielsweise nicht, eine Gruppe aufgrund eines gemeinsamen Emigrantenstatus zu definieren. Auch Lotte Loewe spricht von „Emigrantenkreisen".

Zwar ist es legitim und häufig notwendig, Klassifizierungen vorzunehmen, um bestimmte Strukturen aufzuzeigen; im vorliegenden Fall verdeckt diese Vereinfachung jedoch für das Verständnis historischer Zusammenhänge und Entwicklungen wichtige Informationen und verleugnet damit wesentliche Merkmale der deutschsprachigen Community Istanbul in den 30er und 40er Jahren: deren generelle Prozeßhaftigkeit und die Vielfalt der Möglichkeiten individueller Entscheidungen und Zuordnungen der sie bildenden Individuen.[819]

---

818 Brief von Lotte Loewe an Horst Widmann, 25.08.1969. Kopie bei der Autorin.
819 Natürlich birgt jede Darstellungsweise die Gefahr und die Notwendigkeit, den Blick redundant von größeren Zusammenhängen eben nur auf bestimmte Struk-

Die tonangebenden Mitglieder der NSDAP und der emigrierten Wissenschaftsgruppe verkörperten zwar ideologische Gegnerschaft, sie forderten und boten Zuordnung. Doch es blieb Raum und Gelegenheit für die Einzelnen, an verschiedenen Kreisen zu partizipieren.

„Am meisten vermissen wir..." – Heimat

Nicht unbegründet spielt die Auseinandersetzung mit 'Heimat' in der Migrations- und Exilforschung eine große Rolle. Die meisten Deutschen in Istanbul, egal ob auf der Suche nach Arbeit migriert oder auf der Flucht emigriert, beriefen sich auf ihre Heimat. Viele von ihnen stellten fest, daß erst die Trennung ein Bewußtsein für sie schaffte.

In Migrations-Communities fällt besonders Frauen die Aufgabe zu, 'Heimat' nach Vorbild der Herkunftsgesellschaft zu schaffen.[820] Das zeigte sich auch in Istanbul, wo der heimatlich zubereitete Sonntagsbraten und die vorweihnachtliche Bastelei eine besondere Bedeutung erhielten.

Die 'Bosporusgermanen', zumeist Nachkommen von ArbeitsmigrantInnen, erhielten und schufen sich noch nach Jahrzehnten der Anwesenheit in der Türkei die ihren Vorstellungen entsprechende deutsche Heimat. Sie lebten sehr gruppenbezogen und hielten emotionalen und wo möglich räumlichen Abstand zu TürkInnen, mit denen beispielsweise Verheiratungen verpönt waren. Inge Moskowitch, die im Jahr 1900 in Istanbul geboren worden ist – ihr Vater war mit

---

turen und Vorgänge zu lenken. Es scheint mir zumindest geboten, nochmals auf die Konstruktionsmacht, und damit auf den Anteil an der Historisierung bestimmter Zeiten und Vorgänge, durch die jeweiligen AutorInnen hinzuweisen.

820   Christine Thürmer-Rohr und Ina-Maria Greverus enttarnen den Heimatbegriff auf unterschiedliche Art als patriarchales Konstrukt. Frauen schaffen nicht nur Heimat, sie 'verkörpern' sie auch – Greverus zeigt die Gleichsetzung von Heimat und Mütterlichkeit – und sind dennoch oder gerade deshalb selbst weitgehend 'heimatlos'. Ich möchte hier nicht weiter auf die besondere Bedeutung des Heimatbegriffs für Frauen eingehen, sondern lediglich daran erinnern, daß es keine geschlechtsneutrale Heimat gibt und verweise auf Elisabeth Büftering: Frauenheimat Männerwelt. Die Heimatlosigkeit ist weiblich. In: Bundeszentrale für Politische Bildung: Heimat. Analysen, Themen, Perspektiven. Schriftenreihe Band 294/1, S. 416-436, Christina Thürmer-Rohr: Vagabundinnen. Feministische Essays. Berlin 1987 und Ina-Maria Greverus: Der territoriale Mensch. Ein literaturanthropologischer Versuch zum Heimatphänomen. Frankfurt a.M. 1972. Dies.: Auf der Suche nach Heimat. München 1979.

seinen Eltern als 15jähriger aus Lemberg eingewandert –, erläuterte das deutsch-türkische Verhältnis in ihrer Jugend:

„Damals hat man so leicht keinen Türken geheiratet. Das waren nicht die Türken von heute. Damals hat man sich – als junges Mädchen aus guter Familie – hat sich direkt gefürchtet. Man sah in den Türken immer etwas Bedrohliches."[821]

Diese Passage verdeutlicht nicht nur den Ethnozentrismus der europäischen Minderheiten in Istanbul, sie erinnert auch an die vorkemalistischen Trennungen der europäischen und türkischen Wohngebiete: Pera und Stambul, die ein Kennen- und Akzeptierenlernen der jeweiligen kulturellen Werte nur bedingt zuließen. *„Die Türken"* blieben für die europäischen Minderheiten die Fremden und dienten als bedrohliche Kulisse und als Anregung zur engeren Verknüpfung der eigenen Minderheitsstrukturen.

Etwas von der mißtrauischen und ablehnenden Haltung gegenüber der türkischen Bevölkerung ist bei vielen Deutschen in Istanbul auch in nachkemalistischen Zeiten erhalten geblieben. Wenn sich die 'Bosporusgermanen' auch den Bedingungen Istanbuls angepaßt hatten, waren sie häufig besonders deutsch-national und schauten mit einer gewissen kulturellen Arroganz auf ihr türkisches Umfeld. So wurde von ihnen auch Distanz zu deutsch-türkischen Paaren gehalten.[822] Dabei unterschieden sie sich selbst in ihrem sozialen Verhalten weniger von den anderen europäischen Minoritäten und den städtischen TürkInnen in Istanbul als von ihren Landsleuten, die gerade erst aus Deutschland kamen. Der Bezug zur Heimat, der besonders der Bestätigung des eigenen 'Deutschseins' diente, hatte für sie einen um so größeren ideellen Wert, wenn sie sich gleichzeitig auch kosmopolitisch identifizierten.

Gisela Freibergs, Schweizerin mit deutscher Mutter, bestätigt das:

---

821 Interview mit Inge Moskowitch, Istanbul 13.06.1991.
822 Auch heute wird eine deutsch-türkische Eheschließung innerhalb dieser Familien nur zögernd toleriert. Nachdem ein junger Mann aus einer Bosporusgermanenfamilie eine Türkin geheiratet hatte, antwortete dessen Mutter auf die Frage, wie es denn den Beiden gehe: „Ja gut, obgleich sie Türkin ist, aber das ist eine nette Frau." Die Fragestellerin, selbst mit einem Türken verheiratet und somit für Zwischentöne sensibilisiert, gibt ihre berechtigten Gedanken wieder: „Und da hab ich gedacht, das hängt diesen Leuten immer noch an, so nen gewissen Abstand, daß sie immer sagen »Die Türken«. Sie leben jetzt seit einem Jahrhundert hier (...), Mitte des letzten Jahrhunderts müssen die Vorfahren hergekommen sein, also 3-4 Generationen leben hier, und haben immer noch diese Aversion, obgleich sie sich selbst hier wohl fühlen und so." Interview mit Magda Fındıkgil, Istanbul 02.12.1991.

„Die Bewahrung des Deutschtums war in unserer Familie eine Selbstverständlichkeit. Durch Heiraten über die Nationalitätengrenzen (Schweiz, Österreich, Deutschland, Siebenbürgen, Frankreich), geboren und aufgewachsen in der Türkei, war man Kosmopolit und tolerant erzogen."[823]

Die in Hamburg lebende Ruth Busch, deren Eltern in Istanbul geboren und aufgewachsen waren, betont ebenfalls deren besonderen Bezug zur Heimat. Ihr Vater sei *„dieser Partei"*[824] beigetreten,

> „weil er die Idee hatte, daß das wieder zu Ansehen führt. Mein Vater war sehr kaisertreunational. Das war für die Leute im Ausland natürlich sehr leicht, jedenfalls zu meiner Zeit noch. Deutschland erschien einem als Heimat, als was Wunderbares. Es war nachher gar nicht so wunderbar. Aber es wurde von Vielen so angesehen. Im Gespräch hieß es dann immer, »ja, wir fahren nach Hause«, in Ferien nach Deutschland. Oder ich hab dann mit Jungmädeln 'ne große vierwöchige Deutschlandfahrt damals gemacht. Das kann sich hier niemand vorstellen, unter welchen Gesichtspunkten man eine solche Fahrt unternahm. (...)
> Man sah das mit anderen Augen an, weil das Leben hier ja ganz anders war als in der Türkei. Sie dürfen auch nicht vergessen, daß Türken damals in unserem gewöhnlichen Bereich überhaupt keine Rolle gespielt haben. (...) So wie ich das jetzt im Nachhinein überlege, kommt es mir so vor, daß die Ausländer sich dort als Herrenrasse eigentlich fühlten."[825]

Nicht von ungefähr spricht Ruth Busch zum einen von dem besonderen Heimatbezug der in der Türkei lebenden Deutschen und zum anderen von dem Überlegenheitsgefühl *„der Ausländer"*; in Istanbul zeigen sich deutliche Parallelen zwischen den (europäischen) ausländischen Gruppen, obwohl sie *„sich auch viel gestritten haben – Italiener, Franzosen und Deutsche. Das war wohl immer die Frage: Wer ist der Beste?"*[826] Das Überlegenheitsgefühl gegenüber dem nichteuropäischen Umfeld wurde geteilt und bewahrt, der Status einzelner europäischer Minderheiten im 'Minderheitengeflecht' war – wie die Geschichte zeigt – konkurrent und veränderbar.

Die nur zeitweise anwesenden Deutschen, LehrerInnen, Konsulatsangestellte etc. teilten in der Regel dieses Überlegenheitsgefühl der türkischen oder das Konkurrenzverhalten der andersnationalen Bevölkerung gegenüber, distanzierten sich jedoch auch von den Bosporusgermanen, denen sie 'Levantinertum' vorwarfen, ein negativ konnotierter Begriff, der Vorstellungen von Völkergemisch, geschäft-

---

823 Brief von Gisela Freibergs, Västra Frölunda 23.04.1992.
824 „Diese Partei" ist die NSDAP.
825 Interview mit Ruth Busch, Hamburg 09.06.1992.
826 Ebd.

licher Unzuverlässigkeit und Verschlagenheit beinhaltet. Julius Stern erklärte den Gebrauch dieses Begriffs:

„Ich will Ihnen eins sagen. Was ein Levantiner ist, das wurde hier schon...das wurde schon sehr abfällig genutzt. In Wirklichkeit sind Levantiner die Genuesen und die Venezianer, die hier geblieben sind. Die echten Levantiner, das sind Familien, italienische Familien, die schon hier waren, als die Türken Istanbul erobert haben. (...) Aber hier unter den Deutschen hat das Levantinertum schon einen schlechten Beigeschmack. Es wurde...wir haben auch von Deutschen gesagt, er ist ein Levantiner. (...) Besonders, wenn einer dann irgendwas gemacht hat, was dem anderen nicht gepaßt hat, da sagte man damals Levantiner."[827]

Und man sagte das nicht nur „damals", sondern sagt es auch heute. Bei der Reflexion des Verhaltens einer deutschen Familie, die nach dem Krieg in Istanbul auftauchte und von meiner Interviewpartnerin Magda Fındıkgil verdächtigt wurde, eine „Nazifamilie" zu sein, zog sie intuitiv eine Parallele zu „Levantinern":

„Und da hab ich immer gedacht, mich würde das halt menschlich interessieren, wie so Menschen leben, die also immer doch auch auf der Hut sein müssen, gewissermaßen. Hier kann ihnen nix passieren, aber trotzdem. (...) Und dann hab ich gedacht, die machen dann auch so einen levantinischen Eindruck, weil die ganzen Levantiner wahrscheinlich ständig immer irgendwas zu verbergen hatten oder sich anpassen mußten.(...)
Levantiner, das sind hier eben Leute, die seit Generationen hier sind und die eben manchmal auch mit hiesigen Leuten vermischt sind. Aber meist wollen sie das auch nicht wahrhaben irgendwie. Sie fühlen sich dann doch zu irgendeiner Volksgruppe zugehörig."[828]

Diese Überlegungen entbehren nicht einer gewissen Logik. Menschen, die keinen gesicherten Status haben – und den hatten und haben die Angehörigen europäischer Minderheiten in Istanbul nicht – müssen besondere Vorsicht und Flexibilität entwickeln, um mit den sich immer wieder ändernden fremden Regeln umzugehen. Dabei haben oder erlernen sie vielfach auch Fähigkeiten, ihren 'Sonderstatus' vorteilhaft und gewinnbringend zu instrumentalisieren. Für die individuelle und repräsentative Selbstverortung bleibt die jeweils bevorzugte 'Volksgruppe' von Bedeutung.

Besonders nationalistisch und antisemitisch wurden viele Neudeutsche. Nicht nur Elfi Alfandari erinnert sich, daß „die echten Reichsdeutschen weniger antisemitisch (waren, d.A.) als die Deut-

---

827 Interview mit Dr. Julius Stern, Istanbul 21.05.1991.
828 Interview mit Magda Fındıkgil, Istanbul 02.12.1991.

schen, die als Serben und die Österreicher, die deutsch wurden. " Die seien *„die ganz Schlimmen"* gewesen und wetteiferten in der Zurschaustellung nationalistischer Gesinnung. Auch deutsch gewordene Familien in der Nachbarschaft grüßten die jüdische Familie Caron plötzlich nicht mehr.

„Als wir im Botton-Han wohnten, wohnte unter uns eine Familie, die hieß Wendicz, es waren Jugoslawen, Österreicher, die dann plötzlich Deutsche wurden – und sehr glücklich waren, Deutsche zu werden –, und dann von einem Tag auf den anderen nicht mehr grüßten."[829]

Der Nazismus schuf so auch 'neue Heimaten' – und neue Konflikte. Es gab nicht selten unterschiedliche Orientierungen innerhalb von Familien. Elfi Alfandari erwähnt die Familie des Uhrmachers Meyer:

„Von dem haben Sie gehört, der Uhrmacher Meyer, übrigens ein sehr netter Mensch, hatte zwei Söhne und zwei Töchter. Die zwei Töchter, also die haben auch von einem Tag auf den anderen nicht mehr gegrüßt. Der jüngere Sohn war ein ausgesprochener Nazi. Der ältere hatte eine Jüdin geheiratet."[830]

Für die aus dem nazistischen Deutschland Vertriebenen galten wiederum andere Bedingungen für ihre Auseinandersetzung mit der Heimat und ihrer Nationalität. Sie haben sie zumeist nicht freiwillig verlassen, einigen ist sie mit dem Paßentzug ganz abgesprochen worden, so daß ihre Heimat Deutschland nur Vergangenheit oder Zukunft heißen konnte.

Bedia Bağda, deren Familie die deutsche Staatsbürgerschaft entzogen worden war, sprach ihre frühere 'Heimatlosigkeit' mehrmals an. So erinnerte sie sich während ihres 'Rückblicks' an eine Episode, als sie an der Universität von Prof. Scheuerwald angesprochen wurde, dem sie durch ihr Aussehen aufgefallen war. Er hätte gefragt, ob sie Deutsche sei und sie habe geantwortet:

„Ja, ich war wenigstens mal Deutsch. Jetzt hat man uns einen 'Haymatloz-Stempel' gegeben."

Und als sie davon erzählte, daß ihr Vater 1943 auch noch aus der Türkei abgeschoben werden sollte, und es so aussah, daß auch sie – *„Da war ich immer noch die Tochter meines Vaters"* – das Land, auf das sie sich inzwischen emotional eingelassen hatte, verlassen müßte, erinnert sie sich an eine *„schreckliche Zeit, eine furchtbare Zeit"*. Ihren

829 Interview mit Elfi Alfandari, Istanbul 27.04.1992.
830 Ebd.

Verlobten habe sie ja wegen des türkischen Beamtengesetzes, das eine Verheiratung mit AusländerInnen nicht erlaubte, nicht heiraten dürfen.

„Ich war ja nicht nur keine Türkin, ich hatte ja überhaupt keine Papiere. Ich hatte dieses »Haymatloz«. Das schrieb man so: H a y und mit einem Z am Schluß, das wurde ein türkisches Wort."[831]

Heimatlosigkeit hatte hier einen türkischen Namen und beinhaltete Verlust von Identität. Auch wenn die Türkei bei den meisten der wissenschaftlichen EmigrantInnen mit der Paßlosigkeit großzügig verfuhr, bedeutete sie doch eine extreme Unsicherheit für die direkt Betroffenen. Gerade die Unsicherheit des rechtlichen und damit auch sozialen Status ließ Viele mit Wehmut an die alte Heimat denken.

In der Exilforschung wird die emotionale Hinwendung zur 'Heimat' u.a. von Gerhard Bauer thematisiert:

„Die Heimatliebe der Exilierten ist immer davon gezeichnet, daß sie es aus politischen oder menschlichen Gründen in dieser Heimat nicht aushalten konnten oder daß sie in ihr nicht geduldet wurden. Dieser Widerspruch färbt alles, was sie aus diesem Land mitgenommen haben. Besonders scharf wird es an der Sprache erlebt."[832]

Die Türkei war für die Mehrzahl der Emigrierten nicht das Einreise-land erster Wahl, sondern die einzige Möglichkeit der Zuflucht. Sprache und Kultur ihres Exillandes erschienen ihnen denkbar fremd. Deshalb waren sie freudig überrascht, in der Türkei auf eine so ausgeprägte deutschsprachige Infrastruktur zu treffen.

Dennoch – das neue Umfeld war gewöhnungsbedürftig, und alle ZeitzeugInnen erinnern sich an Dinge und Gegebenheiten, die sie sehr vermißten. Soweit es möglich war, hielten sie brieflichen Kontakt „nach Hause" und berichteten über ihr neues Leben. Es waren manchmal Kleinigkeiten, die vermißt wurden, wie „Damenstrümpfe in Größe 40", die für Vera Zickel 1939 in Ankara einfach nicht zu bekommen waren, oder Briefpapier, das die junge Veronika Gerngroß vermißte, da sie den Freundinnen zu Hause schreiben wollte. Heinz Zickel, früherer Direktor der Elektrizitätswerke in Ankara berichtete

---

831 Ebd.
832 Gerhard Bauer: Die mitgeschleppte und die ausgedachte Heimat der Exilierten. In: Helmut F. Pfanner (Hg.): Kulturelle Wechselbeziehungen im Exil – Exile across Cultures. Bonn 1986, S. 25-34, hier S. 26f.

der Familie in Deutschland über die täglichen größeren und kleineren Schwierigkeiten:

„Vera und ich leben immer noch recht gut, wenn wir auch manche europäische Einrichtungen sehr vermissen. Sehen wir einmal ganz von dem hier fehlenden Theater ab, so gibt es viele kleine Dinge, die das Leben oft beschwerlich machen. (...) Was uns sehr fehlt, ist die deutsche Landschaft. In Ankara und seiner weiteren Umgebung gibt es kaum einen Baum, außer den Akazien, die angepflanzt wurden und noch täglich begossen werden."[833]

Bäume und Wald waren überhaupt Topoi, die in vielen Berichten Emigrierter und Migrierter auftauchten und in der Regel mit deutscher Heimat assoziiert wurden. So erinnert sich Bedia Bağda, daß sie in Ankara mit ihrer Schwester zu den neugepflanzten Tannen gegangen ist, um sich den heimatlichen Wald ins Gedächtnis zu rufen:

„Wir sind da immer hingegangen und haben uns unter diese winzige Tanne gesetzt, um Bäumerauschen zu hören, weil wir so Sehnsucht nach Bäumerauschen hatten."[834]

Und auch ihre Freundin Güzin Ersöz betont:

„Ich hab mein Leben lang Sehnsucht nach den Wäldern gehabt. (...) Das hab ich am meisten vermißt hier. Ich vermisse es immer noch."[835]

Von Istanbul aus unternahmen einige der Emigrierten Ausflüge in den Belgrader Wald bei Istanbul oder nach Polonezköy, das von Wald umgeben war. In der Stadt am Bosporus war es einfacher als im anatolischen Ankara, sich Ersatz für verschiedene Bedürfnisse zu schaffen. Die strukturellen Gegebenheiten der Großstadt und die geographischen des Umlandes boten bedeutend mehr Möglichkeiten. Das heißt jedoch nicht, daß die unerfüllbaren Sehnsüchte nach Heimatlichem nicht auch hier vorhanden waren.

Wie bereits deutlich wurde, verkehrten die Emigrierten nicht nur zwangsläufig mit der sogenannten Kolonie. Die vorhandene Infrastruktur bot ihnen einen Rückgriff auf Bekanntes und vielfältige Einstiegshilfen in ihr neues Umfeld, bedeutete ein Band zur Heimat. So besuchten Emigrationskinder die Deutsche Schule, wo die Bedingungen erst nach 1938 vor allem für die deutschen jüdischen SchülerInnen schwierig wurden. Vorträge im Archäologischen Institut, Gottesdienste in der Deutschen Evangelischen Kirche oder der Katho-

---

833 Brief von Heinz Zickel. Ankara, 29.10.1939. Kopie bei der Autorin.
834 Interview mit Bedia Bağda, Maltepe 21.06.1991.
835 Interview mit Güzin Ersöz, Maltepe 21.06.1991.

lischen St. Georgskirche, der Kaffeehausbesuch oder der Einkaufsbummel in 'deutschen Geschäften', die Einladung zu türkischen oder
andersnationalen Veranstaltungen, der Kinobesuch und die Aufnahme
in das Deutsche Krankenhaus ließen die Emigrierten das gesellschaftliche und soziale Leben der in Istanbul ansässigen Deutschen bzw.
Deutschsprachigen ebenso teilen wie die gemeinsamen Erfahrungen
als Fremde in Istanbul oder ihr Ansehen als Deutsche in der 'Welt-
meinung'.

Kontakte kamen in Istanbul zwangsläufig zustande. Man kannte
sich und konnte sich kaum aus dem Weg gehen. Julius Stern
verdeutlichte das: *„Da bin ich nicht über die Perastraße gegangen,
ohne wenigstens einen oder zwei Bekannte zu treffen."*[836]

Bei nationalen Feiern der Türkei war ein Zusammentreffen ebenfalls unvermeidlich; denn da wurden die emigrierten Eliten genauso
selbstverständlich eingeladen wie die offiziellen Vertretungen des
Reiches.

Die Besuche der Vorträge der emigrierten Professoren oder der
von Emigrierten abgehaltenen Kammermusikabende waren wiederum
auch für die nationalen und nazistischen Deutschen willkommene
gesellschaftliche Abwechslungen. In der Türkischen Post wurden sie
kommentiert. Der Kammermusikabend im Galatasaray am 04.02.1935
fand die ungeteilte Zustimmung des Publikums und des Rezensenten
dieser Zeitung. Es wurde vermerkt, daß sich das Quartett zu Licco
Amar, dem neuen ersten Geiger, gratulieren dürfe. Daß er Emigrant
war, blieb dagegen unerwähnt.[837] Bei Amars Auftritt in der Deutschen
Schule einen Monat später übernahm Franz von Caucik, Vertreter des
Völkischen Beobachters und anderer nazistischer Zeitungen die
Konzertbesprechung in der Türkischen Post. Auch er thematisierte die
Emigration nicht, nun fiel das Urteil jedoch schon schlechter aus.
Zwar schrieb auch von Caucik nur von den musikalischen Qualitäten
des Künstlers, doch offensichtlich ging es ihm um eine generelle
Abwertung. Er kritisierte Amars Beethoven, lobte seinen Debussy[838],
urteilte, daß Amar bei Schubert *„der Aufgabe nicht ganz gewachsen*

---

836 Interview mit Dr. Julius Stern, Istanbul 21.05.1991.
837 Vgl. T.P. 04.02.1935.
838 Mit der angedeuteten Nähe zu diesem französischen Komponisten kann eine
      aus dem nazistischen Verständnis implizite Abwertung vermutet werden.

war". Der Erfolg des Konzerts sei nur Ferdi von Statzer zu verdanken.[839]

An derartigen Vorkommnissen und Bewertungen zeigten sich eben auch Schwierigkeiten der nazistischen Repräsentanten, das 'angemessene' Verhältnis von Nähe und Distanz zu den Emigrierten herzustellen.

So brachte auch die öffentliche Vortragsreihe der Universität Istanbul (Üniversite konferansları) Menschen aus den verschiedensten Gruppierungen zusammen. Die Reihe entstand auf Anregung des Emigranten Hans Winterstein und wurde von 1934 bis zum Ende des Zweiten Weltkrieges durchgeführt. Derartige Veranstaltungen boten einigen Emigrierten Gelegenheit, wissenschaftliche und philosophische Betrachtungen vorzustellen, die in NS-Deutschland zu dieser Zeit keinen Raum hatten. So sprach etwa Gerhard Kessler über *„Politik und Moral"* und Phillip Schwartz über *„Sigmund Freud und die Psychoanalyse"*.[840]

Es stimmt also auch nicht, daß sich die emigrierten WissenschaftlerInnen vor allem in den eigenen Kreisen bewegten. Das traf für einige zu, andere jedoch engagierten sich in verschiedenen Bereichen ihres neuen Lebensumfeldes. So wurde der Emigrant Alfred Isaac *„die Seele des Istanbuler Tierschutzvereins"*.[841] Gerhard Kessler initiierte türkische Gewerkschaftsarbeit. Fritz und Ruth Neumark verkehrten in unterschiedlichen internationalen Kreisen, ebenso die Familien Kosswig und Reuter, Rosemarie Heyd etc.

Und auch Mitglieder der sogenannten Kolonie pflegten Kontakte zu den Emigrierten. Der Leiter des Archäologischen Instituts Kurt Bittel nahm an Wissenschaftszirkeln emigrierter Professoren teil, der Direktor der Deutschen Orientbank Johannes Posth lud EmigrantInnen zum Segeln auf sein Boot, und der gleiche Walter Hetzer, Lehrer an der Deutschen Schule und HJ-Führer, der den Kindern antisemitisches Denken und deutschen Nazismus nahebrachte, scherzte

---

839   T.P. 25.03.1935. Von Statzer war von Wien nach Istanbul gekommen. Er hatte einflußreiche türkische Freunde und war selbst zum Islam übergetreten. Außerdem nahm er die türkische Staatsbürgerschaft an und heiratete eine Türkin. Für die NS-Vertreter galt er als unbelastet, ordnete sich selbst später jedoch eindeutig Emigrationskreisen zu und distanzierte sich von der großdeutschen antisemitischen Haltung seines Herkunftslandes.

840   Horst Widmann wies bereits auf die Tatsache hin, daß die Vorträge in gedruckter Form vorliegen, und nennt weitere Vortragstitel. Vgl. Widmann 1973, S. 194.

841   Ebd. S. 222, Anm. 48.

NS-Jugendführer Walter Hetzer beim Reiten in Polonezköy

gelegentlich mit seinem ehemaligen jüdischen Kollegen Julius Stern über dessen arisches Aussehen. Und Martin Teichmann, ebenfalls Lehrer an der Deutschen Schule, wurde von Stern gar als Freund bezeichnet, obwohl er ebenfalls „Nazi" war:

„Der war ein guter Freund. (Einwurf A.: Und das geht?) Damals ging das. Die waren Nazis, aber die haben diese Sachen nie mitgemacht, der Teichmann war ein Nazi. Er hat mir gesagt, »also wenn ich den Auftrag bekomme, Dich zu erschießen, werd ich's nicht machen«. Sag ich »Lieber Freund, es gibt auch zwei, Du mußt aber auch achtgeben, daß ich Dich nicht erschieße«. Also wir waren ... wir waren sehr gut befreundet."[842]

Der Einwurf der Interviewerin weist auf das Verständnis des Nationalsozialismus aus heutiger Sicht hin, während die Aussagen des Interviewten etwas vom damaligen Selbstverständnis widerspiegeln: „Damals ging das."!

Es war damals möglich, daß sich ein jüdischer Lehrer freund-schaftliche Gefühle für einen nazistischen Kollegen erhielt und umgekehrt. Der „Freund" unterlag nicht der generellen Wertigkeit, für ihn galten jeweils Sonderkonditionen.

Mit dem Ehepaar Gräf blieb Stern ebenfalls befreundet, wenn diese Freundschaft auch diskret gelebt wurde und Besuche in aller Heimlichkeit abgestattet wurden. Gräf, ebenfalls Studienrat an der Deutschen Schule, vermittelte dem Freund nach dessen Entlassung aus dem deutschen Schuldienst heimlich Nachhilfeschüler. Noch 1942 arbeitete die „nicht vollarische" Frau Gräf[843] in der Bücherei der Teutonia und als Aushilfe an der Deutschen Schule. Dennoch litt ihr Mann nach Angaben des Beauftragten des Reichserziehungs-ministeriums Benze unter den Schwierigkeiten, die er in der Partei – in der er aktiv war – hatte, weil er sich nicht scheiden lassen wollte.[844]

Stern gab an, daß er mit „den Alten", das sind die LehrerInnen, mit denen er bis 1936 noch zusammen gearbeitet hat – Hetzer und Teichmann verließen die Türkei 1937 –, keine besonderen Probleme gehabt habe. Damals seien an der Schule etwa drei echte Nazis gewesen, die anderen beschrieb er als „neutral" oder „Anti-Nazi". Wenn seine Ausführungen aus heutiger Sicht manchmal irritieren,

---

842 Interview mit Dr. Julius Stern, Istanbul 23.10.1991.
843 Bis zu ihrer Verheiratung mit Karl Gräf im Juni 1939 arbeitete Gabriele von Brochowska ebenfalls als Lehrerin an der Deutschen Schule, anschließend bis August 1942 auch noch als Aushilfskraft.
844 Vgl. Zentralarchiv Potsdam: Dr. Rudolf Benze über die Schlußprüfung 1942, Blatt 448.

muß – wie er selbst erklärte – bedacht werden, daß er selbst nicht in Hitlerdeutschland gelebt hat.[845] Die Nazialisierung der deutschsprachigen Community verdrängte ihn zwar aus bestimmten Bereichen des Community-Lebens, doch er war jung und aktiv, hatte ein unterstützendes Umfeld und fand nach der Entlassung aus dem deutschen Schuldienst schnell eine neue Beschäftigung als Lehrer und neue soziale Beziehungen. Er heiratete eine ehemalige Schülerin aus einer gesellschaftlich aktiven und angesehenen jüdisch-jugoslawischen Familie, die sich der *„deutschen Kultur"* verbunden fühlte. War die Familie Bauer zunächst Mittelpunkt einer deutsch-nationalen Gesellschaftsgruppe gewesen, versammelte sie bald viele der emigrierten deutschen und österreichischen WissenschaftlerInnen und KünstlerInnen um sich.

Sterns Distanzierung von Deutschland geschah allmählich, er orientierte sich an der Vorstellung eines 'Weltbürgertums'. Und wie er sich zuvor in der Teutonia für die kulturellen Belange der Deutschen engagiert hatte, so begann er 1937/38 den Aufbau einer internationalen jüdischen Flüchtlingsorganisation. Auch er war mit nazistischem Antisemitismus konfrontiert, doch konnte er seine 'Ausgrenzung' leicht verdrängen. Er selbst bezeichnete und fühlte sich nicht als Emigrant – auch nicht in den 30er und 40er Jahren -, akzeptierte diese Bezeichnung jedoch im Rückblick, u.a. deshalb, weil er sich *„ in guter Gesellschaft"* wußte. Wenn es den deutschen Nazismus nicht gegeben hätte, wäre sein weiteres Leben wohl dennoch in Istanbul und der Türkei verlaufen; für ihn war die Türkei kein Exilland. Bei der Beantwortung eines Fragebogens schrieb er: *„ Ubi bene ibi patria"* und führte auf die Frage, *„ Gibt es Momente, in denen Sie vergessen, gebürtiger Deutscher zu sein? "*, aus:

„Wenn die Frage lauten würde: Denken Sie manchmal daran, daß Sie gebürtiger Deutscher sind, würde ich sagen: Manchmal ja, meist bei nebensächlichen Dingen, z.B. wenn ich mich ärgere, wenn in einem Fußball Länderkampf Deutschland verliert. Um einer weiteren Frage von Ihnen vorzubeugen. Ich weiß nicht, wem in einem Länderkampf Türkei Deutschland meine Sympathien

---

845 Allerdings war er 1934 für drei Tage dort, um seinem Vater, seinem Bruder und dessen Familie bei der Emigration in die USA zu helfen. Er wußte also sehr gut, was in Deutschland geschah und machte sich über eine mögliche Rückkehr keine Illusionen.

gehören würden. Wahrscheinlich würde mich ein Unentschieden am meisten befriedigen."[846]

Das Beispiel dieses Migranten zeigt, daß die Zuordnung zu einem vorgegebenen Kreis immer falsch wäre, und daß selbst Menschen, die sich bewußt nicht mehr mit der alten Heimat identifizieren, an bestimmten Punkten auf sie zurückgeworfen werden.

Neue Kontakte – alte Konstrukte
Anpassung und Abgrenzung

Die multikulturelle Bevölkerung der Stadt bot vielfältige Anknüpfungspunkte und Kontaktmöglichkeiten. Und da die nationale Orientierung bei einem Teil der – vor allem jüdischen – Emigrierten einer eher europäischen Identifikation gewichen war, fanden schnell neue internationale Kreise zusammen.

Elze Mandil, eine Stuttgarter Jüdin, hatte vor allem englische und amerikanische Bekannte, denen sie und die ihr nutzten. Sie habe immer Nescafé von *„den Amerikanern"* bekommen, *„da war ich der*

---

846 Kopien des Fragebogens von Dietrich Gronau und des eigenen Antwortschreibens überließ mir Dr. Stern bei einem unserer ersten Treffen. Von der Veröffentlichung eines biographischen Aufsatzes auf der Basis dieses Fragebogens erfuhr er jedoch erst durch mich. Das nicht sehr wissenschaftliche Umgehen mit seinen Angaben – in dem Aufsatz wird u.a. der Eindruck erweckt, als sei dieser Ergebnis längerer intensiv geführter Gespräche – und der Tatsache, daß er – entgegen einer telefonischen Absprache – namentlich zitiert wurde, kränkte den alten Herrn. Der in dem Aufsatz vorgenommenen Charakterisierung des angeblich „vereinsamten" Lehrers und Kaufmanns, dessen Leben in der Türkei von „innerer Isolierung" deutlich gekennzeichnet sei, kann ich nach einer mehrjährigen Bekanntschaft nicht zustimmen. Falsch ist eindeutig die Einschätzung, daß sich Stern zugunsten einer für das türkische Umfeld akzeptableren Identifizierung „als Deutscher" von seiner jüdischen Identität gelöst habe. Als sogenannter assimilierter deutscher Jude hatte er auch in seiner Jugend keine besonders enge Verbindung zur Jüdischen Synagogengemeinde. Sein Jüdischsein gehörte jedoch ebenso zu seiner Selbstdefinition wie etwa das Lehrer- oder Kaufmannsein. In der deutschsprachigen Community hatte er bis zu seinem Tod einen sehr angesehenen Status und war häufiger Ehrengast auf Veranstaltungen, empfing aber auch viele BesucherInnen in seiner Wohnung in Şişli. Er war bedeutend weniger „vereinsamt", als ihm das Gronau nachsagt und als es viele seiner deutschen und andersnationalen Altersgenossen sind. Erinnert wird er heute vor allem als jüdischer ehemaliger Lehrer der Deutschen Schule. Vgl. den hier kritisierten Aufsatz: Dietrich Gronau: Ubi bene ibi patria. Ein Lehrer und Kaufmann in Istanbul. In: Wolfgang Benz (Hg.) 1994, S. 157-166.

Liebling, weil ich ein bißchen Türkisch kann. " Während des Krieges habe sie dann bewußt weiterhin Abstand zu Deutschen gehalten, da man ihr auf der Englischen Botschaft, mit der sie Kontakt hatte, da sie für das „Rote Kreuz" arbeitete, gesagt hätte: *„Nur nicht Deutsch sprechen und mit Deutschen verkehren.* "[847]

Sie selbst sei von vielen Deutschen für eine Amerikanerin gehalten worden, was sie manches auf Deutsch geführte Gespräch mithören und Einblick in die Gedankenwelt ihrer früheren Landsleute nehmen ließ.[848]

Die Wohnlage spielte eine zentrale Rolle für die Neubildung freundschaftlicher und sozialer Gruppen, meist ergaben sie sich aus nachbarschaftlichen oder beruflichen Kontakten. Enge Beziehungen zu türkischen Familien waren – außer bei den bi-nationalen bzw. bikulturellen Paaren – auch bei den EmigrantInnen eher selten. Hierauf wies u.a. Ernst Hirsch hin:

„Bei aller Aufrichtigkeit, Freundlichkeit, ja Herzlichkeit anläßlich der gemeinsamen Arbeit im Rahmen der Universitätsinstitute und Gremien gab es meines Wissens keinen dauernden und intensiven gesellalligen Verkehr zwischen einer deutschen Familie und türkischen Familien, von gelegentlichen sehr steifen Teeinladungen abgesehen."[849]

Wie bei vielen der Community-Angehörigen zeigte sich auch bei einer Reihe der Emigrierten kulturelle Arroganz dem türkischen Umfeld gegenüber. Allerdings war sie durch die eigene Zwangslage und die empfangene Überlebenshilfe gemildert. Außerdem wurde der Person Mustafa Kemals und dem Versuch seiner Reformen viel Interesse und Beifall entgegengebracht. Dennoch konnten sich nur wenige der Emigrierten tatsächlich integrieren oder wenigstens mit der Lebensweise in der Türkei arrangieren.[850]

---

847 Ebd.
848 So hörte sie am Strand des Bosporus, im Frauenbereich, gegen Kriegsende ein Gespräch über den Kriegsverlauf. Einige Deutsche machten sich offensichtlich wenig Hoffnung auf den »Endsieg«, wagten das aber nur mit sehr engen Bezugspersonen zu besprechen.
849 Auch für Hirsch sind Emigranten die wissenschaftlichen Emigranten, den anderen mißt er keine Bedeutung zu. Hirsch 1982, S. 257.
850 Der Emigrant Prof. Dr. Alexander Rüstow, der 1949 an die Universität Heidelberg zurückgekehrt war, riet seiner damaligen Studentin Angela Göktürk, für ihre geplanten Studien nicht in die Türkei zu gehen. „Bleib im Land und ernähre Dich redlich" habe er gesagt und ihr die Unvereinbarkeit deutscher und türkischer Mentalität zu vermitteln versucht. Sie ging dennoch und blieb. Rüstow hat ihr, obwohl sie seinen Rat nicht angenommen hat, Kontakte zu den

Bei der Betrachtung von Lebensbedingungen der Emigrierten und ihrer Einbindung in das deutschsprachige Community-Leben Istanbuls zeigen sich neben Tolerierenden massive Ausgrenzungen, aber auch Vereinnahmungen. Deutlich wird das in einer Publikation von NSDAP-Ortsgruppenleiter (Ankara) Martin Bethke. Bethke betont darin den für Deutschland vorteilhaften propagandistischen Wert der Arbeit der Emigrierten in der Türkei, etwa durch den deutschen künstlerischen Einfluß:

„Denn wer auch immer von den heute in der musikalischen Pädagogik Führenden lehrt, er muß sich mehr oder minder vor dem deutschen Geist und diesem Sektor deutscher Kultur beugen, auch wenn er Emigrant oder Jude ist und sich hier noch einen Lehrposten sichern konnte. Sie wurden nicht zuletzt angestellt, weil man glaubte, daß sie aus deutschen Wirkungskreisen kämen."[851]

Ähnliches führt er für die Malerei und Bildhauerei an. Er verweist auf den Wiener Bildhauer Heinrich Krippel, die Städtebauer und Architekten Hermann Janson, Prof. Dr. Hans Poelzig und auf Prof. Dr. Bruno Taut. *„Man mag auch diesen Persönlichkeiten kritisch gegenüber stehen, ihre türkischen Gönner glaubten in diesen deutsche Könner gefunden zu haben."* Und den Emigranten Rudolf Belling lobt er,

„der, geborener Berliner, in seiner urwüchsigen Art an der Akademie der schönen Künste in Istanbul (für Malerei, Bildhauerei, Architektur, graphische Kunst, Innenarchitektur und Kunstgewerbe) den Lehrstuhl für Bildhauerei innehat und dessen Inönü-Büste als die beste bezeichnet wird".[852]

Unerwähnt bleibt in diesem Zusammenhang, daß Belling Berlin verlassen mußte, weil seine Kunst in Deutschland als *„entartet"* galt. Mit einem antifranzösischen Seitenhieb fügte Bethke statt dessen an, bei Belling verhielte es sich anders als in der Akademieklasse für Malerei, *„deren Leiter, der französische Jude Levi, lauter kleine Levis erzog und sich schließlich damit einhellige Kritik von der höchsten Stelle bis zum Feuilleton der Blätter zuzog."*[853]

Eine demonstrative Abgrenzung von den Emigrierten war eben auch bei den offiziellen deutschen Vertretungen in Istanbul nicht

---

dort noch anwesenden EmigrantInnen vermittelt. Vgl. Gespräch mit Dr. Pia Angela Göktürk, Istanbul 12.05.1991.
851 Martin Bethke: Im Lande Ismet Inönüs. Beobachtungen und Streiflichter aus der Türkei. Berlin 1944, S. 43.
852 Ebd.
853 Ebd.

immer opportun. Die deutsche politische Führung in der Türkei sah sich vielmehr mit der Tatsache konfrontiert, daß sie – wie alle Deutschen – vom Ansehen der aus Deutschland emigrierten WissenschaftlerInnen oder KünstlerInnen profitierte, sich jedoch nicht zu sehr mit ihnen einlassen durfte. Manchmal sonnte man sich eben ganz gern in deren Erfolgen. Als im Juni 1937 das Institut für Radiologie, dessen Leitung der Emigrant Friedrich Dessauer innehatte, in Istanbul eingeweiht wurde, überreichte Generalkonsul Toepke eine Röntgenbüste.[854] Auch bei anderen universitären Gelegenheiten trafen Angehörige des Generalkonsulats und EmigrantInnen auf neutralem Parkett ebenbürtig zusammen.

Es fiel den NS-Vertretern in der Türkei nicht leicht, eine klare Trennungslinie zwischen *„den Deutschen"* und *„den Emigrierten"* zu ziehen. In den deutschen Zeitschriften funktionierte die Abgrenzung zunächst ebenso wenig. So wurde die Antrittsvorlesung des Emigranten Rudolf Nissen in der Türkischen Post ausführlich gewürdigt und auch der *„langanhaltende Applaus im übervollen Hörsaal"* erwähnt. Mehr noch: *„Die »Türkische Post« nützt diesen Anlaß, um Herrn Prof. Nissen ihre besten Wünsche für erfolgreiches Wirken an seiner neuen Arbeitsstätte zum Ausdruck zu bringen."*[855] Ebenso wurde die Arbeit der Notgemeinschaft deutscher Wissenschaftler im Ausland in der Führerzeitschrift des Volksbundes für das Deutschtum im Ausland für ihre deutsche Kulturarbeit gelobt:

„Die Notgemeinschaft der Deutschen Wissenschaftler und die Kaiser-Wilhelm-Gesellschaft zur Förderung der Wissenschaftler verfügen über wertvolle Stützpunkte im Ausland, die geeignet sind, die deutsche Wissenschaft als kulturpolitischen Faktor im Interesse des Ansehens Deutschlands in der Welt zur Geltung zu bringen."[856]

Tatsächlich nutzte die wissenschaftliche Emigration in die Türkei letztendlich allen Beteiligten: den Emigrierten, da sie hier sehr schnell Arbeit und Ansehen erringen konnten, der Türkei, da sie hervorragendes wissenschaftliches Personal für ihre Universitätsreform gewann, und eben auch NS-Deutschland, da die Tätigkeit der Emigrierten türkische Intellektuelle an die deutsche Sprache und Wissenschaft heranführte:

---

854   Vgl. Jäschke 1943, S. 42.
855   T.P. 27.01.1934.
856   »Deutsche Arbeit. Grenzlandzeitschrift« 1933/1934, S. 185.

„Im Frühjahr 1939 befanden sich schließlich 80% aller türkischen Auslandsstudenten in Deutschland, was ebenfalls für die Berufsausbildung auf anderer Ebene galt."[857]

Unter diesen Umständen fielen die Entscheidungen zur Ausbürgerung, die bei einigen Emigrierten in Istanbul ab 1939 durchgeführt und bekannt gegeben wurden, den deutschen Stellen nicht immer leicht. Besonders ärgerlich fanden sie es, daß der erste Auszubürgernde ein politischer Emigrant mit sogenannten Ariernachweis war.[858]

In den Archivunterlagen des Auswärtigen Amtes ist vermerkt, daß der Emigrant Gerhard Kessler bereits in Leipzig „scharfe und gehässige Kritiken an der NSDAP und dem Führer geübt" habe. Er sei 1929 Mitglied des Reichsbanners Schwarz-Rot-Gold gewesen und, obwohl er in seinem Ausreiseantrag angegeben habe, daß er „loyal zum deutschen Staate, auch in seiner neuen Ordnung" stehe, um nach Istanbul ausreisen zu können, habe er sich jedoch auch dort „bei jeder Gelegenheit" gegen das Reich ausgesprochen. Auch Kesslers Sohn Hans wird in den Akten erwähnt, weil er in der Deutschen Schule öffentlich den Anschluß Österreichs kritisiert hatte und die Schule verlassen mußte, da er eine Entschuldigung verweigerte. Sein Verhalten wurde der „Halsstarrigkeit des Vaters K." zugeschrieben. Als Kessler am 22.03.1939 eine „Stellungnahme zu der durch die Besetzung der Tschechoslowakei geschaffenen politischen Verhältnisse" an den Staatssekretär Meissner sandte, „stimmte das AA auch von sich aus der Ausbürgerung zu." Im Deutschen Reichsanzeiger vom 19.06.1939 Nr.138 wurde die Ausbürgerung Gerhard Kesslers verkündet.[859] Sohn Hans war bereits nach Clinton (USA) weiter-

---

857 Glasneck 1966, S. 28. Nach Kriegsbeginn wurden die jungen Leute jedoch in die Türkei zurückgerufen. Nun gewannen die englische Sprache und die amerikanischen Ausbildungsinstitutionen an Bedeutung.

858 Den jüdischen EmigrantInnen wurde durch die 11. Verordnung zum deutschen Reichsbürgergesetz vom 25.11.1941 die deutsche Staatsbürgerschaft entzogen. Schätzungsweise wurden 250.000 bis 280.000 emigrierte jüdische Deutsche ausgebürgert. Vgl. Hans Georg Lehmann: Wiedereinbürgerung, Rehabilitation und Wiedergutmachung nach 1945. Zur Staatsangehörigkeit ausgebürgerter Emigranten. In: Exilforschung. Ein internationales Jahrbuch. Band 9. Exil und Remigration. München 1991, S. 90-103, hier S. 91.

859 AA Bonn: Ausbürgerungen: „Aufzeichnung betreffend das Ausbürgerungsverfahren von Professor Dr. Kessler, Istanbul". Ankara 665.

migriert.[860] Einige der Emigrierten ließen sich also bewußt nicht für die nazistischen Interessen einspannen.

Es gab in Istanbul schichtenspezifische Trennungen und Gruppierungen, die bedeutsamer waren als rassistische, nationale und politische Ausgrenzungen. Das gilt für die bereits vor der nazistischen Beeinflussung dort Ansässigen ebenso wie für die neu Zuwandernden der 30er Jahre.

Die deutsche Oberschicht in Istanbul bestand aus Vertretern von Großfirmen (Hochtief, Siemens, Krupp) oder Banken (Deutsche Bank, Deutsche Orientbank) und ihren Familien; dazu gehörten eine elitäre Offiziersriege und einige ausgewählte Diplomaten. Wer Teil dieser Schicht war, verfügte über luxuriöse Wohnungen in bevorzugter Lage in Ayazpaşa oder am Bosporus, über die eigene Yacht und ausgebildetes Personal.[861] Er oder Sie bewegte sich innerhalb einer kleineren 'europäischen Schicht', die das gesellschaftliche und geschäftliche Leben der Stadt – trotz Kemalismus bzw. Etatismus – weiterhin prägten. Die Frauen dieser europäischen Oberschicht trafen sich im kleinen Kreis zum Bridge-Spiel oder zum Einkaufsbummel auf der Grand Rue de Pera, zum Theaterbesuch oder zum Konzert. Nachmittagstees und Abendgesellschaften boten Gelegenheit zur Demonstration und Versicherung von Zugehörigkeit. Deutsche, die dieser Gesellschaftsschicht angehörten, ließen sich in der Regel nicht vorschreiben, mit wem sie verkehrten, wessen Musik sie hörten oder wo sie einkauften.[862]

Zur angesehenen Oberschicht gehörten schließlich auch die gut verdienenden deutschen emigrierten Professoren und ihre Familien[863],

---

860 Einige Wochen später brachte die älteste Tochter die behinderte Mutter und die kleine Schwester mit Hilfe des deutschen Konsulats heimlich nach Deutschland. Ein schwieriges Jahr für Gerhard Kessler.
861 Einige Deutsche führten ein regelrechtes Bohème-Leben.
862 Selbst der deutsche Botschafter von Papen und Frau von Papen kauften Bücher in der Buchhandlung Caron, deren Inhaber Jude war, und suchten ihre Teppiche beim jüdischen Teppichhändler aus.
863 Meine Interviewpartnerin Bedia Bağda erinnert sich daran, wie beeindruckt sie als junges Mädchen davon war, zur „Creme der Gesellschaft" zu gehören, was u.a. bedeutete, daß ihre Familie zu den Festlichkeiten anläßlich des 10jährigen Bestehens der Republik eingeladen wurde. Bei dem in diesem Rahmen stattfindenden großen Ball ist sie Atatürk aufgefallen und an seinen Tisch gebeten worden. „»Benim kızım«, also meine Tochter, »Du mußt für dieses Land arbeiten«, hat er mir gesagt. (...) Er war eine faszinierende Persönlichkeit der Atatürk. Und diese Worte (...) sind mir eigentlich bis zum heutigen Tag ein

nicht aber das wissenschaftliche Personal oder kleinere Angestellte. Deren Status entsprach vielmehr dem der Handwerker- oder Technikerfamilien, die damals die Basis der deutschsprachigen Community bildeten, und von denen viele nicht nur in der Teutonia verkehrten, sondern besonders anfällig für die Ideen des deutschen Nazismus waren. Deutsche Krankenschwestern, Erzieherinnen, Sekretärinnen, Dienstmädchen etc. gehörten ebenfalls dieser Schicht an.

Schließlich gab es noch eine Vielzahl von gescheiterten Existenzen und AbenteurerInnen, die sich ihren Lebensunterhalt als Handlanger, Tagelöhner oder Prostituierte sicherten.

Wenn auch die 'Klassenteilung' für die deutschsprachige Community in Istanbul prägend war, gab es doch Menschen, die zu verschiedenen Gesellschaftsschichten Zugang hatten. Die Emigrantin Rosemarie Burkhard etwa hätte, wie ihre KollegInnen Fuchs, Marchand oder Buck, als Assistentin von Leo Spitzer – außer über ihn – normalerweise keinen Zugang zu den Häusern der *„Gesellschaft"* gehabt. Ihr verhalfen jedoch ausgezeichnete Beziehungen zu einer guten Aufnahme in der Oberschicht der Istanbuler Community.

„Mein Vater hatte mir eine Empfehlung an den Direktor der Deutschen Orient-Bank gegeben. Das war ein alter Kollege von ihm. Posth. Und der Posth hat mich dann eingeführt in den Kreis dieser wohlhabenden Schicht der schon lange ansässigen Deutschen. (...) Und da wurde ich so ein bißchen herumgereicht. (...) Die waren sehr nett, die waren also keineswegs irgendwie rasante Nazis oder so was, gar nicht! Machten die gar keinen Gebrauch von. Und die lebten da schon sehr schön, aber eigentlich wie in so einer Kolonie. Die haben nicht sehr viel Kontakt mit Türken gehabt. Die Einzelnen vielleicht."[864]

Rosemarie Burkhard war jung, intelligent, aus 'guter Familie' und verfügte über ein gewandtes Auftreten. Einige der noch lebenden Community-Angehörigen erinnern sich sehr gut an die auffällige Frau, die sich mit einer ungezwungenen Selbstverständlichkeit in den verschiedenen deutschen, türkischen und internationalen Gruppen bewegte und mit dem berühmten Geiger Amar befreundet war. Sie lehrte an der Universität, gab zusätzlich Sprachunterricht, war gesellig, sportlich, ritt, segelte und lief Ski. Selbst in der Teutonia verkehrte sie, um zu sehen, was da vor sich ging. Für sie waren Standes-

---

Leitfaden in meinem Leben geworden." Interview mit Bedia Bağda, Istanbul 21.06.1991.
864   Interview mit Dr. Rosemarie Heyd, Darmstadt 23.07.1991.

unterschiede und gesellschaftliche Rollenfestlegungen weitgehend bedeutungslos.

Andere, wie etwa Robert Anhegger, konnten oder mochten die gesellschaftlichen Grenzen damals nicht überspringen. Anhegger verkehrte vor allem mit emigrierten wissenschaftlichen Angestellten und türkischen Freunden. Die finanzielle Situation der AssistentInnengruppe spielte dabei eine Rolle, sie war mit der der Professoren nicht zu vergleichen.

„Ich war damals auch mit Tietze[865], ich weiß nicht ob Ihnen der ein Begriff ist, mit Prof. Tietze, ja wir waren sehr eng befreundet, und wir lebten auf der Stambuler Seite. Das war damals noch ein größerer Gegensatz als heute, Stambul und Beyoglu. Und es war offen gestanden auch ein bißchen eine finanzielle Seite."[866]

Anhegger berichtete von einer späteren Einladung bei einem Direktor der Firma Höchst in Istanbul, bei der er sich – trotz seines inzwischen gestiegenen Status – nicht wohl fühlte.

„Als ich dann gesehen habe, ein livrierter Diener hier, ein livrierter Diener dort, großer Saal, sehr nett, aber wirklich, ich hab nicht gewußt... Ich hab nicht weiter verkehrt. Man muß doch auch zurück einladen können. (...) Das ist eine Art von bürgerlicher Kunst. (...) Also ich hab da irgendwie immer vermieden mit Leuten zu verkehren, ebenso nach oben wie nach unten, wo der gesellschaftliche Unterschied zu groß war. (...) Deshalb habe ich (mit den emigrierten Professoren, d. A.) nicht verkehrt, mit denen man keine wirklichen gemeinsamen Interessen hatte, außer daß man Anti-Nazi war."[867]

Generell hatten die jüngeren nicht familiär eingebundenen EmigrantInnen intensivere Kontakte in ihrem türkischen und andersnationalen Umfeld als etwa die Professoren und ihre Familien. Und für einige der mittellosen EmigrantInnen waren diese Kontakte überlebensnotwendig, für Heiratsmigrantinnen selbstverständlich. Frauen waren weniger auf eine gesellschaftliche Schicht festgelegt als Männer – jedenfalls waren ihre Chancen zum – ungesicherten – gesellschaftlichen Aufstieg an der Seite eines Mannes größer.

---

865 Der emigrierte Österreicher Andreas Tietze arbeitete ab 1939 als Lektor an der Fremdsprachenschule der Universität Istanbul. Nach dem Krieg migrierte er weiter in die USA und lehrte als Professor der Orientalistik in Los Angeles.
866 Interview mit Dr. Robert Anhegger, Istanbul 30.05.1991.
867 Ebd.

In den verschiedenen Interviews tauchen bestimmte Begriffe immer wieder auf.[868] Das sind neben Heimat, Natur, Wald und Bäumen die Jugend, das Alter und, auffälligerweise bei allen interviewten Frauen, das frühere Aussehen. Offensichtlich – und nicht überraschend – spielte und spielt es für weibliche Identität eine wesentliche Rolle. Die interviewten Frauen wiesen in der Regel darauf hin, wie begehrt sie waren oder wie positiv sie – früher – wahrgenommen wurden. Und tatsächlich steuerten nahezu alle eindrucksvolle Episoden bei, wie sie mit ihrem Aussehen in der türkischen Umgebung auffielen und wahrgenommen wurden.

Als die junge Veronika Gerngross mit ihren Eltern das Fest zum 10jährigen Bestehen der Republik besuchte, hat Mustafa Kemal sie zu sich rufen lassen.

„Da bin ich irgendwie dem Atatürk aufgefallen offenbar, mit meinem rosa Abendkleid. Natürlich war ich ja damals noch jung und vielleicht nicht so verschrumpelt wie jetzt, und da hat er mich rufen lassen."[869]

Und Annemarie Taneri, Elsa Ayman oder Anita Erel erinnerten sich ebenso wie Hertha Veral an ihre frühere Wirkung auf die männliche Umgebung.

Hertha Veral und ihr türkischer Ehemann gingen häufig ins Kino, wenn deutsche Filme gezeigt wurden. Dort sei es einmal fast zu einer Schlägerei gekommen.

„Ich war ja jung und auch sehr hübsch. Und da sind wir im Kino in Pera gewesen. Und hinter uns haben so vier, fünf junge Leute gesessen. Und die haben gesagt:»Was, das ist doch schade, was will sie mit dem alten Mann?« Auf Deutsch haben sie das gesagt, weil sie gehört haben, das wir Deutsch sprechen."[870]

Der Ehemann ließ die jungen Leute vom Geschäftsführer hinauswerfen, was die sich nicht einfach bieten ließen. Derartige Vorkommnisse bestätigten den bereits Eifersüchtigen darin, seine Frau von der Öffentlichkeit abzuschirmen. „Ich war immer unter Kontrolle", erinnerte sie sich später.

Ein anderes immer wiederkehrendes Topos in den Interviews mit Frauen ist Kısmet, die Vorstellung von Schicksal oder von der Vorherbestimmung durch Allah. Mit der Übernahme des türkischen

---

868 Ohne nun explizite semantische und geschlechtsspezifische Analysen betreiben zu wollen, soll auf einige häufig angeschnittene Themen hingewiesen werden.
869 Interview mit Bedia Bağda, Maltepe 21.06.1991.
870 Interview mit Herta Veral, Istanbul 14.09.1990.

Begriffes und damit häufig auch – zumindest in Ansätzen – der impliziten türkischen Vorstellung, demonstrieren diese Ehefrauen Anpassung an die türkische Gesellschaft.

Als Annemarie Taneri, die gerade ihre geplante Weltreise begonnen hatte, und zu ihrer zweiten Station nach Ägypten aufbrechen wollte, von einem freundlichen türkischen Arzt einen Heiratsantrag erhielt, habe sie gedacht: *„Das ist Kısmet."* Sie blieb und bedauerte es nur *„manchmal"*.[871]

Und auch Güzin Ersöz, die sich bei dem arbeitsbedingten unsteten Leben, das sie mit ihrem türkischen Mann führen mußte, oft sehr einsam fühlte, erklärt, daß dennoch alles *„irgendwie"* ging, wenn es auch *„Spuren hinterlassen"* hat. *„Ich war sehr viel krank und so. Das ist alles Schicksal."*[872]

Bedia Bağda, in dankbarer Erinnerung daran, daß sie nach *„schwerer Zeit"* doch noch mit ihrem Mann glücklich werden durfte und außerdem eine gutdotierte Stellung fand, dankte Allah:

„daß eben der Allah, dieser große Allah hat wirklich, dafür daß ich immer brav und fleißig war, hat er mich dann belohnt."[873]

Sehnsucht nach Normalität

Besonders zu Beginn der Emigrationsbewegung in die Türkei hatten viele der privilegierten Emigrierten das Bedürfnis, ihre Emigration als berufsbedingten Auslandsaufenthalt zu betrachten und betrachten zu lassen, was ihnen zunächst auch leicht gemacht wurde.[874] Das zeigt sich etwa bei der offiziellen Kontaktaufnahme mit den Vertretungen Deutschlands. Neumark schreibt:

---

871 Interview mit Annemarie Taneri, Istanbul 22.06.1991.
872 Interview mit Güzin Ersöz, Maltepe 21.06.1991.
873 Interview mit Bedia Bağda, Maltepe 21.06.1991. Bedia Bağda entwickelte in der Türkei nicht nur eine Affinität zum Islam, sondern war auch empfänglich für bestimmte Ausdrucksformen des dortigen Volksglaubens. Als eine türkische Freundin aus ihrem Kaffeesatz herauslas, daß sie mit einem Jungen schwanger sei, obwohl sie selbst die tatsächlich vorhandene Schwangerschaft noch gar nicht registriert hatte, war sie sehr beeindruckt.
874 Über ihre Ankunft, Qualifikation und Antrittsvorlesungen wurde auch in der T.P. berichtet. Es wurde bemerkt, wenn ein Vortrag Anerkennung fand etc. Damit wurde den EmigrantInnen das gleiche Interesse entgegengebracht wie anderen als bedeutsam eingeschätzten Neuankommenden.

„Bald nach unserer Ankunft in Istanbul im Herbst 1933 fühlten wir uns verpflichtet, nach altem Brauch dem Vertreter der deutschen Regierung einen Höflichkeitsbesuch abzustatten. Zu jener Zeit waren die Beziehungen zwischen den Emigranten und den deutschen Behörden allgemein noch nicht so gespannt, daß man seitens der Auslandsvertretungen des Reiches nicht gewisse überlieferte Formen gewahrt hätte. Infolgedessen wurde Röpkes und mein Besuch beim deutschen Generalkonsul von diesem in höflicher Form erwidert."[875]

Später waren derartige Höflichkeitsriten zwischen Konsulat und EmigrantInnen obsolet. Mit wenigen Ausnahmen enthielten sich EmigrantInnen *„eines wie immer gearteten persönlichen Verkehrs mit dem Generalkonsulat oder gar der Botschaft in Ankara."*[876] Statt dessen wurden die 'Kontakte' auf anderer Ebene intensiviert. Die Auslandsvertretungen unterhielten einen umfangreichen Spitzeldienst, *„so daß sie (...) über alles, was die Emigranten: ihre Tätigkeiten, ihre Besuche bzw. ihre Besucher usw. betraf, nahezu lückenlos auf dem Laufenden gehalten wurden."*[877]

Dennoch blieben innerhalb der deutschsprachigen Community zahlreiche Anknüpfungspunkte und schien das Leben dort unterschiedliche Optionen offenzuhalten, was die Eigenpositionierung und Standortfindung für viele der Emigrierten schwierig machte. Unter ihnen waren einige deutsch-national Orientierte, die sich trotz Vertreibung oder Flucht mit den zunächst erzielten *„Achtungserfolgen"* der Nazis identifizierten und deren anmaßendes Überlegenheitsgefühl teilten.[878] Den endgültigen Bruch mit dem Deutschen Reich, auch wenn es nun das vielen verhaßte *„Dritte"* war, vermieden die meisten der jüdischen und/oder politischen Emigrierten in Istanbul. Diejenigen, die eine Weitermigration nicht in Betracht zogen, warteten zumeist auf die Möglichkeit zur Rückkehr in ihr Heimatland. Sie versuchten, den 'deutschen Lebensstil' zu erhalten,

---

875 Neumark 1980, S. 182.
876 Ebd.
877 Neumark 1981, S. 447.
878 Einer der Emigranten, der durch deutsch-nationale Gesinnung auffiel, war der jüdische HNO-Arzt Max Meyer, der in Ankara wirkte. Meine Interviewpartnerin Mimi Silinski führte vorübergehend den Haushalt der Familie Meyer. In Istanbul war es der Künstler Rudolf Belling, der eine besondere nationalistische Haltung zeigte. Nach dem Krieg, als „es wieder an den Aufbau eines deutschen Vereinslebens ging, stellte er sich als Präsident der TEUTONIA für einige Zeit zur Verfügung", heißt es in den »Mitteilungen der Deutsch-Türkischen Gesellschaft e.V.«, Heft 42. Bonn 1961, S. 10. 1955 erhielt Rudolf Belling das Große Bundesverdienstkreuz, wie andere EmigrantInnen und VertreterInnen des nazistischen Deutschland.

verkehrten vor allem in deutschen Kreisen und blieben bei ihren traditionellen Speisen und gesellschaftlichen Riten.

Die Mehrzahl der Deutschen in Istanbul lebte in den 30er und 40er Jahren in bescheidenen Verhältnissen; dazu trug das türkische Berufssperregesetz bei, das vorhandene Arbeitsplätze vor allem TürkInnen sichern wollte.[879] Für sie war der Druck der Anpassung bedeutend größer. Das galt auch für den Teil der Emigrierten, die in die Türkei kamen, um sich dort niederzulassen – vor allem Frauen mit türkischen Ehemännern.

Die Bedingungen des Zusammenlebens mußten ständig neu ausgehandelt werden. Von nazistischer Seite wurde versucht, gesellschaftliche Bereiche verstärkt zu besetzen. Die KdF[880]-Ausflüge für „Volksgenossen", die ab 1936 ausgerichtet wurden, sollten beispielsweise dem mehr von SchweizerInnen und nicht nazistischen Deutschen getragenen Ausflugverein Konkurrenz machen.

Und natürlich gab es auch Gelegenheiten und Bereiche, von denen bestimmte Gruppen ausgeschlossen waren oder an denen sie jegliche Teilnahme verweigerten. So kam die Teutonia als Gesellschaftsraum[881] für viele nicht in Frage. Und auch an der Abstimmung der Deutschen über „die Vereinigung des Amtes des Reichspräsidenten mit dem des Reichskanzlers in der Hand Adolf Hitlers", die auf einem Schiff außerhalb der Drei-Meilen-Zone im Schwarzen Meer durchgeführt wurde, konnten und wollten nicht alle Deutschen teilnehmen, obwohl dazu aufgerufen wurde, „daß jeder Reichsangehörige seiner

---

879 Generalkonsul Toepke mußte nach Berlin berichten: „Die hiesige deutsche Kolonie ist in ihrer überwiegenden Mehrheit mittellos und ringt, namentlich unter der Auswirkung des türkischen Berufssperre-Gesetzes, schwer um ihr Dasein. Eine Menge alter, kranker und sonst hilfsbedürftiger Personen wird durch die großzügige Opferwilligkeit des besitzenden Teils der Kolonie erhalten und am Winterhilfswerk, das einen überraschend hohen Betrag erbrachte, hat sich jeder, der es irgendwie ermöglichen konnte, mit allen Kräften und größtem Eifer beteiligt." AA Bonn: Deutsches Generalkonsulat an das A.A. Berlin, Istanbul, den 01.08.1935. Ankara 699.

880 KDF war die Abkürzung für „Kraft durch Freude", einer Organisation der »Deutschen Arbeitsfront«.

881 Bestimmte Veranstaltungen dort wurden in der T.P. auch speziell angekündigt, z.B. beim Vortrag von Hans Zeberer, Hamburg, zum Thema »Deutscher Sozialismus«: „Nur Mitglieder der deutschen Kolonie können zugelassen werden." T.P. 02.06.1936. Und die jährlich wiederkehrende „Gustloff-Gedenkstunden", die diesem „Blutzeugen des Auslandsdeutschtums" gewidmet waren, boten sicher wenig Reiz für ein freiwilliges Erscheinen. Vgl. T.P. 05.02.1937.

Pflicht als deutscher Staatsbürger" nachkommen solle.[882] Die 490
Stimmberechtigten, die jedoch diese denkwürdige Schiffahrt am
Sonntag den 19. August 1934 mitmachten, waren sich – fast – einig.
93,47 % stimmten mit „Ja".[883] Kurz darauf wurden die Beamten des
Auswärtigen Amtes auf Adolf Hitler vereidigt. Hierüber berichtete die
Türkische Post genauso wie über die nazistische Vorstellung von
„Rassegedanke und Weltpolitik"[884]. Auch die Wahl im März 1936,
die ebenfalls außerhalb des Hoheitsgewässers stattfand, bestätigte den
Erfolg der Partei in Istanbul. Von 589 erschienenen Wahlberechtigten
stimmten 580 für Hitler.[885]

Die türkische Bevölkerung kümmerte sich wenig um eventuell
gewünschte Abgrenzungen. Hatte sie Achtung vor den Leistungen der
deutschen emigrierten Wissenschaftler und Wissenschaftlerinnen, so
trafen ihre daraus folgenden Sympathien für Deutsche eben auch die
NS-Vertreter, entwickelten sie dagegen Bewunderung für oder Ängste
vor dem Machtstreben Deutschlands, so traf ihre Bewunderung bzw.
Abneigung genauso die Emigrierten.

Schwierig wurde die Aufrechterhaltung der Fiktion eines
„normalen Auslandsaufenthaltes" für die Emigrierten vor allem ab
1938. Da liefen die ersten Verträge ab und gleichzeitig verschickten
Botschaft und Konsulat auf Veranlassung des Auswärtigen Amtes
Fragebögen, in denen nach *„Rassezugehörigkeit"* und Kollision mit
dem sogenannten Berufsbeamtengesetz gefragt wurde.[886] Der Scurla-
Bericht, der den Aufenthalt, die Gespräche und Schlußfolgerungen
des Oberregierungsrates Herbert Scurla in der Türkei dokumentiert,
wurde 1939 erstellt. Er gibt Auskunft über die offiziellen deutschen
Kultur- und Wissenschaftsbeziehungen zur damaligen Türkei und
zeigt gescheiterte Beeinflussungsversuche der türkischen Adminis-
tration.

---

882   T.P. 15.08.1934.
883   Vgl. T.P. 20.08.1934.
884   T.P. 28.08.1934 und 04.09.1934.
885   Vgl. T.P. 30.03.1936.
886   Der „Fragebogen für die deutschen Türkei-Emigranten vom Mai 1938", der u.a.
      im Scurla-Bericht abgedruckt ist, wurde vom Deutschen Konsulat Istanbul
      ausgeteilt. Darin wurde sechs Fragen gestellt: 1.) Tag des Vertragsbeginns – 2.)
      Sind Sie Arier oder nicht? – 3.) Sind Sie nichtarisch versippt? – 4.) Ist Ihre
      Ehefrau arisch oder nichtarisch? – 5.) Ist ihre Ehefrau nichtarisch versippt? –
      6.) Sind Sie in Verbindung mit dem Gesetz zur Wiederherstellung des
      Berufsbeamtentums in den Ruhestand versetzt worden? Vgl. Grothusen 1987,
      S. 39.

Die Empfehlungen Scurlas, emigrierte deutsche Professoren durch *„zuverlässige"*, d.h. der Naziregierung ergebene, Gelehrte zu ersetzen, blieben ohne Wirkung. Scurla selbst hielt resigniert fest:

„Es wird daher auch in Zukunft damit gerechnet werden müssen, daß die Universität Istanbul freiwerdende Lehrstühle in erster Linie mit Emigranten besetzen wird. Diese Sachlage läßt es im Hinblick auf die große Bedeutung, die der Universität Istanbul als zur Zeit einzige türkische Universität im wissenschaftlichen Leben der Türkei zukommt, und im Hinblick auf den außerordentlichen Einfluß der Emigranten erforderlich erscheinen, daß deutscherseits Maßnahmen erwogen werden, um die Stellung der Emigranten an der Universität Istanbul zu schwächen."[887]

Die empfohlenen Maßnahmen waren die Ausbürgerung in Istanbul lehrender Emigranten und die drohende Ausbürgerung bei Annahme eines Rufes an die Istanbuler Universität. Für einige der Emigrierten regte Scurla direkt eine Ausbürgerung an (z.B. Alfred Kantorowicz).[888]

Jüdische und politisch auffällige Emigrationswillige sollten verstärkt an der Ausreise in die Türkei gehindert werden, wie bereits Ausreisen aus von Nazideutschland besetzten Gebieten vereitelt worden seien, um unliebsame Stellenbesetzungen zu verhindern.[889]

Zu den administrativen Verschärfungen der Exilsituation kamen verbale und publizistische Angriffe durch Teile der türkischen Bevölkerung und durch bestimmte Zeitungen. Die Gesamtstimmung gegen Deutschland und *„die Deutschen"*, EmigrantInnen eingeschlossen, änderte sich mit zunehmender Offenlegung nationalsozialistischer Machtgelüste.

So beeinflußten aktuelle Konflikte und Zukunftsängste immer wieder den Alltag der deutschsprachigen Communitiy-Angehörigen, sie verstärkten sich mit der Gewißheit des bevorstehenden Krieges. Und viele der – vor allem jüdischen – in die Türkei Emigrierten machten sich auf den Weg in die USA oder auf die Suche nach anderen sicheren Exilländern.

Die nach Kriegsbeginn veränderte Wirtschaftslage führte auch zur Abwanderung von 'Bosporusgermanen' und ArbeitsmigrantInnen, da Angestellte türkischer Betriebe, Sachverständige, kleinere Kaufleute

---

887 Grothusen 1987, S. 117.
888 Vgl. Ebd., S. 123.
889 Prof. John von der deutschen Universität in Prag, „der in jüdischen Kreisen verkehrte", soll an der Ausreise aus dem Reichsprotektorat Böhmen und Mähren gehindert worden sein. Vgl. Ebd., S. 125f.

und Arbeiter Anstellung und Aufträge verloren. Im Januar 1938 war wieder ein Gesetz erlassen worden, das gewerbliche Unternehmen und Versicherungsgesellschaften verpflichtete, *„für jeden ausländischen Sachverständigen, den sie mit irgendeiner Arbeit beschäftigten, zur Ausbildung eines türkischen Sachverständigen eine monatliche Gebühr zu entrichten."*[890]

Die Situation für Ein- und Durchreisewillige verschärfte sich ebenfalls. Im Juni 1940 berichtete die Türkische Post von einer Gruppe jüdischer EmigrantInnen aus Polen, der Tschechei und Bulgarien, die mit dem Segelschiff „Liberdad" aus Warna in Istanbul eingetroffen seien. Die ca. achtzig Personen durften nicht an Land gehen und segelten weiter, nachdem sie mit Lebensmitteln versorgt worden waren. Eine andere jüdische Flüchtlingsgruppe mit zweiundvierzig Personen wurde am gleichen Tag auf der Durchreise mit dem Zug unter Beobachtung gehalten.[891] Dramatischer Höhepunkt verweigerter Einreiseversuche war der Untergang des Dampfers „Struma" an der Schwarzmeerküste am 24.02.1942.

Nationalistischer Antisemitismus in der Türkei

In der Türkei herrschte zwar ein ausgeprägter Antikommunismus, doch einen dem deutschen vergleichbaren Antisemitismus gab es offensichtlich nicht. Dennoch zeigen sich verbale, schriftliche und strukturelle Diskriminierungen der jüdischen Flüchtlinge und der jüdischen Minderheit in der Türkei. Ein teilweise rücksichtsloser Nationalismus war hier Basis der Angriffe auf Juden und Jüdinnen. Die Abschiebungen wegen eines Kommunismus-Verdachtes traf überproportional viele jüdische Personen. Und auch ohne Begründung wurden *„jüdische Familien deutscher Staatsangehörigkeit"* ausgewiesen.[892] Die Einreise jüdischer EmigrantInnen wurde dagegen immer schwieriger.

Für den Leitartikel der „Cumhurriyet", einer der einflußreichen Istanbuler Zeitungen, wählte der bekannte türkische Journalist Nadir Nadi, Sohn des Verlegers Yunus Nadi, am 20.07.1938 das Thema *„Die Judenfrage"*. Zum Anlaß nahm er den *„Boykott der Hotels*

---

890 T.P. 11.01.1938.
891 Vgl. T.P. 21.06.1940.
892 Vgl. AA Bonn: Deutsches Generalkonsulat an Botschaft Tarabya, Istanbul 06.12.1937. Ankara 681.

Tokatlıyan in Beyoglu und Tarabya durch Istanbuler Juden". In der Türkischen Post wurde dieser antisemitische Artikel am folgenden Tag ausgiebig und wohlwollend zitiert:

„Wie die Leser unserer heutigen Ausgabe sehen, haben die türkischen Juden von Istanbul gegen ein Hotel, dessen Besitzer deutscher Staatsbürger ist, den Boykott erklärt. Sie betreten dieses Haus, dessen Stammkunden sie früher waren, jetzt nicht mehr. (...) Uns geht die Lage dieses Unternehmens nichts an (...).
Wir finden es ganz in Ordnung, daß ein deutsches Unternehmen in der Türkei arbeitet und an offiziellen Feiertagen die eigene Fahne hißt, solange es auch die türkische Fahne an der rechten Seite zeigt. Deutschland ist ein uns befreundetes Land, das normale Beziehungen zu uns unterhält."[893]

Nadi agitierte gegen die jüdische Minderheit, die einem jüdischen Weltgedanken nachhinge und sich nicht wirklich assimilieren und türkisch werden wolle. Mit seinem Artikel intendierte er den Anstoß zu einer Diskussion *„der Judenfrage"* auch in der Türkei. Dazu führte er weiter aus:

„Obwohl seit der Verkündung der Republik inzwischen 15 Jahre verflossen sind, konnten unsere jüdischen Bürger unserer Gesellschaft nicht einmal um 15 Zentimeter näher kommen. Jenes miserable Französisch und Spaniolisch, das sie unter sich sprechen, kratzt immer noch unsere Ohren. Hinzu ist jetzt auch die deutsche Sprache gekommen (Die jüdischen Emigranten aus Deutschland! D. Schriftl.). Immer wieder schreiben und fragen wir, wann eigentlich diese Menschen mal Türkisch lernen werden."[894]

Nadi schloß sich der angeblichen Meinung eines Freundes an, der es für besser hielte, wenn sie die Landessprache nicht lernen würden und der Gesellschaft fremd blieben, und fuhr fort:

„Nach dem letzten Boykottfall fordern diese Gedankengänge meines Freundes – auch wenn sie für unsere jüdischen Mitbürger einen bitteren Beigeschmack haben – uns auf, über einige wichtige Fragen schon jetzt nachzudenken."[895]

Tatsächlich löste der Artikel eine öffentliche Diskussion aus, an der sich auch andere Zeitungen beteiligten. In der Türkischen Post wurde das befriedigt registriert[896], während die jüdischen Gruppen Istanbuls

---

893 T.P. 21.07.1938.
894 Ebd.
895 Ebd.
896 Dort wurden einige Tage später Auszüge aus Artikeln von »Son posta«, »Kurun« und »Ulus« (Ankara) zitiert, die Nadis Antisemitismus teilweise scharf kritisierten. „Pressestimmen über die Juden in der Türkei". Vgl. T.P. 30.07.1938.

weiter verunsichert wurden. Sie mußten mit besonderen Repressalien rechnen.

Und so konnte der Istanbuler Generalkonsul Seiler an den Botschafter in Ankara berichten:

„Die Juden Istanbuls sind sehr aufgeregt und befürchten, daß mit Fortschreiten der deutschen Offensive gegen Ägypten ein Zustrom jüdischer Flüchtlinge aus den arabischen Ländern in die Türkei einsetzen könnte und daß man sich türkischerseits durch die ohnehin schon gegen die Juden eingestellte Öffentlichkeit zu Maßnahmen gegen die in der Türkei lebenden Juden genötigt sehen könnte."[897]

Diese Angst sei allerdings insofern unbegründet, da die Türkei bereits über Maßnahmen entschieden habe, *„um jüdischen Flüchtlingen den Eintritt in die Türkei zu verwehren"*.[898]

Das nazistische Deutschland erhielt weitere propagandistische Unterstützung von Nadir Nadi. Mit einem pro-deutschen bzw. pro-Hitler Leitartikel und einem daraus entstehenden Journalistenstreit wagte sich Nadi am 30.07.1940 jedoch für die damaligen distanzierten deutsch-türkischen Verhältnisse zu weit vor, mit dem Ergebnis, daß die Cumhurriyet für drei Monate verboten wurde.[899] Nadi wurde nachgesagt, *„von Deutschland bestochen"* oder zumindest wegen seiner geschäftlichen Beziehungen zu Deutschland beeinflußbar zu sein.[900]

Für jüdische EmigrantInnen wirkten sich die Zeitungskampagnen nachteilig aus. Ablehnung und Mißtrauen im türkischen Umfeld wuchsen. So wurden sie auch verdächtigt, Mitglieder der 5. Kolonne zu sein. In der Türkei kursierten populistisch aufgemachte Broschüren, in denen vor dieser weltweit operierenden deutschen Organisation gewarnt und deren Arbeitsweise bildhaft vorgestellt wurde. So würden Frauen, die als *„Zeichen ihrer Zugehörigkeit"* weiße Strümpfe trügen, *„bei den Größen ihres Gastlandes als Kindermädchen, Dienstboten und Erzieherinnen"* arbeiten oder sich *„in öffentlichen Lokalen"* an die Gäste heranmachen. Ältere Personen würden in Kaffeehäusern Gespräche belauschen oder *„militärische*

---

897 AA Bonn: Seiler an Botschaft, 02.07.1942. Ankara 558 Pol geh. 01.07.1942-31.08.1942.
898 Ebd.
899 Grundlage hierfür war das türkische Pressegesetz von 1931, das Propaganda für Kalifat und fremde Staatsformen (Kommunismus, Faschismus etc.) unter Strafe stellte.
900 AA Bonn: Deutsches Konsulat Trabzon an Deutsche Botschaft, 16.08.1940. Ankara 447.

Zonen" ausspähen etc. Die 5. Kolonne habe vor, Vorratslager anzuzünden, vergifteten Zucker und vergiftete Zigaretten in Umlauf zu bringen oder das Trinkwasser von Brunnen und Quellen zu vergiften. Unter den aus Deutschland geflüchteten Juden seien viele Angehörige der 5. Kolonne.[901]

Bedia Bağda erinnert sich daran, daß das Thema 5. Kolonne in ihrer Jugend durchaus präsent war:

„Und dann waren auch sehr viele Studenten da von, wie nennt man das, vom Akademischen Austauschdienst damals. Und die waren ganz eindeutig dann so 5. Kolonne. Die wurden dann natürlich, noch bevor der Zweite Weltkrieg ausbrach, ist man darauf gekommen und hat die meisten dann fortgeschickt. Und man hatte dann, also wir auch, schon immer die Tendenz zu schauen, die Leute, die man wieder kennenlernte, die Deutschsprachigen – das war so ne Kolonie – hat man immer mit etwas Zweifel betrachtet, was das nun eigentlich für Leute sind. Es gab solche und solche."[902]

Allerdings war die 5. Kolonne offensichtlich in Ankara, Trabzon etc. mehr Thema als in Istanbul. Hier sprach man vor allem von SpionInnen. Elfi Caron erinnert sich an einen Jungen in ihrem Haus, Sohn der Bosporusgermanenfamilie Knechtel, der enttarnt wurde:

„Ich war damals 15 oder 16. Sehr viel hab ich nicht mitbekommen. Aber ich weiß, daß er spionierte. Und von meinem Schlafzimmer aus sah ich manchmal, daß er funkte, (...) aufs Meer hinaus in der Nacht. Licht. Und dann hieß es eines Tages, daß die Polizei kam und dann bei ihm eine Razzia gemacht habe. Ja und dann wurde er innerhalb von 24 Stunden ... mußte er das Land verlassen."[903]

Derartige Berichte, Vorbehalte und Gerüchte hatten Konsequenzen und betrafen die unterschiedlichen Gruppen der Deutschen bzw. Deutschsprachigen in Istanbul. So wurden im Januar 1941 deutsche Kindermädchen und Gouvernanten ausgewiesen:

---

901 Vgl. AA Bonn: Deutsches Konsulat Trabzon an Deutsche Botschaft Tarabya, Trabzon 14.09.1940. Der Verdacht gegen jüdische EmigrantInnen war keine türkische Spielart, vielmehr war er auch bei AmerikanerInnen oder BritInnen verbreitet. Selbst im „State Departement in Washington unterstellte man den Emigranten Spione zu Gunsten der Deutschen" zu sein. Jüdische Organisationen wie HICEM oder JDC wurden verdächtigt, „von der Gestapo als Vehikel für deutsche Agenten, gewissermaßen als Trojanische Pferde des Kriegsgegners" eingesetzt zu werden. Vgl. Patrik von zur Mühlen: Fluchtweg Spanien-Portugal. Die deutsche Emigration und der Exodus aus Europa 1833-1945. (Forschungsinstitut der Friedrich-Ebert-Stiftung) Bonn 1992, S. 203.
902 Interview mit Bedia Bağda, Maltepe 21.06.1991.
903 Interview mit Elfi Alfandari, Istanbul 27.04.1992.

„Die türkische Polizei hat heute angeordnet, daß alle deutschen Kindermädchen und Gouvernanten – man schätzt ihre Zahl auf einige hundert – die Türkei innerhalb vierzehn Tagen verlassen müssen. Die türkische Presse hatte vor kurzem bei verschiedenen Gelegenheiten auf die Möglichkeit der politischen Unzuverlässigkeit dieser deutschen Frauen hingewiesen."[904]

Hier waren eben auch Emigrantinnen betroffen. Wenn sie keine hilfreichen 'Beziehungen' hatten, wurden sie abgeschoben.

Erfahrungen von 'Deutschfeindlichkeit'

Der Krieg veränderte das Istanbuler Leben und seine 'Spielregeln'. Viele IstanbulerInnen teilten die Angst vor einem Übergreifen der Kriegshandlungen auf ihre Stadt. Die früher geduldeten öffentlichen Demonstrationen deutsch-nationaler Zugehörigkeit waren spätestens jetzt nicht mehr opportun. Das Bemühen um unauffälliges Verhalten bestimmte das Alltagsleben der Deutschen.

Für Einreisende bestand nun eine Anmeldepflicht innerhalb von 24 Stunden, ausgenommen waren Privatbesuche, die nicht länger als 7 Tage dauerten.[905] Bestimmte Gebiete wurden zu Sperrzonen erklärt und durften von AusländerInnen nicht mehr bereist werden. Türkische Schüler und Schülerinnen hielten verstärkt Wehrübungen ab, und die Bevölkerung wurde mit Bombenalarm vertraut gemacht.

Die Museen blieben geschlossen, und Exponate wurden teilweise ausgelagert. Da Verdunkelungen verordnet wurden, änderten sich auch die Bankgeschäftszeiten etc. Die IstanbulerInnen wurden auf eine mögliche Konfrontation mit dem Kriegsgeschehen vorbereitet, indirekt waren sie betroffen. Der Kaffee, kaum wegzudenken aus dem türkischen Umfeld, wurde knapp und rationiert[906], ebenso einige andere ausländische Güter, so daß sich auch in Istanbul ein Schwarzhandel entwickeln konnte. Ab August 1941 gab es Benzin nur noch auf Bezugsscheine. Und ab Anfang 1943 wurde auch Brot nur noch gegen „Brotmarken" ausgegeben.[907] Der Krieg störte und verhinderte

---

904 Neue Züricher Zeitung Nr. 15, 04.01.1941. Potsdam Zeitschriftenausschnitt-sammlung 62 DAF 3, Bl.2 E 120.
905 Die Türkische Post informierte über neue Verordnungen. Vgl. T.P. 05.08.1940.
906 Der Feigenkaffee Gloria, der in der T.P. vom 24.01.1941 inseriert wurde, war sicher kein wirklicher Ersatz.
907 Vgl. T.P. 24.02.1943.

den internationalen Warenverkehr und machte den umsichtigen Umgang mit Grundnahrungsmitteln und Energiestoffen notwendig.

Während die Angliederung des Saarlandes und Österreichs an Deutschland, und auch die Annexion der Tschechei, in der Türkei noch weitgehende Zustimmung gefunden hatten[908], wurde der Einmarsch in Polen als Grenzüberschreitung gewertet, die Besorgnis und Kritik auslöste. Zeitweise rechneten deutsche Politiker schon damals damit, daß die Deutschen aus der Türkei ausgewiesen würden. Der frühere Direktor der Elektrizitätswerke in Ankara, Heinz Zickel, schrieb am 29.10.1939 an seine Mutter:

„Dennoch sitzen wir hier sozusagen auf den Koffern, oder wie es der hiesige deutsche Gesandte neulich ausdrückte: Wir gehen mit der Fahrkarte nach Deutschland und mit dem letzten noch nicht eingepackten Teppich im Arm schlafen. Dafür haben wir Krieg, und wenn uns der Führer ruft, nehmen wir unsere 7Sachen und versuchen in die Heimat zu kommen. Der größte Teil aller Frauen und Kinder ist schon in Deutschland. Vera ist eine der wenigen, die noch oder schon wieder hier sind. Wie lange wir noch bleiben werden, kann uns heute niemand sagen."[909]

Doch vorerst kam es nur zu einzelnen Ausweisungen und Verhaftungen. Nun unterlag die deutsche Propagandatätigkeit jedoch einer stärkeren Kontrolle, wie überhaupt verstärkte geheimdienstliche Überwachung der ausländischen Gruppierungen und Institutionen – egal ob nazistisch oder antinazistisch – stattfand.

Im Büro der Levante-Linie, die vom „Führer der Deutschen Kolonie" Carsten Meves geleitet wurde, war beispielsweise ein früherer türkischer Polizeibeamter angestellt, von dem man wußte, „daß er noch für die Polizei Spitzeldienste tut"[910]. Man behandelte ihn mit besonderer Rücksicht, denn der Mann habe sich wiederholt als sehr

---

908 Auch in der Türkei wurden Wahlen zum Anschluß Österreichs durchgeführt. Von Ankara aus wurde ein Sonderzug eingesetzt, der Wahlwillige aus Anatolien nach Istanbul brachte. Die Zahl der wählenden „Altreichsdeutschen" betrug so nach Ausführungen der T.P. 1.077, von denen 1.062 mit »Ja« stimmten, die der ÖsterreicherInnen 513, von denen 483 mit »Ja« stimmten. Die gemeinsamen deutsch-österreichischen Kundgebungen im Vorfeld und nach der Wahl dokumentierten für das türkische und andersnationale Umfeld ein großes Maß an Einigkeit. Vgl. T.P. 11.04.1938. Auch im Schulbericht 1938 wurde noch freudig mitgeteilt: „Die zahlreichen Glückwünsche, die an diesem Tag der Schulleitung aus nicht deutschen Kreisen zugingen, sind ein Beweis dafür, welch freudigen Widerhall dieses weltgeschichtliche Ereignis auch in unserem Gastland gefunden hat." Deutsche Schule zu Istanbul 1937-1938, S. 10.
909 Brief von Heinz Zickel. Ankara, 29.10.1939.
910 AA Bonn: Sprengstoffanschlag auf »Arkadia«. Ankara 556.

nützlich erwiesen. Unter diesen Umständen fanden ständig irgendwelche 'konspirativen Treffen' statt; sie gehörten zum Istanbuler
Leben und waren je nach politischer Lage mehr oder weniger
bedeutsam.

Anfeindungen einzelner Deutscher oder deutschsprachiger
Gruppen hat es zwar immer gegeben, doch während der Kriegszeit
gab es regelrechte Wellen von Deutschfeindlichkeit in der Türkei.
Diese wurden durch die türkisch-nationale Presse angeheizt und
trafen die unterschiedlichsten deutschen bzw. deutschsprachigen
Gruppierungen und Individuen. Es kam zu Entlassungen, Bedrohun-
gen und Isolationen.

Annemarie Taneri, die mit ihrem türkischen Ehemann, einem
Kinderarzt, in Istanbul lebte, erinnert sich:

„Der Krieg war furchtbar für mich. Denn die Türkei war gegen die Deutschen.
(...) Und da wurde ich sogar als Spionin verdächtigt, weil ich mit einer besten
Freundin, deren Mann war Herausgeber einer bekannten Zeitung, weil ich mit der
verkehrte."

Andere türkische Bekannte hätten sie ebenfalls als Spionin verdächtigt und angefangen, sich von ihr zurückzuziehen.

„Die wurden verhört, ob ich irgendwie sie ausfragte oder ob sie mir irgendeine
wichtige Nachricht zukommen ließen oder was. Also jedenfalls war's meinem
Mann auch sehr unangenehm."[911]

Die familiäre Situation wurde durch die plötzliche „Deutschfeindlichkeit" der Umgebung stark belastet. Der türkische Ehemann
war „ein ängstlicher Mann"; besonders der Spionageverdacht gegen
seine deutsche Frau machte ihm zu schaffen. Es war nun nicht mehr
opportun, öffentlich Deutsch zu sprechen, deshalb verbot er der
fünfjährigen Tochter, die ihre Türkischkenntnisse während eines
längeren Aufenthaltes in Deutschland kurz vor Kriegsbeginn verlernt
hatte, auf der Straße zu reden. Das funktionierte natürlich nicht und
„stürzte ihn in furchtbare Ängste". Seine Frau fühlte sich „als
Türkin" zwar relativ sicher:

„Mir konnte ja keiner mehr was wollen. Aber wer hier als Deutscher war... Einer
unserer besten Freunde, der war ganz reich, aus Hamburg, aus einer sehr guten
Familie. Die hatten auch in Arnavutköy eine wunderbare Villa, und die wurden
innerhalb von ein paar Tagen ausgewiesen aus der Türkei."

---

911 Ebd.

Mit einer Ausweisung rechnete sie zwar nicht, dennoch erinnert sie sich gut daran, wie furchtbar für sie *„ der Krieg und die Gehässigkeit gegen Deutschland"* waren.

„Es hat mich in Krisen gestürzt, aber wie gesagt, ich war eben damals noch jung, ich hatte meine Wohnung, ich hatte meine Kinder. Ich hatte Freunde und sehr liebe türkische Freunde, die immer zu mir hielten."[912]

Annemarie Taneris Bekanntenkreis war groß genug, um auch in dieser Zeit nicht zu vereinsamen. Außerdem konnte sie auf die deutschsprachige Infrastruktur zurückgreifen. Schwieriger war das in dieser Zeit für Güzin Ersöz, die – ebenfalls mit türkischem Mann und Kindern – in Sivas und Eskişehir lebte:

„Und da wurde ich direkt angefeindet, das war da schon in der Kriegszeit. Es war eine ziemlich kritische Zeit. Und vor allem die Kinder hatten es sehr schwer. Mein Sohn ging dort in die Schule und wurde...also weil seine Mutter Deutsche war, hat er sehr gelitten."[913]

Sie selbst wäre damals gern nach Deutschland zurückgekehrt. Doch, obwohl sie keine eigentliche Emigrantin war, glaubte sie, nicht zurück zu können.

„Wir konnten auch nicht zurück, weil wir ja ... In der Hitlerzeit sollten die deutschen Mädchen nicht raus. Das war verboten von da aus. (...) Der Botschafter in Berlin war ein Freund von meinem Schwiegervater gewesen, der hat da sozusagen eine Ausnahme gemacht, daß ich das Ehefähigkeitszeugnis oder wie man das nannte, daß ich rauskomme. (...) Wir waren dann ... im Krieg waren wir dann noch mal in Deutschland, und da haben sie bei uns eine Haussuchung gemacht, weil sie angenommen haben, mein Mann wäre Jude. (...)
    Das war sehr unerfreulich in Deutschland. Aber vorher wäre ich gern zurück."[914]

---

912 Ebd.
913 Interview mit Güzin Ersöz, Maltepe 21.06.1991.
914 Ebd. Während 1936 zwischen dem Reichsministerium des Innern, dem Reichsministerium für Volksaufklärung und Propaganda, dem Auswärtigen Amt und dem Stellvertreter des Führers (Rassenpolitisches Amt) u.a. Einvernehmen herrschte, „daß in Deutschland das türkische Volk als ein europäisches Volk angesehen wird und deshalb der einzelne türkische Staatsbürger bei Anwendung der deutschen Rassengesetzgebung dieselbe Behandlung erfahren wird, wie die Angehörigen anderer europäischer Staaten", verbot das Rassenpolitische Amt dennoch deutsch-türkische Liebesbeziehungen. Vgl. Lore Kleiber und Eva-Maria Gömüsay: Fremdgängerinnen: zur Geschichte binationaler Ehen in Berlin von der Weimarer Republik bis in die Anfänge der Bundesrepublik. Hrsg. vom Verband bi-nationaler Familien und Partner-

Nach dieser Erfahrung war für sie klar, daß es kein Zurück gab. Sie war – mit neunzehn Jahren – sehr jung und relativ unerfahren, als sie sich in den jungen türkischen Ingenieur verliebte und seinen Heiratsantrag annahm. Im Rückblick meint sie, daß auch etwas Abenteuerlust dabei war: *„Ich fand das also derartig wunderbar, die Türkei kennenzulernen, und das dicke Ende kam dahinterher."* Das Leben in der ländlichen Türkei forderte ganz besondere Fähigkeiten von der im kleinstädtischen Gosslar und im großstädtischen Dresden aufgewachsenen Frau. Sie war nicht darauf vorbereitet und fühlte sich häufig überfordert und einsam. Während des Krieges ist dann jedoch ihre Mutter nachgekommen und hat dreizehn Jahre mit der Familie gelebt. Das erleichterte ihre Situation. Die Kriegszeit war dennoch äußerst schwierig:

„Mit den Kindern war es schwer, mit der Erziehung. Eine Zeitlang durften wir gar nicht Deutsch sprechen, im Krieg. Da wurden wir auch beschattet. Also in Eskisehir kam meistens irgend jemand hinterher, der beobachtete, wohin ich gehe und was ich tue."[915]

Unter Spionageverdacht gerieten damals viele, und offensichtlich wurden Frauen 'gleichberechtigt' verdächtig. Auch Doris Kudret-Erkönen, die zunächst in Istanbul und später in Ankara Emigrationskinder unterrichtete, war davon betroffen. Sie verkehrte auch in der Deutschen Schule,:

„bis sie mich zur Spionin erklärt haben. Da wurde ich verhaftet, ach das war eine Geschichte. Da waren die Nazis, wissen Sie, und meine Schüler waren die Kinder von den von Atatürk nach der Türkei gerufenen. Das waren meine Schüler".[916]

Und da sie sich nun vor allem in den Emigrationskreisen bewegte, machte sie sich für unterschiedliche deutsche und türkische Seiten verdächtig.

Es gab Deutsche, die die Angst türkischerseits vor Spionage und vor den Aktivitäten der 5. Kolonne dazu nutzten, ihnen nicht genehme Personen durch Denunziationen auszuschalten.[917] Doch auch ohne besonderen Hinweis war die Überwachung von unterschiedlicher Seite

---

schaften; Interessengemeinschaft der mit Ausländern verheirateten Frauen e.V. (IAF). Bremen 1990, S. 183 und S. 189.
915 Ebd.
916 Gespräch mit Doris Kudret-Erkönen, Ankara 17.06.1991.
917 Auch Robert Anhegger, seine damalige Frau und Andreas Tietze waren bei der türkischen Polizei angezeigt worden. Pfarrer Eilers, der Buchhändler Caron u.a. planten angeblich ein Attentat etc.

ausgesprochen üblich. Fast alle InterviewpartnerInnen registrierten Bewachung und Verfolgung. Und auch den deutschen nazistischen Institutionen, die früher weitgehend unbehelligt geblieben waren, kam nun besondere Aufmerksamkeit zu.

Die NS-Feiern fanden deshalb vor allem im Generalkonsulat – wo auch klassische NS-Filme gezeigt wurden – oder im Botschaftsgarten statt. Denn auch die Teutonia war ins Kreuzfeuer der Kritik geraten. U.a. brachte die türkische Zeitung »Ikdam« eine Reportage über den Verein, die Türkische Post zitierte daraus in deutscher Übersetzung:

„Geht man die Yüksekkalderim-Straße hinunter, so sieht man an der Ecke einer kleinen Nebengasse ein Gebäude mit verschlossenen Fenstern, über dessen Türe zwei Fahnen wehen.

Die eine von diesen Fahnen ist unser ruhmreicher Halbmond mit dem Stern. Daneben weht die Hakenkreuzfahne der Nationalsozialisten. Man möge nicht etwa versuchen, in das Gebäude hineinzugehen! Denn um Eintritt zu haben, muß man erstens Deutscher sein, und zweitens zur nationalsozialistischen Partei gehören. Doch wenn man vor der Tür stehen bleibt und die Vorgänge drinnen beobachtet, so bekommt man schon allerlei Merkwürdiges zu sehen.

Ein junger blonder Mann kommt soeben des Wegs...Beim Eintritt durch die Tür hebt er die rechte Hand und ruft:»Heil!« Der Pförtner erwidert in der gleichen Weise mit »Heil!« (...) Während die Teutonia vorher ausschließlich den Charakter eines Wohltätigkeitsvereins aufwies, wurde sie nun zu einem politischen Klub und zum Zentrum der Nationalsozialisten in Istanbul. Der Vereinspräsident ist heute die bedeutendste Persönlichkeit nach dem deutschen Botschafter. Sogar der Konsul hat seinen Befehlen zu gehorchen. Den arbeitslosen Deutschen wird im Klub Geld und Arbeit verschafft. Die Kinder der in der Türkei ansässigen Deutschen versammeln sich unter dem Namen »Hitlerjugend« in der »Teutonia«. (...) Eines steht fest: die »Teutonia« wie auch die Casa d'Italia[918] betreiben eine eifrige Tätigkeit als Zentren der nationalsozialistischen und faschistischen Organisationen.“[919]

Der Artikel zeigt, daß die nationalsozialistischen Umtriebe in Istanbul wohlbekannt waren, und widerspricht jenen Deutschen, die sich heute an nichts mehr erinnern wollen oder sicher sind, daß es Derartiges nicht gegeben habe.

Im Dezember 1939 kam es zu Hausdurchsuchungen und vorübergehenden Verhaftungen bei der Türkischen Post und in der Teutonia.

---

918 Die Casa d'Italia war eine faschistische italienische Organisation, die ebenfalls in Istanbul aktiv war und zu bestimmten Zeiten engen Kontakt mit der Ortsgruppe der NSDAP pflegte.

919 Dieser und andere Artikel wurde in der Türkischen Post zitiert. T.P. 18.08.1939.

Dort wurden auch Bücher beschlagnahmt.[920] Der abgelöste Ortsgruppenleiter Guckes wurde im Februar 1940 aus der Türkei ausgewiesen.[921] Und im folgenden Monat war das Erscheinen der Türkischen Post für ca. drei Wochen verboten.[922] Im Sommer 1940 wurde auch der Buchhändler Kalis wegen des Verkaufs der Januarausgabe des Völkischen Beobachters, in dem eine antitürkische Karikatur abgebildet war, verhaftet.[923]

In der deutschen National-Zeitung erschien kurze Zeit später ein Artikel über „Repressalien", die wegen dieser türkischen Aktivitäten eingeleitet worden seien. Demnach hätte die Polizei vier türkische Staatsangehörige in Berlin festgenommen, um vor allem die „entwürdigenden Umstände" der Überführung des Istanbuler Buchhändlers ins Polizeigefängnis zu sanktionieren. Der sei „mit einem Neger zusammengefesselt" durch die Stadt gefahren worden, was als nationale Beleidigung gewertet wurde.[924] Es gab Spannungen auf den unterschiedlichsten Ebenen.

Die nazistischen Deutschen fanden trotz eingeschränkter Bewegungsfreiheit Wege, ihre nationalen Feiern und politischen Treffen weiterhin abzuhalten. Wenn auch an öffentliche Parteifeiern in dieser Zeit nicht zu denken war, so war gegen Sportveranstaltungen nichts einzuwenden. Und so informierte Ortgruppenleiter Friede (Ankara) den Botschafter, daß das im Juni 1940 in Istanbul stattfindende Fest auf dem Sportplatz in Moda, ein „als Sportfest getarnter »Deutscher Tag«" sei, der auch die Möglichkeit zu einer Arbeitsbesprechung der politischen Leiter bieten sollte.[925] Im folgenden Jahr wurde das Deutsche Sportfest ebenfalls dort abgehalten; der Sportplatz in Moda hieß nun nach dem Istanbuler NSDAP-Leiter „Liebl-Platz".

Die nazistischen Community-Mitglieder paßten sich den zeitbedingten Gegebenheiten an und fanden ihre Formen der (un)spektakulären Repräsentation ihrer Ideologie.

Mit der Unterzeichnung des deutsch-türkischen Freundschafts- und Wirtschaftsvertrags im Juni 1941 entspannte sich die Lage für die

---

920 Die Zeitung »Utro« aus Sofia berichtete darüber. Vgl. Bundesarchiv Potsdam: 62 DAF3 Arbeitswissensch. Inst. Zeitungsausschnittsammlung, Blatt 8.
921 Vgl. AA Bonn: Seiler an Botschaft, Istanbul 29.02.1940. Ankara 681.
922 Vgl. Jäschke 1944, S. 88 und S. 92.
923 Vom 17.02. bis zum 10.04.1944 wurde die Türkische Post wegen einer antienglischen Karikatur verboten. Jäschke 1955, S. 22.
924 „Türkische Staatsangehörige in Berlin verhaftet". National-Zeitung 30.08.1940. Dieser Vorgang bedarf keines weiteren Kommentars.
925 Vgl. AA Bonn: Friede an Botschafter, Ankara 16.06.1940. Ankara 577.

Deutschen in der Türkei. Wieder war besonders Nadir Nadi und mit ihm die türkische Zeitung Cumhurriyet bemüht, Freude über die deutsch-türkische Wiederannäherung zu formulieren:

„Unsere Regierung bemühte sich stets, mit Deutschland normale Beziehungen zu unterhalten; die wirkliche türkische Presse vermied jede Verletzung der deutsch-türkischen Freundschaft; das türk. Volk hatte stets Hochachtung vor den Deutschen."[926]

Es folgten, nach Vertragsunterzeichnung und Telegrammwechsel zwischen Hitler und Inönü[927], offizielle Empfänge für politische, militärische und journalistische Kreise[928], Wirtschaftsverhandlungen und neue Vertragsabschlüsse[929]. Die Türkei belieferte Deutschland wieder mit Kupfer und Chromerz und importierte deutsche Kriegsmaterialien.

Interessanterweise ließ sich auch das Attentat, das am 24. Februar 1942 auf Botschafter von Papen und seine Frau in Ankara verübt wurde, propagandistisch verwerten. Ein junger Sowjetbürger wurde angeklagt und der „Ankara-Prozeß" war das Gesprächsthema in allen Kreisen Istanbuls und darüber hinaus. Die deutschen konsularischen Vertretungen schickten Stimmungsbilder der verschiedenen Städte an die Botschaft. Vom Konsul aus Izmir traf folgende Bewertung ein:

„Den Prozeßverlauf verfolgen hier alle Türken mit größter Aufmerksamkeit. Es ist nicht zuviel behauptet, wenn ich sage, daß keine Propaganda die türkische öffentliche Meinung jemals so stark zu unseren Gunsten hätte beeinflussen können, wie das glückliche Mißlingen diese Attentates und der in Gang befindliche Prozeß es tun."[930]

Vorerst hatten sich die deutsch-türkischen Beziehungen stabilisiert und besonders Botschafter von Papen, dessen Ernennung Atatürk zunächst verhindert hatte, hat in diesem Prozeß Sympathien gewonnen.

Als die türkische Regierung am 01.11.1942 ein Gesetz über eine Vermögensabgabe (Varlık Vergisi) verkündete, wurden einer Reihe von Deutschen bereits wieder Sonderkonditionen eingeräumt. Nach offiziellen Angaben sollte das Gesetz die Kriegsgewinnler treffen,

---

926 Zitiert nach Jäschke 1943, S. 122.
927 Die Türkische Post berichtete darüber. Vgl. T.P. 21.06.1941.
928 Die Türkische Post berichtete u.a. über einen Empfang in Tarabya. Vgl. T.P. 14.08.1941.
929 Am 09.10.1941 wurde in der T.P. die Unterzeichnung des deutsch-türkischen Handelsabkommens verkündet.
930 AA Bonn: Konsulat Izmir an Botschaft, Izmir, 24.04.1942. Ankara 443.

galt tatsächlich jedoch der Kompensation der hohen Rüstungsausgaben. Diese Sondersteuer bedeutete für die griechischen, armenischen, jüdischen und andersnationalen ausländischen Unternehmer und Gewerbetreibende sehr oft den Entzug ihrer Existenzgrundlage. Sie richtete sich explizit gegen die Minderheiten und betrug häufig ein Vielfaches von deren Gesamtbesitz. Bei Nichtzahlung wurde Zwangsarbeit angedroht und für eine gewisse Zeit auch – vor allem beim Straßenbau Trabzon-Täbris – in Ostanatolien verhängt. Viele Geschäfte und Betriebe mußten verkauft werden, und es kam zu Massenauswanderungen.[931]

Botschafter von Papen erbat für die nichtjüdischen Deutschen einen Aufschub der Zahlungstermine und Sonderkonditionen und

„Numan versprach, daß gegen Reichsdeutsche keine Strafmaßnahmen getroffen werden sollten und daß er auf administrativem Weg einzelne Fälle nachprüfen lassen werde. Papen war bestrebt, sein Vorgehen so einzurichten, »daß daraus keinesfalls eine Trübung der politischen Stimmung resultiere oder den Juden oder Griechen daraus Entlastung erwüchse«".[932]

Für bestimmte deutsche Firmen, für die deutschen Schulen, Krankenhäuser[933] und die Türkische Post stellte das Reichsfinanzministerium der Botschaft in Ankara ein Darlehen zur Verfügung. Andere Konzerne, wie die IG-Farben, MAN, Gute Hoffnungshütte, Zeiss, Askaniawerke, Krupp, Dresdner Bank konnten es sich leisten, ihren Vertretungen die entsprechenden Summen zum Erhalt ihrer Existenz zu übergeben.[934]

Weiterhin prägte der Krieg das Community-Leben. Die nächtlichen Tanzveranstaltungen in der Teutonia hörten auf. Dafür kamen Reichsredner mit einem umfangreichen NS-Programm.

Während auch in Istanbul immer mehr Deutsche mit Trauergebinde auf den Verlust eines Familienmitgliedes hinwiesen, wurde die Kriegsberichterstattung in der Türkischen Post mit gutaussehenden kräftigen jungen Männern und Frauen illustriert. Der Krieg

---

931 Die jüdische Bevölkerung, die zum Großteil aus Nachkommen der im 15. Jahrhundert aus Spanien ausgewiesenen und von Beyazıt I. ins Osmanische Reich geholten Juden und Jüdinnen der Sephadim-Gemeinde in Istanbul bestand, war besonders betroffen und schrumpfte in dieser Zeit auf etwa ein Zehntel ihrer früheren Größe.
932 Glasneck 1966, S. 147. Vgl. DZA Potsdam, AA, Ha Pol, Nr.68665, Bl. 156.
933 Das österreichische St. Georg war nun 'deutsch'.
934 Vgl. Glasneck 1966, S. 147.

erschien dort als großes Abenteuer, und 'ehrenvoll' getrauert wurde allenfalls um die Helden.[935]

Auch die Evangelische Kirche wurde für Heldenfeiern genutzt. Am 07.02.1943 lud der deutsche Marineattaché, Vizeadmiral von der Marwitz, zu einer *„Gedächtnisfeier für die Helden von Stalingrad"* dorthin ein. Von der Marwitz betonte in seiner Ansprache, *„daß Stalingrad für eine starke Nation wie Deutschland keine Niederlage bedeute, sondern eine Stählung und Anspannung des Kampfeswillens hervorrufe."*[936]

Orientierungsprobleme: Kinder und Jugendliche

Nachdem unterschiedliche Orientierungsmöglichkeiten und Anpassungs bzw. Abgrenzungsentscheidungen Erwachsener deutlich wurden, soll nun nochmals der Situation der Kinder und Jugendlichen nachgespürt werden. Der deutsch-nationale Jugendkult der NS-Propaganda betraf die Kinder der NationalsozialistInnen ebenso wie die ihrer KritikerInnen und/oder die der Emigrierten. Er veränderte das Leben deutscher jüdischer Kinder, egal ob sie in zweiter oder dritter Generation in Istanbul ansässig oder mit ihren Eltern erst kürzlich immigriert waren. Er spaltete Familien, machte Kinder zu Denunzianten und politisierte sie.

Kinder und Jugendliche kämpften aufgrund der politischen, regionalen und familiären Gegebenheiten häufig mit besonderen Autoritätskonflikten, Verführungen oder Ängsten. Idealisierungen und Legenden prägten ihr Deutschlandbild, egal ob sie mit ihrer Familie emigrieren mußten oder nicht. Doch während die Veränderungen den einen vor allem neue Möglichkeiten gaben, bedeuteten sie für die anderen in erster Linie den Ausschluß aus bestimmten Strukturen oder eben die Verweigerung eines Zuganges.

Obwohl sich die meisten Kinder und Jugendlichen der neuen Situation gut anpassen konnten, spielten sich jedoch auch Dramen ab.

Ein tragisches Beispiel für das Nichtakzeptieren der neuen Verhältnisse ist der Selbstmord des 18jährigen Erich Kantorowicz. Bei

---

935 Zu den Umgangsformen mit dem Tod im 2. Weltkrieg vgl. Utz Jeggle: In stolzer Trauer. Umgangsformen mit dem Kriegstod während des 2. Weltkriegs. In: Utz Jeggle u.a. (Hg.): Tübinger Beiträge zur Volkskultur (für hb-17.9.1986). Tübingen 1986, S. 241-259.

936 T.P. 09.02.1943.

ihm hatte sich nach der Emigration neben dem Verlust alter Freundschaften und des gewohnten sozialen Umfeldes auch noch die Familie als instabil erwiesen. Der berühmte Vater, der Zahnarzt Alfred Kantorowicz, war eine neue Beziehung mit einer sehr viel jüngeren Assistentin eingegangen. Er war – so beschreiben es eine Reihe von ZeitzeugInnen – ein besonders vitaler und unterhaltsamer Mensch und hatte sich in Istanbul sehr schnell einen großen, vorwiegend jüngeren Freundeskreis geschaffen. Erich dagegen wird als stiller und etwas schwieriger Junge erinnert, dem auch das Lernen nicht besonders leicht fiel. Die Mutter, Annemarie Kantorowicz, war weder berufstätig noch besonders positioniert im gesellschaftlichen Bereich. Sie allein konnte dem Jungen sicher nicht die ersehnte Stabilität und Sicherheit vermitteln.

Was auch immer der Auslöser für seinen Entschluß gewesen sein mag, er tötete sich, während sein Vater mit einer deutschen Gruppe, zu der seine junge Freundin und auch der jüngere Sohn gehörten, am Uludağ in der Nähe von Bursa Ski lief.

Fast alle EmigrantInnen des wissenschaftlichen Kreises erinnerten sich in ihren Rückblicken an den Selbstmord von Erich Kantorowicz, den er nur einige Monate nach der Emigration in die Türkei begangen hatte. Die damalige Community war schockiert und diskutierte den Vorfall in seinen unterschiedlichen Dimensionen.

Rosemarie Burkhard, die ebenfalls zu der Skisportgruppe gehörte, erinnert sich:

„Kantor kam ja mit zwei, drei, vier Kindern, zwei Töchtern und zwei Söhnen. Und der ältere Sohn ... warum er sich umgebracht hat? Der hatte so die Emigration nicht verkraftet. Der ist in der Schule nicht zu Rande gekommen. Der ist, das lag vielleicht an dem Zwiespalt mit den Eltern. Der hat dann auf sehr geschickte technische Weise, also unter dem Herd, weiß ich nicht genau, das wurde geschildert, irgendeine Gasgeschichte installiert und sich mit Gas umgebracht.

Aber die Ehe war schon vorher kaputt. Ich kann mich erinnern, wie wir in Köln waren und Stambul schon in Aussicht war."[937]

Die Scheidung war sicher nicht der einzige Grund für die Verzweiflungstat. Traugott Fuchs vermutet, daß Erich nicht zuletzt dem ständigen Druck des angesehenen Vaters, der den Sohn *„mit den eigenen gehabten und vorhandenen Fähigkeiten tyrannisierte"*[938], entkommen

---

937 Ebd.
938 Gespräch mit Traugott Fuchs, Istanbul 25.10.1991.

wollte.[939] Und dem ehemaligen Lehrer des Jungen, Julius Stern, blieb dieser Vorfall in besonders unangenehmer Erinnerung. Frau Kantorowicz habe ihn rufen lassen, da er in der Nähe wohnte. *„ Und da hab ich den Jungen gefunden, der hat sich mit Gas vergiftet. Er war mein Schüler an der Deutschen Schule.“*[940]

Auch er beschrieb die Installation am Gasofen, die handwerklich geschickt ausgeführt war. In allen Berichten wird mit Bewunderung auf die technischen Finessen, die diesen Selbstmord einleiteten, hingewiesen. Die Achtung vor diesen Fähigkeiten, die dem stillen Jungen offensichtlich niemand zugetraut hatte, ist in den Berichten fast dominanter als die eigentliche Tat.

Die meisten der mitemigrierten Kinder hatten zunächst Eingewöhnungsschwierigkeiten, fanden sich dann aber doch recht gut zurecht. Nichtjüdische Kinder, die mit ihren Eltern emigriert waren, hatten es dabei nicht unbedingt einfacher als jüdische. Im Gegenteil, der nationalsozialistische Jugendkult, der auch ihnen vermittelt wurde, brachte sie manchmal in Opposition zu ihren Eltern und damit in einen besonderen Zwiespalt. Ihnen wurde jedoch auch, und das scheint mir eine nicht zu unterschätzende Tatsache, eine Möglichkeit unterstützter Rebellion gegen die Eltern oder ein dominantes Elternteil gegeben. Von verschiedener Seite wurde ich auf einen Bruch innerhalb der bekannten Emigrationsfamilie Kessler aufmerksam gemacht. Unter anderem berichtete Gisela Freibergs:

„In der Familie gab es vier Kinder: Gerhild, Hans, Gottfried und Adelheid. Die Mutter soll im Rollstuhl gesessen haben. Die Tragödie in dieser Familie war, daß Vater und die beiden Söhne Anti-Nazis, die beiden Töchter Nazis waren. Gerhild wurde die höchste BDM-Führerin, die kleine Adi stand natürlich unter ihrem Regime.“[941]

---

939   Erichs jüngerer Bruder Georg 'rebellierte' – so ist anzunehmen – auf andere Weise gegen den übermächtigen Vater. Er ließ sich im Dezember 1940 in der Evangelischen Kirche Istanbul taufen. Taufzeugen waren seine evangelische Mutter Annemarie Kantorowicz und ein angeheirateter Onkel, Wigand Kenter. Vgl. Taufregister, Archiv der Evangelischen Kirche Istanbul.
940   Interview mit Dr. Julius Stern, Istanbul 27.04.1991. In dem Jahresheft der Deutschen Schule 1932-1934 wurde der 17.02.1934 als Todestag angegeben.
941   Brief von Gisela Freibergs, Västra Frölunda 23.04.1992.

Aufmarsch der NS-Jugend

Bevor dieser Fall jedoch näher beleuchtet wird, soll nochmals auf die nazistische Beeinflussung deutscher Kinder hingewiesen werden.[942] Etwas von dem damaligen Lebensgefühl 'nationalsozialistischer Kinder' spiegelt sich in dem „Berichtbuch der Istanbuler Jungmädel". Es gibt nicht nur Auskunft über deren Aktivitäten, sondern auch über kindliches Selbstverständnis. Der Ausschnitt eines Berichtes über die Fahrt zur *„Maifeier im Park der Deutschen Botschaft in Tarabya"* am 1.Mai 1935 kann etwas von der Stimmung dieser Zeit vermitteln.

„Hurra, war das eine Freude, als Kamerad Hetzer (Lehrer und HJ-Führer, d.A.) uns sagte, daß die ganze HJ den 1. Mai im Park der Deutschen Botschaft in Tarabya feiern würde! Pünktlich gingen wir Jungmädel am Morgen auf das Schiff, wo wir uns zusammensetzten, spielten und alle uns bekannten Lieder sangen. Bald hatte sich eine gaffende Menge um uns versammelt, und ein türkischer Offizier, dem unsere Lieder wahrscheinlich nicht gefielen, schlug uns vor, Schlager zu singen. Doch wir ließen uns nicht stören."[943]

Welch kindliches Selbstbewußtsein, welche Überheblichkeit spricht bereits aus diesen wenigen Zeilen der höchstens zwölf- bis dreizehn-jährigen. Die türkischen Mitreisenden, vom lauten Auftreten der jungen Deutschen sicher irritiert, bilden als *„gaffende Menge"* den Hintergrund ihrer Demonstration völkischer Einheit. Die Lieder, die dort gesungen wurden, waren die nationalsozialistischen Kampflieder, die bei den Treffen in der Teutonia eingeübt worden waren. Welch nationales Überlegenheitsgefühl war diesen jungen Mädchen bereits eigen, daß sie sich auch von einem türkischen Offizier, einer Autoritätsperson, nicht vom Zelebrieren ihrer neuen Bedeutsamkeit abbringen ließen.

Auch über die anschließenden Aktivitäten im Botschaftspark wird berichtet:

„In der Deutschen Botschaft angekommen, gingen wir zuerst uns 'zurecht machen', denn Kluft (das NS-Outfit, d.A.) durften wir ja leider unterwegs nicht tragen. Dann stürmten wir alle zu Frieda (die JM-Führerin, d.A.) mit der Frage: »Sitzt mein Zipfel gut?« und diesem und jenem. Endlich war es soweit, daß sie uns antreten ließ und wir im gleichen Schritt dem Festplatz neben den Helden-gräbern aus dem Weltkrieg zuschritten. Dort wartete schon die HJ und das JV, der BDM kam hinter uns.

---

942   Wie schwierig die Auseinandersetzung Erwachsener mit ihrer (nationalsozia-listischen) Kindheit sein kann, vermittelt der Roman von Christa Wolf: Kindheitsmuster. Er stellte einen wichtigen Anstoß zur Reflektion kindlicher Erfahrungen dar.
943   »Berichtbuch der Istanbuler Jungmädel«

Der Scharführer der HJ hißte die Fahne, es wurde dabei gemeinsam das Lied »Wann wir schreiten« gesungen. Dann kamen Gedichte und ein feiner Sprechchor des Jungvolks. Kamerad Hetzer hielt noch eine kurze Rede und darauf sangen wir die beiden Nationalhymnen. So endete die Feier."[944]

Derartige Veranstaltungen bedienten verschiedene Bedürfnisse der Kinder und Jugendlichen. Sie bekamen klar definierte Aufgaben und wichtige Funktionen innerhalb der *„Volksgemeinschaft"* zugewiesen. Die offiziellen Feiern unterlagen Regeln, die leicht zu lernen waren und die es einzuhalten galt; einzelne konnten in der Gruppe aufgehen, sich jedoch auch mit besonderen Leistungen hervortun; außerdem wurden abwechslungsreiche Möglichkeiten für Sport, Spiel und Abenteuer geboten. Das zeigt der anschließende Ausschnitt, der sich kindgerechter dem Spielen und Herumtoben widmet, das nach dem offiziellen Teil der Veranstaltung begann.

„Jetzt stürmten wir aber alle wie eine Herde davon und waren froh, daß wir uns richtig austoben konnten."[945]

Die nationalsozialistische Volksgemeinschaft in Istanbul, ihre Feiern und Aktivitäten boten Kindern und Jugendlichen vielfältige Partizipationsmöglichkeiten. Mit ihrem pseudoegalisierenden Elementen stellte sie einen wichtigen Integrationsfaktor dar und weckte besonders bei den jungen Menschen echten Idealismus.

Auch Gerhild Kessler fand Gefallen am Nationalsozialismus. Er bot ihr vielfältige Erfahrungen und Möglichkeiten. Sie war sportlich, groß und blond und entsprach somit den nationalsozialistischen phänotypischen Vorstellungen eines 'deutschen Mädchens'. Ihr Leben war bis dahin sehr unstet verlaufen, sie hatte in Deutschland in Berlin, Jena und Leipzig *„aus verschiedenen Gründen verschiedene Schulen"* besucht, zeitweise auch Privatunterricht erhalten. Die Deutsche Schule in Istanbul, in der sie schließlich nach der Emigration der Familie 1935 mit 20 Jahren ihr Abitur machen konnte, gab ihrem unruhigen Leben endlich die Stabilität, nach der sie sich gesehnt hatte. Während das Familienleben der Kesslers von diversen Schwierigkeiten geprägt war, fand sie in der Deutschen Schule immer ein offenes Ohr für Probleme oder Anregungen zur Freizeitgestaltung und Lebensplanung. Sie hatte in erster Linie Kontakt mit SchulfreundInnen verschiedener Nationalität und Religion und den jüngeren

---

944   Ebd.
945   Ebd.

LehrerInnen, von denen einige nationalsozialistisch waren. Gerhild Hoernigk bezeichnet ihren damaligen Chemielehrer Dr. Stern als Lieblingslehrer und hat auch Fotos von ihm in ihrem Fotoalbum, und die beste Freundin war Melek Turmak, die aus einer sogenannten Dönme-Familie stammte.[946]

Erzählungen von einem sehr Wagner-freudigen Musiklehrer und von beeindruckenden Sportveranstaltungen geben einen weiteren Einblick in die vielfältigen die junge Frau prägenden Faktoren ihres Istanbuler Lebens.

„Der (Musiklehrer Schneider, d.A.) machte was sehr nettes, der machte einmal in der Woche einen musikalischen Abend. Und da hat er uns sozusagen in die Musik, in die Oper eingeführt, einführen wollen. Da kam man hin, da konnte man stricken, wenn man wollte, als Mädchen. Und dann hat er alle diese Rollen, also er war, wie gesagt, sehr für Wagner, dann hat er also die Rollen z.T. selbst gesungen, auch die weiblichen, um uns das darzubringen. Also ich fand das, die Idee, fand ich großartig, solche Sachen. Ja dann war Turnen bei uns natürlich sehr ... Sport haben wir viel gemacht. (...)

Ich hatte viel Interesse für Sport. Wir hatten auch einmal im Jahr ein großes Sportfest, da hab ich auch noch Bilder, ein großes Sportfest. Da wurde auch getanzt. Wir hatten auch dann eine Sportlehrerin, die das sehr schön machte. Da wurde extra mit weißen Kleidern (getanzt, d.A.). Das war also schon ne Sensation. Vor allen Dingen, die anderen machten das nicht so wie wir. Wir hatten uns selber, die Mütter und wer weiß, immer wer schneidern konnte, so kurze Höschen gemacht, also richtige kurze Turnhöschen in weiß. Wir waren ganz weiß. Das war schon für viele shocking. Das Sportfest wurde zwar sehr besucht, aber das war also ein..."[947]

Sie hat diesen Satz nicht vollendet, doch daß es sich auch um eine Provokation des nichtdeutschen Umfeldes handelte, wurde in dem Interview klar; nicht so sehr eine Provokation, die Empfindungen verletzen sollte, vielmehr eine Provokation, die mit gesunder und kraftvoller Körperlichkeit konfrontieren wollte. Und tatsächlich zeigen Fotos und Zeitungsberichte die enorme Anziehungskraft dieser Sportfeste – zumindest, solange sie noch am Taksim-Platz abgehalten wurden. Dabei ist zu beachten, daß es sich nicht nur um deutsche, schweizerische oder italienische SportlerInnen gehandelt hat, sondern eben auch um junge TürkInnen. Ca. zehn Jahre nach der Republikgründung präsentierten sich junge Türkinnen in engen Turnhosen und

---

946   Dönme wurden die ehemaligen Juden und Jüdinnen genannt, die zum Islam konvertiert sind.

947   Interview mit Gerhild Hoernigk, Kassel 14.02.1992.

Sportfest der Deutschen Schule auf dem Taksim-Platz 1934

-hemden, mit nackten Armen und Beinen einem internationalen gemischtgeschlechtlichen Publikum, während Mustafa Kemal andernorts den Schleier vom Gesicht junger Frauen riß. Tausende drängten sich auf den aufgebauten Tribünen, die den großen Platz umstellten.

Gerhild Hoernigk erinnert sich gut daran, daß man sich beispielsweise der von Nonnen geführten Französischen Schule und ihren Regeln überlegen fühlte. Mädchen und Jungen seien dort getrennt unterrichtet worden und trugen bei ihren Sportveranstaltungen immer Turnanzüge mit langen Ärmeln. Auch die sommerliche Schuluniform habe lange Ärmel gehabt.

Damals galt die Deutsche Schule – besonders im sportlichen Bereich – für die kemalistische Elite als vorbildlich modern. Und die SchülerInnen waren sich dieser Tatsache bewußt. Die Sportlehrerin Korge, die den Ruf genoß, olympiaverdächtig zu sein, wurde später an ein türkisches Sportinstitut in Ankara berufen.

Die türkischen SchülerInnen teilten den Stolz auf ihre Schule, so auch die spätere Germanistin Sara Sayın, die das in ihrem Festvortrag zum 125-jährigen Bestehen der Deutschen Schule Istanbul betonte:

„Wir oder die meisten von uns waren stolz auf »unsere Schule«. Die Deutsche Schule gehörte nämlich nicht nur in den naturwissenschaftlichen Fächern zu den allerbesten unter den türkischen und ausländischen Schulen, sie war immer die beste in Sport. Bei türkischen Nationalfeiern marschierten wir in Reihe und Glied, wie »eine Seele und ein Körper« und mit sicheren Stechschritten die Tribüne entlang, wo die Omnipotenz saß. Das Solidaritätsgefühl und die Perfektion, die wir zur Schau trugen, wurde immer mit enormem Beifall belohnt."[948]

Es waren vor allem LehrerInnen wie Margarethe Korge und Walter Hetzer, die für die junge Gerhild zu Vorbildern wurden, die die Eltern nicht sein konnten, nicht die kränkelnde Mutter und nicht der autoritäre, ständig beschäftigte Vater.

Gerhard Kessler, Soziologe und Volkswirt, gehörte zu den politischen Emigranten mit „*Ariernachweis*"; er hatte in Leipzig als Abgeordneter für die Deutsche Staatspartei kandidiert und war wegen seiner politischen antinationalsozialistischen Tätigkeit 1933 von seinem Amt als ordentlicher Professor in Leipzig suspendiert und in „*Schutzhaft*" genommen worden. Der Ruf nach Istanbul bewahrte ihn vor weiterer Haft und Verfolgung. Seine Frau, Gerhilds Mutter, hatte sich bereits einige Jahre zuvor bei einem Sturz ein schweres Rückenleiden zugezogen, war stark gehbehindert und leidend. Gerhild war die älteste Tochter, es gab zwei jüngere Brüder und eine noch jüngere Schwester. Für einige Zeit wurde der Kessler-Haushalt von Lene Fischer versorgt, „*eine Nenntante aus Jena*"[949]. Als sie den Haushalt verließ, kehrten etwas chaotische Zustände ein.

Der Vater widmete sich ganz seinen neuen Aufgaben, bewegte sich vor allem in universitären Kreisen und brauchte viel Zeit und Energie für den Aufbau der Bibliothek an der wirtschaftswissenschaftlichen Fakultät. Sein besonderes Interesse und persönliches Engagement galt außerdem der türkischen Sozialpolitik. Viel Zeit für die Familie blieb nicht; und besonders die Kinder waren weitgehend sich selbst überlassen.

Gerhild begeisterte sich an der vermeintlich auf Kameradschaft und Gruppenzugehörigkeit basierenden NS-Ideologie. Ihr Umfeld bot ihr da entsprechende Anregungen. Als im April 1935 der Internationale Frauenkongress in Istanbul tagte, erschien im Vorfeld ein großer Artikel in der Türkischen Post, der die „*Stellung der Frau im*

---

948 Generalkonsulat der Bundesrepublik Deutschland (Hg.): 125 Jahre Deutsche Schule in Istanbul. Festvortrag von Prof. Dr. Sara Sayın 5. Mai 1993. Istanbul 1993.

949 Interview mit Gerhild Hoernigk, Kassel 14.02.1992.

nationalsozialistischen Deutschland" thematisierte. Von tiefgrei-
fenden Wandlungen in Deutschland war die Rede, die das *„ Verhältnis
der deutschen Frau zu Staat und Volk einer grundlegenden
Änderung"* unterzogen hätten und ihr die Verantwortung für die
Entfaltung der *„geistigen und seelischen Werte"* des Volkes über-
trugen. Die Arbeitsdienstlager für deutsche Mädel wurden vorgestellt,
die diesen ein Arbeitsgebiet geben sollten, *„das in seinen Grundzügen
auf der Verwirklichung des Gemeinschaftslebens aufgebaut ist".*[950]
Derartige Ideen von Gemeinschaft, Verantwortung, 'Einen Platz
einnehmen' gefielen der jungen Gerhild. Zwar sollte es erst von 1938
an das sogenannte Pflichtjahr geben, von dem sich deutsche Mädchen,
die im Ausland lebten, dann noch unter bestimmten Bedingungen
befreien lassen konnten, doch das wäre für Gerhild sicher nicht in
Frage gekommen. Im Gegenteil, sie wollte im Anschluß an das Abitur
sofort zum Dienst ins Arbeitslager reisen. Dieses Vorhaben ist auf
ihrem Abiturzeugnis dokumentiert. Sie erinnert sich an ihre Begeisterung, mit der sie wieder nach Deutschland fuhr und ihre freiwillige
Arbeit begann.

„Also ich war ja dann in Deutschland zeitweise auch Nazi, wenn auch nicht die
tausend Jahre. Gott sei Dank. Aber ich kam in den Arbeitsdienst, und irgendwie
hat mir das sehr gut gefallen. Aber ich bin dann auch eben rechtzeitig wieder
raus. (...)
     Im BDM auch, ja, aber im Arbeitsdienst bin ich eigentlich in den ... hab ich
den Kontakt gefunden. Mir hat das irgendwie gefallen."[951]

Es war vor allem das Gefühl, etwas mitzugestalten und Verantwortung für andere zu übernehmen, das sie begeisterte. Und auch die
körperliche Arbeit auf dem Land gefiel der sportlichen Stadtfrau.

     Da das halbe Jahr in Schlesien so befriedigend verlaufen war, be-
warb sie sich von Istanbul aus ein zweites Mal.

„Und da bin ich noch mal eingetreten, freiwillig. Ja, und bin dann auch Führerin
gewesen. (...) Das hieß ja früher »freiwilliger Frauen- und Arbeitsdienst«. Und
dann hatten wir so Jacken, aber nicht so Uniformen wie später, dann wurde das
»Reichsarbeitsdienst« genannt. (...) Da kriegte ich sogar die Reise bezahlt. Da
hab ich eine richtige Mittelmeerreise von 6½ Wochen gemacht. Das war auf so
einem Frachtschiff, aber mit ein paar Kabinen."[952]

---

950   T.P. 15.04.1935.
951   Interview mit Gerhild Hoernigk, Kassel 14.02.1992.
952   Ebd.

Gerhild Kessler, die Tochter des politischen Emigranten Gerhard Kessler und Schwester des aktiven Widerständlers Hans Kessler, ist zumindest vorübergehend überzeugte und aktive Nationalsozialistin und BDM-Führerin geworden. Die Entwicklung hat in Istanbul – sozusagen im Exil – auf der Deutschen Schule begonnen und hatte ihren Höhepunkt zwischen 1935 und 1939, während der Arbeitsdienstaufenthalte in Schlesien und einer Periode als BDM-Führerin im Ruhrgebiet. Zwischendurch reiste Gerhild *„nach Hause"*, nach Istanbul. Sie wollte jedoch wieder ganz in und für Deutschland leben und ihre kranke Mutter dort betreuen lassen. Dem Vater nahm sie seine antinationalsozialistische Haltung genauso übel wie die Vernachlässigung des Haushaltes und ebenso seine *„autoritäre Art"*.

Kurz vor Kriegsbeginn setzte sich der weibliche Teil der Familie Kessler in einer 'Nacht und Nebel Aktion' unter Gerhilds Leitung und mit Unterstützung des Generalkonsulats nach Deutschland ab.

„Zu Kriegsbeginn bin ich mit meiner Mutter und meiner Schwester, die ja elf Jahre jünger ist als ich, dann ab ... losgefahren. Wir sind dann nach Deutschland gegangen. Meine Mutter war auch gar nicht mehr gesund."[953]

Die Mutter war wohl nicht mehr imstande, eigene Entscheidungen zu treffen; für sie und die dreizehnjährige Adi übernahm nun Gerhild die Verantwortung. In Deutschland wurde ihr die *„kommissarische Vormundschaft"* für die jüngere Schwester übertragen. Gerhard Kessler konnte sich nicht dagegen wehren.

Als Grund für diese Aktion gab die Tochter die *„häuslichen Verhältnisse"* an:

„Es war auch sehr durcheinander dann bei meinem Vater. (...) Die beiden Geschwister, also der (jüngere, d.A.) Bruder und meine Schwester, die waren dann auf dem Kollege. Mein Vater hat dann die Kinder von der Deutschen Schule runtergenommen. Da war ich schon längst weg.(...) Und, ja, wie soll ich das jetzt formulieren. Ja mein Vater ist dann wieder umgezogen und das war eben etwas chaotisch. Als Hausfrau konnte er dann nicht so fungieren, wie's eigentlich als ... ja heute würde ein Mann, also mein Mann würde ganz anders sich verhalten. Also mein Vater hat sich eben um seinen Beruf gekümmert und hm, meine Schwester, die war etwas, rein äußerlich, etwas verwahrlost. (...) Das war dann etwas schmuddelig, das weiß ich noch, als ich da ankam, war ich ziemlich entsetzt. Das mußte man alles erst mal waschen. Da konnte meine Mutter sich ja

---

953 Ebd.

nicht so drum kümmern. Na ja, auf die Art sind wir erstmal auseinander-gekommen."[954]

Den Vater sah sie erst ca. achtzehn Jahre später wieder, als er erst-mals wieder einen Lehrauftrag in Göttingen annahm. Autoritäts-konflikte soll es auch zwischen dem Vater und den Söhnen gegeben haben. Der ältere sei ebenfalls aus eigener Initiative und ohne Unterstützung des Vaters nach seinem Rausschmiß aus der Deutschen Schule in die USA weitermigriert, und der jüngere Sohn habe sich vom Vater getrennt und bei einem anderen Emigranten gelebt. Nach Kriegsende ging auch er in die USA.

Ruth Busch, die sich damals Helga nannte, kannte die Familie Kessler und hatte auch in deren Haus verkehrt. Sie erinnerte sich daran, daß Gerhild *„beim Arbeitsdienst restlos begeistert vom Natio-nalsozialismus"* war.

„Dann hörte ich eben, daß sie ihre Mutter, gegen den Willen des Vaters, heimlich dann weggebracht haben. Und nachher war sie so gegen den Nationalsozialismus. Ich meine, sie hat mir einmal einen Brief geschrieben. Mein Vater hat ihr zurückgeschrieben, sie möchte doch um Gottes Willen vorsichtig sein. Sie käme in Teufels Küche, wenn sie weiter solche Briefe schreibt. (...)

Es muß vielleicht 40 gewesen sein, daß mein Vater gesagt hat, um Gottes Willen, die bringt sich um ... sich um alles, wenn sie nicht aufpaßt. (...) Natürlich, das ist ja nun so, daß mein Vater mehr wußte als vielleicht ich jemals gewußt hab, und mein Vater sich Sorgen machte und sagte, also was soll denn daraus werden."[955]

Die Begeisterung hatte dem realen Leben in Deutschland also nicht lange Stand halten können. Während Gerhild Kessler die Heimat zunächst aus der Ferne ersehnt und dann unter den besonderen Bedingungen des dörflichen Lagerlebens während ihres Arbeitsdien-stes genossen hatte, ließ der Alltag in Deutschland sie die Schatten-seiten des Nazismus sehen. Sie erkannte, daß die 'Volksgemeinschaft' eine Illusion war und fühlte sich und ihre Ideale verraten. So konsequent wie sie zuvor für ihre Vorstellung vom Nationalsozia-lismus eingetreten war, so konsequent kritisierte sie nun offen-sichtlich die realen Gegebenheiten. Der Brief an die Jungmädel-führerin in Istanbul war tatsächlich gefährlich. Er hätte schon vorher geöffnet werden, oder die eifrige Empfängerin bzw. ihr Vater hätten

---

954   Ebd.
955   Interview mit Ruth Busch, Hamburg 09.06.1992.

ihn beim SD oder der NSDAP-Ortsgruppe abgeben können. Die 'Enttäuschung' war sehr schnell und nachhaltig erfolgt.

Gerhild Kessler lernte bald ihren Mann Fritz Hoernigk, einen Sozialdemokraten, kennen und heiratete bereits 1940. Sie zog sich aus der Parteiarbeit zurück, nahm die Schwester, die zuvor bei den Großeltern in Berlin, dann bei Pflegeeltern gelebt hatte, in ihre Kleinfamilie auf und erlebte das Kriegsende in Naumburg an der Saale.

Widerstand

Widerstand war kaum Thema innerhalb der deutschsprachigen Community der 30er und 40er Jahre – oder zumindest nur ein randständiges. Bekannter und aktiver Widerständler waren der Pfarrer Eilers vom St. Georgskolleg oder Gerhard und Hans Kessler, verdeckten Widerstand leisteten die kommunistischen Gruppen, die demokratischen Emigrationskreise und einzelne Personen auf individuelle Weise, sei es durch den Gang der Bosporusgermanin zum jüdischen Zahnarzt, die Erstellung von Flugblättern oder die 'Schönung' von Berichten über Wehrpflichtige etc.

Auch in der Türkei wurde Widerstand manchmal erst nach Jahrzehnten auch als solcher erkannt, beispielsweise in der Deutschen Schule. Erst im Rückblick scheint es der ehemaligen türkischen Schülerin Sara Sayın klar geworden zu sein, daß ihr früherer Deutschlehrer Anfang der 40er Jahre etwas vermittelte, für das er keinen Auftrag hatte: *„Demokratieverständnis und Mitgefühl"*. Er habe neben dem vorgegebenen Stoff auch Schiller und Kant bekannt gemacht.

„Es ist mir unvergeßlich, mit welch innerer Anteilnahme er die bekannte Stelle in »Don Carlos«, »Gebt mir Gedankenfreiheit« vortrug.

Auch Lessings »Ringparabel«, obwohl auch sie nicht zur Pflicht- und Schullektüre gehörte, wurde uns nacherzählt, und ein neuer Analogieschluß wurde gezogen: ähnlich wie wir hier in der Klasse, wo armenische, jüdische, türkische und griechische Kommilitonen friedlich nebeneinander saßen, sollte es in der Welt zugehen.

Wie wichtig diese Botschaft in dieser Zeit und für junge Menschen war, haben wir erst später begriffen."[956]

---

956 Generalkonsulat der Bundesrepublik Deutschland: 125 Jahre Deutsche Schule Istanbul. Festvortrag von Prof. Dr. Sara Sayın. Istanbul 1993.

Bei den Feierlichkeiten zum 125jährigen Bestehen der Deutschen Schule in Istanbul 1993 erinnerte Prof. Sara Sayın in ihrem Festvortrag so an ihren früheren Deutschlehrer Anstock, der seine unspektakulären Formen des Widerstandes gefunden hatte. Auf den ersten Blick klarer war der Widerstand, den Hans Kessler, der Bruder von Gerhild, leistete. Seine Verweigerung, an der *„Anschlußfeier Österreich"* in der Aula der Deutschen Schule teilzunehmen, ist bei den meisten ehemaligen SchülerInnen in guter Erinnerung. Doch aus dieser Verweigerung den Schluß zu ziehen, daß Sohn Hans sich mit Vater Kessler gegen NS-Deutschland solidarisierte, während Tochter Gerhild sich dem Nazismus verschrieb, wäre, wie die Auseinandersetzung mit ihrer Person gezeigt hat, eben doch zu einfach. Hans Kessler leistete – wie seine Schwester auch – dem Vater Widerstand. Und wie sie war auch er nicht ganz frei von nationaler Begeisterungsfähigkeit. So begrüßten die Kesslerkinder Mitte der 30er Jahre von ihrem Balkon aus mit Bettüchern winkend und begeistert das KdF-Schiff „Emden", das auf großer Fahrt Zwischenstation in Istanbul machte. Hans Kessler, der sehr sprachbegabt war, stellte sich für Führungen etc. als Dolmetscher im Dienste des Generalkonsulates zur Verfügung. In der Schule lieferte er sich dann wieder siegreiche Wortgefechte mit begeisterten HJlern.

Es gab also selten eindeutige Orientierungen; meistens basierten bestimmte Entscheidungen auf mehrschichtigen Entwicklungen und Beeinflussungen. Vielleicht suchte Hans Kessler seine Identität mehr durch Individualisierung und Abgrenzung von anderen, während die Schwester das Aufgehen in gemeinsamen Idealen und Zusammenhalten anstrebte. Hier jedenfalls sollten vorschnelle Beurteilungen und Einteilungen in Frage gestellt und ambivalente Verhaltensmuster als das Normale bewußt gemacht werden.

Wie in Deutschland wurden in der Nachkriegszeit unterschiedliche Widerstandsgeschichten kolportiert. Hofrat Raidl, langjähriger Superior von St. Georg, erzählte *„eine lustige Geschichte"* über eine erfolgreiche Kriegsdienstverweigerung. Der Vater eines seiner späteren Schüler wurde ins Deutsche Generalkonsulat gerufen.

„Österreich war schon okkupiert, er müßte einrücken. Der Großvater meines Schülers, also der Vater vom Vater, Breitinger haben sie geheißen, der sagt zu seinem Sohn: »Richard, i geh schon hin ins Deutsche Generalkonsulat, i werd die Sache schon richten.« Der alte Herr geht ins Deutsche Generalkonsulat. Und zu dem zuständigen Beamten sagt er: »Sie«, hat er gesagt, »rücken Sie ein?«. »Nein«, sagt der, »ich habe hier meine Aufgabe.« »Also«, hat der alte Herr gesagt, »wenn Sie nit einrücken, rückt mein Sohn au nit ein.« Dreht sich um und geht weg. Und der Clou dieser schönen Geschichte: kommt nach Hause, sagt zu seinem Sohn Richard, zum Vater meines Schülers: »Richard«, hat er gesagt, »i hab des scho gerichtet«, hat er gesagt. (...) Is nix passiert. Ja, das war ein Handwerker, hier unbescholten, brave, fleißige Leute."[957]

Die Geschichte kann sich so zugetragen haben und ist auf jeden Fall ein Beispiel dafür, daß man sich als 'Bosporusgermane' bewußt war, auch bei Verweigerung nazistischer Begeisterung nicht mit existentiellen Sanktionen rechnen zu müssen.

Ob es tatsächlich ein geplantes Attentat auf den Gauleiter Liebl gegeben hat, kann hier ebenfalls nicht geklärt werden, ebenso nicht, wer aus welchem Grund den Pfarrer Eilers, den Buchhändler Caron u.a. angezeigt hat. Doch auch in Istanbul wurden *"»Gefolgschaftstreue«, blinder Gehorsam und »Liebe zum Führer« als die »neuen Werte« propagiert,"* und konnten individuelle Abneigungen oder persönliche Anbiederungsversuche mit diesen neuen Tugenden motiviert werden.[958] Dem Auswärtigen Amt wurden Ende 1940 Informationen über einen geplanten Anschlag auf den Vertreter der Auslandsorganisation der NSDAP, Jakob Liebl, zugespielt. Die Botschaft in Ankara und das Generalkonsulat in Istanbul nahmen die Warnung zunächst nicht ernst, doch als sich am 28.12.1940 auch eine Frau meldete, *„deren Zuverlässigkeit allerdings nicht über jeden Zweifel erhaben"* gewesen sei, suchte Generalkonsul Seiler den Rat des Botschafters. Die Frau habe angegeben,

„sie habe kürzlich an einer Besprechung teilgenommen, an der der ausgebürgerte Lundgren, die Emigranten Knoop und Lenz sowie der Buchhändler Caron und Pfarrer Eilers teilgenommen hätten und die dem Zwecke gegolten habe, einen Überfall auf Liebl zu verabreden. Pfarrer Eilers habe sich bei dieser Besprechung lediglich zuhörend verhalten."[959]

---

957 Interview mit Hofrat Ernest Raidl, Istanbul 14.11.1991.

958 Die Ergebnisse der sehr akribischen und informativen Untersuchung von Gisela Diewald-Kerkmann, die das Phänomen 'Denunziation' erstmals gründlich analysierte, bestätigen sich auch in Istanbul. Auch hier war idealistische 'Treue und Liebe' zum Führer ebenso Movens zur Denunziation wie 'Kampf um Protektion und Begünstigung'. Gisela Diewald-Kerkmann: Politische Denunziation im NS-Regime oder Die kleine Macht der »Volksgenossen«. Bonn 1995, S. 36.

959 AA Bonn: Generalkonsulat an Botschaft, Istanbul, 28.12.1940. Ankara 576 (geh.).

Seiler erwog, ob es nicht angebracht sei, „der Türkischen Regierung die Ausweisung der genannten Personen nahezulegen."[960]

Ob an den Beschuldigungen etwas dran war oder nicht, ob es eine konspirative Besprechung gegeben hat, auf der das Attentat geplant wurde, oder ob die Zeugin einigen 'flapsigen Bemerkungen' zuviel Gewicht gab, läßt sich im Nachhinein nicht mehr klären. Daß sie jedoch Anzeige auf dem Generalkonsulat erstattete, ist belegt und ebenso, daß irgend jemand aus Istanbul – eventuell die gleiche Person – sich zuvor schriftlich an das Auswärtige Amt in Berlin gewandt hatte. Die Emigranten, der antinazistische Pfarrer und der gut informierte Buchhändler Caron waren der NSDAP auf jeden Fall suspekt. Und in der Buchhandlung haben sicher nicht nur EmigrantInnen und Anti-Nazis verkehrt, sondern neben einigen 'Indifferenten' oder 'Darüberstehenden' eben auch deutsche und andersnationale Spitzel. Jedenfalls stand „Karon, Tunel Meydani (Buchhändler)" ebenso auf der Negativliste des Generalkonsulats wie „Mayer Istiklal. 377 (Konfektionshaus)" oder „Irenee – Irene Fein – Istiklal. 102 (Damenkonfekt.)".[961] Auch die türkische Geheimpolizei hatte ein Auge auf derartige Treffpunkte.

Die bis zum Ende des Krieges dauernden Bemühungen der Türkei um Neutralität wirkten sich auch auf die Möglichkeiten zur Bildung von Widerstandsgruppen aus. Zwar waren die Informationsmöglichkeiten in Istanbul natürlich weitaus größer als im Deutschen Reich, doch die Umsetzung von Erkenntnissen besonders schwierig, da die türkische Geheimpolizei streng darauf achtete, nicht in deutsch-deutsche Konflikte hineingezogen zu werden. Für sie waren auch die im Staatsdienst stehenden emigrierten WissenschaftlerInnen VertreterInnen deutscher Kultur. Und als solche waren sie willkommen.

Nutzten sie jedoch ihren Aufenthalt zur besonderen politischen Aktivitäten gegen Deutschland, mußten auch sie, wie alle AusländerInnen, mit Ausweisung rechnen. So fand Widerstand (fast) nur im Geheimen statt.

Nicht nur die Weltpresse informierte über politische Entwicklungen, Kriegsgeschehen und die deutschen Menschenrechtsverletzungen, sondern auch das Radio, das nicht nur von den Deutschen zu Propagandazwecken genutzt wurde.

---

960 Ebd.
961 AA Bonn: Friede an Botschaft, 25.05.1942. Ankara 576 (geh.).

Die jeweiligen Botschaften und Konsulate nutzten ihre Möglichkeiten zur Nachrichtendarstellung. Über die Schaukästen des Büro Intertourist neben dem Russischen Generalkonsulat in Istanbul regten sich die deutschen konsularischen Vertretungen besonders auf, denn dort würde *„eine geradezu unglaubliche Greuelpropaganda gegen die deutsche Wehrmacht geführt."* Eine Ausstellung russischer Fotografien zeige eine Reihe von Bildern verstümmelter Frauen und Kinder, *„Greueltaten, die angeblich von deutschen Soldaten begangen worden sind."*[962]

Nachdem sich der deutsche Botschafter offiziell wegen dieser *„üblen Propaganda"* beschwert hatte, sei lediglich ein Foto deutscher Kriegsgefangener mit der Unterschrift *„Deutsche Schweine in Uniform"* entfernt worden.[963]

Die deutschsprachige Community hatte also vielfältige Informationsmöglichkeiten über die Vorgänge im Deutschen Reich und an den diversen Kriegsschauplätzen bzw. in den besetzten Ländern. Manche Informationen, wie die Schaukästen auf der größten Einkaufsstraße, waren kaum zu ignorieren. Dennoch gaben viele der noch in Istanbul lebenden Deutschen an, nichts gewußt zu haben.

---

962 AA Bonn: Marineattaché Istanbul. Ankara 566 Pol. geh. 01.03.1942–31.05.1942.
963 Ebd.

VII. Ausweisung und Internierung

Nachdem klar war, daß NS-Deutschland den Krieg verlieren würde, und nachdem der türkische Außenminister Şükrü Saraçoğlu Zusagen der Alliierten für Wirtschafts-, Finanz- und Rüstungshilfen erhalten hatte, gab er derem langdauernden Druck nach und stellte am 02.08.1944 in der Großen Nationalversammlung in Ankara den Antrag, die Beziehungen zu Deutschland um Mitternacht des gleichen Tages abzubrechen. Drei Tage später verließ Botschafter von Papen die Türkei.[964]

Am 23.02.1945 wurde darüber hinaus in der Großen Nationalversammlung der Beschluß gefaßt, eine Kriegserklärung gegen Deutschland und Japan abzugeben und der Erklärung der Vereinten Nationen vom 01.01.1942 beizutreten.[965] Allerdings beteiligte sich die Türkei nicht mehr an Kriegshandlungen.

InhaberInnen von deutschen Pässen wurden ausgewiesen oder konnten sich in drei Orten Anatoliens internieren lassen. Sie mußten sich innerhalb weniger Tage nach Abbruch der deutsch-türkischen Beziehungen entscheiden, ob sie in der Türkei bleiben wollten oder nicht. Das fiel nicht allen leicht.

Die EmigrantInnen hatten zu dieser Zeit jedoch kaum Entscheidungsmöglichkeiten. Robert Anhegger zeigte am Beispiel des Emigranten Heinz Anstock eine zunächst ungewöhnlich erscheinende Remigration. Anstock war mit der Unterstützung Leo Spitzers nach seiner Entlassung aus der 'Schutzhaft' über die Schweiz nach Istanbul gekommen und arbeitete dort als Lektor und als Deutschlehrer. Dennoch entschied er sich nach dem türkischen Ultimatum dazu, nach Deutschland zurückzukehren.[966] Anhegger sinniert über seine Beweggründe:

„Er gehörte zu den sogenannten guten Deutschen, die dann in der Stunde der Gefahr das Vaterland nicht verlassen, auch wenn das Vaterland etwas Schlechtes

---

964 Vgl. Jäschke 1955, S. 31f.
965 Vgl. Ebd. S. 40.
966 Anstock kam später nochmals nach Istanbul, wo er 1961 die Leitung der Deutschen Schule übernahm.

tut. Das hat ihn dazu gebracht, daß er 44 (...) nicht in die türkischen Verbannungsorte gegangen ist, für die Nichtnazis, sondern in die Deutsche Schule und dann zurück."[967]

Anstock bewog demnach seine Vorstellung von Ehre und Vaterland dazu, sich am vorläufigen Ende seiner Istanbuler Zeit für das vorerst noch nazistische Deutschland zu entscheiden.

Anhegger gibt weiter zu bedenken:

„Was hätte normalerweise ein Deutscher anfangen können hier im Ausland? Natürlich mußte er zurück. Und das ist so eine Sache, über die ich mich immer ärgere, wenn man sagt: Ja, die hätten doch hierbleiben können. Das sind alles Leute, die nicht wissen, was Emigration ist. (...) Ich war hier ja sieben Jahre Emigrant. Ich meine, die Türken waren ja denkbar loyal, aber angenehm ist es nicht. Und daß jemand, der überhaupt keinen Kontakt hatte zu dem Land.. Was soll er hier anfangen? Natürlich ist er zurückgegangen, ob gerne oder nicht. (...) Und er ist zurückgegangen, weil er sich in der Pflicht fühlte, sein Vaterland nicht im Stich zu lassen. Das klingt alles so gut. Ich bin also sozusagen als Landesverräter nicht gegangen, wobei ich mich gar nicht als Landesverräter fühle. Aber natürlich ist es zeitweise nicht angenehm gewesen, da spielt doch auch die Tradition eine große Rolle."[968]

Anhegger greift eine Diskussion auf, die nach dem Krieg eine große Rolle spielte. Damals wurden die EmigrantInnen in Deutschland nicht mit offenen Armen empfangen, weder von den Deutschen noch von den Besatzungstruppen. Die Deutschen überhäuften sich mit gegenseitigen Schuldvorwürfen und rechneten sich die Opfer vor, die sie jeweils gebracht hatten oder gebracht zu haben vorgaben[969]; und die Besatzungsmächte waren von dem Erneuerungswillen der häufig hochmotivierten RückkehrerInnen nicht begeistert, hatten sie doch zunächst andere Pläne mit dem ehemaligen Feindesland. So wurde auch Ernst Reuters – von ihm sofort nach Kriegende betriebene – Rückkehr durch die Alliierten hinausgezögert. Erst am 4. November 1946 reisten er und seine Familie, nach fast zwölf Jahren in der Türkei, von Istanbul mit dem Schiff Richtung Deutschland.[970]

---

967 Interview mit Robert Anhegger, Istanbul 30.05.1991.
968 Ebd.
969 Plötzlich waren alle Opfer, hatten ausgeharrt, während andere das 'einfache Leben' im Ausland vorzogen, hatten die Bombenhagel überlebt, wurden in einem fürchterlichen Krieg verheizt etc.
970 Vgl. Brügel 1991, S. 76.

Wieder andere, wie Martin Bethke und Jakob Liebl aus der nationalsozialistischen Führungsriege, blieben in der Türkei oder setzten sich auf dem Weg über den Balkan ab.

Elfi Alfandari erinnert sich daran, daß Liebl, *„großer Gauleiter, Nazi"*, nicht nach Deutschland wollte:

„Sie werden es nicht glauben. Wer wurde nicht nach Deutschland geschickt und einfach interniert? Der Gauleiter!"[971]

Und Mimi Silinski erzählte, daß es mit dem Ortsgruppenführer Bethke in Ankara ähnlich war.

„Die größten Nazis, die sind dann auf dem Weg nach Deutschland, in Ungarn und vorher schon, verschwunden. Und mir haben sie die Hölle heiß gemacht, weil ich gesagt hab, »Ich fahr nicht nach Deutschland. Ich bleibe hier«."[972]

Wie Mimi Silinski – damals Mimi Lopez – selbst, entschlossen sich auch andere, die zuvor für die Nationalsozialisten und mit ihnen gearbeitet hatten, in der Türkei zu bleiben. Auch bekannte aktive Nazis blieben, wodurch sich besondere Konflikte in den Internierungsorten ergaben.

Zu einer etwas konfusen Situation in Istanbul kam es, als der geplante Austausch der türkischen und deutschen diplomatischen und konsularischen Vertretungen aus organisatorischen Gründen nicht wie geplant klappte. Die Angehörigen der deutschen Botschaft in Ankara, der Generalkonsulate in Istanbul, Izmir und Ankara und der Konsulate in Iskenderun und Trabzon mit ihren Familien und Kindern wurden deshalb in Istanbul *„in gesicherte Verwahrung"* genommen. Sie wurden auf das Generalkonsulat, die Sommerresidenz Tarabya, die ehemalige österreichische Botschaft in Yeniköy und die Deutsche Schule verteilt und unter türkische Bewachung gestellt. Diese Plätze durften sie nicht verlassen, bis sie Anfang April 1945 mit einem schwedischen Passagierschiff Richtung Deutschland aufbrechen konnten.[973]

---

971 Interview mit Elfi Alfandari, Istanbul 27.04.1992.
972 Interview mit Mimi Silinski, Ankara 17.06.1991.
973 Auf der zwei Monate dauernden Heimreise, die kriegsbedingt auf Umwegen erfolgte, wurden einige Passagiere verhaftet, da sie auf Kriegsverbrecherlisten in verschiedenen Ländern geführt wurden. In Liverpool etwa wurde die Auslieferung mehrerer Personen erzwungen. Vgl. Hans Robert Roemer: Ein Übermittlungsfehler und die Folgen. In: Generalkonsulat Istanbul: Das Kaiserliche Palais in Istanbul und die deutsch-türkischen Beziehungen. Istanbul 1989, S. 55-65, hier S. 65.

Einer der im Generalkonsulat 'Verwahrten', der Orientalist Hans Robert Roemer, berichtete über das *„Lagerleben im Goldenen Käfig"*, das nur einmal die Woche von einem bewachten Ausflug in den dann für die Deutschen reservierten Yıldız-Park unterbrochen wurde. Die so Gefangenen hätten im Konsulatsgebäude rege Aktivitäten entfaltet, angefangen vom Frühsport auf der Konsulatsterrasse, über die Anlage eines Fußballplatzes und den Einbau einer Sauna bis zur breitgefächerten Lehr- und Lerntätigkeit. Um die Zeit sinnvoll zu nutzen, seien Sprachkurse ebenso angeboten worden wie Orientalistikstudien.

Im Generalkonsulat war auch Elsa Köhle interniert. Sie gehörte nicht zum konsularischen Personal, sondern kam aus einer der 'Bosporusgermanenfamilien'.[974] Ihr Mann war Vertreter deutscher Firmen in der Türkei, aber 1944 noch zum Militär eingezogen worden. Sie wurde zwar ausgewiesen, wie auch schon nach dem Ersten Weltkrieg, doch da sie hochschwanger war, konnte sie zunächst mit ihren beiden Kindern in Istanbul bleiben. Anschaulich erzählte sie, wie sie schließlich zur Geburt ihrer Zwillinge ins Deutsche Krankenhaus und zurück eskortiert wurde. *„Rechts und links einen türkischen Bewacher. Die waren immer sehr freundlich."*[975]

Manchmal wurde der Entschluß, in der Türkei zu bleiben und sich internieren zu lassen, von anderen beeinflußt. Die Schwestern und die Lazaristen von St. Georg hatten sich zwar zur Rückkehr entschlossen, ließen sich aber vom vehementen Drängen des Bischofs Roncalli sozusagen in letzter Minute umstimmen. Schwester Engelburga Strobel hielt ihre Erinnerungen aus der Zeit der Internierung schriftlich fest.

„Unser Entschluß, in der Türkei zu bleiben, muß aber erst von der Staatspolizei offiziell erlaubt werden. Ein Telefonanruf und Herr Marcel Linguri, der Nothelfer in allen St. Georgsnöten, kam. Sr. Constantine und H. Marcel eilten zur Polizei, um die Erlaubnis des Verbleibens zu erwirken. Sie wurde ihnen gewährt. Doch mußten sie versprechen, sich den Anordnungen des türkischen Staates zu unterwerfen."[976]

---

974 Ihr Vater ist bereits in Istanbul geboren worden, der Großvater war etwa 1850 dort eingewandert. Interview mit Elsa Köhle, Istanbul 15.05.1991. Die Familie Köhle stellte mir einen Stammbaum zur Verfügung.
975 Ebd.
976 St. Georg-Archiv: Schwester Engelburga Strobel: Die Zeit der Internierung in der Türkei und danach Aug. 1944-1947/48. (Niederschrift aus dem Gedächtnis). Provinzhaus. Unveröffentlichtes Manuskript o.D., Kopie bei der Autorin.

Als die St. GeorgianerInnen am 21. August 1944 den polizeilichen Befehl erhielten, sich am nächsten Morgen am Bahnhof Haydarpaşa einzufinden, wußten sie nicht, wohin die Reise gehen würde. Erst am Bahnhof erfuhren sie von den Zielorten, drei Städten in Anatolien. Marcel Linguri, *„der Nothelfer in St. Georgsnöten"*, ehemaliger Schüler und späterer Lehrer in St. Georg, wurde gebeten, bei der zuständigen Polizeistelle anzufragen, ob sich die Schwesterngemeinschaft *„aufteilen dürfe, daß an jedem der drei Orte je 10 Schwestern zur Betreuung der Internierten eingesetzt werden könnten."*[977] Dieser Bitte wurde entsprochen, und so kam es, daß die katholisch-kirchliche und die krankenpflegerische Betreuung der Internierten in Yozgat, Çorum und Kırşehir weitgehend gewährleistet war.

Yozgat

Die Chronistin selbst erreichte Yozgat, eine Bezirks- und Schulstadt mit einem eigenen Spital, an einem Sonntag. Sie berichtet, daß schon am selben Tag die erste Messe zelebriert wurde. An den Gottesdiensten, zu denen sich *„fast alle Internierten"* versammelten, nahmen später auch, bis es ihnen verboten wurde, armenische Einheimische teil und ebenso armenische Soldaten.[978]

Auch in den Internierungsorten wurde sehr schnell eine deutschsprachige Infrastruktur geschaffen. In Yozgat richteten die Schwestern eine 'Armenküche' ein, in der die unvermögenden Internierten mit einer warmen Mahlzeit versorgt wurden.[979] Es gab eine improvisierte Schule, in der Schwestern die Kinder der Internierten unterrichteten. Alleinstehende und Kranke wurden ebenfalls von ihnen versorgt. Die Zahl der von den Schwestern Betreuten betrug etwa zwanzig Personen. Nach Angaben der Schwester Engelburga zählte die *„Kolonie der Internierten"* in Yozgat insgesamt 260

---

977   Ebd.
978   Ebd. Yozgat hatte früher einen hohen armenischen Bevölkerungsanteil. Nach Angaben von Schwester Engelburga sind „in dem Ort 12.000 Armenier während der Verfolgung zwischen 1915-1920 geköpft worden." Auch die Schwestern und Patres fühlten sich nicht 100%ig sicher.
979   Botschafter von Papen, der St. Georg verbunden war, hatte vor seiner Abreise „einen ansehnlichen Betrag" hinterlassen, der den Schwestern diese Unterstützung ermöglichte. Ebd.

Personen. Die Familien hätten sich häufig mit viel Phantasie wohnlich eingerichtet und ihren eigenen Haushalt geführt.

Die Internierten verbrachten die erzwungene mehrmonatige 'Freizeit' auf unterschiedliche Art und Weise. In Yozgat fanden sich u.a. einige Musiker zu einer Gruppe zusammen, die auch klassische Konzerte veranstaltete. Und von einer Jugendgruppe wurden Balletttänze aufgeführt, *„mit dem Donauwalzer als Glanznummer"*[980]. Außerdem gab es eine Kinder-Theatergruppe.

Von der einheimischen Bevölkerung wurden die 'Fremden' häufig mißtrauisch beobachtet. Nach Aussagen eines Geheimpolizisten hatten er und seine Kollegen strengste Anweisung, den Internierten *„nichts zu tun"*. Er signalisierte, daß sich das jedoch ändern könne. Schwester Engelburga schrieb:

„Die meisten Bewohner hielten mißtrauischen, mitunter feindseligen Abstand. Besonders die halbwüchsigen männlichen Jugendlichen schleuderten nicht selten gut gezielte Steine auf uns. (...) Dieser Fremden- = Christenhaß wurde nicht von allen geteilt. Vor allem profitierten die Kaufleute von den Internierten. In unserer Gruppe lebten viele reiche Deutsche, die durch gelegentliche Überzahlung den Preis der Waren schon binnen einer Woche empfindlich hochschnellen ließen, was die ärmeren Fremden sehr belastete. Jetzt gab es zweierlei Maß: eines für die Einheimischen und eines für uns. (...) Nach Monaten schwand zum Teil das Mißtrauen und wir wurden da und dort eingeladen."[981]

Çorum

Auch in Çorum kümmerten sich die Schwestern um hilfsbedürftige Internierte. Da es dort zunächst keinen Priester gab, hielten die Schwestern Gebetsstunden ab, betrieben Krankenpflege, machten Hausbesuche und *„begleiteten die Toten zur letzten Ruhe"*.[982]

In Çorum war auch Traugott Fuchs für dreizehn Monate interniert, ehe er auf Betreiben des „Robert Kolleg" nach Istanbul zurückkehren konnte – mit seinen Çorum-Bildern.[983] Fuchs wohnte während der

---

980 Ebd.
981 Ebd.
982 Ebd.
983 1986 wurden in Istanbul zur Erinnerung an die EmigrantInnen aus Deutschland und an die Internierungszeit in Çorum eine Gemälde-Ausstellung organisiert und ein Katalog erstellt. Fuchs schreibt in der Einleitung: „During the years 1944-45, although I was a genuine immigrant, I was nonetheless interned in Çorum for thirteen months until Robert College arranged for me to be called

Internierung zeitweise im gleichen Haus wie Annemarie Kantorowicz, die mit ihrem früheren jüdischen Mann nach Istanbul emigriert war. Alfred Kantorowicz konnte als Universitätsprofessor in Istanbul bleiben, seine geschiedene Frau nicht. Überhaupt waren die Regeln, die zur Verbannung oder Ausweisung führten, nicht immer nachvollziehbar. Schon Neumark hat darauf hingewiesen, daß nun jüdische EmigrantInnen bevorzugt wurden und in Istanbul bleiben konnten, während ihre nichtjüdischen EhepartnerInnen häufig interniert wurden. Und Traugott Fuchs, der sich als *„richtigen Immigranten"* bezeichnete, wies darauf hin, daß auch viele *„LevantinerInnen"* verbannt wurden.

Er selbst gehörte zu den mittellosen Internierten und klagte über die mangelnde gegenseitige Unterstützung in Çorum. Es habe dort auch viel Streit gegeben, z.B. um die besten Wohnmöglichkeiten. Das sei nach der Emigration in Istanbul anders gewesen, da die Solidarität besonders unter den jüngeren finanziell schlechter gestellten Emigrierten wesentlich ausgeprägter war.[984] Ihn selbst und auch andere habe in Çorum jedoch Herr Blümel finanziell unterstützt.

Es gab Menschen, die mit ihrer Situation in der Internierung nicht alleine zurechtkamen. Traugott Fuchs erzählte von einem Arzt, Dr. Klein, einem Alkoholiker, um den sich zunächst die österreichischen Schwestern gekümmert hätten. Nachdem er ihr Haus jedoch mit einer brennenden Zigarette in Brand gesteckt hatte, mußte er gehen. Fuchs nahm ihn vorübergehend bei sich auf.[985]

Er selbst nutzte die Zeit in Çorum vor allem zum Malen und leitete auch einen Privatzeichenzirkel. Um den Belästigungen der mißtrauischen Einheimischen zu entgehen, hatte er sich vom Vali, dem Provinzgouverneur, und vom Polizeidirektor ein Papier geben lassen, in dem bescheinigt wurde, daß er überall malen und zeichnen dürfe. Auch er berichtete vom Mißtrauen und der teilweise feindseligen Haltung der Einheimischen, aber auch vom egozentrischen Verhalten der Internierten.

---

back – hence the Çorum pictures." Traugott Fuchs: Çorum and Anatolian Pictures. (Hrg. Boğaziçi Univerity, Cultural Heritage Museum Publications) Istanbul 1986, S. 16.

984 Gespräch mit Traugott Fuchs, Istanbul 02.05.1991.

985 Klein sei einige Zeit nach der Rückkehr aus der Internierung tot in Galata (Istanbul) aufgefunden worden. „Mord, Selbstmord, Endstation eines Alkoholikers? Er war ein sehr intelligenter Mensch, aber eben Trinker." Gespräch mit Traugott Fuchs, Istanbul 07.05.1992.

Kirşehir

Die Lebensumstände in diesen kleinen Städten Anatoliens änderten sich mit den Internierten. Die Wohnungen wurden knapp, ebenso bestimmte Lebensmittel. In Kirsehir, dem dritten Internierungsort, lebte u. a. Mimi Lopez, die frühere Wirtschafterin des 'Kolonieheimes' in Ankara. Sie fand ein Zimmer bei einer türkischen Staatsanwältin. Auf sich allein gestellt, entwickelte sie ihre eigenen Überlebensstrategien. Mimi Silinski berichtet von Kirşehir, wo es unter den Internierten nicht immer friedlich zugegangen sei; es habe Eifersüchteleien, Streit um knappe Ressourcen und existentielle Ängste gegeben. Die einheimische Bevölkerung hat sie jedoch als sehr freundlich in Erinnerung:

„Ja, wir wurden interniert, und zwar in drei Städten, die Botschaftsleute in der Botschaft. Die Harmlosen in Kirşehir, und die, was weiß ich, Geschäftsleute entweder Çorum oder Yozgat. Die einen in Çorum, die anderen in Yozgat. Ich weiß es nicht genau. Und dann, nach einem halben Jahr, sind die aber von Yozgat und Çorum auch nach Kirşehir gekommen. Und dann haben die Alliierten eine Liste zusammengestellt, wen sie ausgeliefert haben wollen von den Internierten. Und da haben sich ein paar Leute umgebracht.(...)
Die Preise sind in der Nacht, in der ersten Nacht, ums Doppelte in die Höhe gegangen in Kirşehir. Milch, Eier und so. Aber wir waren frei. Wir konnten wohnen, wo wir wollten, also wenn jemand Geld hatte, dann war's o.k.. Und am Abend, wenn wir spazieren sind, haben uns die Bauern Trauben geschenkt und Äpfel geschenkt. Also es war ein nettes Verhältnis. Und ich persönlich hab gleich angefangen, also quasi ein Gasthaus aufzumachen, in meiner Bude."[986]

Eigentlich war es den Internierten verboten, beruflich tätig zu sein. Da jedoch nicht alle über ein ausreichendes Guthaben verfügten, ließen sie sich dennoch etwas einfallen. Die Koch- und Backstube von Mimi Lopez jedenfalls wurde nicht beanstandet. Dort habe sie in drei Mangalen[987] für fünfzig bis sechzig Leute täglich gekocht. Da es nur einen Tisch gab, durften sich die einzelnen nicht zuviel Zeit lassen.

„Und die mußten also zu einer bestimmten Zeit kommen, zu einer bestimmten Zeit gehen. Und die, die viel gesprochen haben, die hab' ich zum Schluß gelassen, ne. Denn die hätte ich nicht raus gebracht."

---

986   Interview mit Mimi Silinski, Ankara 17.06.1991.
987   Mangal ist das traditionelle Holzkohlebecken, in dem gekocht wurde und das im Winter die einzige – wegen der Entwicklung giftiger Dämpfe nicht ungefährliche – Wärmequelle war.

Das Unangenehme sei für sie der Abwasch gewesen, da das von der Holzkohle schwarze Geschirr im Fluß gewaschen werden mußte. Das Kochen selbst habe ihr jedoch Spaß gemacht. Samstags habe sie außerdem gebacken – *„Kuchen, Faschingskrapfen, Apfelstrudel"* – und beim Dorfbäcker nebenan *„herausgebacken"*.

„Und da hab' ich also Bretter hingelegt am Lehmboden und hab' dann alle meine Erzeugnisse schön geschichtet. Und so in einer Stunde war alles weg."[988]

Ihr russischer Freund besuchte sie des öfteren in Kirşehir. Dort habe sie ihn schließlich auch geheiratet.

„Wir haben dann in Kirşehir geheiratet. Und da hat die Polizei gesagt: Heiraten können Sie schon, aber frei werden Sie deswegen nicht. Und zwei Tage bevor die anderen frei wurden, also bin ich frei geworden."[989]

Während eines zweiten Interviews berichtete Mimi Silinski von einem teilweise *„ausschweifenden"* Lebenswandel der Internierten. Es seien einige sehr *„Betuchte"* dabei gewesen, die regelrechte Orgien gefeiert hätten. *„Die Türken, die reden heute noch davon."*[990] Und offensichtlich nicht nur die Türken. So erinnern sich einige Mitglieder der deutschsprachigen Community ebenfalls an den 'unmoralischen Lebenswandel' Einzelner. In Kirşehir waren u.a. der Zahnarzt Müller, Herr von Aulock von der Dresdener Bank und Herr Posth von der Orientbank interniert. Herr von Aulock sei eine Beziehung mit einer mit einem Deutschen verheirateten Griechin eingegangen, deren Mann als Soldat eingezogen war. Das Paar hätte später jedoch geheiratet. Mißbilligt wurde von unterschiedlicher Seite eine Beziehung, die Frau von Flesch mit einem jüngeren Armenier gehabt haben soll. Frau von Flesch war mit der Röntgenologin Esther von Bülow befreundet, die ebenfalls in Kirşehir interniert war. Beide waren sie 'politische Emigrantinnen' und nicht nur in Emigrationskreisen sehr beliebt und angesehen.[991]

Bedürftige, die keine finanziellen Rücklagen hatten und auch nicht den Unternehmensgeist oder das Geschick einer Mimi Lopez, wurden auch in Kirşehir aus deutschen Finanzmitteln unterstützt, die die *„Schutzmacht Schweiz"* über türkische Behörden verteilen ließ.

---

988   Ebd.
989   Ebd.
990   Interview mit Mimi Silinski, Ankara 21.11.1991.
991   Gespräch mit Johanne von Isendorf, der Nichte Esther von Bülows, Istanbul
      13.05.1991.

„Und die Türken haben dann so ein kleines Almosen den Leuten gegeben. Also ich glaub', sie sind mehr von den Internierten unterstützt worden als von den Türken. Da gab's Leute, die keine Heizung hatten, kein Geld für Holz."[992]

Sie selbst half einer Frau, die mit ihrem kleinen Sohn interniert war, während ihr Mann wegen Spionage im örtlichen Gefängnis einsaß:

„Und dann hatt' ich eine Frau Kröcker, weiß nicht, ob der Name Ihnen ein Begriff ist. Er war ja auch ein Opfer der Nazis. Man hat ihn gezwungen...Er hat ein Hotel in Istanbul gehabt, ich weiß nicht, wie es hieß, und ist dann nach Ankara. Und da hat ihn die Partei gezwungen zu spionieren. Und zwar haben sie gesagt, »entweder Du wirst Soldat oder Du spionierst«. Nun war er frisch verheiratet, wollte natürlich nicht von seiner Frau weg. Aber er war so ungeschickt, daß er dann beim erstenmal schon geschnappt wurde von den Türken. Und der wurde eingesperrt.

Und sie sprach wunderbar Türkisch und war eine ganz reizende Frau und hat's verstanden (...) also ihnen Bitten vorzutragen. Also sie war auch interniert, hat inzwischen einen Buben gehabt und hat gebeten, ob der Mann nicht ins Gefängnis nach Kırşehir überführt werden könnte. Und das wurde auch gestattet. Und der kleine Jockel, der ist halt jeden Tag auch dann durch Kırşehir zu seinem Papi gegangen, ins Gefängnis. Und sie hat sich sehr schwer durchgebracht. Sie hat Strümpfe gestrickt und hat sie dann gefärbt und im Winter im kalten Fluß gewaschen."[993]

Nach 16 Monaten, am 22.12.1945, war die Zeit der Internierung vorbei. Nicht alle, die damals von Haydarpaşa ins Landesinnere gereist waren, fuhren nun auch dorthin zurück. Einige waren gestorben, andere waren bereits an die Russen oder Alliierten ausgeliefert worden oder hatten einen individuellen Weg aus der Internierung gefunden.

Neubeginn oder Kontinuität?

Nicht nur Verbannte aus Yozgat, Çorum und Kırşehir kehrten nach Istanbul zurück. Nun kamen andere EmigrantInnen aus Deutschland, teilweise auf der Flucht, weil sie 'politisch belastet' waren, teilweise auf der Flucht vor Armut und Hunger in Nachkriegsdeutschland. Traugott Fuchs, zurückgekehrt aus Çorum, traf überraschend in

---

992 Interview mit Mimi Silinski, Ankara 21.11.1991.
993 Interview mit Mimi Silinski, Ankara 21.11.1991. Auch Mimi Silinskis Mann, früherer Chauffeur des Botschafters von Keller, war gedrängt worden, für die Nazis zu spionieren. Er hatte sich jedoch geweigert.

Istanbul auf einen alten Bekannten, Prof. Heimsoeth aus Köln, seinen ehemaligen Dekan. Der hatte ihn bei ihrer letzten Begegnung, *„von ernsthafter Wut entflammt"*[994], beschimpft, weil er Mitverfasser eines *„Manifestes"* zugunsten seines entlassenen Lehrers Prof. Leo Spitzer war, für das er Unterschriften bei den KommilitonInnen gesammelt hatte. Der frühere Dekan sei nach dem Krieg für eine gewisse Zeit aus Deutschland und von seinem akademischen Posten verbannt worden und zum Zwecke der Entnazifizierung nach Istanbul gekommen.

Wieder fand eine deutschsprachige Community zusammen, die von besonderer Heterogenität geprägt war. Noch lebten viele der NS-EmigrantInnen hier, die auf die Wiedereröffnung der deutschen Universitäten oder andere Möglichkeiten zur Berufsausübung in Deutschland warteten. Andere hatten die türkische Staatsbürgerschaft übernommen, blieben aber dennoch der deutschsprachigen Infrastruktur verbunden oder bildeten, wie die 'Bosporusgermanen', einen festen Kern, an dem oder von dem weg sich die Rückkehrenden oder Neuhinzukommenden orientierten.

Manche ehemalige Nazis oder offizielle Vertreter Nazi-Deutschlands reisten für kurze Zeit ein, um ihre persönlichen Angelegenheiten zu regeln. Nach dem Nürnberger Prozeß 1951 kam auch der ehemalige Botschafter von Papen, um seine Privatsachen zu holen. Ernest Raidl, der inzwischen ebenfalls als Superior in Istanbul lebte, erinnert sich an seine Begegnungen mit dem ehemaligen Botschafter.

Es war bekannt, daß von Papen in Istanbul war.

„Und meine Mitbrüder, die früher hier waren, die Priester, die haben mir gesagt, »der Papen ist unser Wohltäter. Wenn der nach Istanbul kommt, geh hin, um ihm zu danken für das, was er uns getan hat.«"[995]

Es war jedoch nicht nur Dankesschuld, was die St. Georgianer zu diesem Besuch drängte.

„Er hat, als er im August 44, als die Türkei an Deutschland den Krieg erklärt hat (...), da hat der Papen den Schulen und dem Spital je 90.000 TL (...) dagelassen für die schwere Zeit. (...) Dieses Geld ist verschwunden. Und meine Mitbrüder haben gesagt, ja, ich soll den Papen fragen, ob er da was machen kann."[996]

---

994 „He was here for denazification for a period banished from Germany and from his academic post there." Fuchs berichtet über diese Begegnung und ihre Vorgeschichte im Einführungstext des Bildbandes, in dem er die Internierungszeit malend dokumentiert hat. Fuchs, Istanbul 1986, S. 12.
995 Interview mit Ernest Raidl, Istanbul 14.11.1991.
996 Ebd.

Raidl machte seinen Besuch bei von Papen und fragte in der finanziellen Angelegenheit um Rat. Das Geld wäre jedoch höchstens über eine Klage beim Internationalen Gerichtshof zu bekommen gewesen, und von Papen sah zu diesem Zeitpunkt wenig Chancen für eine erfolgreiche Klage. So ließ es der St. Georgsvertreter bei seinem Dank und sprach eine Einladung aus, die irritiert und gerührt zur Kenntnis genommen wurde:

„»Exzellenz, Sie waren in der Zeit ihres Dienstes in der Türkei so oft in St. Georg in der Kirche. Wir würden uns freuen, besonders die älteren Mitbrüder, ich war ja damals nicht da, aber die älteren Mitbrüder, wenn Sie zu uns kämen, zu einem kurzen Besuch.« Da schaut er mich an, sagt er, »Herr Superior, wissen Sie, was das für Sie bedeutet?« Ich sag' »Ja, ich weiß im Augenblick nicht, was Sie meinen, Exzellenz, aber ...«. »Ja«, sagt er, »ich stehe doch in Österreich auf der Kriegsverbrecherliste auf der ersten Stelle. Sie werden mit ihrer Regierung größte Schwierigkeiten bekommen.« Dann hab' ich gesagt, na ja, da bin ich halt so, hab' ich gesagt: »Exzellenz, Schwierigkeiten kann sein. Aber wir wissen, was Dankbarkeit ist. Und trotz der vielleicht oder vielleicht nicht kommenden Schwierigkeiten darf ich die Einladung noch einmal aussprechen.« Und da san dem Papen die Tränen gekommen. Er kam dann in die Schule."[997]

Und einige Jahre später auf einer Türkeireise war von Papen wieder Gast in St. Georg. Diese Episode belegt erneut, daß in Istanbul einiges möglich war, was in Deutschland oder Österreich eben nicht gegangen wäre. Und so wie es möglich war, daß während des Krieges der Anti-Nazi Eilers am St. Georgskolleg und der Deutschen Schule unterrichtete, war es nach dem Krieg eben auch möglich, einen 'Kriegsverbrecher' offiziell zu empfangen.

Einer der 'NS-belasteten Immigranten', der ebenfalls mit Hilfe der Lazaristen nach Istanbul kam, war der spätere Buchhändler Mühlbauer. Er engagierte sich recht schnell in großdeutschen Angelegenheiten, beispielsweise im Vorstand des wieder aktiven Österreichischen Klubs. Dort wurde er bald Präsident, und auch in der Teutonia mischte er später eine Weile mit.

Während des Interviews wurde mir seine Nationalitätenzugehörigkeit zunächst nicht klar. Mal bezeichnete er sich als Deutscher: *„Natürlich bin ich Deutscher"*, mal gab er Graz als Heimatstadt an. Auf Nachfrage klärte er mich auf:

---

997 Ebd.

„Ich bin Österreicher. (...) Ich war lange Zeit in Deutschland, habe auch dort gelebt. War auch beim Deutschen Heer, das heißt, bei der Luftwaffe, und ich bin eigentlich ziemlich Deutsch eingestellt."

Auf die Zwischenfrage *„Nach wie vor?"*, antwortete er sehr direkt:

„Ja, nach wie vor. Natürlich! Wie gesagt, in Istanbul, das verwischt sich natürlich dann auch ein bißchen. (A: Ja?) Jaja. Man kommt zusammen und es ist ja doch etwas beschränkt. Es sind viele Deutsche und Österreicher da, aber doch irgendwie ein beschränkter Kreis. So daß, wie gesagt, wenn eine Festlichkeit war, also wir sind zu den ... wir Österreicher, wir sind dann zu den Deutschen gegangen, und die Deutschen sind dann zu uns gekommen. Ne? Also, das muß man schon sagen. Das war also seiner Zeit ein ganz guter Zusammenhalt, nit? Warum? Weil es also gut organisiert war, ne. Aber es hat sich halt doch nicht auf die Dauer gehalten. Die Leute haben zu viele verschiedene Interessen gehabt. Einer zieht da, eine dort, und dann hat sich das ganze Vereinsleben mehr oder weniger aufgelöst."[998]

Mühlbauer war bei Kriegsende von Königstein über die Tschechoslowakei nach Österreich geflüchtet.[999] In seiner Heimatstadt Graz habe er *„dann einige Schwierigkeiten"* gehabt, denen er mit Hilfe der Kirche entkommen konnte.

„Ja, die Österreichische Schule ist ja aus meiner Heimatstadt Graz. Das Mutterhaus ist da, nicht. Und durch die Leute bin ich ja herunter gekommen. Und unter dem Schutz dieser Leute, und dann natürlich habe ich dann einen Superior schon gekannt, ne. Und der hat mir dann eben so verschiedene Startmöglichkeiten gezeigt und gegeben."[1000]

Eine dieser Möglichkeiten war der Buchladen. Mühlbauer sollte in den nächsten Jahrzehnten einer der bekanntesten Community-Angehörigen werden, da er die Deutsche Buchhandlung am Tünel leitete.

„Ich habe auch die Firma dann Türk-Alman-Kitabevi (Türkisch-Deutsche Buchhandlung, d.A.) umgetauft. Die hat ja früher Austria-Kitabevi (Österreichische Buchhandlung, d.A.) geheißen, nicht. Und da, mit den Austrianern kann ich nicht viel anfangen, nicht. Das beschränkt sich ja auf einen sehr kleinen Raum, net? (A: Aha.) Und es war zu erwarten, daß die deutsche, das deutsche Volk

---

998 Interview mit Franz Mühlbauer, Istanbul 19.11.1991.
999 Er selbst hat über seine Tätigkeit während des Krieges nichts gesagt, außer daß er für Deutschland gearbeitet habe. Doch mehrere ZeitzeugInnen wollen Fotos von ihm in SS-Uniform gesehen haben. Seine anhaltende nationalsozialistische Gesinnung ließ er während unseres Gespräches mehrmals durchblicken. Da er jedoch kurz nach diesem Gespräch verstarb, waren weitere Nachfragen nicht möglich.
1000 Interview mit Franz Mühlbauer, Istanbul 19.11.1991.

sozusagen wieder aufersteht und größer wird und ... und ... und die Auslandsvertretungen immer mehr ausgebaut werden und von den großen Fabriken Höchst, Mercedes usw., die kamen ja dann auch langsam angerollt, mit ziemlich viel Personal."[1001]

Mit seiner Buchhandlung war Mühlbauer sehr erfolgreich und profitierte zunächst davon, im deutschsprachigen Bereich konkurrenzlos zu sein. Die anderen Buchhandlungen hatten sich nach dem Krieg umorientieren müssen, da die 'deutschen Schulen' geschlossen waren und das deutschlesende Klientel für einige Zeit zahlenmäßig sehr klein geworden war. Mit der Entwicklung innerhalb der deutschsprachigen Community war Mühlbauer zunächst sehr zufrieden, wurden doch nach wie vor von vielen seine großdeutsche Interessen geteilt.

Weiterhin kamen auch deutsche Ehefrauen mit ihren türkischen Männern in die Türkei. Gretel Erksan ist eine von ihnen. Ihren Mann hatte sie in Berlin während seiner Studienzeit kennengelernt.

„Mein Mann hat ja in Deutschland auch ganz gut gelebt, also vor dem Krieg. Die kriegten, das war ja umgekehrt dann, in Registermark nannte man das, ihr Geld überwiesen. Und das war damals genausoviel, wie jetzt die DM bei uns wert ist. Der konnte sich natürlich ein Auto und alles leisten. Bis der Krieg dann kam hat er gut gelebt. Das war damals Registermark, und das war das Studentengeld. Aber dann gab's Krieg und dann ... eine Weile wurde das noch überwiesen, und dann war's aus. Dann war's aus. Dann kam kein Geld mehr. Ja, als Ingenieur hätte er soviel bekommen im Monat, wie ich an einem Tag verdient hab. Und da ham wer halt gesagt, ja also, er muß den Haushalt machen, Kind gucken. Und ich muß arbeiten gehen."[1002]

Gretel Erksan arbeitete als Schauspielerin beim „Fronttheater Tiefenbrunner", war unterwegs in Polen, Rußland und sollte noch nach Paris gehen, was wegen des bevorstehenden Kriegsendes nicht mehr möglich war. Ihr Mann war schließlich noch für das Auswärtige Amt tätig.

Nachdem sich die Situation in Deutschland auch für sie zum Nachteil entwickelt hat, beschloß das Paar, so bald wie möglich in die Türkei überzusiedeln.

Herr Erksan war zwischendurch schon mal nach Hause gefahren, um die eventuelle Rückkehr vorzubereiten, während der Sohn von Pflegeeltern versorgt wurde. Doch zunächst mußte das Kriegsende

---

1001 Ebd.
1002 Interview mit Gretel Erksan, Istanbul 14.06.1991.

abgewartet werden. Als die Russen dann tatsächlich da waren, genoß Gretel Erksan als Ehefrau eines Türken besonderen Schutz. So wurde sie auch nicht zum *„Grabenbauen"* etc. eingesetzt wie die anderen Deutschen. Dennoch empfand auch sie das Kriegsende als *„schlimme Zeit"*.

„Aber wie ich dann nicht mehr arbeiten konnte, wie die Russen kamen, da hatte er schon angefangen, im »Auswärtigen Amt« zu arbeiten. Und da gab's in jeder Sprache eine Gruppe, und die sammelten Nachrichten fürs Propagandaministerium. Das wurde dann immer gesammelt, und er hatte die türkische Gruppe. Und so kam er ins Auswärtige Amt. Und wir wurden dann ins Riesengebirge evakuiert. Das Auswärtige Amt kam ins Riesengebirge, nach Brückenberg da oben hin. Und da haben sie dann Nachrichten empfangen."

Die geplante gemeinsame Übersiedlung in die Türkei wurde zunächst verhindert, denn ausreisen durfte die junge Frau wegen ihrer deutschen Staatsangehörigkeit nicht. So blieb auch Herr Erksan, bis sich mit Hilfe eines russischen Kommandanten, mit dem man sich angefreundet hatte, ein Weg fand. Die kleine Familie fuhr mit dem Auto los.

„Weißt Du, da waren wir immer auf den Kommandanturen. Wir mußten ja immer wieder Benzin haben. Da haben wir auch geschlafen."[1003]

Bei gemeinsamen Trinkgelagen seien dann die Benzinvorräte aufgefüllt worden, und am nächsten morgen in aller Frühe sei man weitergefahren. Gretel Erksan hat die Türkei in Begleitung ihres Mannes als eine der ersten Deutschen bereits 1945 erreicht. Das Land sei ihr damals wie *„ein Paradies"* vorgekommen, keine Zerstörungen und reichlich zu essen. Sie blieb für immer.

Auch Gretel Erksan hat in den nächsten fünfzig Jahren ihres Lebens in der Türkei, wie viele der anderen deutschen MigrantInnen, nicht richtig Türkisch gelernt, einfache Alltagssätze, aber nicht genug, um eine gute Unterhaltung zu führen. Dabei hatte sie durchaus Kontakt mit der türkischen Nachbarschaft; man half sich gegenseitig und brachte kleine Geschenke. Richtige FreundInnen waren jedoch nur die Deutschsprachigen, bei denen die aktive und attraktive Schauspielerin schnell Anschluß fand.

„Es wurde zu Hause Deutsch gesprochen. Es kamen nur die deutsch-türkischen Frauen. Und mit denen freundet man sich ja am meisten an. Das waren meist Berlinerinnen und so. Die Männer hatten in Deutschland studiert, teilweise auch

---

1003 Ebd.

Mariechens (eine enge Freundin, d.A.) Mann, war ein Schulkamerad von meinem Mann, also bitteschön, da ist dann schon 'ne Verbindung da. Und dann sind wir ja bis ans Lebensende, sind wir verbunden geblieben. Und wir haben immer Fasching gemacht, Weihnacht gemacht, Ostern kamen wir alle zu mir, im Garten Ostereier suchen. Weihnachten haben wir zusammen gebacken und Tannenbaum geklaut und geschmückt und so. Für die Kinder war das ein Heidenspaß."[1004]

Die unternehmungslustige junge Frau verkehrte mit unterschiedlichen deutschsprachigen Gruppen. Gut befreundet war sie auch mit den Emigrantenfamilien Kosswig und Laqueur.

Überhaupt bildeten sich nun neue Freundes- und Freundinnen-kreise, in denen – aus der Distanz – irritierenderweise ehemalige EmigrantInnen mit ehemaligen NationalsozialistInnen der früheren deutschsprachigen Community, aber auch mit neu zugereisten Deutschlandflüchtlingen zusammenfanden.

„Alle hatten dieselben Probleme. (...) Dann leiht man sich Bücher gegenseitig aus, man näht zusammen, man macht Essen zusammen, und dann ham mer jeder ein Boot gehabt und sind spazieren gefahren, man trifft sich immer."[1005]

Als der deutsche Pfarrer 1952 wieder Gottesdienst halten durfte, wurde Gretel Erksan aktives Gemeindemitglied und sang später auch im Chor.

Die Deutschsprachigen in Istanbul gingen offensichtlich zur Tagesordnung über. Sie waren zunächst nicht viele und die meisten von ihnen hatten ein Interesse an dem Fortbestand einer deutsch-sprachigen Infrastruktur. Das große Schweigen breitete sich aus und bestimmte Themen wurden lieber nicht berührt. Freundschaften, die der deutsche Nazismus beendet hatte, wurden wieder aufgenommen, als hätte nur eine kleine Kränkung zur vorübergehenden Trennung geführt.

Nichts hatte sich zunächst an der nationalen Orientierung vieler geändert. Ehemalige NationalsozialistInnen und EmigrantInnen gestalteten das wieder aufgenommene Teutonia-Leben. Gemeinsam schimpften EmigrantInnen und 'Belastete' auf die Alliierten, die nun in Istanbul tonangebend wurden; gemeinsam waren sie sich auch der Vorteile bewußt, die das Nachkriegsleben in Istanbul gegenüber dem im zerstörten und besetzten Deutschland bot. Unter den deutschen Nachkriegsflüchtlingen waren wieder einige Frauen, die sich in der Türkei bewußt auf die Suche nach einem Ehemann machten, um ihr

---

1004 Ebd.
1005 Ebd.

Überleben zu sichern. Eine Interviewpartnerin, die selbst als Heirats-migrantin ins Land kam, berichtete von einer Freundin, die aus Ostdeutschland geflohen war und als Kinderkrankenschwester nach Istanbul gekommen ist. Die habe gesagt:

„»Wenn ich hier eine Chance hab, heiraten zu können, nutze ich sie. Hier ist ne heile Welt, und da hat keiner jemanden verloren. Niemand hat die Heimat verloren. (...) Ich bin die ersten Wochen und Tage wirklich mit offenem Mund und sprachlos durch die Welt gegangen. Es gab alles! Das heißt, es gab das, was es vor dem Krieg für mich in Deutschland gegeben hatte – auch mal Wasser, das nicht floß und dies und das – aber die Heimat, die ich in Deutschland verloren hatte«, sie kam aus einer sehr guten Familie aus Schlesien, sie sagt: »ein Teil dieser Heimat hab ich hier gesehen«.“[1006]

Das äußerlich vom Zweiten Weltkrieg nicht geprägte Istanbul und die deutschsprachige Community konnten also eine Folie für Heimat bieten, einen Ersatz für das verlorene Deutschland, das selbst zu dieser Zeit wenig Heimatliches im Sinne von Geborgenheit und Selbstgewißheit hatte.

Die Geschichte der deutschsprachigen Community und ihrer Institutionen setzte sich fort und dauert bis heute an. Als erste konnten die ÖsterreicherInnen aus Verbannung und Internierung zurückkehren und ihre Institutionen wieder in Besitz nehmen. So nahm das St. Georgskolleg bereits 1948 seine Arbeit wieder auf, während die Deut-schen etwas länger warten mußten.

Erst 1951 beendete das Türkische Parlament den Kriegszustand mit Deutschland und gab die deutschen Gebäude, Botschaft, Konsu-late etc. zurück.[1007] Pfarrer Haeberle konnte sein Amt in der Evange-lischen Kirche Istanbul 1952 übernehmen.[1008] Die Deutsche Schule begann im Oktober 1953 wieder mit ihrem Unterricht.[1009]

Doch bereits 1951 war auch die Vereinsarbeit der Teutonia wieder aufgenommen worden. Die erste Mitgliederversammlung hat im Parkhotel stattgefunden. Bewußt wurde an Altes angeknüpft, aber dennoch der neue Anfang betont. Die Zusammensetzung des Vorstan-des der Teutonia ist besonders interessant:

1006 Interview mit Magda Fındıkgil, Istanbul 02.1.1991.
1007 Vgl. Generalkonsulat der Bundesrepublik Deutschland Istanbul 1989, S. 72.
1008 Vgl. Hans Gottfried Schubert: 125 Jahre Deutsche Evangelische Kirche Istanbul. Istanbul 1986, o. S.
1009 Vgl. Gerhard Fricke: Zur Geschichte der Deutschen Schule. In: Teutonia-Mitteilungsblatt Nr. 35, S. 2-6, hier S. 6.

Erster Vorsitzender nach dem Krieg war der Emigrant und Bildhauer Rudolf Belling, dessen Kunst die Nazis als „entartet" bezeichnet hatten, der ansonsten jedoch durch seine nationalistische Gesinnung aufgefallen ist und das besondere Wohlwollen des früheren NS-Landesgruppenführers Martin Bethke besaß. Rechnungsführer war der Emigrant Dr. Fritz Stern, der Vetter von Dr. Julius Stern, der selbst in vornazistischen Zeiten im Teutonia-Vorstand war, später jedoch nichts mehr mit dem Verein zu tun haben wollte. So waren also zwei Emigranten im neuen Teutonia-Vorstand vertreten und stellten ihm damit sozusagen eine 'Unbedenklichkeitserklärung' aus. Belling ließ sich allerdings einige Monate später, bei Neuwahlen, nicht mehr aufstellen, und Stern ging bald zurück nach Deutschland, wo er die Leitung einer Schule in Darmstadt übernahm.

1957 hatte die Teutonia schon wieder 230 Mitglieder. Der Verein betrieb massive Mitgliederwerbung und wollte wieder „geistiger Mittelpunkt des Deutschtums in Istanbul"[1010] sein. Interessanterweise wird nun auch Franz von Caucig, ehemaliger Vertreter des Völkische Beobachters in der Vorstandsriege als Beisitzer aufgeführt.[1011] Ein Neuanfang? Sicher nicht wirklich.

Im Archiv der Teutonia befindet sich ein nichtunterzeichneter Brief an Prof. Dr. Murad Ferid. Darin wird er um seinen juristischen Rat wegen Wiedergutmachungsforderungen des Vereins gebeten. Das Schweizer Konsulat, das während des Krieges die deutschen Interessen vertreten hatte, habe das Vereinsgebäude nach Kriegsende den türkischen Behörden übergeben, die es ihrerseits an das Deutsche Generalkonsulat zurückgaben. Kern des Schreibens ist der angebliche Mißbrauch des Vereins durch die Nazis, die Klage über Zerstörungen, die während der „Enteignung" auftraten, und die dadurch notwendig gewordenen Reparaturen und Neuanschaffungen.

„Der Verein wurde 1933 gleichgeschaltet und als Forum für die parteipolitischen Versammlungen benutzt. Diese Gleichschaltung erfolgte zwangsmäßig durch den seinerzeitigen Landesgruppenleiter der NSDAP. Nicht der Verein als solcher wurde zu einer NS-Institution, sondern die Räumlichkeiten desselben mußten auf Anforderung der damaligen deutschen Behörden zu diesen Zwecken zur Verfügung gestellt werden.

Eine große Anzahl von langjährigen Mitgliedern – die es sich leisten konnten – hat sich vom Vereinsleben fern gehalten. Das eigentliche Vereinsleben hatte

1010 Teutonia-Mitteilungsblatt Nr. 2, S. 1.
1011 Vgl. Teutonia-Mitteilungsblatt Nr. 12, S. 5.

praktisch aufgehört zu existieren und die Partei bzw. deren Organisationen benützten das Vereinshaus für ihre Zwecke.

Dadurch hat der Verein einen erheblichen moralischen Schaden erlitten, denn heute noch bleiben viele dem Deutschtum gutgesinnte Persönlichkeiten dem Vereinsleben fern, mit der Begründung, daß sie mit dem »braunen Haus« nichts zu tun haben wollen. Vor allem sind die NS-Veranstaltungen die eigentliche Ursache der Beschlagnahme seitens der türk. Behörden."[1012]

Prof. Ferid wurde gebeten zu prüfen,

„ob nicht unter den vielen in der Nachkriegszeit erlassenen Gesetzen betreffend Entschädigung für die Opfer.. auch ein Entschädigungsgesetz zu Gunsten unseres Vereines in Frage kommen könnte u. zw.
a) für moralischen Schaden
b) für materiellen Schaden"[1013]

Das Deutsche Generalkonsulat habe bisher jedes Unterstützungsersuchen der Teutonia *„elegant aber glatt abgelehnt"*, für die Deutsche Schule jedoch etwa 1/2 Million DM, ebensoviel für das Deutsche Krankenhaus und für Botschaft und Generalkonsulat ein Vielfaches ausgegeben.

„Wir können somit nur dann auf etwas hoffen, wenn sich unsere Ansprüche auf eine rechtliche Grundlage stützen."[1014]

Auch in der deutschsprachigen Community Istanbul gab es nach dem Krieg nur 'deutsche Opfer'. In diesem Schreiben wird der Eindruck vermittelt, als sei die alte Teutonia okkupiert und bezwungen worden vom damaligen Leiter der NSDAP. Wer sich nicht fernhalten konnte – was die Druckmittel waren, wird nicht weiter ausgeführt, sondern als bekannt vorausgesetzt –, habe sich sozusagen in die 'innere Emigration' begeben und auf bessere Zeiten gewartet. Verantwortung übernahm niemand, die wurde 'anderen' zugewiesen.

Von 1956 an hatte die Teutonia ein eigenes Mitteilungsblatt, das in der Tradition von Osmanischem Lloyd und Türkischer Post stehen sollte. In der Nr.1 wird *„Zum Geleit!"* mitgeteilt:

1012 Archiv Teutonia: 4-seitiges Schreiben an Prof. Dr. Murad Ferid, Istanbul 23.10. 1954. Nach Angaben des (ehemaligen) Teutonia-Vorsitzenden Carsten Meyer-Schlichtmann wurde das Schreiben von Herrn Kapps (damaliger Rechnungsprüfer der Teutonia) verfaßt. Blatt 1 fehlt bei der mir zur Verfügung stehenden Kopie.
1013 Ebd.
1014 Ebd.

Jahrzehnt	Register	Kaufleute, Juweliere, Vertreter, Agenten	Handwerker, Monteure, Maschinisten, Mechaniker	Beamte von Eisenbahnen, Lokomotivführer etc.	Ingenieure, Architekten, Bauunternehmer	Lehrer und Professoren höherer Lehranstalten	Fabrikanten, Großbauer, Inhaber von Betrieben	Gesandtschaftsprediger, Pastoren, Missionare	Offiziere u. Mannschaften der Handelsmarine	Militärattachés und Offiziere im kön. Dienst	Beamte von Konsulaten und Gesandtschaften	Freie Berufe, Anwälte, Ärzte, Apotheker etc.	Bedienstete (Kutscher, Köche, Kellner, Diener, Inhaber von Hotels)
1850 1859	Ta.	24	91	–	–	8	7	1	1	9	3	–	1
	Tr.	8	27	–	–	1	–	1	–	1	–	1	–
	St.	5	36	–	–	–	1	–	36	3	1	2	6
1860 1869	Ta.	44	66	–	1	4	9	1	–	3	2	4	4
	Tr.	13	20	–	1	2	–	–	–	2	3	1	1
	St.	7	16	–	–	2	–	–	8	2	2	1	1
1870 1879	Ta.	47	44	14	7	9	4	1	4	3	14	16	–
	Tr.	11	14	12	1	1	–	–	–	1	4	4	–
	St.	9	26	4	4	2	–	1	13	1	3	1	2
1880 1889	Ta.	49	31	25	16	11	1	–	–	6	17	11	–
	Tr.	20	17	12	3	–	–	–	–	2	10	3	1
	St.	18	25	10	5	2	1	2	5	6	4	6	6
1890 1899	Ta.	38	39	64	22	10	1	1	–	3	18	11	3
	Tr.	28	12	13	9	4	–	–	2	1	10	7	3
	St.	21	12	14	8	1	–	2	11	3	5	1	4
1900 ...	Ta.	90	33	44	40	14	4	2	4	3	35	11	3
	Tr.	30	17	14	9	7	–	1	3	3	13	2	3
	St.	24	17	5	11	2	1	2	13	5	8	9	1
1910 1919	Ta.	56	44	48	28	17	2	3	3	3	23	8	7
	Tr.	27	19	17	14	5	–	3	4	10	7	3	3
	St.	16	20	17	7	3	1	–	13	6	11	6	2
1920 1929	Ta.	21	14	2	13	1	–	–	–	1	3	3	–
	Tr.	13	11	2	10	–	–	–	1	–	–	2	–
	St.	5	8	–	4	–	–	–	2	2	1	1	–
1930 1939	Ta.	42	33	–	35	5	1	1	1	–	4	18	–
	Tr.	24	16	–	14	8	1	–	1	–	4	1	–
	St.	15	11	1	7	3	–	–	2	1	1	1	–
1940 1946	Ta.	18	10	–	6	9	4	1	–	2	10	3	1
	Tr.	2	2	–	–	–	–	–	–	–	2	–	–
	St.	8	5	–	2	4	–	–	–	–	1	3	1

MEISTER, POLIERE, TECHNIKER	LEITER VON GESELLSCHAFTEN UND UNTERNEHMUNGEN	ÄRZTE UND FACHKUNDE	VÖLKISCHE ZUSAMMENSETZUNG																	
			DEUTSCHE	SCHWEIZER	UNGARN	OESTERREICHER	TSCHECHEN	SCHWEDEN	FINNLÄNDER	DÄNEN	ITALIENER	TÜRKEN	ENGLÄNDER	NORWEGER	FRANZOSEN	YUGOSLAVEN	RUMÄNEN	POLEN	RUSSEN	HOLLÄNDISCHER
1	–	–	117	5	7	2	–	–	–	–	–	1	–	–	–	2	–	3	–
–	1	–	33	2	11	–	–	–	–	–	–	1	–	–	–	–	–	–	–
1	–	–	109	2	12	1	–	3	–	3	–	–	4	11	2	–	–	–	–
–	–	1	137	16	3	9	–	–	–	1	–	1	–	–	3	–	–	–	–
–	–	1	47	6	1	2	–	–	1	–	–	–	–	2	–	1	1	–	–
–	–	–	112	12	6	2	–	–	–	–	–	1	–	1	–	1	–	1	–
–	1	–	197	23	9	19	–	–	–	–	–	–	–	–	–	–	–	2	–
1	2	–	61	13	9	5	–	–	–	1	–	–	–	–	–	–	–	–	–
–	1	–	151	21	9	2	–	1	1	–	–	–	–	1	–	2	–	–	–
–	–	–	196	30	4	12	–	3	–	–	–	–	–	1	–	–	1	–	–
1	1	–	54	7	5	4	–	1	–	2	–	2	–	1	–	–	–	–	2
–	2	–	165	19	4	5	–	2	2	1	–	–	2	–	3	5	4	5	
–	–	–	196	32	5	13	–	1	–	1	–	9	–	1	1	–	1		
2	2	–	56	19	6	7	–	1	–	1	1	–	5	2	1	–	1		
1	–	–	146	28	11	4	–	3	2	–	2	5	2	–	1	1	–	1	
–	–	–	243	33	4	20	–	–	–	–	1	4	1	7	–	–	–	1	
4	1	–	85	10	2	6	–	–	1	–	1	–	–	1	–	–	–	1	
4	2	–	152	27	15	5	–	1	–	2	–	1	–	3	3	–	1	2	5
1	2	–	210	25	3	13	–	–	–	3	2	–	3	–	–	1	5	2	
2	1	–	97	16	5	6	–	–	–	3	1	–	2	–	–	1	–	3	
3	5	–	197	25	16	3	–	–	2	2	1	–	1	1	4	–	1	4	5
2	1	–	30	2	5	2	3	1	1	1	–	–	–	–	–	–	–		
6	–	–	28	6	2	3	5	–	1	–	–	1	–	1	–	–	–		
4	1	–	17	5	6	–	2	–	–	1	–	–	1	–	–				
15	1	–	118	9	10	10	4	9	–	–	–	3	2	1	–	1	–		
4	2	–	59	8	2	–	–	1	–	1	1	1	2	–	1	1	2	1	
1	–	–	30	9	1	2	–	2	–	–	4	–	–	–	1	–			
3	2	–	55	5	7	–	–	3	–	–	–	1	1	–					
–	–	–	3	1	1	–	–	–	–	1	–	1	1	–					
2	–	–	13	2	1	–	–	–	2	–	1	1	–	1	–				

ISTANBUL im OKTOBER 1946

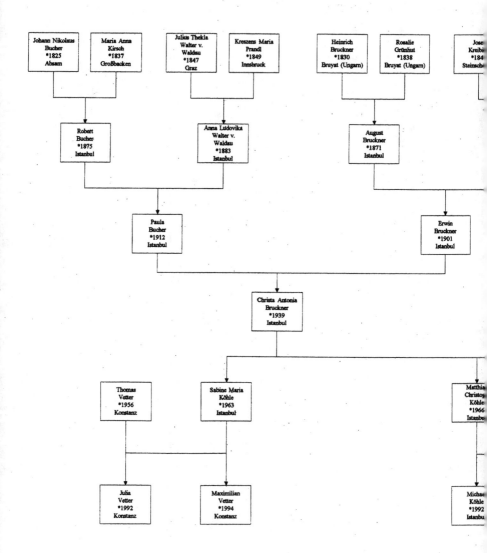

ul

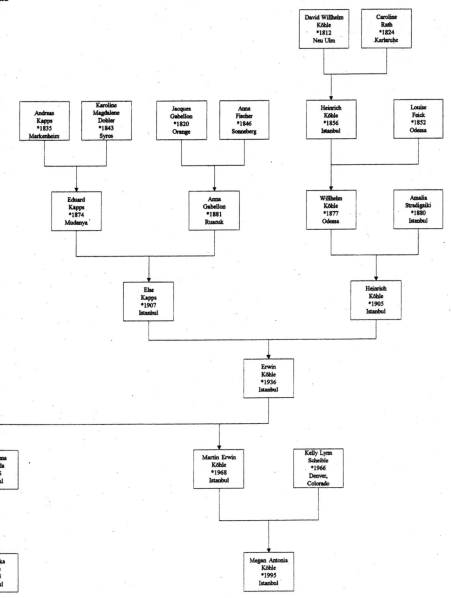

407

„So werden die schon länger hier Lebenden dieses Blatt nicht als ein Neues auffassen, sondern lediglich als einen neuen Anfang werten und begrüßen. "[1015]

1015 Türkisch Deutsche Wohltätigkeitsgesellschaft Teutonia (gegründet 1847). Mitteilungsblatt. Monatlich kostenlos erscheinende Mitteilungen für die Mitglieder des Vereins. Nr. 1, Istanbul 1956.

Schlußbetrachtung

'Deutschsein in Istanbul' ist weiterhin ein interessantes Thema, denn die Geschichte der deutschsprachigen Community setzt sich in der heutigen Millionenstadt fort. Ebenso wie die Stadt hat diese Community jedoch inzwischen einiges von ihrer früheren Überschaubarkeit verloren. Während Istanbul heute ca. 14 Millionen EinwohnerInnen hat, darunter ca. 100.000 ChristInnen, lebten hier 1935, bei einer Bevölkerungszahl von ca. 750.000, doppelt soviel – nämlich 200.000 – ChristInnen. Aktuelle Zahlen über die deutsche Wohnbevölkerung lassen sich nur vermuten, denn viele Deutsche leben dort mit einem offiziellen TouristInnen-Status, lassen sich nur für einige Zeit dort nieder oder pendeln zwischen Deutschland und der Türkei hin und her. In der Türkei sollen jedoch, nach Schätzungen des Zentrums für Türkeistudien, heute ca. 45.000 Deutsche leben, 2/3 von ihnen Frauen.

Trotz aller Veränderungen in Istanbul gibt es weiterhin die zentralen Orte, an denen sich die Deutschen und Deutschsprachigen treffen; sie haben 'ihre' Schulen, Kirchen, Institute, Vereine, Sportgruppen oder Gesprächskreise, ihr eigenes Informationssystem.

Vieles hat sich auch dort seit der Nachkriegszeit verändert, was die generelle Prozeßhaftigkeit der Community bestätigt, doch lassen sich einige der alten Strukturen noch ebenso ausmachen wie eine anhaltende nationale Orientierung. Eine Forschung über die heutige deutschsprachige Community Istanbul würde sicher einige interessante Ergebnisse hervorbringen.

Die frühere Istanbuler deutschsprachige Community hat sich im Laufe der Forschungs- und Rekonstruktionsarbeit zwar als sehr heterogenes und wandelbares Gebilde erwiesen, konnte den sie bildenden Individuen aber dennoch oder gerade deswegen individuelle und kollektive Stabilität vermitteln. Sie hielt bestimmte Angebote bereit, angefangen von einem diffusen Gemeinschaftsgefühl über die Schaffung von 'heimatlichen' Institutionen bis hin zu konkreten Unterstützungsaktionen wie Arbeitsvermittlung, Armenspeisung etc. Sie verfügte über gewisse Druckmittel, denen sich die Community-Mitglieder jedoch durch ein Ausweichen auf andere Communities oder durch Anbindung an eine Sub-Gruppe entziehen konnten. Besonders deutlich wurde das in nationalsozialistischen Zeiten, in denen die Vereinnahmung nichtjüdischer Deutscher und andersnationaler, sich als deutsch definierender Community-Mitglieder zwar besonders gut funktionierte, jedoch nicht alle vom *Hurrapatriotismus* einer tonangebenden Clique angesteckt wurden. Es gab die Möglichkeit, an den nazistischen Angeboten zu partizipieren, ohne die 'neuen Ideen' bewußt zu unterstützen oder auch nur gut zu heißen.

Gerade die große Gruppe der Indifferenten, die (vermeintliche) Vorteile in Anspruch nahmen oder (vermeintliche) Benachteiligungen verhindern wollten, hat dazu beigetragen, den nazistischen Größenwahn einer Führungsriege sehr schnell zur dominanten Orientierung für viele Deutschsprachige und zum vorherrschenden Bild des 'Deutschseins' für die andersnationale Umgebung werden zu lassen. Zwar gab es – gerade in Istanbul – die starke Gruppe der wissenschaftlichen EmigrantInnen, die durch ihre Stellung und ihr Auftreten bis zu einem gewissen Grad ein Gegengewicht zur NS-Ideologie darstellten, doch haben auch sie dies Potential nicht ausgeschöpft. Das explizite Verbot politischer Betätigung, Zukunftssorgen, Alltagsschwierigkeiten, Orientierungsprobleme in einem Land, dessen Sprache die meisten von ihnen vor ihrer Ankunft nie gehört hatten, die schwer zu lernen war und deren Regeln sich gerade – u.a. durch die Aktivitäten einer Sprachkommission der Regierung – veränderten, wie sich auch das ohnehin fremde Land, der Staat, die einzelnen Bevölkerungsgruppen in einem rasanten Veränderungs- und Umorientierungsprozeß befanden, erschwerten die Entscheidung zur politischen Positionierung dort ebenso wie eine tatsächliche Entscheidung für einen Neuanfang in der Türkei.

Individuelles Engagement gegen den Nazismus war die Ausnahme und konnte nicht zu einer signifikanten antinazistischen Gegenbewegung entwickelt werden. Einzelnen blieb der frustrierte Rückzug ins türkische oder andersnationale Umfeld. Die vorliegende Arbeit zeigt, daß sich auch zwangsläufig randständige Individuen der Community – unter ihnen einige EmigrantInnen – dazu verführen ließen, sich mit dem machtvollen Heimatland, selbst wenn dieses sie verstoßen hatte, teilweise zu identifizieren. Die Verführung durch 'Heimat' war in der Fremde enorm.

Eine These vom *kollektiven Antisemitismus* als Vorbedingung für Nazismus ist mit den vorgefundenen Daten nicht zu stützen. In Istanbul, dieser Stadt der Minderheiten, war Antisemitismus nicht relevant, und das *Deutschtum* wurde gerade auch von jüdischen Deutschen gepflegt. Hier kann auch nicht die Angst vor NS-Schlägertrupps oder

der Gestapo als Grund für eine Einordnung in die NS-Strukturen geltend gemacht werden, doch ist nicht zu ignorieren, daß es Erpressungen, Denunziationen und wirtschaftlichen Terror gab, daß Ängste vor Verschleppungen, Attentaten und Spionagevorwürfen existierten. Erschwerend kam hinzu, daß zwar sehr schnell oberflächliche Kontakte entstanden, verläßliche Beziehungsstrukturen jedoch durch die instabilen Rahmenbedingungen der Community, die Arbeitsmarktsituation, türkische Nationalisierungsprozesse, türkisch-deutsche und türkisch-internationale offizielle Beziehungen behindert wurden. Daß der deutsche Nazismus in Istanbul so erfolgreich wirken konnte, verdankt er vor allem seiner wirtschaftlichen Potenz und der Anerkennung, die ihm zunächst international gezollt wurde. Die Mehrzahl der nazistischen Community-Angehörigen zog Vorteile materieller und immaterieller Art aus der bereitwilligen Zuordnung. Als diese Vorteile jedoch nicht mehr gegeben waren, sich gar in Nachteile verkehrten, fiel den meisten eine Distanzierung nicht schwer. Und tatsächlich fühlen sich die deutschen IstanbulerInnen nicht verantwortlich für die damaligen nazistischen Strukturen und Ausgrenzungen, haben eigene Beteiligungen 'vergessen' und erinnern sich vor allem an familiäre Zusammenhänge oder die aus heutiger Sicht positiv bewerteten Kontakte mit EmigrantInnen und internationalen Gruppierungen. Auffällig ist, daß dieses 'Vergessen' von den EmigrantInnen, die in Istanbul blieben und von ehemals Ausgegrenzten, den Opfern der NS-Ideologie, geteilt wird. Im Interesse eines konfliktarmen Zusammenlebens, sicher auch aus Gründen der Verdrängung erlebter Verletzungen und Verletzlichkeiten bzw. der Verdrängung von Schuldgefühlen, wurden 'kritische' Themen jahrzehntelang tabuisiert.

Die Community-Leader und mit ihnen die vordergründigen Orientierungen wechselten in Zeiten politischer Machtverschiebungen im Herkunfts- und im Migrationsland, und bestimmte Gruppen verloren ihre frühere tonangebende Rolle, während andere an Einfluß gewannen. Die vorliegende Studie verdeutlicht die permanente Abhängigkeit der Community von Entwicklungen und Auseinandersetzungen in den Herkunftsländern, sei es Preußen, sei es das Deutsche Reich oder Österreich und sie verdeutlicht die (versuchte) Instrumentalisierung der Community durch die jeweiligen Regierungen.

Grundsätzlich gab es in Istanbul seit der Mitte des letzten Jahrhunderts immer Orte und Institutionen, die Deutschen die Möglichkeit gaben, in ihrer Sprache und mit ihrem 'kulturellen Habitus' mit anderen Deutschsprachigen in Kontakt zu treten und mit ihnen zu kommunizieren. Doch die Community hielt, um eine Überlegung des Vorwortes nochmals aufzugreifen, tatsächlich nicht für alle, die an ihr partizipieren wollten, das gleiche bereit – und nicht alle wollten auf die gleiche Art an ihr partizipieren. Sie mußten es auch nicht, da ihnen die Großstadt Istanbul andere Möglichkeiten bot. Es ist nichts Außergewöhnliches, daß einzelne Personen in ganz unterschiedlichen Kreisen verkehrten, von denen der eine oder andere eben außerhalb der Community lag. Wer wollte, konnte sich von dieser abwenden oder eben nur teilpartizipieren. Dennoch waren und sind Möglichkeiten von Minderheitsangehörigen immer begrenzt, und so wurden Allianzen eingegangen, die in einer Mehrheitsgesellschaft nicht in Betracht gekommen wären. Wirkliche Vertrauensverhältnisse entstanden nur mit wenigen Gleichgesinnten, und individuelle Unsicherheiten wurden häufig mit nationalistischen und rassistischen Überlegenheitsgefühlen und -diskursen kompensiert. Die Heimat wurde idealisiert und das Deutschsein mit positiven Zuschreibungen nicht nur konnotiert sondern überfrachtet. Der geschichtliche Rückblick hat gezeigt, daß die Nationalisierungsprozesse in der Istanbuler Community häufig parallel, aber auch zeitlich versetzt zu den nationalen bzw. nazistischen Bewegungen in Deutschland stattfanden und daß sie von dort beeinflußt wurden. Sie fanden jedoch immer unter den besonderen Bedingungen einer Minderheitengesellschaft statt und erhielten ihre besondere Note aus der Auseinandersetzung mit dem realen Umfeld. Es zeigte sich, daß unter den gegebenen Umständen so manche 'Schublade' nicht mehr paßte, daß ein gewünschtes und auch beschworenes gemeinsames Weltbild der Community nicht existierte, sondern verschiedene Welt- und Selbstbilder miteinander konkurrierten und manchmal mit Macht zur Deckung gebracht werden sollten. Und es zeigte sich, daß bestimmte Konflikte nicht ausgetragen wurden, um den gemeinsamen Schutzraum Community nicht zu gefährden.

Die Bedingungen des Zusammenlebens mußten ständig neu ausgehandelt werden; und so ist eines der hervorstechendsten Eigenschaften vieler Community-Angehöriger ihre Flexibilität. Das Deutsche Reich, das Dritte Reich, die Bundesrepublik Deutschland, sie boten bzw. bieten ein Orientierungssystem und eine Projektionsfläche für die Deutschen in Istanbul. Ein ghettoisiertes Zusammenleben und ein Klein-Deutschland hat es in Istanbul nicht gegeben.

Anhang

Abkürzungen

AA	Auswärtiges Amt
BDM	Bund deutscher Mädel in der HJ
DAF	Deutsche Arbeitsfront
FES	Friedrich-Ebert-Stiftung
HJ	Hitlerjugend
Gestapo	Geheime Staatspolizei
KdF	Kraft durch Freude, Organisation der Deutschen Arbeitsfront
KZ	Konzentrationslager
NS	Nationalsozialistische/r
NSDAP	Nationalsozialistische Deutsche Arbeiterpartei
OG	Ortsgruppe
Pg	Parteigenosse bzw. -genossin
Propag. Min.	Propagandaministerium
SS	Schutzstaffel
SD	Sicherheitsdienst des Reichsführers-SS
T.P.	Türkische Post

Abbildungsnachweis

Transkribierte Interviews:

Alfandari, Elfriede (Elfi, geb. Caron) – Istanbul 27.04.1992.
In Istanbul geborene Tochter des Buchhändlers Caron (auch Karon), der als Deutscher von Straßburg nach Istanbul migriert ist, und seiner bulgarischen Ehefrau. Das Mädchen Elfi wurde in nazistischen Zeiten in der Deutschen Schule als Jüdin marginalisiert, mußte die Schule schließlich wechseln. Über ihren Vater erfuhr sie viel vom Schicksal der EmigrantInnen, lernte einige von ihnen in seiner Buchhandlung kennen.

Anhegger, Dr. Robert – Istanbul 30.05.1991.
Als Deutscher in Wien geboren, dort, in Rotterdam und Zürich aufgewachsen, in Zürich und Wien studiert. 1935 erstmals in der Türkei, seit 1940 in Istanbul. Anhegger bezeichnet sich als Spätemigrant, da er zunächst für das Deutsche Archäologische Institut gearbeitet hat und sich erst 1943 offen von NS-Deutschland distanzierte. Er verkehrte in den vierziger Jahren viel in türkischen Kreisen und mit den jüngeren EmigrantInnen, gab Privatunterricht und arbeitete auch an der Istanbuler Sprachenschule.

Ayman, Elsa – Istanbul 17.04.1991. †
Kam 1927, nachdem sie arbeitslos geworden war und den Antrag eines türkischen Freundes angenommen hatte, als Heiratsmigrantin aus Berlin zunächst nach Izmir, anschließend fünf Jahre nach Anatolien, wo ihr Mann vorübergehend tätig war, dann nach Istanbul. Ihre Mutter siedelte nach dem Tod des Vaters ebenfalls in die Türkei über, half im Haushalt und bei der Betreuung der beiden Kinder. 1936 besuchte Else Ayman die Olympischen Spiele in Berlin und blieb ca. ein Jahr dort. Sie und ihr Mann bewegten sich in deutsch-nationalen Kreisen.

Bağda, Bedia (geb. Gerngroß, Veronika) – Istanbul 21.06.1991.
Kam bereits 1933 als 16jährige mit ihrer Familie nach Ankara, heiratete dort und trat zum Islam über. Ihr Vater, Otto Gerngroß, arbeitete, bis 1938 von Berlin beurlaubt, als Professor für Chemie an der Landwirtschaftlichen Hochschule in Ankara. Die Familie verkehrte zunächst in Botschaftskreisen, bis bekannt wurde, daß sie nicht 'rein arisch' war. 1938 nahm Otto Gerngroß – und mit ihm seine Familie – den Emigrantenstatus an. 1943 wurden sie aus der Türkei ausge-

wiesen und migrierten weiter nach Palästina. Die Tochter Veronika konnte bleiben, da sie ihren türkischen Verlobten heiratete.

Busch, Ruth (Helga, geb. Lange) – Hamburg 09.06.1992.
Stammte aus den bekannten Istanbuler Familien Harpert und Lange. Sie selbst wurde in Deutschland geboren und kam nach Istanbul, weil ihr deutschnationaler Vater von der Deutschen Bank dorthin geschickt worden war. Sie ging zur Deutschen Schule und wurde aktiv in der Hitlerjugend, zeitweise war sie Istanbuler Jungmädelführerin. 1939 ging die Familie nach Deutschland zurück.

Erel, Anita (Emine, geb. Tiedcke) – Istanbul 10.06.1991.
Kam 1935 als Heiratsmigrantin von Hamburg nach Istanbul. Sie trat zum Islam über, um ihren Ehemann, der an der Universität arbeitete, heiraten zu können. Ihre Schwester Sonja Tiedcke folgte ihr nach Istanbul. Sie wird den wissenschaftlichen EmigrantInnen zugerechnet, hatte jedoch keinen eindeutigen Emigrantenstatus. Die berühmte Geigerin Emine Anita Erel spielte u.a. mit den Emigranten Licco Amar und Paul Hindemith zusammen. Seit 1944 war sie Lehrerin am staatlichen Konservatorium und Mitglied des türkischen Sinfonieorchesters. Sie gilt als eine der PionierInnen moderner Musik in der Türkei.

Erksan, Margarete (Gretel) – Istanbul 08.06.1991, 14.06.1991.
Schauspielerin, Heiratsmigrantin und Nachkriegsflüchtling. Sie kam mit ihrem türkischen Ehemann, der nach seinem Studium während der NS-Zeit in und für Deutschland gearbeitet hat, und ihrem Sohn 1945 nach Istanbul. Dort baute sie sich einen deutsch-türkischen Kreis auf, zu dem auch eine Reihe der NS-EmigrantInnen gehörte, und war bzw. ist aktiv im deutschsprachigen Community-Leben, besonders innerhalb der Deutschen Evangelischen Gemeinde.

Fındıkgil, Magda – Istanbul 02.12.1991.
Heiratsmigrantin aus dem Ruhrgebiet, kam 1952 nach Istanbul, wo sie noch einige der aus NS-Deutschland Emigrierten, aber auch viele der Nachkriegsflüchtlinge aus Deutschland und den ehemals besetzten Ländern kennenlernte. Ihr türkischer Ehemann hatte u.a. bei den Emigranten Roepke und Neumark studiert. Sie ist in der katholischen Kirchengemeinde aktiv.

Harası, Emilie – Istanbul 13.05.1991.
In Deutschland geboren, im Memelland in einer deutschen, vorwiegend evangelischen Kolonie aufgewachsen, aus Kriegsangst nach Istanbul emigriert. Sie heiratete dort einen russischen Emigranten, mit dem sie einen Sohn hat, und bewegte sich vor allem in deutschen und russischen Kreisen. Zur Deutschen Evangelischen Kirche bestand von Anfang an eine enge Bindung.

Heyd, Rosemarie (geb. Burkhard) – Darmstadt 23.07.1991.
Kam als politische Emigrantin mit ihrem entlassenen Professor Leo Spitzer nach Istanbul. Dort arbeitete sie als dessen Assistentin. War eine aktive und kommunikative junge Frau mit Abenteuerlust und einem großen internationalen Freundeskreis, u.a. war sie mit Licco Amar befreundet. Verkehrte in Emigrations- und in Nazikreisen, heiratete den Journalisten Heyd und kehrte mit ihm vor Kriegsende nach Deutschland zurück. Einige EmigrantInnen nahmen ihr das übel, verdächtigten sie und vor allem ihren Mann, 'übergelaufen' zu sein. Als Motiv für die Rückkehr nannte sie jedoch die notwendige Auseinandersetzung mit der dortigen Realität.

Hoernigk, Gerhild (geb. Kessler) – Kassel 14.02.1992.
Tochter der Emigrantenfamilie Kessler. Ihr Vater war politischer Emigrant, die Mutter nach einem Unfall behindert. Sie hatte eine jüngere Schwester und zwei Brüder, die zunächst alle zur Deutschen Schule gingen und für die sie teilweise Versorgungsaufgaben übernehmen mußte. An der Deutschen Schule wurde die junge Gerhild von den Ideen des Nationalsozialismus beeinflußt. Nach dem Abitur ging sie zweimal freiwillig in den Arbeitsdienst. Mit Mutter und Schwester kehrte sie – ohne Wissen des Vaters – mit Unterstützung des Deutschen Generalkonsulats kurz vor Kriegsbeginn nach Deutschland zurück. Dort änderte sich ihre politische Einstellung durch die Konfrontation mit der deutschen Realität.

Kocabeyoğlu, Leyla (Erna) – Ankara 17.06.1991.
1948 als Heiratsmigrantin mit ihren türkischen Ehemann, der den Zweiten Weltkrieg in Deutschland verbracht hat, und der Tochter nach Ankara gezogen. Sie ist eine enge Freundin von Mimi Silinski und vor einigen Jahren zum Islam übergetreten, um neben ihrem türkischen Ehemann beerdigt werden zu können.

Köhle, Elsa (geb. Bruckner) – Istanbul 15.05.1991. †
Bosporusgermanin, ihr Vater ist bereits in Istanbul geboren, der Großvater wanderte Mitte des letzten Jahrhunderts ein. Die Familie blieb deutsch. Auch der Ehemann, den sie in der Teutonia kennenlernte, war Deutscher. Beide nahmen an den nazistischen Veranstaltungen teil und profitierten geschäftlich vom politischen und wirtschaftlichen Aufschwung NS-Deutschlands. Zweimal wurde die Familie nach den Weltkriegen des Landes verwiesen, und zweimal kehrte sie wieder zurück. Vgl. Stammbaum einer Bosporusgermanenfamilie.

Kudret-Erkönen, Doris (Leyla Erkönen) – Ankara 17.06.1991. †
Bereits 1919 als Heiratsmigrantin in die Türkei gekommen. Ihr Mann hatte in Deutschland, sie selbst in Deutschland, der Schweiz und Frankreich studiert. Sie hat sich während der nazistischen Zeiten in Istanbul und Ankara vor allem in Emigrationskreisen bewegt und eine Reihe Emigrationskinder unterrichtet.

Mandil, Elze (Else, geb. Schack) – Istanbul 17.09.1990. †
Heiratsmigrantin, später jüdische Emigrantin. Sie kam 1926 mit ihrem türkischen (später: italienischen) Ehemann aus Stuttgart nach Istanbul. Nach zwölf schwierigen Ehejahren ließ sie sich scheiden und heiratete sofort den türkischen Kinderarzt ihrer Tochter, um ihren Aufenthaltsstatus nicht zu gefährden. Ihre Schwestern konnten der Verschleppung ins KZ ebenfalls entkommen, nicht so die Eltern. Elze Mandil selbst arbeitete in Emigrantenausschüssen mit.

Moskowitch, Inge (geb. Sieburger) – Istanbul 13.06.1991. †
1900 in Istanbul als Österreicherin geboren. Der Vater war bereits als Junge mit seiner jüdischen Familie aus Lemberg eingewandert und brachte es in Istanbul als Dragoman (Übersetzer) zu Ansehen. Nach dem Ersten Weltkrieg bekam die Familie einen polnischen Paß. Inge Sieburger (Moskowitch) hat selbst die Deutsche Schule besucht, Tanzstunden in der Teutonia erhalten, mit ihrem Ehemann im Handwerkerverein verkehrt. Die Nazionalisierung brachte für die jüdische Familie einige Änderungen mit sich.

Mühlbauer, Franz – Istanbul 19.11.1991. †
Nachkriegsemigrant, politischer Emigrant, großdeutsch orientiert. Kam durch Vermittlung und mit Hilfe der österreichischen Katholischen Kirche, genauer des Grazer Mutterhauses von St. Georg, 1950 als NS-Belasteter nach Istanbul. Er nahm Einfluß auf das deutsche

und österreichische Vereinsleben, startete eine neue erfolgreiche Karriere als Buchhändler und Besitzer der Türkisch-Deutschen Buchhandlung in Istanbul.

Raidl, Hofrat Ernest – Istanbul 14.11.1991. †
Hofrat Raidl kam erst nach dem Krieg nach Istanbul. Er war viele Jahre Superior an der österreichischen Knabenschule. Wie er selbst ausführte, war er nicht unbeeinflußt geblieben vom Nationalsozialismus seines Heimatlandes. In Istanbul hatte er Kontakte zu EmigrantInnen verschiedener Couleur, traf dort auch den ehemaligen Botschafter von Papen.

Silinski, Hermine (Mimi, geb. Lopez) – Ankara 17.06.1991, 21.11.1991.
1937 als Arbeitsmigrantin aus Österreich eingereist, suchte Arbeit und neue Lebensperspektiven. Arbeitete zunächst als Haushälterin in der Emigrantenfamilie Meyer (Max Meyer, Professor für HNO am Staatlichen Musterkrankenhaus in Ankara), dann zwei Jahre an der Deutschen Botschaft, später führte sie das nazistische Kolonieheim in Ankara. Nach ihrer Internierung in Kırşehir – dort hatte sie noch ihren Freund Iwan, einen russischen Emigranten, geheiratet, der früher Chauffeur bei dem Botschafter von Keller gewesen ist – baute sie sich mit ihrem Mann wieder ein Gasthaus in Ankara auf.

Stern, Dr. Julius – Istanbul 21.05.1991, 23.10.1991. †
Von 1929 bis 1936 Lehrer an der Deutschen Schule Istanbul, entlassen auf Grund des sogenannten Berufsbeamtengesetzes, jüdischer Emigrant. Arbeitete noch im Galata Saray Lisesi, bevor er in das Geschäft seiner Schwiegereltern (internationaler Holzhandel) in Istanbul einstieg. Stern war Vorsitzender eines jüdischen Hilfskomitees, das NS-Verfolgte bei ihrer Flucht unterstützte.

Taneri, Annemarie (geb. Thamer) – Istanbul 22.06.1991. †
Sie hatte in Berlin eine Ausbildung als Krankenschwester gemacht und wollte 1929 auf Weltreise gehen. Istanbul sollte die erste Station sein. Dort heiratete sie jedoch einen türkischen Arzt und blieb. 1936 und 1938 machte sie längere Besuche in Deutschland, zeitweise war sie vom deutschen Nazismus fasziniert. Ihr erster Sohn starb sehr jung, die Tochter und der zweite Sohn leben in Istanbul. Nach dem Tod des Ehemannes arbeitete Annemarie Taneri als private Sprachlehrerin.

Veral, Hertha (Herta, geb. Engländer; in 1. Ehe: Cohn) – Istanbul 14.09.1990. †
Lebensstrategie-Heiratsmigrantin, evangelisch mit jüdischem Vater. Sie emigrierte 1937 nach ihrer Scheidung von ihrem ersten (deutschen) Ehemann mit ihrem zweiten, türkischen, nach Istanbul. Die beiden Kinder aus erster Ehe, die nachgeholt werden sollten, kamen – ebenso wie ihr Vater – als rassisch Verfolgte in KZ's um. Die zweite Ehe war nicht glücklich, Schuldgefühle belasteten das Leben in der Türkei.

Gesprächsnotizen:

Alfandari, Elfriede 10.05.1993 u.a. (s.o.).
Bauer, Schwester Responsa 18.11.1991 (Schwester in St. Georg).
Busch, Ruth (telef.) 29.02.1992, 10.05.1993 (s.o.).
Brüninger, Beatrix (geb. von Flesch) 14.04., 05.05., 03.11.1991 (Abenteurerin, Musikerin).
Dember, Boris 29.04.1992 (Russischer Schüler von St. Georg).
Erel, Anita 26.04.1991, 31.10.1991, 24.11.1991, 16.04.1992, 09.05.1993 u.a. (s.o.).
Freibergs, Gisela 10.05.1993 (Aus der Schweizer Familie Hirzel, Deutsche Schule).
Fuchs, Traugott 02.05., 25.10., 23.11., 29.11.1991, 07.05., 18.04.1992 u.a. (Pol. Emigrant).
Göktürk, Dr. Pia Angela 12.05.1991 (Nachkriegsstudien- und Arbeitsmigrantin).
Graevenitz, Ursula von 10.05.1993 (Aus Istanbuler Familie, Deutsche Schule).
Isendorf, Johanne von 13.05.1991 u.a. (Nichte der Emigrantin von Bühlow).
Kudret-Erkönen, Doris 22.11.1991 (s.o.).
Mandil, Elze 09.09.1990, 15.09.1990 u.a. (s.o.).
Photiades, Dorothea 13.05.1991 (Nachkriegs-Gemeindeschwester).
Rauschan, Elife 06.04.1992 (Aus schweiz.-griech. Fam. in deutschnat. Ist. Fam. eingeheir.)

Schmidt-Zähringer, Gerda (telef.) 27.02.1992, 10.05.1993 (In Istanbul
 aufgewachsen)
Stern, Dr. Julius 27.04.1991, 10.05.1991, 12.05.1993 u.a. (s.o.).
Subklew, Erna 10.05.1993 (Aus nationalistischer Istanbuler Familie,
 Deutsche Schule).
Veral, Hertha 09.09.1990 u.a. (s.o.).

Feldforschungstagebuch:

05.04.1991-28.06.1991

Akten aus Privatbesitz:

Berichte der Istanbuler Jungmädel 1935-1938 (Protokollbuch).

Tagebücher von Hermine Silinski 19.05.1935-01.02.1941.

Briefsammlung der Familie Zickel 1936 bis 1940.

Brief von Lotte Loewe an Horst Widmann vom 25.08.1969.

Brief von Helene Özsetoğlu an Anne Dietrich vom 09.07.1990.
Brief von Helene Özsetoğlu an Anne Dietrich vom 22.09.1990.
Brief von Helene Özsetoğlu an Anne Dietrich vom 19.12.1990.
Brief von Helene Özsetoğlu an Anne Dietrich vom 07.07.1991.
Brief von Helene Özsetoğlu an Anne Dietrich vom 14.08.1991.

Brief von Johanne von Isendorf an Anne Dietrich vom 20.05.1991.

Brief von Christa Lippold an Anne Dietrich vom 12.08.1991.

Brief von Elze Mandil an Anne Dietrich vom 26.08.1991.

Brief von Gerda Nitschke an Anne Dietrich vom 29.02.1992.

Brief von Adolf und Elly Hommes an Christa Lippold vom 23.04.1992.

Brief von Gisela Freibergs an Anne Dietrich vom 23.04.1992.

Karte von Ruth Busch an Anne Dietrich vom 19.06.1992.

Brief von Irene Mastalikova an Anne Dietrich vom 09.08.1992.

Brief von Gerhild Hoernigk an Anne Dietrich vom 06.12.1992.

Brief von Christa Lippold an Anne Dietrich vom 05.01.1993.
Karte von Christa Lippold an Anne Dietrich vom 26.03.1993.

Brief von Gerhild Hoernigk an Anne Dietrich vom 06.09.1993.

Brief von Mimi Silinski an Anne Dietrich vom 01.10.1993.

Bericht von Adolf Hommes, ehemaliger Lehrer an der Deutschen Schule: „Ein ehemaliger Lehrer der Deutschen Schule erinnert sich an seine Zeit in Istanbul während der Kriegsjahre 1942 bis 1944". (Manuskript)

Rede des Führers und Reichskanzlers Adolf Hitler vor dem Reichstag am 28. April 1939, Verlag und Druck M. Müller & Sohn K.G. Berlin.

Speech delivered in the Reichstag, March 7th. 1936 by Adolf Hitler, Führer and Chancellor, Verlag und Druck M. Müller & Sohn K.G. Berlin.

Speech by the Fuehrer in the Sportpalast in Berlin, on 30 January 1940, ohne Verlagsangabe.

Rede des Führers und Reichskanzlers Adolf Hitler vor dem Reichstag am 7. März 1936, Verlag und Druck M. Müller & Sohn K.G. Berlin.

Beilage des Hamburger Fremdenblattes vom 29. April 1939, mit der Hitlerrede des Vortages zum deutsch-englischen Flottenabkommen und zum deutsch-polnischen Vertrag.

Jürgen Boettcher (Hg.): Um uns die Fremde – Die Vertreibung des Geistes 1933-1945. Versuch einer Dokumentation l. Die Wissenschaftler im Exil. (Manuskript)

Fotos

Archivalien

Archiv des Auswärtigen Amtes Bonn

Auswärtiges Amt, Politisches Archiv/Botschaft Ankara

Kult 3: Ankara 441, 442, 443, 444, 446, 447, 453, 456, 552 (geh.), 553, 555, 556 (geh.), 561 (geh.), 566 (geh.), 568 (geh.), 570 (geh.), 576 (geh.) 577, 578, 665, 667, 681, 699, 702, 724, 785, 791.
Kult 11-6: Ankara 656, 691, 700, 739, 744, 745.
Kult 12: Ankara 747, Ankara 749.

Zentralarchiv Potsdam:

49.01 Reichsminist. f. Wissensch., Erziehung und Volksbildung 6656, Blatt 1-611.
49.01 Reichsminist. f. Wissensch., Erziehung und Volksbildung 6657, Blatt 93-152.

09.01 Auswärt. Amt Handelspol. Abt. 1936-1945 (Ha Pol VII 41/42).
09.01 Auswärt. Amt Ha Pol Abt nach 1936: Telegramme der deutschen Vertretung Istanbul Juli 1940-Nov. 1943, 68673.

09.01 Auswärt. Amt 68665, Bl.156.
09.01 Auswärt. Amt 58498 Blatt 113.
09.01 Auswärt. Amt 39555.
09.01 Auswärt. Amt 39653.

AEM 6657 III Blatt 23-51.

62 DAF 3 Arbeitswiss. Inst. Zeitungsausschn. E 120, Blatt 2-21.

RFAT 4943, RFAT 8569,, RFAT 8612.

RM f. Volksaufklärung u. Propaganda 736, Blatt 7-13.

Archiv der Deutschen Evangelischen Kirche Istanbul:

Kriebel, Martin: Die Geschichte der deutschen evangelischen Gemeinde in Konstantinopel – Istanbul von 1843 bis 1932. (o.J.)

Pfarrer D. E. Wagner: Hrch. Jakob Stoll aus Kaichen. Mitbegründer der deutsch-evangelischen Gemeinde in Konstantinopel. Sonderdruck aus den »Heimat-Glocken«. Friedberg 1935.

Statut der evangelischen deutschen Gemeinde zu Constantinopel 1874.

Satzung der Deutschen Evangelischen Gemeinde zu Konstantinopel 1928.

Sitzungsprotokoll des Vorstandes des deutschen evangelischen Wohltätigkeitsvereins in Constantinopel. Außerordentliche Generalversammlung des deutschen evangelischen Wohltätigkeitsvereins am 8. Mai 1867.

Liste der Glieder der Deutschen Evangelischen Gemeinde zu Konstantinopel, insbesondere der früh zu ihr zählenden Familien 1850 bis... (blieb leer, d.A.)

Seelenliste.

Trauungsprotokolle der Evangelischen Gemeinde zu Constantinopel (1844-1991).

Taufregister der Evangelischen Gemeinde zu Konstantinopel (Dez. 1843-1939).

Konfirmanden-Liste (1851-1938).

Totenliste der Deutschen Evangelischen Gemeinde zu Constantinopel. II. (Teil) Begonnen am 1. Advent 1912.

Protokollbuch für die Sitzungen des Kirchenrates der Deutschen Evangelischen Gemeinde zu Konstantinopel (September 1906-März 1934).

Protokollbuch für die Sitzungen des Gemeindekirchenrates der deutschen evangelischen Kirchengemeinde zu Stambul (28. April 1934-31. Januar 1969, ab Mai 1965 'Loseblatt-Sammlung').

Protokollbuch für die Gemeindeversammlungen der Deutschen Evangelischen Gemeinde zu Konstantinopel (02. Mai 1907 bis 19. März 1939).

Jahresbericht der Deutschen Evangelischen Gemeinde zu Konstantinopel über die Jahre 1931 und 1932. Istanbul 1932.

Jahresheft der Deutschen Evangelischen Kirchengemeinde zu Istanbul. Istanbul 1938.

Jahresheft der Deutschen Evangelischen Kirchengemeinde zu Istanbul. Istanbul 1939.

Jahresheft der Deutschen Evangelischen Kirche zu Istanbul. Istanbul 1940/1941.

Deutscher Frauenverein Constantinopel (Hg.): III. Jahresbericht über den Deutschen Frauenverein in Constantinopel 1897-1899.

Deutscher Frauenverein Constantinopel (Hg.): VI. Jahresbericht über den Deutschen Frauenverein in Constantinopel 1903-1905.

Deutscher Frauenverein zu Constantinopel. (Hg.): VII. Jahresbericht 1906-1907.

Deutscher Frauenverein zu Constantinopel. (Hg.): VIII. Jahresbericht 1908-1909.

Brief von Pfarrer Graf von Lüttichau an das Zentralbüro der Internationalen Vereinigung Freundinnen junger Mädchen, 18.10.1912.

Brief von Major a.D. Wagener, Schriftführer des Deutschen Nationalkomitees zur Bekämpfung des Mädchenhandels, 01.12.1913.

Brief von der Deutschen Liga zur Bekämpfung des Frauenhandels e.V. München an Pfarrer Graf von Lüttichau, 24.06.1913.

Brief von Birkenmaier, Deutsche Liga zur Bekämpfung des Frauenhandels e.V. München an Pfarrer Graf von Lüttichau, 04.07.1913.

Copy of Miss Gertrude Hirschberg's Report (White Slave Traffic in Constantinopel Oktober 1912-Oktober 1913), 19.10.1913.

Propositions faites par le comte de Lüttichau au sujet de la protection de la jeune fille à mettre en discussion dans la séance du février 1914.

Statut de la Societé Internationale „Asile" à Constantinople.

Tabelle: „Soziale und Völkische Zusammensetzung der Evangelischen Gemeinde in Istanbul im Zeitraum von 1850 bis 1946 auf Grund der Tauf-, Trauungs- u. Sterberegister" Aufgestellt durch I. E. Imhoff, Istanbul Oktober 1946.

Archiv der Deutschen Schule Istanbul:

Deutsche Schulgemeinde zu Konstantinopel. Oberrealschule im Wiederaufbau mit Handelsklassen und Höherer Mädchenschule. Jahresberichte 1924 bis 1930.

Deutsche Schule Istanbul. Jahresberichte 1931 bis 1943.

Deutsche Schulgemeinde Konstantinopel. Oberrealschule mit Handelsklassen. Schulordnung. Beschlossen in der Sitzung des Vorstandes vom 17. August 1927. Konstantinopel 1927.
Deutsche Schule zu Istanbul. Merkpunkte für die Schüler. Istanbul 1937.
Fotos.

St. Georgsarchiv Istanbul:

Gespräch mit Schwester Responsa Bauer am 01.07.1988, aufgenommen von Wolfgang Wamlek auf der Insel Burgaz.
Schwester Engelburga Strobel: Die Zeit der Internierung in der Türkei und danach Aug. 1944-1947/48. (Niederschrift aus dem Gedächtnis). Provinzhaus. Unveröffentlichtes Manuskript o.D.
Fotos aus der Internierungszeit in Yozgat.

Archiv der Teutonia:

Türkisch Deutsche Wohltätigkeitsgesellschaft Teutonia (gegründet 1847) (Hg.): Mitteilungsblatt. Monatlich kostenlos erscheinende Mitteilungen für die Mitglieder des Vereins.
1. Jahrgang Mai 1956 Nr.1 bis 11. Jahrgang Januar/Dezember 1966 Nr.83.
Brief an Prof. Dr. Murad Ferid vom 23.10.1954. Archiv der Teutonia.

Archiv Widmann:

Brief von Lotte Loewe an Horst Widmann vom 30.06.1969.
Brief von Lotte Loewe an Horst Widmann vom 25.08.1969.
Karte von Lotte Loewe an Horst Widmann vom 09.10.1969.
Brief von Lotte Loewe an Horst Widmann vom 02.02.1971.

Periodika

Osmanischer Lloyd 1908-1918.
Türkische Post. Tageszeitung für den Nahen Osten 1926-1944.

Der Auslandsdeutsche. Halbmonatszeitschrift für Auslandsdeutschtum und Auslandskunde. Mitteilungen des Deutschen Ausland-Instituts Stuttgart. Organ des Bundes der Auslandsdeutschen. Stuttgart, Jahrgang 1918 bis 1936.

Deutschtum im Ausland. Zeitschrift für die Kunde vom Deutschtum im Ausland (ehemals der Auslandsdeutsche) 21. Jahrgang 1938.

Mitteilungen der Deutsch-Türkischen Gesellschaft e.V., Heft 6 1955 bis Heft 116 1993.

Teutonia-Mitteilungsblatt 1. Jahrgang Mai 1956 Nr.1 bis 11. Jahrgang Januar/Dezember 1966 Nr.83.

Türkische Rundschau. Illustrierte Monatsschrift für Kultur und Wirtschaft im Nahen Osten. 1. Jahrgang Nr. 1 1928 bis 4. Jahrgang Nr.10 1931.

Bizim Almanca – Unser Deutsch Nr. 55 1989.

Bosporus. Organ des Deutschen Ausflugs-Vereins G. Albert (vorm. Mitteilungen des Deutschen Excursions-Clubs) Herausgegeben von Fachgelehrten 1906 N.F. 1. Heft.

Fliegende Blätter, VII. Serie Nr.5, 1850.

Die Gartenlaube, 1853 gegründete deutsche illustrierte Familienzeitschrift, Jahrgang 1889.

Der Nahe Osten, Heft 5, Berlin 1929.

Deutsche Arbeit. Grenzlandzeitschrift. Gegründet von der Gesellschaft zur Förderung deutscher Kunst, Wissenschaft und Literatur in Böhmen. Hrsg. von Dr. Hermann Ullmann, Führerzeitschrift des Volksbundes für das Deutschtum im Ausland. 1933 (33. Jg.).

Deutsche Arbeit. Verbunden mit dem „Auslandsdeutschen". Zeitschrift des Volksbundes für das Deutschtum im Auslande, hrsg. in Gemeinschaft mit dem Deutschen Auslands-Institut 1934.

Halbmonatliche Wirtschaftsausgabe der Türkischen Post, Nr. 9.

National-Zeitung 30.08.1940.

Rheinisch-Westfälische Zeitung Nr.34, 09.02.1851, 2. Ausgabe.

Neue Züricher Zeitung 03.12.1933.

Zeitschrift für Kulturaustausch Nr. 31, Stuttgart 1981.

Zeitschrift der Türkischen Handelskammer für Deutschland Nr. 1, Berlin 1928.

Zeitschrift für Türkeistudien Nr. 1. Leverkusen 1991.

Literatur

Abadan-Unat, Nermin (Hg.): Die Frau in der türkischen Gesellschaft. Frankfurt a.M. 1985.

Josef Ackermann: Der begehrte Mann am Bosporus – Europäische Interessenkollision in der Türkei (1938-1941). In: Funke, Manfred (Hg.): Hitler, Deutschland und die Mächte. Materialien zur Außenpolitik des Dritten Reiches. Bonner Schriften zur Politik und Zeitgeschichte Nr.12. Düsseldorf 1977 (Nachdruck der 1.Auflage 1976), S. 489-507.

Adanır, Fikret: Geschichte der Republik Türkei. Mannheim, Leipzig, Wien und Zürich 1995.

Ahlers, Mulan: 'Die Emigranten kämpfen mit Shanghai wie Jacob mit den Engeln'. In: Koebner, Thomas u.a. (Hg.). Im Auftrag der Gesellschaft für Exilforschung: Exilforschung. Ein internationales Jahrbuch. Band 5. 1987. Fluchtpunkte des Exils und andere Themen. München 1987.

Albrecht, Richard: Exil-Publizistik 1933-1935: Broschüren aus dem deutschen antifaschistischen Exil. Ein Beitrag zur publizistikwissenschaftlichen Grundforschung. In: Publizistik 28 1983/3, S. 1-50.

Ders.: Exilforschung. Eine Zwischenbilanz (I). In: Politische Literatur 28/2 1983, S. 174-202.

Alman Lisesi (Hg.): Festschrift zum 100jährigen Bestehen der Deutschen Schule Istanbul 1868-1968. Istanbul o.J. (1968).

Dies.: 125 Jahre Deutsche Schule Istanbul. Istanbul 1993.

Auernheimer, Georg (Hg.): Handwörterbuch Ausländerarbeit. Weinheim und Basel 1984.

Autorenkollektiv unter Leitung von Werner Mittenzwei: Kunst und Literatur im antifaschistischen Exil 1933-1945. Leipzig 1978/1979/1980. Philip Reclam jun. 7 Bände.

Autrata, Otger u.a. (Hg.): Theorien über Rassismus. Tübinger Veranstaltungsreihe. Argument Sonderband AS 164. Hamburg 1989.

Bach, Barbara: Die Geschichte des lateinischen Friedhofs in Istanbul-Feriköy. In: St. Paul Deutschsprachige Katholische Gemeinde Istanbul (Hg.): 25 Jahre Pfarrzentrum und Altenheim in Nisantas. Istanbul 1989, S. 40-41.

Backhaus-Lautenschläger, Christine: ...Und standen ihre Frau: Das Schicksal deutschsprachiger Emigrantinnen in den USA nach 1933. Pfaffenweiler 1991.

Bacqué-Grammont, Jean-Louis/Flemming, Barbara/Gökberg, Macit und Ortaylı, Ilber (Hg.): Türkische Miszellen. Robert Anhegger Festschrift. Istanbul 1987.

Bade, Klaus J.: Vom Auswanderungsland zum Einwanderungsland? Deutschland 1880-1980. Berlin 1983.

Ders. (Hg.): Deutsche im Ausland – Fremde in Deutschland: Migration in Geschichte und Gegenwart. München 1992.

Balibar, Etienne und Wallerstein, Immanuel: Rasse, Klasse, Nation. Ambivalente Identitäten. Hamburg und Berlin 1990.

Bauer, Gerhard: Die mitgeschleppte und die ausgedachte Heimat der Exilierten. In: Helmut F. Pfanner (Hg.): Kulturelle Wechselbeziehungen im Exil – Exile across Cultures. Bonn 1986, S. 25-34.

Bausinger, Hermann u.a. (Hg.): Grundzüge der Volkskunde. Darmstadt 1978.

Bausinger, Hermann: Identität. In Bausinger, Hermann u.a. (Hg.): Grundzüge der Volkskunde. Darmstadt 1978, S. 204-263.

Ders.: Volkskunde. Von der Altertumsforschung zur Kulturanalyse. Tübingen 1979.

Ders.: Assimilation oder Segregation? In: Landeszentrale für politische Bildung Baden Württemberg (Hg.): Der Bürger im Staat, Heft 3. Die Türkei und die Türken in Deutschland, Stuttgart 1982, S. 201-205.

Ders. (Hg.): Ausländer – Inländer. Arbeitsmigration und kulturelle Identität. Tübinger Vereinigung für Volkskunde. Tübingen 1986.

Ders.: Heimat in einer offenen Gesellschaft. Begriffsgeschichte als Problemgeschichte. In: Bundeszentrale für Politische Bildung: Heimat. Analysen, Themen, Perspektiven. Schriftenreihe Band 294/1, Bonn 1990, S. 76-90.

Becher, Ursula und Rüsen, Jörn (Hg.): Weiblichkeit in geschichtlicher Perspektive: Fallstudien und Reflexionen zu Grundproblemen der historischen Frauenforschung. Frankfurt a.M. 1988.

Beiträge zur feministischen Theorie und Praxis Nr. 5. Dokumentation des 3. Historikerinnentreffens in Bielefeld, April 1981. München 1981.

Beiträge zur feministischen Theorie und Praxis Nr. 7: Dokumentation der Tagung 'Weibliche Biographien' in Bielefeld. München 1982.

Beiträge zur feministischen Theorie und Praxis Nr. 27: Rassismus – Antisemitismus – Fremdenhaß Köln 1990.

Beiträge zur feministischen Theorie und Praxis Nr.42: Ent-fremdung. Migration und Dominanzgesellschaft. Köln 1996.

Benz, Wolfgang (Hg.): Das Exil der kleinen Leute. Alltagserfahrung deutscher Juden in der Emigration. Frankfurt a.M. 1994.

Bertaux, Daniel und Bertaux-Wiame, Isabelle: Autobiographische Erinnerung und kollektives Gedächtnis. In: Niethammer, Lutz (Hg.): Lebenserfahrung und kollektives Gedächtnis. Die Praxis der „Oral History". Frankfurt a.M. 1980, S. 108-122.

Bethke, Martin: Im Lande Ismet Inönüs. Beobachtungen und Streiflichter aus der Türkei. Berlin 1944.

Bibliographischer Informationsdienst der Deutschen Bücherei Leipzig Nr. 15. Zeitschriften und Zeitungen des Exils 1933-1945. Bearbeitet von Horst Halfmann. Leipzig 1969.

Bielefeld, Uli (Hg.): Das Eigene und das Fremde. Neuer Rassismus in der Alten Welt. Hamburg 1991.

Bienek, Horst (Hg.): Heimat. Neue Erkundungen eines alten Themas. München und Wien 1985.

Blasche, J./Ersoz, A./Schwarz, T.: Die Formation ethnischer Kolonien: wirtschaftliche Kleinbetriebe, politische Organisationen und Sportvereine. In: Friedrichs, J. (Hg.): 23. Deutscher Soziologentag 1986. Sektions- und Ad-hoc-Gruppen. Opladen 1987, S. 584-587.

Blaschke, Monika und Harzig, Christiane (Hg.): Frauen wandern aus: Deutsche Migrantinnen im 19. und 20. Jahrhundert. Bremen 1990.

Bock, Gisela: Historische Frauenforschung: Fragestellungen und Perspektiven. In: Hausen, Karin (Hg.): Frauen suchen ihre Geschichte. (2.Aufl.) München 1987, S. 24-62.

Bock, Sigrid und Hahn, Manfred (Hg.): Erfahrung Exil. Antifaschistische Romane 1933-1945. Analysen. (2. Aufl.) Berlin und Weimar 1981.

Boettcher, Jürgen (Hg.): Um uns die Fremde – Die Vertreibung des Geistes 1933-1945. Versuch einer Dokumentation 1. Die Wissenschaftler im Exil. (Manuskript).

Boos-Nünning, Ursula (Hg.): Die türkische Migration in deutschsprachigen Büchern 1961-1984. Eine annotierte Bibliographie. Opladen 1990.

Boveri, Margret: Verzweigungen. Eine Autobiographie. München 1977.

Brednich, Rolf Wilhelm: Zur Anwendung der biographischen Methode in der volkskundlichen Feldforschung. In: Jahrbuch für ostdeutsche Volkskunde 22. Marburg 1979, S. 279-329.

Brednich, Rolf Wilhelm u.a. (Hg.): Lebenslauf und Lebenszusammenhang. Autobiographische Materialien in der volkskundlichen Forschung. Vorträge der Arbeitstagung der Deutschen Gesellschaft für Volkskunde in Freiburg i.Br. vom 16.-18. März 1981. Freiburg i. Br. 1982.

Breton, Raymond: Institutional Completeness of Ethnic Communities and Personal Relations of Immigrants. In: American Journal of Sociology. Bd. 70 1964, S. 193-205.

Bretting, Agnes: Soziale Probleme deutscher Einwanderer in New York City. 1800-1860. Wiesbaden 1981.

Bretting, Agnes: Little Germanies in the United States. In: Moltmann, Günter (Ed.): Germans to Amerika. 300 years of Immigration 1683 to 1983. Institut for Foreign Cultural Relations. Stuttgart 1982, S. 144-151.

Brockhaus Enzyklopädie Bd.5 (19.Aufl.).

Brügel, Silke: Leben und Wirken Ernst Reuters in der Türkei. Friedrich Ebert Vakfı (Friedrich Ebert Stiftung), Istanbul 1991.

Büftering, Elisabeth: Frauenheimat Männerwelt. Die Heimatlosigkeit ist weiblich. In: Bundeszentrale für Politische Bildung: Heimat. Analysen, Themen, Perspektiven. Schriftenreihe Band 294/1, Bonn 1990, S. 416-436.

Bundesrepublik Deutschland (Hg.): Das kaiserliche Palais in Istanbul und die deutsch-türkischen Beziehungen. Istanbul 1989.

Bundeszentrale für Politische Bildung: Heimat. Analysen, Themen, Perspektiven. Schriftenreihe Band 294/1, Bonn 1990.

Çambel, Leyla: Franz von Papen als Botschafter im deutschen kaiserlichen Palais in Istanbul. Deutsch-türkische Beziehungen in den dreissiger und vierziger Jahren. In: Generalkonsulat der Bundesrepublik Deutschland (Hg.): Das kaiserliche Palais in Istanbul und die deutsch-türkischen Beziehungen. Istanbul 1989, S. 49-53.

Castelnuovo, Frigessi und Risso, Michelle: Emigration und Nostalgia. Sozialgeschichte, Theorie und Mythos psychischer Krankheit von Auswanderern. Frankfurt a.M. 1986.

Caucig, Franz von: Von Constantinopel nach Istanbul. Herausgegeben und verlegt von Annemarie Hagen, Nürnberg o.J.

Ders.: Türkei. Kurt Schröders Reiseführer. Bonn 1956.

Cremer, Jan und Przytulla, Horst: Exil Türkei. Deutschsprachige Emigranten in der Türkei 1933-1945. München 1991.

Dahlhaus, Friedrich: Möglichkeiten und Grenzen auswärtiger Kultur- und Presse-politik: dargestellt am Beispiel der deutsch-türkischen Beziehungen 1914-1928. Europäische Hochschulschriften: Reihe 3, Bd.444. Frankfurt a.M. 1990.

Daniels, John: America via the Neighborhood. New York 1929.

Dausien, Bettina: Biographieforschung als 'Königinnenweg'? Überlegungen zur Rele-vanz biographischer Ansätze in der Frauenforschung. In: Angelika Diezinger u.a. (Hg.): Erfahrung mit Methode. Wege sozialwissenschaftlicher Frauenforschung. Forum Frauenforschung Band 8, Schriftenreihe der Sektion Frauenforschung in der Deutschen Gesellschaft für Soziologie. München 1994, S. 129-153.

Demuth, Fritz: Die Notgemeinschaft deutscher Wissenschaftler im Ausland. In: Deut-sche Rundschau, 77. Jg. 1951, Heft 7, S. 612-617.

Deutsche Bibliothek (Hg.): Die deutsch-türkischen Beziehungen von 1924 bis 1938. Frankfurt a.M. 1987.

Devereux, Georges: Angst und Methode in den Verhaltenswissenschaften. Frankfurt a.M. 1984.

Devlet Basımevi: Küçük İstatistik Yıllığı 1937/38, Istanbul 1938.

Devlet Basımevi: Küçük İstatistik Yıllığı 1940-41, CILT – 4, Ankara 1942.

Dieckmann, Lieselotte: Akademische Emigranten in der Türkei. In: Schwartz, E. und Wegner, M. (Hg.): Verbannung. Aufzeichnungen deutscher Schriftsteller im Exil. Hamburg 1964, S. 122-126.

Dietrich, Anne: 'Mädchenhandel': Geschichte oder Vergangenheit? In: Tübinger Projektgruppe Frauenhandel (Hg.): Frauenhandel in Deutschland. Bonn 1989, S. 18-40.

Dies.: Deutsche Frauen in der Türkei. Leben im türkischen Exil. Auf Spurensuche. In: Blaschke, Monika und Harzig, Christiane (Hg.): Frauen wandern aus: Deutsche Migrantinnen im 19. und 20. Jahrhundert. Labor Migration Projekt. Bremen 1990, S. 199-213.

Dies.: Reiseführer für Frauen. Istanbul. Baden-Baden 1993.

Dies.: Die Deutsche Schule im Nationalsozialismus. In: 125 Jahre Deutsche Schule Istanbul. Festschrift. Istanbul 1993, S. 118-132.

Diewald-Kerkmann, Gisela: Politische Denunziation im NS-Regime oder Die kleine Macht der »Volksgenossen«. Bonn 1995.

Diezinger, Angelika u.a. (Hg.): Erfahrung mit Methode. Wege sozialwissenschaft-licher Frauenforschung. Forum Frauenforschung Band 8, Schriftenreihe der Sektion Frauenforschung in der Deutschen Gesellschaft für Soziologie. München 1994.

Dörr, Margarete: Kriegserfahrung von Frauen – Eine Annäherung durch Oral History. In: Jenisch, Susanne (Hg.): Standpunkte. Ergebnisse und Perspektiven der Frauengeschichtsforschung in Baden-Württemberg. Reihe Frauenstudien Baden-Württemberg Band 1, Tübingen und Stuttgart 1993, S. 163-178.

Dohse, Knuth: Ausländische Arbeiter und bürgerlicher Staat. Genese und Funktion von staatlicher Ausländerpolitik und Ausländerrecht. Vom Kaiserreich bis zur Bundesrepublik Deutschland. Berlin (West) 1985.

Düll, Siegrid: Begegnungen in Istanbul-Feriköy. In: St. Paul Deutschsprachige Katho-lische Gemeinde Istanbul (Hg.): 25 Jahre Pfarrzentrum und Altenheim in Nisantas. Istanbul 1989, S. 42-46.

Durzak, Manfred (Hg.): Die deutsche Exilliteratur 1933-1945. Stuttgart 1973.

Eickhoff, Ekkehard: Auf historischem Boden. In: Generalkonsulat der Bundesrepublik Deutschland (Hg.): Das kaiserliche Palais in Istanbul und die deutschtürkischen Beziehungen. Istanbul 1989, S. 9-16.

Elias, George: Tübingen und Konstantinopel. Martin Crusius und seine Verhandlungen mit der Griechisch-Orthodoxen Kirche. Schriftenreihe der deutsch-griechischen Gesellschaft Bd.7. Göttingen 1941.

Elias, Norbert und Scotson, John L.: Etablierte und Außenseiter. Frankfurt a.M. 1990.

Elwert, Georg: Probleme der Ausländerintegration. Gesellschaftliche Integration durch Binnenintegration? In: Kölner Zeitschrift für Soziologie und Sozialpsychologie 34, 1982, S. 717-731.

Endriss, Wilhelm: Nachruf. Karl Mergenthaler. Ein deutscher Lehrer in Konstantinopel. In: »Der Auslandsdeutsche« Nr.1. Stuttgart 1922, S. 9-10.

Erdheim, Mario: Heimat, Geborgenheit und Unbewußtheit. In: Müller-Funk, Wolfgang (Hg.): Neue Heimaten. Neue Fremden. Wien 1992, S. 39-52.

Erichsen, Regine: Die Wirkungsgeschichte der Emigration deutschsprachiger Mediziner in der Türkei. Ein Projekt am Institut für Theorie und Geschichte der Medizin in Münster. In: Mitteilungen der Deutsch-Türkischen Gesellschaft e.V. Bonn, Heft 112, Bonn 1989, S. 30-37.

Dies.: Wissenschaftstransfer durch Emigration: Deutschsprachige Naturwissenschaftler an der „İstanbul Üniversitesi". In: Beiträge zur Hochschulforschung. Bayrisches Staatsinstitut für Hochschulforschung und Hochschulplanung 1/2. München 1990, S. 21-43.

Dies.: Die Emigration deutschsprachiger Naturwissenschaftler in die Türkei. In: Die Emigration der Wissenschaften 1933. München 1991, S. 73-104.

Dies.: Türkisch-Deutsche Beziehungen in der Medizin. In: Deutsch-Türkische Gesellschaft e.V. (Hg.): Mitteilungen Heft 114, Bonn 1991, S. 14-28.

Dies.: Die Türkei als Zufluchtsort. Emigration deutscher Forscher '33-'45. In: Forschung. Mitteilungen der DFG 2-3 1995, S. 33-35.

Esser, Hartmut: Aspekte der Wanderungssoziologie. Assimilation und Integration von Wanderern, ethnischen Gruppen und Minderheiten. Eine handlungstheoretische Analyse. Darmstadt und Neuenwied 1980.

Ders.: Ethnische Kolonien: 'Binnenintegration' oder gesellschaftliche Isolation? In: J.H.P. Hoffmeyer-Zlotnik (Hg.): Segregation und Integration: Die Situation von Arbeitsmigranten im Aufnahmeland. Mannheim 1986, S. 106-117.

Exilforschung. Ein internationales Jahrbuch. Band 1. Stalin und die Intellektuellen und andere Themen. Hrsg. im Auftrag der Gesellschaft für Exilforschung. München 1983.

Exilforschung. Ein internationales Jahrbuch. Band 2. Erinnerungen ans Exil – kritische Lektüre der Autobiographien nach 1933 und andere Themen. Hrsg. im Auftrag der Gesellschaft für Exilforschung. München 1984.

Exilforschung. Ein internationales Jahrbuch. Band 3. Gedanken an Deutschland im Exil und andere Themen. Hrsg. im Auftrag der Gesellschaft für Exilforschung. München 1985.

Exilforschung. Ein internationales Jahrbuch. Band 4. Das jüdische Exil und andere Themen. Hrsg. im Auftrag der Gesellschaft für Exilforschung. München 1986.

Feministische Studien. 4.Jg. Nr.2, Weinheim 1985.

Fermi, Laura: Illustrious Immigrants. The intellektuell Migration from Europe 1930-41. Chicago/London 1968.

Fischer, Alfred Joachim: Die Türkei im Jahre 1937. Teil I: Ein frischer Wind der Reformen. In: Mitteilungen der Deutsch-Türkischen Gesellschaft e.V. Heft 115, Bonn 1992, S. 30-35.

Ders.: Die Türkei im Jahre 1937. Teil II: Erlebnisse in Ankara. In: Mitteilungen der Deutsch-Türkischen Gesellschaft e.V. Heft 116, Bonn 1993, S. 24-31.

Fischer-Brühl, Brigitte: Die Familie Ree-Isaak. In: Frauen in der einen Welt. Sonderband 1. Flucht Vertreibung Exil Asyl. Frauenschicksale im Raum Erlangen. Fürth, Nürnberg, Schwabach. Nürnberg 1990, S. 99-109.

Flemming, Barbara: Romantische Auswanderer im Reich Abdülhamids. In: Bacqué-Grammont, Jean-Lois, Flemming, Barbara, Macit Gökberg und Ilber Ortaylı (Hg.): Türkische Miszellen. Robert Anhegger Festschrift – Armağanı – Mélanges. Varia Turcica IX. Istanbul 1987, S. 131-143.

Förster, Rosa von: Constantinopel. Reise-Erinnerungen. Berlin 1893.

Frankenthal, Käthe: Der dreifache Fluch: Jüdin, Intellektuelle, Sozialistin. Lebenserinnerungen einer Ärztin in Deutschland und im Exil. Frankfurt a.M. und New York 1981.

Fricke, Gerhard: Zur Geschichte der Deutschen Schule. In: Teutonia-Mitteilungsblatt Nr. 35, Istanbul 1959, S. 2-6.

Frühwald, Wolfgang und Schieder, Wolfgang (Hg.): Leben im Exil. Probleme der Integration deutscher Flüchtlinge im Ausland 1933-1945. Hamburg 1981.

Frühwald, Wolfgang: Deutschland, bleiche Mutter. Die Auseinandersetzung in Wort und Begriff der Heimat Deutschland zwischen dem Nationalsozialismus und der Literatur des Exils. In: Bienek, Horst (Hg.): Heimat. Neue Erkundungen eines alten Themas. München und Wien 1985.

Fuchs, Traugott: Çorum and Anatolian Pictures. (Ed.: Boğaziçi University, Cultural Heritage Museum Publications) Istanbul 1986.

Fuchs, Werner: Biographische Forschung. Eine Einführung in Praxis und Methoden, Opladen 1984.

Funke, Manfred (Hg.): Hitler, Deutschland und die Mächte. Materialien zur Außenpolitik des Dritten Reiches. Bonner Schriften zur Politik und Zeitgeschichte Nr. 12. Düsseldorf 1977.

Gallwitz, Ester (Hg.): Istanbul. Frankfurt a.M. 1981.

Geertz, Clifford: Die künstlichen Wilden. Der Anthropologe als Schriftsteller. München und Wien 1988.

Geertz, Clifford: Dichte Beschreibung. Frankfurt a.M. 1991.

Geiger, Klaus F.: Volkskunde und Kommunikationsforschung. In: Bausinger, Hermann und Moser-Rath, Elfriede (Hg.): Direkte Kommunikation und Massenkommunikation. Tübingen 1976, S. 239-249.

Ders.: Probleme des biographischen Interviews. In: Brednich, Rolf u.a. (Hg.): Lebenslauf und Lebenszusammenhang. Autobiographische Materialien in der volkskundlichen Forschung. Freiburg 1981, S. 154-181.

Ders.: Intensivinterviews: Hilfen zur Selbstexploration des Lesers. Ein Werkstattbericht. In: Vandenhoeck – LiLi Beih. 12, S. 195-209. (Manuskript)

Ders.: Nationalistische Diskurse im Verteilungskampf in der Bundesrepublik Deutschland. In: Institut für Migrations- und Rassismusforschung e.V. (Hg.): Rassismus und Migration in Europa. (Argument Sonderband AS 201) Hamburg 1992, S. 273-287.

Generalkonsulat der Bundesrepublik Deutschland (Hg.): Das kaiserliche Palais in Istanbul und die deutsch-türkischen Beziehungen. Istanbul 1989.

Gercel, Ibrahim: Verein der Ehemaligen. In: Alman Lisesi (Hg.): Festschrift zum 100jährigen Bestehen der Deutschen Schule Istanbul 1868-1968. Markoberdorf o.J. (1968), S. 165-166.

Gerhard, Ute u.a. (Hg.): Differenz und Gleichheit. Menschenrechte haben (k)ein Geschlecht. Frankfurt a.M. 1990.

Stephan Gerlach's, des Älteren, Tage-Buch der von zween Glorwürdigsten Römischen Kaysern, Maximilio und Rudolpho, Beyderseits den Andern dieses Nahmens, Höchsseeligster Gedächtnüß, An die Ottomanische Pforte zu Constantinopel Abgefertigten, Und durch den Wohlgebohrnen Herrn Hn. David Ungnad, Freyherrn zu Sonnegk und Preyburg ec. Römisch-Kayserl.Rath, Mit würklicher Erhalt- und Verlängerung deß Friedens, zwischen dem Ottomanischen und Römischen Kayserthum und demselben angehörigen Landen und Königreichen ec. Glücklichst-vollbrachter Gesandtschafft: Auß denen Gerlachischen, Zeit Seiner hierbey bedienten Hoff-Rediger-Ampts-Stelle, eygenhändig aufgesetzten und nachgelassenen Schrifften, Hierfür gegeben durch Seinen Enkel M. Samuelem Gerlachium, Special-Superintendenten zu Gröningen, in dem Herzogthum Würtemberg. Mit einer Vorrede, Herrn Tobiae Wagneri, der H.Schrifft D. und Prof. auch Cantzlers bey der Hohen Schul. und Propstes der Kirchen zu Tübingen. Franckfurth am Mayn, In Verlegung Johann-David Zunners. Heinrich Friesen 1674.

Gertig, Curt: Deutsche im türkischen Wirtschaftsleben. In:»Der Auslandsdeutsche«. Nr. 11 1927.

Glasneck, Johannes und Kircheisen, Inge: Türkei und Afghanistan – Brennpunkte der Orientpolitik. Berlin 1968.

Glasneck, Johannes: Methoden der deutsch-faschistischen Propagandatätigkeit in der Türkei vor und während des zweiten Weltkrieges. Wissenschaftliche Beiträge der Martin Luther-Universität Halle-Wittenberg. Halle (Saale) 1966.

Göle, Nilüfer: Republik und Schleier. Die muslimische Frau in der modernen Türkei. Berlin 1995.

Göttner-Abendroth, Heide: Zur Methodologie von Frauenforschung am Beispiel Biographie. In: Beiträge zur feministischen Theorie und Praxis Nr.11. Köln 1984, S. 35-39.

Goltz, Colmar Freiherr von der: Anatolische Ausflüge. Berlin 1896.

Gravenhorst, Lerke/Tatschmurat, Carmen (Hg.): TöchterFragen: NS-Frauengeschichte. Freiburg i.Br. 1990.

Greverus, Ina-Maria: Der territoriale Mensch. Ein literaturanthropologischer Versuch zum Heimatphänomen. Frankfurt a.M. 1972.

Dies.: Auf der Suche nach Heimat. München 1979.

Greverus, Ina-Maria/Köstlin, Konrad/Schilling, Heinz (Hg.): Kulturkontakt – Kulturkonflikt. Zur Erfahrung des Fremden. 26. Deutscher Volkskundekongreß in Frankfurt vom 28. September-2. Oktober 1987. Band 1 und Band 2. Frankfurt 1987.

Griese, Hartmut M.: Der gläserne Fremde. Bilanz und Kritik der Gastarbeiterforschung und Ausländerpädagogik. Opladen 1984.

Grimm, Reinhold und Hermand, Jost (Hg.): Exil und innere Emigration (1). Frankfurt a.M. 1972.

434

Gronau, Dietrich: Ubi bene ibi patria. Ein Lehrer und Kaufmann in Istanbul. In: Benz, Wolfgang (Hg.): Das Exil der kleinen Leute. Alltagserfahrung deutscher Juden in der Emigration. Frankfurt a.M. 1994, S. 157-166.

Gross, Hermann: Die deutsch-türkischen Wirtschaftsbeziehungen. In: Grothusen, Klaus-Detlev (Hg.): Die Türkei in Europa. Beiträge des Südosteuropa-Arbeitskreises der Deutschen Forschungsgemeinschaft zum IV. Internationalen Südosteuropa-Kongreß der Association Internationale d'Études du Sud-Est Européen. Ankara 1979, S. 167-191.

Großmann, Kurt R.: Emigration. Die Geschichte der Hitler-Flüchtlinge 1933-1945. Frankfurt a.M. 1969.

Grothusen, Klaus-Detlev (Hg.): Die Türkei in Europa. Beiträge des Südosteuropa-Arbeitskreises der Deutschen Forschungsgemeinschaft zum IV. Internationalen Südosteuropa-Kongreß der Association Internationale d'Études du Sud-Est Européen. Ankara 13.-18.8.1979. Göttingen 1979.

Ders. (Hg.): Der Scurla-Bericht. Die Tätigkeit deutscher Hochschullehrer in der Türkei 1933-1939. Schriftenreihe des Zentrum für Türkeistudien. Bd. 3. Frankfurt a.M. 1987.

Ders.: Zuflucht bei Kemal Atatürk. Die deutsche Emigration in die Türkei 1933-1945 und ihre Auswirkungen auf die Reform des Bildungswesens. In: Südosteuropa-Mitteilungen Nr. 4, München 1981.

Guggenbichler, Norbert: Zahnmedizin unter dem Hakenkreuz. Zahnärzteopposition vor 1933. NS-Standespolitik 1933-1939. Mit einem Vorwort von Walter Wuttke. Frankfurt a.M. 1988.

Haas-Heye, Johannes: Deutsch-türkische kulturelle Einrichtungen in der Türkei. In: Zeitschrift für Kulturaustausch. Jg.12, Heft 2-3 (Türkeiheft), Stuttgart 1962, S. 212-217.

Hahn, Konrad: Anfänge evangelischer Seelsorge am Bosporus. In: St. Paul Deutschsprachige Katholische Gemeinde Istanbul (Hg.): 25 Jahre Pfarrzentrum und Altenheim in Nisantas. Istanbul 1989, S. 48-50.

Hall, Stewart: Ausgewählte Schriften. Hrsg. von Nora Räthzel. Argument. Hamburg und Berlin 1989.

Hammer, Hans: Deutschsprachige Seelsorge in der Türkei. In: St.Paul Deutschsprachige Katholische Gemeinde Istanbul (Hg.): 25 Jahre Pfarrzentrum und Altenheim in Nisantas. Istanbul 1989, S. 23-26.

Haselbach, Dieter: Staat und Markt. Zur intellektuellen Biographie Wilhelm Röpkes. In: Koebner, Thomas u.a. (Hg.). Im Auftrag der Gesellschaft für Exilforschung: Exilforschung. Ein internationales Jahrbuch. Band 6. 1988. Vertreibung der Wissenschaften und andere Themen. München 1988, S. 123-136.

Haug, Frigga: Erinnerungsarbeit. Hamburg 1990.

Hausen, Karin (Hg.): Frauen suchen ihre Geschichte. Historische Studien zum 19. und 20. Jahrhundert. (2., durchgesehene Aufl.) München 1987.

Hauser-Schäublin, Brigitta (Hg.): Ethnologische Frauenforschung. Ansätze, Methoden, Resultate. Berlin 1991.

Heckmann, Friedrich: Die Bundesrepublik: Ein Einwanderungsland? Zur Soziologie der Gastarbeiterbevölkerung als Einwanderungsminorität. Stuttgart 1981.

Ders.: Theoretische Positionen der Forschung über Arbeitsmigration in der Bundesrepublik. Von der Gastarbeiterforschung zur Migrations- und Minoritätensoziologie? In: Deutsches Jugendinstitut (Hg.): Ausländerarbeit und Integrationsforschung. Bilanz und Perspektiven. München 1987, S. 43-62.

Ders.: Ethnos, Demos und Nation, oder: Woher stammt die Intoleranz des Nationalstaats gegenüber ethnischen Minderheiten? In: Bielefeld, Uli (Hg.): Das Eigene und das Fremde. Neuer Rassismus in der alten Welt? (2. Aufl.) Hamburg 1992, S. 51-78.

Ders.: Ethnische Minderheiten, Volk und Nation. Soziologie interethnischer Beziehungen. Stuttgart 1992.

Ders.: Anmerkungen zur Entwicklung der Migrationsforschung in Deutschland. In: Gesellschaften im Umbruch. Verhandlungen des 27. Kongresses der Deutschen Gesellschaft für Soziologie in Halle an der Saale 1995. Hrsg. in deren Auftrag von Lars Clausen. Frankfurt a.M. 1996, S. 374-376.

Heer, Hannes und Ullrich, Volker (Hg.): Geschichte entdecken. Erfahrungen und Projekte der neuen Geschichtsbewegung. Reinbek bei Hamburg 1985.

Herlyn, Ulfert: Lebensgeschichte und Stadtentwicklung. Zur Analyse lokaler Bedingungen individueller Verläufe. In: Mathes, Joachim (Hg.): Lebenswelt und soziale Probleme. Frankfurt a.M. und New York 1981, S. 480-491.

Hettich, Dr. L.: 90 Jahre Deutsche Schule Istanbul. In: Der Deutsche Lehrer im Ausland. 6. Jahrgang Heft 4, 1959, S. 77-80.

Hirsch, Ernst E: Aus des Kaisers Zeiten durch die Weimarer Republik in das Land Atatürks. München 1982.

Hoffmann, Lutz: Das deutsche Volk und seine Feinde. Die völkische Droge. Köln 1994.

Hoffmann-Nowotny, Hans-Joachim: Soziologie des Fremdarbeiterproblems. Eine theoretische und empirische Analyse am Beispiel der Schweiz. Stuttgart 1973.

Hoffmann-Nowotny, Hans-Joachim und Hondrich, Karl-Otto: Ausländer in der Bundesrepublik Deutschland und in der Schweiz. Segregation und Integration: Eine vergleichende Untersuchung. Frankfurt a.M. 1981.

Hoffmeyer-Zlotnik, Jürgen (Hg.): Segregation und Integration. Die Situation von Arbeitsmigranten im Aufnahmeland. Mannheim 1986.

Hopf, Christel und Weingarten, Elmar (Hg.): Qualitative Sozialforschung. Stuttgart 1979.

Howe, Ellic: Rudolph Freiherr von Sebottendorff, hrsg. u. mit einer Zeittafel zur Biographie Sebottendorffs und einer vorläufigen Bibliographie seiner Schriften versehen. Freiburg 1989.

Huber, Cécile: Compound Ethnicity, Compound Identity. In: Wissenschaftlerinnen in der Europäischen Ethnologie – Widee – (Hg.): Fremde Nähe. Frauen forschen zu Ethnos, Kultur, Geschlecht. Reihe Frauenforschung Band 24, Wien 1993, S. 103-121.

Hügel, Ika u.a. (Hg.): Entfernte Verbindungen: Rassismus, Antisemitismus, Klassenunterdrückung. Berlin 1993.

Institut für Migrations- und Rassismusforschung e.V. (Hg.): Rassismus und Migration in Europa. (Argument Sonderband AS 201) Hamburg 1992.

Isoplan (Institut für Entwicklungsforschung, Wirtschafts- und Sozialplanung GmbH): Länderkundliche Informationen Türkei. 3. Aufl. Saarbrücken, Bonn 1985.

Jacobsen, Hans-Adolf: Zur Struktur der NS-Außenpolitik 1933-1945. In: Funke, Manfred (Hg.): Hitler, Deutschland und die Mächte. Materialien zur

Außenpolitik des Dritten Reiches. Bonner Schriften zur Politik und Zeitgeschichte Nr. 12. Düsseldorf 1977, S. 137-185.

Ders.: Formen nationalsozialistischer Bündnispolitik. In: Frei, Norbert und Kling, Hermann (Hg.): Der nationalsozialistische Krieg, Frankfurt a.m. und New York 1990, S. 231-237.

Jäckh, Ernst: Der aufsteigende Halbmond. Berlin 1911.

Jäger, Siegfried und Link, Jürgen: Die vierte Gewalt. Rassismus und die Medien. Duisburg 1993.

Jäschke, Gotthard: Der Wiederaufbau der deutschen Arbeit in der Türkei seit dem Weltkriege. In: Der Auslandsdeutsche, Nr. 19 1932.

Ders.: Die Türkei in den Jahren 1935-1941. Geschichtskalender mit Personen- und Sachregister. Leipzig 1943.

Ders.: Die Türkei in den Jahren 1942-1951. Geschichtskalender mit Namen- und Sachregister. Wiesbaden 1955.

Ders.: Türkei. Kleine Auslandskunde Berlin 1941.

Jahnke, Karl Heinz und Buddrus, Michael: Deutsche Jugend 1933-1945. Eine Dokumentation. Hamburg 1989.

Jansen, Mechthild M. und Nordmann, Ingeborg (Hg.): Lektüren und Brüche. Jüdische Frauen in Kultur, Politik und Wissenschaft. Dokumentation einer Vortragsreihe. Wiesbaden 1993.

Jeggle, Utz: Kiebingen – Eine Heimatgeschichte. Zum Prozeß der Zivilisation in einem schwäbischen Dorf. Tübingen 1977.

Ders.: Alltag. In: Bausinger, Hermann u.a. (Hg.): Grundzüge der Volkskunde. Darmstadt 1978, S. 81-126.

Jeggle, Utz u.a. (Hg.): Tübinger Beiträge zur Volkskultur (für hb-17.9.1986). Tübingen 1986.

Jeggle, Utz u.a. (Hg.): Festschrift zum 60. Geburtstag von Hermann Bausinger. Tübinger Beiträge zur Volkskultur, 69. Band, Tübingen 1986.

Jeggle, Utz u.a. (Hg.) Volkskultur in der Moderne. Probleme und Perspektiven empirischer Kulturforschung. Reinbek bei Hamburg 1986.

Jeggle, Utz: Lokale Geschichte und Erinnerung. In: Tübinger Korrespondenzblatt Nr.22. Tübingen 1981, S. 7-12.

Ders. (Hg.): Feldforschung. Qualitative Methoden der Kulturanalyse. Tübingen 1984.

Ders.: Deutung und Bedeutung des Fremden in und um uns. In: Greverus, Ina-Maria/Köstlin, Konrad/Schilling, Heinz (Hg.): Kulturkontakt – Kulturkonflikt. Zur Erfahrung des Fremden. 26. Deutscher Volkskundekongreß in Frankfurt vom 28. September – 2. Oktober 1987. Frankfurt 1987, S. 89-98.

Ders.: Das Initial. In Tübinger Korrespondenzblatt Nr.38, Tübingen 1991, S. 32-36.

Ders.: Volkskunde im 20. Jahrhundert. In: Rolf W. Brednich: Grundriß der Volkskunde. Einführung in die Forschungsfelder der Europäischen Ethnologie. Berlin 1988, S. 51-71.

Ders.: Memorie und Historie – Zur Arbeit des Erinnerns. In: Christian Giordano/ Werner Schiffauer u.a.: Kultur anthropologisch. Eine Festschrift für Ina-Maria Greverus. Frankfurt a.M. 1989, S. 343-360.

Ders.: In stolzer Trauer. Umgangsformen mit dem Kriegstod während des 2. Weltkriegs. In: Utz Jeggle u.a. (Hg.): Tübinger Beiträge zur Volkskultur (für hb-17.9.1986). Tübingen 1986, S. 241-259.

Jenisch, Susanne (Hg.): Standpunkte. Ergebnisse und Perspektiven der Frauenge-schichtsforschung in Baden-Württemberg. Reihe Frauenstudien Baden-Württemberg Band 1, Tübingen und Stuttgart 1993.

Just, Michael: Emigration from the Third Reich. In: Moltmann, Günter (Ed.): Germans to Amerika. 300 years of Immigration 1663 to 1983. Institut for Foreign Cultural Relations. Stuttgart 1982, S. 170-177.

Just, Wolf-Dietrich: Protestantismus und Nationalismus zwischen 1871 und 1945 – Auswirkungen auf das Verhältnis von Protestanten zu Ausländern. In: Institut für Migrations- und Rassismusforschung e.V. (Hg.): Rassismus und Migration in Europa. (Argument Sonderband AS 201) Hamburg 1992, S. 259-272.

Kağıtçıbaşe, Çiğdem (Ed.): Sex Roles, Family & Community in Turkey. Indiana University 1982.

Kallinich, Joachim: »Fotos sind schön und schwer zugleich«. In: Jeggle, Utz u.a. (Hg.): Festschrift zum 60. Geburtstag von Hermann Bausinger. Tübinger Beiträge zur Volkskultur, 69. Band, Tübingen 1986, S. 285-300.

Kandiyoti, Deniz: Major issues on the status of women in Turkey: approaches and priorities. Ankara 1980.

Kaschuba, Wolfgang: Mythos oder Eigen-Sinn. „Volkskultur" zwischen Volkskunde und Sozialgeschichte. In: Jeggle, Utz u.a. (Hg.) Volkskultur in der Moderne. Probleme und Perspektiven empirischer Kulturforschung. Reinbek bei Hamburg 1986, S. 469-507.

Kaufmann, Max Rudolf: Pera und Stambul. Deutsche Orientbücherei V. Weimar 1915.

Keleş, Ruşen (Hg.): „Ernst Reuter'in Anisina": „Zum Gedenken an Ernst Reuter". Ankara 1986.

Keskin, Hakkı: Die Türkei. Vom Osmanischen Reich zum Nationalstaat – Werdegang einer Unterentwicklung. Berlin 1978.

Kienitz, Friedrich Karl: Geschichte der deutsch-türkischen Beziehungen. In: Zeitschrift für Kulturaustausch. Jg.12. Heft 2/3 (Türkeiheft) 1962, S. 199-203.

Klapdor, Heike: Heldinnen. Die Gestaltung der Frauen im Drama deutscher Exilautoren (1933-1945). Ergebnisse der Frauenforschung, Band 3. Hrsg. an der Freien Universität Berlin 1983.

Kleiber, Lore und Gömüsay, Eva-Maria: Fremdgängerinnen: zur Geschichte bi-nationaler Ehen in Berlin von der Weimarer Republik bis in die Anfänge der Bundesrepublik. Hrsg. vom Verband bi-nationaler Familien und Partnerschaften; Interessengemeinschaft der mit Ausländern verheirateten Frauen e.V. (IAF). Bremen 1990.

Klein, Fritz: Der Einfluß Deutschlands und Österreich-Ungarns auf das Türkische Bildungswesen in den Jahren des Ersten Weltkrieges. In: Plaschka, Richard Georg und Mack, Karlheinz (Hg.): Wegenetz europäischen Geistes. Wissenschaftszentren und geistige Wechselbeziehungen zwischen Mittel- und Südosteuropa vom Ende des 18. Jahrhunderts bis zum Ersten Weltkrieg. Wien 1983, S. 420-432.

Kleinert, Claudia: Die Revision der Historiographie des Osmanischen Reichs am Beispiel von Abdülhamid II. Das späte Osmanische Reich im Urteil türkischer Autoren der Gegenwart (1930-1990). Islamkundliche Untersuchungen, Band 188, Berlin 1995.

Koch, Eckhardt, Metin Özek und Wolfgang Pfeiffer (Hg.): Psychologie und Pathologie der Migration. Deutsch-türkische Perspektive. Freiburg 1995.

Koebner, Thomas/Sautermeister, Gert/Schneider, Sigrid (Hg.): Deutschland nach Hitler. Zukunftspläne im Exil und aus der Besatzungszeit 1939-1949. Opladen 1987.

Koebner, Thomas u.a. (Hg.). Im Auftrag der Gesellschaft für Exilforschung: Exilforschung. Ein internationales Jahrbuch. Band 5. Fluchtpunkte des Exils und andere Themen. München 1987.

Koebner, Thomas u.a. (Hg.). Im Auftrag der Gesellschaft für Exilforschung: Exilforschung. Ein internationales Jahrbuch. Band 6. 1988. Vertreibung der Wissenschaften und andere Themen. München 1988.

Koebner, Thomas u.a. (Hg.). Im Auftrag der Gesellschaft für Exilforschung: Exilforschung. Ein internationales Jahrbuch. Band 7. 1989. Publizistik im Exil und andere Themen. München 1989.

Koebner, Thomas u.a. (Hg.). Im Auftrag der Gesellschaft für Exilforschung: Exilforschung. Ein internationales Jahrbuch. Band 8. 1990. Politische Aspekte des Exils. München 1990.

König, René (Hg.): Handbuch der empirischen Sozialforschung. Band 4 (3. Aufl.) Stuttgart 1974.

Kössler, Armin: Die Besuche Kaiser Wilhelms ll. in Konstantinopel (1889, 1898, 1917). In: Generalkonsulat der Bundesrepublik Deutschland Istanbul (Hg.): Das Kaiserliche Palais in Istanbul und die deutsch-türkischen Beziehungen. Istanbul 1989, S. 31-42.

Köstlin, Konrad: Die Erfahrung des Fremden. In: Greverus, Ina-Maria/Köstlin, Konrad/Schilling, Heinz (Hg.): Kulturkontakt – Kulturkonflikt. Zur Erfahrung des Fremden. 26. Deutscher Volkskundekongreß in Frankfurt vom 28. September-2. Oktober 1987. Frankfurt 1987, S. 17-26.

Kohli, Martin (Hg.): Soziologie des Lebenslaufs. Darmstadt/Neuwied 1978.

Kohli, Martin und Robert, Günther: Biographie und soziale Wirklichkeit. Neue Beiträge und Forschungsperspektiven. Stuttgart 1984.

Kokot, Waltraut und Bommer, Bettina C. (Hg.): Ethnologische Stadtforschung. Berlin 1991.

Korff, Gottfried: Kultur. In: Bausinger, Hermann u.a. (Hg.): Grundzüge der Volkskunde. Darmstadt 1978, S. 17-80.

Kosswig, Leonore: Bei den Bergnomaden auf den Murat-Bergen in Westanatolien. Privatdruck, Alzey 1965.

Kramer, Karl-S.: Gemeinschaft, Volkskultur, Volksleben, Lebensstil. Zur volkskundlichen Diskussion der siebziger Jahre. In: Jeggle, Utz u.a. (Hg.) Volkskultur in der Moderne. Probleme und Perspektiven empirischer Kulturforschung. Reinbek bei Hamburg 1986, S. 430-441.

Krecker, Lothar: Deutschland und die Türkei im Zweiten Weltkrieg. Frankfurt a.M. 1964.

Kreis, Gabriele: Frauen im Exil. Dichtung und Wirklichkeit. Darmstadt 1988.

Kriebel, Martin: Stephan Gerlach. Deutscher evangelischer Botschaftsprediger in Konstantinopel 1573-1578. Diasporafürsorge in der Türkei und die ersten ökumenischen Beziehungen zur Griechisch-orthodoxen Kirche im 16. Jahrhundert. Sonderdruck aus »Die evangelische Diaspora«. Heft 1/2 1958.

Krohn, Claus-Dieter: Wissenschaft im Exil. Deutsche Sozial- und Verhaltenswissenschaftler in der USA und die New School for Social Research. Frankfurt a.M. und New York 1987.

Kühlmann, Richard von: Erinnerungen. Heidelberg 1948.

Küper-Basgöl, Sabine: Frauen in der Türkei zwischen Feminismus und Reislamisierung. Münster und Hamburg 1992.

Kugelmann, Cilly: Jüdische Überlebende in Deutschland 1945-1950. In: Jansen, Mechthild U. und Nordmann, Ingeborg (Hg.): Lektüren und Brüche. Jüdische Frauen in Kultur, Politik und Wissenschaft. Dokumentation einer Vortragsreihe. Wiesbaden 1993, S. 215-233.

Laqueur, Kurt: In memoriam Leonore Kosswig. In: Mitteilungen der Deutsch-Türkischen Gesellschaft e.V., Heft 91, Bonn 1973.

Ders.: Professor Quincke †. In: Mitteilungen der Deutsch-Türkischen Gesellschaft e.V., Nr. 91, 1973.

Ders.: Ankara – anno dazumal. In: Mitteilungen der Deutsch-Türkischen Gesellschaft e.V., Heft 105, Bonn 1982, S. 18-23.

Lehmann, Hans Georg: Wiedereinbürgerung, Rehabilitation und Wiedergutmachung nach 1945. Zur Staatsangehörigkeit ausgebürgerter Emigranten. In: Exilforschung. Ein internationales Jahrbuch. Band 9. Exil und Remigration. München 1991, S. 90-103.

Leverkühn, Paul: Der geheime Nachrichtendienst der deutschen Wehrmacht im Kriege. Frankfurt a.M. 1957.

Lindner, Rolf: Die Angst des Forschers vor dem Feld. Überlegungen zur teilnehmenden Beobachtung als Interaktionsprozeß. In: Zeitschrift für Volkskunde. Stuttgart, Berlin, Köln, Mainz 1981, S. 51-66.

Linguri, Marcel: Rückblick auf meine Schulzeit. In: 100 Jahre Sankt Georgskolleg Istanbul 1882-1982. Istanbul o.J. (1982), o.S.

Lipp, Carola (Hg.): Schimpfende Weiber und patriotische Jungfrauen. Frauen im Vormärz und in der Revolution 1848/49. Bühl-Moos 1986.

Dies.: Überlegungen zur Methodendiskussion. Kulturanthropologische, sozialwissenschaftliche und historische Ansätze zur Erforschung der Geschlechterbeziehung. In: Frauenalltag – Frauenforschung. Beiträge zur 2. Tagung der Kommission Frauenforschung in der Deutschen Gesellschaft für Volkskunde. Frankfurt a.M. 1988, S. 29-46.

Dies.: Alltagskulturforschung im Grenzbereich von Volkskunde, Soziologie und Geschichte. Aufstieg und Niedergang eines interdisziplinären Forschungskonzepts. In: Zeitschrift für Volkskunde. Stuttgart, Berlin, Köln, Mainz 1993, S. 1-33.

Lippold, Christa: Die Deutsche Schule und die Schweizer. In: 125 Jahre Deutsche Schule Istanbul. Festschrift. Istanbul 1993, S. 112-117.

Löwenthal, Richard und Mühlen, Patrik von zur (Hg.): Widerstand und Verweigerung in Deutschland 1933 bis 1945. Bonn 1984.

Lüdtke, Alf (Hg.): Alltagsgeschichte. Zur Rekonstruktion historischer Erfahrung und Lebensweisen. Frankfurt a.M. 1989.

Lühe, Irmela von der: Die Publizistin Erika Mann im amerikanischen Exil. In: Koebner 1989, S. 65-84.

Dies. (Hg.): Entwürfe von Frauen in der Literatur des 20. Jahrhunderts. Literatur im historischen Prozeß. (Argument Sonderband) AS 92. Berlin 1982.

440

Lüttichau, Siegfried Maximilian August Wilhelm Oldwig Graf von: Der Herr ist mein Trotz. Jahreshefte der Deutschen Evangelischen Gemeinde zu Konstantinopel. Festschrift zum 75jährigen Jubiläum der Gemeinde. Berlin 1919.

Lutz, Helma: Welten verbinden. Türkische Sozialarbeiterinnen in den Niederlanden und der Bundesrepublik Deutschland. Interdisziplinäre Studien zum Verhältnis von Migrationen, Ethnizität und gesellschaftlicher Multikulturalität, Bd.3, Frankfurt a.M. 1990.

Dies.: Sind wir uns immer noch fremd? Konstruktionen von Fremdheit in der weißen Frauenbewegung. In: Ika Hügel u.a. (Hg.): Entfernte Verbindungen. Rassismus, Antisemitismus, Klassenunterdrückung. Berlin 1993, S. 138-156.

Maimann, Helene: Sprachlosigkeit. Ein zentrales Phänomen der Exilerfahrung. In: Frühwald/Schieder 1981, S. 31-38.

Mamozai, Martha: Schwarze Frau und weiße Herrin. Frauenleben in den deutschen Kolonien. Reinbek bei Hamburg 1989.

Mathes, Joachim (Hg.): Lebenswelt und soziale Probleme. Frankfurt a.M. und New York 1981.

Matthias, Erich im Auftrag der Kommission für Geschichte des Parlamentarismus und der politischen Bildung. Bearbeitet von Werner Link: Mit dem Gesicht nach Deutschland. Eine Dokumentation über die sozialdemokratische Emigration. Düsseldorf 1968.

Mayer, Georg: Türkischer Bazar. Geheimnisse orientalischer Geschäftstüchtigkeit. Heilbronn 1978.

Mayer, Hans: Konfrontation der inneren und äußeren Emigration: Erinnerung und Deutung. In: Grimm, Reinhold und Hermand, Jost (Hg.): Exil und innere Emigration (1). Frankfurt a.M. 1972, S. 75-88.

Meyer-Schlichtmann, Carsten: »Von der Preußischen Gesandtschaft zum Doğan-Apartmanı. 130 Jahre Geschichte eines Grundstückes und Hauses in Beyoğlu.« Istanbul 1992.

Mehrländer, Ursula (Hg.): Ausländerforschung 1965 bis 1980. Fragestellungen, theoretische Ansätze, empirische Ergebnisse. Bonn 1987.

Miles, Robert: Rassismus. Zur Theorie und Geschichte eines Begriffs. Berlin/Hamburg 1991.

Moltke, Helmuth von: Briefe über Zustände und Begebenheiten der Türkei aus den Jahren 1835 bis 1839. (6.Aufl.) Berlin 1893.

Moltmann, Günter (Hg.): Deutsche Amerikaauswanderung im 19. Jahrhundert. Sozialgeschichtliche Beiträge. Stuttgart 1976.

Ders. (Ed.): Germans to Amerika. 300 years of Immigration 1683 to 1983. Institut for Foreign Cultural Relations. Stuttgart 1982.

Mordtmann, Andreas D.: Historische Bilder vom Bosporus. In: Bosporus. Mitteilungen des Deutschen Ausflugs-Vereins G. Albert. IV.Heft. Konstantinopel (Istanbul) 1907.

Morton, Antonio (Hg.): Vom heimatlosen Seelenleben. Entwurzelung, Entfremdung und Identität. Bonn 1988.

Mühlen, Patrik von zur: Jüdische und deutsche Identität von Lateinamerika-Emigranten. In: Koebner, Thomas u.a. (Hg.). Im Auftrag der Gesellschaft für Exilforschung: Exilforschung. Ein internationales Jahrbuch. Band 5. München 1987, S. 55-67.

Mühlen, Patrik von zur: Fluchtweg Spanien-Portugal. Die deutsche Emigration und der Exodus aus Europa 1833-1945. (Forschungsinstitut der Friedrich-Ebert-Stiftung) Bonn 1992.

Müller-Funk, Wolfgang (Hg.): Neue Heimaten. Neue Fremden. Wien 1992.

Müller-Wiener, Elfriede: Melek. Ein Lebensbild für ihre Freunde. Privatdruck. Darmstadt 1990.

Nadig, Maya: Ethnopsychoanalyse und Feminismus – Grenzen und Möglichkeiten. In: Feministische Studien. 4.Jg. Nr.2, Weinheim 1985, S. 105-118.

Dies.: Die verborgene Kultur der Frau. Ethnopsychoanalytische Gespräche mit Bäuerinnen in Mexiko. Frankfurt a.M. 1986.

Dies.: Zur ethnopsychoanalytischen Erarbeitung des kulturellen Raums der Frau. In: Psyche. Zeitschrift für Psychoanalyse und ihre Anwendung. Nr. 3 1986.

Nahmer, E. von der: Deutsche Kolonisationspläne und -erfolge in der Türkei vor 1870. In: Schmollers Jahrbuch für Gesetzgebung XL.

Nadolny, Rudolf: Mein Beitrag. Wiesbaden 1955.

Nestvogel, Renate (Hg.): 'Fremdes' und 'Eigenes'? Rassismus, Antisemitismus, Kolonialismus und Rechtsextremismus aus Frauensicht. Frankfurt a.M. 1994.

Neumark, Fritz: Zuflucht am Bosporus. Deutsche Gelehrte, Politiker und Künstler in der Emigration 1933-1953. Frankfurt a.M. 1980.

Ders.: Die Emigration in die Türkei. In: Lepsius, M. Rainer (Hg.): Soziologie in Deutschland und Österreich 1918-1945. Materialien zur Entwicklung, Emigration und Wirkungsgeschichte. Sonderheft 23. Kölner Zeitschrift für Soziologie und Sozialpsychologie. Opladen 1981, S. 442-460.

Neusel, Ayla/Tekeli, Sirin/Akkent, Meral (Hg.): Aufstand im Haus der Frauen. Berlin 1991.

Niethammer, Lutz (Hg.): Lebenserfahrung und kollektives Gedächtnis. Die Praxis der »Oral History«, Frankfurt a.M. 1980.

Nissen, Rudolf: Helle Blätter – dunkle Blätter. Erinnerungen eines Chirurgen. Stuttgart 1969.

Nuri, Ali: Helene Böhlau. Der Roman ihres Lebens. Istanbul 1932.

Önder, Zehra: Die türkische Außenpolitik im Zweiten Weltkrieg. München 1977.

Olenhusen, Albrecht Götz von: Bürgerrat, Einwohnerwehr und Gegenrevolution. Freiburg 1918-1920. Zugleich ein Beitrag zur Biographie des Rudolf Freiherr von Sebottendorf (1875-1945). In: Wege und Abwege. Beiträge zur europäischen Geistesgeschichte der Neuzeit. Festschrift für Ellic Howe zum 20. September 1990. Freiburg 1990, S. 115-134.

Ordu, Arif Babür: Dokumente zur Geschichte des Deutschen Krankenhauses in Istanbul. Inaugural-Dissertation zur Erlangung des Doktorgrades der gesamten Medizin. Dem Fachbereich Humanmedizin der Phillips-Universität vorgelegt. Marburg 1982.

Papen, Franz von: Der Wahrheit eine Gasse. München 1952.

Papcke, Sven: Fragen an die Exilforschung heute. In: Koebner, Thomas u.a. (Hg.). Im Auftrag der Gesellschaft für Exilforschung: Exilforschung. Ein internationales Jahrbuch. Band 6. München 1988, S. 13-27.

Park, Robert E.: Race and Culture. Glencoe 1964.

Park, Robert E.: Community Organisation and the Romantic Temper. In: Park, Robert/Burgness, Ernest W./McKenzie, Roderick D.: The City, Chicago 1967 (1925), S. 113-122.

Park, Robert/Burgness, Ernest W./McKenzie, Roderick D.: The City, Chicago 1967 (1925).

Peters, Anke: Ausländische Arbeitnehmer. Literatur und Forschungsprojekt. Nürnberg 1982.

Peters, Richard: Von der alten und neuen Türkei. Gesammelte Aufsätze. Erste Folge. Ankara 1944.

Petersen, Andrea: Ehre und Scham. Das Verhältnis der Geschlechter in der Türkei. Berlin 1985.

Pfanner, Helmut F.: Die Rolle der Frau im Exil: im Spiegel der deutschsprachigen Literatur in New York. In: Analecta Helvetia et Germania. Eine Festschrift zu Ehren von Hermann Boeschenstein. Hrsg. von A. Arnold u.a., Bonn 1979, S. 342-354.

Ders. (Hg.): Kulturelle Wechselbeziehungen im Exil – Exile across cultures. Bonn 1986.

Ders.: Eine spröde Geliebte. New York aus der Sicht deutscher und österreichischer Exilanten. In: Exilforschung. Ein internationales Jahrbuch. Band 5. Hrsg. im Auftrag der Gesellschaft für Exilforschung. München 1987, S. 40-54.

Plaschka, Richard Georg und Mack, Karlheinz (Hg.): Wegenetz europäischen Geistes. Wissenschaftszentren und geistige Wechselbeziehungen zwischen Mittel- und Südosteuropa vom Ende des 18. Jahrhunderts bis zum Ersten Weltkrieg. Wien 1983.

Pückler-Muskau, Hermann Fürst zu: Orientalische Reisen. Hamburg 1963.

Pulewka, Paul: Wissenschaft und Bildung in der modernen Türkei. In: Paret, Rudi: Die Welt des Islam und die Gegenwart. Stuttgart 1960, S. 84-96.

Rahn, Rudolf: Ruheloses Leben. Aufzeichnungen und Erinnerungen, Düsseldorf 1949.

Raidl, Ernest: 100 Jahre Österreichisches Sankt Georgskolleg, Istanbul. Ein Bericht. In: Österreichisches Sankt Georgskolleg 1882-1982. Istanbul-Karaköy o.J. (1982), S. 14-32.

Ders.: Der Begegnung verpflichtet. 100 Jahre österreichisches St. Georgskolleg in Istanbul. In: Wiener Katholische Akademie (Hg.): Österreichisches St. Georgs-Kolleg in Istanbul (zum 100. Jahr seines Bestandes. Berichte. Verantwortlich: Dr. Franz Loidl. Wien 1983. (o.S.)

Reimann, Friedrich: Eine Erinnerung und Betrachtung über die Errichtung einer deutschen Geistesstätte in der Türkei. In: Zeitschrift für Türkeistudien 1/91. Opladen 1991, S. 95-105.

Reimann, Helga und Reimann, Horst (Hg.): Gastarbeiter. Analysen und Perspektiven eines sozialen Problems. (2., völlig neu bearbeitete Auflage.) Opladen 1987.

Reuter, Ernst: Schriften/Reden I, II, III. Berlin 1973.

Röder, Werner: Zum Verhältnis von Exil und innerdeutschem Widerstand. In: Koebner, Thomas u.a. (Hg.). Im Auftrag der Gesellschaft für Exilforschung: Exilforschung. Ein internationales Jahrbuch. Band 5. Fluchtpunkte des Exils und andere Themen. München 1987, S. 28-39.

Roemer, Hans Robert: Ein Übermittlungsfehler und die Folgen. In: Generalkonsulat Istanbul: Das Kaiserliche Palais in Istanbul und die deutsch-türkischen Beziehungen. Istanbul 1989, S. 55-65.

Röpke, Eva (Hg.): Wilhelm Röpke Briefe 1934-1966. Der innere Kompaß. Erlenbach-Zürich 1976.

Röpke, Wilhelm: Internationale Ordnung. Erlenbach-Zürich 1945.

Ders.: Die deutsche Frage. Erlenbach-Zürich 1945.

Rohde, Hans: Meine Erlebnisse im Balkankrieg und kleine Skizzen aus dem türkischen Soldatenleben. Charlottenburg 1813.

Rohrbach, Paul: Die Bagdadbahn. (2.Aufl.) Berlin 1911.

Ders.: Der deutsche Gedanke in der Welt. Königstein im Taunus und Leipzig 1912.

Ders.: Balkan-Türkei. Eine Schicksalszone Europas. Braunschweig o.J.

Ders.: Unser Weg. Betrachtungen zum letzten Jahrhundert deutscher Geschichte. Köln 1949.

Rommelspacher, Birgit: Frauen in der Dominanzkultur. In: Uremovic, Olga und Oerter, Gundula (Hg.): Frauen zwischen Grenzen. Rassismus und Nationalismus in der feministischen Diskussion. Frankfurt a.M. und New York 1994, S. 18-32.

Rommelspacher, Birgit: Dominanzkultur – Texte zur Fremdheit und Macht. Berlin 1995.

Rosenkranz, Eva (Hg.): Reisen durch ein unbekanntes Land. Türkei-Impressionen. Bergisch-Gladbach 1990.

Rumpel, Sabine: „Thäterinnen der Liebe". Frauen in Wohltätigkeitsvereinen. In: Lipp, Carola (Hg.): Schimpfende Weiber und patriotische Jungfrauen. Frauen im Vormärz und in der Revolution 1848/49. Bühl-Moos 1986, S. 206-231.

Rustow, Dankwart A.: Alexander Rüstow (1885-1963): Eine biographische Skizze. In: Rainer M. Lepsius (Hg.): Soziologie in Deutschland und Österreich 1918-1945. Materialien zur Entwicklung, Emigration und Wirkungsgeschichte. Sonderheft 23. Kölner Zeitschrift für Soziologie und Sozialpsychologie. Opladen 1981, S. 369-378.

Sackstetter, Susanne: „Wir sind doch alles Weiber". Gespräche unter Frauen und weibliche Lebensbedingungen. In: Jeggle, Utz: Feldforschung. Qualitative Methoden der Kulturanalyse. Tübingen 1984, S. 159-176.

Sankt Georgskolleg (Hg.): 100 Jahre Sankt Georgskolleg. Sankt Georgskolleg Istanbul 1882-1982. Istanbul o.J. (1982).

St. Paul Deutschsprachige Katholische Gemeinde Istanbul (Hg.): 25 Jahre Pfarrzentrum und Altenheim in Nisantas. Istanbul 1989.

Saunders, Peter: Soziologie der Stadt. Frankfurt a.M. und New York 1987.

Sayın, Sara: 125 Jahre Deutsche Schule Istanbul. Festvortrag. Generalkonsulat Istanbul 05.05.1993.

Schacht, Hjalmar: 76 Jahre meines Lebens. Bad Wörishofen 1953.

Schaeffer-Hegel, Barbara und Watson-Franke, Barbara (Hg.): Männer Mythos Wissenschaft. Grundlagen zur feministischen Wissenschaftskritik. Pfaffenweiler 1988.

Scharfe, Martin: Geschichtlichkeit. In: Bausinger, Hermann u.a. (Hg.): Grundzüge der Volkskunde. Darmstadt 1978, S. 127-203.

Schöning-Kalender: Mobilität und Mobiliar. Zur Wohnweise von Binnenmigranten in Zeyrek/Istanbul. Tübingen 1985.

Dies.: Heimat – kein Ort für Frauen? hrsg. von der AG Frauenforschung der Gesamthochschule Kassel, Wissenschaft ist Frauensache, Heft 8, Kassel 1990.

Scheuermann, Ludwig: Zwei Erinnerungen. In: Alman Lisesi (Hg.): Festschrift zum 100jährigen Bestehen der Deutschen Schule Istanbul 1868-1968. Istanbul o.J. (1968), S. 175-176.

Schiltberger, Johannes: Als Sklave im Osmanischen Reich und bei den Tataren. 1394-1427. Aus dem Mittelhochdeutschen übertragen und herausgegeben von Ulrich Schlemmer. Stuttgart 1983.

Schoppmann, Claudia (Hg.): Im Fluchtgepäck die Sprache. Deutschsprachige Schriftstellerinnen im Exil. Frankfurt a.M. 1995.

Schrader, Friedrich: Eine Flüchtlingsreise durch die Ukraine. Tagebuchblätter von meiner Flucht aus Konstantinopel. Tübingen 1919.

Schremmer, Ernst: Emigranten, Vertriebene und Flüchtlinge als Mittler und Anreger der Kultur. In: A.W.R.-Bulletin. Vierteljahresschrift für Flüchtlingsfragen. 8. Jg., Heft 1, S. 24-28.

Schüddekopf, Charles (Hg.): Der alltägliche Faschismus. Frauen im Dritten Reich. Berlin und Bonn 1982.

Schubert, Hans Gottfried: 125 Jahre Deutsche Evangelische Kirche Istanbul. Istanbul 1986.

Schütte-Lihotzky, Margarete: Erinnerungen aus dem Widerstand 1938-1945. Hrsg. von Chup Friemert. Hamburg 1985.

Schütte-Lihotzky, Margarete: Erinnerungen aus dem Widerstand. Das kämpferische Leben einer Architektin von 1938-1945. Hrsg. von Irene Nierhaus. Wien 1994.

Schütze, Fritz: Biographieforschung und narratives Interview. In: Neue Praxis, Heft 3, 1983, S. 283-293.

Ders.: Kognitive Figuren des autobiographischen Stegreiferzählens. In: Kohli, Martin und Robert, Günther: Biographie und soziale Wirklichkeit. Neue Beiträge und Forschungsperspektiven. Stuttgart 1984, S. 78-117.

Schwarzenbach, Annemarie: Die Reorganisation der Universität von Stambul. Das Werk eines Schweizers. In: Neue Züricher Zeitung vom 03.12.1933.

Schweigger, Salomon: Reißbeschreibung aus Teutschland nach Constantinopel, Nürnberg 1609.

Seghers, Anna: Transit. Roman. Berlin und Weimar 1982.

Sellbach, Brigitte (Hg.): Das Vertraute im Spiegel des Fremden. Forschungsberichte aus einem Projekt mit Frauen in der Türkei. Frankfurt a.M. 1985.

Şeni, Nora: Symbolische Bedeutung der Frauenkleidung um die Jahrhundertwende. Am Beispiel der Istanbuler Satire. In: Neusel, Ayla/Tekeli, Şirin/Akkent, Meral (Hg.): Aufstand im Haus der Frauen. Frauenforschung aus der Türkei. Berlin 1991, S. 49-72.

Shaw, Stanford J. und Shaw, Ezel Kural: History of the Ottoman Empire and Modern Turkey. Bd. 2 London u.a. 1977.

Shaw, Stanford J.: Turkey and the Holocaust 1993.

Simmel, Georg: Exkursion über den Fremden. In: Soziologie. Untersuchungen über die Formen der Vergesellschaftung. Hrsg. von Otthein Rammstedt. Frankfurt a.M. 1992, S. 764-771.

Spohn, Margret: Alles getürkt. 500 Jahre (Vor)Urteile der Deutschen über die Türken. Oldenburg 1993.

Stammen, Theo: Exil und Emigration – Versuch einer Theoretisierung. In: Koebner, Thomas u.a. (Hg.). Im Auftrag der Gesellschaft für Exilforschung: Exilforschung. Ein internationales Jahrbuch. Band 5. Fluchtpunkte des Exils und andere Themen. München 1987, S. 11-27.

Steiner, Herbert: Einige Probleme des Widerstandes gegen den Nationalsozialismus in Österreich (1938-1945). In: Forschungsinstitut der Friedrich-Ebert-Stiftung.

Studien und Berichte: Widerstand, Verfolgung und Emigration. Bad Godesberg 1967, S. 3-14.

Sternfeld, Wilhelm und Tiedemann, Eva: Deutsche Exil-Literatur 1933-1945. Eine Bio-Bibliographie. Heidelberg und Darmstadt 1962.

Sticker, Wilhelm u.a. (Hg.): Über die Rechtsverhältnisse der Fremden, besonders der Deutschen in der Türkei. Vom geheimen Justizrath und k.preuß. Generalkonsul in der Moldau und Walachei Ritter Dr. Neugebaur. In: Germania. Archiv zur Kenntniß des deutschen Elements in allen Ländern der Erde. (Bd.3) Frankfurt a.M. 1850, S. 28-35.

Stoehr, Irene: „Organisierte Mütterlichkeit". Zur Politik der deutschen Frauenbewegung um 1900. In: Hausen, Karin (Hg.): Frauen suchen ihre Geschichte. München 1987, S. 225-253.

Stonequist, E.V.: The Marginal Man. A Study in Personality and Culture Conflict. New York 1937.

Strobl, Ingrid: Das Feld des Vergessens. Jüdischer Widerstand und deutsche »Vergangenheitsbewältigung«. Berlin 1994.

Sturm, Gabriele: Wie forschen Frauen? Überlegungen zur Entscheidung für qualitatives oder quantifizierendes Vorgehen. In: Diezinger, Angelika u.a. (Hg.): Erfahrung mit Methode. Wege sozialwissenschaftlicher Frauenforschung. Forum Frauenforschung Band 8, Schriftenreihe der Sektion Frauenforschung in der Deutschen Gesellschaft für Soziologie. München 1994, S. 85-104.

Szczepanski, Jan: Die biographische Methode. In: König, René (Hg.): Handbuch der empirischen Sozialforschung. Band 4 (3.Aufl.) Stuttgart 1974, S. 226-252.

Tekeli, İlhan und İlkin, Selim: Max von der Porten und die Entstehung der staatlichen Wirtschaftsunternehmen in der Türkei. Hrsg. von der Friedrich-Ebert-Stiftung Istanbul 1993.

Teply, Karl (Hg.): Kaiserliche Gesandtschaften am Goldenen Horn. Stuttgart 1968.

Thalmann, Rita R.: Einige Beispiele zur Rolle der deutschen wissenschaftlichen Institute in den Kulturbeziehungen mit Mittel- und Südosteuropa. In: Plaschka, Richard Georg und Mack, Karlheinz (Hg.): Wegenetz europäischen Geistes. Wissenschaftszentren und geistige Wechselbeziehungen zwischen Mittel- und Südosteuropa vom Ende des 18. Jahrhunderts bis zum Ersten Weltkrieg. Wien 1983, S. 433-450.

Thomas, Adrienne: Reisen Sie ab, Mademoiselle! Frankfurt a.M. 1985.

Thürmer-Rohr, Christina: Vagabundinnen. Feministische Essays. Berlin 1987.

Treibel, Annette: Engagement und Distanzierung in der westdeutschen Ausländerforschung. Eine Untersuchung ihrer Beiträge. Stuttgart 1988.

Dies.: Migration in modernen Gesellschaften. München 1990.

Tuksaval, Muammer: Eine bittere Freundschaft. Erinnerungen eines türkischen Jahrhundertzeugen. Düsseldorf und Wien 1985.

Ülger, S. Eriş: Atatürk und die Türkei in der deutschen Presse (1910-1944), (Schulbuchverlag Anadolu) Hückelhoven 1992.

Unger, Eckhard: Die Jungtürken und die Deutschen in Konstantinopel. In: Der Auslandsdeutsche Nr. 6, 1919, S. 139-141.

United National Educational, Scientific and Cultural Organisation (Hg.): Women on the move. Contemporary changes in family and society. Paris 1984.

Üçünkü, Sadı: Die Stellung der Frau in der Geschichte der Türkei. Ein historischer Überblick von den alten Turkvölkern bis heute. (2.Aufl.) Frankfurt a.M. 1986.

Uremovic, Olga und Oerter, Gundula (Hg.): Frauen zwischen Grenzen. Rassismus und Nationalismus in der feministischen Diskussion. Frankfurt a.M. und New York 1994.

Voges, Wolfgang (Hg.): Methoden der Biographie- und Lebenslaufforschung. Opladen 1987.

Vondung, Klaus (Hg.): Das Wilhelminische Bildungsbürgertum. Zur Sozialgeschichte seiner Idee. Göttingen 1976.

Wall, Renate: Lexikon deutschsprachiger Schriftstellerinnen im Exil 1933-1945. Band 1 und Band 2. Freiburg 1995.

Warneken, Bernd Jürgen: Populare Autobiographik. Empirische Studien zu einer Quellengattung der Alltagsgeschichtsforschung. Tübingen 1985.

Ders. (Hg.): Populare Schreibkultur. Texte und Analysen. Tübingen 1987.

Watson-Franke, Maria-Barbara: Die Bedeutung der Geschlechtsidentität in der ethnologischen Forschung. In: Schaeffer-Hegel, Barbara und Watson-Franke, Barbara (Hg.): Männer Mythos Wissenschaft. Grundlagen zur feministischen Wissenschaftskritik. Pfaffenweiler 1988, S. 67-82.

Wedel, Heidi: Der türkische Weg zwischen Laizismus und Islam. Zur Entwicklung des Laizismusverständnisses in der türkischen Republik. Opladen 1991.

Weidenfäller, Gerhard: Der VDA zwischen »Volkstumskampf« und Kulturimperialismus. In: Zeitschrift für Kulturaustausch 31, Stuttgart 1981, S. 17-26.

Weigel, Sigrid: Die Stimme der Medusa. Schreibweisen in der Gegenwartsliteratur von Frauen. Reinbek bei Hamburg 1989.

Weiss, Florence: Frauen in der urbanethnologischen Forschung. In: Hauser-Schäublin, Brigitta (Hg.): Ethnologische Frauenforschung. Ansätze, Methoden, Resultate. Berlin 1991, S. 252-281.

Welz, Gisela: StreetLife: Alltag in einem New Yorker Slum. Frankfurt a.M. 1991.

Werner, Harry: Deutsche Schulen im Ausland. Band I. Werdegang und Gegenwart. Berlin/Bonn 1988.

Westernhagen, Dörte von: Die Kinder der Täter. Das Dritte Reich und die Generation danach. München 1991.

Weyers, Dorle: Fremdgängerinnen. Akkulturation am Beispiel bundesdeutscher Frauen in Südspanien. Pfaffenweiler 1993.

Weyrather, Irmgard: Mutterkreuze – rassistische Orten des „Geburtenkriegs". In: Beiträge zur feministischen Theorie und Praxis Nr. 27: Rassismus – Antisemitismus – Fremdenhaß Köln 1990, S. 135-142.

Wickert, Christl: Biographische Methode und »Oral History« in der Frauengeschichte am Beispiel einer Untersuchung über die führenden SPD-Frauen der Weimarer Republik. In: Beiträge zur feministischen Theorie und Praxis 5. Dokumentation des 3. Historikerinnentreffens in Bielefeld, April 1981. München 1981, S. 50-60.

Widmann, Horst: Exil und Bildungshilfe. Die deutschsprachige akademische Emigration in die Türkei nach 1933. Mit einer Bio-Bibliographie der emigrierten Hochschullehrer. Bern und Frankfurt a.M. 1973.

Wiener Katholische Akademie (Hg.): Österreichisches St. Georgs-Kolleg in Istanbul (zum 100. Jahr seines Bestandes.) Berichte. Verantwortlich: Dr. Franz Loidl. Wien 1983.

Wiese, L. von: Ein deutscher Professor in der Türkei. In: Kölner Zeitschrift für Soziologie und Sozialpsychologie, Nr. 53 1949/50.

447

Wilschowitz, Msgr. Hubert, überarbeitet und ergänzt von Hans Hammer und Barbara Bach: „Unsere Artigiana". Die Kirche der Gemeinde. In: St. Paul. Deutschsprachige Katholische Gemeinde Istanbul (Hg.): 25 Jahre Pfarrzentrum und Altenheim in Nisantas. Istanbul 1989, S. 37-39.

Wissenschaftlerinnen in der Europäischen Ethnologie – Widee – (Hg.): Fremde Nähe. Frauen forschen zu Ethnos, Kultur, Geschlecht. Reihe Frauenforschung Band 24, Wien 1993.

Wolf, Christa: Kindheitsmuster. Berlin und Weimar 1982.

Quack, Sibylle: Zuflucht Amerika. Zur Sozialgeschichte der Emigration deutsch-jüdischer Frauen in die USA. 1933-1945. Bonn 1995.

Zadek, Walter (Hg.): Sie flohen vor dem Hakenkreuz. Selbstzeugnisse der Emigranten. Ein Lesebuch für Deutsche. Reinbek bei Hamburg 1981.

Zelzer, Maria: Weg und Schicksal der Stuttgarter Juden. Ein Gedenkbuch herausgegeben von der Stadt Stuttgart. Stuttgart 1964.